Ekhart Berckenhagen
Schiffahrt in der Weltliteratur

Pieter van de Velde: Marine mit einem Hafenkastell, Öl auf Leinwand, 1680er Jahre;
Deutsches Schiffahrtsmuseum, Neuerwerbung aus Privatbesitz.

Ekhart Berckenhagen

Schiffahrt in der Weltliteratur

Ein Panorama aus fünf Jahrtausenden

KABEL

Schriften des
Deutschen Schiffahrtsmuseums

Für das Deutsche Schiffahrtsmuseum
herausgegeben von Uwe Schnall

Band 40

© 1995, Deutsches Schiffahrtsmuseum, Bremerhaven, und
Ernst Kabel Verlag, Sportallee 54B, D-22335 Hamburg

Redaktion: Dr. Uwe Schnall

Umschlag: Theodor Bayer-Eynck,
unter Verwendung des Ölgemäldes »Leukothea vor Odysseus«
von Friedrich Preller, Schack-Galerie München

Gestaltung: Uwe Schnall und Klaus Stiedenrod
Satz, Reproduktion und Farblithographie: DSP, Wiefelstede-Metjendorf
Druck und Bindung: Werbedruck Bremen

ISBN 3-8225-0338-X

INHALT

Genuas alter Hafen, wie ihn der international bedeutende Maler,
auch von Marinen, Max Beckmann (1884–1950) 1927 realistisch-abstrakt bei Mondschein sah.
Gemälde in The Saint Louis Art Museum, St. Louis / USA.

Heinrich Heines ähnlich stimmungsvolle Impression
der ligurischen »Superba« lautete bereits 1829 so:
Da liegt sie am Meere wie das Skelett eines ausgeworfenen
Riesentiers ... Meereswellen bespülen es plätschernd wie ein
Ammenlied, der Mond, das blasse Auge der Nacht, schaut
mit Wehmut darauf hinab.

Für Graziella Concetta de Stales und Hans Haßmann, die mich – nach all den Kriegsgreueln – 1944/45 in Genua-Nervi und südlich davon an einen Sinn des Lebens wieder glauben ließen

und im Gedenken an eine

Casa sul mare

Il viaggio finisce a questa spiaggia
che tentano gli assidui e lenti flussi.
…
Tu chiedi se così tutto vanisce
in questa poca nebbia di memorie;
se nell'ora che torpe o nel sospiro
del fragente si compie ogni destino.
Vorrei dirti che no, che ti s'appressa
l'ora che passerai di là dal tempo
…
Il cammino finisce a queste prode
che rode la marea col moto alterno.
Il tuo cuore vicino che non m'ode
salpa già forse …

Eugenio Montale »Ossi di Seppia« 1920-27

[Haus am Meer

die Reise endet an seinem Strande, um den
die beharrlichen, langsamen Fluten werben.

…

Du fragst, ob alles so entschwindet
in diesem spärlichen Nebel der Erinnerungen;
ob in der lähmenden Stunde oder im Atem
der Woge sich jedes Schicksal erfüllt.
Ich möchte dir sagen nein, daß dir nahet
die Stunde, da du hinaustrittst über die Zeit
…
Der Weg an diesen Ufern endet,
benagt von der Fluten Kommen und Gehn.
Dein Herz, das nah mir und mich doch nicht hört,
stach vielleicht schon in See …]

Warum Schiffahrt in der Weltliteratur?

Unter den tiefsinnigen, mediterraner Tradition verpflichteten »Satura I/II« des Genuesen Eugenio Montale (1896–1981, Literatur-Nobelpreis 1975)[220] findet sich 1969 jene lyrische Satire:

> *La storia gratta il fondo*
> *come una rete a strascico*
> *con qualche strappo e più di un pesce sfugge.*
> *Qualche volta s'incontra l'ectoplasma*
> *d'uno scampato e non sembra particolamente felice.*
> *Ignora di essere fuori, nessuno gli n'ha parlato.*
> *Gli altri, nel sacco, si credono*
> *più liberi di lui.*

(= Die Geschichte wühlt den Grund auf / wie ein Schleppnetz / mit etwas Zerschliß, und mehr als ein Fisch entkommt. / Manchmal begegnet man dem Hektoplasma / eines Ausgebrochenen, und er scheint nicht besonders glücklich. / Er weiß nicht, daß er draußen ist, niemand hat es ihm gesagt. / Die andern, im Sack drin, dünken sich / freier als er.)

Solch' in maritime Poesie gehüllte Ambivalenz verlangt nach Erklärung. Wenn sie nun zu einem Bekenntnis gerät, sind daran schicksalhaftes Erbe, glücklicher Zufall und persönliche Verbundenheit unmittelbar schuld.

Voran zu denken habe ich (weil seine Bücher in der väterlichen Bibliothek standen) an den Reorganisator der türkischen Armee 1835–39, Preußens bedeutenden, auch schriftstellerisch hochbegabten Strategen Helmuth von Moltke (1800–91).[219] Er meinte 1889: *Gehorsam ist Prinzip – aber der Mann steht über dem Prinzip.*

Erst 1942 sollten mir Forderung und Konsequenz seiner Maxime begreifbar werden; denn zunächst noch nahm ich – mit der »Crew 40« – am Sommerlehrgang der Marineschule Mürwik 1941 teil. Als Portepeefähnriche verließen wir – ob der bestandenen Seeoffiziershauptprüfung ungemein stolz – den historisierend gestalteten, erhöht über der Flensburger Förde gelegenen riesigen Backsteinbau.

Inzwischen, seit dem 22. Juni, waren deutsche Truppen, Panzer- und Fliegerverbände in die Sowjetunion eingefallen, hatten weite russische Landstriche überrannt, und damit Hitlers Verlangen erfüllt, das er programmatisch in »Mein Kampf«[145] vorformulierte: *Wenn wir aber heute in Europa von neuem Grund und Boden reden, können wir in erster Linie nur an Rußland und die ihm untertanen Randstaaten denken. Sie zu erobern,* war bereits seit 1925–27 Hitlers unverrückbare Idee. *Nur unbedingte klare Einstellung allein konnte zu einem solchen Ziel führen. Verzicht auf Welthandel und Kolonien, Verzicht auf eine deutsche Kriegsflotte, Konzentration der gesamten Machtmittel des Staates auf das Landheer,* wurde von Hitler in »Mein Kampf« darum nicht ohne Folgen gefordert; denn – wie wir alle damals schon erkennen mußten – war die deutsche Kriegsmarine und vornehmlich deren U-Boot-Waffe (als einziger Handhabe, mit der man Großbritannien womöglich, bei großem Umfang, was der Erste Weltkrieg genug zu beweisen vermochte, nachhaltig bedrohen und militärisch niederringen konnte) 1939, bei Kriegsbeginn, zahlen- und kräftemäßig zu gering, um anhaltende Erfolge auf See für Deutschland zu bewirken.

Immer deutlicher trat hervor, daß sich Hitler in seinem zum Trauma gewordenen Erzfeind, der gehaßten bolschewistisch-marxistischen Sowjetunion verbiß – getreu dem eigenen »Mein Kampf«-Postulat: *Nur im Ringen zweier Weltanschauungen miteinander vermag die Waffe der brutalen Gewalt, beharrlich und rücksichtslos eingesetzt, die Entscheidung für die von ihr unterstützte Seite herbeizuführen.* Diesem Prozeß wohnten wir alle als interessiert besorgte, mehr oder minder direkt Beteiligte bei. Mittlerweile hatte die US-Navy vom 11. September 1941 an Schießbefehl auf deutsche und italienische Schiffe erhalten und war selbst am 7. Dezember 1941 Opfer eines konzentrischen

9

Angriffs japanischer Luft- und Flottenoperationen in Pearl Harbour[250] geworden, was den Kriegseintritt der USA und deren schicksalsentscheidende Kampfaufnahme mit den Achsenmächten Deutschland–Italien–Japan bedeutete.

Seinerzeit, vom Oktober 1941 bis zum März 1942, leistete ich mit den übrigen »Bau«-Fähnrichen meiner Crew ein erstes Schiffbaupraktikum auf der Kriegsmarinewerft in Kiel ab. Dazu nachzutragen und zu erläutern bleibt, daß – durch Schiffer- und Schiffbauvorfahren befangen und dank des EMDEN-Erlebnisses 1929 in Istanbul (siehe Epilog: 8), desgleichen viele Schiffsreisen mit meinen Eltern sowie durch eigenes Interesse für Seefahrzeuge und deren jeweilige Konstruktion[218] – mir schon früh klar war: mich beruflich der Marine oder dem Schiffbau zu widmen. Dann, noch als Primaner, vor die Wahl gebracht, nach dem Abitur eingezogen zu werden oder sich freiwillig zu melden, entschied ich mich für eine Marinelaufbahn und erreichte – nach ausgedehnter Eignungsprüfung – meine Einstellung als Baubeamtenanwärter für Schiffbau bei der deutschen Kriegsmarine. So wurde Kiel erste Station dieses spezifischen Ausbildungswegs.

Danach verbrachten wir »Baus« das Sommersemester 1942 in der Fähnrichskompanie der Kriegsmarine zu Danzig-Langfuhr, und zwar in einem Barackenlager wohnend, mit der Verpflichtung, Schiffstechnik und Basisfächer an der dortigen Technischen Hochschule zu studieren. Zu belegende Wissensgebiete, wie Mathematik (I), Experimentalphysik, Mechanik (I/II), Maschinenbau, Grundlagen der Elektrotechnik (I), ließen mich – ob der abstrakten Formelhaftigkeit, des autonomen Nichtfolgenkönnens und hilflosen Unverständnisses rätselhaft erscheinender Zahlen und Berechnungen (obwohl ich am humanistischen Gymnasium als guter MatheSchüler galt) – sehr schnell die persönlichen Grenzen und Möglichkeiten erkennen; denn was daneben fesselte, Spaß machte, Entfaltungsformen versprach, waren die in Danzig ebenso gut vertretenen Vorlesungen und Übungen der Architektur und Kunstgeschichte.

Professor Lembkes glänzende Einführung in die Volkswirtschaftslehre nötigte mir Respekt und Nachdenken über Unausgesprochenes ab, vermittelte Anregungen, gab nachwirkende Anstöße, die gewiß beitrugen zu der wohl schwersten Lebensentscheidung. Hinzu kam die zufalls- oder schicksalsgefügte Bekanntschaft mit Menschen einer sich tastend entwickelnden Resistance, die Fragen stellten, aufmerksam kritisch »Mein Kampf«[145] zu lesen rieten, manches Tatsächliche der neuen Wirklichkeit zur Diskussion gaben, ungeschminkt nach dem Verbleib tausender jüdischer Mitbürger zu fragen wagten, wahrscheinlich – worauf Todesstrafe stand – die BBC regelmäßig abhörten. Ich trug Uniform, hatte einen bindenden Eid geschworen und war somit exponiert, einmal als Offizier oder gleichrangig uniformierter Marinebeamter meinem »Führer« und obersten Befehlshaber mit ganzer Hingabe zu dienen.

Konnte ich es – nach der Lektüre von Hitlers

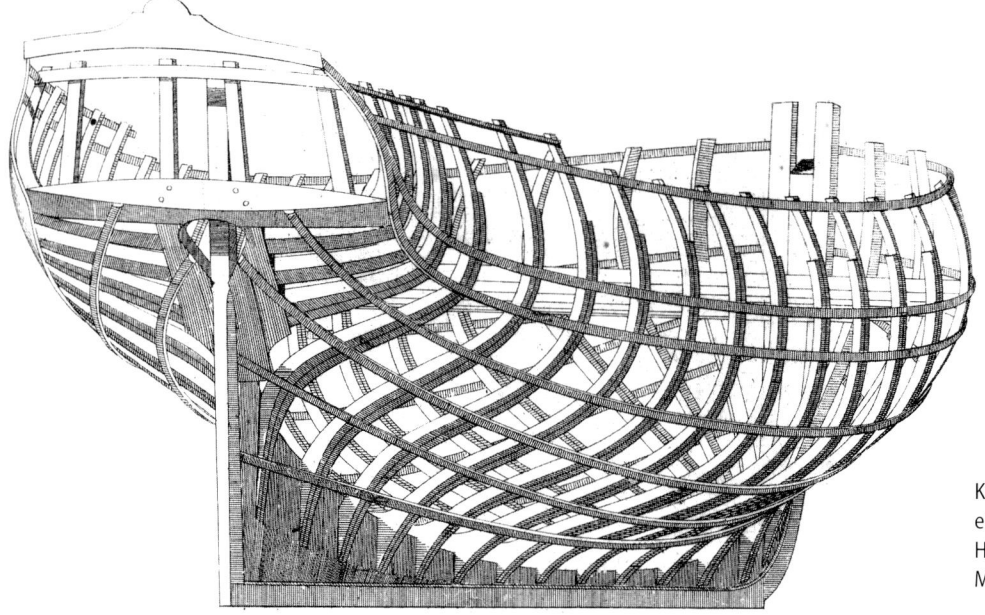

Kiel-, Steven- und Spantenmodell einer Bark, Kupferstich in Friderico Henr. Chapman »Architectura Navalis Mercatoria ...« (Stockholm 1768).

»Mein Kampf« noch ruhigen Gewissens – angesichts seines eigenen Entwicklungsganges im »Rassenbabylon« Wien, jener geradezu apokalyptisch hochstilisierten Gefahren, die er *in ihrer entsetzlichen Bedeutung für die Existenz des deutschen Volkes begriff:* [in] *Marxismus und Judentum?* So lautete denn Hitlers nicht zu übersehendes Bekenntnis auch graniten-totalitär: *Ich war vom schwächlichen Weltbürger zum fanatischen Antisemiten geworden* – und: *Mit dem Juden gibt es kein Paktieren, sondern nur das harte Entweder – Oder.*

Freilich auf jenen Juden – den *Todfeind unseres Volkes* – traf ich ständig in Wissenschaft und Kunst. Deutschen Juden, als bekannten Nobelpreisträgern, Architekten, Künstlern, Literaten, Menschheitshelfern, begegnete ich immerfort – lesend und mich weiterbildend. Waren sie alle mit einem Schlag – weil es unser »Führer« so wollte – Verbrecher, verabscheuungswürdig, umzubringen? Ein bewußt vom Christentum genährter, vom Dekalog geprägter Zwiespalt tat sich auf, vertiefte sich, erhielt – nach und nach – ständig neue, ätzende Nahrung.

Als ich im Frühjahr 1942 Danzig[72] erstmals betrat, erfüllte sich alsbald mein Wunsch, dessen Jahrhunderte altes, in seiner vielfältigen Bausubstanz erstaunlich gut und geschlossen erhaltenes Stadtbild intensiv kennenzulernen. Am schönsten spiegelt es sich heute wohl noch in den atmosphärisch dichten, mit ironischen Reflexionen durchwirkten Schilderungen von Günter Grass (* 1927). »Die Blechtrommel« (1959) bietet dafür Beispiele, so etwa folgende Passage: *Wie alles Aufbewahrenswerte dieser insgesamt aufbewahrenswerten Stadt füllen die Schätze des Schiffahrtsmuseums ein altes, gleichfalls museales Patrizierhaus, das sich außen den steinernen Beischlag und eine verspielte, dennoch satte Fassadenornamentik bewahrte, das innen in dunkler Eiche*

Danzig, Diele im Artushof, mit Schiffsmodellen, Stadt- und Hafenansichten (als historischem Ausstellungsgut, im Zustand vor 1945).

Bis zum Zweiten Weltkrieg hing in Danzigs Marienkirche der von Hans Memling (um 1440–95) gemalte Dreiflügelaltar. Geöffnet, sieht man an dessen Innenseiten von links nach rechts Aufstieg der Seligen ins Paradies, Jüngstes Gericht mit Wägung der Auserwählten, Höllensturz der Verdammten; an den Außenseiten der geschlossenen Flügel: Angelo Tani unter der Madonna kniend sowie Catarina Tanagli zu Füßen des Erzengels Michael, entstanden um 1468–72; seit 1953 in Gdańsk, Nationalmuseum (Inv. SD 568 M).

geschnitzt und gewendeltreppt war. Man zeigte die sorgfältig katalogisierte Geschichte der Hafenstadt, deren Ruhm es immer gewesen war, zwischen mehreren mächtigen, aber meistens armen Nachbarn stinkreich zu werden und zu bleiben ... Den Großteil der ausgestellten Sehenswürdigkeiten bildeten jedoch Beutestücke aus gewonnenen Kriegen, weil ja verlorene Kriege selten oder nie Beutestücke den Museen überliefern.

So war der Stolz der Sammlung die Galionsfigur einer großen florentinischen Galleide, die zwar in Brügge ihren Heimathafen hatte, jedoch den aus Florenz stammenden Kaufleuten Portinari und Tani gehörte. Den Danziger Seeräubern und Stadtkapitänen Paul Beneke und Martin Bardewiek gelang es im April 1473 an der seeländischen Küste,

vor dem Hafen Sluys kreuzend, die Galleide aufzubringen. Gleich nach der Kaperei ließen sie die zahlreiche Mannschaft nebst Offizieren und Kapitän über die Klinge springen. Schiff und Inhalt des Schiffes wurden nach Danzig gebracht. Ein zusammenklappbares Jüngstes Gericht des Malers Memling und ein goldenes Taufbecken – beides im Auftrag des Florentiners Tani für eine Kirche in Florenz angefertigt – fanden Aufstellung in der Marienkirche ... Was aus der Galionsfigur nach dem Kriege wurde, blieb ungeklärt. Zu meiner Zeit bewahrte das Schiffahrtsmuseum sie auf. Ein üppig hölzernes, grün nacktes Weib, das unter erhobenen Armen, die sich lässig und alle Finger zeigend verschränkten, über zielstrebigen Brüsten hinweg aus eingelassenen Bernsteinaugen geradeaussah. Dieses Weib, die

*Galionsfigur, brachte Unglück … Es mangelte an Museums-
wärtern. Und nicht nur diese weigerten sich, der hölzernen
Jungfrau aufzupassen. Auch die Besucher umgingen den
Saal mit der Bernsteinäugigen. Still blieb es geraume Zeit …
bis Herbert Truczinski … in der mausgrauen Uniform eines
Museumswärters auf dem Lederstuhl neben der Tür jenes
Saales Platz nahm, den das Volk »Marjellchens gute Stube«
nannte … Schon am dritten Tag unserer Museumszeit wagten wir uns vom Stuhl neben der Tür fort … Herbert warf
sich in den Mantel eines englischen Admirals, bewaffnete
sich mit einem Fernrohr, stellte sich unter den dazupassen-
den Admiralshut. Ich machte mich mit einem roten West-
chen und einer Allongeperücke zum Pagen des Admirals.
Wir spielten Trafalgar, beschossen Kopenhagen, zerstreuten
Napoleons Flotte bei Abukir, umsegelten dieses und jenes
Kap, posierten historisch, dann wieder zeitgenössisch … Wir
blinzelten zu den Koggen hinauf, zu den Fregatten, Korvet-
ten, zu den Fünfmastern, zu Galeeren und Schaluppen, zu
Küstenseglern und Klippern, die alle unter der Eichentäfe-
lung hingen und auf günstigen Seewind warteten.*

Derartigen, tatsächlich mein Leben beeinflussenden Impuls erhielt ich bei einem Ausflug von Danzig
im Juli 1942 nach Königsberg. Dort, in Preußens ehemaliger Haupt- und Krönungsstadt, endete jener unvergeßliche Erkundungsweg vor Kants Grabmal am
Chor des Königsberger Domes. Angesichts der alten
Universität, des Philosophen Wirkungsstätte in fast
fünfzig Jahren, hatte Immanuel Kant (1724–1804),
idealistischer Denker, Zenit und Überwinder der Aufklärung, unter einer – 1924 vom Bildhauer Friedrich
Lahrs geschaffenen – hohen, offenen Pfeilerhalle seine letzte würdige Ruhestätte gefunden.

Bewegt vom Ambiente und Fluidum dieses bis heute erhaltenen, restaurierten Orts – und durch Kants
eigenes Bekenntnis: *Zwei Dinge erfüllen das Gemüt mit
immer neuer und zunehmender Bewunderung, je öfter und
anhaltender sich das Nachdenken damit beschäftigt: Der
bestirnte Himmel über mir und das moralische Gesetz in mir
– griff ich, nach Langfuhr in meine spartanische Stu-
dierstube zurückgekehrt, alsbald nach Kants – von
der Hochschulbibliothek entliehenen – Werken, seiner »Grundlegung zur Metaphysik der Sitten« wie
der (1788 erstmalig erschienenen) »Kritik der praktischen Vernunft«. Auch wenn mir, dem damals Neun-
zehnjährigen, das Verstehen Kantscher Diktionen
und das Eindringen in seine Denkkategorien schwer-
fiel, unendliche Mühe abforderte, so verstand ich
doch die Tragweite und Zielrichtung, was er meinte –
mir, seinem hilflos durch Hitlers »Mein Kampf«-

Grabmal des Philosophen Immanuel Kant (1724–1804) in der 1924 vom
Bildhauer Friedrich Lahrs geschaffenen Pfeilerhalle am Chor des als Ruine
erhaltenen Königsberger Doms. Inzwischen restauriert, ist es ein
symbolischer Ort, an dessen seit 1945 grauenhaft ödem Ambiente die
gewissenlose Hybris Hitlers und die Verblendung seiner millionenfach
willfährigen Gefolgschaft eindrucksvollste Spuren hinterließ. Foto von
Hans Haßmann-Horb, im September 1994.

Lektüre verunsicherten Leser zumutete und durch
seinen »Kategorischen Imperativ« aufgab: *Handle so,
daß die Maxime Deines Willens jederzeit zugleich als Prinzip einer allgemeinen Gesetzgebung gelten könne.* Eine Forderung höchster, fast unmenschlich anmutender
Verpflichtung! Es beschäftigte mich, meine Überle-
gungen fortan, während um mich, bald schon drei
Jahre, Krieg, Terror, Völkermord herrschten, ange-
zettelt von Adolf Hitler[145], einem häufig gescheiterten, kleinbürgerlich engen, abstruser Rassentheorie
anhängenden, sogar vor den Kugels des 9. November
1923 panisch geflohenen, einstigen Gefreiten aus
dem österreichischen Braunau.

Wahrscheinlich gilt heute noch, was Wiens großer
Dramatiker Franz Grillparzer (1791–1872) über Kant
anmerkte: *Jeder, der sich der Literatur, wenn auch bloß der
schönen, widmen will, sollte Kants Werke studieren, und
zwar, abgesehen vom Inhalt, schon bloß wegen ihrer streng-*

logischen Form. Nichts ist mehr geeignet an Deutlichkeit, Sonderung und Präzision der Begriffe zu gewöhnen, als dieses Studium, und wie notwendig diese Eigenschaften selbst dem Dichter sind, leuchtet wohl ein.

Ein neuer zwiespältiger – ebenso grüblerisch schrecklicher wie letztlich glückhafter – Abschnitt begann Anfang August mit einem weiteren Schiffbaupraktikum auf Kiels Marinewerft (Krupp-Germania, bis zum 22. Oktober 1942). Was mich dort einengte, zu jenem lang erwogenen, wieder verworfenen, erneut schlüssig kalkulierten, dennoch mit zahllosen Unbekannten behafteten Entschluß trieb, das Abwägen zwischen Hitlerscher Utopie (weil er wider die eigene ursprünglich in »Mein Kampf« vorformulierte richtige Intention, sich den Rücken freizuhalten [*... nur mit England allein vermochte man, den Rücken gedeckt, den neuen Germanenzug zu beginnen ... gegen Rußland ...*], nun allerdings selbst schuldhaft – und aus nicht mehr erfüllbaren Siegesillusionen – England/USA samt Sowjetunion gemeinsam zur Todfeindschaft herausgefordert, ja getrieben hatte) und Kantscher Maxime, endete zu Gunsten Kants menschlicherem, dem Dekalog näherstehenden Ideal.

Zu Hilfe kam ein dem Freiherrn Karl vom und zum Stein (1757–1831; Ahnherr unserer freiheitlichen Demokratie) entlehntes, während der Marineschulzeit gehörtes Zitat: Sie werden *Offiziere – woher stammt das Wort: aus dem Lateinischen – »officium« = Pflicht. Auf gut deutsch können Sie sich Verpflichtete nennen; Verpflichtete Ihrer Ehre, Ihres Standes, Ihrer Heimat. Achten Sie wohl darauf, daß von Ihren Rechten nicht die Rede ist. Diese ergeben sich zwangsläufig aus der Erfüllung Ihrer Pflichten, und somit können wir sagen, daß es Ihr oberstes Recht ist, Ihre Pflicht zu erfüllen.*

Konnte ich für solche Pflichterfüllung – einem verbrecherischen Hasardeur gegenüber (was Hitler für mich geworden war) – noch einstehen? Durfte ich künftig guten Gewissens daran denken, mir anvertrauten Männern Vorbild, soldatischer Führer, Offizier im Steinschen Sinne zu sein? Und bestanden für uns alle in dieser selbst herausgeforderten Welt von Feinden ringsum überhaupt noch sinnvolle Überlebenschancen – trotz laut und ständig im Radio tönender Siegesfanfaren, Göbbels-Reden vom unvermeidlichen Endsieg? War er denn erstrebenswert – angesichts der braunen Pest: von NS-Goldfasanen und SS-Dunkelmännern?

So glaubte ich im Herbst 1942 nicht mehr an den »Führer«, an die von ihm beschworene, für den Nationalsozialismus alles zum Sieg wendende »Vorsehung«, war überzeugt, dieser verlogen-falschen Ideologie nicht länger aktiv dienen zu können, zumal Gerüchte kursierten, wonach selbst wir Baufähnriche erneut zum Fronteinsatz kommen und damit in Führungspositionen hineinwachsen sollten. Nur eine Befehlsverweigerung, das Unverläßlich-Geworden-Sein, vermochte derartige Entwicklung aufzuhalten. Ich unterließ darum – noch auf der Werft – mir mehrfach abgeforderte, einfache schriftliche Arbeiten und mußte – sozusagen im Kriegszenit – ein Kriegsgerichtsverfahren erwarten, Strafkompanie, Minenräumen oder irgend ein sicheres Himmelfahrtskommando. Um dem zuvorzukommen, eines mit dem anderen zu kompensieren, meldete ich mich freiwillig gleichzeitig zur U-Boot-Waffe.

Was ich unbeabsichtigt dadurch bewirkte und dank schwerfällig arbeitender, nur langsam Instanzen überwindender Marinejustizbürokratie erreichte, war noch ein Studiensemester in Danzig. Während meine Crew-Kameraden an Bord oder zu Lehrgängen abkommandiert wurden, durfte ich – in den Baracken der vertrauten Fähnrichskompanie wieder wohnend – weiter hören: nun aber nicht mehr Schiffstechnik, sondern – stillschweigend, ohne daß man sich um mich kümmerte (beim Militär war eben nichts unmöglich) – Architektur und Kunstgeschichte. Über mir hing währenddessen das Damoklesschwert eines Kriegsgerichtsurteils. Es fiel zu Semesterende und besagte – ungemein milde: Streichung als Offiziersanwärter und zwölf Tage »Bau« (verschärfter Arrest). Danach umgehend westwärts in Marsch gesetzt, landete ich nach Zwischenstationen – als Oberbootsmaat (der Reserve) und mit zurückerlangtem Gleichgewicht – im Juli 1943 in Antwerpen, der flandrischen Metropole, die im frühen 16. Jahrhundert der Welt größtes Handelszentrum gewesen war. Dort auch »begegnete« mir der Malerfürst Peter Paul Rubens (1577–1640) zum ersten Mal ausgiebig mit sinnenfrohen Werken, prächtigem Atelier und tafelfreudigem Wohnbereich. Ludwig Uhlands (1787–1862) daseinsbejahender Gedichtsreim *Äß lieber selbst 'nen guten Fisch, / Statt daß mich Fische fressen* (aus »König Karls Meerfahrt«) drängte sich dabei ins befreite Bewußtsein.

Damals lief der berühmt gewordene, von umjubelten Protagonisten, wie Hans Albers, Brigitte Horney, Gustav Waldau, getragene »Münchhausen«-Farbfilm der Ufa an. Dessen witzig-sarkastischer Drehbuch-

14

autor verbarg sich umständehalber hinter dem Pseudonym »Berthold Bürger« – es war jener erfolgreich-beliebte Erich Kästner (1899–1974). Von ihm stammt folgende tröstliche Spruchweisheit:

> *Irrtümer haben ihren Wert,*
> *jedoch nur hie und da.*
> *Nicht jeder, der nach Indien fährt,*
> *entdeckt Amerika.*

Gegenüber dem (vorn) ausgebrochenen Fisch hielten sich die im (ideologischen) Netz der Historie verbliebenen – tatsächlich und auf Dauer – für freieren Gewissens?

Seinerzeit jedenfalls befand ich mich in Übereinstimmung mit meinem Generationsgenossen Wolfgang Borchert (1921–47)[43] und dessen Gedicht:

> *Ich möchte Leuchtturm sein*
> *in Nacht und Wind –*
> *für Dorsch und Stint,*
> *für jedes Boot –*
> *und ich bin doch selbst*
> *ein Schiff in Not!*

… das Meer. Man nennt es gut, schlimm, treulos, launisch, traurig, wahnsinnig, wild oder sanft. Man verleiht ihm das Widersprüchliche, das jäh Überraschende, die Träume eines lebendigen Wesens. Es ist dem Geist fast unmöglich, nicht diesen großen flüssigen Leib nach Kinderart zu beseelen, auf dem die Wesen der Erde, des Mondes, der Sonne und der Luft ineinander wirken. Der Gedanke an einen phantastischen und betont eigenwilligen Charakter, den die Alten für ihre Götter hatten und den wir selbst gelegentlich den Frauen zuschreiben, bietet sich am nächsten auch für das Meer: Ein Sturm läßt sich in zwei Stunden an; wie gezaubert entsteht oder vergeht wieder ein Nebelschwalm.[34]

Indem Paul Valéry (1871–1945), seit 1925 der Académie Française angehörend und 1937 Professor für Poetik, sich den *vollen Zauber des Meeres* – welches immerhin 71%, also mehr als zwei Drittel, unserer Erdoberfläche bedeckt – vergegenwärtigt, empfängt er *ein allumfassendes Bild; jede Welle hat für mich ein volles Leben. Um so mehr sehe ich nur das, was einfach das Auge erlebt und was überhaupt keinen Namen hat. Wie dann sich losreißen von solchem Schauen? – Wer kann der Betäubung durch die lebendige Träge der Wassermassen ent-*

15

*gehen? Sie spielen mit der Durchsichtigkeit und dem Wider-
schein, mit der Ruhe und der Bewegung, mit dem Frieden
und dem Krieg. Sie deuten und verhüllen wieder dem Menschen in fließenden Zeichen das Gesetz und den Zufall, die
Verwirrung und die Ordnung. Sie geben die Bahn frei oder
versperren den Weg.*

Suchend nach der verlorenen Zeit (A la recherche
du temps perdu), hinterließ uns Marcel Proust (1871
bis 1922) auch jene nicht minder einfühlsam-poesie-
vollen »Gedanken am Meer« (in »Les plaisirs et les
jours« 1896; deutsch von E. Weiss 1926): *Es trägt nicht
wie die Erde die Spuren ... menschlichen Daseins. Nichts hat
seine Stätte hier. Bleibend ist nur das Flüchtige, und wenn
Barken das Meer durchqueren, wie schnell ist die Schaum-
spur verschwunden. Diese hohe Keuschheit hat nur das
Meer, die Dinge der Erde besitzen sie nicht. Dieses ewig jungfräuliche Wasser ist viel zarter als die verhärtete Erde ...
Schon der Schritt eines Kindes in das Wasser höhlt eine tiefe
Spur ... Alles ist hier geheimnisvoller bis zu den großen
Schattenflächen, die bisweilen friedlich über die leeren Gefilde des Meeres streifen ... Das Meer hat den Zauber aller
Dinge, die auch nachts nicht zur Ruhe kommen ... Das Meer
ist nicht wie die Erde vom Himmel geschieden, immer bleibt
es im Einklang mit seinen Farben, es schmückt sich mit seinen zartesten Nuancen ... Im Anblick dieses sanften melan-
cholischen Widerscheins fühlt man sein Herz gelöst ...*

Dem industriell erwachenden, im Impressionismus
schwelgenden Europa (man denke nur an Gustave
Courbets exemplarische Seestücke: „La mer orageu-
se« 1869, Louvre Paris, oder »Die Welle« 1870, Nationalgalerie Berlin) wies Frankreichs einflußreicher
Historiker und Literat Jules Michelet (1798–1874)
mit seinem wichtigen Buch »La mer vue du rivage«
Ausdehnung, Eigenart und Tiefe des schiffe-
befahrenen feuchten Elements. Dessen unberechen-
bare Dramatik und Dämonie machte Pierre Loti
(1850–1923) wenig später, 1886, in seinen »Pêcheurs
d'Islande«[194] deutlich.

Seit Jahrtausenden sind Schiffe[34] Transportmittel,
verbinden Häfen an sieben Meeren miteinander,
schaffen Bezüge zwischen fünf Kontinenten und
Polarregionen, ermöglichen Zugänge zu nahen und
fernen Inseln, dienen dem friedlichen, weltweiten
Warenaustausch, der Ausbeutung und Erschließung
unserer Ozeane und mitunter – viel zu häufig – auch
als Träger von Kriegsgerät. Maritime Ereignisse leuch-
ten auf. Scheinbar trockene Historie verschränkt sich
mit künstlerischer Aussage über Seeraub und Schiffbruch, über Inseldasein und Passagerekorde. Legen-

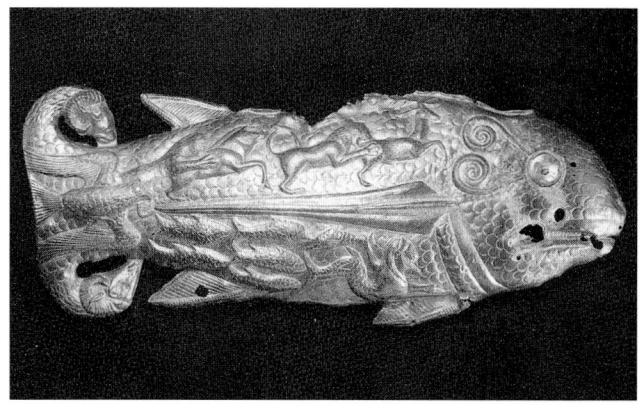

Goldener Fisch mit Reliefverzierung, unten Fische und bärtige Meeres-
gottheit, um 520 v.Chr., skythisch, aus dem Niederlausitzer Fund von
Vettersfelde; Schatzkammer des Antikenmuseums Berlin (Inv. Misc. 7839;
Länge 41 cm).

däre Seehelden, bemitleidenswerte Galeerenver-
bannte oder hoffnungsvolle Auswanderer sind wie
besessene Kapitäne, dem Suizid ebenso nahe Kohlentrimmer wie U-Boot-Leute oder vergnügliche Seerei-
sende Darstellungsinhalt der Weltliteratur.[172]

So fällt Licht auf Hermann Hesses (1877–1962)
»Eine Bibliothek der Weltliteratur« (1929) oder auf
Michel Butors (* 1926) »Kreuzfahrten durch die moderne Literatur« (1984). – Nachdem August Wilhelm
Schlegel (1767–1845) den Weltliteratur-Terminus
schon 1802 in seinen Berliner Vorlesungen ange-
wandt hatte, taucht er in einer Tagebuchnotiz vom
15. Januar 1827 bei Johann Wolfgang von Goethe
(1749–1832) erneut auf. Vom gleichen Jahr an (bis
1830) erschienen dann dessen vielbeachtete »Allgemeine Betrachtungen zur Weltliteratur«. Jener seither oft benutzte Begriff beinhaltet die Auslese des
Wertvollsten aller Nationalliteraturen.

Voran stehen Belletristik mit 1. Drama, 2. Epik und
3. Lyrik. Gliedert sich das Drama in Tragödie und
Komödie auf, die ihre jeweilige Wirkung aus dem
Zusammenspiel von Wort und Mimik empfangen, so
besticht das Epos in seiner hauptsächlich gebunde-
nen Ausformung (innerhalb der Epik) allein durch
den Vortrag, während Roman, Novelle, Fabel, Erzählung, Kurzgeschichte durch ihre ungebundene Sprache (Prosa) den Leser zu beeindrucken vermögen.
Ähnliches gilt in entsprechender Weise für Sagen,
Märchen und Legenden.

Hier sei beispielhaft jenes aus Alaska stammende,
hintergründige, zu unserer kritischen Einleitung passende Märchen »Die Seele des Wales und das brennende Herz«[210] eingefügt:

Es war einmal ein dummer und gespreizter Rabe, der flog zum Meer, weit, weit hinaus ... als er müde war, begann er nach Land auszuspähen ... Zuletzt war er so müde, daß er sich nur noch schwebend etwas über der Wasseroberfläche halten konnte ... da plötzlich tauchte dicht vor ihm ein großer Wal auf, und er wurde so verwirrt, daß er ihm gerade in den Schlund hineinflog. Einen Augenblick blieb es ganz dunkel um ihn herum, es sauste und plätscherte, und als er schon glaubte, sterben zu müssen, taumelte er geradewegs in ein Haus hinein, in ein schönes und reizendes Haus, wo es hell und warm war. Auf der Schlafbank saß eine Frau und machte sich an einer brennenden Lampe zu schaffen. Sie erhob sich, ging freundlich auf den Raben zu und sagte: »Du bist mir als Gast willkommen, wenn du mir nur einen einzigen Wunsch zu erfüllen gelobst: du darfst niemals meine Lampe anrühren.« Der Rabe war glücklich, weil er sein Leben gerettet hatte, und beeilte sich, ihr zu versichern, er würde die Lampe niemals anrühren. Und dann wunderte er sich, wie fein und rein es in dem kleinen Haus war. Es war aus Walfischknochen, gebaut wie die Wohnung der Menschen ... Aber eine seltsame Unruhe lag auf der jungen Frau; sie saß niemals längere Zeit still; in kurzen Zwischenräumen erhob sie sich und schlüpfte zur Tür hinaus. Es dauerte nur einen Augenblick, dann kam sie wieder herein; aber gleich danach war sie wieder fort. »Was macht dich so unruhig?« fragte der Rabe. »Das Leben«, antwortete die junge Frau, »das Leben und mein Atemzug.« Aber diese Antwort verstand er gar nicht. Der Rabe, der seine Angst vergessen hatte, fing an, neugierig zu werden. »Was kann das sein, daß ich die Lampe gar nicht anrühren darf?« dachte er, und bekam immer größere Lust, sein Versprechen zu brechen ... Zuletzt konnte er seine Neugier nicht länger zügeln, und als die Frau wieder zur Tür hinaus schlüpfte, sprang er hin und berührte den Docht der Lampe. Im selben Augenblick taumelte die Frau kopfüber, fiel auf den Fußboden und blieb da liegen, während die Lampe erlosch.

Zu spät bereute der Rabe, was er getan hatte; er schwankte umher in schwarzer Finsternis ... Er irrte zwischen Speck und Blut umher, und so heiß wurde es, daß seine Federn abfielen. Halberstickt erst begriff er ... Die junge Frau war die Seele der Walin, und sie schlüpfte zur Tür hinaus in die frische Luft, jedesmal, wenn die Walin Atem schöpfen mußte, und ihr Herz war eine Lampe mit großer und ruhiger Flamme. Der Rabe hatte aus bloßer Neugier das Herz der jungen Frau berührt, und darum war sie gestorben. Er wußte nicht, daß das Feine und Schöne auch zerbrechlich, vergänglich und leicht zu vernichten ist, denn er selbst war dumm ... nun kämpfte er um sein Leben ... Alles, was zuvor schön und rein war, war nun häßlich und übelriechend gewor-

den. Endlich glückte es ihm, auf dem gleichen Weg hinauszuschlüpfen, auf dem er hineingekommen war, und da saß er, ein halbnackter Rabe, bechmiert und besudelt, auf dem Rücken eines toten Wals. Hier blieb er sitzen und lebte vom Aas, während ihn Wind und Wellen hin und her warfen. Seine Flügel waren verdorben durch Hitze und Blut, und so konnte er nicht mehr fliegen.

Ein Sturm trieb ihn endlich an Land, und die Menschen sahen den toten Wal und ruderten hinaus, um Fleisch und Speck zu bergen. Als der Rabe sie sah, verwandelte er sich augenblicklich in einen kleinen, häßlichen, dunkelhäutigen Mann, der oben auf dem Wale stand ... er prahlte überheblich: »Ich bin es, der den Wal getötet hat! Ich bin es, der den Wal getötet hat!« Und er wurde ein großer Mann unter den Menschen.

Neben der Poesie (der schöngeistigen Dichtung und Unterhaltung) zählen zur Weltliteratur aber auch wichtige Chroniken und Augenzeugenberichte, bedeutende Biographien, historisch, geographisch, philosophisch, juristisch, religiös und ideologisch wertvolle Texte oder Abhandlungen.[167,172]

Außer den Mythen, zum Beispiel des Zweistromlandes oder denen der griechischen und römischen Antike, bestimmen unser abendländisches Denken vor allem jene von Martin Luther (1483–1546) ins Deutsche übersetzte Bibel (bestehend aus hebräischem, vom Ende des 2. Jahrtausends v.Chr. bis zum 2. Jahrhundert n.Chr. entstandenen Alten Testament und aus griechischem, in der 2. Hälfte des 4. Jahrhunderts n.Chr. schriftlich fixierten Neuen Testament). Erinnern wir uns dabei, daß der Fisch zum Symbol Christi wurde; denn das griechische Wort für Fisch = ΙΧΘΥΣ enthält die Anfangsbuchstaben von ΙΗΣΟΥΣ ΧΡΙΣΤΟΣ ΘΕΟΥ ΥΙΟΣ ΣΩΤΗΡ = Jesus Christus Gottes Sohn Retter.

Daneben sei des Talmuds gedacht, jener zwischen dem 6. vorchristlichen und 9. nachchristlichen Jahrhundert zusammengetragenen Sammlung rabbinischer Thoraauslegungen – zugleich jüdisches Religions- und Gesetzbuch. – Bedeutsam für Indien sind Buddhas (etwa 560–480 v.Chr.) im Palikanon nachgeformten Vinaya-pitaka, Sutta-pitaka, Abhidhamma-pitaka (Körbe der Disziplin, Lehrreden, Metaphysik) sowie die im 4. Jahrhundert v.Chr. beziehungsweise 2. Jahrhundert n.Chr. ausgeprägten Epen Mahābhārata und Rāmāyana. Entscheidend für Ostasien blieben bis heute religiöse Gedanken und Lehren des Konfuzius (um 551 – um 479 v.Chr.) wie die Laotses (6. Jahrhundert v.Chr.; dessen Tao-Te-King). – Zeitlos

·GRANDIBVS EXIGVI SVNT PISCES PISCIBVS ESCA·

GRANDIBVS EXIGVI SVNT PISCES PISCIBVS ESCA. Allegorie der Großen, welche die Kleinen fressen. Kupferstich nach einer Vorlage des bedeutenden, in Herzogenbosch/Nordbrabant verstorbenen Malers Hieronymus Bosch (um 1450–1516), excudit Cock 1557.

unvermindert gilt für den Islam der um 650 niedergeschriebene Koran[178] als Offenbarung und Gesetz!

Phasen jeweiliger Aufklärung im 18., 19. und 20. Jahrhundert haben seit 1789 umwälzende Revolutionen bewirkt, unter denen jene durch Karl Marx' (1818–83) Schriften, die zur Grundlage sozialistischer Staatstheorien – oder besser Utopien – wurden, hervorgerufene von 1917/18 bis in die Gegenwart nachwirkt – trotz oder gerade wegen der inzwischen, besonders nach dem Zweiten Weltkrieg sich vehement weiterentwickelnden Industriegesellschaften und ihrer spezifischen Problematik.

Selbst in der Literatur steht neben Schönem Häßliches, der Sünder unweit des Heiligen, die Hure bei der Lady. Großes kontrastiert mit Kleinem, Edles mit Gemeinem, das Heroische gleichrangig mit dem Feigen – oder Listigen – ebenso wie Sinnvolles mit dem Absurden. Seit 1896 und besonders mit jener 1950 beginnenden Dekade hat sich das »Absurde Theater« etabliert, ist Absurdität sogar klassisch geworden; denn (wie reflektiert Goethe in seinen »Maximen ...«:) *Das Absurde, mit Geschmack dargestellt, erregt Widerwillen und Bewunderung.* (Ein oder zwei Morde machen den Täter zum Mörder, hundert oder gar hunderttausend Morde denselben – wenn sich Propaganda und Medien einschalten – zum Helden.)

Absurdes von weit nachhaltigerem, diabolisch-verbrecherischem Effekt breitete sich gleichzeitig auf der politischen Bühne aus; denn 1925–27 erschien zweibändig Adolf Hitlers (1889–1945) »Mein Kampf«.[145] Millionenfach verbreitet und dennoch nur von wenigen als unverantwortbare Zumutung empfunden, ist dieses programmatische, wohl erstmals in der Weltliteratur zum millionenfachen Totschlag (oder Mord) auffordernde Bekenntnisbuch – wie kein anderes in unserem Jahrhundert – Weltgeschichte bewegend geworden. Als satanischer Spieler verkündet Hitler darin, und zwar nicht nur sybillisch doppeldeutig, sondern auch menschenverachtend zynisch: *Deutschland wird entweder Weltmacht oder überhaupt nicht sein.*

Vorausgegangene Zitate waren insofern notwendig, als Hitlers fixierte Gedanken ideelle Grundlage und Verhaltensregel des Nationalsozialismus und jenes von 1933 bis 1945 währenden »Tausendjährigen Reiches« sind. Ebenso selbstverständlich, wie Mao Tse-tungs (1893–1976) kleines Buch »Worte des Vorsitzenden Mao« (1964) bereits zur Weltliteratur gezählt wird[172], gehört – gewiß als schockante Literatur des Absurden – die in ihren Folgen 50 Millionen menschlicher Schicksale beeinflussende und letztlich fatal beeinträchtigende, den Zweiten Weltkrieg entfesselnde und dadurch Europas Landkarte verändernde »Kampf«-Schrift des braunen Diktators mit dazu. Nicht unbegründet äußerte Vittorio Segre (* 1920)[145] sogar: *Man kann das Böse nicht ausradieren. Man kann nur vermeiden, daß es uns erstickt, indem man zugibt, daß es da ist, und hoffen, daß die absolute Bosheit Hitlers den Glauben an die Existenz eines entgegengesetzten absoluten Guten bestärkt.*

● Darum enthält das unser Jahrhundert weltweit auslotende Kapitel »Nach zwei Weltkriegen« zentral des Tyrannen apokalyptisches Zerstörungsbild. Ihm heftet sich Bert Brechts (1898–1956) – für meine (der Gnade »später Geburt« nicht teilhaftige) Generation bestimmend gewordene – Frage an: *Wenn die Haifische Menschen wären, wären sie dann netter zu den kleinen Fischen? Sicher ... würden sie im Meer für die kleinen Fische gewaltige Kästen bauen lassen, mit allerhand Nahrung drin ... Die Hauptsache wäre natürlich die moralische Ausbildung der Fischlein. Sie würden unterrichtet werden, daß es das Größte und Schönste sei, wenn ein Fischlein sich freudig aufopfert, und daß sie alle an die Haifische glauben müßten, vor allem, wenn sie sagten, sie würden für eine schöne Zukunft sorgen. Man würde den Fischlein beibringen, daß diese Zukunft nur gesichert sei, wenn sie Gehorsam lernten. Vor allen niedrigen, materialistischen, egoistischen und marxistischen Neigungen müßten sich die Fischlein hüten und es sofort den Haifischen melden, wenn eines von ihnen solche Neigungen verriete. Wenn die Haifische Menschen wären, würden sie natürlich auch untereinander Kriege führen, um fremde Fischkästen und fremde Fischlein zu erobern. Die Kriege würden sie von eigenen Fischlein führen lassen. Sie würden die Fischlein lehren, daß zwischen ihnen und den Fischlein der anderen Haifische ein riesiger Unterschied bestehe. Die Fischlein, würden sie verkünden, sind bekanntlich stumm, aber sie schweigen in ganz verschiedenen Sprachen*

Mykenische Bügelkanne, dekoriert mit Polyp und Fischen, 2. Hälfte des 2. Jahrtausends v.Chr.; New York, Metropolitan Museum, Inv.-Nr. 53.11.6.

und können einander daher unmöglich verstehen. Jedem Fischlein, das im Krieg ein paar andere Fischlein, feindliche, in anderer Sprache schweigende Fischlein tötete, würden sie einen kleinen Orden aus Seetang anheften und den Titel Held verleihen ... Kurz, es gäbe überhaupt erst eine Kultur im Meer, wenn die Haifische Menschen wären.

● In dem »Zwischen 1827 und 1912« zeitlich begrenzten Abschnitt werden jene – die Segelschiffahrt zurückdrängende – durch Eisen und Stahl, Dampfmaschine und Schiffsschraube geprägte rasante Schiffbauentwicklung an GREAT EASTERN, NAUTILUS, ELBE, TITANIC betrachtet sowie die Bewältigung riesiger, über Ozeane geführter Auswandererströme, Sklavenbefreiung und hypertrophe nautische Rekorde gewürdigt.

● Mit dem Versuch »Als europäische Seemächte weltweit operierten« kommen literarisch gespiegelte Auseinandersetzungen zur See zwischen Spaniern und Briten im Ringen um die »unüberwindliche« Armada 1588 ebenso ins Bild wie Bukanier, *Salzwasserdiebe* (um mit Shakespeare zu sprechen), Schatzsucher, fortschrittsgläubige Seeleute, Sklavenhändler und -schiffer, auch Weltreisende vom Schlage eines Jean Bart, Robinson Crusoe, Lemuel Gulliver, James Cook oder jenes Großbritanniens Stellung als Seemacht endgültig 1805 befestigenden Admirals Horatio Nelson.

● Weiter in die tieferen Schichten maritimer Geschichte abtauchend, behandelt »In der Ära globaler Entdeckungen« die Erforschung, Inbesitznahme und Umsegelung unserer Welt im 14. bis zum frühen 16. Jahrhundert. Von Marco Polo, der Saat Heinrichs des Seefahrers und den Vorstößen ins Unbekannte durch Vasco da Gama, Christoph Columbus, Fernando Magellan zeugen zeitgenössische Berichte, Logbücher wie dichterische Vergegenwärtigung – nicht ohne einen Hauch von Illusion.

● Ferner geht es um bekannte Nordmänner und ihre Meerfahrten bis nach Vinland oder über den Ärmelkanal 'gen Pevensey', desgleichen um die mediterranen Kreuzzüge, byzantinische, islamische und normannische Flotteneinsätze wie die Konkurrenz unter den Seerepubliken Amalfi, Pisa, Genua und Venedig im Mittelalter.

Damals, im Frühjahr 972, reiste des byzantinischen Kaisers Tsimiskes Nichte Theophano (956–991) auf dem Seewege von Konstantinopel nach Tarent und weiter über Land bis nach Rom: um dort am 14. April 972 mit Kaiser Otto II. (955–983) vermählt zu wer-

den. Henry Benrath (= Albert H. Rausch, 1882 bis 1949) hat *jener großartigsten Frauenerscheinung, welche im frühen Mittelalter die deutsch-römische Krone trug,* sein wohl bedeutendstes Werk »Die Kaiserin Theophano« (1940) gewidmet. Er läßt sie zu uns selber sprechen (S. 100f.): *Es war der Wunsch des Kaisers Tsimiskes gewesen, daß diese Reise in das Abendland mit vielen Landungen unternommen würde. Ich solle meine Heimat kennen, ehe ich sie verließ, und die Heimat solle wissen, was diese Reise für die Welt bedeute. Es war schon ein Geschwader vorausgefahren, um meine Aufenthalte in den Häfen anzukünden: in Lesbos, Chios, Euboia, Sunion, Athen, Salamis, Kythera-Platanistos, Kap Matapán, Zakynthos, Kerkyra und Taras ... Wie sie aufstiegen aus der Bläue, die weißen Städte ... Immer kamen die Kinder in Sonntagskleidern und mit Veilchensträußen an Bord, die Schiffer und die Fischer sangen von den Uferstraßen zu der Trireme herauf, die Prozessionen segneten die Ausfahrt nach der kurzen Rast, und hundert Segel gaben das Geleit bis weit ins Meer hinaus ... Dies alles war Byzanz ...*

Stundenlang lag ich im Halbdunkel der Kabine und wollte nicht sehen. Und andere Stunden lang wieder hing ich am Geländer des Schiffes. Weiß ich euch noch, ihr oleanderroten Abenddämmerungen und ihr hyazinthgrauen Morgenfrühen? ... Ich konnte euch nur wittern – aber ich konnte ahnen, daß ihr in mir aufgespeichert bliebet als eine Quelle der Sehnsucht ... Einen Mittag aber weiß ich noch ... Nicht Mytilene schenkte ihn, wo ich dem Schatten der Sappho begegnete, nicht die Hügelfalten der nespelumdufteten Chios, nicht Euboias flimmernde Küste mit dem Gesang der lässig anlaufenden Wellen, nicht Sunions kalkweiße Einsamkeiten noch der Glanz der Akropolis über dem fahnendurchwehten Athen ... Schon hatten wir die Platanenwälder von Kythera im Erwachen des Tages umfahren und Richtung auf Matapán genommen. Dort war es, daß sich das Licht meinem Leben vermählte ... Was war noch Licht und was war Ding? Was war noch Luft und was noch Erde? Wo fing die Woge an und wo der Äther über dem glühenden Strand? Ich ließ die Trireme an den engen Fischerhafen anfahren ... In einer rosa-silbernen Hügelfalte die Säule einer Zypresse ... Dann war ein Gesang im Feuer der Stunde. Von ferne, aus einem Schattenwinkel am Meer, aus einer schläfrigen Barke ... Ich lauschte, erschrak fast ... »thálatta oínope thálatta thálatta«. O Lied von den Gestaden Homers, Gesang, der die Jahrtausende wiegt ... Ich lag in meinem Faltstuhl auf dem Vorderdeck des Schiffes ...

Wir lasen in den nächsten Tagen einige Gesänge der Odyssee. Ich ging an Land in Ithaka, saß einen Nachmittag in Tulpenwiesen und sah hinunter auf das Meer des großen

Dulders: Zu welchem Schicksal zog ich aus? Zu welcher Irr-
fahrt durch ein ganzes Leben? ... Hatte ich geträumt durch
alle diese Wochen stiller Fahrt? Kein Sturm hatte uns jemals
überfallen, keine Wolke uns in Regen gehüllt ... Morgen
würden wir im Lande der Phäaken sein, die Saiten des
Demodokes im Silber der Oliven hören – – Und dann?
... Taras – Tarent ... Verschwunden, wie nie gewesen, jede
Bangigkeit. Ein pfirsischroter Saum, lag die Stadt eines
Morgens über dem violetten Meere ... Auch dies war noch
Byzanz – und dennoch schon ... ein Neues, das den Traum
verbot und in Zukunft wies ... Nun mußte ich mich der Auf-
gabe entsinnen, zu der ich ausgesandt worden war, überzeu-
gend sein in jedem Blick ... die Fürstin, die der Basileus zur
Mittlerin ausersehen hatte ... Der Gouverneur kam mir auf
der Admiralstrireme der Seefestung entgegengefahren. Der
Empfang war laut und kalt. Befohlen ...

● Der antiken Erschließung von Mittelmeer, Schwarzmeer, Atlantik samt Indik ist ebenso breiter Raum
gegeben, wobei Gilgamesch, Noah und die Sintflut,
Argonautika und Homers Odyssee oder Vergils Aeneis, phönizisches, griechisches, punisches und römisches Seemachtstreben samt Perserflut-Stop vor Salamis oder Caesars Britannien-Invasion an Literatur-
zitaten nacherlebbar wird.

Mit des Xenophanes' (etwa 565–470 v.Chr.) berühmtem Lehrgedicht »Über die Natur« verbindet
sich jenes moderne Poem »Xenophanes« des Nieder-
länders Cees Nooteboom, wo es (in der Übertragung
von A. Posthuma) heißt:

> *Du sagst es, ich seh es:*
> *den Abdruck des Lorbeers*
> *auf einer Felswand in Paros,*
> *den versteinerten Fisch in den Bergen*
> *in seinem marmornen Wasser.*
> *Der Beweis, im Gestein gezeichnet*
> *schwimmt nirgends mehr hin.*
> *Du sagst es, ich hör es:*
> *wir sind aus Erde und Wasser geboren,*
> *aus Wasser und Erde ist alles*
> *was wird und was wächst ...*

● Wasserwesen, antropomorph oder überirdischen
Ursprungs, ziehen am Leser imaginär in der Studie
»Von Meergottheiten, Seejungfrauen und Klabauter-
männern« – aus fünf Jahrtausenden – vorüber.
● Schließlich wird das gesamte maritime Geschehen
chronologisch – wie an einem »roten Faden« – im
zwar literarische Vorlagen verwendenden, aber mit
neuen künstlerisch-optischen Mitteln sowie Musik

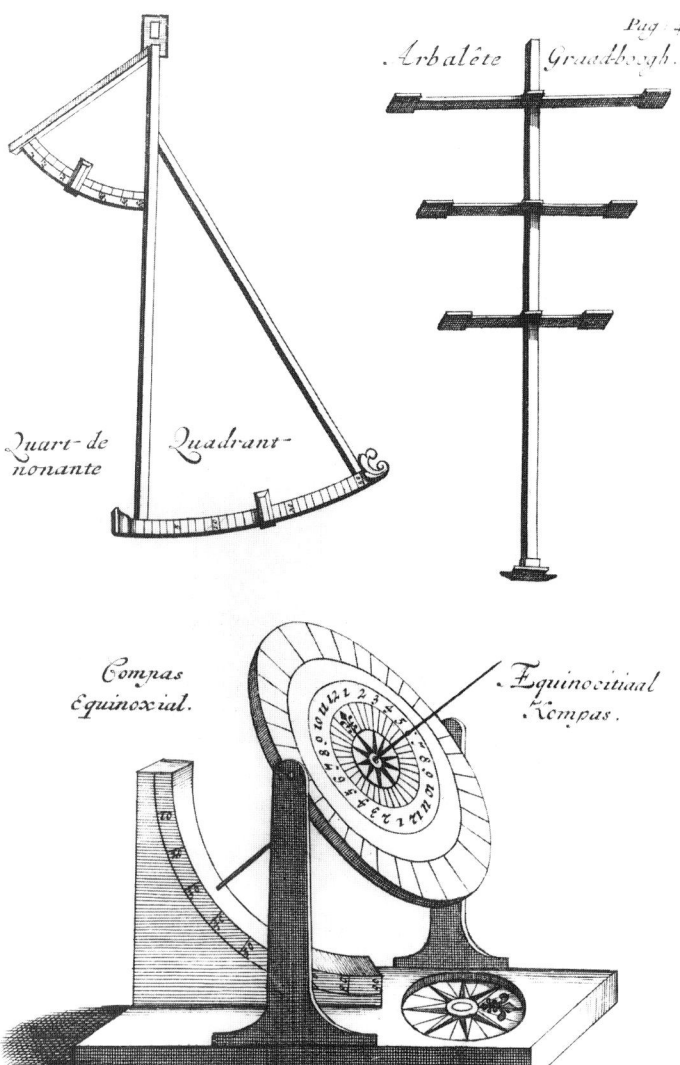

Quadrant, Gradbogen und Äquinoktial-Kompaß, Kupferstich auf Seite 48
des »Dictionnaire de Marine« (Amsterdam, 2. Aufl. 1736).

und Sprache arbeitenden Film und Fernsehen streif-
lichterartig projiziert. Was die Spule des »roten
Fadens« auf sich hat, erklären Goethes »Wahlver-
wandschaften« (1809, II,2): *Wir hören von einer beson-*
deren Einrichtung bei der englischen Marine: Sämtliche
Tauwerke der königlichen Flotte, vom stärksten bis zum
schwächsten, sind dergestalt gesponnen, daß ein roter Faden
durch das Ganze durchgeht, den man nicht herauswinden
kann, ohne alles aufzulösen, und woran auch die kleinsten
Stücke kenntlich sind, daß sie der Krone gehören.

So entsteht, reflektiert in derart unterschiedlichen
Dichtungen, wie »Amers«, »Billy Budd«, »Crossings«,
»Das Boot«, »Des Kaisers Kulis«, »Don Quijote«,
»Exodus«, »Los Premios«, »Ode Marítima«, »Os Lu-
siadas«, »The Corsair«, »Tsushima«, ein in nuce ge-

Kompaß-Gehäuse, Radierung in: Johann Hinrich Röding, Allgemeines Wörterbuch der Marine, Band 4, Hamburg-Leipzig 1792, Tafel LXXX (Ausschnitt).

formtes Panorama maritimer Weltliteratur. Zu ihrer individuellen Vertiefung tragen Kapitäne vom poetischen oder nautischen Rang eines Ahab, einer Ana Felix, des Bligh, Courageous, Escartefigue, Gouvain Lozerech, Moscoso, Nemo, Odysseus, Polack, »Pug« Henri, von Steiger (Vater und Sohn), Wandelaar ebenso bei. Außerdem werden berühmte fiktive oder existente – Schiffe: die BISMARCK, CAINE, DIMBULA, EMPRESS OF MADAGASCAR, KRONPRINZESSIN CECILIE, MARQUESA, NAN-SHAN, NORMANDIE, OLYMPIA, PEREGRINA, POLARLYS, VERA – zu kontrastreich bunt belebten Schauplätzen.

Überdies beflügeln nicht nur nautische Begriffskombinationen, wie Dampfschiff, Dickschiff, Fährschiff, Flaggschiff und Frachtschiff, Kühlschiff, Lastschiff, Postschiff und Schulschiff, Tankschiff, Vollschiff und Wohnschiff, sondern stärker wohl noch solche des literarisch-poetischen Bereichs – wie etwa *Dichterschiff, Feuerschiff, Flaschenschiff, Geisterschiff, Geleitschiff, Gespensterschiff, Heilsschiff, Holzschiff, Kriegsschiff, »Les Vaisseaux du Cœur«, Mörderschiff, Narrenschiff, Pestschiff, Schiff der Hoffnung, Schiff der Reue, Schnelldampfer, Sklavenschiff, Sonnenschiff, Teufelsschiff, Totenschiff, Trauerschiff, Traumschiff, Weiberschiff, Zauberschiff* – die Flotten unserer maritimen Erinnerungen und nautischen Phantasien.

Einschränkend – ja, in getroffener Auswahl – non omnis – auf den bisweilen zufälligen, gar bruchstückhaften Charakter der Kapitel-Folge, die selbst manchen vergessenen oder weniger bekannten Autor berücksichtigt, wobei ich mich keinesfalls (wie es Benoîte Groult[121] meinte) *in den gemütlichen Kokon der Verachtung für sogenannte Erfolgsliteratur zurückgezogen habe*, hinweisend –, sei Franz Grillparzers (1791 bis

1872) gedacht, zumal er schon 1819 zu bedenken gab:

Die auf dem Ozean des menschlichen Wissens rudern wollen, kommen nicht weit, und die, die Segel aufziehen, verschlägt der Sturm. Aber tröstend bekennt er auch: *Die Poesie ist die Aufhebung der Beschränkung des Lebens.* Daß dieses überall an kreatürlich-irdische Grenzen stößt, sollte nicht irritieren; denn ... *Wollte man alle Schiffe der Welt verbieten, weil es schon vorgekommen ist, daß Leute, die auf Schiffen fuhren, ertranken, dann wäre dies' sehr unvernünftig ...,* rät Lü Bu We, jener hohe Ministerämter bekleidende, 232 (n.Chr.) gestorbene chinesische Weise.

Alle Dichtung ist in doppelter Hinsicht subjektives Erlebnis: der Autorin oder des Dichters wie derjenigen Person, die sich der Poesie erschließt, allerdings dabei nicht verdrängen sollte, daß Schiffahrt zu allen Zeiten unromantisch-hart, entbehrungsreich und opfervoll war, auch wenn wir heute – als Kreuzfahrtenteilnehmer (siehe Epilog: 14) – darin nur unser Vergnügen, womöglich nach Bildung strebend, suchen.

Vielleicht behält Jean Paul (= Friedrich Richter; 1763–1825) recht, wenn er in »Des Luftschiffers Gianozzo Seebuch. Almanach für Matrosen, wie sie sein sollten« 1801 einrückt: *Gleich dem Jüngsten Tage / verwandelt uns die Poesie, / Indem sie uns verklärt, / ohne uns zu verändern.* Doch wenn Heinrich Böll (1917 bis 1985), Deutschlands Literatur-Nobelpreisträger von 1972, dem entgegensetzt: *Poesie ist Dynamit für alle Ordnungen dieser Welt* – erhoffe und beanspruche ich für mich zusätzlich noch Friedrich Nietzsches 1882 geprägte Gedichts-Sentenz »Nach neuen Meeren«:

Dorthin – will ich; und ich traue ...
mir fortan und meinem Griff ...
Offen liegt das Meer, ins Blaue
treibt mein Genueser Schiff.

Allerdings sollte dieser »Prolog« enden mit einer andersgearteten Stimme und Stimmung im Poem jener – Raffaels Parnaß zugeordneten – abendländischen Dichterin[152] Sappho (etwa 617–560 v.Chr.):

Kypris, zu dir, selige Göttin, bet ich:
gute Seefahrt [schenk meinem fernen Bruder]
...
Was er einst gefehlt hat, er [hat's] *beglichen.*
Mögen denn der Wind und die Meereswogen
als ein glückhaft Schiff zu dem Heimathafen
bringen das seine!

»Zwischen Immer und Nie« zeichnete Marie Luise Kaschnitz (1977) ... *Sapphos Welt: Es ist die junge, die märchenhafte, die strahlende Welt der Frühzeit, in der die Frauen noch Kränze wanden, Festlieder sangen, von Veilchengeruch und Meerwind umweht. Dies alles scheint unendlich fern, versunken hinter zahllosen Bergen, die die Menschengeschichte aufgetürmt hat ... Aber das Zauberwort »es ist noch alles wie je« klingt aus jedem Vers der Sappho an unser Ohr. Wenn wir uns ihrer Dichtung öffnen, sind wir jung wie damals und wie damals gehören uns die Inseln, die Myrrhen und das Gold.*

VON MEERGOTTHEITEN, SEEJUNGFRAUEN UND KLABAUTERMÄNNERN

Nach einem der schönsten europäischen Ausflugsziele sehnte sich schon Sophokles (497–406 v.Chr.; Ajax 1217): *Wäre ich doch im Lande, wo ein Kap, das die Wogen schlagen, ins Meer vortritt, auf dem äußersten Ende des Vorgebirges von Sunion!* Dort weisen seit 440 v.Chr. schimmernde Marmorsäulen eines Poseidon-Tempels allen aus der Ägäis heimkehrenden Seeleuten den Kurs nach dem nicht mehr fernen Piräus und Athen.

Es hatte im 5. Jahrhundert v.Chr. – dank des Themistokles' Ingenium – Europa vor der Perser-Invasion bewahrt. Herodot (nach 490 – nach 430 v.Chr.; Buch VIII, 121), Zeitgenosse und Historiker, vermittelt dazu folgende Einzelheit: *Nach der Seeschlacht von Salamis beschlossen die Griechen, die besten Beutestücke den Göttern zu opfern, darunter auch drei phönizische Schiffe. Eines davon sandten sie dem Poseidon-Tempel im Isthmus von Korinth (zu meiner Zeit konnte man es dort noch sehen), ein anderes kam nach Sunion und das dritte wurde ... Salamis gewidmet.*

Als Lord Byron (1788–1824) im Sommer 1810 nicht nur von den Marmorstufen dem Farbenschauspiel der Sonnenuntergänge entzückt folgte, sondern auch jene – bis heute lesbar gebliebenen – Lettern »Byron« in eine der Maueranten des Tempelpronaos ritzte, dichtete er, vom Fluidum des Poseidon-Heiligtums tief beeindruckt: *Auf Sunions Marmor laß mich stehen, / Wo nichts als Wellen nur und ich / Den wechselweisen Klang verwehen, / Laßt wie der Schwan dort sterben mich! / Nie nenn' ein Sklavenland ich mein; / Zerschellt das Glas mit Samierwein!* (Don Juan III 86,16)[52]

Ursprünglich durch seine Funktionen, die Mutter Erde zu befruchten und sogar Erdbeben auszulösen, als Süßwassergott verehrt, beschränkt sich Poseidons späteres Wirken auf des Meeres ebenso salzige wie stürmische Fluten; denn Zeus beanspruchte vom Kosmos den Himmel, während Hades die Unterwelt zufiel. Darum bekennt Poseidon in Homers »Ilias« (15,185ff.) auch: *Wir drei Brüder stammen von Kronos,* *von Rheia geboren: Zeus und ich, und der dritte ist Hades, der König der Schatten. Dreifach ist alles geteilt ... Ich erloste das graue Meer zum ewigen Wohnsitz ... Allen zusammen gehört die Erde und hoch der Olympos.*

Entsprechend machte sich Poseidon, dessen Dreizack als Blitz zu deuten ist, alle älteren Meeresgottheiten untertan. Vermählt mit Amphitrite (einer Nereus-Tochter), außerdem mancher Liebschaft zugetan, zählen zu seinen Nachkommen u.a. Aigeus, Neleus, Pegasos[236], das Flügelpferd, und der Riese Polyphem sowie Attikas größter Heros: Theseus, welcher dank Ariadnes Hilfe in Kretas Labyrinth den Minotaurus überwand.

Zu Poseidons (lateinisch Neptuns) Herrschaftsbereich gehören Triton und Nereus sowie deren Abkömmlinge, die Tritonen (fischleibige Seedämonen mit menschlichen Oberkörpern) und entsprechende Nereiden. Von letzteren führt Homer in der »Ilias« (18, 39ff.) 33 Namen auf, während Hesiod (um 700 v.Chr.) in seiner »Theogonie« (234ff.) be-

Die rekonstruierten Reste des zwischen 444 und 440 v.Chr. erbauten Poseidon-Tempels auf Kap Sunion, der Landspitze des südöstlichen Vorgebirges von Attika.

Poseidon-Neptun, umgeben von Tritonen und Nereiden, auf dem Meer einherfahrend, links im Mittelgrund der Koloß von Rhodos über der Hafenein-fahrt des bergigen Inselortes. Gemälde aus dem Schulbereich des Giulio Romano (1493–1546); 1935 im Berliner Kunsthandel.

reits fünfzig nennt. Altertümliche Meergreise, wie Proteus und Phórkys, sind ebenso Inhalt der antiken Mythologie, zumal Homers »Odyssee« (1,72/4,385ff. und 13,96f., 345) von ihnen handelt, Odysseus sogar ins heimatliche Ithaka zurückzukehren vermochte: *Da ist der Hafen des Phorkys, des greisen Herrschers der Tiefe.*

Phorkys zeugte übrigens so ungeheuerliche Wesen wie die schlangenhaarigen Gorgonen, darunter Medusa, auch Hesperiden, Sirenen und Skylla, mit denen es Herakles, Perseus und Odysseus zu tun bekamen.

Ältesten Genealogien zufolge war Okeanos, welcher an den Grenzen der damals bekannten Erde lokalisiert wurde, nicht nur einer der Urgötter bzw. Titanen (die ihrerseits den olympischen Göttern weichen mußten), sondern auch Gemahl der Meergöttin Tethýs. Von ihnen stammen die 3000 Okeaniden ab. – Tethýs ist nicht zu verwechseln mit der Genera-

tionen jüngeren Nereide Thétis; deren Sohn Achilleus, einer der Achäeranführer und Befehlshaber über die Mannschaften von 50 Schiffen, fiel später vor Troja, was Homers »Ilias« ausführlich darlegt.

In Eridu am Persischen Golf (Chaldäa) wurde Enki als weiser, altsumerischer Gott von Erde und Meerestiefe verehrt; er wandelte seinen Namen zu babylonischer Zeit in Ea (»vergöttlichtes Haus des Wassers« oder »großer Fisch des Meeres«, wurde sogar unter dem Namen Oannes bekannt). Darum begegnen wir einer derartigen, bildlich überlieferten anthropomorphen Fischgestalt im wandhohen Alabasterrelief aus dem Palast Sargons II. (721–705 v.Chr.) zu Khorsabad (Paris, Louvre). Ähnlich geprägt ist die semitische Mondgöttin Derceto; Lukian (etwa 120–180 n.Chr.), ein Heinrich Heine verglichener antiker Sophist und Satiriker, beschreibt sie wie folgt: *... von Derceto sah ich in Phönizien eine Zeichnung ... die obere Hälfte ihres Körpers ist der einer Frau, aber von*

Phönizier-Cargos, links
Wassergott. Umzeichnung
des Alabasterreliefs aus dem
Palast Sargons II. (721–705
v.Chr.) in Khorsabad (Dur-
Scharrukin/Irak); Paris,
Musée du Louvre.

den Hüften bis zu den unteren Gliedmaßen besteht sie aus dem Schwanz eines Fisches. Krokodilförmig hingegen ist das Haupt des altägyptischen Wassergotts Suchos; man verehrte ihn in Nil- und Oasenstädten, wie etwa Krokodilopolis. In solchen Zusammenhang gehört darum jener dunkle Leviathan-Bericht des Alten Testaments (Hiob 40,25ff.).

Meerwesen oder Seemänner und Wasserfrauen[29,296] haben die Vorstellungswelt selbst der nachantiken Jahrhunderte bevölkert. So besitzen wir Nachrichten über Begegnungen zwischen Seejungfrauen und Heiligen, etwa dem Hl. Olaf. Mit ihren süßen Liedern schläferten sie Seeleute ein und zogen sie zu sich in die Wellen hinab. Ein namentlich unbekannter Mönch rang lange im Gebet mit einer Seefrau, die ihn auf dem Eiland Iona bei St. Columba heimsuchte. Täglich schwamm sie zur heiligen Küste von I Chaluim Hill und bat den geistlichen Herrn um Hergabe seiner Seele. Fatalerweise verliebte sich der Mönche in sie, aber ob er sein Gelübde vergaß, ist nicht überliefert, nur daß er von ihr forderte, sie müsse dem Meer für immer entsagen. Diesem

Wasserjungfrauen bei den Schiffen des Aeneas (Aeneis X,215ff.). Holzschnitt in Virgilius »Opera« (Straßburg: Grüninger 1502).

Wunsch vermochte sie trotz aller Verzweiflung nicht zu entsprechen. Weinend hinterließ sie auf Iona ein Vermächtnis; denn die grüngrauen Kiesel am Strand der frommen Insel heißen seither »Seejungfrauentränen«.

Nach einer irischen Legende ließ der Heilige Patrick alte Weiblein, die dem Heidenglauben anhingen, und um sie von der Insel zu verbannen, zu Seefrauen werden, wodurch sich die Gefahren für Seefahrer steigerten. Derselbe Heilige bekehrte auch den Wassermann Fintan zum Christentum. Später sogar heiliggesprochen, soll Fintan in Fischgestalt schon vor der Sintflut nach Irland gekommen sein.

Nur scheinbar verderblichen Einfluß übten vogel- oder fischleibige Sirenen aus. Unter den Seefahrermärchen in Homers »Odyssee« (12,39ff.) tauchen sie auf; denn Kirke rät Odysseus: *Zu den Sirenen wirst du zuerst gelangen, die alle Menschen bezaubernd umstricken, es möge kommen wer wolle. Wer sich den Sirenen unwissend nahte und jemals ihre Gesänge vernahm, der kehrt nie wieder nach Hause.* Nun – Odysseus ließ sich an den Schiffsmast binden, während seinen Genossen die Ohren bereits mit Wachs verstopft waren, passierte die Verführerinnen, hörte ihre betörenden Stimmen – ohne freilich deren Opfer zu werden. Jahrhunderte später heißt es 1210 im »Bestiarium« des Guillaume le Clerc: *Von der Sirene werden wir künden. Sie sieht gar seltsam aus; Denn von der Hüfte nach oben / Ist sie so schön, wie wenig auf Erden: Gestaltet wie eine Frau. Ihre untere Hälfte jedoch / Ist ein Vogel oder ein Fisch. – Aus-*

drücklich: *oder ein Fisch;* denn junge weibliche Seewesen waren längst Allgemeingut der Dichtung geworden, zumal Euripides (ca. 480–406 v. Chr.) seine »Troerinnen« beginnen läßt: *Ich, Gott Poseidon, komme aus der ägäischen Flut, salzigen Tiefen, wo der Nereustöchter Schar anmutige Bilder zeichnet mit des Reigens Schrift.*

Unter den bis zur Gegenwart nachwirkenden Poesien des Römers Catull (etwa 84–54 v.Chr.) enthält sein Lied über Jasons Kolchis-Fahrt mit der ARGO einen bemerkenswerten Beitrag zur Meereslyrik: *Als sie mit ihrem Bug die stürmischen Fluten durchpflügte / Und von dem Schlage der Ruder gepeitscht, aufschäumte die Woge, / Hoben ihr Antlitz empor aus der Gischt des schimmernden Meeres / Meermädchen, Nereus' Töchter, voll Staunen über das Wunder, / Sterbliche Augen sahen an jenem Tage, was niemals / Ihnen sonst ist vergönnt: wie nackte Nymphen des Meeres / Bis zu den Brüsten der Gischt des leuchtenden Wassers entstiegen.*

In Vergils (70–19 v.Chr.) Hauptwerk, dem römischen Nationalepos »Aeneis«[318], in dem Aeneas das brennende Troja mit seinen Schiffen verläßt, um nach Zwischenstationen in Italien schweren, Rückschläge überwindenden Neubeginn zu wagen, fehlt es nicht minder an solcher Motivik. Im Buch 10, Vers 215ff. heißt es beispielsweise: *Aber Aeneas ... lenkt am Steuer selber das Schiff und richtet die Segel. / Und siehe da: inmitten der Fahrt begegnet der Reigen / ihm der Gefährtinnen: Nymphen, denen die hehre Kybebe / Meeresgottheit und Nymphen aus Schiffen zu werden befohlen / hatte, sie schwammen in Reihen einher, durchschnitten die Fluten, / alle, die einst mit ehernem Bug am Strande gestanden. / Weither erkennt den Fürst die Schar und umkreist ihn im Reigen. / Kymodokea, die redegewandteste unter den Nymphen, / folgt ihm nach, ergreift das Heck mit der Rechten, ihr Rücken / ragt heraus, nachrudert die Linke in ruhigen Fluten. / Dann zu dem Ahnungslosen beginnt sie: »Wachst du, Aeneas, / Göttersproß? So wache, laß locker den Segeln die Taue! / Wir sind's, Fichtenbäume vom heiligen Gipfel des Ida, / Nymphen im Meer jetzt, einst deine Flotte.«* – Aus verlorenen Schiffen waren hilfreich-tröstende, ja anspornend-glückbringende Seegefährtinnen geworden!

Als Geoffrey Chaucer (1340–1400) 1366 den beliebten »Rosenroman« vom Guillaume de Lorris und Jehan de Meung übersetzte und kommentierend herausgab, kam die Sirene erneut ins Bild: *So süße Lieder gab es dort, / ich dachte: das ist kein Vogelgesang, / sondern wundersam und ähnlich den / Gesängen der Seejungfrauen im Meer / ihr Singen ist so strahlend. – Obwohl*

wir sie Seejungfrauen nennen / in England nach unserem Gebrauch: / der Franzose nennt sie Sirenen.

Ihrer erinnert sich auch Shakespeare (1564–1616) im »Sommernachtstraum« (II,1): *Weißt du noch wohl, wie ich einst saß auf einem Vorgebirge, und eine Meerfrau, die ein Delphin trug, so süße Harmonien hauchen hörte, daß die empörte See gehorsam ward, daß Sterne wild aus ihren Kreisen fuhren, der Nymphe Lied zu hören?* Derselbe Shakespeare schlug in der »Komödie der Irrungen« (III,2), im Dialog zwischen Antipholus von Syrakus

Sirene – als Sinnbild des Bösen – an der ältesten romanischen Kirchendecke der Schweiz, um 1130, in St. Martin zu Zillis/Graubünden.

und Luciana, andersartige Töne an: *Laß ab, Sirene, mich mit süßen Liedern / in deiner Schwester Tränenflut zu locken. / Singst du für dich, wird trunkne Lieb' erwidern: / Breit auf die Silberflut die goldnen Locken, / so holdem Lager will ich mich vertraun / und in der Täuschung des Entzückens wähnen: / der triumphiert, der so den Tod mag schaun. / So sing und sterbe, Lieb', in sel'gem Sehnen.*

Ähnliches bringt Goethes (1749–1832) Ballade »Der Fischer« zum Ausdruck: *... Aus dem bewegten Wasser rauscht / Ein feuchtes Weib hervor. / ... / Sie sprach zu ihm, sie sang zu ihm; / Da war's um ihn geschehn: / Halb zog sie ihn, halb sank er hin, / Und ward nicht mehr gesehn.*

Ganz anders endet Hans Christian Andersens (1805–75)[9] Märchen vom »Meerweibchen« (das an Kopenhagens Sundufer – in der Skulptur von Edvard Eriksen – unübersehbar bronzene Gestalt annahm): *... Es wurde spät, aber das Meerweibchen konnte die Augen*

Das »Burghley Schiff«, ein Salzfaß als silbervergoldeter, 35 cm hoher Tafelaufsatz; dessen aus einer
Nautilusmuschel bestehenden Bootskörper trägt eine Seejungfrau. Angefertigt
in Paris 1527/28; ausgestellt im Victoria & Albert Museum, London (Inv. M. 60-1959).

nicht von dem Schiffe und dem schönen Prinzen abwenden. Die farbigen Laternen erloschen, die Raketen stiegen nicht mehr in die Luft, keine Kanonenschüsse donnerten mehr, aber tief unten im Meer summte und brummte es ... hurtiger schoß das Schiff durch die Wellen, ein Segel nach dem anderen breitete sich aus, stärker schlugen die Wogen, ein schwarzes Gewölk zog sich zusammen, es wetterleuchtete in der Ferne. O, ein entsetzliches Unwetter sollte losbrechen! ... das Schiff stöhnte und krachte ... der Hauptmast brach mitten durch und das Schiff legte sich auf die Seite, während das Wasser in den Raum eindrang. Nun sah das Meerweibchen, daß die Seeleute in Gefahr schwebten ... vorzüglich schaute es sich nach dem jungen Prinzen um und sah ihn, als das Schiff barst, in die tiefe See versinken ... Nein, sterben durfte er nicht! Deshalb schwamm die kleine Seejungfrau zwischen den Balken und Planken ... vergaß die eigene Gefahr, tauchte tief unter das Wasser ... Zuletzt erreichte sie so den jungen Prinzen, der kaum noch länger in der erregten See schwimmen konnte ... er hätte sterben müssen, wäre sie nicht hinzugekommen. Sie hielt seinen Kopf über das Wasser empor und ließ sich dann mit ihm von den Wogen treiben, wohin sie wollten ... Das Meerweibchen küßte seine hohe, schöne Stirn ... Es küßte ihn wieder und wieder ...
Die kleine Seejungfrau hob ihre lichten Arme zu Gottes Sonne empor, und zum ersten Mal fühlte sie Tränen. – Auf dem Schiffe herrschte wieder Lärm und Leben; sie bemerkte, wie der Prinz mit seiner schönen Braut nach ihr suchten, wehmütig hafteten sich ihre Blicke auf den wallenden Schaum, als ob sie wußten, daß sie sich in die Wogen gestürzt hätte. Unsichtbar küßte sie die Stirn der Braut, lächelte ihn an und stieg ... zu der rosenroten Wolke empor, die in der Luft einherschwamm.

Ebenso schillernd-verzauberte wie dunkel-dämonische Wassergestalten treten uns in Gedichten von Joseph Freiherr von Eichendorff (1788–1857) entgegen, so etwa in »Verloren«:

Still bei Nacht fährt manches Schiff,
Meerfei kämmt ihr Haar am Riff,
Hebt von Inseln an zu singen,
Die im Meer dort untergingen.
Wann die Morgenwinde wehn,
Ist nicht Riff noch Fei zu sehn,
Und das Schifflein ist versunken,
Und der Schiffer ist ertrunken.

Oder im »Marmorbild«

Zuweilen nur Sirenen
Noch tauchen aus dem Grund
Und tun in irren Tönen
Die tiefe Wehmut kund.

Als Paraphrasen des vertrauten Stoffs wirken Eduard Mörikes (1804–75) »Schiffer- und Nixenmärchen«; denn in seinem »Sieben-Nixen-Chor« verlautet beispielsweise:

»Zwischen grünen Wasserwänden
Sitzt der Sieben-Nixen-Chor:
Wasserrosen in den Händen
Lauschen sie zum Licht empor.
Und wenn oftmals auf der Höhe
Schiffe fahren, schattengleich,
Steigt ein siebenfaches Wehe
Aus dem stillen Wasserreich.
Dann zum Spiel kristallner Glocken
Drehn die Schwestern sich zum Tanz,
Schütteln ihre grünen Locken
Und verlieren Gurt und Kranz.
Und das Meer beginnt zu schwanken,
Well' auf Welle steigt und springt,
Alle Elemente zanken
Um das Schiff, bis es versinkt.
...
Wohl! – Schon auf des Meeres Grunde
Sitzt das Schiff mit Mann und Maus,
Und die Sieben in die Runde
Rufen: Schönster tritt heraus!
Rufen freundlich mit Verneigen:
Komm! es soll dich nicht gereun;
Woll'n dir unsere Kammer zeigen,
Wollen deine Mägde sein.
– Sieh! da tritt vom goldnen Borde
Der betörte Königssohn
Und zu der korallnen Pforte
Rennen sie mit ihm davon.
Doch man sah nach wenig Stunden
Wie der Nixenbräutigam
Tot, mit sieben roten Wunden
Hoch am Strand des Meeres schwamm.«
Also sang in Zaubertönen
Süß der Magier Drakone
...
Jetzo fasset er die Leiche
...
Rauschet nieder in die Wogen
Klopft an dem Korallentor,
Führet so die junge Fürstin,
Daß auch sie zur Nixe werde,
Als willkommene Genossin
In dem Sieben-Nixen-Chor.

Eindruck und Wirkung noch steigernd, gerät Mörikes »Zauberleuchtturm« zum Alptraum:

> Aus allen Kräften steuert man
> Jetzt nach dem teuren Licht hinan,
> Das wächst und wächst und leuchtet fast
> Wie einer Zaubersonne Glast,
> Darin ein Mägdlein sitzt und spinnt,
> Sich beuget ihr Gesang im Wind.
> Die Männer stehen wie verzückt,
> Ein jeder nach dem Wunder blickt
> Und horcht und staunet unverwandt,
> Dem Steuermann entsinkt die Hand,
> Hat keiner acht mehr auf das Schiff;
> Das kracht mit eins am Felsenriff,
> Die Luft zerreißt ein Jammerschrei:
> »Herr Gott im Himmel, steh' uns bei!«
> Da löscht die Zauberin ihr Licht;
> Noch einmal aus der Tiefe bricht
> Verhallend Weh aus einem Mund;
> Da zuckt das Schiff und sinkt zu Grund.

Folgendes handelt nicht von Undine[210], Melusine, nicht vom Verlust des Schattens oder Spiegelbildes, sondern von der Weggabe einer Seele. Oscar Wilde (1854–1900) hinterließ im Märchen »Der Fischer und seine Seele«[327] dazu wohl die berückendste Parabel: *Jeden Abend fuhr er hinaus auf die See, und eines Abends war das Netz so schwer, daß er es kaum in das Boot ziehen konnte. Da lachte er und sprach: »Sicher habe ich alle Fische gefangen ... oder es ist mir ein plumpes Seeungeheuer ins Garn gegangen ...«. Er zog an den dünnen Stricken und schließlich erhob sich das Netz an die Oberfläche des Wassers. Aber es befand sich darin ... nur eine kleine Seejungfrau, die in festem Schlafe lag ... Jeden Abend fuhr der Fischer hinaus. Er rief die Seejungfrau, und sie tauchte aus dem Wasser auf und sang vor ihm ... Mit jedem Tag wurde der Klang ihrer Stimme süßer in seinen Ohren. So süß war ihre Stimme, daß er seine Netze und seine Geschicklichkeit vergaß und auf sein Gewerbe nicht achtete.*
Eines Abends aber rief er sie an und sprach: »Kleine Seejungfrau, ich liebe dich. Nimm mich als Bräutigam.«
Da schüttelte die Seejungfrau ihren Kopf. »Du hast eine menschliche Seele«, antwortete sie. »Nur wenn du deine Seele fortschicken wolltest, könnte ich dich lieben.«
Und der junge Fischer sprach zu sich selbst: »Was habe ich von meiner Seele? Ich kann sie nicht sehen, ich kann sie nicht fühlen, ich kenne sie nicht. Gewiß werde ich sie von mir fortschicken und großes Glück dafür gewinnen.« ...
Die junge Hexe ... sagte zu ihm mit seltsamem Lächeln: »Was die Menschen den Schatten des Körpers nennen, ist nicht der Schatten des Körpers, sondern der Körper der Seele. Stelle dich an das Meeresufer mit dem Rücken nach dem Mond und schneide rund um deine Füße deinen Schatten ab, der der Körper deiner Seele ist. Dann bitte deine Seele, dich zu verlassen, sie wird es tun.« ... Da sprach seine Seele zu ihm: »Wenn du mich wirklich von dir vertreiben mußt, sende mich nicht fort ohne dein Herz. Die Welt ist grausam, gib mir dein Herz, ich werde es mitnehmen.«
»Bedarf es nicht auch der Liebe?« fragte seine Seele. »Geh deiner Wege, denn ich brauche dich nicht«, schrie der junge Fischer. Und er nahm das kleine Messer und schnitt den Schatten rund um seine Füße ab. Da erhob sich der Schatten ... »Nein, wir werden uns wiedersehen«, sagte die Seele ...
... Und als das zweite Jahr vorüber war, sprach die Seele des Nachts zu dem jungen Fischer: »... jetzt habe ich dich zum Bösen versucht, aber deine Liebe ist stärker als ich ...«. »Gewiß kannst du eintreten«, sagte der junge Fischer, »denn in den Tagen, als du ohne Herz durch die Welt zogest, mußt du viel gelitten haben.«
»Weh mir«, rief seine Seele, »ich kann keinen Eingang finden, so umschlossen von Liebe ist dieses dein Herz.« ... Als er so sprach, kam ein großer Schmerzensschrei von der See ... Weiß wie die Brandung war sie, und wie eine Blume warfen die Wellen sie hin und her. Die Brandung nahm sie von den Wogen, und der Schaum nahm sie von der Brandung, bis der Strand sie empfing, und der junge Fischer den Körper der kleinen Seejungfrau sah. Tot lag sie zu seinen Füßen ... ... »Flieh davon«, sagte seine Seele, »denn das Meer kommt näher und näher, und wenn du zauderst, wird es dich töten ...«.
Aber der junge Fischer hörte nicht auf seine Seele, sondern wandte sich an die kleine Seejungfrau: »Liebe ist besser als Weisheit und kostbarer als Reichtum und schöner als die Füße der Menschentöchter. Feuer kann die Liebe nicht zerstören, noch kann das Wasser sie ertränken. Ich rief nach dir am Morgen, und du bist auf meinen Ruf nicht gekommen. Der Mond hörte deinen Namen, und doch hast du meiner nicht geachtet. Denn ich hatte dich schmälich verlassen, und zu meinem eigenen Leid bin ich fortgewandert. Aber immer verblieb deine Liebe bei mir, immer war sie so stark, und nichts konnte sie erschüttern, ob ich nun auf das Böse achtete oder auf das Gute. Und jetzt, da du tot bist, will ich wahrlich mit dir sterben.«
Und seine Seele flehte ihn an, zu fliehen, aber er wollte nicht, so groß war seine Liebe ... Und die See bedeckte den jungen Fischer mit ihren Wogen ...

Wie klingt das Thema in Gerhart Hauptmanns (1862–1946; 1912 Literatur-Nobelpreis) »Meerwunder« an? *»Nun meine Lieben, wenn ich die Blaue Grotte*

Tapetenstreifen mit Nereidenpaar und Delphinen sowie Muscheln, entworfen von Walter Crane (1845–1915). Solcher vielfältig sich wiederholende Streifen bildete den friesartigen oberen Wandabschluß eines tapezierten Raumes in Cranes Londoner Wohnung, 13, Holland Street; Berlin, Kunstbibliothek (50400).

von Capri nenne – gewiß ein Wunder –, sie reicht nicht im entferntesten hin, euch einen Begriff von meinem zu machen … Ich hatte sie mit den Augen verfolgt, bis sie in die Tiefe verschwunden war, als sich plötzlich etwas blitzschnell, triefend und Wasser um sich sprühend, über dem Bug aufrichtete. Es war wieder die Seejungfer … Dieser herrliche ozeanische Dämon in Weibsgestalt … die furchtbar rätselhaft entfesselte, gnadenlose Grausamkeit der See sprach aus ihm …

Da schwamm es nah an das Boot heran und legte, wie um seine Huldigung zu empfangen, eine rosafarbene Hand auf die Bordkante. Da ich nun das menschliche Weib mit allen seinen Eigenschaften in der Nereide zu spüren glaubte, hielt ich einen Handkuß für angebracht. Wer weiß aber, ob ich noch lebte, wenn ich nicht erst mit einer Hand, und zwar auf zarteste Weise, die ihre berührt hätte. Ich wurde nämlich

sogleich, von einem elektrischen Schlage betäubt, ins Boot gestreckt …

Als ich die Augen öffnete, hing ein tiefbesorgtes Mädchengesicht dicht über mir … Ich sage nicht, wie die Nacht bis zum Morgen verging. Zuletzt zerging mir das Bild in den Armen …

Vom *Käpten Lias*, Teilnehmer am griechisch-türkischen Krieg 1912/13, ist in Stratis Myrivilis' (1892 bis 1969) anrührendem Roman »I Panajia i Gorgona« (1949; deutsch 1965) die Rede und von dem seltsamen *Bild, das er auf die Wand der Kapelle* [auf Lesbos, jener Anatolien schicksalhaft vorgelagerten Insel] *gemalt hatte.* Dort steht es noch heute, obwohl verwischt von den Winden und verwittert vom Meersalz. Es stellt eine Allheilige dar, die sonderbarste in Griechenland und in der ganzen Christenheit … Das Haupt ist, wie alle Ikonen, mit einem gelben Heiligenschein umgeben. Ihre Augen sind grün und unnatürlich groß. Von der Mitte des Körpers nach unten hat sie einen Fischleib mit hellblauen Schuppen. In der einen Hand hält sie ein Schiff, in der anderen einen Dreizack, der an den des Poseidon gemahnt ... Man nannte die Gestalt »die Madonna mit dem Fischleib« oder »Allheilige Seejungfrau«. Von der Zeit an nahmen auch die Kapelle und der Hafen diesen Namen an ... Die Stimme des Meeres stieg aus der Tiefe durch die Schluchten ernst herauf.

Neben dem 1957 erschienenen »Leoparden«, mit dem Giuseppe Tomasi di Lampedusa (1896–1957) Weltruhm erwarb, steht gleichrangig seine faszinierende Erzählung »Die Sirene«.[310] Darin beichtet der 75 Jahre alt gewordene, hochangesehene Senator, Altertumsforscher und Humanist La Ciura über die Liebe seines Lebens, die einzige übrigens, im August 1887, als er, 24jährig, im Golf von Augusta, einer mit reichen Kulturschichten, auch blutigen Seeschlachten gekennzeichneten sizilianischen Küstenregion, Urlaub macht: *Meine Einsamkeit war vollkommen ... Ich drehte mich um und sah ... Lächeln. Es drückte nichts als sich selbst aus ... eine nahezu tierhafte Freude am Dasein,* eine nahezu göttliche Fröhlichkeit. *Dieses Lächeln war der erste Zauber, den sie auf mich ausübte: es offenbarte mir Paradiese einer vergessenen Heiterkeit ... sie tauchte mit erstaunlicher Kraft senkrecht aus dem Wasser bis zum Gürtel auf, schlang mir die Arme um den Hals, hüllte mich in einen nie verspürten Duft und ließ sich ins Boot gleiten: unterhalb der Leisten, Gesäßmuskeln war ihr Leib der eines Fisches, bekleidet mit winzig kleinen, permutterfarben und blau schimmernden Schuppen; er endete in einem zweiteiligen Schwanz ... Es war eine Sirene ... es war ein Tier, aber im gleichen Augenblick war es auch eine Unsterbliche.*
Jene Wochen eines hohen Sommers vergingen so rasch wie ein einziger Morgen; als sie vorbei waren, merkte ich, daß ich in Wirklichkeit Jahrhunderte gelebt hatte. Dieses sinnenfrohe Mädchen, dieses grausame kleine wilde Tier war auch eine höchst weise Mutter gewesen: sie hatte allein durch ihre Gegenwart Glaubensinhalte entwurzelt, metaphysische Schwärmereien zerstreut; mit ihren zerbrechlichen, oft blutigen Fingern hatte sie mir den Weg gezeigt zu einer ewigen Ruhe, auch zu einer Askese im Leben, die nicht aus dem Verzicht kam, sondern aus der Unmöglichkeit, künftig andere, geringere Lüste anzunehmen ...

Konsoltisch mit Nereiden und Tritonen als Trägereinheiten. Angefertigt vor 1700 in Italien (möglicherweise in Genua durch Filippo Parodi); Berlin, Kunstgewerbemuseum im Schloß Köpenick.

Am Tage nach der Beichte rief man (1938) aus Genua bei der Zeitung an: *der Senator La Ciura war nachts von Deck der* REX, *die nach Neapel fuhr, ins Meer gefallen, und obwohl man sofort Schaluppen zu Wasser ließ, hatte man den Körper nicht gefunden.*

Wechseln wir hinüber in nordische Gewässer, in Breiten also, wo Schiffskobolde, voran »der Klabautermann«, ihr Wesen treiben. *Als ich voriges Jahr einige Zeit auf See lag, erzählte mir –* Heinrich Heine (1797–1856) spricht – *der Steuermann unseres Schiffes:* »*Das ist der gute, unsichtbare Schutzpatron der Schiffe, der da verhütet, daß den treuen und ordentlichen Schiffern Unglück begegne, der dabei überall selbst nachsieht und sowohl für Ordnung wie für gute Fahrt sorgt ... Nein, man sähe ihn nicht, auch wünschte keiner ihn zu sehen, da er sich nur dann zeige, wenn keine Rettung mehr vorhanden sei.*«

Ähnlich positiv wird der Klabautermann[130] (von kalfatere, klabastere, klabautere, d.h. dichte ab, poltere, humple hinterdrein, prügele) durch die »Edda« und – wie hier – in pommerschen und ostfriesischen Sagen beurteilt: *Ist das Schiff auf See, so behütet er es vor Brand, Strandung und anderen Gefahren und paßt auf die Mannschaft auf, daß sie ihre Pflicht nicht versäume; dem Lässigen gibt er eine Ohrfeige. Dafür muß man ihm aber auch gutes Essen hinsetzen; denn er ißt gern gut und nimmt am liebsten Speisen vom Tisch des Kapitäns. Seine Anwesenheit merkt man an seinem Klopfen und Poltern ... Der Klabautermann pflegt das Schiff zu verlassen, wenn die Mannschaft nichts taugt ... oder ein Verbrechen auf dem Schiff begangen wird.*

Zu solchem seefahrtsbedingten Aberglauben gehören desgleichen Annahmen und Regeln, wonach man nicht an einem Freitag, dem 13., in See geht, sich gegen böse, von außen kommende Einflüsse – selbst mit göttlicher Hilfe – zu schützen versucht. Als Beispiel dafür sei an jene Bemerkung erinnert, die Charles de Costers (1827–79) bekanntes Epos »Tyll Ulenspiegel und Lamm Goedzak. Ein Kampf um Flanderns Freiheit« (1868) im 3. Buch, Kap. 27, enthält: *Als sie nahe der Stadt an der Maas entlang ritten, sah Lamm, wie Ulenspiegel alle Schiffe, die auf dem Fluß schwammen, achtsam betrachtete und vor einem, das am Bug ein Meerweib trug, stehenblieb. Und dieses Meerweib hielt ein Schild, darauf in güldenen Lettern auf sandfarbenem Grund das Zeichen I-H-S stand, welches das Signum unseres Herrn Jesu Christi ist* (*in hoc signo* [*vinces*] = in diesem Zeichen – dem Kreuz – wirst du siegen: Ausruf Kaiser Konstantins 312 n.Chr.).

Die nicht nur im mediterranen Seeraum seit der Antike bis heute üblichen, am Schiffsbug aufgemalten oder sogar plastisch aufgebrachten Augen dienen der apotropäischen Abwehr vor jeglicher Mißgunst, auch der des weitverbreiteten »bösen Blicks«. Dessen Folgen charakterisierte Belgiens Kriminal- und Erfolgsautor Georges Simenon (1903–89)[289] wohl in »Der Passagier der POLARLYS« am besten: *Der böse Blick ist eine Krankheit, von der Schiffe in sämtlichen Weltmeeren befallen werden, und die Ursachen liegen im weiten Feld des sogenannten Zufalls. Bisweilen sind die ersten Symptome gutartig, so daß sie der Aufmerksamkeit des Seemanns entgehen. Da zerspringt zum Beispiel grundlos ein Halteseil wie eine Violinsaite und reißt einen Ausguckträger ab. Oder der Schiffsjunge schneidet sich beim Kartoffelschälen in den Daumen, und am nächsten Tag hat er Nagelumlauf und schreit vor Schmerzen. Es kann auch mit einem mißglückten Manöver losgehen, oder ein unachtsames Boot läuft auf den Vordersteven auf.*

Aber das ist noch nicht der böse Blick. Er setzt eine Serie voraus, die selten ausbleibt. Die nächste Nacht oder der nächste Tag bringt fast immer einen neuen Schaden.

Von da an kommt eins zum anderen, und die Männer können sich nur noch ducken, die Zähne zusammenbeißen und die Schläge zählen. Natürlich wird sich die Maschine gerade jetzt verabschieden.

Trotz aller Erfahrungswerte, genauester Aufzeichnung und Wetterkarten halten sich die Winde unter Umständen drei Wochen lang in einem Gebiet, in dem sich um diese Jahreszeit eigentlich kein Lüftchen regen dürfte.

Und dann ... Der erste Brecher wird einen Mann über Bord spülen und die Mannschaft bekommt Ruhr, wenn nicht gar die Pest. Dabei kann man noch von Glück sagen, wenn man nicht auf eine Sandbank aufläuft, die vorher hundert Mal glücklich umschifft wurde, oder wenn man bei der Einfahrt in den Hafen nicht die Mole rammt.

Ein anderes Beispiel bringt der Schotte Robert Louis Stevenson (1850–94) im 2. Kapitel seiner Erzählung »Die tollen Männer«: *... Nun, Sandy war vorne beim Klüversegel. Wir konnten ihn nicht sehen wegen des Großsegels, das gerade anzog, als er aufkreischte. Ich rannte um mein Leben, denn ich glaubte, wir seien zu nahe an Soa herangekommen, aber nein, das war es nicht. Es war der Todesschrei des armen Sandy Gabart oder doch beinahe sein Todesschrei, denn nach einer halben Stunde war es mit ihm aus. Alles, was er sagen konnte, war, daß ein Seeteufel, Seegeist oder Seegespenst oder etwas Ähnliches am Bugspriet heraufgeklettert war und ihm einen unheimlichen kalten Blick zugeworfen hatte. Und noch ehe Sandy seinen Geist aufgegeben hatte, wußten wir genau, was das Ganze zu* bedeuten hatte und warum der Wind in den Gipfeln der Cutchullen heulte … Der Wind von Gottes Zorn war es, und in dieser Nacht kämpften wir wie Irrsinnige und kamen erst wieder zu uns, als wir in Loch Uskewagh an Land gingen und in Benbecula die Hähne krähten …

Im »Prolog zu einem Sturm« von Wolfgang Borchert (1921–47)[43] vernimmt man:

> Das Meer grinst grün und glasiggrau,
> die Fische fliehn in tieferes Geflute.
> Sogar dem alten Kabeljau
> ist recht gemischt zu Mute.
> Verängstigt strebt ein Seepferdchen zum Stalle.
> Der Tintenfisch legt voller Kunst
> um den Palast aus alabasterner Koralle
> zur Tarnung einen tintenblauen Dunst.
> Die Fischer ziehn die Netze ein
> mit düsterem Geraune –
> und einer brummt dazwischen rein:
> Klabautermann hat schlechte Laune.

Am Ende sollten wir noch unserem inneren Auge – ephemeren Bewußtseinssequenzen – mit Hugo Hartungs (1902–72) »Ozeanischem Fest« (1957) Raum geben: … Schwerer und schwerer wurde die ausgeworfene Angel von Herrn Duponts Wünschen – schwerer noch als von zehnpfündigen Fischen. Schwerer wurden auch seine Glieder, vom Champagner, den Théophile mit der Najade aus dem gleichen Kelch trank. In späten Stunden verstrickte er sich in das von den rasenden Tänzern heruntergerissene Algengeflecht, und ein alle Gründe aufwühlendes ozeanisches Wogen erfaßte im Rhythmus der irrsinnigen Saxophone selbst die festen, uralten Kellergewölbe. Da hob und senkte sich der Raum; und das unsicher gewordene Eiland der Bücklingskiste, samt Herrn Dupont und seiner schönen Najade, geriet nacheinander in ein sanftes Wiegen, ein stärkeres Schaukeln, ein unbehagliches Schlingern …
»Man schließt, mein Herr«, sagte, mitten in einer dschungelartigen, algenverstrickten Traumwirrnis, eine rauhe Stimme … »Ah, die Nymphe?« grinste der Wirt verständnisvoll. »Sie ist mit dem Sägefisch weggegangen.« Der Sägefisch war einer der wüstesten unter den unförmigen Masken gewesen … Und während [Dupont] die nüchternen, kalten Steinstufen zum grauen Alltag hinaufzusteigen schien, stieg er in Wahrheit in jene ozeanischen Tiefen eines Traumes zurück, in denen auch die Phantasiearmen unter uns heimlich die Feste eines schöneren zweiten Lebens feiern …

»Forelle blau«: Cover-Dekoration, nach dem Entwurf von Barbara Geissler, der MS EUROPA Menukarte zur Westeuropa-Kreuzfahrt am 20. Juni 1984, Abendessen.

GILGAMESCH,
NOAH UND DIE SINTFLUT

Älteste Hochkulturen der Menschheit entwickelten sich in Vorderasien. Es umfaßt die Tiefebenen von Euphrat und Tigris ebenso wie die Gebirge Armeniens und Kleinasiens bis hin zum iranischen Bergland, dazu die Küstengebiete am östlichen Mittelmeer und rund um Arabien. Schon in frühgeschichtlicher Zeit wagte sich der Mensch auf's Meer und lernte, wasser- und sogar hochseegängige Schiffe zu erstellen. Daß er zudem bemüht war, sich unbekannte Seegebiete zu erschließen, legen schon die ältesten Dichtungen der Weltliteratur nahe.

Bei dem enormen zeitlichen Umfang der Frühzeit und Antike – vom 3. Jahrtausend v.Chr. bis zum 4. nachchristlichen Jahrhundert – schien eine die überkommenen dichterischen und maritim-historischen Quellen berücksichtigende Unterteilung geboten.

Zwei aus antiker griechischer Dichtung und Philosophie bekannte »geflügelte Worte« mögen bedeutungsvoll am Anfang stehen: »ἄριστον μὲν ὕδωρ« – Wasser ist das Beste – von Pindar (um 522 – nach 446 v.Chr.) und Heraklits (ca. 550 – 480 v.Chr.) »πάντα ῥεῖ« – alles fließt, bewegt sich.[38]

Griechenlands neuzeitlichen Freiheitskampf besang Wilhelm Müller (1794–1827), ein deutscher Dichter der Romantik. Wer kennt nicht dessen beliebtestes Lied? *Das Wandern ist des Müllers Lust ... Vom Wasser haben wir's gelernt, / Vom Wasser! / Das hat nicht Rast bei Tag und Nacht, / Ist stets auf Wanderschaft bedacht, / Das Wasser.*

Derselbe ironisch-heitere »Griechen-Müller« hinterließ uns auch »Noahs Arche«: ... *Und als die Welt aufs neue / In Baucheslust versank / Und in der Sündengräue / Beinahe ganz ertrank, / Blieb Noah doch am Leben, / Der Pflanzer edler Reben. / Er floh mit Weib und Kindern / Hui in sein größtes Faß. / Das schwamm hoch auf den Fluten / Und keines wurde naß. / So hat der Wein die Frommen / Dem Wassertod entnommen. / Und als die Fluten trocken, / Da blieb das runde Haus / Auf einem Berge hocken / Und alle stiegen aus ...*

Als Gestalt der biblischen Urgeschichte, im Alten Testament 1. Mose 6–9 geschildert, war Noah, jener *Mann der Ruhe*, selbst Schöpfer des Weinbaus, zudem ein schamloser Trinker (1. Mose 9,21ff.). Nur aufgrund seiner Frömmigkeit gefiel es Gott, ihn zu ermahnen (1. Mose 6,13ff.): *Alles Fleisches Ende ist vor mich gekommen; denn die Erde ist voll Frevels ...; und siehe da, ich will sie verderben ... Mache dir einen Kasten von Tannenholz und mache Kammern darin und verpiche sie mit Pech inwendig und auswendig. Und mache ihn also: Dreihundert Ellen sei die Länge* [= 133 m]*, fünfzig Ellen sei die Weite* [= 22 m] *und dreißig Ellen die Höhe* [= 13 m]*. Ein Fenster sollst du daran machen obenan ... Die Tür sollst du mitten in die Seite setzen. Und er soll drei Boden haben: einen unten, den anderen in der Mitte, den dritten in der Höhe. Denn siehe, ich will eine Sintflut mit Wasser kommen lassen auf Erden, zu verderben alles Fleisch, darin ein lebendiger Odem ist, unter dem Himmel. Alles was auf Erden ist, soll untergehen. Aber mit dir will ich einen Bund aufrichten; und du sollst in den Kasten gehen mit deinen Söhnen, mit deinem Weibe und deiner Söhne Weibern. Und du sollst in den Kasten tun allerlei Tiere ... je ein Paar, ... daß sie lebendig ... bleiben bei dir ... Und Noah tat alles, was Gott ihm gebot ...*

So wurde nach chaldäischer, jüdischer und christlicher Glaubensvorstellung die Arche zur Voraussetzung wie zum Mittel des Überlebens in einer gigantischen, klimatisch, vulkanisch, durch Eisschmelze oder Kometen-Einschlag und dessen Impakt-Folgen[308] bedingten Erdüberschwemmung, die dabei weltweit insofern war, als 250 andere Mythen und Religionstradierungen Ähnliches kennen. Ältestes Beispiel dafür ist die im Gilgamesch-Epos enthaltene sumerische Sintflutsage.

Um die Mitte des 3. vorchristlichen Jahrtausends konzipiert, ist dieses Heldenepos[110], im dem man Gilgamesch (nach 3000 bzw. zwischen 2700 und 2650 v.Chr.) als Erbauer und König von Uruk am Euphrat in Südbabylonien samt seiner Taten würdigt, die

Noahs Arche: Wie die Tiere an Bord kommen und wieder an Land gehen. Details aus zwei Mosaiken, um 1180, im Dom zu Monreale bei Palermo.

früheste erhaltene Dichtung der Welt. In Ninive entdeckt, nun im British Museum zu London bewahrt, überliefern sie vor allem zwölf um 1250 v.Chr. datierbare Keilschrift-Tontafeln.

Auf Tafel X wird berichtet, wie Gilgamesch mit dem Wunsch, Unsterblichkeit zu gewinnen, über See fährt und auf der Insel der Seligen seinen Ahnen Utnapischtim (sumerisch = Ziusudra; den babylonischen Noah) besucht. Von ihm, der einst in Schuruppak (= Fara am Euphrat) wohnte und Gott Ea (babylonisch = sumerisch Enki, »Herr der Wassertiefe«) verehrt hatte, erfährt Gilgamesch den damaligen Götterbeschluß, worauf über alle Menschen eine Sintflut hereingebrochen war.

Rückblickend erzählt Utnapischtim in Tafel XI, was ihm göttliches Gebot seinerzeit auftrug: *Mann aus Schuruppak, Sohn des Ubaratutu, / reiße das Haus nieder, baue ein Schiff! / Laß den Reichtum sein und suche das Leben! / Gib Hab und Gut auf, rette das Leben! / Bringe hinein in das Schiff allerlei Lebenssamen! / Das Schiff, das du bauen sollst, / seine Maße sollen genau abgemessen sein. / Breite und Länge sollen einander entsprechen! / ... / Da ich* [= Utnapischtim] *verstanden hatte, sprach ich zu Gott Ea, meinem Herrn: / »Siehe, mein Herr, wie du befohlen hast, / so werd ich's halten und tun!« / ... /*

Am fünften Tag entwarf ich den Außenbau des Schiffes. / Ein »Feld« [ikû] *war seine Grundfläche, / je zehnmal zwölf Ellen hoch waren seine Wände, / zehnmal zwölf Ellen im Geviert der Rand seines Daches. / Seinen Aufriß entwarf ich und stellte es dar! / ... / Sechs Boden* [= 7 Stockwerke] *gab ich ihm; / neunfach teilte ich seinen Grundriß ein. / »Wasserpflöcke« schlug ich ihm in seine Mitte. / ... / Das Schiff war am siebenten Tag fertig. / Schwierig war das Beladen des Schiffes! / ... / Alles, was ich hatte, lud ich auf, lud allerlei Lebenssamen hinein. / Meine gesamte Familie und Sippe brachte ich ins Schiff, / Getier des Feldes, Vieh des Feldes, / Leute vom Handwerk ließ ich hineinsteigen! / ... / Die* [mir gesetzte] *Frist kam! / ... / Das Wetter war fürchterlich. / Ich trat ins Schiff und verschloß die Tür. / ... Das weite Land zerbrach wie ein Tontopf. / Einen ganzen Tag lang brauste der Südsturm. / Eilends wehte er und ließ die Berge ins Wasser untertauchen / ... / Sechs Tage und Nächte brauste der Wind, die Flut, / tobt der Südsturm über das Land. / Als der siebente Tag kam, legte sich der Sturm, glättete sich die Flut, / die wie ein Kriegsheer gewütet hatte. / Ruhig und still wurde das Meer; der Orkan und die Flut hörten auf. / Ich schaute nach dem Wetter; es war still. / Alle Menschen waren zu Schlamm geworden. / Ebenflächig wie ein Dach war der Sumpf. / ... /*

Am Berg Nißir legte das Schiff an. / Der Berg Nißir hielt das Schiff fest und ließ es nicht wanken. / Einen Tag, einen zweiten ... dritten ... vierten. / ... / fünften und sechsten Tag hielt der Berg Nißir das Schiff fest und ließ es nicht wanken. / Als der siebente Tag anbrach, ließ ich eine Taube hinausfliegen. / Die Taube flog davon – und kam zurück; / ... / Eine Schwalbe ließ ich hinausfliegen ... kam zurück; / ... / Einen Raben ließ ich hinausfliegen; er flog davon. / Und er gewahrte, daß das Wasser sich senkte. / Er frißt, fliegt umher, krächzt und kommt nicht zurück. /

Da ließ ich [alles] *nach den vier Wind*[richtungen] *hinausgehen und brachte ein Opfer dar. / Die Götter rochen den süßen Duft; / Die Götter scharten sich wie Fliegen über dem Opferer! / ...*

Demnach hatte Utnapischtim jene weit über's Zweistromland hinausdrängende, von Zyklonen oder einem Impaktbeben hochgestaute Flut mit seiner Arche – wie Noah – überlebt.

Dank C.L. Wooley's am südlichen Unterlauf des Euphrat, unweit der ursprünglichen Küstenlinie des Persischen Golfs, in Ur (Tell al Muqayyar) seit 1922 zwölfjährig durchgeführter Grabungen fanden sich dort nicht nur erstaunliche, um 2800 v.Chr. angelegte sumerische Königsgräber, sondern darunter auch – also noch tiefer gelegene – weitere Kulturhorizonte. Zwischen diesen hob sich eine drei Meter dicke Lehmschicht ab, welche nur von einer Sintflut herrühren konnte.

Ähnliche Schlammablagerungen fanden sich – wiederum ins 4.(?) Jahrtausend v.Chr. oder noch tiefer weisend – in bzw. unter den amerikanisch-pakistanischen Grabungen der Industal-Hochkulturen zu Mohendjo-daro und Harappa sowie am Flußtal des Amu-Darja im Niederungsgebiet des Aralsees. Nur eine durch Scholleneinbruch der Erdkruste oder einen Inpakt hervorgerufene Naturkatastrophe riesigen Ausmaßes konnte zu derartig vergleichbaren Phänomenen führen, welche ihrerseits solche weite, bis ins Mittelmeer, nach Indien, australisch Ozeanien oder an die Küsten Amerikas reichende Streuung von Flutsagen vielleicht erklärt.

Inzwischen liegen zwei die diesbezügliche Forschungslage entscheidend verändernde Veröffentlichungen vor: Werner Papkes »... geheime Botschaft des Gilgamesch«[234], Untersuchungen über den Zusammenhang zwischen chaldäisch-akkadischer Sternenkunde und dem Gilgamesch-Epos, in dem er eine Spiegelung 4000 Jahre alter astronomischer Erkenntnisse und Aufzeichnungen eines heliozentrischen

Sintflut mit Noahs Arche hinter Regenwand, wie er Taube und Raben aussendet, außerdem Landgang der acht überlebenden Menschen und mitgenommenen Tierpaare. Mosaik in der Vorhallenlaibung von San Marco zu Venedig, um 1250.

Weltbildes sieht. Um 2340 v.Chr. durch Encheduanna (eine Tochter Sargons, der die erste semitische Dynastie im südlichen Zweistromland etablierte) wahrscheinlich dichterisch fixiert, gibt es – an den Sternenhimmel und in dessen gesetzmäßige Wandlungen eingefügt bzw. projiziert – die Wanderung Gilgameschs auf dem Planeten Erde wieder. Gilgameschs abschließender Seeweg führt darin vom Golf von Akaba durchs Rote Meer rund um die Arabische Halbinsel zum Persischen Golf und dort nach Dilmun (zur Insel Bahrain), von da in die Unterwelt – bis er endlich, nach schließlichem Verlust jener Unsterblichkeit garantierenden Verjüngungspflanze, nach Uruk heimkehrt.

Im zweiten, 1993 herausgekommenen Buch »Und die Sintflut gab es doch« bringen Alexander und Edith Tollmann[308] jene weltweite Verbreitung von Flutsagen mit einem um 7553 v.Chr. erfolgten mehrstufigen, infernalischen Impakt-Geschehen, also dem relativ kurz aufeinander folgenden Niedergehen von sieben gewaltigen Kometenteilen im Ost- und Südpazifik, Indik, Südchinesischen Meer sowie der Tasman-See in Verbindung. Erläuternd entwickeln und betrachten sie die Vorstufen und Phänomene des

Sintflutablaufs unter den Aspekten Einschlag, Krater, Impaktbeben, entfesselter Vulkanismus, Feuersturm und Weltenbrand, Flutwelle, Impakt-Nacht und -Winter, Sturzregen, Feuerwasser, Umweltgiftprobleme und Strahlenschäden, Treibhauseffekt samt Massensterben. Inmitten der zahlreichen literarischen Belege für ihre ebenso klug wie überzeugend dargelegten Thesen wirken Passagen aus der biblischen Apokalypse, in der Offenbarung des Johannes, Kapitel 6,8 und 16, mit den Visionen der Sieben-Siegel, der Posaunen und Sieben-Schalen tatsächlich wie ferne Überlieferungen einst Überlebender.

Ergänzend verlautet dazu im Kapitel 9: ... *Da sah ich einen Stern, der vom Himmel auf die Erde gefallen war.* Und im Kapitel 16 heißt es dann: *Der erste Engel ging und goß seine Schale über das Land. Da bildete sich ein böses und schlimmes Geschwür an den Menschen ... Der zweite Engel goß seine Schale über das Meer. Da wurde es zu Blut, das aussah wie das Blut eines Toten; und alle Lebewesen im Meer starben. Der dritte goß seine Schale über die Flüsse und Quellen. Da wurde alles zu Blut ... Der vierte Engel goß seine Schale über die Sonne. Da wurde ihr Macht gegeben, mit ihrem Feuer die Menschen zu verbrennen. Und die Menschen verbrannten in der großen Hitze ... Der fünfte*

Engel goß seine Schale über den Thron des Tieres. Da kam Finsternis ... Der sechste Engel goß seine Schale über den großen Strom, den Euphrat. Da trocknete sein Wasser aus ... Und der siebte Engel goß über die Luft ... Und es folgten Blitze, Stimmen und Donner, es entstand ein gewaltiges Erdbeben, wie noch keines gewesen war, seitdem es Menschen auf der Erde gibt, so gewaltig war dieses Erdbeben ... Alle Inseln verschwanden, und es gab keine Berge mehr. Und gewaltige Hagelbrocken, zentnerschwer, stürzten vom Himmel auf die Menschen herab ...

Aus vorstehendem Zitat leiten A. und E. Tollmann – nach eingehender Prüfung aller Erscheinungen und ihrer Folgen – ab: *Am einfachsten und sichersten gelingt die Lokalisierung beim dritten Impakt, dem der Sieben-Schalen-Vision. Er ist der stärkste, denn bei ihm wird unverkennbar die Wirkung in nächster Nähe von der Einschlagstelle geschildert: das unfaßbar starke Erdbeben, die totale Rotfärbung der Meere (durch Regen aus konzentrierter Salpetersäure), die unvorstellbare Hitze nahe dem Herd, die sogar den Euphrat austrocknet. Dieser Einschlag ging zweifellos im Westen des zentralen Indischen Ozeans nieder und ist identisch mit dem Impakt, dessen Explosionsfontäne indische Augenzeugen mit beklemmender Eindringlichkeit geschildert haben ...*

In der altindischen Flutsage der Ksemendra (I, Vers 34–35) liest man[150]: *Alsdann schlug zum Verderben für die Himmelsgegenden ein Ring von Feuer empor, wie eine Menge von Zungen des Todesgottes aussehend und wie der Aufgang von zwölf Sonnen leuchtend. Als der Erdkreis von einer Anzahl fürchterlicher Sonnen versengt war, wurde die Reihe der Welten samt Beweglichem und Unbeweglichem sofort zu Asche.*

Diodors, des griechischen, in Sizilien beheimateten Historikers zwischen 60 und 30 v.Chr. verfaßte vierzigbändige »Geschichts-Bibliothek« enthält einen weiteren – mit Dardanos (der sich auf zusammengenähten Schläuchen retten konnte) verbundenen – Sintflut-Bericht (im 5. Buch, Kap. 47)[81]: *Die Samothraker selbst erzählen, daß noch vor der großen Flut, welche die anderen Völker heimgesucht hat, bei ihnen eine andere große Überschwemmung stattgefunden habe, welche damit begann, daß die Mündung bei den Kyaneen* [= Bosporus] *durchbrach und danach der Hellespont* [= Dardanellen]. *Bis dahin war nämlich der Pontos* [= Schwarze Meer] *ein See gewesen, war aber durch die einströmenden Flüsse so lang geschwellt worden, bis die Überfülle des Wassers einen gewaltigen Durchbruch in den Hellespont erzwang, wodurch ein großer Teil Asiens, soweit es am Meer liegt, überschwemmt, und ein nicht unbedeutendes Stück Ebene auf Samothrake*

in Meer verwandelt wurde. So erklärt es sich auch, daß in späteren Zeiten Fischer in ihren Netzen die Kapitäle steinerner Säulen emporgezogen haben, denn es wurden damals ganze Städte vom Meer verschlungen.

In der Ägäis bleibend, ist ebenso an folgendes zu erinnern: Es war jener – von Aischylos dramatisch verarbeitete – Titan Prometheus, welcher den olympischen Göttern das Feuer stahl. Kulturbildend schenkte er es den Menschen. Als diese darob – göttlichem Willen zufolge – sterben sollten, riet Prometheus seinem Sohn Deukalion, ein Schiff zu zimmern und sich samt Gattin zu verproviantieren. Was sich danach zutrug, schildert Ovid (43 vor bis 17 nach Chr.), Dichter des weltstädtischen antiken Rom, im 1. Buch seiner in Hexametern abgefaßten »Metamorphosen«[232]: *... das Menschengeschlecht zu vernichten / Unter der Flut und rings Platzregen zu gießen vom Himmel. / Schleunig verschließt er* [= Zeus] *nun den Nord in des Äolus Höhlen, / Alle die Winde dazu, die jagen verhüllende Wolken, / Und läßt schnauben den Süd. Der aber mit triefenden Schwingen / Stürmt hinaus, pechschwarz umschattet das schreckliche Antlitz. / Schwer ist von Regen der Bart; Flut strömt vom gräulichen Haupthaar; / ... / Jetzt ... / Tönt ein Gekrach, und gedrängt nun stürzen von oben die Güsse. / ... / Schon war zwischen der See und dem Land kein sichtbarer Abstand; / Alles umher war Meer, und das Meer war ohne Gestade. / ... Über die Hügel ergoß sich des Meers unermeßliche Willkür, / Und an die obersten Höhn schlug brandend das neue Gewoge. / ... / Von der Aonier Volk trennt Phocis ätolische Fluren, / Fruchtbares Land, da es Land noch war, doch ein Teil von dem Meere / Dazumal und ein weites Gefild urplötzlicher Wasser. / ... / Wie Deucalion hier – denn das Übrige deckte die Meerflut – / Samt dem vermählten Weib anfuhr im gebrechlichen Nachen, / Beten sie an die Mächte des Bergs und corysche Nymphen / Und, die jetzt das Orakel besaß, die enthüllende Themis. / Nie war besser ein Mann als er und dem Rechten ergeb'ner; / Nie trug irgend ein Weib mehr Scheu als sie vor den Göttern. / Als nun Jupiter* [= Zeus] *sieht in Morästen versumpfen den Erdkreis / ... / Teilt er die Wolken und zeigt, da der Regen verscheucht von dem Nordwind, / Wieder dem Himmel die Erd' und wieder den Äther der Erde. / Nicht bleibt zürnend die See. Hinlegend die zackige Waffe / Glättet die Flut der Beherrscher des Meers, und den bläulichen Triton / Ruft er ... / ... in die tönende Muschel / Blasen den Gott und heim mit gegebenem Zeichen bescheiden / Wogen und Ströme zumal ... / Fallend verliert sich die Flut; auf scheinen zu tauchen die Hügel; / Schon hat Küsten das Meer ... / Boden ersteht, und es hebt sich das Land, wie die Wellen sich sen-*

Die aufgeschwommene Arche
Noah. Holzschnitt im »Sonderen-
troest« (Vorgeschichte der
Erlösung), Haarlem 1484.

ken, / ... / Dastand wieder die Welt. Wie er leer sie sah und
verlassen / Und das verödete Land in schauriges Schweigen
versunken, / Sprach Deucalion so mit quellenden Tränen zu
Pyrrha: / »Schwester und Ehegemahl, du einziges Weib auf
der Erde, / Die mir verwandtes Geschlecht und vom Ahn die
gemeinsame Herkunft, / Dann das Lager vereint, nun

selber Gefahren vereinen: / Von den Gefilden zumal, die der
Morgen bestrahlt und der Abend, / Sind wir beide das Volk.
Das Übrige raffte die Meerflut«.

So wie im griechischen Mythos Deukalion und Pyrrha mit ihrem Nachen – gleich jenem Utnapischtim
und Noah – die Sintflut (möglicherweise um 1530

Sintflut mit Noahs Arche. Detail aus dem Deckenfresko von Michelangelo 1508–12 in der Sixtinischen Kapelle des Vatikans zu Rom.

v.Chr.) überlebten, so pflanzten sie sich fort, indem sie Steine hinter sich warfen. Von alledem ist im (während des 7. Jahrhunderts entstandenen) Koran, zugleich Offenbarung und Gesetz des Islams, Sure 11, Vers 38–43[178], nur noch ein ferner Abglanz erkennbar: *Und geoffenbart ward Noah: ... / Und baue*

dir die Arche vor unsern Augen und nach unsrer Offenbarung, ... / Und er machte die Arche, ... / Und er sprach: »Steiget in sie hinein. Im Namen Allahs sei ihre Fahrt und ihre Landung! ...«

Vom griechischen Begriff ἀρχὴ, dem Anfang – durch die Vorsokratiker als Weltbeginn, Urstoff, Urprinzip definiert – ausgehend, lebte die Arche (lateinisch arca = Kasten) fort. Denn sie schien nach

göttlichem Plan gebaut worden zu sein. Umso mehr beschäftigten ihre Form und Größe, ja ihr womöglicher Erhaltensein Phantasie[291] und Forschung der Nachwelt. Besonders anschaulich sind unter den mittelalterlichen jene kasten- oder schiffsförmigen Arche-Darstellungen in Palermo-Monreale (um 1180), zu Paris (1248)[38] sowie an Venedigs Marcus-Kirche (um 1250). Zur Zeit der Entdeckung Ameri-

kas durch Kolumbus bediente man sich sogar des in Nordeuropa vertrauten Karrackentyps (1493), und mit der im späten 17. Jahrhundert anhebenden Aufklärung setzten unterschiedlichste Rekonstruktionsversuche ein, darunter diejenigen des gelehrten Jesuiten und Kartographen der Meeresströmungen Athanasius Kircher (1602–80) sowie des schottischen Kaufmanns Livern (1694). Sir Isaac Newton's (1643 bis 1729) Arche-Berechnungen – von 184 m Länge, 26 m Breite, 15 m Höhe, mit 18230 Tonnen Leergewicht – dürften letzterem offenbar nicht fremd gewesen sein. Eindrücke dieser und ähnlicher Arche-Formen führen jedenfalls die Abbildungen XXXVII ff. in Johann Jacob Scheuchzers »Physica Sacra« (der 1731–35 in Ulm achtbändig erschienenen, sogenannten »Kupferbibel«, welche als eine der frühesten deutschsprachigen Enzyklopädien gilt) vor Augen.

Zu den ursprünglichen Konstruktions-Voraussetzungen der frühgeschichtlichen Arche gehörten reichlich vorhandenes Holz und Bitumen (ein Erdölprodukt zum Abdichten). Beides fand sich – abgesehen vom Schilf im Zweistromland – auf der 40 km südlich des Schatt el-Arab (Zusammenfluß von Euphrat und Tigris) gelegenen, jetzt wieder Kuweit gehörenden Insel Failaka. Sie war einst nördlichster Außenposten des legendären Reiches Dilmun.[80] Das hatte sein Zentrum auf der südlich gelegenen Bahrein-Insel und verkörperte (bis ins 8. vorchristliche Jahrhundert) insgesamt ein irdisches Paradies. Dorthin war Gilgamesch über's Meer gefahren, um seinem – der Sintflut entronnenen – Ahnen Utnapischtim das Geheimnis ewigen Lebens abzulauschen.

Eigentümlich hartnäckig hält sich bis heute, obwohl im Gilgamesch-Epos ausdrücklich der Berg Nißir (etwa 450 km nördlich von Schuruppak im Gebirgsmassiv des Tolkma-Dagh, östlich von Basian im Zagros-Gebirge bzw. zwischen unterem Zab und Tigris) als Arche-Landeplatz genannt wird, jene Vorstellung, ja »Gewißheit«, daß es vielmehr der vulkanische, 5165 m hohe, in ewiges Eis gehüllte Berg Ararat

oder dessen Umgebung im armenischen Ararat-Hochland sei. So will 1984 beispielsweise die amerikanische Expedition von Marvin Steffins in 1585 m Höhe, auf der Südwestflanke des Ararat eine »deutlich sichtbare bootförmige Formation« ausgemacht haben (vgl. Der Tagesspiegel, Berlin vom 26. August 1984). Und 1987 legte Charles Berlitz (* 1914 in New York) dann in »The Lost Ship of Noah – In Search of the Ark at Ararat« (= Die Suche nach der Arche Noah) entsprechende, sogar von Photographien und Zeichnungen gestützte vermeintliche Fundortspuren am Ararat und in der Akaylakette, 17 km östlich des Ararat, in gut 1900 m Höhe auf der geographischen Position 39° 26' 4" nördlicher Breite und 44° 15' 3" östlicher Länge, vor. Dabei meinte er, daß es sich bei der gefundenen Arche um *ein Schiff aus Schilfrohr [matten], verkleidet mit einer pechartigen Substanz,* gehandelt hätte.

Es würde wohl recht uninteressant und eintönig in der Welt zugehen, wenn ein so nüchternes Gebilde wie die Wissenschaft an die Stelle dieser bunten schwärmerischen Vorstellungen träte, bekennt jener 1950 mit dem Literatur-Nobelpreis ausgezeichnete englische Philosoph Bertrand Russel (1872–1970) in seinen Betrachtungen »Zur Genealogie des Unsinns« (in: Der Monat 30, 1951, S. 582). Dort fährt er sarkastisch fort: *Vielleicht sollten wir uns freuen, daß es ... den südamerikanischen Jesuiten gab, der sich absolut nicht zu erklären vermochte, wie das Faultier in der kurzen Zeit seit der Sintflut den weiten Weg vom Berge Ararat bis nach Peru hatte zurücklegen können – eine Leistung, die bei der schon sprichwörtlich langsamen Fortbewegung dieses Geschöpfes ans Wunderbare grenzte.*

ARGONAUTIKA
UND HOMERS ODYSSEE

Odysseus' Heimfahrt, wie sie uns Homer (Od., 5, 270–281), in der Übersetzung von Thassilo v. Scheffer, vergegenwärtigt, soll – als älteste, historisch faßbare Segelanweisung – am Anfang stehen: *Saß dann nieder und lenkte gewandt das Steuer des Flosses. / Und es fiel kein Schlaf auf seine Wimpern, er schaute / Auf den Bootes, der spät erlischt, und auf die Plejaden, / Auch auf den Bären, den sie zuweilen Wagen benennen, / Der auf dem Platze sich dreht und stets den Orion beachtet / Und der einzig allein das Bad des Okeanos meidet. / Denn ihn hieß die heilige Göttin, er solle dies Zeichen / Immer zur Linken behalten, solange er die Fluten durchführe. / Siebzehn Tage glitt sein Floß so über die Wellen, / Aber am achtzehnten Tag, da tauchte der Schatten des Berglands / Der Phaiaken auf ...*

Indem wir den heutigen Stand der Homer-Kenntnis überschauen, Analysen, Einführungen, Formuntersuchungen, Monographien verfolgen, begegnen uns deutschsprachige Gräzisten, wie Herbert Bannert[18], Uvo Hölscher[148], Joachim Latacz[183], Karl Meuli[215], Wolfgang Schadewaldt[270] und andere – im Gefolge von Johann Heinrich Voß (1751–1826) und dessen klassischer Übertragungen von Odyssee (1781)[152] und Ilias (1793). Latacz wie zuvor Albin Lesky in seiner Homeros-Biographie (1967) meinen: *Wann zum ersten Mal ein epischer Sänger auf die Idee kam, die Abenteuer, die sich mit der Gestalt des Seefahrers Odysseus verbanden, in die Zeit der Heimfahrt des Trojakämpfers Odysseus zu verlegen, können wir nicht mehr erschließen. Daß es nicht erst Homer war, darf als sicher gelten.*

Diese abenteuerliche, zehn Jahre überbrückende Geschichte des Spätheimkehrers gilt es zu betrachten, Aufbau und Gliederung des aus 12 200 Hexameterversen bestehenden Epos bewußt zu machen. Dessen tatsächliche Handlung erstreckt sich über wenige – nur 40 – Tage. Davon werden 16 Tage und acht Nächte erzählt. Alles Übrige ist – nach Latacz – benannte Zeit. Höchst kompliziert und folgerichtig, ja raffiniert einander bedingend, fügt sich das Geschehen aus fünf Strukturblöcken – geschmeidig zupackenden, gar modellierenden Fingern gleich – äußerst kunstvoll zusammen.

Block I, geformt aus 1. und 2. Gesang, enthält, was sich auf Ithaka zuträgt, bevor Odysseus heimkommt. Block II = 3./4. Gesang vermittelt: wie Telemach Sparta und Pylos[42] besucht, um dort nach dem verschollenen Vater zu forschen. Im mittleren III. Block, allein dem 5. Gesang, ist Odysseus per Floß von Ogygia nach Scheria – auf Heimatkurs – unterwegs. In Block IV, den sieben Gesängen 6 bis 12, befindet sich Odysseus bei den Phäaken, wo er sein Erleben seit Trojas Fall – untermischt mit Schiffermärchen, Seemannsgarn – beiläufig, aber effektbewußt kundtut (solches wohlgemerkt allein im 9.–12. Gesang). Schließlich im V. Block, aus 13. bis 24. Gesang bestehend – dem halben Epos! –, erschließt sich Odysseus leidvoll-mühsam sein wiedergefundenes Ithaka. So wird eine Zweiteilung der Odyssee deutlich: zwölf Gesänge dienen der Vorbereitung zur Rückkunft, während sich fortsetzende 12 dem Erkanntwerden, Ordnungschaffen, Zusichselbstgelangen auf der vertrauten Insel widmen. Homers Odyssee stellt sich demnach als Roman einer intakten Familie und als Geschichte einer durch Eigenschuld und Götterwillen schwierigen, autonom bestandenen Heimkehr dar, in die – Gesang 9–12, in nur vier von 24 Gesängen – märchenhafte Abenteuer, aus dem Rückblick erzählt und nicht gegenwärtig erlebt, spannend eingestreut sind.

Wenn wir uns ihnen zunächst dennoch zuwenden, mag dafür jene seit der Antike bis heute erschienene Vielzahl von Abhandlungen, Mutmaßungen, unterschiedlich ernstzunehmenden Erkenntnissen sprechen, in denen man Erklärung und Lokalisierung der Märchen suchte.[329] Am Beginn des 9. Gesangs steht des Odysseus vorerst schlichter Fahrtbericht: *Nun aber will von meiner so leidvollen Heimfahrt erzählen, / Die mir Zeus beschieden, sobald ich Troja verlassen: / Fort von Ilios trug mich der Wind zu den Kikonen, / Wo ich Ismaros' Veste und ihre Bewohner vertilgte.*

Entführung der Helena, Gattin des Königs Menelaos von Sparta, durch Paris, den trojanischen Königssohn, im Mittel- und Hintergrund Schiffe. Gemälde von Benozzo Gozzoli (1420–97); London, National Gallery.

Odysseus segelte mit seiner Flottille demnach anfangs auf NNW-Kurs von Troja in räuberischer Absicht nach Thrakien (zu Bundesgenossen der Troer), von dort dann mit SSW-lichen Kursen durch die Ägäis, an den Kykladen vorbei, bis Kap Maleia.[331] Lief bislang, bis zum SO-Kap der Peloponnes, alles relativ planmäßig, entwickelten, ja steigerten sich fortan die Probleme. ... *als am dritten Tag die lockige Eos vollendet, / Hoben wir wieder den Mast und hißten die leuchtenden Segel, / Saßen an Bord, und der Wind und die Steuerer lenkten die Schiffe. / Glücklich wäre ich so zum Lande der Väter gekommen, / Doch mich führten der Nord und die strömende Woge von dannen, / Als wir Maleia umfuhren, und trieben mich fort von Kythera, / Weiter jagten mich nun neun Tage*

widrige Winde / Über das fischreiche Meer, und erst am zehnten betrat ich / Land der Lotophagen, die Blumenspeise genießen, / ... doch wer je von der lieblichen Frucht des Lotos genossen, / ... dachte nimmer an Heimkehr / ...

Während Odysseus in den Weiten der See südwestwärts verschwunden war, hatte sich sein Sohn Telemach, nach dem Vater bei dessen einstigen Kampfgefährten forschend, zur SW-Küste der Peloponnes aufgemacht, nach Sparta zu Menelaos und vorher schon zu Nestor in Pylos. Ausgrabungen, erneut seit den 1950er Jahren dort durchgeführt, ließen Nestors Palast zu Englianos (vornehmlich in Rekonstruktionen Prof. Blegens bzw. der University of Cincinnati/USA) wiedererstehen.[42] Ähnlich prunkvoll ausgestattet müssen wir uns alle zeitgenössischen Achäerpaläste vorstellen.

Völlig konträr dazu – urtümlich – mutet die Höhle des Kyklopen Polyphemos an. In sie ist Odysseus inzwischen mit seinen Gefährten eingedrungen, blendet den einäugigen Riesen (Poseidons Sohn) und rettet sich samt restlichen Kameraden, an Schafen hängend, aus Polyphems Behausung. Odysseus' Bemerkung (Od. 9,233): *Polyphem trug ein gewaltiges Bündel / Dürres Holz und wollte damit sein Nachtmahl bereiten. / In die Höhle warf er es schleudernd mit mächtigem Krachen / Daß wir voller Schreck in den äußersten Winkel entwichen,* und seine Beschreibung der Tierhürden darin, *alle Arten gesondert,* legt nahe, es handle sich um nach oben offene, zylindrische Höhlen – wie sie noch heute von Berberfamilien um Matmatah in Südtunesien, am Syrtenbereich, genutzt werden.

Von dort erneut in See gehend, erreicht Odysseus die Insel des Äolus; *glatt springt der Fels in die Höhe* an ihr *ringsum.* Nach einmonatigem Aufenthalt läuft er bei günstigem Westwind aus und befindet sich am 10. Tag vor der heimatlichen Küste, fast in Sichtkontakt mit Ithaka. Schuldhaft selbst entfachte widrige Winde treiben seine Schiffe aber zurück zur Äolus-Insel, wo des Windgottes Ruf: *Pack dich* – Odysseus ab- und weiterweist. Mühsam rudernd gelangen seine 12 Fahrzeuge darauf in 7-Tagesfahrt nach Telepylos, zum Land der Lästrygonen.

Hier ereilt elf Schiffe des Geschwaders ihr Schicksal. Nur Odysseus, vorsichtig, mit seinem Boot nicht gleich in den *herrlichen Hafen* einlaufend, *den ringsum / Lückenlos ein schroffer Fels an den Seiten umrandet,* entkommt dem Gemetzel (Od. 10,87ff.). *Von den Höhen warfen* [die Lästrygonen] *in riesigen Lasten / Steine herab: da entstand an den Schiffen ein wildes Getose / Von den zerbrechenden Schiffen und unter den sterbenden Männern, / Die sie, wie Fische gespießt, zum scheußlichen Mahle verschleppten.* – Aus augustäischer Zeit, um 30 v.Chr., stammt der Freskenzyklus eines Hauses am Esquilin zu Rom, jetzt im Vatikanischen Museum, die sogenannten Odysseelandschaften, aus denen besonders auf jene ungemein anschaulichen und besterhaltenen Lästrygonenszenen hingewiesen sei.[34] Odysseus' nächste Station war – wie es in der Odyssee (10, 135ff.) heißt – *die Insel Aiaia; dort wohnte / Kirke, die schöngelockte, die mächtige, sprechende Göttin, / ... von Helios* [ab]*stammend, dem Gott, der den Sterblichen leuchtet, / ...* Es war wohl Herbst, als man dort eintraf, Odysseus' Gefährten in Schweine verzaubert wurden

und er selbst es sich mit Kirke bis zum Frühling gemütlich machte.

Kap Circeo, an Mittelitaliens Westküste, wirkt, besonders von See her, wie eine Insel. Schon seit der Antike gilt das Kap als Kirke zugehörig und als Odysseeschauplatz, wo Elpénor, jüngster Teilnehmer, vom Dach stürzend, den Tod fand. Zu den übrigen, welche mittlerweile in menschliche Wesen zurückverwandelt und aufbruchbereit waren, sprach Odysseus: *Ihr vermutet wohl gar, es ginge nun wieder zur lieben / Heimat nach Hause. Doch weist uns Kirke andre Wege, / Zu des Hades Reich und zur grausigen Persephoneia, / Daß wir dort des Thebaiers Teiresias' Seele befragen.*

Die Lage jenes Totenreichs wird in der Odyssee sogar angedeutet: *Und so erreichte das Schiff des tiefen Okeanos Grenze.* Ob damit das Seegebiet jenseits der Säulen des Herakles, die Straße von Gibraltar, tatsächlich gemeint war? Jedenfalls nahm Odysseus (Od. 11,100ff.) von dort Weissagungen mit, die seine fernere Zukunft – wie auf eine Filmleinwand projiziert – für uns gleichsam in Vorausblende mit imaginativ beweglichen Bildern, so in nuce, total widerspiegeln: *Süße Heimkehr wünschst du zu erlangen, Odysseus, / Die aber wird dir ein Gott gar hart erschweren ... / ... wenn du einmal entflohen den blauen Fluten des Meeres, / Dein vortreffliches Schiff der Insel Thrinakia näherst. / Wiesen findet ihr dort, die Rinder und Schafe des Gottes / Helios ... / Läßt du sie unverletzt ... / Könntet ihr Ithaka wohl trotz schwerer Leiden erreichen; / Wenn du sie aber raubst, so künde ich dir und den Deinen / Und dem Schiffe Verderben. Auch wenn du selber entkämest, / Kehrst du elend und spät, verlustig aller Gefährten, / Heim auf fremdem Schiff und triffst zu Hause nur Unheil: / Übermütige Männer, die deine Habe vergeuden / Und deine treffliche Gattin mit bräutlichen Gaben umwerben. / Aber du wirst erscheinen und ihre Frevel bestrafen.*

Freilich bevor es dazu kam, *trieb Odysseus' Schiff, nachdem es des Okeanos Strömung verlassen, / Über die Wogen des vielbefahrenen Meeres / An die aiaiische Insel,* also zu Kirke zurück. Sie erteilt nautische Ratschläge, warnt allerdings: *Zu den Sirenen wirst du zuerst gelangen, die alle / Menschen bezaubernd umstricken ... / Wer ... jemals / Ihre Gesänge vernahm, der kehrt nie wieder nach Hause.* Trotzdem ermuntert ihn Kirke: *Du aber fahre vorbei, doch erst verklebe der Freunde / Ohren mit süßem, geknedtem Wachs, daß keiner von ihnen / Die Sirenen vernehme. Doch willst du selber sie hören, / Sollen im gleitenden Schiff die Leute an Händen und Füßen / Aufrecht dich binden am Mast, mit festen Tauen umschlungen, / ...*

Angesichts hochragender Skyllafelsen und verheerender Charybdisstrudel im Nordteil der Messina-Straße mögen Verse der Odyssee (12,134ff.) wieder für sich sprechen: *Wir durchfuhren nun voll Angst und Klagen die Enge. / Linksher drohte Skylla, rechts schlang die hehre Charybdis / Fürchterlich gurgelnd das salzige Wasser des Meeres hinunter.*

Diese gefährliche Schneise tatsächlich verlustreich passiert, erfüllte sich des Teiresias Voraussage; denn nachdem sich Odysseus' Genossen gebotswidrig an den heiligen Rindern auf Helios' Insel vergriffen hatten, brach das verkündete Unheil alsbald über Schiff und Besatzung herein. – Ein Vasenbild aus Ischia, 8. Jahrhundert v.Chr., im Antikenmuseum zu München[181], verdeutlicht das Desaster, dem lediglich Odysseus – als einziger Überlebender – entging. Auf zusammengebundenem Kiel und Mastbaum reitend, wurde er vom heftigen Südwind zu *Skyllas Fels und der grausen Charybdis* (Od. 12,430) zurückgetragen. Von dort, erneut an einen Balken geklammert, trieb Odysseus *neun Tage umher. Am zehnten zur Nachtzeit / warfen Götter mich an Ogygias Insel, den Wohnsitz / Jener ... schöngelockten Kalypso, / Die mich hegte und pflegte ...*

Am Ende des 2. Irrfahrtenjahres zu ihr gelangt, muß Odysseus – während sieben langer Jahre – im Palast Kalypsos, *die ihn gewaltsam festhält ... von Leiden gefoltert ... heimwehübermannt* ausharren. Bereits im 5. Gesang (13ff. und 153ff.), also im – vorn schon – herausgehobenen III. Handlungsblock, mithin in zentraler Position des Epos, erfahren wir das Letztere – übrigens ein weiterer, beachtlicher Kunstgriff. Ihm kommt besondere Qualität insofern zu, als zitierte Kalypso-Passagen – von Homer klug beabsichtigt und spannungserzeugend, alle chronologische Geschehensfolge negierend – weit vor den erst im 9. bis 12. Gesang beiläufig erzählten, schnell überstandenen »Abenteuern« ihren entscheidenden Platz fanden.

Erklärend heißt es im 5. Gesang (154ff.): *Zwar allnächtlich schlief er in der wölbigen Grotte / Zwangvoll wider Willen zur Seite der willigen Göttin Kalypso / Aber am Tage ... / Nassen Auges schaute er auf die ewigen Fluten, / ...* Solche *wölbige* [Palast-]*Grotte* findet man auf Malta u.a. im Tempel »der Großen Mutter« von Hall Tarxien. Ende des 3. Jahrtausends v.Chr. entstanden, lassen sich dort früheste mediterrane Gewölbe und matriarchalische Gesellschaftsformen nachweisen.

Bemerkenswert hob Wolfgang Schadewaldt[270] Odysseus' alleinige Wahlmöglichkeit heraus: *Beim letzten Nachtmahl, daß die beiden in ihrer Höhle noch einmal vereint, stellte ihm Kalypso all das Schwere vor, das ihn erwartet, und verspricht ihm an ihrer Seite die Unsterblichkeit. Und er verschmäht die Göttin um der Frau zu Hause willen, ihm liegt nichts an der wesenlosen Seligkeit des Götterseins in einem paradiesischen Gefängnis, und nimmt es auf sich, um nur heimzukommen, wenn es denn sein muß, noch einmal mit seinem Fahrzeug zu scheitern.* – Man mag sich dabei auch jenes 29. Verses in Lord Byron's »Childe Harolds Pilgerfahrt« (1812ff.)[52] erinnern, wo – in Anspielung auf Malta und Gozo – verlautet: *Nur der Calypso Inseln laß mich nennen, / Das treue Schwesternpaar im Mittelmeer: / Noch wird der Müde sie als Hafen kennen, / Die schöne Göttin aber weint nicht mehr, / Vom Felsen spähend nach dem Freunde, der / Ein sterblich Wesen kühn ihr vorgezogen. / Dort war es, wo sein Knabe auf Begehr / Mentors den grausen Sprung that in die Wogen, / Indeß die Nymphe klagt' und doppelt ward betrogen.*

Auf Göttergeheiß, dem sich sogar Kalypso beugte, wurde Odysseus von ihr – nach viertägigem Floßbau (Od. 5,233ff.) – entlassen und erhält dabei jene vorn zitierte Segelanweisung (Od. 5,272ff.): *Auf den Bootes, der spät erlischt, und auf die Plejaden, / Auf den Bären, den sie zuweilen Wagen benennen, / ... zu achten und dies Zeichen / Immer zur Linken ... zu halten. Siebzehn Tage glitt sein Floß so über die Wellen, / Aber am achtzehnten Tag, da tauchte der Schatten des Berglands / Der Phaiaken auf ...* Sturm zerschmettert das Floß, Leukothea erscheint und rät dem verzweifelten Odysseus (Od. 5,344f.): *Du selbst versuche das Land der Phaiaken / Schwimmend zu erreichen ...*

Er landet am 3. Tag morgens an einer Flußmündung auf Scheria, wird von Nausikaa gefunden, zum königlichen Vater Alkinoos geleitet, vor dem und dessen Gästen Odysseus seine Erlebnisse, Mären, sein Seemannsgarn virtuos ausbreitet. Danach von den *seebefahrenen* Phäaken reich beschenkt, bringt ihn eins ihrer Schiffe in wunderbar charakterisierter Nachtfahrt (Od. 13,84ff.) heim nach Ithaka: *Also häumte sich auf der Bug des Schiffes, und hinten / Rollte die riesige, purpurne Woge des donnernden Meeres. / ... / Und es trug den Mann, der weise wie einer der Götter, / Dessen Herz vordem gar viele bittre Beschwerden / Litt und rang mit den Männern im Kampf und den Qualen der Wogen; / Nun aber schlief er still und hatte der Leiden vergessen. / Als von den Sternen der hellste sich hob, der, lichter denn alle, / Durch sein Kommen das Nahn des frühen Morgens verkündet, / Näherte sich der Insel das meerdurchschneidende Seeschiff. / ... / Tief am Ende des Hafens erhebt sich ein laubiger Ölbaum, / Nahe liegt dabei einer Höhle liebliche*

Vogelschau der Dardanellen, von Troja und dessen Hafen in der südwestlich gelegenen Beşik-Bucht (Tenedos gegenüber). Tafel nach der Zeichnung von Zeno Diemer in: Leipziger »Illustrirte Zeitung« 1914, S. 532f.

Dämm'rung; / ... Dort schaffen sie ihn immer noch schlafend – welch' unerhörter Kunstgriff! – ans Land und verstauen sogar ihre Gastgeschenke in benachbarter Nymphengrotte.[331] Jene liegt tatsächlich nur 50 m über dem Strand der Dexia-Bucht vor Vathy auf Ithaka. Sie hat (Od. 13,109ff.): *Zwei Pforten; eine liegt gen Norden und dient den Menschen zum Eingang, / Aber die andre gen Süden ist nur für Götter ...* John Victor Luce[196] würdigt sie und betont zudem jenes andere von britischen Archäologen in den 30er Jahren erforschte Höhlenheiligtum an der Polisbucht, in dem Gaben der Phäaken an Odysseus – 13 bronzene Dreifußkessel (vgl. Od. 13,13) – nachgewiesen werden konnten, was andeutet, daß Homer selbst auf Ithaka gewesen sein dürfte.

Spärlich fließt bis heute – trotz verschiedener antiker Viten und des »Certamen Homeri et Hesiodi« – unser Wissen um Homers Leben. Unlängst beleuchtete es Herbert Bannert[18] in neuer Sicht. Nach dessen begründeter Meinung hätte *das alte äolische Smyrna den bestfundierten Anspruch,* Homers Geburtsort und der seiner frühen Erziehung gewesen zu sein. Einer vorübergehenden *Laufbahn als Lehrer* folgten danach Erkundungsfahrten im Mittelmeer, die Homer *mit einem Schiffer namens Mentes* machte. Sie führten ihn nach Leukas, Ithaka und Kolophon. Dann nach Wanderjahren, in denen er sich als fahrender Sänger (Aiode) und Dichter betätigte, auf der Insel Chios langzeitig niedergelassen, verheiratet und mit zwei Töchtern gesegnet, entstand dort *der Großteil der beiden Epen* Ilias und Odyssee. – Bereits weithin geschätzt – und betagt – folgte Homer einer Einladung nach Chalkis auf Euböa, wo er häufig zitiertes Certamen, den bekannten Wettstreit mit Hesiod, austrug. Danach nahm er auf der Kykladeninsel Ios Wohnsitz. Dort auch starb er. ... »*Hier ruht der Erde größter Sänger!*« sagte die Rose, »*über seinem Grabe will ich duften, auf dies' will ich meine Blätter streuen, wenn der Sturm sie mir entreißt. Der Sänger der Iliade wurde Erde in der Erde, aus der ich sprosse. Ich, eine Rose von dem Grabe Homers, bin zu heilig, um für die arme Nachtigall zu blühen!*« ...

Angesichts seines angeblichen Grabes auf Ios[331]

und, wie wir soeben hörten, in Hans Christian Andersens (1805–75) Gedicht »Eine Rose auf Homers Grab« besungen, sei es erlaubt, noch einmal den kritischen Homer-Biographen Latacz[183] heranzuziehen. Er faßte 1985 die Wahrscheinlichkeiten um Homers Wirken so zusammen: *Um 730 v.Chr., als etwa Vierzigjähriger, hätte der berühmt gewordene Aiode Homeros im allgemeinen Schwung der Zeit nach mancherlei Experimenten das neue Selbstgefühl des Adels in zeitgemäßer Wiederbelebung der alten Ruhmeslieder vom Kampf um Troja zu neuem Ausdruck gebracht; ausgeschlossen wäre es nicht, daß er – beflügelt durch den unerhörten Erfolg der Ilias und durch den raschen Rhythmus der miterlebten weiteren Entwicklung – um 710, als etwa Sechzigjähriger, die durch Kolonisation und Handel beschleunigte Veränderung des traditionellen Welt- und Menschenbildes (und damit auch der Adels-Ideale) in einer zweiten großen Weltdeutung, der Odyssee, noch selbst ins Wort gesetzt hätte. Der Ruhm seiner Werke dürfte sich zu seinen Lebzeiten rasch über die ganze griechische Welt verbreitet haben, so daß sein Name, als Homer um 700 starb, so fest mit Ilias und Odyssee verbunden blieb, daß er von da an niemals mehr vergessen wurde.*

Legendärer Anlaß zum Kampf um Troja war der Raub Helenas durch Paris. Er, Sohn des Königs Priamos von Troja, hatte sie, Gattin des Königs Menelaos von Sparta und Schwägerin jenes Königs Agamemnon von Mykene, spektakulär entführt. Denn zunächst begann alles mit einem Schönheitswettbewerb unter olympischen Göttinnen: Athena, Hera, Aphrodite. Paris, der smarte Trojaner, zum Schiedsrichter bestellt, war von Aphrodite listigerweise mit dem Versprechen, ihm die berückendste Frau – Helena – zuzuschanzen, geködert worden. Dem unwiderstehlichen Angebot erlag Paris, bekam Helena und schaffte sie per Schiff heim. (Als Paris nach Sparta fuhr, benutzte er übrigens ein Fahrzeug, das vom berühmtesten Schiffbaumeister seiner Zeit, Phereklos, Sohn des Tekton, gezimmert worden war.)

Um solchen Gastrechtsfrevel zu sühnen, entbrannte Krieg um Troja, den Menelaos und Agamemnon mit ihren Heerscharen samt denen der übrigen Achäerstämme wider die (auch wegen Zollstreitigkeiten) verhaßte, am Eingang des Hellesponts (der Dardanellen) gelegene Veste zehn Jahre lang führten.

Die Ilias ist nun weder eine trockene Geschichte, noch detaillierte Abhandlung jenes trojanischen Kriegs. Auch wenn wir z.B. im *Schiffskatalog*, im 2. Gesang der Ilias, genaue Aufstellungen der Achäertruppen nebst Anführern und den über tausend zum Transport nach Troja benötigten Fahrzeugen erhalten, worüber Günther Jachmann[160] umfängliche Untersuchungen vorlegte, beschränkt sich das aus ca. 16 000 Hexameterversen bestehende Epos freilich nur auf die psychologische Deutung eines sich am Ende der Belagerung zutragenden menschlichen Konflikts, und zwar zwischen Achill und Agamemnon, der Griechen wichtigste Feldherren. In derart zugespitzter Episode – Achills Zorn – spiegelt sich demnach – wie es Joachim Latacz betonte – *der Troja-Krieg als Ganzes*. Bei Homers Publikum wurde er als bekannt vorausgesetzt; denn er ist gewiß keine Erfindung Homers, vielmehr, anknüpfend an ein denkwürdiges Ereignis, von ihm wiederbenutzt. Darum konnte Heinrich Schliemann 1871–73 in Troja grabend[288] (sich dabei zwar auf Homer berufend), die durch Jahrhunderte bekämpfte Dardanellenfestung – Homers *mauerumgürtetes Ilion* – finden. Aber er hinterließ, nach hastigem, Schätze suchendem Vorgehen, die »Ruine einer Ruine«.

Allerdings nicht von ihr, sondern vom zugehörigen Hafen ist deshalb vorrangig zu sprechen; denn zum Transport von 50–100 000 Kriegsteilnehmern, einer für damalige Begriffe unermeßlichen Zahl, bedienten sich die Achäer nicht weniger als 1116 *geräumiger, bauchiger und wohlberuderter* Fahrzeuge. Homer verzeichnete sie minuziös im *Schiffskatalog* der Ilias, und zwar so, wie sie nach vollendeter Mobilmachung im Sammelhafen zu Aulis lagen.[237]

Der Katalog beginnt mit Vers 493: *Drum verkünd ich die Führer der Schiffe und sämtliche Schiffe: / Der Boioten war Peneleos kundiger Führer, / ... / Diese kamen zusammen auf fünfzig Schiffen, und jedes / War von hundertzwanzig boiotischen Kriegern bestiegen. / ... / ... Die nun Athenai bewohnten, die prächtig errichtete Feste, / Die nun wurden geleitet von Peteos' Sohne Menestheus. / ... Und ihm folgten zusammen an fünfzig schwärzliche Schiffe. / Aias aus Salamis führte zwölf Schiffe in seinem Geschwader, / ... / Die aber Argos bewohnten, das rings ummauerte Tiryns / Und Hermiones Bucht und Asines trefflichen Hafen, / ... Diese leitete alle mit hellem Ruf Diomedes, / ... Und es bestand ihr Gefolge in achtzig schwärzlichen Schiffen. / Die da Mykene besaßen, die prangend errichtete Feste / ... Hundert Schiffe führte von diesen der Held Agamemnon, / ... / Die nun Pylos besaßen und auch das schmucke Arene, / ... Diesen war Nestor zum Führer bestellt, der gerenische Feldherr, / Und um ihn reihten sich auf an neunzig bauchige Schiffe. / ... Aber Odysseus war der Kephallenen Gebieter, / ... Und ihm folgten zugleich zwölf rotgestrichene Schiffe. /*

Die ARGO samt Argonauten, beschützt von Minerva-Athena (am Heck). Festfahrzeug beim »magnifique carousel fait sur le fleuve de l'Arne à Florence« 1608, in der zu Paris gedruckten Festschrift von 1664, Radierung.

... / ... / Die in Methone nun und auch in Thaumakia wohnten / Die befahl Philoktetes, des Bogens kundiger Meister, / Wie sie mit sieben Schiffen und fünfzig Rudrern in jedem / Kamen ... / ...

Vers 760 läßt den hier extrem kurz wiedergegebenen Schiffskatalog enden. Wegen seiner Detailtreue kann man unterstellen, daß Homer eine historisch verbürgte Liste vorlag; denn auch Trojas zehnjährige Belagerung und endlich gelungene Einnahme um 1250 (bzw. 1184) v.Chr. gilt heute als ein anscheinend geschichtliches Faktum.[179,288]

Jedenfalls gewinnt solche Annahme neue gründliche Nahrung durch jene von Manfred Korfmann seit 1981 durchgeführten Sondierungen und Grabungen. Sie erbrachten eine sichere Lokalisierung von Trojas Hafen in der süßwasserreichen Beşik-Bucht, sieben km südwestlich der trojanischen Zitadelle, und zwar der Insel Tenedos gegenüber.

Wer die Dardanellen befuhr, weiß, daß durch die Meerenge starke Oberflächenströme aus dem Marmarameer in die Ägäis setzen. Entsprechend herrschen dort regelmäßig wehende Nordostwinde.[227] Darum spricht schon Homer vom *windigen Ilios*. Das Einlaufen, gar Durchsegeln des Hellespont stellte, solange man es gegen den Wind kaum vermochte, schwerwiegende Probleme dar, zumal man auf seltene Südwestwinde angewiesen blieb. Als Zeugnis dafür mag Taverniers vielbeachtete, 1681 zu Nürnberg verlegte »Vierzig-Jährige Reise-Beschreibung«, welcher »Jacob Spons ... Reise durch ... Griechen- und Morgenland« beigefügt ist, eintreten; denn Spon erinnert sich: ... *Wir musten zwey Tage zwischen Tenedos und Troade vor Anker liegen / so lange nemlich die Windstille und der contraire Wind / sich unserm Vorhaben / so wir unsern Weg fortzusetzen hatten / widersetzten. Damit wir nun diese Zeit nicht unnützlich verderben möchten / liessen wir uns in einem Boot an Land setzen / und giengen den Ruin der alten Stadt Troja in Augenschein zu nehmen / von welcher wir noch etliche Merkmal nahe an uns erblickten. Die ganze Gegend herum ist ungebauet / bis auf etliche wenige Oerter / wo Baumwolle wächst. Das übrige ist mit eitel Gesträuch und grünen Eichen beflogen / und hat kein ander Wild / als Hasen / Caninichen / und Rebhüner / ...*

Homers Nachwirkung erhielt bereits im 6. vorchristlichen Jahrhundert entscheidende Anstöße durch jene 566 in Athen erfolgte Stiftung des Panathenäenfestes. Höhepunkt dabei bildeten Rezitationen von Ilias und Odyssee. Als dort dann, um 550, ein öffentliches Schulwesen anhob, wurden Homers Epen Schülerlektüre. Drei Dezennien später gelang im Zuge der sogenannten Peisistratidischen Epen-Redaktion deren Fixierung in einem athenischen Staatsexemplar. Ähnliche Verdienste um Überlieferung und kritische Beurteilung der Homer-Texte kamen vom 3. Jahrhundert v.Chr. an sowohl Alexandrias berühmter Bibliothek zu, als auch jenem Livius Andronicus (um 284–204 v.Chr.), der nicht nur Homers Odyssee ins Lateinische übersetzte und zum Schulbuch machte, sondern selbst die »Kunst des Übersetzens« zur eigenständigen Literaturform erhob. Ebenso sei unvergessen, daß im byzantinischen Reich – über ein Jahrtausend lang! – Homers Epen unterrichtsmäßige Pflichtstoffe blieben.

Weit weniger gewürdigt und in ihrem Entstehen durchleuchtet sind die Sagen der Argonautenfahrt.[215] Dem Altertum muten sie als historisches Ereignis an, bei dem sich Achäer in frühester gemeinsamer Seefahrt das Schwarze Meer bis zum Ostufer erschlossen. Ihr dazu benutztes Schiff war die ARGO – ... *wie einige angeben nach dem Erbauer des Fahrzeugs, Argos, der auch selber mitschiffte, um an demselben stets die nötigen Ausbesserungen vorzunehmen; – wie andere meinen: wegen seiner außerordentlichen Schnelligkeit; denn argos bedeutet bei den Alten schnell.*

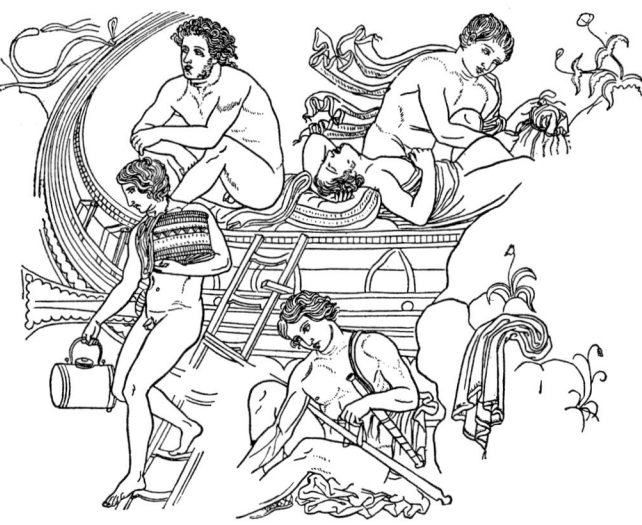

Die Argonauten an Bord der ARGO, davon wiedergegeben ist das Heck (und zwar im Stil einer klassischen Triere). Ritzzeichnung auf der Wandung der Ficoroni-Cista, 4. Jahrhundert v.Chr.; Rom, Villa Giulia (Umzeichnung).

So jedenfalls erläuterte es Diodor im Buch 4, Kap. 41, seiner 60–30 v.Chr. verfaßten »Geschichts-Bibliothek«.[81] Dort vermittelt er Teilnehmer, Zweck und Inhalt der Argonautika – bis zum Gewinn des Goldenen Vlieses in Kolchis, außerdem Jasons samt Medeas Rückkehr. Diodor (Kap. 48 und 49) schreibt über die Heimfahrt: ... *nachdem sie sich mit Lebensmitteln versehen, gingen* [die Argonauten] *in See. Schon hatten sie die Mitte des Pontischen* [= Schwarzen] *Meeres erreicht, als sie*

ein höchst gefahrvoller Sturm überfiel ... dicht beim Schiffe erschien ihnen der Meeresgott Glaukos. Zwei Nächte und zwei Tage lang begleitete er das Schiff ununterbrochen und weissagte ... die Argonauten aber, als sie in der Mündung des Pontos [also am Bosporus] *angelangt waren, ruderten dem Lande zu, welches damals von dem König Byzas* [= Gründer von Byzanz] *beherrscht wurde ... Danach ... wieder in See, durchschifften sie die Propontis* [= das Marmarameer] *und den Hellespont* [= Dardanellen] *und landeten bei Troas ... fuhren* [dann] *an Samothrake vorüber und gelangten schließlich zur thessalischen Heimat.*

Derselbe Diodor überlieferte noch (Buch 4, Kap. 56)[81] eine andere rückführende antike Routen-Version; danach wären *die Argonauten, als sie nach dem Raube des Vlieses erfuhren, daß die Mündung des Pontos von den Schiffen des Aeetes besetzt sei, den Tanais* [= Don[246] oder Dnjepr?] *hinaufgeschifft, hätten dann ihr Fahrzeug ... weit über festes Land gezogen und seien danach ... auf einem anderen Fluß, der sich in den* [Atlantischen] *Ocean ergießt, in's Meer hinabgefahren, in dem sie von Norden gen Westen* [d.h. südwestlich] *steuerten ... das feste Land zur Linken ... und so seien sie bei Gadeira* [= Cadix] *wieder in unser* [mitteländisches] *Meer eingefahren ... [später] hätten sie ... die Insel Aethalia* [= Elba] *angelaufen ... Als sie dann durch Stürme in die Syrten verschlagen wurden und von Triton, der damals König von Libyen war, über die Beschaffenheit des Meeres unterrichtet wurden und so der Gefahr entgingen ...*

Dieser aufwendigen Heimfahrt-Fassung bediente sich längst schon – mit gewissen Abwandlungen – Apollonius von Rhodos (um 295 bis um 215 v.Chr.) für sein episches Hauptwerk[11], die in vier Büchern erhaltene »Argonautika«. Thassilo von Scheffer übersetzte sie und meinte 1940 im Einleitungstext: *Zweifellos hat es ein uraltes, verlorenes Epos der Argonautenfahrt gegeben, und man muß es sogar vor Homer legen zu jener Fülle von Dichtungen, die vor der Ilias vorhanden waren und versanken.*

In Apollonios' Epos finden sich folgende Verse (IV, 557ff.): *Packte doch schrecklichen Zorn Zeus selber ... / ... über die Frevel des Paares* [Jason und Medea]. */ Heimkehr sollten sie finden erst nach unendlichen Leiden, / ... und fuhren / Fort in die Ferne ... / ... / Trieb die Strömung sie doch an Okeanos' Bucht, und sie wollten / Ahnungslos steuern dahin, von wo nicht Rückkehr noch Rettung. / ... / ... kreuzten die* [Argonauten] */ Hin zur Aithalischen Insel* [= Elba] *... / ... Schnell durchsteuerten sie von dort die schwellende Meerflut / ... / Und erreichten Aiaias gepriesene Bucht. Aus dem Schiffe / Warfen sie Haltetaue ans nahe Gestade, und Kirke / Trafen sie dort ... / ... / Wilde Tiere ...*

/ ... und doch auch nicht wie Menschen gestaltet, aus manchen / Gliedern verschieden gemischt, die eilten da zahlreich ... / ... / Laß sie nicht hilflos in den Schlund der Charybdis geraten, / Daß nicht diese schlürfend sie alle zusammen verschlänge. / ... / Günstiger Wind trug weiter das Schiff. Ein prächtiges Eiland, / ... wo weithin erklingend / Die Sirenen ... mit süßen / Zaubergesängen entrafften den, der dort Taue befestigt. / ... / An Trinakrias [= Siziliens] Wiesen vorbei ... / ... / Dort an den Rindern fuhren sie tags vorüber und freudig / Auch die folgende Nacht durch die mächtigen Wogen des Meeres, / Bis den Schiffern Eos, die frühgeborne, erglänzte. / Vorn an der Einfahrt liegt am ionischen Busen ein Eiland, / ... / ... Makris, das Drepane [= Sichel; - = Korfu] darum geheißen. / Heilige Nährerin der Phaiaken ... / ... / Hier zu diesen gelangte nun aus dem Trinakrischen Meere / ARGO, windgetragen und mit mancherlei Drangsal. / Und Alkinoos und sein Volk empfingen die Helden / ... / Hinter sich, weit die Segel gebreitet ... / ... tauchten / Pelops Lande [= Peloponnes] schon auf, da raffte ein wütender Nordwind / mitten im libyschen Meer das Schiff, und ganze neun Nächte, / Ebenso viele Tage verschlug er es, bis sie die Syrte, / Weiter und weiter getrieben, erreichten, wo Schiffen nur selten / Heimkehr blüht, sobald sie in diesen Busen geschleudert ...*

Beschäftigen wir ins vorstehend mit nur zwei den Argonauten zugewandten antiken Autoren, so seien wenigstens noch die Namen weiterer mit gleichem Stoff umgehender Dichter – wie Homers jüngerer Zeitgenosse Hesiod (um 700 v.Chr.), Mimneros († 580), Simonides (um 556–468), Aischylos (um 525 bis um 456), Sophokles (um 497 – um 406), Euripides (um 480–406), Herodot (nach 490 – um 430), Apollodoros (um 180 – um 110 v.Chr.) und Strabon (um 63 vor – 19 nach Chr.), Ovid (43 vor – 17 nach Chr.)[232] samt Valerius Flaccus († 90 n.Chr.; dessen Epos »Argonautica«) – genannt. Deren Werken entnahm Gustav Schwab (1792–1850) nacherzählend seinen Argonautenstoff für »Die schönsten Sagen des klassischen Altertums« (in 3 Bänden, 1838–40).[281]

Aus diesem bewunderten Volksbuch folgen – in geraffter Form – jetzt noch einige Passagen über Bau und Besatzung der ARGO: *Die berühmtesten Helden Griechenlands wurden zu dem kühnen Unternehmen aufgefordert. Am Fuße des Berges Pelion wurde unter Athenes Leitung aus einer Holzart, die im Meer nicht fault, von dem geschicktesten Baumeister Griechenlands ein herrliches Schiff mit fünfzig Rudern erbaut und nach seinem Erbauer Argos, dem Sohn des Arestor, ARGO genannt. Es war das erste lange Schiff, auf dem sich Griechen in die offene See*

wagten. Die Göttin Athene hatte dazu das weissagende Brett von einer redenden Eiche des Orakels zu Dodona gestiftet, das eine Stelle im Takelwerk fand. Das Schiff war außen mit vielen geschnitzten Arbeiten geziert und so leicht gebaut, daß die Helden es zwölf Tagereisen auf der Achsel tragen konnten. Als das Fahrzeug fertig und die Helden versammelt waren, wurden die Plätze der Argoschiffer verlost. Jason war Befehlshaber ... Tiphys der Steuermann, Lynkeus, der Scharfblickende, machte den Lotsen des Schiffes, im Vorderteil ... saß Herakles, im Achterteil Peleus, Vater des Achill ... Als alle im Schiff Platz genommen, wurden die Anker gelichtet, die fünfzig Ruder begannen ihren regelmäßigen Taktschlag, ein günstiger Wind schwellte die Segel, und bald hatte das Schiff den Hafen von Jolkos hinter sich ...

Durch Schwab[281] und seine antiken Gewährsleute ist uns diese legendäre Entdeckungs-Fahrt vom Hafen Jolkos bei Pegasai/Thessalien ostwärts durch Ägäis, Dardanellen, Marmarameer, Bosporos bis an die äußersten Gestade des Schwarzen Meeres, nach Kolchis, ebenso vertraut wie der Fortgang des Unternehmens. Jason errang tatsächlich nach vielen Abenteuern und unterstützt von Medea das begehrte Goldene Vlies. Heimwärts ging es danach auf Westkurs durch das Schwarze Meer zurück, wobei hier die von Schwab gewählte Version der ARGO-Heimfahrt auch noch zitiert sei: *In die Segel der Argonauten blies der günstige Wind ... Nun belehrte sie Argos ... daß sie nach dem Isterflusse [= Donau] steuern sollten ... Sie aber schifften an mancherlei Gestaden und Inseln vorüber, auch an dem Eilande, wo die Königin Kalypso, die Tochter des Atlas, wohnte ... das Schiff aber schoß weiter bis in die innerste Bucht des Eridanos [= Po] ... An den Ufern des Eridanos hin kamen sie zu einer Mündung des Rhodanos [= Rhône] ... und so fuhren sie an unzähligen Keltenvölkern viele Tage und Nächte vorbei, bis sie endlich das tyrrhenische Ufer erblickten und bald darauf glücklich in den Hafen der Insel Kirkes einliefen ... Hier fanden sie die Zaubergöttin ... Kirkes Palast ...*

Sogleich mit Jasons und Medeas Ankunft an Bord fingen nun sanfte Zephyre zu wehen an; frohen Mutes lichteten die Helden die Anker und spannten die hohen Segel aus ... bald stellte sich ihnen eine schöne, blühende Insel dar, die der Sitz der trügerischen Sirenen war, welche die Vorüberschiffenden durch ihre Gesänge anzulocken und zu verderben pflegen ... Die Argonauten ... schifften neuen Gefahren entgegen, denn sie kamen an eine Meerenge, wo der steile Fels der Skylla in die Fluten hinausragte ... auf der anderen Seite der Strudel der Charybdis die Wasser in die Tiefe riß und das Schiff zu verschlingen drohte ...

Endlich waren sie den Gefahren glücklich entgangen und fuhren weiter auf der offenen See, bis sie zu einer Insel kamen, wo die guten Phäaken und ihr frommer König Alkinoos wohnten ... Wieder waren sie an mancherlei Ufern und Inseln vorübergesegelt und schon erblickten sie in der Ferne die heimische Küste ... der Peloponnes, als ein grausamer Nordsturm das Schiff erfaßte und mitten durchs libysche Meer neun volle Tage und Nächte ... dahinjagte. Endlich wurden sie an das Sandwüstenufer der afrikanischen Syrten verschlagen ...

Nun kamen sie nach einer Fahrt von wenigen Tagen, unangefochten nach der Felseninsel Karpathos und wollten von da ... nach Kreta überschiffen ... Kaum über Kreta hinaus ... erschreckte sie ein neues Abenteuer. Eine entsetzliche Nacht brach ein ...: als wäre alle Finsternis aus dem Abgrunde losgelassen, so schwarz war die Luft; sie wußten nicht, ob sie auf dem Meere oder in den Fluten des Tartaros [= der Unterwelt] *schifften ...*

Apoll, lichtstiftender Gott, von den Argonauten angerufen, führte sie sicher nach Anáphe, der hell erleuchteten östlichen Nachbarinsel von Thera-Santorin – schließlich heim nach Jolkos.

J.V. Luce[196] verwies auf die eigentümliche Parallele zwischen jener durch übermäßigen Rauchausstoß geprägten Episode und den ähnlich zu charakterisierenden infernalischen Folgen des Vulkanausbruchs von Santorin um 1470 oder 1645 v.Chr. Solches welterschütternde, infolge anschließend durch Kalderaeinbruch ausgelöster küsten- und schiffzerstörender Flutwelle katastrophale Ereignis[15,126], dem das minoische Seereich, Kreta und benachbarte Gegenküsten zum Opfer fielen, dürfte sich so bewahrt und in jenem Zitat verdichtet haben. Bei den seit 1967 in Akrotiri auf Thera-Santorin unternommenen Ausgrabungen kam eine Kulturschicht zutage, welche auch die ältesten mediterranen, Mitte des 2. Jahrtausends v.Chr. al fresco gemalten hochseegängigen Ruder- und Segelschiffe[204] vor Augen stellt.

Den 17 m langen, modernen Nachbau eincs ähnlichen spätbronzezeitlichen Fahrzeugs benutzte Tim Severin[286] mit seiner aus Freiwilligen bestehenden Mannschaft zur Wiederholung jener ursprünglichen Argonautenfahrt – so wie sie Apollonius Rhodios dichterisch ausformte. Von Volos, dem antiken Jolkos, am 3. Mai 1984 in See gehend, nahm die ARGO II zunächst Kurs zum Athosgebirge, dann hinüber nach Lemnos, weiter – dabei geschickt die teilweise starken Gegenströmungen überwindend – durch Dardanellen, Marmarameer, Bosporus ins Schwarze Meer, wo Sinope, Samsun, Trapezunt, Batumi angelaufen und am 21. Juni 1984 – nach einer gerudert und/oder unter Segel zurückgelegten Strecke von 1500 Seemeilen – endlich Poti in Georgien/UdSSR (am goldführenden Fluß Rioni = antik Phasis) erreicht sowie Erklärungen für Jasons und Medeas legendäres Goldenes Vlies (ein dort allgemein übliches Schafsfell, das, zur Goldabscheidung benutzt, mit Goldstaub durchsetzt war) erbracht werden konnten.

Lang ist – wie schon angedeutet – die Reihe derer, welche sich mit Goldenem Vlies, Argonauten-Sage und Medea-Stoff[104] dramatisch auseinandersetzten; erinnern wir uns, wie des Euripides 431 v.Chr. uraufgeführte Tragödie »Medea« gleich mit Vers 1–2 beginnt: *Daß* ARGO *doch durch düstre Symplegaden nie / Geflogen wäre, steuernd nach dem Kolcherlande, / ...* und wie es weiter, Vers 1303ff. – von Jason klagend ausgesprochen – heißt: *Als aus der Heimat, aus Barbarenländern ich / Die Flucht nach Hellas führte, dich Verräterin / Des Vaters und des Landes, das dich* [= Medea] *auferzog. / Dich bösen Dämon warfen mir die Götter zu / Dich, die den Bruder erst erschlug am Vaterherd / Und dann der* ARGO *schöngebautes Schiff bestieg. / In solcher Art begannst du, dann vermähltest du / Dich mir, gebarst mir Kinder und ermordetest / Die Kinder, grollend um den neuen Ehebund. / ... / Du, eine Löwin, nicht ein Weib, von wilder Art / Als Skylla tief im Meeresfels Tyrrhenias. / ...* – Die Reihe setzt sich fort über Seneca zu La Péruse, Corneille (1635), J.-B. Rousseau (1696) und weiter über Grillparzers »Ulysses«-Fragment (1818) bis zu Anouilh (1946).

So blieb die ARGO noch heute in unserem Bewußtsein. Aus jener vergleichenden Gegenüberstellung ihrer Irrfahrten mit denen in Homers Odyssee wurde eine eigentümliche Parallelität, ja weitgehende Deckungsgleichheit unter personifizierten und lokalisierten Begriffen, wie Kalypso, Kirke, Sirenen, Skylla und Charybdis, Helios-Rinder, Phäaken und Syrten, evident. Darum scheint die oft wiederholte Frage nach dem jeweils wirklichen Heimkehr-Weg – angesichts dichterischer Freiheit und poetischer Verklärung – müßig, wenn nicht bedenklich, zu sein. Denn hier wie dort wirken die surrealen »Abenteuer« oder irrealen »Märchen« wie bizarr geronnenes, bunt kontrastierendes Beiwerk, sensationelles Füllmaterial – das Homer sogar bewußt hinter des Odysseus tatsächliche Floßfahrt gerückt hat – anmutend wie ein eigenständiges Schauspiel im Bühnenstück oder wie die moderne filmische Schwarz-Weiß-Einblende im farbigen Spielfilm.

Die ARGO als Sternbild-Allegorie (rechts am Rand) auf drehbarer Sternentafel
in P. Apians »Astronomicum Caesareum« (Ingolstadt 1540).

Odysseus mit seinen bereits in Tiere verwandelten Gefährten an Bord (einer Karracke) vor der Küste, wo ihm Kirke mit einem Zaubertrunk entgegentritt. Holzschnitt in Schedels »Buch der Chroniken«, 1493.

Um so erstaunlicher ist deshalb jene auf etwa 90 Titel gewachsene Literatur-Flut, die sich solcher amüsant-unterhaltsam eingeschobenen Nebensächlichkeiten – seit der Antike bis jetzt – annahm. Johann Heinrich Voß, wichtigster Übersetzer von Ilias und Odyssee ins Deutsche, ging kurz nach 1800 auf seiner »Homerischen Welttafel«[34] – im Mittelmeer bleibend – Odysseus' Irrfahrten ebenso nach wie Ernle Bradford (*1922)[45], der sich zwischen 1951 und 1958 mit Segelbooten von 20 bzw. 7 t das Mittelmeer auf »Reisen mit Homer« intensiv erschloß. Als Skipper und Nautiker beschäftigten ihn Wind und Strömungen, gleichermaßen Distanzen und mögliche Geschwindigkeiten, Untiefen und sichere Ankerplätze – das sonst fast stets zu kurz kommende nautische Grundlagenmaterial! Nach Bradford segelte Odysseus einst von Kap Maleia nach Djerba (Lotosesser = Rauschmittelverzehrer), weiter nach Favignana (Kyklopen), von dort nach Ustica (Äolus), dann nach Ithaka hin und zurück, um danach von Ustica in gut sechstägiger Fahrt Bonifacio auf Korsika zu erreichen. Dieser eindrucksvolle Naturhafen bietet zweifellos die idealste mediterrane Kulisse für das Lästrygonen-Abenteuer, bei dem Odysseus maßgebliche Schiffs- und Mannschaftseinbußen erlitt. Kap Circeo, Straße von Gibraltar, Liparische Inseln, Messina-Enge, Siziliens Ostküste (Helios-Rinder), Malta (Kalypso), Korfu (Phäaken) waren, um wenigstens einen – Bradfords – Routenvorschlag vollends zu nennen, Stationen auf Odysseus' fiktivem Seeweg.

Vornehmlich historisch-philologisch vorgehend, entwickelten (1968 und) 1983 die Brüder Armin und

Vogelschauansicht des Monte Circeo, an der mittleren Westküste Italiens. Gezeichnet von Angelo Breventano, kolorierter Stich von 1608; unten vermerkt ist »Elpenoris tumulus«.

Odysseus, an den Mast gebunden, passiert die Sirenen und befindet sich – simultan rechts vorausgeblendet – auch schon zwischen Skylla und Charybdis. Weißgehöhte Rötel-Zeichnung von Francesco Primaticcio (1504–70) als Entwurf zum (1738 zerstörten) Wandbild in der »Galerie d'Ulysse« des Schlosses Fontainebleau; Wien, Albertina.

Hans-Helmut Wolf »Die wirkliche Reise des Odysseus«. In ihrem Bemühen, das homerische Weltbild zu rekonstruieren, trugen sie gewiß hochinteressantes Material zusammen, aber auch ihre ermittelte, imaginäre Fahrt-Strecke bleibt – zugegeben – spannend zu lesende, doch fragwürdige Hypothese.[329] So wirkt beispielsweise deren suggerierte Lage des Phäaken-Landes in der geographischen Zone zwischen kalabrischem Tiriolo und Skylletion insofern fadenscheinig, als für die Überwindung der Distanz von dort bis Ithaka eine – wie es Homer ja will! - einzelne Nachtfahrt nicht ausreicht! Homers funkelnd-geniale Pointe wäre sonst verspielt!

Bezeichnend ist jenes vorsichtige Belassen der Odyssee im Mittelmeer, was Michael Stapleton und Elizabeth Servan-Schreiber in ihrem »Lexikon der griechischen und römischen Mythologie« 1978 vorzogen. Außerdem betonte Dorothea Gray in der »Archaeologica Homerica« (Kap. G) 1974, daß einige der Odyssee-Märchen *aus anderen Sagenkreisen stammen ... der Reise der* ARGO *entlehnt und vom Osten nach dem Westen verlegt* wurden. Homer benutzte sie wie höchst willkommene, allgemein bekannte Zitate wieder; dienen sie ihm doch als notwendig irrealbezaubernde Kontraststoffe zur nachfolgend bitterrealen Phase des als Bettler sich erniedrigenden Odysseus. Wieder auf Ithaka behutsam fußfassend und der Zukunft recht ungewiß, gibt er sich bedeckt Dienerschaft und Sohn zu erkennen. Dann tötet er in magisch-grausiger, doch wohlbegründeter Szene alle – im eigenen Haus – Gastrechts-Frevel begehenden Freier und kommt endlich, von Penelope – nach zwanzig Jahren – liebend wieder aufgenommen, zur Ruhe.[213E]

In der Weltliteratur kaum zu fassen sind Einfluß und Nachfolge von Homers Odyssee. Beste Kurzein-

Odysseus in der Unterwelt, des Teiresias Zukunftsvoraussage anhörend, dann, von Kalypso zur Heimfahrt aufgefordert, danach, von Leukothea angewiesen, das Land der Phäaken schwimmend zu erreichen, und endlich, schlafend, die Heimkehr auf Ithaka. Gemälde von Friedrich Preller (1804–78) 1865–69, in der Preller-Galerie des Museums zu Weimar (zur Zeit nicht zugänglich).

blicke vermittelt Elisabeth Frenzel in ihrem Lexikon dichtungsgeschichtlicher Längsschnitte.[104]

Wenigstens ein paar Autoren seien genannt: voran James Joyce (1882–1941), der im Roman »Ulysses« (1922) den Odysseus-Mythos gleichnishaft zum Alltag eines Dubliner Annoncenakquisiteurs umstrukturierte. Unter vielschichtig anderer Problematik entstanden Romane von Jean Giraudoux (1882–1944) »Elpénor« (1919–38), Eyvind Johnson (1900–76; Nobelpreis 1974) »Strändernas svall« (1946; = Die Heimkehr des O., 1948), von Ernst Schnabel (1913 bis 1986) »Der sechste Gesang« (1956) und Walter

Jens (* 1923) »Das Testament des O.« (1957), gleichfalls jene Erzählung Lion Feuchtwangers (1884 bis 1958) »Odysseus und die Schweine oder das Unbehagen an Kultur« (1948). Unvergessen bleiben auch Eudora Welty's Short Story »Circe«, Pierre Benoîts (1886–1962) Roman von 1937 »Les compagnons d'Ulysse« und Salvatore Quasimodos (1901 68; Nobelpreis 1959) »Insel des Odysseus« oder Peter Rühmkorfs (* 1929) Gedicht »Bleib erschütterbar und widersteh«:

> ... zwischen Scylla hier und dort Charybde
> schwankt der Wechselkurs der Odyssee ...
> Finsternis kommt reichlich nachgeflossen;
> aber du mit – such sie dir! – Genossen!
> teilst das Dunkel, und es teilt sich die Gefahr,
> leicht und jäh ...
> Bleib erschütterbar – und widersteh.

Nicht weniger erwähnenswert ist Nikos Kazantzakis' (1883–1957) singuläre, 33 333 Siebzehnsilbler umfassende Epopöe »Odissia« (1938; deutsch 1973), in der sein Held freiheitsdürstend ins Grenzenlose unseres Erdballs vorstößt: *Auf, Kinder, der Wind des Todes bläst von achtern!*

Einen ähnlich motivierten Odysseus prägte bereits Dante (1265–1321) in seiner vergleichslosen »Divina Commedia« (= Göttlichen Komödie). Sie beginnt Karfreitag anno 1300. Im achten Höllenkreis, dem 26. Gesang, Vers 92–142, zieht Dante ihn für seine (die geographischen Kenntnisse des 13. Jahrhunderts auswertende) Weltschau heran und veranlaßt dessen schemenhaften Schatten zu folgendem Bekenntnis: *Die Lust am Sohn, das Mitleid für den greisen / Erzeuger nicht und nicht die schuld'ge Liebe, / Daran Penelope sich freuen sollte, / Im Innern die Begier mir zu*

besiegen, / Mich mit der Welt ringsum bekanntzumachen / Und mit der Menschen Trefflichkeit und Lastern; / Nein, ich begab aufs hohe weite Meer mich / Mit einem Schiff allein und mit der kleinen / Genossenschaft, die nimmer mich verlassen. / Die Ufer beide sah ich bis nach Spanien / Und nach Marokko und der Sarden Eiland, / Und all die andern, die das Meer umspület. / Ich war nebst den Genossen alt und schwer schon, / Als wir zu jenem engen Schlund gelangten, / Wo Herkules sein Grenzmal aufgerichtet, / Damit der Mensch sich weiter hin nicht wage. / Zur rechten Hand ließ ich Sevilla liegen, / Weil ich zur andern Ceuta schon gelassen. / »O Brüder«, sprach ich, »die zum fernen West ihr / Durch hunderttausend Fährlichkeiten dranget, / Verschmäht doch nicht die kurze Abendwache / Der Sinneskraft, die euch noch übrigbleibet, / Zu nützen, um, der Sonne folgend, Kunde / Vom menschenleeren Weltteil zu erlangen.*

Zieht euern Ursprung in Betrachtung, wurdet / Ihr doch gemacht nicht, gleich dem Vieh zu leben, / Nein, daß nach Tugend ihr und Kenntnis ringet.« / Und die Genossen macht' ich nach der Reise / Also begierig durch die kurze Rede, / Daß ich sie kaum dann abgehalten hätte. / Drauf, unser Hinterschiff gewandt nach Morgen / Bewegten, Schwingen gleich zum tollen Fluge, / Die Ruder wir, stets mehr zur Linken steuernd. / Schon sah das Aug' der Nacht die Sterne sämtlich / Des andern Poles und so tief den unsern, / Daß kaum er aus der Meeresflut emporstieg. / Fünfmal war neu entzündet und verlöscht schon / Das Licht am untern Teil des Mondes worden, / Seit in den schweren Pfad wir eingetreten, / Als endlich dunkel und durch die Entfernung / Ein Berg erschien, der also hoch uns deuchte, / Wie ich noch keinen je gesehen hatte. / Wir jauchzten; doch bald ward die Lust zum Jammer, / Denn wirbelnd ging vom neuen Land ein Sturm auf, / Der unser Fahrzeug traf am vordern Ende. / Dreimal schwang er's umher samt den Gewässern, / Beim vierten warf empor das Hinterschiff er, / Den Schnabel senkend (also wollt's ein andrer), / Bis über unserm Haupt sich schloß die Meerflut.

Nicht nur Homer läßt Odysseus durch die Welt suchend ziehen, auch Dante, Italiens größter mittelalterlicher Dichter, fügte mit seiner Vision neue Dimensionen und eine Vorstellung vom Tod des unbeirrt forschenden Seefahrers ein – und zwar vor der Westküste Afrikas, womöglich angesichts des 4070 m hohen Kamerun-Berges.

Neben den bis zum Tode ruhelosen Entdecker gehört, um Odysseus – als menschlichem Wesen – gerecht zu werden, bedingt auch der Abenteurer, und zwar so kreatürlich-einseitig vielleicht, wie ihn Jean Giono (1895–1970) im Roman »Naissance de l'Odyssée« (1930)[111] frivol-schillernd skizzierte: *Gemächlich schaukelnd trug ihn die schwerfällige Schebecke von einer Frau zur anderen. Wenn der Wind, der flach dahinstrich, die Wellen nur ein wenig peitschte, wenn am Himmel nur ein paar Gewitterwolken wie Schafe ihr braunes Fell blähten oder wenn ein kleines Mädchen im Hafen sich dreimal an einer Straßenecke umgewandt hatte, wickelte Odysseus die Ankerkette auf, ließ den Haken auf den Grund hinab, zog die Segel ein und war im Schlepptau des Eros. In seiner Erinnerung wurden die Länder zu Frauen. Die Flußmündung an der Küste Asiens, in die sie hineingefahren waren, um Trinkwasser zu holen, und in der sie ... geblieben ... nannte er Kalliste, mit dem Namen jenes Mädchens, das er zwischen Weiden besessen ... Die Ziegeninsel, die einsam vor den Zykladen lag, hieß bei ihm Timarete, wie die Gattin des Priesters, die sich ihm ungeachtet ihrer*

geräuschvollen Lust fast vor den Augen ihres Mannes geschenkt ... Der Archipel hatte lauter Liebesnamen bekommen: Orea, Lyssia, Melitta, Kalypso und viele, viele andere, gar nicht zu reden von jenen, deren Stimmen er kaum kannte und die er nur in Hast in irgendeinem Winkel genommen ... von einer zur anderen gekreuzt ... waren Jahre vergangen, bis das aufgeregte Meer ... ihn der letzten zugeschleudert hatte, der lebendigen Freude, der wundervollen Circe von Cythera!

Im heimischen Palast, wo Penelope am Webstuhl von drei feinaufgeputzten Freiern bedrängt wird, während hinter ihnen Telemach zuhört und Odysseus, noch als Bettler verkleidet in der Tür stehend, die groteske Szene beobachtet. Gemälde (Fresko auf Leinwand, 124 x 147 cm) von Bernardino Pinturicchio (1454–1513); London, National Gallery.

Aber Gedanken voran um soziale Pflicht, eheliche Treue, Familienehre bewegten Odysseus, trotzdem nach Ithaka zu finden. Freilich, waren sie von Dauer? Zog die ewige, weite Flut ihr Opfer nicht unwiderstehlich an? Darum schildert Victor Auburtin (1870 bis 1929) in seinen »Pfauenfedern« (1921) »Das Ende der Odyssee« so: *... Nun blieb er tagelang allein am Strande der See zwischen den Klippen. In seinen Beziehungen zum Meer hatte sich eine merkwürdige Veränderung vollzogen. Zuerst, nach seiner Heimkehr, wollte er das Gewässer nicht sehen, in dem er so viel erduldet; damals pflegte er zu sagen, glücklich seiest du nur dort, wo die Leute das Ruder, das du über der Schulter trägst, für einen Spaten halten. Jetzt liebte er das Meer wieder und ... lauschte auf das große Tönen der Brandung, bei dem ihm schmerzlich süß ein Gefühl der Kameradschaftlichkeit aufstieg. Und da mußte er denken: ... dort auf der Insel sehnte ich mich nach der Hei-*

mat; und nun ich die Heimat habe, sitze ich in der Wüste des Strandes ... und habe Heimweh nach der Heimatlosigkeit. Aber in fabelhaftem Glanze leuchteten in seinem Innern all die Abenteuer der zwanzig Jahre auf. Und während das erlöschende Auge den Horizont suchte, flüsterten ... seine Lippen unaufhörlich den unsterblichen Bericht: von dem Kampf der Könige ... der nächtlichen Schiffahrt durch die Meerenge ... den Inseln der Nymphen.

Marianne Langewiesche (1908–79) schob bewußt eine mythisch verklärende, zwar aus der Kalypso-Episode abgeleitete, doch nur vordergründige Ambiguität nach, und zwar in ihrem Entwurf »Odysseus und sein Ruder« (1947): ... Schön wie am allererersten Tag, da die Göttin Athene begonnen hatte ihn zu lieben, lag im Angesicht des Meeres Odysseus im Tode aufgelöst. Die Unsterbliche hüllte ihn ein und nahm ihn zu sich, indessen die Tiere das erblühende Gras und den immer stärker fallenden Regen hungrig und durstig genossen.
– Du weinst, Athene? – fragte der Vater der Götter und Menschen.
– Ich weine, mein Vater. –
– Der Geliebte deiner Träume ist der Unsterblichen einer, und du weinst? –
– Als er in meinen Armen zur Unsterblichkeit erwachte, beachtete er mich nicht. Das Licht des Mondes fiel auf unser Lager. Er richtete sich auf und blickte hinaus.
Was siehst du? fragte ich. / Die See. / Ich schmiege mich an ihn. Und was begehrst du? / Die See. Muß ich in alle Ewigkeit hier unter den Göttern weilen? / Ja, glücklicher Odysseus! / Athene! flehte er, laß mich zurück! / Und warum? / Damit ich auf dem schnellsten Boot hineinfahren kann in die See. Damit ich die Brecher des Meeres über mir zusammenschlagen fühle. Damit ich in meinen Händen das Ruder halte. Damit ich zur See fahren kann, solange es Meere gibt! –
– Ich habe ihn im Gaukelspiel der Lüge und der Sehnsucht, des Abenteuers und der Poesie hinabgeschickt aufs Meer. Hörst du ihn, prahlerisch und glückselig dort singen, wie am allererersten Tag? –
– Nenne mir Muse den Namen des vielgewandten Mannes ... –

Trotzdem sei ein Aspekt zusätzlich betont. Georg Wilhelm Friedrich Hegel (1770–1831) berührte ihn in seinen »Vorlesungen über die Ästhetik« und mahnte: In Odysseus' einzelner Heimfahrt spiegelt sich die Wiederkehr aller Griechen von Troja, nur mit dem Unterschiede, daß gerade in dem, was ihm zu dulden auferlegt ist, die Totalität der Leiden, Lebensanschauungen ... erschöpfend zur Darstellung gelangt.

Nicht ganz außer Acht lassen sollte man freilich auch all' jene Leiden, die unbeabsichtigt, einfach durch unser oder des Odysseus' Dasein, Dazwischentreten anderen zugefügt werden. Nausikaa, der Phäaken junge Königstochter, hatte Odysseus – schiffbrüchig und noch namenlos – am Strand von Scheria entdeckt, ihm das väterliche Anwesen gewiesen und eröffnet. Dabei entspann sich ein – durch Ernst Schnabel, den vorn erwähnten Romancier, nachgestalteter – Dialog, in dem ihr Interesse an dem älteren, welterfahren-anziehenden Mann aufbricht:
Es war nicht leicht, jetzt nicht zu lügen, und etwas warnte mich davor, mir den Rückzug zu versperren, ich meine den Weg zu mir zurück. Ich sagte: Ich gehe jetzt zum Hafen. Kommst du mit?
Doch sie ließ nicht los, sie drängte mich. Sie wollte wissen, ob ich glaubte, daß Odysseus verschollen sei, für immer.
Ich weiß es nicht, Nausikaa. Wir hatten mit der Heimfahrt alle unsere Schwierigkeiten. Es kann ihm etwas zugestoßen sein.
Sie schüttelte den Kopf und sagte nein.
Ich lachte: Wie willst du wissen, daß es nicht so ist?
Es sieht nicht danach aus. Sag mir die Wahrheit!
Ich sah sie an. Mein Herz bewegte sich. Ich dachte, du darfst sie nicht belügen. Doch was ist die Wahrheit jetzt?
Sie fragte: Wann hast du ihn zuletzt gesehen?
Ich überlegte, und danach erzählte ich ihr von unserer Nacht in Tenedos ... Der Krieg war aus. Die Rauchsäule über Troja, die wir ... sehen konnten, sah gewaltig aus ... Wir wußten, wie schnell ein Sieg nach Aas riecht, wenn man nicht auf Distanz hält ...

In der zum Zartesten deutscher Dichtung um 1943 zählenden Prosa »Nausikaa« schildert Siegfried Berger (1892–1946) wie Nausikaa ihrer zur Liebe ausgereiften Beziehung schließlich entsagt:
Die Schiffe, die sich in stürmischen Nächten dem schroffen Vorgebirge bei der heiligen Insel des Phoibos Apollon näherten, grüßte ein tröstendes Licht. Hoch auf den Klippen oberhalb des kleinen Tempels, den der König der Phäaken mühselig aber köstlich über der uralt-heiligen Grotte hatte bauen lassen, flammte ein Leuchtfeuer, warnte und gab Richtung in dem sternenlosen Dunkel. Die Schiffer sandten dankbare Gebete in die Höhe, wo sie Nausikaa, die Dienerin des Apollon, und ihre Getreuen wachen und walten wußten.
Der helle Gott hatte das schöne Opfer lächelnd empfangen, ließ sich von Nausikaa dienen und schützte ihr Werk. In der Bucht, wo die große Ulme, das alte Wahrzeichen der Schiffer, grünte, wuchs Hütte neben Hütte. Unglückliche und Ver-

Hafenbucht von Vathy auf Ithaka. Kolorierter Aquatintastich von R. Havell & Son nach J. Cartwright, London 1821. Links vom britischen Zweidecker, auf ein Drittel Höhe des Bergmassivs, könnte man am ehesten die ursprüngliche Lage des (von Schliemann vergeblich auf dem Aetos gesuchten) Odysseus-Palastes erwarten.

bannte fanden hier Zuflucht, schweigsame Männer, die in dem kleinen Hafen den Kiel ihres Fahrzeuges umwandten und zum Heiligtum aufstiegen ...

Der Gott schonte Nausikaa nicht, die auf der sonnenglühenden, windüberbrausten Höhe der Insel in dem Turm neben dem Tempel Jahr um Jahr diente ... Oft auch vernahm sie durch das Brausen der Flut hindurch die erhobene Stimme ihres Helden, der von Schiffbruch und Not in den scharfen Klippen erzählte. Sie kannte noch jeden der heimlich erlauschten Sätze ...

Nausikaa hat 1786–88 Goethe in seinem dramatischen Fragment ebenso beschäftigt, wie Eckart Peterich (1900–68) im gleichnamigen Drama (1947), außerdem jenen Literatur-Nobelpreisträger von 1992, den auf der Karibikinsel St. Lucia 1930 geborenen Derek Walcott, welcher von sich bekannte: *I'm just a red nigger who love the sea.* Seine Begeisterung für Homer und dessen unsterblich-ewig junge, leuchtende Figuren könnte in keiner schöneren, ja überzeugenderen Huldigung ausklingen als in Walcotts (von Klaus Martens übertragenem) Gedicht »Seetrauben«:

Das Segel, das sich an Licht lehnt,
müde der Inseln,
ein Schoner, der sich die Karibik hinauflaviert,

nach Hause, könnte Odysseus sein,
auf der Heimfahrt in der Ägäis;
jenes Vaters und Ehemanns

Verlangen unter knorrigen sauren Trauben, ist
wie der Ehebrüchige, der Nausikaas Namen
im Aufschrei jeder Möwe hört.

Dies bringt niemandem Frieden. Der uralte Krieg
zwischen Besessenheit und Verantwortung
geht niemals zu Ende und ist der gleiche

für den Wanderer auf See wie für den an Land,
der sich in seine Sandalen windet, um heimzugehen,
weil Troja seine letzte Flamme seufzte,

und der Felsblock des blinden Riesen ließ
den Trog wogen,
aus dessen Grundströmung die großen
Hexameter kommen
zu den Einsichten erschöpfter Brandung.
Die Klassiker können trösten. Doch nicht genug.

UNTER PHARAONEN
UND PHÖNIZIERN

Zu den bemerkenswertesten literarischen Zeugnissen Altägyptens (um 3000 bis 30 v.Chr.) zählt jener Sonne und Wasser – als Voraussetzung allen Lebens – wertende, aus der kulturrevolutionär-monotheistischen »Amarnazeit« (14. Jahrhundert v.Chr.) stammende, berühmte »Sonnen-Hymnus« des Pharao Echnatôn, damals – als Sonnenverkörperung – der einzige Gott im ägyptischen Pantheon[271]:

Du erscheinst so schön im Lichtorte des Himmels,
du lebendige Sonne, die zuerst zu leben anfing!
Du bist aufgeleuchtet im östlichen Lichtorte ...
Du bist fern, und doch sind deine Strahlen
[auf der Erde; ...
Gehst du zur Rüste im westlichen Lichtorte,
so ist die Welt in Finsternis, wie im Tode ...
Im Morgengrauen leuchtest du wieder auf
und glänzest aufs Neue als Sonne am Tage ...
Die Schiffe fahren stromab und stromauf;
jeder Weg ist wieder geöffnet, weil du erschienen bist.
Die Fische im Strom springen vor deinem Angesichte,
deine Strahlen dringen bis ins Innere des Meeres.
Der du den Samen sich entwickeln läßt in den
[Weibern,
der du Wasser zu Menschen machst ...
du einziger Gott, außer dem es keinen andern gibt!
Du schaffst den Nil in der Unterwelt,
Du holst ihn herbei nach deinem Belieben,
um das Volk der Ägypter am Leben zu erhalten ...
Du gabst einen Nil an den Himmel ...
und schaffst Wasserfluten auf den Bergen ...
Der wahre Nil aber, er kommt aus der Unterwelt
[für Ägypten ...
Die Welt befindet sich auf deiner Hand,
wie du sie geschaffen hast ...
Du erhebst sie wieder für deinen Sohn ...
[König Echnatôn und die Königin ... Nofretête.

Deren Nachkomme wiederum – Tutanchamun (etwa 1332–1323 v.Chr.)[285] – erlangte insofern bis heute nachwirkende Bedeutung, als sein 1922 aufgefundenes Grab Beigaben von märchenhafter Pracht enthielt, darunter allein 37 Modellboote: Segelschiffe, Ruderfahrzeuge und Papyrosnachen. Uralt ist solcher Brauch, königliche und vornehme Grablegen mit Schiffen auszustatten. Zur Aufnahme derselben dienten beispielsweise in den Fels geschlagene längsovale Vertiefungen neben den Pyramiden des Alten Reichs (3. Jahrtausend v.Chr.) in Giseh, Abusir, Sakkâra.[303] Südlich der Cheops-Pyramide entdeckte man 1954 sogar in steinplattenabgedeckter Kammer eine um 2550 v.Chr. gefertigte, 42 m lange, sechs Meter breite, für Nilfahrten geeignete, aus Zedernplanken bestehende Ruderbarke mit geschützter Kabine.[303] Derartige Boote dienten dem Toten – wie vordem, zu dessen Lebzeiten, auf dem Nil – einer dem Sonnengott Rê gleichgesetzten Fahrt durchs Jenseits, und zwar über den Nachthimmel bis zur allmorgentlichen Wiederauferstehung. Zugleich waren Sonnenbarken[113] auch kultische Bestandteile. Pharao Amenhotep III. ließ eine davon zum Beispiel so beschreiben[41]: *Sie war erbaut aus neuem Zedernholz, das Seine Majestät auf dem Bergland von To-nuter [= Libanon] gefällt hatte, und das über die Berge von Retenu gezogen worden war. Sie ist sehr breit und lang, niemals war etwas Ähnliches früher angefertigt worden. Sie ist mit Silber überzogen und ganz und gar mit Gold eingelegt ...*

Typisch sind unter den Totenbeigaben zudem unterschiedliche Schiffstypen: besegelte, mit dem Bug nach Süden orientierte oder jene nach Norden gerichteten, geruderten Boote; denn Ägyptens Hauptlebensader wurde seit dem 4. vorchristlichen Jahrtausend nilabwärts vornehmlich unter Rudern passiert, während man sich stromaufwärts – nach Süden – dank häufiger Nord- bzw. Nordwest-Winde gern der Segel bediente.

Mit dem Niedergang des Alten Reichs setzten in der 1. sogenannten Zwischenzeit (ca. 2155–1990 v.Chr.) anarchisch-umwälzende Prozesse ein. Des-

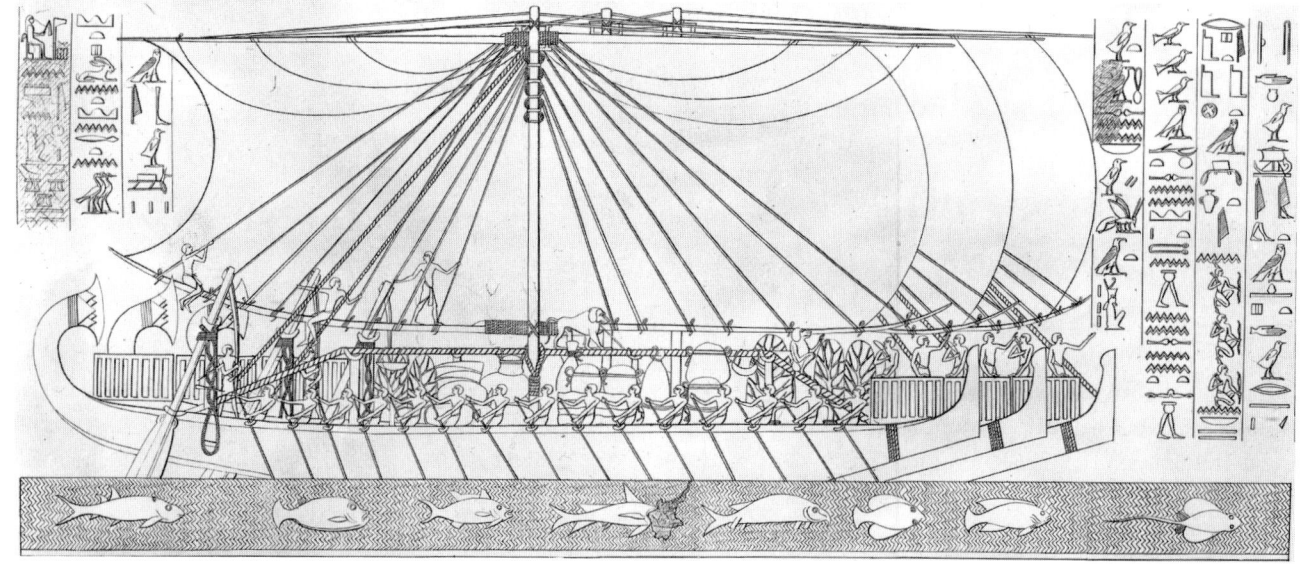

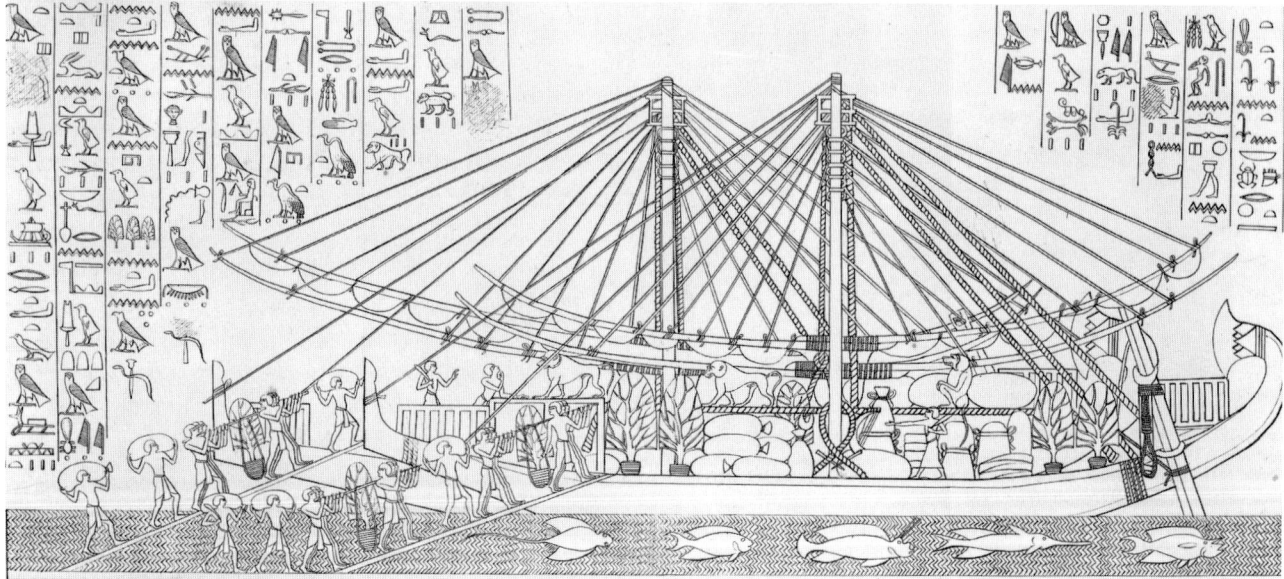

Hochseegängige, aus Zedernholz gebaute Transportschiffe einer Punt-Expedition der altägyptischen Königin Hatschepsut, um 1480 v.Chr.: Beladevorgang (an der Somaliküste?) und Heimfahrt in Dwars-Formation unter Segeln und mit Ruderunterstützung. Lithographien von O. Wagner, nach den Reliefs im Felsentempel von Dêr-el-báheri bei Karnak, in Johannes Dümichen »Die Flotte einer aegyptischen Koenigin ...« (Leipzig 1868).

halb konnte der Weise Ipuwêr in seinen »Ermahnungen«[41] beklagen· *Wer einst kein Eigentum besaß, ist nun ein reicher Mann ... Wer niemals ein Boot für sich baute, ist jetzt der Besitzer von Schiffen. Der sie einst besaß, schaut auf sie, aber sie sind nicht sein Eigen ... Die Asiaten sind heute erfahren in der Lebensweise des Flußlandes. Nicht mehr segeln die Männer nordwärts nach Byblos* [im Libanon]. *Wo sollen wir Zedern herbekommen für unsere Mumien, woher die Erzeugnisse, mit denen die Priester beigesetzt werden, und woher sollen wir das Öl nehmen, um alle Fürsten bis nach Kreta hin zu balsamieren? ... Alles Handwerk ist am Ende ...*

Während des Mittleren Reiches (etwa 1990–1650 v. Chr.), der 12. und 13. Dynastie, als Ägypten zur Großmacht im und am östlichen Mittelmeerraum aufstieg, entstand die nachfolgend erheblich gekürzt wiedergegebene »Geschichte vom Schiffbrüchigen«[95] – eine Rahmenhandlung, die den Wert gefälliger Worte und schöner Formulierungen hervorhebt. Darin berichtet ein Gestrandeter: *... ich war zum ... Meer herabgezogen mit meinem Schiffe von 120 Ellen Länge und 40 Ellen Breite, 120 Schiffer waren darin von den Auserlesensten Ägyptens. Sie sahen nach dem Himmel, sie sahen nach dem Lande und verkündeten einen Sturm, ehe er noch*

Altägyptische Schiffsmodelle als Grabbeigaben: Das Reiseboot des Mentuhotep (mit umgelegtem Mast) entstammt dem Mittleren Reich, der 12. Dynastie, um 1900 v.Chr.; Berlin, Ägyptisches Museum (Inv.-Nr. 12), und das rechte Boot gehörte zum Inventar des Grabs von König Tutanchamun im Tal der Könige, 18. Dynastie, um 1340 v.Chr.; Kairo, Ägyptisches Museum (JE 61339).

gekommen war ... [von jenem Unwetter auf See tatsächlich überrascht] ... *ist das Schiff gestorben* [= untergegangen] ... *eine Welle warf mich an eine Insel. Ich verbrachte dort drei Tage allein ... Da fand ich Feigen und Weintrauben ... Lauch und Gurken; Fische gab es dort und Vögel ... Davon sättigte ich mich ... Danach machte ich mir einen Feuerbohrer, zündete mir Feuer an und machte ein Brandopfer für die Götter.*

Da hörte ich ein Donnergeräusch ... und die Erde bebte ... fand, daß es eine Schlange war, die herankam ... und sie sagte: »Wer hat dich ... zu dieser Insel des Meeres gebracht, die doch auf beiden Seiten von der Flut umgeben ist? ... Fürchte dich nicht ... Gott hat dich am Leben erhalten ... Sieh, du wirst ... auf dieser Insel verbringen, bis vier Monate voll sind. Dann wird ein Schiff aus der Residenz kommen, im welchem Schiffer sind, die du kennst, du wirst mit ihnen zur Residenz gehen« ... [angesichts des eingetroffenen Fahrzeugs sagte der Schiffbrüchige] *Sie gab mir eine Schiffsladung voll von Myrrhen ... Augenschminke, Giraffenschwänzen, eine Menge Weihrauch, Elephantenzähnen, Windhunde, Meerkatzen, Affen und von allen ... Kostbarkeiten. Ich lud sie in dieses Schiff ... am Ufer stimmte ich das Lob des Herrn der Insel* [jener Schlange, die von sich bekundete: »ich bin der Herrscher dieses Landes Punt«] *an, und die im Schiff waren, taten desgleichen ... danach* [gelangten] *wir in zwei Monaten zur Residenz des Königs, ganz so wie die Schlange es angekündet hatte ...*

Neue Umwälzungen traten in der 2. Zwischenzeit (ca. 1650–1554 v.Chr.) mit dem Einbruch vorderasiatischer Hyksos ein. Nach deren Verdrängung ent-

wickelte sich Ägypten – im nun einsetzenden Neuen Reich (etwa 1554–1080 v.Chr.), der 18. bis 20. Dynastie, – zu höchster Blüte und zur mediterranen Weltmacht. Am Beginn solchen historischen Prozesses und ihn mitbewirkend, ist von den »Taten des Admirals Ahmose« in seiner Grabinschrift[95] die Rede. Darin erzählt er: *Mein Vater war ein Offizier des Königs, und ich wuchs heran in der Stadt Elkab. In meiner Jugend, als ich noch unverheiratet war, wurde ich Offizier auf dem Schiffe* DER WILDSTIER *unter König Ahmose* [ca. 1580 bis 1554]. *Dann aber, als ich mir schon einen Hausstand gegründet hatte, wurde ich auf die Nordflotte versetzt wegen meiner Tapferkeit ... Als man die Stadt Auaris belagerte, da kämpfte ich ... und zeigte mich tapfer. Danach wurde ich auf das Schiff* GLÄNZEND IN MEMPHIS *versetzt. Als man darauf zu Wasser auf dem Zedkugewässer ... kämpfte, war ich einsatzbesessen und erbeutete eine Hand ... man gab mir das »Gold der Tapferkeit« ... Voller Freude über den großen Sieg fuhr Seine Majestät stromabwärts ... denn er hatte die Völker des Südens und des Nordens alle unterworfen ...*

Jener Seeoffizier Ahmose nahm später ebenso erfolgreich an den Kriegen des Pharao Amemophis I. (1554–1530) wie denen Thutmosis' I. (1530–1490) teil und erhielt sogar seine Ernennung zum »Obersten der Schiffsmannschaft« durch ihn.

Dessen Tochter Hatschepsut (ca. 1501–1480), welche für ihren bedeutenden Sohn Thutmosis III. (1490–1439) zunächst die Regentschaft führte, hinterließ im riesigen Terrassentempel zu Deir-el-Bahari vielbewunderte Reliefs von einer erneuten Punt-

Seeschlacht zwischen den im Nildelta eingefallenen Seevölkern (aus dem ägäischen Raum) und den heimischen Streitkräften Pharaos Ramses III. (1198–1166 v.Chr.). Umzeichnung nach den Wandreliefs im Tempel von Medinet-Habu/Theben.

Expedition (an der Somaliküste bzw. am Sambesi in Zimbabwe-Rhodesien). Daran beteiligte hochseegehende Schiffe wurden mit allen Einzelheiten samt Ladungen geschildert, dazu sämtliche Ereignisse in poetischen Inschriften[41,95,138] erläutert: ... *Und so fahren denn die königlichen Soldaten auf dem Meere, beginnen ihre Reise zum Gotteslande und reisen glücklich nach Punt.* [Dort angelangt] *wurde ein Zelt errichtet für den Gesandten des Königs und seine Truppen auf der Myrrhen-Terrasse von Punt am großen grünen Ozean, um die Häuptlinge dieses Landes zu empfangen. Man bot ihnen Brot, Bier, Wein, Fleisch und Früchte an und alles, was in Ägypten hergestellt wird, wie es vom* [ägyptischen] *Hof befohlen worden war.* [Dann handelseinig] *... belädt man die Schiffe sehr hoch mit den Schätzen des Landes Punt und allen schönen Pflanzen ... und Haufen von Weihrauchharz, mit grünen Myrrhenbäumen, mit Ebenholz und reinem Elfenbein, mit weißem Golde vom Lande Amu, mit wohlriechenden Hölzern und Augenschminke, mit Pavianen, Meerkatzen und Windhunden, mit Fellen der Südpanther, mit Sklaven und ihren Kindern ...*

Von den im Neuen Reich erzielten Erfolgen kündet besonders eindrucksvoll jener »Siegeshymnus Thutmosis' III.«, in dem – auf einer Gedenkstele des Tempels von Karnak (nun im Kairoer Museum) – der Gott Amon zum Pharao spricht[41]: *Ich bin gekommen, damit ich dich die Fürsten von Palästina ... die Bewohner*

von Asien ... das Ostland ... die Einwohner des Westlandes niedertreten lasse, Kreta und Cypern sind in Schrecken vor dir ... Ich bin gekommen, damit ich dich die Bewohner der Inseln niedertreten lasse, die inmitten des Großen Grün-Meeres dein Kriegsgeschrei hören ... Ich bin gekommen, damit ich dich die Libyer ... die äußersten Enden der Länder niedertreten lasse, was der Ozean umkreist, ist in deinem Griff gehalten ...

Solche Ermahnung kommt nicht ohne Grund; denn von Amon – dem Beschützer der Seeleute – verlautet in einem anderen, etwa gleichzeitigen Hymnus[41]: *Du Schiffer, der du das Wasser kennst! Amon, du Ruder ... Du Erfahrener, der du die Untiefen kennst, nach dem verlangt, wer auf dem Wasser ist! Amon ist gegenwärtig, wenn jemand auf dem Wasser nach ihm verlangt!*

Zu den besterhaltenen Tempeln Ägyptens zählt jener von Medinet-Habu/Theben. Mit dessen (wegen verblüffender Detailtreue oft publizierten[95]) Reliefs schuf sich Pharao Ramses III., also traditionell am Ende des Neuen Reiches, um 1180 v.Chr., ein – zugleich maritimes – Siegesmonument: und zwar dank seiner illuster wiedergebenen, entscheidenden Seeschlacht. Aus Nordosten vorstoßende Seevölker, *die in die Nilmündungen eindrangen, wurden* [wie es in den Tempelinschriften heißt] *wie Vögel im Netz gefangen ...*

Durch Rojer erhöhte Manövrierfähigkeit der ägyptischen Segelschiffe und ihre auf vernichtende Fern-

Theseus' Einheiten vor der skythischen Küste und im Kampf mit den Amazonen unter Hippolyta. Französische Buchmalerei in Boccaccios »Theseide«-Handschrift, um 1470; Wien, Österreichische Nationalbibliothek, Cod. MS. 2617, fol. 18′, 19.

wirkung abzielenden Bogenschützen hatten hierbei maßgeblichen Anteil. *Als sich* [die Feinde] *vor ihnen auf dem Meer versammelten, stand ihnen die volle Flamme* [der wohlgerüsteten ägyptischen Flotte] *am Hafenausgang gegenüber, und eine Mauer aus Erz schloß sie auf dem Ufer ein. Sie wurden herabgestoßen und überwältigt und auf den Strand gezogen, sie wurden erschlagen und aufgehäuft vom Stern bis zum Bug ihrer Schiffe, und alles wurde auf das Wasser geworfen.*

Krieg zeigt sich demnach nicht nur als die »ultima ratio« – letztes Mittel –, sondern steigert sich auch zum Irrweg menschlicher Leidenschaften! Dabei hatte Jahrhunderte zuvor selbst friedlicher, mit Schiffen abgewickelter Warenaustausch zwischen Ägypten und Kreta bestanden. Entsprechende Fundstücke minoischer Kultur, sowohl aus ihrer Älteren (2000 bis 1700 v.Chr.) als auch Jüngeren Palastzeit (1700–1400 v.Chr.), zeugen dafür.[230] Daß unterdessen von Kreta eine langanhaltende »Thalassokratie« – Meerherrschaft – ausgegangen war, erwähnt Griechenlands ältester, zwischen 460/455 und 400 v.Chr. wirkender Historiker Thukydides (I, 4.8)[306]: *Als erster all derer, von denen Überlieferung berichtet, versah Minos sich mit einer Flotte und schuf sich so die Vormacht über den größten Teil des heute griechischen Meeres …*

Darum mag es angebracht sein, in vorgeschichtlich-mythische Zeit sich zurückversetzend, jenen sagenhaften athenischen Königssohn Theseus zu erwähnen; denn er befreite seine Vaterstadt von drückender Tributpflicht. Diodor (1. Jahrhundert v. Chr.)[81] schreibt darüber in seiner »Geschichts-Bibliothek« (IV, 61): *… Als nun die Athener dem Gotte gehorchten, so befahl ihnen Minos, daß sie sieben Jünglinge geben sollten und eben so viele Jungfrauen, je für neun Jahre, zum Fraße dem Minotauros, so lange dies Wunderthier leben werde. Die Athener gaben sie, und Attika wurde der Übel ledig und Minos hörte auf, Athen zu bekriegen. Als aber neun Jahre verflossen waren, kam Minos wieder nach Attika mit einer großen Flotte, forderte die zwei Mal sieben Jünglinge und Jungfrauen und erhielt sie. Als diese, worunter auch Theseus, im Begriffe waren abzusegeln, so verabredete Aegeus* [Theseus' Vater] *mit dem Steuermann: wenn Theseus den Minotaurus besiegt hätte, so solle er mit weißen Segeln zurückkehren, wenn er aber getötet worden sei, mit schwar-*

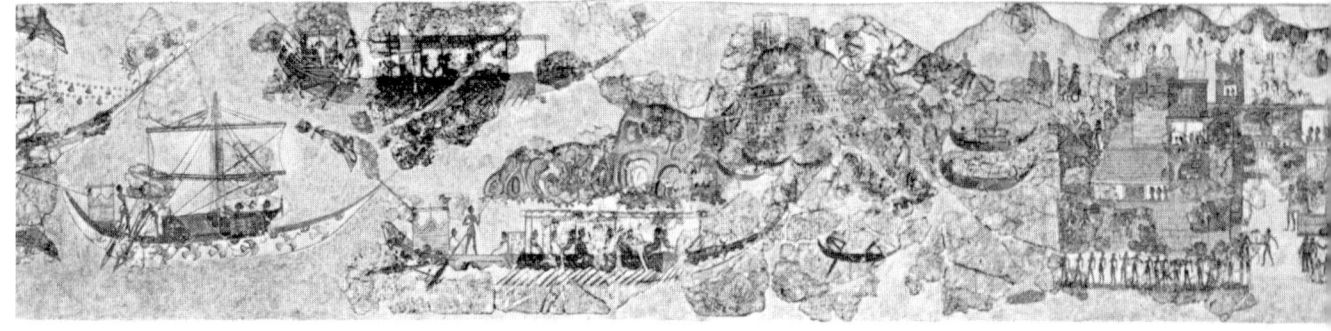

Flottenoperation mit Segel- und Ruderschiffen vor feindlicher Küste.
Freskostreifen aus dem Westhaus der Akrotiri-Grabung auf Thera/Santorin,
Mitte 2. Jahrtausend v. Chr.; Athen, Archäologisches Nationalmuseum.

zen, wie dies auch vorher zu geschehen pflegte. Als sie nun in Kreta gelandet waren, so gewann Ariadne[104], des Minos Tochter, den Theseus lieb … und Theseus … gewann ihre Unterstützung, tötete den Minotaurus und rettete sich [dank Ariadnes Wollfaden] *aus dem Labyrinth … Er entführte dann Ariadne und kehrte in die Heimat zurück, indem er zur Nachtzeit unbemerkt in See ging. Unterwegs landete er bei der Insel … Naxos … Dort erschien Dionysos … gefesselt von Ariadnes Schönheit, raubte* [er sie] *… Theseus aber und seine Genossen waren tief betrübt … vergaßen in ihrem Schmerz den Auftrag des Aegeus und steuerten mit schwarzen Segeln auf Attika los …*

Derselbe Theseus wurde zur Titelfigur der »Theseide«[58], dem frühesten italienischen Epos; Giovanni Boccaccio (1313–75) schildert darin, gleich im ersten Buch, wie Theseus vor der skythischen Küste der Amazonen (die dort zuvor gelandete Griechen mißhandelt, ja getötet hatten) mit seinen Schiffen festmacht, die Amazonenburg belagert, zur Übergabe

zwingt und deren Königin Hippolyta, *die schön war wie der Morgenstern oder eine frische Rose im Mai,* heiratet. Nach vielerlei Verwicklungen ist im sechsten Buch dann die Rede von einem Marsfest in Athen, zu dem die noch jungen homerischen Helden ebenso geladen waren, wie Minos, Rhadamanthys und Sarpedon.

Ihnen wandte sich schon Diodor (V, 78) zu: *… viele Geschlechter nach der Geburt der Götter wurden auf Kreta … Heroen geboren, unter denen die ausgezeichnetsten Minos und Rhadamanthys und Sarpedon waren … Diese sollen die Söhne des Zeus und der Europa gewesen sein … welche auf einem Stiere nach Kreta entführt wurde. Minos, als der Älteste, wurde König über die Insel und erbaute auf derselben … Knosos … Phästos am Meer nach Süden hin, und Kydonia* [Chania] *… Er kam auch in den Besitz einer großen Seemacht, unterwarf sich die meisten Inseln und war unter den Hellenen der Erste, welcher die See beherrschte …*

Diodor fährt (V, 79 und 84) fort: *Sarpedon, der dritte Bruder, ging mit einer Streitmacht nach Asien hinüber und unterwarf sich die Lykischen Gegenden … Minos … sandte von Kreta viele Kolonien aus, nahm die Kykladen … und besetzte auch einen ansehnlichen Theil der Asiatischen*

ROT BLAU GELB

Umzeichnung des Schiffes A aus dem Miniaturfries einer Flottenoperation vor fremder Küste. Fresko aus dem Westhaus
in Akrotiri auf Thera/Santorin, Mitte 2. Jahrtausend v. Chr.; Athen, Ärchäologisches Nationalmuseum.

Küste ... Dies Alles geschah [lange] *vor dem Trojanischen Kriege.*

Als »kalliste«, die »schönste« der Kykladen gilt seit alters her Thera-Santorin. Ursprünglich eine etwa tausend Meter hohe, vulkanisch-kegelförmige Insel, veränderte sie sich nach einer Eruptionen-Folge gigantischer Dimensionen samt Kaldera-Einbruch um 1645 oder 1470 v.Chr.[15,126] zur bizarr-bezaubernden heutigen Form. Seit Herbst 1972 in Akrotiri an der Südküste von Thera durchgeführte Grabungen – unter einer meterhoch anstehenden Schicht von Asche und sonstigen Ausbruchstoffen – haben sensationelle Funde ans Licht gefördert, darunter im sogenannten Westhaus des Grabungsbereichs Wandmalereien, welche *die bisher größten Schiffsdarstellungen der bronzezeitlichen Ägäis* erbrachten. Spyridon Marinatos (1901–74)[204], der findige Ausgräber und zugleich Griechenlands bekanntester Archäologe – sein Grab liegt übrigens am Grabungsort – hat diese maritim wichtigen Funde ausgewertet. Darauf erscheint ein farbig reizvoller Miniaturfries (jetzt im Nationalmuseum zu Athen), in dem, vor offenbar feindlicher Küste, eine Flottenoperation (mit sieben größeren Segel- und Ruderschiffen) abläuft. Einem vergleichbaren Augenzeugenbericht ähnelt, was Odysseus heimkehrend Eumaios vertrauenerweckend auftischt (Od. 14,230ff.): *Führte ich neunmal Krieger und eiligsegelnde Schiffe / Gegen entlegene Völker und machte Beute die Menge. / Davon erlas ich mir reichlich, erloste später noch vieles / Weiter dazu. Schnell wuchs des Hauses Wohlstand, ich wurde / Ein gefürchteter Mann, geehrt im Volke der Kreter ...* Ein paar Verse weiter (Od., 14,245ff.) gibt Odysseus noch detailliertere Hinweise: *... dann aber / Drängte mich mein Herz, fern nach Ägypten zu segeln. / Und ich rüstete Schiffe mit göttergleichen Gefährten, / Rüstete ihrer neun, schnell ward die Mannschaft versammelt. / Schon sechs Tage verweilten die teuren Genossen beim frohen / Mahl ... / Aber am siebenten ward das weite*

Kreta verlassen, / Und wir segelten fort mit starkem, prächtigem Nordwind / Leicht, als ging es den Strom hinab, und keines der Schiffe / Traf mir irgendein Schaden, nein, wohlbehalten und munter / Saßen wir drin, und der Wind und die Steuerer lenkten die Schiffe. / Nach neun Tagen erreichten wir dann den schönen Aigyptos ...

Nordöstlich davon erstreckte sich an der heutigen libanesischen Küste das Stammland der Phönizier.[240] Ursprünglich ein loser Bund untereinander konkurrierender Küstenstädte – und vielleicht unserer anderthalb Jahrtausende späteren, nordeuropäischen Hanse vergleichbar –, gewannen dessen Mitglieder, von Nord nach Süd: Aradus, Byblos, Berytus, Sidon, Sarepta und Tyros, mithin die nachmalige phönizische Zivilisation, seit 1200 v.Chr. dank überlegener technischer Neuerungen bei Materialveredelung wie Nautik und besonderer Finanz- und Handelseigenschaften rasch eine zunächst den östlichen Mittelmeerraum beherrschende Stellung.

Diese in der Folge durch – in Seenähe bzw. auf küstennahen Inseln angelegte – Stützpunkte und Handelsfaktoreien auf Cypern, in Nordafrika (Karthago seit 814 v.Chr., Utica, Lixus), Westsizilien (Motya, Lilybaeum), Malta, Sardinien (Nora, Sulcis, Tharos), Südspanien (Cadiz) und Ibiza ausbauend und bis an die mediterranen Westgrenzen vorschiebend, dann sogar – auf der Suche nach Metallvorkommen u.a. – weiterdrängend, erschlossen sich seefahrende und Handel treibende Phönizier bzw. Karthager sowohl Rotes Meer, Persischen Golf und Indik, als auch südwestliche (bis Guinea, Kamerun) wie nordwestliche Randgebiete des Nordatlantiks (Irland und Cornwall). Selbst ihre Umrundung Afrikas (kurz nach 600 v.Chr.) ist glaubhaft; denn Herodot, ein ebenso gewissenhaft recherchierender Geschichtsschreiber wie wortgewandter Sensationsjournalist des vorchristlichen 5. Jahrhunderts, schilderte in seinen »Historien« (Buch 4, Kap. 42): *... Als*

Phönizisch-assyrische, mit Rammsporn versehene Kriegsschiffe (Dieren) und seegängige Handelsschiffe auf fisch- und seegetierreichem Meer. Umzeichnung eines Reliefs im assyrischen Königspalast von Ninive-Nimrud, um 700 v.Chr.; Lithographie von 1853.

Nekos [Pharao Necho II.] … *den Bau jenes Kanals* [= Vorläufer des Suez-Kanals] *eingestellt hatte, der vom Nil nach dem arabischen Meerbusen führen sollte, schickte er Phoiniker mit einer Flotte aus und gab ihnen den Auftrag, den Rückweg durch die Säulen des Herakles zu nehmen und also durch das mittelländische Meer nach Ägypten zurückzukehren. So fuhren denn die Phoiniker durch das Rote Meer nach* *Süden fort. Als der Herbst kam, gingen sie an Land, bebauten das Feld, an welcher Stelle Libyens* [= Afrika] *sie sich nun gerade befanden, und warteten die Ernte ab. Hatten sie geerntet, so fuhren sie weiter. So trieben sie es zwei Jahre lang, und im dritten Jahr bogen sie bei den Säulen des Herakles* [= Straße von Gibraltar] *ins nördliche Meer ein und gelangten nach Ägypten. Sie erzählten, daß sie während der Umschif-*

fung die Sonne [gemeint ist der Sonnenaufgang] *auf einmal zur Rechten gehabt hätten. So wurde zum ersten Mal bewiesen, daß Libyen* [= Afrika] *ganz vom Meere umgeben ist.*

Wenn Odysseus (Od. 14,288ff.) bei seiner Heimkehr auf Ithaka von einem Phönizier als *einem ganz verschlagenen, schlimmen Gauner* spricht und fortfährt: *Dieser verstand mit List mich zu beschwatzen und führte mich nach Phoinike, allwo sein ... Besitztum gelegen ... Nahm er im segelnden Schiffe mich mit zum libyschen Lande unter dem Vorwand, ich solle die Fracht geleiten ihm helfen, doch er gedachte, mich dort um hohen Gewinn zu verkaufen. Nur gezwungen bestieg ich sein Schiff und ahnte schon Böses. Vorwärts eilte das Schiff mit scharfem prächtigem Nordwind an Kreta vorbei ...* – ist ein Klischee entwickelt, das den Phöniziern – infolge gerissen-skrupelloser Tüchtigkeit – allgemein aus Neid und Feindschaft anhing. Dabei gelangen ihnen seinerzeit nicht nur entscheidende Verbesserungen in Schiffskonstruktion und Gestirnsnavigation, Metalltechnik und Glasherstellung (bis hin zu ersten Handspiegeln), Purpurgewinnung und entsprechend eingefärbter Stoffe, sondern auch mit ihren Schriftzeichen Grundlagen für das griechische und somit abendländische Alphabet.

Nochmals ist es Homer, welcher (Od. 15,415ff.) einen Exportschlager jener *seeberühmten Phoiniker* erwähnt: *und führten im Bauch des Schiffes unzähliges Spielwerk* (= Kinderspielzeug und Galanteriewaren). Womit wären sie sonst – im Tausch – *an Gold, Silber, Elfenbein, Affen und Pfauen* (wie es im Alten Testament, 1. Könige 10,22 heißt) gekommen, die sie beispielsweise als Untertanen ihres in Tyros 969 bis 936 v.Chr. regierenden Königs Hiram (Zeitgenosse König Salomos von Jerusalem, für den phönizische Bauleute den Salomonischen Tempel und Palast errichteten) westwärts spedierten; denn in der Bibel (1. Könige 9,26–28) wird erläuternd ausgesagt: *Und Salomo machte auch Schiffe zu Ezeon-Geber, das bei Eloth liegt* [Golf von Akaba] *... Hiram sandte seine Knechte im Schiff, die gute Schiffsleute und auf dem Meer erfahren waren, mit den Knechten Salomos; und sie kamen gen Ophir* [Südarabien am Indik] *und holten daselbst 420 Zentner Gold ...*

Solche Überlieferungen und Berichte antiker, griechischer oder römischer Autoren, etwa von Herodot, Diodor, Vergil, Strabo, Livius, Plinius, Plutarch,

Appian, waren, da Phönizier wie später Punier keine eigene Geschichtsschreibung hinterließen, bislang einzige Quelle unseres Wissens um das schweigsamkreative und doch so intelligent-handelstüchtige, technisch-erfinderische, ursprünglich kanaanäisch-semitische Volk.

Von ihrer bedeutenden, erst 332 v.Chr. durch Alexander den Großen zerstörten Mutterstadt handelt das im Alten Testament, Ezechiel 27, befindliche »Klagelied über Tyros«. Darin heißt es: ... *Deine Grenzen sind mitten im Meer, und deine Bauleute haben dich aufs allerschönste zugerichtet. Sie haben all dein Takelwerk aus Zypressenholz vom Senir gemacht und die Zedern von dem Libanon führen lassen und deine Mastbäume daraus gemacht und deine Ruder von Eichen aus Basan ... Deine Segel waren von gestickter, köstlicher Leinwand aus Ägypten ... und deine Decken von blauem und rotem Purpur aus den Inseln Elisa. Die von Sidon und Arvad waren deine Ruderknechte, und hattest geschickte Leute in Tyrus, zu schiffen. Die Ältesten und Klugen von Gebal* [= Byblos] *mußten deine Risse bessern. Alle Schiffe im Meer und ihre Schiffsleute fand man bei dir ... Tharsis* [= Cadiz] *hat mit dir seinen Handel gehabt und allerlei Ware: Silber, Eisen, Zinn und Blei auf deine Märkte gebracht. Javan, Thubal und Mesech* [= griechische Städte in Anatolien] *haben mit dir gehandelt und dir leibeigene Leute und Geräte von Erz gebracht. Die von Thogarma* [= Armenien] *brachten dir Rosse und Wagenpferde und Maulesel auf deine Märkte. Die von Dedan* [= Arabien] *sind deine Händler gewesen, und hast allenthalben in den Inseln* [= im Indischen Ozean?] *gehandelt; die haben dir Elfenbein und Ebenholz verkauft. Die Syrer haben bei dir geholt deine Arbeit, was du gemacht hast, und Rubine, Purpur, Teppiche, feine Leinwand und Korallen und Kristalle auf deine Märkte gebracht. Juda und das Land Israel haben dir Weizen von Minith und Balsam und Honig und Öl und Mastix auf deine Märkte gebracht ... Die Kaufleute aus Saba und Ragma* [= Jemen] *haben köstliche Spezerei und Edelstein und Gold auf deine Märkte gebracht. Haran und Kanne und Eden* [in Mesopotamien] *samt den Kaufleuten aus Saba, Assur und Kilmad haben alle mit dir gehandelt mit köstlichem Gewand, mit purpurnen und gestickten Tüchern ... Aber die Tharsisschiffe sind die vornehmsten auf deinen Märkten gewesen. Also bist du reich und prächtig geworden mitten im Meer. Deine Ruderer haben dich auf große Wasser geführt ...*

MIT PERSERFLUT UND PERÍPLUS

So sei der wichtige historische Abschnitt griechischer Antike von den Perserkriegen (500–448 v.Chr.) bis zum Indienzug Alexanders des Großen († 323 v.Chr.) umschrieben.

> *Bedenk, auf ungetreuen Wellen,*
> *Wie leicht kann sie der Sturm zerschellen,*
> *Schwimmt deiner Flotte zweifelnd Glück ...*
> ...
> *Mit fremden Schätzen reich beladen,*
> *Kehrt zu den heimischen Gestaden*
> *Der Schiffe mastenreicher Wald.*

Was Friedrich Schiller (1759–1805) im oft rezitierten »Ring des Polykrates« dabei aufnimmt, erklären Herodots († nach 430 v.Chr.) »Orientalische Königsgeschichten«: *Zu eben der Zeit, da Kambyses [529–522 v.Chr.] wider Ägypten Krieg führte, überzogen auch die Lazedämonier die Insel Samos und den Polykrates [reg. 537–522 v.Chr.; Tyrann von Samos] ... mit Krieg. Dieser hatte sich der Herrschaft mit Gewalt bemächtigt ... Er hatte hundert fünfzigrudrige Schiffe und tausend Bogenschützen. Er beraubte und plünderte jedermann ohne Unterschied und sagte, einem Freunde erwiese er einen größeren Gefallen, wenn er ihm das Genommene wiedergäbe, als wenn er ihm gar nichts genommen hätte. Er nahm viele Inseln und viele Städte vom festen Lande ein. Unter andern überwand er in einem Seetreffen die Lesbier, welche mit ihrer ganzen Macht den Milesiern zu Hilfe kamen, und nahm sie gefangen, welche denn an Ketten geschlossen den ganzen Graben um die Mauern der Stadt Samos gegraben haben ...*

Amasis wußte ... von des Polykrates großem Glücke; aber eben das machte ihm Sorgen. Als dasselbe immer größer wurde, schrieb er folgenden Brief an ihn nach Samos: ... Willst du mir also folgen, so verwahre ich dich gegen das beständige Glück: Untersuche, was dir etwa am liebsten unter allen Dingen sei ... und das wirf so weg, daß es niemals wieder einem Mensch vor Augen kommen kann ... Als Polykrates dieses gelesen hatte und wohl begriff, daß ihn Amasis gut beriete, untersuchte er, von welchen unter seinen Kleinodien

ihm der Verlust am meisten zu Herzen gehen möchte, und fand ... seinen Siegelring, welcher einen Smaragd in Gold einfaßt ... Er traf den Entschluß, diesen wegzuwerfen; zu dem Zwecke ging er auf ein fünfzigrudriges Schiff ... und befahl, ... in See zu stechen. Weit von der Insel zog er den Ring ab und warf ihn, daß es alle ... sahen, ins Meer. Hierauf schiffte er zurück. Als er nach Hause kam, ging ihm der Verlust nahe.

Fünf oder sechs Tage darauf ereignete sich folgender Zufall: Ein Fischer, welcher einen großen und schönen Fisch gefangen hatte, schätzte denselben würdig, daß er dem König geschenkt würde ... Die Diener, welche den Fisch zerschneiden, finden des Polykrates Siegelring in dem Bauche desselben ... Als Amasis die von Polykrates kommende Schrift gelesen, erkannte er, es sei unmöglich, daß ein Mensch den andern von dem, was ihm bevorstünde, erretten könne, und daß es mit Polykrates kein gutes Ende nehmen würde, weil er in allen Dingen glücklich sei, auch sogar das, was er weggeworfen, wiederfinde ...

Wie schwankend das Glück ist, mußte selbst Milet erfahren, jener berühmte, seit dem 7. Jahrhundert v.Chr. in Blüte stehende Vorort des jonischen Griechentums. Von ihm hingen damals bereits etwa 80 Kolonien an Mittel- und Schwarzmeer ab. Milet ist, wie Peter Bamm (»An den Küsten des Lichts« 1961, S. 90) formulierte, *die zweite der griechischen Weltstädte, schon im 11. Jahrhundert v.Chr. von Joniern gegründet, die von Dorern vom Festland vertrieben worden waren. Es ist so alt wie Peking. Aber der Platz ist schon früher bewohnt gewesen. Man hat in Milet eine steinzeitliche Siedlung ausgegraben, die von Kreta, wo es eine Stadt gleichen Namens gegeben hat, ausgegangen ist.*

In Milet lehrten die ersten großen Philosophen der abendländischen Welt: Thales, Anaximander und Anaximenes. Solchermaßen als geistiges Zentrum wie als handelspolitische Metropole mußte es den Neid aller Nachbarn wecken. Mit dem Untergang des lydischen Reichs 546 v.Chr. kam auch Milet unter persische Oberhoheit. Über den dann folgen-

Sakrale Opfergaben werden dargebracht, darunter rechts ein minoisches Schiffsmodell. Fresko auf dem Sarkophag aus Hagia Triada auf Kreta, um 1400 v.Chr.; Heraklion, Museum.

den Aufstand der jonischen Städte (500–494) berichtet Herodot (»Historien« VI,5ff.): *Während Histaios und die Mytilenaier vor Byzantion lagen, war ein großes Land- und Schiffsheer gegen Milet im Anzuge. Die persischen Feldherrn hatten ihre Truppen zum Zuge gegen Milet vereinigt, weil ihnen die anderen Städte weniger wichtig schienen. Den kriegslustigen Teil der Flotte bildeten die Phoiniker, aber auch die jüngst unterworfenen Kyprier, sowie die Kiliker und Ägypter zogen mit.*

Als die Joner von diesem gegen Milet und das übrige Jonien heranziehenden Heere hörten, schickten die Städte ihre Abgeordneten nach Panionion. Dort wurde beraten und beschlossen, kein gemeinsames Landheer den Persern entgegenzustellen; die Milesier sollten alle vorhandenen Schiffe ohne Ausnahme bemannen und in aller Schnelligkeit vor Lade versammeln, um Milet von der Seeseite her zu schützen. Lade ist eine kleine vor dem Hafen von Milet liegende Insel. Nun erschienen die Joner mit ihren wohlbemannten Schiffen vor Lade [494 v.Chr.], dazu auch die aiolischen Bewohner von Lesbos. Sie nahmen folgendermaßen Aufstellung. Auf dem östlichen Flügel standen die Milesier selbst mit achtzig Schiffen. Daran schloß sich Priene mit zwölf Schiffen und Mylus mit drei Schiffen. Es folgte Teos mit siebzehn Schiffen ... Chios mit hundert Schiffen. An ihrer Seite lagen die Erythraier und Phokaier, jene mit acht, diese mit drei Schiffen. An sie schlossen sich die Lesbier mit siebzig Schiffen, und den Schluß nach Westen zu bilden die Samier mit sech-

zig Schiffen. Alles in allem waren es dreihundertunddreiundfünfzig Trieren. Die Zahl der Schiffe der Barbaren aber betrug sechshundert.

Als die feindliche Flotte und ebenso das ganze Landheer vor Milet erschienen war, fürchteten die persischen Feldherrn, die die Stärke der jonischen Flotte erfuhren, sie würden ihrer nicht Herr werden können, würden aber, ohne das Meer zu beherrschen, auch Milet nicht erobern können und Dareios gegenüber in eine gefährliche und schwierige Lage geraten. In dieser Erwägung riefen sie die jonischen Tyrannen zu einer Beratung zusammen. Diese Tyrannen hatten, nachdem Aristagoras von Milet ihrer Herrschaft ein Ende gemacht hatte, bei den Persern Zuflucht gesucht und nahmen nun an dem Zuge gegen Milet teil. Zu diesen Jonern, soweit sie zur Stelle waren, sprachen die persischen Feldherrn: »Joner! Jetzt kann sich jeder unter euch als einen Freund des königlichen Hauses beweisen. Jeder möge versuchen, seine Mitbürger dem Bunde untreu zu machen. Saget ihnen, der Abfall von Persien sollte keinerlei böse Folgen für sie haben ... Wenn sie solches allerdings nicht tun und es durchaus auf eine Schlacht ankommen lassen wollen, dann droht ihnen folgendes an: unterliegen sie in der Schlacht, so werden sie in die Sklaverei verkauft, ihre Söhne werden verschnitten, die Jungfrauen werden bis nach Bakra geschleppt, und ihr Land wird in andere Hände gegeben.«

... Darauf hielten die bei Lade [Insel vor Milet, heute landfest] versammelten Joner Versammlungen ab, in denen man-

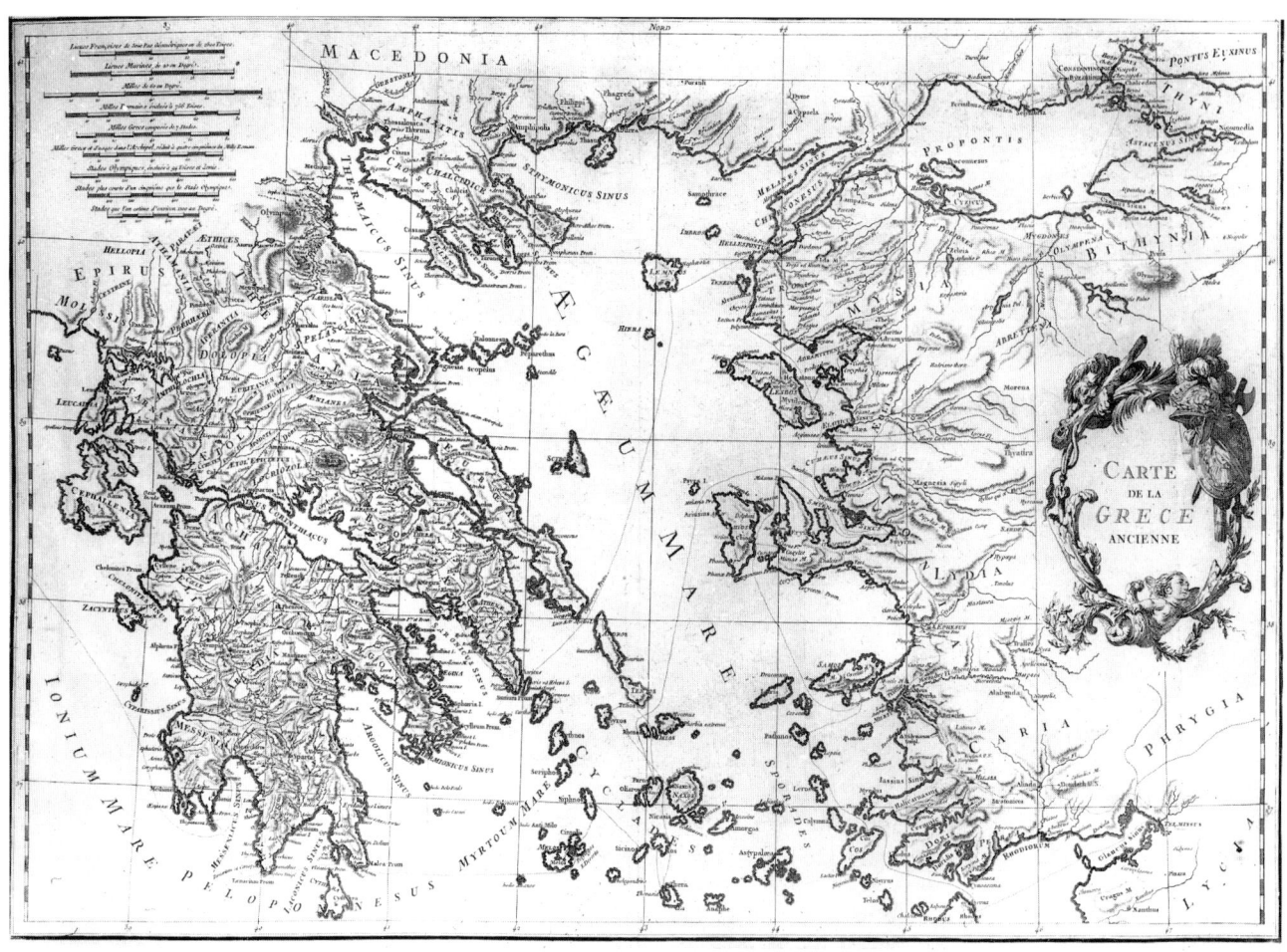

Karte der Ägäis mit antikem Griechenland und Kleinasien. Radierung in M.-G.-F.-A. Comte de Choiseul-Gouffier »Voyage pittoresque de la Grèce« (Bd. 1, Paris 1782).

cherlei Reden gehalten wurden. So trat auch der Führer der Phokaier Dionysios auf und sprach: »Auf Messers Schneide ruht unser Schicksal, Joner! Entweder werden wir frei sein oder Knechte werden ... Wollt ihr Mühen und Strapazen auf euch nehmen, so habt ihr es im Augenblick freilich schwer, aber ihr gewinnt die Kraft, die Gegner zu besiegen, und werdet frei.«

Als das die Joner hörten, fügten sie sich den Anordnungen des Dionysios. Der ließ nun Schiffsübungen veranstalten. Die Schiffe mußten Aufstellung nehmen, mußten zwischen einander durchfahren, wodurch die Ruderer geübt wurden, und die kämpfende Bemannung mußte die volle Rüstung anlegen. Den Rest des Tages ließ er die Schiffe vor Anker gehen. So hatten die Joner den ganzen Tag Arbeit. Sieben Tage lang gehorchten sie ihm und taten, was er befahl; aber am achten waren sie, die solche Übungen nicht gewohnt waren, vor Anstrengung und Sonnenhitze so erschöpft, daß sie untereinander sprachen: »Verrückt und ganz von Sinnen waren wir, als wir uns diesem phokaischen Prahler, der

ganze drei Schiffe gestellt hat, in die Hände geliefert haben. Unerträglich ist es, wie er uns erniedrigt und quält! Nein länger gehorchen wir ihm nicht.« So sprachen sie, und gleich wollte niemand mehr gehorchen. Sie schlugen auf der Insel Zelte auf, pflegten sich gut und wollten weder zu Schiffe gehen noch Übungen abhalten.

Als die Führer der Samier dies Gebaren der Joner sahen, gingen sie auf den Antrag ein ... sich von den Jonern loszusagen. Einerseits veranlaßte sie die Ordnungslosigkeit bei den Jonern dazu, andererseits sahen sie die Unmöglichkeit ein, des persischen Reiches Herr zu werden. Sie wußten ja, daß, wenn sie die jetzige Flotte besiegen, eine fünfmal stärkere Flotte erscheinen würde. Als Grund also diente ihnen die Unlust der Joner ... und so nahmen sie die Gelegenheit wahr, ihre Heiligtümer und weltlichen Güter vom Untergang zu retten.

Als nun die Phoiniker zum Angriff vorgingen, setzten sich die Joner auch ihrerseits in Bewegung. Sie stießen aufeinander, und es kam zum Kampfe, doch kann ich nicht mit

Bestimmtheit angeben, welche jonischen Städte sich in dieser Seeschlacht feige und welche sich tapfer gezeigt haben. Eine beschuldigt die andere. Die Samier jedenfalls hißten ... die Segel, verließen die Schlachtreihe und segelten nach Samos. Nur elf von ihren Schiffen blieben und nahmen an dem Kampf teil ... Als die Lesbier sahen, daß die Schiffe neben ihnen flohen, folgten sie dem Beispiel der Samier. Dasselbe taten die meisten anderen Städte. Von denen, die standhielten, erlitten die Chier die schwersten Verluste: sie verrichteten Heldentaten und wollten keine Feiglinge sein. Wie oben erwähnt, hatten sie hundert Schiffe, auf jedem bildeten vierzig erlesene Bürger die Besatzung. Sie sahen den Verrat der meisten Bundesstädte ... mit den wenigen Bundesgenossen, die ihnen geblieben waren, durchbrachen sie kämpfend die feindliche Schlachtreihe, bis sie viele feindliche Schiffe genommen hatten, wobei sie den größten Teil der ihrigen einbüßten. Mit dem Rest ihrer Schiffe entkamen sie nach Chios. Als Dionysios von Phokaia die Sache der Joner verloren sah, kehrte er nicht nach Phokaia zurück – drei feindliche Schiffe hatte er erobert –; er wußte recht wohl, daß auch er mit den übrigen Joniern in die Knechtschaft geraten würde. Sogleich von der Schlacht aus segelte er nach Phoinikien, bohrte Handelsschiffe in den Grund und erbeutete große Reichtümer. Dann segelte er nach Sizilien und trieb von dort aus Seeraub, jedoch nie gegen hellenische Schiffe, nur gegen karchedonische und tyrsenische.

Als die Perser die Seeschlacht [bei Lade vor Milet] gegen die Joner gewonnen hatten, belagerten sie Milet zu Lande und zu Wasser. Sie untergruben die Mauern und wandten alle möglichen Belagerungskünste an, so daß sie endlich die Stadt samt Burg eroberten.

Milets Fall 494 v.Chr. löste eine Welle persischer Angriffe und Übergriffe auf das griechische Festland aus, deren Zenit mit der Seeschlacht bei Salamis im September 480 erreicht war. Doch bevor wir uns jenem die abendländische Geschichte entscheidend beeinflussenden Ereignis zuwenden, soll noch eine Episode aus dem Perserzug – der Sprung über den Asien von Europa trennenden, 65 km langen, ein bis sieben km breiten Hellespont (die heutigen Dardanellen) – eingeschoben werden. Herodot schreibt darüber in seinen »Historien« (VII,34ff.): *Von Abydos ... hinüber wurden die Brücken von den damit beauftragten Leuten geschlagen. Die Phoiniker bauten die eine Brücke mit Hilfe einer Hanfart, die Ägypter die andere mit Hilfe von Papyrosbast. Die Strecke zwischen Abydos und dem anderen Ufer [Sestos] ist sieben Stadien lang. Als die Brücken fertig waren, kam ein gewaltiger Sturm, der das ganze Werk zer-*

Rechts: Grabstele der Kultur Dausiens, mit zentraler Schiffsdarstellung, 8.–6. Jahrhundert v.Chr., aus dem Grabungsbereich von Sipontum; Manfredonia/Apulien, Museo Archeologico.

Unten: Späthelladisch-mykenische Schiffsvase aus Tragana/Peloponnes, um 1200 v.Chr.; Athen, Archäologisches Nationalmuseum (darunter moderne, ergänzende Umzeichnung des stark verblaßten Kriegsschiffs).

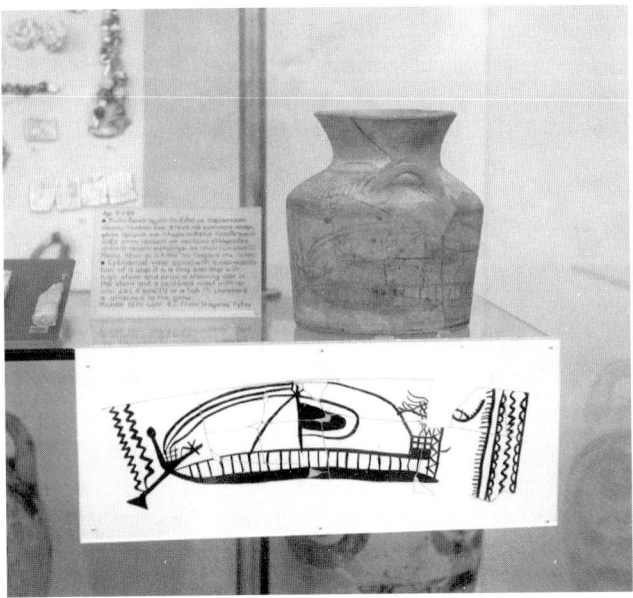

Schiffskampf auf dem »Aristonothos-Krater«, 7. Jahrhundert v.Chr.; auf der Gegenseite
die Blendung des Polyphem; Rom, Conservatoren-Palast (Umzeichnung).

störte ... Als Xerxes das hörte, ergrimmter er und befahl, den Hellespontos durch dreihundert Geißelhiebe zu züchtigen, auch ein Paar Fußfesseln ins Meer zu versenken ... So ließ er das Meer züchtigen, und den Aufsehern des Brückenbaus den Kopf abschlagen. Dann bauten andere Baumeister neue Brücken. Sie verfuhren so, daß sie Fünfzigruderer und Trieren [dwars] in eine Reihe brachten. Für die eine, nach dem Pontos Euxeinos zu gelegene Brücke wurden dreihundertsechzig Schiffe verwendet, für die andere, nach dem Hellespont zu gerichtete, dreihundertvierzehn, jene Schiffe dem Pontos entgegen, diese mit dem Strom des Hellespontos. Die Schiffe sollten die Tragetaue der Brücke in der Schwebe halten. Sie wurden sehr fest verankert, die der oberen Brücke wegen der aus dem Pontos her wehenden Winde an der Seite des Pontos, die der unteren Brücke wegen des West- und Südwinds an der Seite des Aigaischen Meeres. Zwischen den verankerten Fünfzigruderern und Trieren wurde eine Öffnung zur Durchfahrt gelassen, damit der Weg zum Pontos für kleine Fahrzeuge frei blieb. Weiter wurden nun mit Hilfe von hölzernen Winden die Taue vom Lande aus straff angezogen, jedoch die einzelnen Taue nicht gesondert, sondern jede Brücke erhielt zwei gemeinsame Taue aus weißem Flachs und vier aus Papyrosbast. Dicke und Güte der Arbeit war bei den Tauen gleich, doch waren die aus Flachs verhältnismäßig schwerer. Als die Brücke so weit hergestellt war, wurden Baumstämme zersägt, so daß die Länge der Balken der Breite der Brücke gleich kam, dann wohlgeordnet über die ausgespannten Taue gelegt und durch Querhölzer miteinander verbunden. Weiter wurden Bretter daraufgelegt und auf die Bretter Erde geschüttet. Endlich wurde zu beiden Seiten eine Schutzwand befestigt, damit die Zugtiere und Pferde nicht scheuten, wenn sie das Meer sähen.

Wie bekannt, stießen die Perser, auch dank ihrer Flottenmacht, bis weit nach Attika vor. Nach dem unentschiedenen Seegefecht am Kap Artemision (August 480) kam es dann – am 23. September 480 v.Chr. – zum spektakulären Seesieg der Griechen in der Meerenge von Salamis – in Sichtweite des Piräus bzw. Athens. Kein Geringerer als Friedrich Hölderlin (1770–1843) gedenkt jener dramatischen Wende im Gedicht »Der Achipelagus«:

> *Aber an Salamis Ufern ...*
> *Wankt seit Tagesbeginn ...*
> *Dort auf schäumenden Wassern die Schlacht ...*

Über diese und alle vorausgehenden Begebenheiten läßt uns wiederum Herodot (»Historien« VII, 78ff.) folgendes wissen: *Die Feldherren in Salamis fuhren mit ihren Redekämpfen fort und wußten nicht, daß die feindliche Flotte sie rings umzingelt hatte. Sie glaubten sie noch an der Stelle, wo sie sie am Tage hatten liegen sehen. Da kam zu den streitenden Feldherren Aristeides ... Als Themistokles zu ihm herauskam, sagte Aristeides: »Wir sind rings von den Feinden umzingelt. Geh hinein und sag ihnen das.« Da ging Aristeides hinein und erzählte, daß er von Aigina komme und nur mit Mühe den Wachtschiffen entkommen sei. Die ganze hellenische Flotte sei von den Schiffen des Xerxes umzingelt. Während sie noch zweifelten, kam aber eine Triere der Tenier unter Führung des Panaitos ... an, der zu den Hellenen überging. Jenes Schiff brachte die sicherste Kunde. Durch dies und das früher bei Artemision übergegangene lemnische Schiff kam die hellenische Flotte auf volle dreihundertachtzig Schiffe ... Den Teniern glaubten die Hellenen und rüsteten sich zur Schlacht. Als der Morgen graute, wurden die Mannschaften zusammengerufen, und Themistokles vor allen hielt eine wackere Ansprache an sie, in der er alle die edlen und unedlen Regungen, die in der Brust des Menschen auftreten können, einander gegenüberstellte. Er mahnte, den edlen Regungen zu gehorchen, und schloß mit dem Befehl, die Schiffe zu besteigen. Sie gingen an Bord, und in dem Augenblicke kam das Schiff aus Aigina zurück, das zu den Aiakiden gefahren war.*

Theseus' Zwischenlandung auf Delos während der Heimfahrt von Kreta
(nach Tötung des Minotauros): auf der »François-Vase«, dem Krater des Klitias und
Ergotimos, um 560 v.Chr.; Florenz, Museo Archeologico (Umzeichnung).

Dann stach die ganze hellenische Flotte in See, und sofort griffen die Barbaren [Perser samt Verbündeten] an. Die Hellenen wollten schon rückwärts rudern und ans Land gehen, da stieß Ameinias aus Pallene, ein Athener, der vorausgefahren war, mit einem feindlichen Schiff zusammen. Die Schiffe saßen fest aufeinander und konnten sich nicht losmachen; darum kamen die anderen dem Ameinias zu Hilfe, und die Schlacht begann ... Den Athenern standen die Phoiniker gegenüber, die den westlichen Flügel, gegen Eleusis hin, bildeten, den Lakedaimoniern die Joner, die den östlichen Flügel, gegen Peiraieus hin, formten.

Die meisten feindlichen Schiffe wurden bei Salamis zerstört, teils von den Athenern, teils von den Aigineten. Denn die Hellenen kämpften mit großer Geschicklichkeit, und hielten sich in Reih und Glied; die Barbaren hielten keine Ordnung und verfuhren ohne jede Überlegung. Da konnte der Ausgang der Schlacht kein anderer sein. Dabei waren und zeigten sich die Barbaren an diesem Tage weit tapferer als bei Euboia. Jeder tat sein Bestes und fürchtete sich vor Xerxes; denn er glaubte, daß der König genau auf ihn schaue ...

In diesem heißen Kampfe fiel der Feldherr Ariabignes, Xerxes' Bruder, und mit ihm viele andere hervorragende Perser, Meder und Bundesgenossen. Dagegen kamen nur wenige Hellenen um. Denn weil sie schwimmen konnten, schwammen die, deren Schiffe untergingen, ohne daß sie selber im Handgemenge fielen, nach Salamis hinüber. Die meisten Barbaren dagegen ertranken, weil sie nicht schwimmen konnten. Und sobald die vorderste Reihe sich zur Flucht wandte, gingen auch die hinteren Schiffe meist zu Grunde, denn die hinteren Reihen versuchten vorwärts zu dringen, um auch ihrerseits dem König Taten vorweisen zu können, und stießen mit ihren eigenen fliehenden Schiffen zusammen ... Xerxes saß nämlich unten an dem Berge namens Aigaleos, gegenüber von Salamis, und wenn er sah, daß einer aus der Flotte sich in der Seeschlacht auszeichnete, fragte er nach seinem Namen, und die Schreiber schrieben den

Namen des Schiffsführers samt seiner Vaterstadt auf ... Als die Barbaren die Flucht ergriffen und nach Phaleron zu entkommen suchten, verrichteten die Aigineten, die sich in der Meerenge auf die Lauer gelegt hatten, denkwürdige Taten. Denn während die Athener im Gewühle selber die kämpfenden und fliehenden Schiffe zerstörten, fingen die Aigineten die davonsegelnden ab. Wer also den Athenern entkam, fiel den Aigineten in die Hände. Den Preis der Tapferkeit in dieser Seeschlacht hat man den Aigineten zuerkannt, den zweiten Preis den Athenern. Als die Seeschlacht aufgehört hatte, zogen die Hellenen alle Wracks in Salamis aufs Land, die sich dort noch fanden, und machten sie zu einer zweiten Schlacht bereit, denn sie glaubten, der [persische] König werde mit dem Rest der Schiffe einen neuen Angriff wagen. Viele von den Wracks hatte nämlich der Westwind an die attische Küste hinübergetrieben.

Als Xerxes seine Niederlage überdachte, begann er zu fürchten, die Hellenen möchten auf den Rat eines Joners oder auf eigenen Entschluß nach dem Hellespontos segeln und die Brücken zerstören, so daß er in Europa abgeschnitten und dem Verderben preisgegeben sei. Er beschloß daher den Rückzug. Um aber diesen Entschluß vor den Hellenen und seinem eigenen Heer geheim zu halten, versuchte er einen Damm nach Salamis hinüber zu bauen. Er band zunächst phoinikische Handelsschiffe aneinander, die als Brücke und Mauern dienen sollten, und rüstete dann zu einer neuen Seeschlacht. Alle, die dies sahen, waren überzeugt, daß er in vollem Ernst zum Ausharren und weiteren Kämpfen Vorbereitungen treffe. Nur Mardonios ließ sich nicht täuschen; er kannte Xerxes zu genau.

Im Vorstehenden ist selbstverständlich von Themistokles die Rede, der, um 527 v.Chr. in Athen geboren, nicht nur Gründer der attischen Flotte und ihr Befehlshaber, sondern auch einer der bedeutendsten Staatsmänner Athens war; 471 verbannt, starb er um 460 in Magnesia. Dessen weltgeschichtlich wichtigste

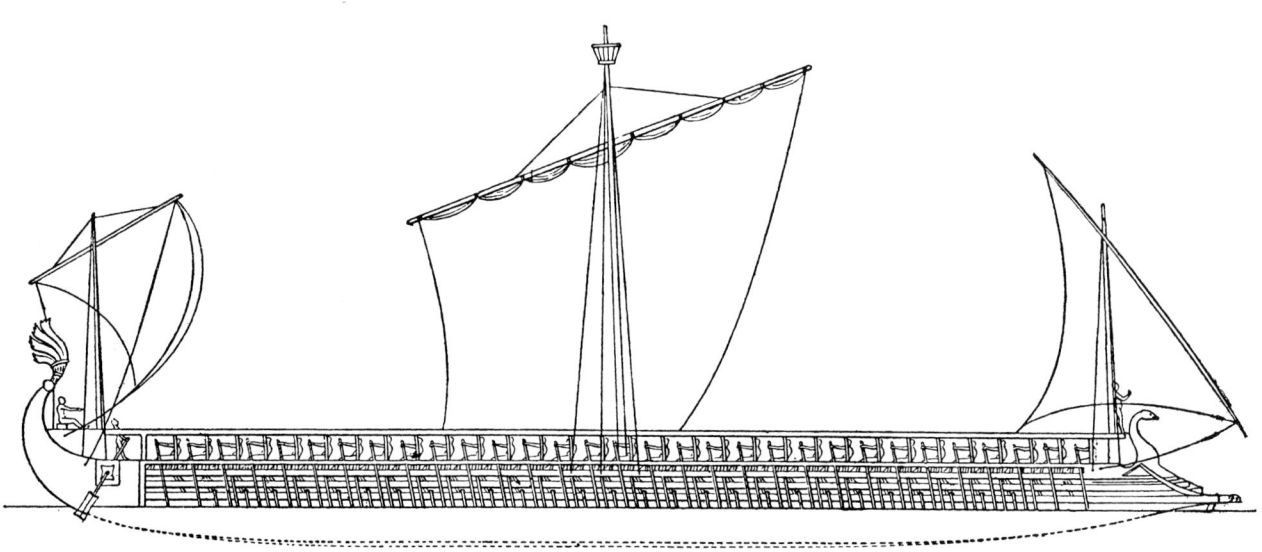

Rekonstruktion einer griechischen Triere des 5. Jahrhunderts v.Chr. (von Lemaitre) nach dem »Lenormand«-Relief von der Akropolis Athens im Musée du Louvre zu Paris.

Leistung, seine Trieren zum Erfolg bringen, Xerxes in den Rückzug zwingen, seine Heimat, ja Europa endgültig von der Perserflut befreien zu können, spiegelt jene 472 v.Chr. uraufgeführte, seither unvergessene Tragödie »Die Perser« in höchst poetischer Art wider. Ihr die abendländisch-dramatische Dichtung eröffnender Autor, zugleich Salamis-Mitkämpfer und Augenzeuge, Aischylos (525–456 v.Chr.), läßt darin einen Boten (337ff., 408ff.) dem Publikum kundtun: *Durch Menge freilich hätte wohl die Barbarmacht / Gesiegt im Seekampf; denn in Hellas Volke war / Die ganze Zahl der Schiffe zehnmal dreißig nur, / Und über das ein Zehent auserlesener. / Dem Xerxes aber, weiß ich, folgt' ein Tausend nach / Des Schiffsgeschwaders, und der schnell vorrudernden / Zweihundert noch und sieben. So der Zahl Verhalt ... Urplötzlich prallte Schiff an Schiff mit bohrendem / Erzschnabel; und anhub den Sturm ein hellenisches / Kriegsschiff, und abbrach's völlig eines Tyrerschiffs / Stirnschmuck, und andr' auf andre schwangen ihr Gebälk. / Im Anbeginn zwar hielt der Schwall des Perserheers / Obstand. Doch als der Kiele Schwarm im engen Raum / Sich dräng't, und Beistand nicht einander war vergönnt, / Und selbst von eigener Schnäbel erzbewehrtem Zahn / Gehaun, sie niederbrachen alle Ruderreihn, / Und drüben Hellas' Schiffe nicht mit Unbedacht / Im Kreis umher anprallten: um nun taumelten / Der Schiffe Bäuch', und nicht das Meer noch war zu schaun, / Von dichten Scheitern überdeckt und Menschenmord. / Von Leichen ward Felsufer und Geklipp umdrängt. / Ohn Ordnung*

flohn nun alle Schiff' im Ruderschlag, / So viel noch waren von des Barbarheeres Zug. / Sie, wie auf Thunfisch oder anderen Netzesfang, / Mit Ruderstummeln und zerbrochnem Schiffsgebälk, / Zuschlugen sie, durchspießten: Angstschrei sofort / Und laute Wehklag hallte durch das Gewog im Meer, / Bis sie der dunklen Nacht Erscheinung uns entzog / ...

Dem Triumph von 480 v.Chr., dessen unübersehbares Siegesmoment die Athener Akropolis bis heute blieb, standen natürlich auch athenische Mißerfolge auf See gegenüber. So endete die Sizilische Expedition Athens – im Verlauf der vier Seeschlachten in der Hafenbucht von Syrakus 413 v.Chr. – mit einem totalen Debakel. Thukydides (460/455 – um 400 v.Chr.)[306], der Begründer der wissenschaftlichen Geschichtsschreibung, skizzierte es so: *Danach, erst um die Mitte des Sommers* [415], *erfolgte die Abfahrt nach Sizilien. Die meisten von den Bündnern, die Proviantschiffe, die leichten Fahrzeuge und was sonst an Bedarf mitfolgte, hatte Befehl, sich vorher bei Kerkyra zu sammeln, bereit zur Überfahrt von dort über das Jonische Meer zum japygischen Vorgebirge ... Der Staat zahlte jedem von der Besatzung täglich eine Drachme und stellte die leeren Schiffe,*

sechzig Schnellsegler und vierzig Lastschiffe für die Schwer-
bewaffneten, dazu die kräftigsten Ruderer. Die Schiffsherren
gaben der Mannschaft auf der obersten Ruderbank zu der
Staatslöhnung noch Zulagen und statteten die Schiffe mit
Bildwerken und kostbaren Einrichtungsstücken aus ... Und
dieser Zug war ... beschrien ..., daß nie eine Seefahrt auf so
weite Entfernung von der Heimat weg und mit so großer
Hoffnung auf Machtzuwachs unternommen worden war ...
Im folgenden Sommer [414], als die Verstärkungen eingetrof-
fen waren, fuhren die Athener mit der ganzen Flotte vom
Katane gegen Syrakus, landeten ..., besetzten die Höhe, die
Syrakus beherrscht, und begannen ... die Belagerung ...
Demosthenes aber war [413] mit der weiteren Belagerung kei-
neswegs einverstanden ... mit der Flotte aber könnten sie auf
offenem Meer ihre Gefechte liefern und brauchten es nicht im
engen Sunde zu tun, der für die [syrakusanischen] Feinde
günstiger sei, sondern eben in der Weite, wo ihnen die Vortei-
le der Erfahrung zugute kommen würden ... Auf diese Weise
... gaben die Athener so heimlich als möglich den Befehl, sich
für die Abfahrt auf ein Zeichen hin bereitzuhalten. Da ... sie
eben im Begriff sind, abzufahren, tritt eine Mondfinsternis
ein ... so ergab es sich, daß sie blieben ... Die Syrakusaner
aber segelten auch gleich ganz dreist am Hafen vorbei und
beabsichtigten, die Einfahrt zu sperren, damit die Athener,
auch wenn sie wollten, unbemerkt nicht mehr abfahren
könnten ... Die Syrakusaner ... begannen also gleich, den
großen Hafen, dessen Einfahrt ungefähr acht Stadien breit
ist, mit quer vorgelegten, verankerten Trieren, Lastschiffen
und Booten zu sperren. Auch sonst trafen sie für den Fall,
daß die Athener eine [erneute] Seeschlacht wagen würden,
ihre Vorkehrungen ... Tatsächlich rafften denn auch die
Athener noch einmal alle Kräfte zusammen, um die Aus-
fahrt zu erzwingen, wurden aber vernichtend geschlagen ...

Welchem Schicksal die Unterlegenen danach ent-
gegengingen, bringt Eyvind Johnson (1900–76; Literatur-Nobelpreis 1974) in der psychologisch raffiniert verschachtelten und mit Gegenwartsbezügen
versehenen Parallelhandlung des Romans »Wolken
über Metapont« (1957; deutsch 1973)[162] zu besonderem, ebenso lesens- wie nachdenkenswertem Ausdruck: *... Ihr letzter Hafen wurden vielleicht die syrakusa-*
nischen Latomien, wo die Männer ... Stein brachen, bis sie
vor Plage und Hunger und Prügel starben; und die Stein-
brüche wurden mit ihrer Hilfe tiefer und weiter, und die
Steinblöcke wurden Häuser und Verteidigungsmauern und
Tempel und Theater. So weit fort erstreckten sich damals
Arbeitsleistungen und Kriegerversuche ...

Kaum Heroisches haftet selbst all' jenen fast jährlich sich wiederholenden Auseinandersetzungen an,

für die uns Xenophons (ca. 430–354 v.Chr.)[332] »Griechische Geschichte« (V,1) ein treffendes Beispiel vom
Ende des Korinthischen Kriegs (395–386 v.Chr.) liefert: *... So stand es am Hellespont zwischen Athenern und*
Lakedaimoniern. Bisher waren die Aigineten in freund-
schaftlicher Verbindung mit Athen gewesen; jetzt, wo der See-
krieg offen ausgebrochen war, erschien Eteonikos auf Aigina
und veranlaßte sie unter Beistimmung der Ephoren, nach
Belieben in Attika zu plündern ...
Antalkides ging nach Aigina, nahm von dort die Schiffe des
Gorgopas mit und fuhr nach Ephesos; von da aus schickte er
den Gorgopas mit seinen zwölf Schiffen wieder zurück und
übertrug den Befehl über die übrigen seinem Adjutanten
Nikolochos. Dieser fuhr ab, um den Abydenern Hilfe zu brin-
gen; auf einem Abstecher nach Tenedos verwüstete er die
Insel und segelte dann, mit Schätzen beladen, weiter nach
Abydos. Indes hatten sich die Strategen der Athener, von
Samothrake und Thasos und aus der Umgebung vereinigt,
um den Tenediern Hilfe zu bringen; wie sie jedoch erfuhren,
Nikolochos sei nach Abydos gefahren, brachen sie vom Cher-
sones mit 32 Schiffen auf und blockierten ihn und seine 25
Schiffe. Gorgopas war auf der Rückkehr von Ephesos dem
Eunomos begegnet; er entkam ihm kurz vor Sonnenunter-
gang nach Aigina. Sogleich stieg er ans Land und ließ abko-
chen. Eunomos wartete ein Weilchen und fuhr dann fort.
Da es Nacht geworden war, so segelte er, wie üblich, mit
einem Lichtsignal voraus, damit die übrigen folgen könn-
ten, ohne vom Kurs abzuirren. Jetzt ließ auch Gorgopas die
Schiffe wieder besteigen und folgte dem Lichtschein, aber von
weitem, um nicht bemerkt zu werden; auch ließ er, um lautes
Geräusch zu vermeiden, das Ruderkommando statt durch
Rufen durch den Fall von Steinen angeben, und, um leiser
zu rudern, die Ruder schräg halten. Sobald aber das
Geschwader des Eunomos nahe beim attischen Vorgebirge
Zoster gelandet war, ließ er unter Trompetengeschmetter
drauf los fahren. Die Mannschaft des Eunomos war zum
Teil im Aussteigen begriffen; einige warfen erst den Anker,
andere fuhren noch die letzte Strecke zum Lande. Es ent-
spann sich eine Seeschlacht im Mondschein, bei der Gorgo-
pas vier Trieren erbeutete, die er ins Schlepptau nahm und
nach Aigina führte. Die übrigen Schiffe der Athener retteten
sich in den Piraieus ...

Mit dem Glauben und dem Willen, den Erdball erobern zu können, war Alexander der Große (356 bis
323 v.Chr.) bis zum Oberlauf des Indus und dessen
Nebenflüssen vorgestoßen, hatte dann jedoch, von
den Gegebenheiten gedrängt, eine Flotte – nach Ptolemaios – von 2000 Fahrzeugen bauen lassen, mit der
er umzukehren gedachte. Was sich danach zutrug,

deutet Plutarch (ca. 46–120 n.Chr.)[244] kurz an: *... Sieben Monate währte [326–325 v.Chr.] die Fahrt, bei der die Flotte auf den Flüssen langsam dem Meer entgegenglitt. Als sie endlich den [Indischen] Ozean erreicht hatte, segelte Alexander zu einer Insel ... Lebhaft interessierte er sich für das Meer und die Küste ... Die Flotte fuhr auf seinen Befehl, Indien zur Rechten, an der Küste entlang. Kommandant der Flotte war Nearchos, den Befehl über die Steuerleute hatte Onesikritos. Währenddessen zog der König mit dem Landheer durch das Land der Oreiter ... Sechzig Tage dauerte der Leidensweg ... Als Alexander in Gedrosien ankam, gab er dem Heer noch einmal Ruhe ... Zu Alexanders größter Freude stieß hier Nearchos zu ihm. Als der König seinen Bericht entgegengenommen hatte [im Frühjahr 324 v.Chr.], reifte in ihm der Plan, selbst mit einer großen Flotte den Euphrat hinunterzufahren, um dann um Arabien und Afrika herum durch die Säulen des Herakles wieder ins Mittelländische Meer einzulaufen. Zu diesem Zweck ließ er bei Thapsakos Schiffe der verschiedensten Art und Größe bauen und Mannschaften und Steuerleute aus der ganzen Welt zusammenholen. Aber die Schwierigkeiten häuften sich ...*

Ergänzende Einzelheiten vermittelt uns dazu Joseph Gregor (1888–1960, der österreichische Historiker und Dichter) in seiner bedeutsamen, 1940 erschienenen Alexander-Biographie: *... Auf dem Hauptstrome [des Indus] gestaltete sich die Fahrt sehr schwierig. Hatten schon vordem die Strömungen den Schiffern große Hindernisse bereitet, so mußten sie jetzt in die Buchten flüchten, weil zu ihrer namenlosen Überraschung ihnen die Wogen entgegenströmten! Dann kam die Ebbe; die Schiffe lagen hilflos im Sande und stießen gegeneinander, viele zerschmetterten. Die Gezeiten in solchem Ausmaße waren den Griechen ganz unbekannt und lange unerklärlich. Alexander befuhr zuerst den rechten Arm des Deltas, kehrte dann nach Pattala [= Haidarabad] zurück und befuhr auch den linken, den er für die Flußfahrt geeigneter fand. In dieser Stadt ließ er Werften und Depots anlegen, er dachte an eine ständige Verbindung zwischen Persien und diesem indischen Vorlande seines Weltreichs. Damit ist auch die außerordentliche Form des Rückzuges zu erklären, der schon mehr einer wissenschaftlichen Expedition glich. Die Flotte sollte unter Nearch erkunden, ob es möglich sei, von der Indus- zur Euphratmündung zu gelangen, also Babylon, das zur Hauptstadt ersehen war, und Indien auf dem Seewege zu verbinden ...*

Wie dieser grandiose Plan zwischen dem 21. September 325 und dem Frühjahr 324 v.Chr. verwirklicht wurde, entnehmen wir nun Peter Bamms (1897 bis 1975) ebenso großartiger Studie »Alexander oder Die Verwandlung der Welt« (1965): *... Die Flotte für die Fahrt nach dem Westen bestand aus etwa hundert Schiffen. Zu ihrem Befehlshaber hatte Alexander den Nearchos ernannt, einen seekundigen Kreter. Die Schiffe konnten für vier bis fünf Tage Verpflegung, aber höchstens für zwei Tage Wasser an Bord nehmen. Von der Mündung des Indus in den Ozean bis zur Einfahrt in den Persischen Golf betrug die Entfernung etwa achthundert Seemeilen. Fünfhundert davon waren unbekannte Küste. Alexander wollte die Flotte zu Land begleiten, um die Eingeborenen dieser fremden Gebiete in Schach zu halten, damit Nearchos etwa vorhandene Häfen anlaufen könnte ...*

Auch wenn Alexanders Begleit-Vorhaben an mancherlei naturgegebenen Umständen – ausbleibendem Regen, Hitze, Durst – scheiterte, so erreichte Nearchos (ca. 360–312 v.Chr.) doch, worüber sein – durch Arrian, Strabon u.a. überliefertes – Logbuch »Anáplous« (= Küstenfahrt) Aufschluß gab, *wohlbehalten einen Hafen an der Südküste Karmaniens. Nur vier Schiffe hatte er verloren. Das Ereignis, welches die Flotte am heftigsten erschreckte, war das ... Auftauchen ... riesiger Walfische ... Als Alexander Nearchos endlich wiedersah und erfuhr, wie glücklich die Expedition verlaufen sei, tat der König eine Äußerung, die wert ist, berichtet zu werden. Daß die Flotte heil die Fahrt über den Okeanos bestanden habe, mache ihm eine größere Freude als alle seine Siege ...*

Darum verfolgt Peter Bamm mit steigendem Interesse sogar Alexanders neue Pläne zur weitergehenden geographischen und nautischen Erschließung westlicher Gebiete des globusumspannenden Okeanos: *... Den Seeweg nach Indien zum Persischen Golf hatte er dem Handel geöffnet. Der Seeweg vom Persischen Golf zum Roten Meer schien zu Alexanders Zeit nicht mehr befahren worden zu sein. Jedenfalls war er keine regelmäßige Handelsroute. Da niemand eine Vorstellung hatte, wie groß dieses Arabien eigentlich sei, ließ Alexander unter dem Kommando des Kapitäns Anaxikrates ein Erkundungsschiff aus dem Golf von Suez auslaufen. An der Westküste Arabiens entlangsegelnd gelangte Anaxikrates bis zum Weihrauchland Jemen. Über die Meerenge, die das Rote Meer mit dem Golf von Aden verbindet, das heutige Bab-el-Mandeb, ist Anaxikrates nicht hinausgekommen. Ein anderes Erkundungsschiff unter Hieron von Soloi, das den Auftrag hatte, von der Euphratmündung aus nach Suez zu segeln, gelangte nur bis Ras Musadem, dem Kap, bei dem* *der Persische Golf sich in den Indischen Ozean öffnet. Hieron meldete Alexander, daß Arabien ebenso groß sein müsse wie Indien.*

Die Umrundung Arabiens erlebte Alexander[39] jedenfalls ebenso wenig wie sein zweifelsfreies Fernziel einer Umschiffung Afrikas; denn überraschend starb er, erst 33jährig, am 1. Juni 323 v.Chr. Zu seinem Nachruhm trug entscheidend auch jener im 3. Jahrhundert n.Chr. entstandene, in 30 Sprachen übersetzte, mit wundersamen Geschehnissen in Indien, mit Amazonen und »redenden« Bäumen ausgeschmückte »Alexanderroman« bei.[104] Dessen spätere Illustrationen führen u.a. sogar Alexanders Tiefseetauchtonne vor Augen.

Sein Bekanntheitsgrad wird selbst noch im berühmten – um 1085 entstandenen – »Annolied« deutlich, wo es heißt: *Des wunderreichen Alexander Scharen / Der die Welt in einem Jahrzwölfte nur / Bis an ihr Ende hin durchfuhr. / Da er zu Babylon sein Ende fand. / Teilten sein Reich sich vier Männer dann / Die alle wollten Könige sein / Die andern irrten landaus landein / Bis ein Teil mit einer Schiffesschar / Nieder zur Elbe gekommen war ...*

Natürlich muß man Alexanders weltweit ausgreifende maritime Erkundung vor dem – ihm durch Aristoteles (348–322 v.Chr.), seinen Lehrer, wohlvertraut gewordenem – Hintergrund und im Kontext zu all den positiv vorausgegangenen und nachfolgenden »Períplus«-Ergebnissen (also gelungenen Meeres- oder [Halb-]Insel-Umrundungen mit fixierten Notizen der jeweils vom Fahrzeug aus beobachteten Küstenpartien) sehen. Sie begannen mit Pharao Nechos phönizischer Afrika-Fahrt 596–594 v.Chr.[240], über die Herodot ebenso berichtete wie (IV,44) über

jene im Auftrag Dareios' I. etwa 519/512 v.Chr. dem Seefahrer und Geographen Skylax von Karyanda/Karien geglückte Arabien-Umfahrt, und zwar vom Persischen bis zum Golf von Suez, samt (verlorenem) Períplus-Bericht darüber. Kurz zuvor – um 530 v.Chr. – dürfte der seefahrende Astronom Euthymenes von Marseille, wiederum als Verfasser eines (verschollenen, von Avienus erwähnten) Períplus, im Atlantik nördlich bis zur Bretagne und südwärts, an Westafrikas Küste entlang, bis zur Mündung des Senegal vorgedrungen sein. Nicht zu übersehen ist gewiß auch Hannos, des karthagischen Königs, spätestens 450 v.Chr. zur See mit 60 Schiffen durchgeführte Expedition aus dem Mittelmeer bis nach Sierra Leone; davon kündet der »Annonos Karchädonion Basileos Períplus« (siehe Plinius, Nat. hist. 2,69).[242] Desgleichen bleibt zu erinnern an das (nicht erhaltene) Werk »Perì Okeanou« (»Über den Ozean«) des Pythéas von Massalia (= Marseille)[214], eines griechischen Naturforschers und seebefahrenen Astronomen, der nicht nur die Abhängigkeit der Gezeiten vom Mondstand erkannte und wußte, daß Polhöhe und geographische Breite einander entsprechen, sondern auch um 330/325 v.Chr. Atlantik und Nordsee bis hin zu den Shetlands und Mittelnorwegens Fjorden bereiste. Erwähnenswert wird schließlich der »Períplus Maris Erythraei«[99] eines anonymen Kaufmanns, der zwischen 40 bis 70 n.Chr. über Seewege und Handelsschiffahrt im Orient, an Arabiens Südküste, im Golf von Oman, an der indischen Malabarküste und vielleicht sogar vor Zanzibar charakteristische terrestrische Merkmale notierte und Navigationshilfen bot.

Catos ceterum censeo, Caesars Britannien-Invasion und Constantins neue Polis

Seit augustäischer Zeit gilt als römisches National-epos Vergils (70–19 v.Chr.) in zwölf Gesängen gegliedertes Hauptwerk »Aeneis«.[318] Dessen mythischer Held Aeneas, ein Sohn übrigens der Göttin Aphrodite, vermochte mit seinem Vater und allen Gefährten auf 20 Schiffen das brennende Troja zu verlassen. Nach langen, abenteuerlichen Fahrtabschnitten durch Ägäis, über Kreta, dann durchs Ionische Meer erreichten sie Sizilien. Sturm verschlägt Aeneas nach Karthago zur Königin Dido.[104] Er entzieht sich ihrer Liebe, sticht nordostwärts wieder in See. Erneut auf Sizilien zwischengelandet, gehen dort vier seiner Schiffe, von den mitreisenden Troerinnen angezündet, in Flammen auf. Da bleibt zudem ein Teil seiner Gefolgschaft. Mit den letzten Getreuen kommt er, übers Thyrrenische Meer segelnd, bis zur Küste Campaniens, wo Palinurus, Aeneas' Steuermann, nachts eingeschlafen über Bord fällt. Wie Vergil (V, 852 bis 871) diese Szene verlebendigt, zeigen folgende Verse: *... und fest die Hände ums Steuer geklammert, / ließ er nirgends los, den Blick zu den Sternen gerichtet. / Siehe, da schüttelt der Gott einen Zweig, benetzt mit dem Tau aus / Lethe ... ihm über den beiden / Schläfen, und bricht ihm ... die verschwimmenden Blicke. / Eben erst hatte der Schlaf überraschend die Glieder gelöst, da / beugt sich vor der Gott und warf ihn, der einen Teil des / Hecks losriß und sein Steuer behielt, kopfüber ins klare / Meer; umsonst rief oft nach seinen Gefährten der Arme. / ... / Und schon kam das Schiff ganz nah dem Riff der Sirenen, / einst ein gefährlich Gebiet, bleich häufen am Strand sich Gebeine. / Jetzt auch dröhnten dumpf weithin von Brandung die Felsen, / da bemerkte Aeneas, wie ohne Steuermann ziellos / schwankte das Schiff und lenkte es selbst durch nächtliche Wogen, / seufzte oft, im Herzen erschüttert vom Schicksal des Freundes: / »O, du trautest zu sehr dem Frieden der Flut und des Himmels, / nackt nun wirst, Palinurus, du liegen an fremdem Gestade.«* Nachdem er drei Tage im Meer getrieben und gerade noch ans Ufer gespült war, erschlugen ihn feindselige Lukaner, ließen sogar des Palinurus Körper liegen, bis dieselben, von plötzlich auftretender Seuche geschreckt, auf dem (heutigen, mittelpaläolithische Fundstätten beherbergenden) Capo Palinuro über seinen Leichnam einen Grabhügel häuften. Maritime Tradition kennzeichnet noch immer jenes malerische Palinuro. Dessen Bucht wird von bizarr strukturierten Felsen gesäumt und erlebte bis in unsere Tage alljährlich eine Dankprozession seiner Fischer, bei der die Fischerfrauen jeweils auf dem Kopf große Schiffsmodelle mit Kerzengestecken und Blumen – anstelle der Segel – trugen.

Wie nachhaltig Aeneas zur historischen Figur geriet, erhellt selbst des Titus Livius (59 v. bis 17 n.Chr.) – der in Padua Geborene zählt zu den wichtigsten Historiographen der Weltliteratur – bekanntes Werk »Ab urbe condita«. Von seiner ursprünglich 142 Bücher umfassenden »Römischen Geschichte«[191] blieben nur 35 Bände erhalten; gleich im Ersten Buch (1) lesen wir: *Allererst nun steht hinlänglich fest, daß, während nach der Eroberung von Troja gegen andere Trojaner grausam verfahren wurde, die Achäer bei zweien, dem Aeneas und Antenor, sowohl wegen des alten Gastrechts, als weil sie immer zum Frieden und zur Zurückgabe der Helena geraten, auf die Ausübung des Kriegsrechtes verzichtet haben. Nach mancherlei Unfällen sei dann Antenor mit einer Anzahl Veneter ... in den innersten Busen des Adriatischen Meeres getrieben, und nach Vertreibung der Euganeer, welche zwischen dem Meer und den Alpen wohnten, hätten Veneter und Trojaner diesen Landstrich bewohnt* – womit das gegenwärtige Venetien gemeint ist, zumal in Padua an dessen sagenhaften Gründer noch heute Antenors sogenanntes Grabmal erinnert.

Spät beginnt Rom, Seemachtpolitik zu betreiben, seinen karthagischen und anderen Rivalen im Mittelmeer entgegenzutreten; denn erst 311 v.Chr. hören wir von einer ersten Marinebehörde: den »duoviri navales«, welche kleine Küstenschutzflottillen aufzustellen hatten. Im Verlauf der drei Punischen Kriege

(1. 264–241, 2. 218–201, 3. 149–146 v.Chr.) sowie der Auseinandersetzungen um Makedonien (204–197 und 171–168), mit Syrien (192–188), dem Mithridates von Pontus (88–84, 83–81 und 74–64), desgleichen im Vernichtungskampf der Seeräuber (67 v.Chr.) entwickelten sich maritime Verbände und wurden kriegerische Aktionen mit zuletzt meist positivem Ergebnis geführt.[237] Nur beispielhaft können dazu ein paar Stimmen folgen; so berichtet Polybios, ein griechischer Historiker aus Megalopolis (ca. 203 bis 120 v.Chr.), in seinen »Historiai« – die sogar noch die Geschichtsphilosophie Oswald Spenglers beeinflußten: *erst als die Karthager gegen* [die Römer] *rüsteten, mußten sie daran denken, eine Flotte aufzustellen, und da sie sahen, daß der Krieg ihnen noch Frist ließe, begannen sie die ersten Schiffe zu bauen, nämlich 100 Fünfreiher und 20 Dreireiher. Aber es kostete ihnen viel Mühe, da ihre Schiffbauer Fünfreihenschiffe, deren man sich in Italien gar nicht bediente, zu konstruieren nicht verstanden* (I,20). Ein gestrandetes karthagisches Typfahrzeug diente darum anschließend auch als Baumuster.

Derselbe Polybios (I,51) macht uns natürlich selbst mit nautischem Mißgeschick der Römer, und zwar dem Seetreffen vor Drepanum (heute Trapani/Westsizilien) 249 v.Chr. vertraut: *Anfangs war die Schlacht etwas zweifelhaft, weil beide Parteien ihre besten Fußtruppen an Bord hatten. Aber die Karthager gewannen bald die Oberhand, weil sie in dem ganzen Treffen im Vorteil waren, denn sie konnten wegen des Baues ihrer Schiffe und wegen der besseren Ausbildung ihrer Mannschaft geschwinder fahren. Auch nutzte ihnen die Stellung ihrer Flotte sehr viel, weil sie nach der offenen See hin lag. Wurde ihnen vom Feind zugesetzt, so konnten sie durch ihre Geschwindigkeit in die offene See zurückweichen. War ein feindliches Schiff weit genug gefolgt, so umringten sie es oder fielen es von der Seite an. Dagegen waren die römischen Schiffe teils zu schwer und teils mit schlechten Rojern bemannt, als daß sie schnell hätten wenden können und wurden daher durch die beständigen Anfälle der Feinde versenkt.*
Die Römer waren in all diesen Dingen im Nachteil. Die verfolgten Schiffe konnten sich nicht rückwärts retten, weil sie in der Nähe der Küste fochten. So oft daher eines ihrer Schiffe vom Feinde zurückgedrängt wurde, geriet es auf Untiefen oder scheiterte am Strande. Durch die feindliche Linie hindurchzubrechen und den im Gefecht verwickelten Schiffen in den Rücken zu fallen, war ihnen auch versagt wegen der Schwere ihrer Schiffe und der Unerfahrenheit ihrer Rojermannschaft. Da nun der römische Konsul einen Teil der Schiffe auf Untiefen sitzen oder gescheitert sah, gab er den *Befehl zum Rückzuge und zur Flucht. Dreißig römische Schiffe retteten sich, die übrigen 93 mit ihrer Mannschaft gerieten in die Gewalt der Karthager.*

Als den Römern – im 2. Punischen Krieg – 212 v.Chr. die Eroberung des mit den Karthagern verbündeten Syrakus gelang, wobei der bekannte Mathematiker Archimedes zu Tode kam, sah man zuvor, wie es Johann Georg Krünitz in seiner vielbenutzten »Encyclopädie« (Bd. 50, 1799, S. 331f.) angibt, *auf den Mauern große Rüstzeuge, nämlich hinüberragende dicke Balken, welche bis auf die Galeren niedergesenkt wurden. An diesen Balken waren Segel-Stangen befestigt, die mit Haken versehen waren, mit welchen sie in die Galeren eingriffen, und solche hernach durch die Kraft des Gegen-Gewichtes in die Höhe zogen, alsdann auf einmal fallen liessen, und in den Abgrund stürzten; oder nachdem sie solche an den Vorder-Theilen mit den eisernen Klauen in die Höhe gezogen, und sie auf das Hinter-Theil gesetzt hatten, versenkten sie dieselben in das Meer, oder zogen sie mit Stricken und Haken an das Land ... Polybius beschreibt diese Raben des Archimedes folgender Maßen: Als Marcellus seine Schiffe sich der Stadt hatte nähern lassen, hatte Archimedes eiserne Haken an einer Kette herunter gelassen, wodurch derjenige, welcher, wie ein Steuer-Mann, den Schnabel der Maschine lenkte, nachdem er in das Vorder-Theil des Schiffes eingehakt hatte, das andere Ende der Maschine nach der Stadt-Seite nieder senkte. Dieser hielt, wenn er das Schiff auf das Hinter-Theil in die Höhe gerichtet hatte, den Schnabel der Maschine unbeweglich; alsdann aber ließ er die Kette der Maschine vermittelst einer Welle oder Rolle los, wodurch nothwendig einige Schiffe auf die Seite fallen, andere umstürzen, und der größte Theil der von oben auf das Vorder-Theil gefallenen untergetaucht und mit Wasser angefüllet werden mußte ...*

Auf der in Krünitz' »Encyclopädie« beigegebenen Tafel[34] ist noch ein weiteres, damals im Einsatz befindliches Kriegsgerät – der Delphin – festgehalten. Wir lesen dazu (S. 323): *Der Delphin, war nach dem Thucydides, Hesychius, Suidas, und anderen Schriftstellern, eine im See-Kriege gebräuchliche Maschine ... die in einem sehr großen und schweren Stücke Bley oder Eisen bestand, dem man die Gestalt eines Delphins gegeben hatte, und welches vermittelst gewisser Rollen und Stricke an den Segel-Stangen und am Mast-Baume herab hing. Man warf mit der größten Gewalt auf die feindlichen Schiffe, welches die Wirkung hatte, daß sie entweder durchschlagen wurden, und Löcher bekamen, durch welche das Wasser eindrang, oder daß sie wohl gar durch die Last und Gewalt derselben versenkt wurden.*

Römische Bireme auf einem Relief aus Praeneste, um 30 v.Chr.; Rom, Vatikanisches Museum.

Viel beschäftigt haben antike und moderne Autoren auch die auf römischen Kriegsschiffen über deren Oberdeck angebrachten Türme. *Von dergleichen Thürmen pflegten die sich darauff befindliche bewaffnete Kriegs-Leute mit gesammter hitziger Tapfferkeit sich gegen ihren Feind herzhafft zu wehren / und denselben / nachdem sie aus ihrer Thurm-Höle hervor gekrochen / und über die hierzu im Vorrath habende zusammengefügte Brücken außgefallen / abzuhalten,* lesen wir in Wilhelm Dilichs »Kriegs-Schule« (1689, S. 480). Dilich, ein von allen Militärs des Barocks gelesener Autor, geht am gleichen Ort sogar auf die von Radschaufeln angetriebenen römischen Seefahrzeuge ein. Dazu bietet er eine Rekonstruktionsansicht und sagt: ... *die zu beyden Seiten fest angemachte Räder durch ein Kunst-Werck / so von Ochsen umbgetrieben / die Stelle derer Ruder versehen müssen / und hatten die durch solche Machinam fortgetriebene Schiffe solche Gewalt / daß sie alle der Feinde ihnen* entgegen lauffende Schiffe / vermittelst ihres zustürmenden Anlauffs zerscheitern und zerschmettern konten.

Noch einmal ist es Titus Livius[191], dem wir – im Blick aufs Ende des 2. Punischen Kriegs 204/203 v.Chr. – das Wort geben (»Römische Geschichte« XIX,24–25, und XXX,9–10): ... *So schickte er auch an der ganzen Küste herum, daß alle Lastschiffe, deren man habhaft werden könnte, in Lilybäum sich vereinigen sollten. Da Alles, was von Schiffen und Soldaten in Sicilien war, in Lilybäum zusammenkam, und weder die Stadt die Menschenmenge, noch der Hafen die Schiffe faßte, so entstand bei allen ein solcher Feuereifer nach Afrika überzusetzen, daß es schien, als würden sie nicht in den Krieg, sondern zu sichern Belohnungen des Sieges geführt.*

P. Cornelius Scipio (Africanus, † 183 v.Chr.) *selbst hatte die Sorge übernommen, daß die Soldaten in der Ordnung und ohne Verwirrung sich einschifften; die Seeleute nöthigte Cajus Lälius, der Befehlshaber der Flotte, sich vor-*

her einzuschiffen und hielt sie auf den Schiffen zurück. Die Sorge, den Mundvorrath einzuschiffen, wurde dem Prätor Marcus Pomponius übertragen. Für 45 Tage wurden Lebensmittel eingeschifft, und darunter Brod für 15 Tage. Wie schon alle auf den Schiffen waren, schickte er Boten umher, daß von den Schiffen die Befehlshaber und Steuermänner und je zwei gemeine Soldaten nach dem Versammlungsplatz kommen sollten, um seine Befehle zu vernehmen. Nachdem sie zusammengetreten waren, fragte er sie zuerst, ob sie Wasser für Menschen und Vieh für eben so viele Tage als Getreide eingeschifft hätten? Als sie antworteten, es sei Wasser für 45 Tage auf den Schiffen, gebot er den Soldaten, sie sollten sich still und ruhig verhalten und dem Schiffsvolk ohne Streit zur Ausführung ihrer Geschäfte behülflich sein und Gehorsam leisten. Mit 20 Kriegsschiffen werde er und Lucius Scipio auf dem rechten Flügel befehligen, auf dem linken würden eben so viele Kriegsschiffe und Cajus Lälius, der Befehlshaber der Flotte, mit dem Marcus Porcius Cato – dieser war damals Quästor – den Lastschiffen zur Deckung dienen. Die Kriegsschiffe sollten jedes eine Laterne, die Lastschiffe zwei haben; auf dem Admiralschiff werde die nächtliche Auszeichnung aus drei Laternen bestehen. Den Steuermännern gab er den Befehl, nach Emporia zu steuern …

… Scipio, dessen Heer, mit der Beute vieler Städte beladen, nur langsam vorrücken konnte, schickte die Gefangenen und die andere Beute nach dem alten Lager bei Utica zurück und besetzt, Karthago schon im Auge, das durch die Flucht der Besatzung verlassene Tunes. Dieser Platz ist von Karthago 15 Miglien entfernt und theils durch Werke, theils durch seine Lage geschützt, und kann sowohl von Karthago aus gesehen werden, als es selber eine Aussicht auf die Stadt und das die Stadt umfließende Meer gewährt.

Während hier die Römer gerade beschäftigt sind, einen Wall aufzuwerfen, wird die feindliche Flotte erblickt, wie sie von Karthago nach Utica zu steuern im Begriff ist. Sie geben also die Arbeit auf und der Marsch wird angekündigt, und die Fahnen setzen sich rasch in Bewegung, damit nicht die Schiffe, welche gegen das Land gerichtet waren und zur Belagerung aufgestellt, überfallen würden, während sie zu einem Seetreffen gar nicht geeignet wären. Denn wie hätten doch einer beweglichen, mit allem Takelwerk versehenen und ausgerüsteten Flotte Schiffe widerstehen sollen, welche Geschütze und Kriegsmaterial führten und entweder zum Gebrauch der Lastschiffe verwendet waren, oder so nahe den Mauern lagen, daß sie statt eines Walles und Zugbrücken das Entsteigen erleichtern konnten. Daher nahm Scipio, gerade umgekehrt wie in einem Seetreffen, die Kriegsschiffe, welche den andern zur Bedeckung dienen konnten, in das Hintertreffen zunächst dem Lande, und stellte eine vierfache Reihe von Lastschiffen statt einer Mauer dem Feinde entgegen, und diese selber, damit nicht im Getöse der Schlacht die Reihen in Verwirrung geriethen, hatte er durch Mastbäume und Segelstangen, die von einem Schiff zum andern gingen und durch starke Taue wie durch ein einziges Band unter einander verbunden und zusammengehalten. Dann überdeckte er sie mit Bohlen, daß man von einer Reihe auf die andere kommen konnte; und unter den Brücken selber hatte er Zwischenräume gelassen, wo die Wachtschiffe sicher gegen den Feind hervorsegeln und sich zurückziehen konnten. Nachdem er in der Eile diese Vorkehrungen getroffen, werden ungefähr 1000 auserwählte Vertheidiger auf den Lastschiffen aufgestellt und eine ungeheure Menge von Wurfgeschossen eben dahin geschafft, daß sie für einen noch so langen Kampf genügen konnten. So gerüstet und vorbereitet warteten sie auf die Ankunft der Feinde. Die Karthager, die, wenn sie geeilt hätten, Alles durch die Bestürzung und die Angst in der größten Verwirrung beim ersten Angriff gefunden hätten, waren durch die Niederlagen zu Lande so in Schrecken gesetzt, daß sie nicht einmal auf dem Meere, wo sie selber stärker waren, rechtes Vertrauen hatten; so brachten sie den Tag mit der lässigen Fahrt hin und legten gegen Sonnenuntergang mit der Flotte in einem Hafen, welche die Afrikaner Rusumeo nennen. Am folgenden Tage stellten sie gegen Sonnenaufgang auf hoher See die Flotte in Schlachtordnung wie zu einem ordentlichen Treffen, in der Voraussetzung, die Römer würden ihrerseits auch in die hohe See hinausfahren. Nachdem sie lange gestanden hatten und die Feinde gar keine Bewegung machten, so greifen sie endlich die Lastschiffe an. Es glich gar keinem Seegefecht, es sah am meisten aus, wie wenn Schiffe einen Angriff auf Mauern machen. Die Lastschiffe ragten durch ihre Höhe beträchtlich über die feindlichen empor. Von den Kriegsschiffen schleuderten die Punier meistentheils Geschoße ohne Wirkung nach oben, weil sie von unten herauf warfen. Gewichtiger und durch die Wucht selbst kräftiger war der Wurf von oben aus den Lastschiffen; die Wachtschiffe und andere leichte Fahrzeuge, welche unter der Wölbung der Brücken in gewissen Zwischenräumen hervorsegelten, wurden zuerst durch den bloßen Angriff und die Größe der Kriegsschiffe in Grund gefahren; hernach waren sie auch den Streitern unbequem, weil sie, mit den feindlichen Schiffen gemischt, oft die Geschosse zurückzuhalten nöthigten, aus Furcht, daß die Geschosse bei unsicherem Wurfe ihre eigenen Leute treffen möchten. Hernach fingen die punischen Schiffe an, Bohlen, vorn mit einem eisernen Haken, welche sie Harpagonen nennen, auf die Römer zu werfen; da sie weder diese selber, noch die Ketten, an welchen sie aufgehängt geschleudert wurden, zerhauen konnten, so *sah man überall, wo ein Kriegsschiff rückwärts ruderte und ein an dem Haken hängendes Schiff nach sich zog; die Bänder zerrissen, wodurch ein Schiff an dem andern befestigt war, und daß zugleich eine Reihe anderer Schiffe nachgezogen wurde. Auf diese Weise wurden alle Brücken zerrissen, und kaum hatten die Vertheidiger Zeit, auf die zweite Reihe der Lastschiffe hinüber zu springen. Ungefähr 6 Lastschiffe wurden an den Hintertheilen nach Karthago geschleppt. Die Freude darüber war größer, als die Sache werth war, aber umso angenehmer, weil unter den unaufhörlichen Niederlagen und Thränen doch unerwartet eine kleine Freude ihnen zu Theil geworden war; wobei zugleich offenbar wurde, daß die römische Flotte dem gänzlichen Untergang nahe gewesen wäre, wenn nicht die Befehlshaber ihrer Schiffe sich versäumt und Scipio zu rechter Zeit zu Hülfe gekommen wäre.*

Im Jahr darauf, 202 v.Chr. siegte Scipio bei Zama, zwang Karthago zum Friedensschluß und zur Auslieferung aller seiner Kriegsschiffe (bis auf zehn), womit die Seeherrschaft endgültig an Rom überging, jedenfalls im westlichen Mittelmeer; denn die Verhältnisse im östlichen blieben noch zu bereinigen. Erst im Krieg mit Antiochus III. von Syrien errangen die Römer – nach der für sie erfolgreichen Seeschlacht bei Myonnesos (vor Ephesos und nördlich der Insel Samos) im August 190 v.Chr. – auch dort maritime Machtvorteile. Noch einmal ziehen wir Livius' historische Aufzeichnungen (XXXVII,28–30)[191] zur Nahsicht heran: ... *Zufällig war Polyxenidas mit der königlichen Flotte von Colophon ausgelaufen, nachdem er vernommen, daß die Römer von Samos aufgebrochen, und bei Myonnesus die Seeräuber verfolgt hätten, und im Gerästischen Hafen vor Anker lägen, und war selber Myonnesus gegenüber bei einer Insel, welche das Schiffsvolk Makris nennt, in einem verborgenen Hafen vor Anker gegangen. Hierauf aus der Nähe erforschend, was die Feinde machten, hatte er zuerst große Hoffnung, wie er die Rhodische Flotte bei Samos durch Besetzung des engen Eingangs zum Hafen erobert hatte, so auch die Römische wegzunehmen. Und die Oertlichkeit ist nicht unähnlich; durch die zusammenstoßenden Vorgebirge wird der Hafen so geschlossen, daß kaum zwei Schiffe zugleich auslaufen können. Daher hatte Polyxenidas im Sinn, in der Nacht den Zugang zu besetzen und, während je zehn Schiffe bei den Vorgebirgen ständen, von beiden Flügeln die auslaufenden Schiffe in der Flanke zu bekämpfen. Von der übrigen Flotte sollten dann, wie er bei Panormus gethan hatte, Bewaffnete an's Land gesetzt werden, um zugleich zu Wasser und zu Lande die Feinde zu überfallen. Dieser Plan wäre nicht eitel gewesen, wenn nicht die Teier versprochen hätten, sie würden die Befehle voll-*

ziehen, und es den Römern, um die Vorräthe in Empfang zu nehmen, passender geschienen hätte, in den Hafen überzugehen, der vor der Stadt lag. Es soll auch der Rhodier Eudamus das Nachtheilige des andern Hafens gezeigt haben, da zufällig zwei Schiffe in der Enge des Ausgangs sich mit den Rudern verwickelt und dieselben zerbrochen hatten. Und unter anderm bewog auch dieß den Feldherrn, daß er die Flotte hinüberführte, weil vom Lande Gefahr war, da nicht weit davon Antiochus sein Standlager hatte.
Nachdem die Flotte nach der Stadt hinübergebracht war, waren die Soldaten und das Schiffsvolk, da Niemand etwas wußte, an's Land gestiegen, um den Mundvorrath und besonders den Wein auf die Schiffe zu verteilen, als zufällig am Mittag ein Bauer zu dem Feldherrn gebracht wurde, welcher meldet, schon seit zwei Tagen liege eine Flotte vor der Insel Macris vor Anker, und kurz vorher hätte man einige Schiffe sich in Bewegung setzen sehen, als wollten sie auslaufen. Der Befehlshaber, durch dieses unerwartete Ereignis überrascht, läßt sogleich die Trompeten blasen, damit die, welche etwa auf dem Felde zerstreut waren, zurückkehrten; die Kriegsobersten schickte er in die Stadt, um das Kriegsvolk und die Seeleute auf die Schiffe zu treiben. Nicht anders, als bei einer plötzlichen Feuersbrunst oder bei der Eroberung einer Stadt, war die Bestürzung. Einige liefen in die Stadt, um die Ihrigen zu rufen. Andere eilten aus der Stadt, um die Schiffe wieder zu gewinnen; und unter dem verwirrten Geschrei, in welches sich Trompetenschall mischte, und den sich drängenden Befehlen eilte Alles nach den Schiffen. Kaum konnte jeder das Seinige erkennen, oder in dem Lärm dazu kommen, und es wäre sowohl auf dem Meere als auf dem Lande eine gefährliche Verwirrung entstanden, wenn nicht Aemilius die Rollen verteilt und mit dem Admiralschiff zuerst aus dem Hafen herausgefahren wäre, die folgenden immer empfangen und jedes in seiner Ordnung gegen den Feind gerichtet hätte, und Eudamus und die Rhodische Flotte in der Nähe des Landes geblieben wären, daß sie ohne Verwirrung sich einschiffen, und daß ein jedes Schiff, wie es bereit wäre, ausliefe. So bildeten die ersten vor den Augen des Consuls die Schlachtlinie, und den Schluß des Zuges machten die Rhodier, und die Flotte fuhr in Schlachtordnung, wie als wenn sie die Königlichen sähe, in die hohe See hinaus.
Sie waren zwischen Myonnesus und dem Vorgebirge Corycum, als sie den Feind erblickten. Und die königliche Flotte, welche in einem langen Zuge immer zwei Schiffe neben einander kam, entfaltete auch ihre Schlachtordnung gegenüber und fuhr nun auf dem linken Flügel weiter hinaus, daß er den rechten Römischen Flügel umzingeln und umgehen könnte. Da dieß Eudamus sah, welcher den Schluß des Zuges

bildete, und daß die Römische Linie der feindlichen nicht gleich kommen könne und schon beinahe vom rechten Flügel her umzingelt werde, so setzt er die Schiffe in rasche Bewegung – und es waren die Rhodischen Schiffe die schnellsten in der ganzen Flotte – und nachdem er dem Flügel die gleiche Ausdehnung gegeben, stellte er sich dem Admiralschiff, auf welchem Polyxenidas war, mit den seinigen gegenüber.

Schon war der Kampf mit den ganzen Flotten zugleich auf der ganzen Linie entbrannt; von Seiten der Römer kämpften 80 Schiffe, darunter 22 Rhodische; die feindliche Flotte bestand aus 89 Schiffen und hatte Schiffe vom größten Umfang, 3 Sechsruderer, 2 Siebenruderer; durch die feste Bauart der Schiffe und die Tapferkeit des Kriegsvolks waren die Römer den Königlichen weit voraus, die Rhodischen Schiffe durch Gewandtheit und das Geschick der Steuermänner und die Einsicht der Ruderer. Am furchtbarsten waren jedoch den Feinden diejenigen, welche Feuer vor sich her trugen, und was ihnen bei Panormus, da sie umzingelt waren, allein zum Heil gereichte, das war damals von der größten Bedeutung für den Sieg; denn wenn die Königlichen aus Furcht vor dem Feuer gegenüber ausgewichen wären, damit die Vordertheile nicht zusammenstießen, so konnten sie weder selbst mit dem Schiffsschnabel den Feind stoßen, sondern boten selber den Feinden die Breitseite zum Stoße dar; und wenn eins mit dem Feinde zusammen getroffen war, so wurde es mit einem Feuerstrom überschüttet, und sie wurden mehr durch das Feuer als durch das Treffen geängstet. Das Meiste jedoch richtete, wie gewöhnlich, die Tapferkeit des Kriegsvolks aus. Denn nachdem die Römer die Mitte der feindlichen Schlachtordnung durchbrochen hatten, fuhren sie hinten herum und warfen sich den gegen die Rhodier kämpfenden Königlichen entgegen, und im Augenblick war sowohl das Mitteltreffen des Antiochus umgangen, und auf dem linken Flügel wurden die Schiffe umzingelt und versenkt. Der rechte Flügel, der noch unangefochten war, wurde mehr durch die Niederlage ihrer Kameraden, als durch eigene Gefahr geschreckt; übrigens, nachdem sie die einen umzingelt, das Admiralschiff des Polyxenidas seine Genossen im Stich lassen und davon fahren sahen, so zogen sie die Segel am Vordermast auf – und der Wind war günstig für die Fahrt nach Ephesus – und ergreifen die Flucht; sie verloren 42 Schiffe in dieser Schlacht, von denen 13 genommen in die Gewalt der Feinde kamen, die übrigen verbrannt oder versenkt wurden. Von den Römern waren 2 Schiffe gescheitert, einige wurden beschädigt, ein Rhodisches wurde genommen durch einen merkwürdigen Zufall; denn da es mit dem Schnabel ein sidonisches Schiff verletzt hatte, so wurde der Anker durch den Stoß selber von seinem Schiffe weggeschleudert und packte mit seinem Zahne, wie durch das Schleudern eines Enter-

hakens, das Vordertheil des andern; darauf, als Verwirrung entstand, und die Rhodier sich vom Feinde losreißen wollten und das Schiff anhielten, so hat das angezogene und in die Ruder verwickelte Ankertau die eine Seite des Ruderwerks weggefegt; dadurch gelähmt, wurde es von dem Schiff genommen, mit welchem es durch den Stoß zusammenhing. Dieß war ungefähr der Verlauf der Seeschlacht bei Myonnesus.

Zur klassischen Schullektüre eines Gymnasiasten gehörte Caesars (100–44 v.Chr.) »Gallischer Krieg« (De Bello Gallico).[53] Was entnehmen wir ihm über die beiden römischen Britannien-Invasionen der Jahre 55/54 v.Chr.? ... Unterdessen hatte Caesar etwa 80 Lastschiffe aufgebracht und zusammengezogen ... zur Beförderung von zwei Legionen. Die Kriegsschiffe, die er außerdem hatte, verteilte er auf den Quästor, die Legaten und Präfekten. Dazu kamen noch 18 Lastschiffe für die Reiterei ... Als Caesar ... günstigen Fahrtwind bekommen hatte, lichtete er etwa in der dritten Nachtwache die Anker ... ungefähr um die vierte Stunde [gegen 10 Uhr] erschien Caesar mit den ersten Schiffen an der Küste Britanniens und fand dort auf allen Anhöhen die feindlichen Scharen ... aufgestellt ... Caesar erkannte, daß dieser Platz zu einer Landung keineswegs geeignet war; er blieb daher ruhig dort vor Anker liegen und wartete auf die übrigen Schiffe ... als ein günstiger Wind und die Flut einsetzten, gab Caesar das Zeichen zur Weiterfahrt ... fuhr etwa 7 Meilen und ließ die Schiffe an einer offenen und ebenen Stelle des Strandes vor Anker gehen ... Die Barbaren suchten nun, die Unsrigen an der Landung zu hindern. Diese gestaltete sich äußerst schwierig. Die Schiffe konnten nämlich wegen ihrer Größe nur im tiefen Wasser vor Anker gehen; die Soldaten aber, die das Gestade nicht kannten, die Hände nicht frei hatten und die die schwere Last der Waffen niederdrückte, mußten zu gleicher Zeit von den Schiffen ins Wasser springen, hier festen Fuß fassen und mit den Feinden kämpfen ... Als Caesar das merkte, ließ er die Kriegsschiffe ... rasch vorwärtsrudern und in der rechten Flanke des Feindes Stellung nehmen; von da aus sollten sie ihn mit Schleudern, Pfeilen und schwerem Geschütz zurückwerfen. Diese Maßnahme war eine große Entlastung. Die Gestalt der Schiffe nämlich, die Bewegung der Ruder und der ungewohnte Anblick der schweren Geschütze machten auf die Barbaren Eindruck; sie wichen dann auch ein wenig zurück. Als aber unsere Soldaten, namentlich wegen der Tiefe des Wasser, immer noch zauderten ... ließ Caesar die Boote der Kriegsschiffe und die Wachtschiffe bemannen und überallhin Verstärkungen abgehen, wo er seine Leute in Bedrängnis sah. Sobald die Unsrigen erst auf dem Festland Fuß gefaßt und sich gesammelt hatten, machten sie einen geordneten Angriff auf den Feind und schlugen ihn in die Flucht ... (Buch 4, Kap. 22–26). Durch Sturmschäden und fehlenden Nachschub genötigt, blieb dieses erste Sommerunternehmen, zwar bis nach Rom für Aufmerksamkeit sorgend, doch nur Episode.

Im Laufe des Winters befahl Caesar, möglichst viele neue Schiffe bauen und die alten ausbessern zu lassen. Zugleich gab er deren Maße und Gestalt an. Um sie schnell beladen und schnell an Land ziehen zu können, ließ er sie ein wenig niedriger als die in der Regel verwendeten Schiffe bauen. Niedriger konnten sie um so eher sein, als er aus Erfahrung wußte, daß an der Küste Britanniens wegen des häufigen Wechsels der Gezeiten die Fluten weniger hoch gehen. Um aber Lasten und eine Menge Pferde übersetzen zu können, ließ er sie etwas breiter herstellen ... Sie sollten ferner alle als Schnellruderer gebaut werden, wofür ihre niedrige Form sehr vorteilhaft war. Die nötigen Ausrüstungsgegenstände befahl er aus Spanien herbeizuschaffen ... Bei einem leichten Südwest lief Caesar aus, aber etwa um die Mitternacht trat Windstille ein. Er konnte daher seinen Kurs nicht beibehalten und wurde durch die Strömung abgetrieben, so daß er bei Sonnenaufgang Britannien zu seiner Linken hinter sich liegen sah. Dann benutzte er wieder einen Umschlag der Strömung und ließ angestrengt rudern, um jenen Punkt der Insel zu erreichen, der nach seiner Erfahrung im Sommer zuvor der beste Landeplatz war ... Etwa um Mittag landete die gesamte (aus über 800 Schiffen bestehende) Flotte in Britannien, ohne daß sich jedoch dort (zunächst) ein Feind zeigte ... (Buch 5, Kap. 1 und 8). Weitere römische Übergänge nach Britannien schlossen sich unter den Kaisern Claudius, Hadrian bis zu Antonius Pius und Constantinus Chlorus an, also bis ins 4. nachchristliche Jahrhundert.

Im berühmten Werk »Caesares« (= Caesarenleben[300]) berichtete Roms erfolgreicher Historiker Sueton (ca. 70–122 n.Chr.) in des Kaisers Augustus »Vita«, 16. Kapitel: *Einer der ersten Kriege, die Octavian begann, war der Sizilische. Doch schleppte sich dieser lange hin und erlitt mehrfach Unterbrechungen. Bald war es nötig, neue Flotten zu bauen – Octavian hatte nämlich mitten im Sommer zwei durch Sturm und Schiffbruch verloren; bald mußte er auf das heftige Verlangen des Volkes Waffenstillstand schließen, da die Lebensmittelzufuhr abgeschnitten war ... Nach Neubau seiner Flotte und deren Bemannung mit 20.000 zu Ruderdiensten freigelassenen Sklaven gelang es ihm endlich, den Julischen Hafen bei Bajä, westlich von Neapel, zwischen Pozzuoli und Kap Miseno ... fertigzustellen. Hier übte er [d.h. Agrippa] seine Flotte den ganzen Winter über und schlug dann Pompejus [36 v.Chr.]*

zwischen Mylä [= Milazzo] und Naulochus, nördlich von Messina. Um die Stunde der Schlacht überfiel ihn plötzlich ein tiefer Schlaf ... er sei nicht eher aufgestanden ... als bis Agrippa, sein Admiral, die feindliche Flotte völlig in die Flucht geschlagen hatte ... Nach der Flucht des Pompejus nahm er dem anderen seiner Triumvirats-Kollegen, Marcus Lepidus ... das Heer ab und schenkte ihm das Leben ...

Seit Caesars Ermordung (44 v.Chr.) herrschte bis 30 v.Chr. im Römischen Reich Bürgerkrieg, aus dem – nach jenem noch zu betrachtenden Seetreffen von Actium am 2. September 31 v.Chr. – Octavian (= Kaiser Augustus, † 14 n.Chr.) als Sieger hervorging. Doch erst galt es, die Konkurrenten auszuschalten, voran Sextus Pompejus (um 68–35 v.Chr.), welcher 39 v.Chr. tatsächlich Seeherrschaft im Tyrrhenischen Meer ausübte, aber vor Cumae 38 in ein letztlich unentschiedenes Gefecht verwickelt und – nach Übernahme der Flotte des Marcus Antonius – durch Octavians Flottenchef Marcus Vipsanius Agrippa (63 bis 12 v.Chr.) im August 36 bei Mylae angeschlagen und dann am 3. September 36 bei Naulochos – wie oben von Sueton dargelegt – total besiegt wurde. Dort kämpften auf beiden Seiten etwa 300 Schiffe. Agrippa setzte besonders schwer gepanzerte, hochbordige Penteren mit Wurfgeschützen auf Türmen und sogenannten »Eisernen Händen« (laut Appian: harpax oder harpago, mittels Katapult über weite Distanz gebrachte Enterhaken bzw. Harpunenbalken) gegen die leichter gebauten, beweglicheren Gegnerfahrzeuge ein. Nur 17 Schiffen des Pompejus gelang die Flucht nach Kleinasien.

Zur endgültigen Klärung der künftigen Machtverhältnisse kam es am 2. September 31 v.Chr. in der Seeschlacht bei Actium[1], und zwar südlich von Korfu am Ausgang des Ambrakischen Golfs. Bei Sueton (17) liest man darüber nur: *Der Entscheidungskampf dauerte bis in die Nacht, so daß der Sieger* [Agrippa, Octavians Admiral] *auf dem Schiffe übernachten mußte.* Deshalb sei eine detailliertere, antike Quellen nutzende Schilderung des dramatischen Geschehens in der »Neuen Sammlung der merkwürdigsten Reisegeschichten ... des ganzen Erdkreises« (27. Teil, Frankfurt–Leipzig 1770, S. 82ff.) herangezogen: *Unterdes stellte Antonius seine Flotte auf eine einzige Reihe, und bedeckte die Seite derselben mit den allergrößten unter seinen Schiffen. Dieselbe legte sich aber so nahe bey dem Meerbusen vor Anker, daß sie, wenn [Octavian] die Oberhand behielt, gleich wieder in denselben einlaufen konnte. Agrippa war mit dieser Stellung der Feinde, nicht sehr wohl zufrieden. Um sie besser in das*

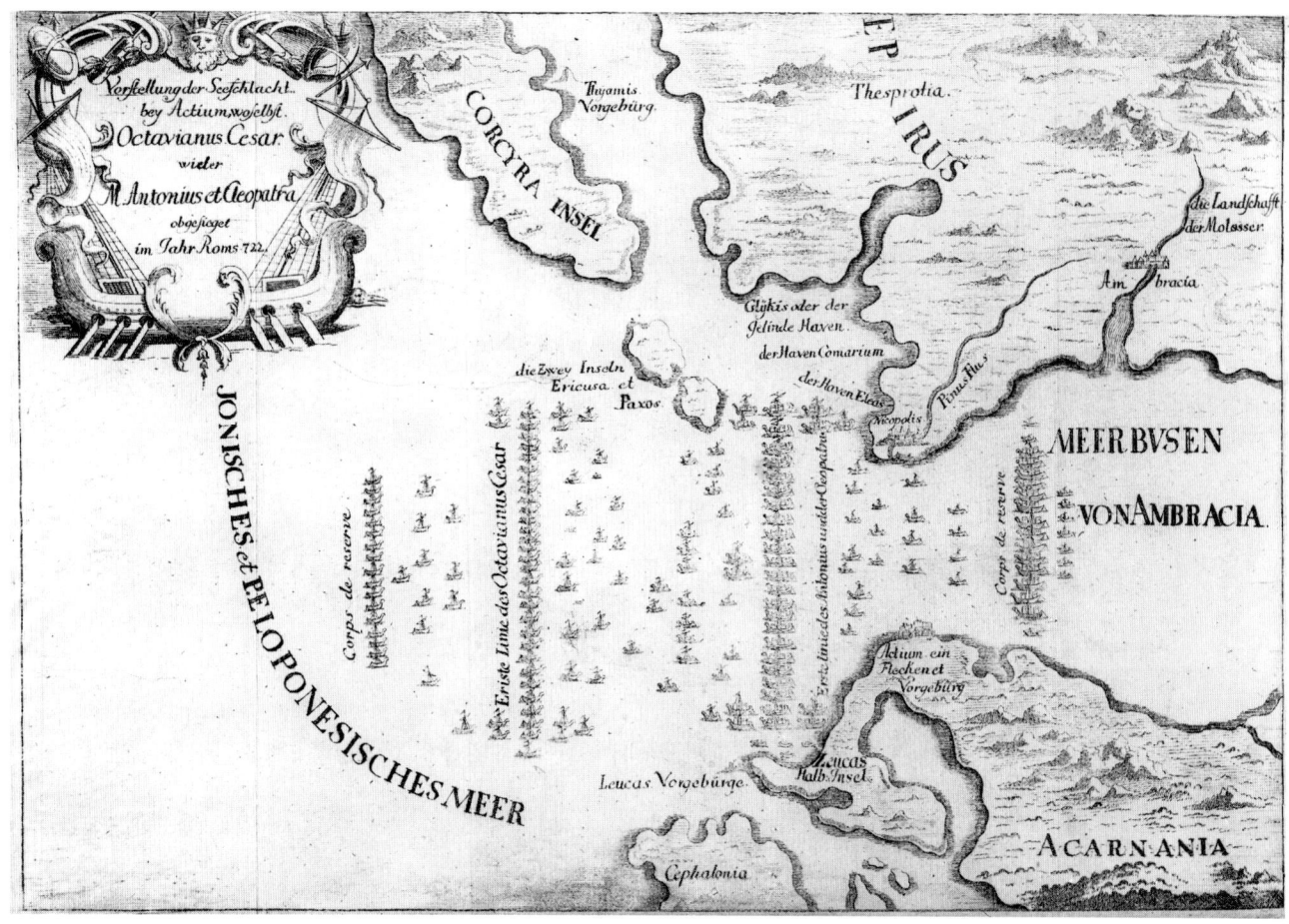

Vorstellung der Seeschlacht bei Actium am 2. September 31 v.Chr. Radierung in »Neue Sammlung der merkwürdigen Reisegeschichten ... des ganzen Erdkreises« (27. Theil, Frankfurt-Leipzig 1770).

offene Meer zu locken, zog er ein wenig zurück; denn so konnten sich die Schiffe des [Octavian] besser um die feindlichen drehen, und sie desto leichter durchbohren. Aruntius machte die erste Bewegung; er getraute sich aber nicht, diesen hölzernen Vestungen allzu nahe zu kommen, gegen welche sich seine schwachen dreyruderigen Schiffe nicht halten konnten. Er begnügte sich anfangs damit, einen Pfeilhagel gegen dieselben abzuschießen, und viele Feuertöpfe hinein werfen zu lassen. Während diesem ersten Angriff erschallte die Luft von den beyderseitigen Zurufen der Landheere. Das Heer [Octavians] stand unter den Befehlen des Statilius Taurus, und des Antonius seines gehorchte dem Canidius. Dieser laute Beyfall flößte den Seesoldaten neuen Mut ein, sich in dem Gesichte so vieler Zuschauer einander an Tapferkeit zu übertreffen. Man sah die schwächsten Schiffe des [Octavian] diejenigen des Antonius anpacken, und sie endlich durchbohren, anders sah man den Harpunen, welche man ihnen vorhielt, ausweichen und sich entfernen, nachdem sie ihren Streich vorgeführt hatten. Die großen Schiffe des Antonius, welche schwer zu bewegen waren, konnten

weiter nichts tun, als daß die Soldaten von den Türmen herab, einen unaufhörlichen Pfeilregen gegen ihre Feinde abschossen. Manchmal ergriffen sie auch mit ihren Haken die leichten feindlichen Schiffe, erstiegen sie und bemeisterten sich derselben. Wenn sie dieselben aber verfehlten, so schossen die dreyruderigen Schiffe wie Sperber auf sie los, und setzten ihnen so lange mit ihrem Schnabel zu, bis sie sie endlich zu Grunde bohrten. Überhaupt glich dieses Seegefecht einem Landtreffen, in welchem die Leichtbewaffneten den Schwerbewaffneten öfter den Vorteil abgewinnen.

Indessen sah Cleopatra, welche jedoch weit genug von der Gefahr entfernt war, und mit ihren sechzig Ruderschiffen das Treffen schloß, den beyderseitigen Bewegungen nicht ohne Unruhe zu. Die Furcht vor der Gefahr fing an, sie verwirrt zu machen. Sie sah, daß die ungeheuren Schiffe, auf welche sie eine so sichere Rechnung gemacht hatte, eben so leicht als keine unter der Anstrengung und Bemühung der Feinde erliegen mußten. Dennoch hielt sie dieses fürchterliche Schauspiel einige Zeit mit einer Art von Unerschrockenheit aus. Endlich wurde sie aber müde, den Sieg so lange zweifel-

Kleopatra (69–30 v.Chr.) mit Antonius angelnd an Bord eines Prunkschiffes, wobei – obwohl wahrscheinlich im Mareasee – ein Hering aus dem Pontus Euxinus an der Angelschnur hängt (durch Taucher der Kleopatra befestigt). Sie meinte daraufhin (überliefert durch Plutarch): *Laß uns die Angelrute, Imperator. Wir sind die Fürsten von Pharus und Kanopus. Mache Du Jagd auf Städte, Könige und Länder.* Gemälde von Christian Bernhard Rode 1777/78, als Wandbild ehedem im Reichspräsidentenpalais zu Berlin, Wilhelmstraße 73; seit 1940 Berlin, Märkisches Museum, verschollen.

haft zu sehen, und verursachte selbst den Untergang derjenigen, welche sie zum Treffen beredet hatte. Sie ließ ihre Geschwader eine Bewegung machen, und dasselbe von der letzten Linie auf die erste vorrücken. [Octavian] *wurde unruhig darüber, aber mehr weil er sich schämte gegen ein Weib zu fechten, als daß er befürchtet hätte, von ihr überwunden zu* werden. Seine Verwunderung hörte indessen auf, sobald er das Schiff der Königin seine Segel ausspannen, und unter Begünstigung eines vorteilhaften Windes seinen Weg nach dem Peleponnes nehmen sah. Antonius konnte die Cleopatra nicht entfliehen sehen, ohne derselben zu folgen. Er vergaß die Sorge für seine Ehre und die Pflichten eines Feld-

herrn, und warf sich in Begleitung zweyer einzigen Bedienten in ein fünfruderiges Schiff, überließ seine Soldaten der Wut der Feinde, um der Cleopatra nachzueilen. Doch hielt er, indem er sich entfernte, die Augen beständig auf seine Flotte geheftet, und konnte sich bey Ansicht einer solchen Menge so tapferer Soldaten, welche ihr Leben auf eine so edelmütige Art für ihn wagten, der Tränen nicht enthalten; die Liebe aber, welche stärker als sein Ehrgeiz war, entfernte ihn immer mehr von seiner Flotte, und zog ihn nach der Cleopatra. Indessen merkte man auf seiner Flotte kaum seine Abwesenheit; [Octavian] war aber allzu aufmerksam auf die Bewegung seines Nebenbuhlers, um seine Entfernung nicht zu merken. Dem allen ungeachtet hörte die Flotte des Antonius nicht auf, von zehn Uhr des Morgens bis vier Uhr des Nachmittags zu fechten. Da richtete [Octavian] folgende Worte an die Soldaten der nächsten feindlichen Schiffe: für wen und unter wessen Befehlen fechtet ihr? Des Antonius, antworteten sie. So wißt ihr denn nicht, erwiderte man ihnen, daß er mit der Cleopatra entflohen ist. [Octavian] ist der Überwinder. Er bietet euch den Frieden und die Vergebung des Vergangenen an. Warum säumet ihr länger, seine Gnade anzunehmen? Die meisten ergaben sich ... Einige aber rissen die Thürme ihrer Schiffe ab, um desto leichter auf der Flucht zu seyn. Andre setzten das Treffen, der angebotenen Vergebung ungeachtet, fort. Hier machten die dreyruderigen Schiffe [Octavians] manchen Fang, und bohrten eine große Anzahl feindlicher Schiffe in den Grund. Alle Soldaten des Antonius verloren den Muth nicht. Ihr Widerstand war ebenso tapfer, als die Flucht ihres Feldherrn schimpflich. [Octavian] mußte sich des Feuers bedienen, um einem so hartnäckigen Gefecht ein Ende zu machen. Er bewaffnete daher seine Soldaten mit langen Bränden und angezündeten Fackeln, welche sie in die Schiffe warfen, wenn sie ihnen nahe genug kommen konnten. Als dieses nichts helfen wollte, warfen sie Kessel mit Schwefel, Harz und andern brennenden Materialien in die feindlichen Schiffe. Das Seewasser, welches darauf geschüttet wurde, um das Feuer zu löschen, diente nur dazu, die Glut zu vermehren. Um die Flamme zu dämpfen, bedeckte man den Ort, wo das Feuer anfing zu fassen, mit todten Körpern; der Wind aber fachte dieselbe mit desto größerer Gewalt an. Hier wurde das Schauspiel je länger je fürchterlicher. Da der Brand auf den Ruderschiffen des Antonius gemein war, sah man einige Soldaten sogar in das Meer springen, um sich der Wuth der Flammen zu entziehen, andere die Schiffe ihrer Gegner mit Haken herbey reissen, um sie wenigstens in ihr Verderben zu ziehen ...

Hier anzuschließen wäre, was Lord Byron (1788 bis 1824)[52] – *Bei der Überfahrt über den ambracischen Golf geschrieben* – hat:

*Through cloudless skies, in silvery sheen –
Still schau' ich auf die klare Fluth,
So manches Tapfern Azurgrab,
Wo Ehrgeiz in der Liebe Gluth
Um sie gern eine Krone gab.
In blauer Nacht auf Actiums Feld
Das Mondlicht webt den Silberflor;
Hier, wo dereinst die alte Welt
Der Römer um ein Weib verlor.*

Angebracht ist es gewiß, noch des – antike Zeugnisse von Arrian, Polybios, Diodor, Dio Cassius, Appian, Justinus, Caesar, Cicero, Plutarch auswertenden – modernen Autors Oskar von Wertheimers glänzend formuliertem, 1930 erstmalig in Wien erschienenem »Kleopatra«-Buch (S. 366) zu folgen: *Indem Antonius die Flotte sich selbst überläßt, beweist er nur, daß nichts für ihn von Wert ist, weder Macht, Ruhm, Ehre noch seine Armee, wenn nicht Kleopatra damit verbunden ist. Er erreicht bald ihre Flotte und steigt von seiner Pentere auf ihr Admiralsschiff über. Dann setzen sie zusammen die Flucht nach dem Orient fort. Währenddessen bekämpften sich die feindlichen Flotten bei Actium noch immer mit größter Erbitterung. Da Octavian auf diese Weise keine Entscheidung erhofft, greift er zu einem Mittel, das er ursprünglich vermeiden wollte, um die feindlichen Schiffe möglichst unbeschädigt in seine Gewalt zu bekommen – er läßt sie durch brennende Pfeile und Töpfe mit glühendem Pech in Brand stecken. So wird eines nach dem anderen der großen Schlachtschiffe vom Feuer ergriffen und die Flammen, die zum Himmel emporlodern, beleuchten das entsetzliche Schlachtbild, die endgültige Niederlage des Antonius und den überwältigenden Triumph des Octavian.*

Internationales Aufsehen erregte seit 1880 Lewis Wallace's (1827–1905) »Ben Hur. Roman aus der Zeit Christi«. Darin schildert der amerikanische Romancier, ehemals US-General und später Gesandter bei der Hohen Pforte in Istanbul, das Schicksal eines jungen Christen, der drei Jahre lang als Galeerensklave das Mittelmeer befuhr (10. Kap.) und dabei Augenzeuge wurde, wie die Römer eine Seeräuberflotte bei Euböa 18 n.Chr. aufrieben (Kap. 11). Den Untergang seiner Galeere ASTRAEA überlebend, kommt Ben Hur durch seinen ihm wohlgesonnenen Tribun Arrius in einen glaubensbedingten Gewissenskonflikt (Kap. 12): *Der Hortator schlug den Takt auf seinem Tische, bis dieser widerhallte; die Ruderer warfen sich mit aller Kraft auf die Arbeit; in allen Fugen krachend schoß die Galeere vorwärts ... Der Lärm des Zusammenstoßes und den Klang der Trompeten übertönte das Angstgeschrei schreckerfüllter Menschen; dann hörte Ben Hur ein Krachen wie das Bersten eines Schiffskieles – und vom Verdeck her erscholl ein Triumphgeschrei; die Römer hatten ein Schiff in den Grund gebohrt ... wen aber hatte das Meer verschlungen? ... Vorwärts drang die* ASTRAEA. *Soldaten eilten zu den Oelbehältern, tauchten die Baumwollballen hinein und zündeten sie an; zu den bisherigen Schrecken des Kampfes gesellte sich die Wut des Feuers. Da senkte sich mit einemmale die Galeere nach vorn, so daß die Ruderer nur mit Mühe ihre Plätze behaupteten ... – Nein, die* ASTRAEA *war in Feindes Hand! – Die Römer kämpften auf dem eigenen Schiffe gegen den anstürmenden Feind! Schrecken befiel den jüdischen Jüngling; Arrius war in Gefahr! ... Als die* ASTRAEA *sank, befand sich auf ihrem Verdeck die eigene Mannschaft und jene von zwei feindlichen Schiffen; alle waren von den Wogen in die Tiefe gerissen worden ... Jeder derselben aber war im stande, ihn zu töten um des Brettes willen, auf dem er schwamm*

Römisches Kriegsschiff – Liburna – mit Schaufelräder-Antrieb (bewegt durch an Deck im Kreis laufende Ochsen im Göpel); Holzschnitt in Wilhelm Dilich »Krieges-Schule« (Frankfurt/M. 1689). Kopie nach der Darstellung im spätrömischen Verwaltungshandbuch »Notitia Dignitatum«.

... Er schob das Brett, schwer und unlenksam, wie es war, mit aller Macht vor sich hin. Da erblickte er ... einen glänzenden Helm auftauchen, worauf zwei Hände mit ausgestreckten Fingern ... Es war Arrius, den er gerettet hatte ... Hatten die Römer oder die Seeräuber gesiegt? In letzterem Falle war sein Schützling verloren ... »höre nun, was ich von dir verlange. – Ist die nahende Galeere ein Seeräuber, so ist dein Leben sicher ... Ich hingegen ... was ich von dir verlange – ist das Schiff ein feindliches, so stoße mich vom Brett ins Meer, daß ich ertrinke ... Schwöre mir, daß du es thun willst.« »Ich werde nicht schwören, Tribun! Ebensowenig werde ich die That vollbringen«, sprach Ben Hur fest. »Das Gesetz, dem ich unterthan bin, macht mich für dein Leben verantwortlich ...«.

Ähnlicher Verantwortung verpflichtet fühlte sich der Apostel Paulus. Als Jünger Christi verbreitete er dessen Lehre. Mehrere Missionsreisen führten ihn dabei übers Mittelmeer. Die vierte (59–61 n.Chr.) mußte Paulus als Schutzhäftling antreten, um sich vor dem kaiserlichen Gericht in Rom zu rechtfertigen.[98] Von Sidon aus machte er eine stürmische Seefahrt über Zypern, Myra, Knidos, Kreta. Endlich strandete er – wie in der Apostelgeschichte Kap. 27/28 nachzulesen ist – an einer Inselküste, der Tradition nach auf Malta: *Da es aber Tag ward, kannten sie das Land nicht; einer Anfuhrt aber wurden sie gewahr, die hatte ein Ufer; dahinan wollten sie das Schiff treiben, wo es möglich wäre. Und sie hieben die Anker ab und ließen sie dem Meer, lösten zugleich die Bande der Steuerruder auf und richteten das Segel nach dem Winde und trachteten nach dem Ufer. Und da wir fuhren an einen Ort, der auf beiden Seiten Meer hatte, stieß sich das Schiff an, und das Vorderteil blieb feststehen unbeweglich; aber das Hinterteil zerbrach von der Gewalt der Wellen ... Und da wir gerettet waren, erfuhren wir, daß die Insel Melite* [= Malta] *hieß ... Nach drei Monaten* [im Februar 61 n.Chr.] *aber fuhren wir aus in einem Schiffe* [das in Alexandria beheimatet war], *welches bei der Insel* [Malta] *überwintert* [und nach den Zwillingen Kastor und Pollux seinen Namen] *hatte. Und da wir gen Syrakus kamen, blieben wir drei Tage da. Und da wir umschifften, kamen wir gen Rhegion; und nach einem Tage, da der Südwind sich erhob, kamen wir des andern Tages gen Puteoli* [vor Neapel]. *Da fanden wir Brüder, und wurden von ihnen gebeten, daß wir sieben Tage dablieben. Und also kamen wir gen Rom ...*

Dort wurde der Apostel Paulus um 67 n.Chr. enthauptet, in derselben Metropole, mit der auch des Apostels Petri Schicksal verknüpft ist.

> *Der Fisch, als Fastenspeis' gepriesen / ...*
> *Hat schon seit Urzeit hohen Ruhm.*
> *Sinnbild ward er dem Christentum.*
> *Ein armer Fischer war Sankt Peter;*
> *Zum Menschenfischer ward er später.*
> *Es sei drum auch die letzte Zeil*
> *Der alte Sportgruß: »Petri Heil!«*

dichtete Eugen Roth (1895–1976) in: »Von Mensch zu Mensch«.

Kaiser Hadrians (76–138 n.Chr.) Nil-Reise fand im November 130 statt, am Ende seiner 22jährigen Herrschaft, während der das römische Weltreich zur weitesten Ausdehnung und höchsten Machtfülle gediehen war. Ferdinand Gregorovius (1821–91) schildert

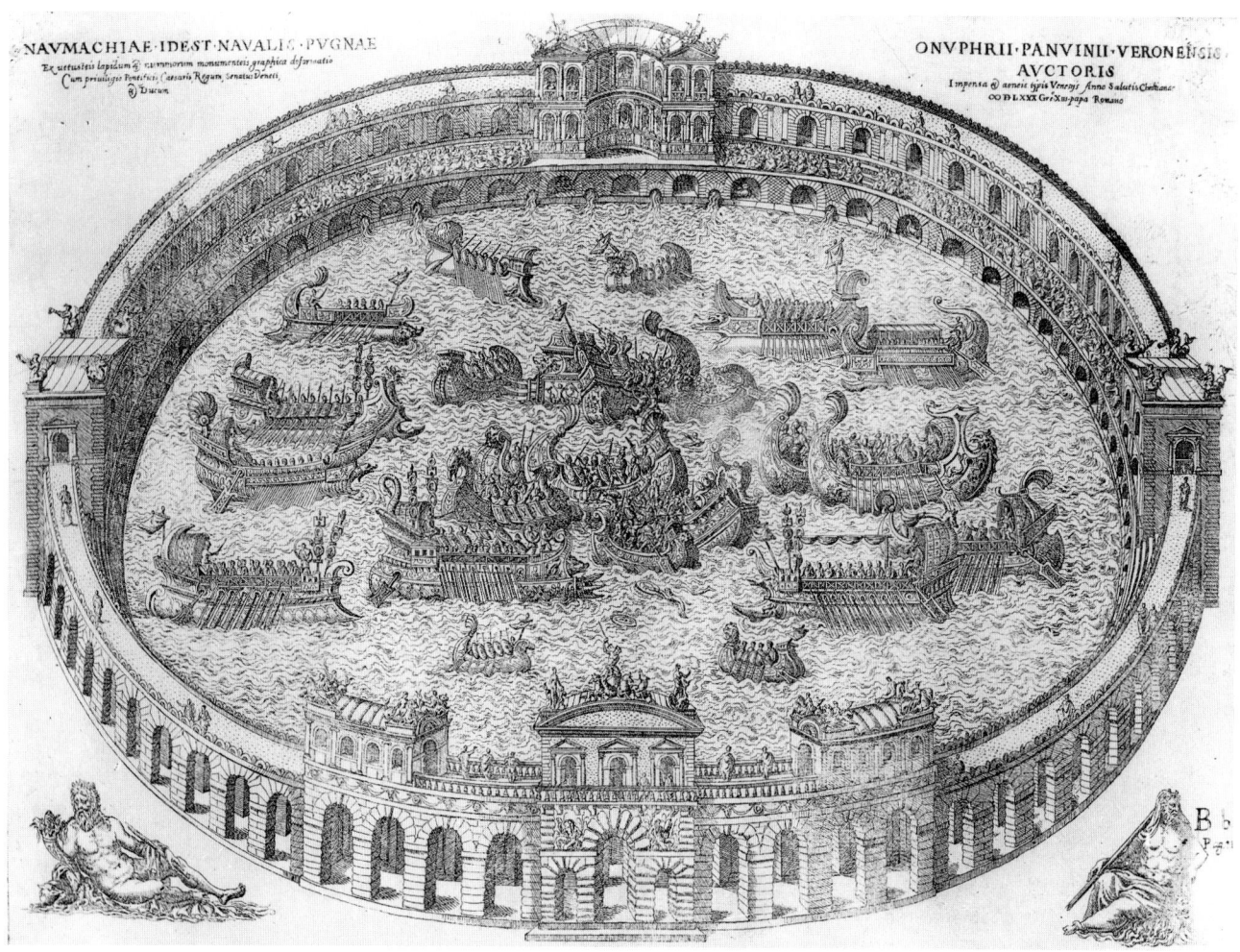

NAVMACHIAE·IDEST·NAVALIS·PVGNAE
Ex vetustis lapidum et nummorum monumentis graphica deformatio
Cum privilegio Pontificis, Caesaris Regum, Senatus Veneti
Ducum

ONVPHRII·PANVINII·VERONENSIS
AVCTORIS
Impensa et aeneis typis Venetijs anno salutis Christianae
CIↃ·IↃ·LXXX·Gr·XIII·papa·Romano

Römische Naumachie (zur Zeit des Kaisers Domitian, 81–96); Kupferstich von Claude Duchet im »Speculum Romanae Magnificentiae« des Antonio Lafreri, 16. Jahrhundert.

– als verdienstvoller Hadrian-Biograph[119] – die Nil-Fahrt, bei der Hadrians vergötterter Liebling Antinous ertrank, und bemerkt: *Unterhalb Thebens lag Koptos, ein großes Emporium für indisch-arabische Waren. Sie kamen dorthin mit Karawanen, auf Kunststraßen, welche jene Stadt mit den Häfen Myos Hormos und Berenike verbanden; dann wurden sie den Nil abwärts nach Alexandria verschifft. Ein dritter Hafen für indischen Handel war Arsinoe am heroopolitischen Golf des Roten Meeres, wo der berühmte Nilkanal, den Necho begonnen, Darius erneuert, Ptolemäus Philadelphus vollendet und endlich Trajan hergestellt hatte, von Bubastis im Delta durch die Bitterseen ins Meer geleitet war. Der Nilkanal, dessen Neuschaffung nach langen Jahrhunderten in unserer Gegenwart ein weltgeschichtliches Ereignis* [1869] *geworden ist, diente noch zur Zeit Hadrians und wahrscheinlich bis zu Septimius Severus als Handelsstraße.*

Von Koptos konnte der Kaiser nach Myos Hormos gehen, dem zunächst gelegenen Stapelplatz für den indischen Handel, der unter der Herrschaft Roms so großen Aufschwung genommen hatte. Schon Strabo [ca. 63 v.–19 n.Chr.] *verwundert sich, daß von dort jährlich wohl 120 Schiffe nach Indien fuhren, während zur Zeit der Ptolemäer nur wenige diese direkte Fahrt gewagt haben … Einige Dezennien nach Strabo schrieb ein Grieche den Períplus des Erythräischen Meeres*[99], *welchen der ältere Plinius* [23/24–79 n.Chr.; für seine »Naturalis Historia«][242] *benutzt hat. Diese Schrift … beschreibt die Küstenfahrt längs des Roten Meeres durch die damals viel durchschiffte Straße Bab-el-Mandeb bis nach Ceylon und Indien zum Ganges hin. Sie liefert den Beweis des regsten, durch Araber und Griechen betriebenen Indienhandels und der lebhaftesten Verbindung zwischen Ägypten und Arabien.*

Gregorovius erinnert auch daran, daß die Seedienste aus den Häfen Roms zur Zeit Hadrians optimal waren; denn *von Ostia fuhr man sieben Tage nach Gibral-*

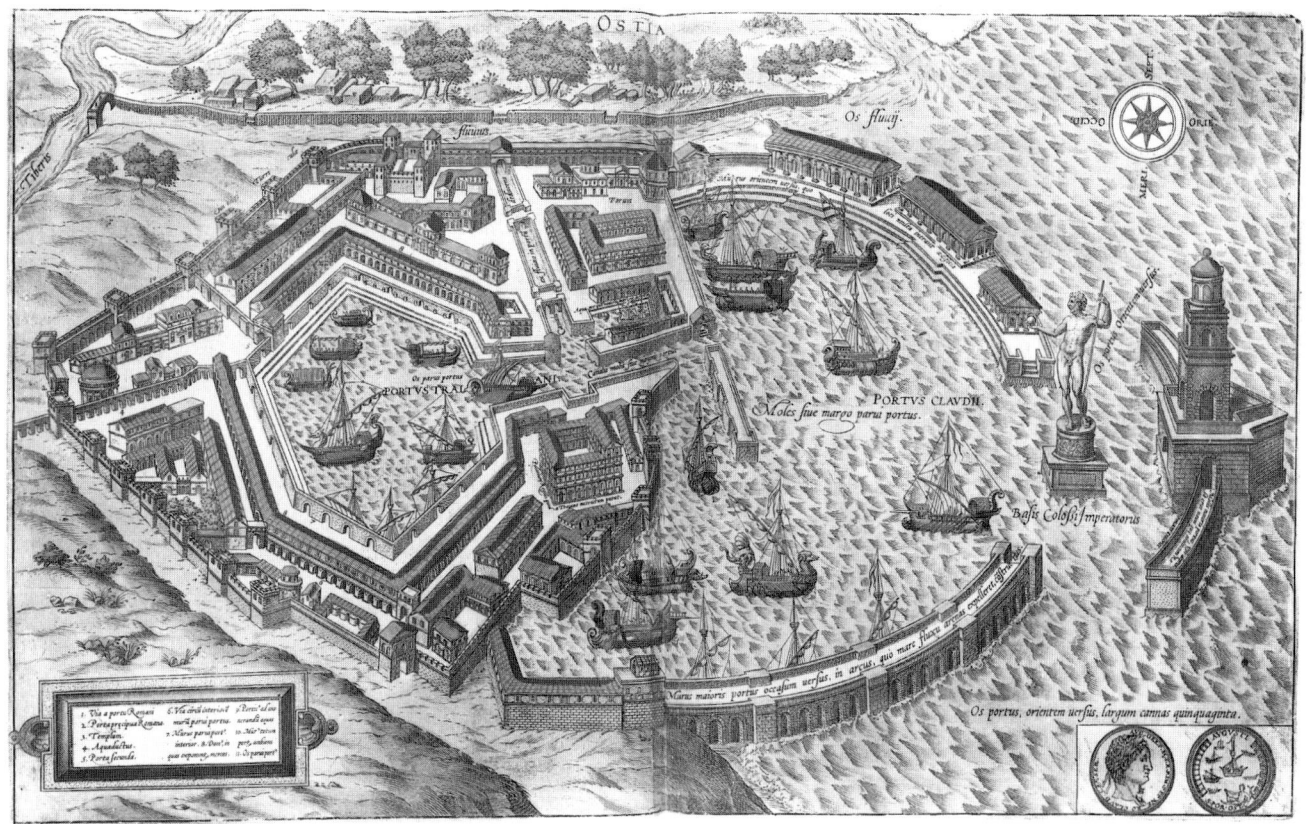

Rekonstruktion der kaiserzeitlichen römischen Häfen – Porto Trajano (98–117 n.Chr.) und Porto Claudio – an der Tibermündung (Ostia vor Rom), 1581; Kupferstich von Ambrosius Brambilla bzw. Claude Duchet aus der Serie »Speculum Romanae Magnificentiae« von Lafreri.

tar, in zehn nach Alexandria. Der Welthandel stand nie in größerer Blüte. Die Stadt Rom allein bezeugt das; hier strömten die Produkte aller drei Weltteile auf den Markt ... Der Orient entsandte seine Schätze, selbst die des entlegenen Indiens durch armenische Kaufleute an das Schwarze Meer, nach Dioscurias und an den Phasis. Handelsstädte wie Ephesus, Smyrna und Apamea vereinigten die Waren Babyloniens, Persiens, Indiens auf ihren Märkten. Aus den Häfen Arabiens und des Roten Meeres kamen sie auf dem Nil nach Alexandria. Myos Hormos entsandte jährlich Flotten nach Indien; diese kehrten im Januar zurück.

Wie derartige Transporter aussahen, kann man Lukians (ca. 120–180 n.Chr.) detaillierter Betrachtung (Navigium 6) eines alexandrinischen Annonafrachters entnehmen, und zwar der gut 1000 Tonnen Getreide fassenden Isis.[113, 147] Seit Wielands Übersetzung 1788 der geistreich-witzigen »dialogi deorum, dialogi marini ...« wurde uns Lukian[198] besonders vertraut; in dessen »dialogi meretrici« (Hetärengesprächen) ist sogar von mancherlei Reedern die Sprache. Selbstverständlich kommen einfache Seeleute darin auch vor – etwa im Dialog zwischen dem Matrosen Dorion und der Liebesdienerin Myrtale:

DORION: *Jetzt sperrst du mich aus, Myrtale, jetzt, da ich ein armer Mann geworden bin durch dich! ...*

MYRTALE: *Höre, Dorion, ich bin es herzlich überdrüssig, dich solche Reden führen zu hören ...*

DORION: *Gut, Myrtale, wir wollen zusammenrechnen. Erstens ein Paar sikyonische Schuhe für zwei Drachmen ...*

MYRTALE: *Aber dafür hast du zwei Nächte bei mir gelegen ...*

DORION: *Ferner, wie ich aus Syrien zurückkam, ein Alabasterkrüglein mit phönikischem Parfum, das mich, beim Poseidon, ebenfalls zwei bare Drachmen kostete.*

MYRTALE: *Und ich? Hab nicht ich dir die hübsche Seemannsjacke mit auf die Reise gegeben – sie ging bis fast ans Knie hinab –, damit du etwas zum Anziehen beim Rudern hättest? Der Obermaat Epiuros hatte sie doch damals, als er einmal mit mir schlief, bei uns vergessen.*

DORION: *Ja, aber die hat nicht lange bei mir ausgehalten. Kürzlich sind wir, Epiuros und ich, uns in Samos wiederbegegnet, und da ... mußte ich sie ihm zurückgeben. Und dann hab ich dir aus Zypern Zwiebeln und fünf Lachse und, als wir aus dem Bosporos zurückkamen, vier Barsche mitgebracht. Item acht Stück Schiffszwieback ... aus Patarei vergoldete Sandalen ...*

Römische Frachtschiffe auf Fußbodenmosaiken der Piazzale delle Corporazioni (= Reedereien bzw. Handelsvertretungen aus Alexandria, Cagliari, Karthago, Marocco, Narbonne, Sabratha, Syllectus usw.) zu Ostia, dem einstigen Portus an der Tibermündung. Spätes 2. oder 3. Jahrhundert.

MYRTALE: *Und das alles zusammen, Dorion, wird summa summarum so etwa fünf Drachmen wert sein.*

DORION: *Ach, Myrtale, das ist auch alles, was ein armer Matrose wie ich, der von seinem Solde leben muß, geben kann. Aber jetzt habe ich's schon so weit gebracht, daß die ganze Steuerbordseite der Ruderbank unter meinem Befehl steht; und ausgerechnet jetzt ist unsereiner dir nicht mehr gut genug! ...*

Schließlich muß von Constantinopolis, jener 324 bis 326 begründeten, am 11. Mai 330 festlich eingeweihten neuen Hauptstadt des Römischen Reiches, dem »Zweiten Rom«, noch die Rede sein, weil, zwischen Europa und Asien gelegen, sie sich an den Gestaden von Marmarameer, Goldenem Horn und Bosporus zu einer der sowohl prächtigsten als auch historisch bedeutsamsten Hafenplätze der Welt entwickelte. Hören wir, was Jacob Burckhardt (1818–97) in seinem epochalen Werk »Die Zeit Constantins des Großen« (1853) uns zur Entstehungsgeschichte zu sagen hat: *Man nimmt wohl an, daß Constantin einen ausgesprochenen Widerwillen gegen Rom empfunden habe, und daß die Römer denselben ... erwidert hätten durch ihren Abscheu an seiner Vernachlässigung heidnischer Zeremonien ... Endlich war in Constantin die Leidenschaft des Bauens ... offenbar gewaltig entwickelt ... Vollends gilt eine neue Stadt für den Gründer als das Sinnbild einer neuen Welt ... Es gingen der neuen Gründung wunderbare ... Versuche voraus. Außer Sardica hatte der Kaiser auch Thessalonich, dann Chalcedon, auf der asiatischen Seite des Bosporus, im Auge gehabt. Der erste feste Entschluß aber galt*

»Relief Torlonia«: Hafenszene im Portus, links mit großem Handelsschiff, 3. Jahrhundert; Rom, Museo Torlonia.

96

Byzantinischer Truppentransporter im Relief(teil) an der 386 errichteten Theodosiussäule zu Konstantinopel; Kupferstich in G. Bellini & C.-F. Menestrier »Description de la ... grande colonne ... de l'Empereur Theodose« (Paris 1702).

keiner anderen Örtlichkeit als der Gegend des alten Troja, von wo einst durch Äneas die Auswanderung nach Latium und mittelbar die Gründung Roms ausgegangen ... Ilion ist die heilige alte Heimat der Römer ... Constantin begab sich in Person nach dem berühmten Gefilde, wo an den Grabhügeln der Helden Homers schon seit tausend Jahren geopfert wurde; beim Grab des Ajax, an der Stelle des griechischen Lagers, begann er selbst die Umrisse der künftigen Stadt zu zeichnen. Bereits waren die Tore gebaut, als ihm eines Nachts Gott erschien und ihn ermahnte, eine andere Stätte zu wählen; darauf entschloß er sich für Byzanz ...

Mit Constantin dem Großen wurde es christlich. Unter Justinian, der die Hagia Sophia – als damals größte Kirche der Christenheit – errichten ließ, entstanden auch zwei Marienheiligtümer vor den Stadtmauern von Konstantinopel, das eine in Balikli und nahe am Goldenen Horn-Ufer, das andere in den Blachernen: damit alle beide eine untrügliche Wacht für die Mauern der Stadt seien. Im Jahrhundert danach scheiterte 626 bei den Blachernen eine unter Chagan angreifende Avaren-Flotte. Darum heißt es im Epos des G. Pisides »Abarika« (440ff.): Ich glaube, allein die heilige Jungfrau griff die Feinde an, ließ seine Schiffe scheitern und versinken. Am gleichen Ort erlitt am 8. Juni 860 die russische Invasionsflotte ähnlich bedingten Untergang. So feierte man dort seither alljährlich am 7. August – der Legende nach – jene siegbringende heilige Jungfrau zu den tausend Schiffen.

Wikinger, Normannen
und Hanseaten

Eldir, Ägirs Diener spricht: / Von ihren Schwertern / Und vom Schlachtmut reden / Die Söhne der Sieggötter; / Die Asen und Alben, / Die hier innen sind, / Sprechen alle arg von dir. Loki spricht: / Eintreten will ich / In Ägirs Halle, / Das Saalfest zu sehn; / Hohn und Haß / Bring ich den hohen Göttern / Und mische Bosheit ins Bier.

Eckhart Peterich (1900–68) charakterisiert in seiner 1938 edierten, oft wiederaufgelegten Götter- und Helden-Mythologie der Germanen jenen Loki als Lucifer-Verwandten; denn *etwas Teuflisches steckt in seinem vieldeutigen Wesen.* Über *Niörd, den Gott des Meeres und der Schiffahrt,* lesen wir weiter bei Peterich, der die – seit dem 18. Jahrhundert, früh auch von Herder verdeutschte – »Edda« ausschöpft: *Niörds himmlisches Schloß heißt Noatun, nämlich Schiffsstadt; oft weilen die Götter dort zu fröhlichen Festen. Das Rauschen der Wogen und der Sang der Schwäne sind Niörds größte Lust. Wenn Ägir, der Meeresbeherrscher, die Wellen erregt, dann genügt ein Wink des mächtigen Wanen, und die Flut beruhigt sich. Er ist es, der gute Winde bringt und glückliche Fahrt, doch er ist auch ein Totengott. Der Gott geht in einem meergrünen Gewande umher, Muscheln schmücken seinen Hut ...*
Die Asen waren in Ägirs leuchtender Halle versammelt. Unerwartet erschien Loki ... Er war gekommen die Götter zu lästern ... Das Ende kam [die Götterdämmerung], *denn zu viel Arges war unter Göttern und Menschen geschehen: Meineid und Mord, Ehebruch und Verletzung der Gastfreundschaft, Gier und Gottlosigkeit ... Finsternis bedeckt den Himmel, und die Erde bebt ... Loki reißt sich von seinen Fesseln ... aus dem aufbrausenden Meer erhebt die Midgardschlange ihr furchtbares Haupt ... Über die tosende See kommt* NAGELFARI, *das Totenschiff ... Loki steuert ... Dann wälzt sich das Meer über die grauenvolle Verwüstung.*

Ein Geschenk des Meergottes Ägir, nämlich das Drachenschiff ELLIDE, besaß der Held Frithjof, ein Sohn Torsten Wikingsohns. Damit sollte Frithjof *fern im Westen die Inseln aufsuchen ... Zins eintreiben ... Eine stürmische und gefahrvolle Fahrt mußte er mit seinem Drachenschiff* ELLIDE *bestehen. Ein Walfisch ... begegnete ihm*

auf hoher See: doch ELLIDES *Kiel zerschnitt das Ungeheuer. Fast sah es so aus, singt die »Edda«, als ob Frithjof ... der Seegöttin Ran zum Opfer fiele.*

Unter den nordischen Heldenepen ist auch das »Nibelungenlied« – zumal seit der Nachgestaltung durch Fouqué, Geibel, Hebbel, Richard Wagner – sehr bekannt geworden. Dessen Urstoff reicht ins 5. Jahrhundert zurück (als Attila = Etzel ein germanisches Mädchen zur Frau nahm); im Burgund des 8. bis 11. Jahrhunderts dann weiter angereichert und mit zusätzlichen Stoffen kompiliert, entstand um 1205 wohl unweit von Passau die Kodifizierung. Sie beginnt mit dem Reim:

> *Gar viele Wunder künden die Mären in alter Zeit*
> *Von lobsamen Helden und heißem Kampf und Streit.*

Dabei geht es sogar übers Meer – nach Island, wo Gunther Brunhild gewinnt, dank geheimnisvoller Hilfe durch Siegfried, welcher zugleich als Steuermann dorthin diente (und so selbst Kriemhild errang). Seefahrt klingt desgleichen im althochdeutschen »Hildebrandslied« (des 7./8. Jahrhunderts)[3] an: *Das sagten die mir / so die See befahren, / westlich das Weltmeer, / daß Krieg ihn wegnahm / Tot ist Hildebrand ...*

Zur letzten Meerreise begab sich außerdem jener bretonisch-britische König Artus, dessen Tafelrunde Legende wurde; denn seine letzten irdischen Worte lauteten: *Ich fahre nach Avalun ...* (Avalon, wo immer dieses sagenhafte Felseneiland liegen mag?[20]). Dazu bemerkte Heinrich Heine 1841 im »Atta Troll« (Cap. XX): *Dieses Eiland liegt verborgen / Ferne, in dem stillen Meere / Der Romantik, nur erreichbar / Auf des Fabelrosses Flügeln. / Niemals ankert dort die Sorge, / Niemals landet dort ein Dampfschiff /* ... Jedenfalls spiegelt es die Aufbruchstimmung damaliger Zeit wider – wie folgendes Zitat aus einer wichtigen, nicht zu übersehenden Quelle nahelegt, welche uns in nicht minder stürmische Seegebiete führt: das vermutlich aus den westlichen Midlands des 9. Jahrhunderts herrührende (in einer Handschrift des Exeter Book enthaltene) alt-englische Seefahrer-Gedicht »The Seafarer«:

Ich kann nicht anders,
Mein Herz es heischet die hohen Ströme
Wieder zu schauen, und den Salzschwall der Wogen.
Alle Stunden streb' ich hinaus,
Die Flut zu durchfurchen, und fern von hinnen
Fremdsprachiger Völker Gefilde zu sehen.

…

Es verschmäht den Schall der Harfe,
Das wonnige Weib, der Welt Getriebe,
Der Gilde Lust, der Goldringe Spendung.
Mehr liebet er des Meeres Gewoge.
Solche Sehnsucht ist in des Seemanns Herzen.

Selbst wenn das Gedicht von Einsamkeit, Hunger und Kälte auf den *Fährten des Ozeans* handelt, fordert es doch *weithin aufzubrechen auf Wasserwegen* – als symbolische Erfüllung von Wagemut und Risikoeinsatz. Diesem in festem christlichen Glauben zugewandt, waren irische Mönche seit dem 6. Jahrhundert in ihren Coracles, von Rindsleder überzogenen, aus geflochtenem Weidengerüst bestehenden Booten, zu abenteuerlichen Missionsfahrten im nordatlanti-schen Inselgebiet aufgebrochen.[286] Der Heilige Bren-dan (um 484–577) zählt (dank seines 1521 erstmals im Druck erschienenen Volksbuches) zu den be-kanntesten.

Vornehmlich Skandinavien und den umliegenden Gewässern (mit Island, Grönland) sind die nordi-schen Sagas gewidmet. Unter ihnen hebt die um 1200 geschriebene »Landnámabók« Islands Entdek-kung 860/870 und Besiedlung hervor. Von den Fahr-ten weiter 'gen Westen, nach Labrador, Neufund-land, 986 durch Bjarni Herjulfsson und kurz danach durch Leif Eriksson kündet die auch um 1200 verfaß-te »Grœnlendinga Saga« (Grönländer Saga), wäh-rend sich »Eiríks Saga Rauða« (Saga von Erik dem Roten) stärker den Vinland-Reisen Leif Erikssons und Thorstein Karlsefnis (um 1002/03 bzw. um 1005/1006) widmet. Als Homer der isländischen Saga-Literatur gilt jener vielseitige Snorri Sturluson (1178 bis 1241), dessen sogenannte »Jüngere oder Prosa-Edda«, ein Lehrbuch der Dichtkunst, viel Mythologie überliefert, während sein monumentales Geschichtswerk »Heimskringla« (Weltkreis) Norwe-gens Geschichte bis 1177 zum epischen Thema hat. Nicht vergessen werden sollte in dieser Aufzählung

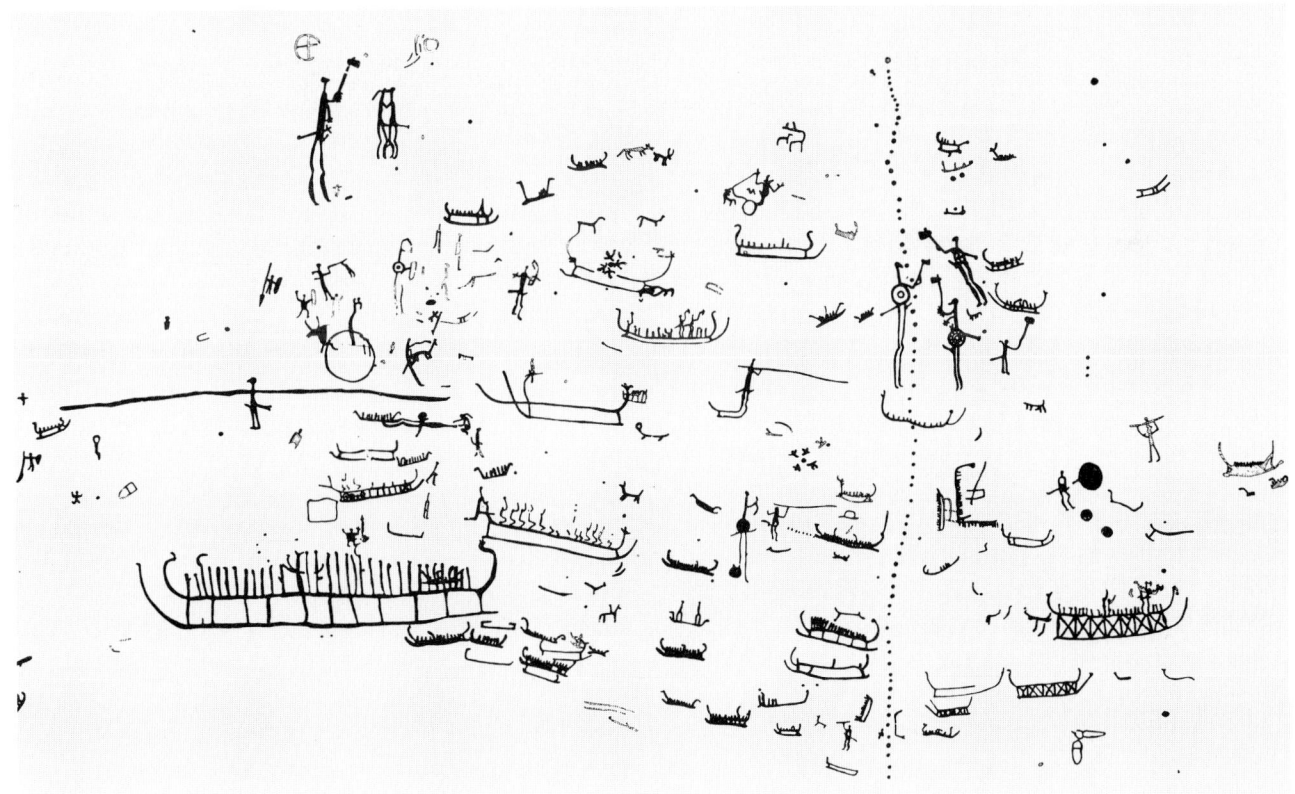

Bronzezeitliche Felsbilder (7 x 22 m groß), darunter zahlreiche Schiffsdarstellungen, in Vitlycke bei Tanum, Provinz Bohuslän, Südwest-Schweden.

Seefahrt der Nibelungen, mit Siegfried als Steuermann, nach Island, Aquarell von Julius Schnorr von Carolsfeld (1794–1872), 1845. Entwurf zum Wandbild im Königsbau der Münchner Residenz, und zwar als Supraporte im »Saal der Hochzeit« des Nibelungen-Zyklus; Privatbesitz.

auch die 1387–94 von zwei Priestern geschriebene, illuminierte »Flateyarbók«, eine Sammelhandschrift mit vielen Sagas, Geschichtswerken und Gedichten.

Im Verlauf des 8. Jahrhunderts war eine Auswanderungswelle größten Stils aus Skandinavien erfolgt, und zwar auf seegängigen Kielbooten, nach Rußland – als Waräger-Züge – und ʼgen Westen – an allen Nordseeküsten bis hin zum Ärmelkanal – als Wikinger-Invasionen.[117] Zu den spektakulärsten Aktionen gehört 793 jene Plünderung des Klosters Lindisfarne/Nordostengland; 844/45 drangen beutegierige Normannen über Portugal sogar bis nach Sevilla in Südspanien vor, und dänische Wikinger brandschatzten, die Seine hinauffahrend, dazu Paris. Unter Alfred dem Großen (871–99) entstand unterdessen die erste englische (den Dänen überlegene) Flotte. In jenen Jahren einigte Harald I. Schönhaar (860 bis 933) Norwegen; er siegte 872 nach entsprechenden

Vorbereitungen in der Seeschlacht im Hafrsfjord, worüber uns Snorris »Königsbuch« (Heimskringla, I/9 und 18[295]) unterrichtet – hier nachfolgend erst über *König Haralds Schiffs-Bemannung* und dann über *Die Schlacht im Hafrsfjord: König Harald fuhr nun wieder nach Drontheim zurück und weilte dort den Winter über, und er nannte diese Landschaft später immer sein Heim. Dorthin verlegte er seinen Hauptsitz, der Lade hieß. In diesem Winter heiratete er Asa, die Tochter des Jarls Hakon Grjotgardssohn, und Hakon stand damals in höchstem Ansehen beim König. Im Frühjahr ging König Harald zu Schiffe. Er hatte sich im Winter ein großes und aufs prächtigste ausgestattetes Drachenschiff bauen lassen. Dort hatte er seine Leibwache und seine Berserker an Bord gebracht. Die Besatzung des Vorderstevens bestand aus den auserlesensten Leuten, denn sie trugen des Königs Banner. Den Platz vom Vordersteven rückwärts bis zum Schöpfraum nannte man die Vorderschanze. Dort waren die Berserker aufgestellt. Nur solche Männer fanden in die nächste Umgebung des Königs Harald Aufnahme, die sich durch Stärke und Mut auszeichneten und in jeder Hinsicht erprobt waren. Die allein auch erhielten einen Platz auf seinem Schiff, und der König konnte eine gute Auswahl für seine Leibwache aus allen Gauen treffen. Der König Harald hatte ein großes Heer und viele große Schiffe, auch folgten ihm viele mächtige Männer …*

Da kam Nachricht aus dem Süden, daß die Männer aus Hardanger und Stavanger, aus Agde und Telemarken sich erhoben hätten und sich zusammenscharten mit einer Menge Schiffen, Waffen und zahlreicher Mannschaft. Die Aufständischen führten: Erich, der Hardangerkönig, der König von Stavanger und sein Bruder, Jarl Soti, Kjötvi, der Reiche, der König von Agde, und dessen Sohn … Als aber König Harald diese Vorgänge erfuhr, da zog er ein Heer zusammen und führte seine Schiffe aufs Meer. Dann rüstete er sich mit seiner Mannschaft und fuhr südwärts an der Küste entlang. Er hatte gar viele Mannen aus allen Gauen. Als er aber südlich des Vorgebirges Stadt war, erfuhr dies König Erich. Dieser hatte da auch die Mannschaft, auf die er rechnen konnte, zusammenkommen lassen. So fuhr er nun nach Süden dem Heere entgegen, von dem er wußte, daß es aus Osten zu seiner Unterstützung kommen würde. Das gesamte Heer traf sich nun nördlich von Jädern, und sie liefen in den Hafrsfjord [bei Stavanger] ein. Da erwartete sie König Harald mit seinem Heere. Da kam es nun sofort zu einer großen Schlacht. Die war hart und währte lang, und ihr Ende war, daß König Harald den Sieg behauptete. Dort fielen die Könige Erich und Sulki nebst dessen Bruder, Jarl Soti. Thorir Langkinn hatte sein Schiff dem Schiff König

Gotländischer Bildstein, 9. Jahrhundert; dessen Bildfläche schmücken Friese mit Kampfszenen und flachbordigen Wikingerschiffen. Das untere besticht durch ausgeprägten Heck- und Bugzierat sowie ein breites, netzüberspanntes Rahsegel. Bunge, Freilichtmuseum.

Haralds gegenübergestellt. Er war ein mächtiger Berserker. Sehr erbittert war der Kampf, bis Thorir Langkinn fiel. Sein Schiff aber wurde völlig gesäubert. Da floh König Kjötvi auf einen Holm, von dem aus man sich gut verteidigen konnte. Endlich floh das ganze feindliche Heer, einige auf Schiffen, andere liefen landeinwärts und über Jädern hinaus weiter nach Süden. So dichtete darüber Thorbjörn Hornklofi [der Mitkämpfer und Augenzeuge der Hafrsfjord-Aktion, Harald Schönhaars Skalde; es folgen Strophen des »Rabenliedes«].

Nachdem die Norweger 984 Grönland entdeckt hatten, besiedelten sie es und unternahmen alsbald – zwischen ca. 1000 und 1016 – weiter nach Südwesten ausholende Erkundungsfahrten (von denen später die Rede sein wird). Allerdings vorerst ist noch kurz der norwegische König Olaf I. Tryggvissohn (* 969, reg. seit 995, † 1000) zu erwähnen; denn sein – von Snorris »Königsbuch« (Heimskringla I/30) überlieferter »Wikingerzug« gilt – nicht zu Unrecht – als bemerkenswertes Horrorszenario: *Darauf steuerte Olaf Tryggvissohn nach England und heerte dort weit im Lande. Er segelte weiter nach Northumberland und kriegte auch dort. Darauf fuhr er nordwärts nach Schottland und plünderte auch dort weit und breit. Er segelte dann nach den Hebriden, wo er einige Schlachten schlug, dann wieder südlich nach der Insel Man, wo er gleichfalls heerte. Weit und breit heerte er dann in Irland. Von hier ging er nach Wales und kriegte dort überall, besonders auch in der Landschaft, die Kumberland heißt. Weiter fuhr er nach Frankreich, um auch dort zu wikingern. Dann zog er wieder gen Westen und hatte es auf England abgesehen. Er kam zu den Scilly-Inseln, die westlich von England liegen ...*

Dort empfing Olaf übrigens 994 seine Taufe zum Christen, was die Christianisierung Norwegens und Islands zur Folge hatte. Sechs Jahre später unterlag König Olaf den vereinigten Flotten der Dänen und Schweden in jener vor Rügen ausgetragenen Seeschlacht bei Svold(er). Wieder ist es Snorris »Königsbuch« (I/88, 105–107, 109–111), das uns über Bau und Ausstattung des Drachen-Schiffs LANG-WURM 999 und die Schlacht vor Svold(er) 1000, bei der Olaf fiel, ins Bild setzt: *In dem Winter, nachdem König Olaf aus Helgeland zurückgekommen war, ließ er ein großes Schiff unterhalb der Lade-Klippen bauen. Das war viel größer als alle andern Schiffe des Landes, und noch sind die Balken, von denen es vom Stapel lief, dort zu sehen. Thorberg Borkenhauer hieß der Baumeister des Schiffes. Viele andere aber halfen dabei mit: einige fällten Bäume, andere schälten die Stämme ab, noch andere schlugen die Nägel ein oder schafften das Bauholz zur Stelle. Alles, was zum Schiffbau gehört, war hier auserlesen gut. Das Schiff war lang und breit, hoch am Bord und von sehr starken Balken gefügt.*

Während man nun beim Ausbau des Schiffsbordes war, mußte Thorberg in einer notwendigen Angelegenheit nach Hause, und er verweilte dort längere Zeit. Als er aber zurückkam, da war das Schiff ganz fertig. Der König kam sogleich des Abends und mit ihm Thorberg, um sich das Schiff anzusehen, wie es geworden wäre. Da sagte jedermann, niemals habe man ein gleich großes und schönes Schiff gesehen. So kehrte der König in die Stadt zurück.

Aber früh am nächsten Morgen gingen der König und mit ihm Thorberg wieder zum Schiff. Da waren vorher schon die Bauleute gekommen, sie standen aber alle da und hatten nichts zu tun. Der König frug, weshalb sie so dastünden. Sie erwiderten, das Schiff wäre beschädigt. Es müsse ein Mann vom Vordersteven bis zum Hintersteven durchgegangen sein, der in das Schiffsbord einen schrägen Hieb nach dem

andern getan habe. Der König ging an das Schiff heran und sah, daß das richtig war. Da gelobte er feierlich, der Mann solle des Todes sterben, wenn er ihn ausfindig machen könne, der in so mißgünstiger Weise das Schiff beschädigt hätte – »wer mir den Mann aber nennen kann, soll große Belohnung von mir erhalten.« Da sagte Thorberg: »Ich kann euch wohl sagen, König, wer dies getan hat.« »Von keinem Mann darf ich eher als von dir das Glück erhoffen«, erwiderte der König, »daß ich Gewißheit und Aufklärung darüber bekomme.« »So werde ich dir sagen, König«, versetzte Thorberg, »wer es vollbrachte – ich war der Täter.« »Dann sollst du alles wiederherstellen, daß es ebenso gut wird wie früher«, entgegnete der König, »davon hängt dein Leben ab.«*
Nun ging Thorberg hin und machte das Schiffsbord wieder glatt, so daß all die schrägen Einschnitte verschwanden. Nun sagten der König und alle andern, das Schiff wäre viel schöner auf der Seite des Bordes, wo Thorberg die Planken zurechtgehauen hätte. Der König forderte ihn auf, es doch weiter so an jeder Seite des Bordes zu machen. Er solle dafür viel Dank haben.

Nun wurde Thorberg Oberbaumeister des Schiffes, bis es ganz fertig war. Es war ein Drachenschiff und ganz nach dem Muster des WURM gebaut, den der König aus Helgeland mitgebracht hatte. Dieses Schiff aber war noch viel größer und in jeder Hinsicht besser gearbeitet als jenes. Das frühere Schiff nannte er nun den KURZEN WURM, dieses hier aber den LANGEN WURM. Auf dem LANGEN WURM waren vierunddreißig Ruderbänke. Der Drachenkopf und der Drachenschwanz waren ganz vergoldet, und das Schiffsbord war so hoch wie bei einem für die hohe See bestimmten Schiffe. Es war das beste und kostbarste Schiff, das in Norwegen erbaut wurde.

Aus dem Seegefechtsablauf von Svold(er) können nur kurze Partien von Beginn (105), Verlauf (106, 107, 109, 110) und Ende (111) hier – als charakteristisches Beispiel einer nautischen Wikingeraktion – zitiert werden: *Nun ließen die Könige zum Angriff vorrudern. Der König Svend stellte sein Schiff gegen den LANG-WURM auf. Weiter seewärts von ihm stand König Olaf der Schwedische, und er ließ seinen Vordersteven gegen das äußerste Schiff König Olaf Tryggvissohns richten. Auf der andern Seite aber stand Jarl Erich. Da entbrannte ein erbitterter Kampf. Jarl Sigvaldi ließ seine Schiffe zurückrudern und griff nicht in die Schlacht ein.*
Das war eine äußerst erbitterte Schlacht, und gar viele Männer fielen. Die Stevenleute des LANG-WURM, des KURZ-WURM und des KRANICH warfen Anker und Enterhaken auf die Schiffe König Svends, und sie brauchten ihre Waffen gegen die Krieger da unten zu ihren Füßen. So räumten sie

mit allen Schiffen auf, die sie festhalten konnten, König Svend aber mit der Mannschaft, die entkam, flüchtete auf andere Schiffe, und sie zogen sich demnächst außer Schußweite zurück ...

Jarl Erich aber legte sein BARTSCHIFF längs des äußersten Schiffes König Olafs und säuberte es von der Mannschaft, dann kappte er die Verbindungstaue und griff das nächststehende Schiff an. Man schlug sich darum, bis auch dies gesäubert war. Nun begannen alle die Leute, die auf den kleinen Schiffen waren, auf die großen Schiffe zu flüchten, der Jarl aber hieb jedes Schiff los, wenn er es von der Mannschaft gesäubert hatte; die Dänen und Schweden aber legten sich nun auf Schußweite von allen Seiten her um die Schiffe des König Olaf. Jarl Erich aber lag stets Seite an Seite jener Schiffe und teilte im Nahkampf Hiebe aus, und so oft Männer auf seinen Schiffen fielen, trat Ersatz an die Stelle: Dänen und Schweden.

Oseberg-Schiff, 9. Jahrhundert, möglicherweise Grabmal der Königin Åsa, der Großmutter von König Harald Schönhaar (Hårfager). Oslo, Wikingerschiff-Museum.

Da gab es einen höchst erbitterten Kampf, und es fiel viel Volks, und endlich kam es dahin, daß alle Schiffe König Olafs, außer dem LANG-WURM, gesäubert waren. Dort hatte sich alle Mannschaft, die noch kampffähig war, zusammengefunden. Da legte Jarl Erich sein BARTSCHIFF neben den LANG-WURM, und es entbrannte sofort ein Schwertkampf. Jarl Erich stand im Vorderraum vor dem Hinterdeck seines Schiffes, und eine Schildburg scharte sich dort zusammen. In der Schlacht wurde mit Schwertern gehauen und mit Spießen geschossen. Man schleuderte auch alles, was sonst

an Waffen da war. Diese schossen mit Bogen, andre wieder warfen aus der Hand. So gewaltig war der Waffenangriff auf dem LANG-WURM, daß man sich kaum dessen mit den Schilden erwehren konnte. So dicht flogen die Spieße und Pfeile, denn von allen Seiten hatten sich die feindlichen Schiffe um den LANG-WURM gestellt. Die Mannen König Olafs aber waren so kampfwütig, daß sie an Bord bis zum äußersten Rande des Schanzwerks stürmten, um mit Schwerthieben das Kriegsvolk der Feinde von dort niederhauen zu können, manche aber von diesen legten sich nicht so nahe an den LANG-WURM, daß es zum Nahkampf mit den Schwertern kommen konnte. Von den Mannen Olafs aber sprangen eine große Anzahl über Bord. Sie taten nicht anders, als ob sie auf freiem Feld stritten, und so sanken sie mit ihren Waffen in die Tiefe.

König Olaf Tryggvissohn stand auf dem Hinterdeck des LANG-WURM und schoß sehr häufig an diesem Tage, zuweilen mit dem Bogen, meist aber mit Wurfspeeren und immer mit zweien auf einmal. Nun sah er vorn auf sein Schiff hin und sah da seine Mannen Schwerter schwingen und gewaltig dreinhauen, doch sah er, wie die Schwerter schlecht schnitten ... Da ging der König hinab in den Vorderraum des Schiffes, schloß die Lade des Hochsitzes auf, nahm viele scharfe Schwerter heraus und gab sie seinen Mannen. Als er aber die rechte Hand herabstreckte, da sahen einige, daß Blut ... hervorquoll. Niemand aber wußte, wo er verwundet war.

Am meisten verteidigten sich und das größte Blutbad richteten an die Männer in dem Vorderraum und auf dem Vordersteven des LANG-WURM. An beiden Stellen war die Mannschaft am erlesensten und das Schiffsdeck am höchsten. Als aber das Heer der Verteidigung auf dem LANG-WURM sich immer mehr lichtete, da wagte Jarl Erich zum zweitenmal, den LANG-WURM zu erklimmen. Noch einmal fand er harten Widerstand. Als das aber die Stevenleute auf dem LANG-WURM sahen, da gingen sie nach hinten aufs Schiff und wandten sich gegen den Jarl zur Verteidigung. Sie leisteten ihm harten Widerstand. Da nun aber so viel Volks auf dem LANG-WURM gefallen war, daß das Deck weithin leer war, da strömten die Mannen des Jarles weit und breit auf das Schiff. Alles Volk aber, das noch zur Verteidigung des LANG-WURM lebend dastand, ging nun auf dem Schiff nach hinten dorthin, wo der König war.

Und weil nun eine so große Menge von dem Heere des Jarles auf den LANG-WURM gestiegen war, als das Schiff fassen konnte, und da des Jarls Schiffe sich von allen Seiten eng um das Königsschiff schlossen und zu wenig Männer noch übrig waren, um sich einer so gewaltigen Schar zu erwehren, da fielen, so stark und kühn sie auch waren, doch binnen *kurzem die meisten von des Königs Mannen. Aber König Olaf selbst und Kolbjörn der Marschall sprangen beide über Bord, und zwar jeder auf einer anderen Seite. Die Jarlsleute aber hatten kleine Schiffe um den* LANG-WURM *gelegt, und sie schlugen die zu Tode, die in die Tiefe sprangen. Als nun der König selbst über Bord gesprungen war, wollten sie ihn mit den Händen greifen und zu Jarl Erich führen. Aber König Olaf warf den Schild über sich und sank unter Wasser …*

Damals und in darauffolgenden Jahren spielten sich jene spektakulären Vorstöße zur amerikanischen Nordostküste – zum Vinland – ab. Darüber hat ein moderner Autor, Josef Nyary (* 1944) – gestützt auf die »Grönländer-Saga« und »Saga von Erik dem Roten« – seine »Vinland-Saga« (1986) als episch-breiten, atmosphärisch-dichten Roman verfaßt. Aus ihm folgt nun der Glücksmoment der Entdeckung unbekannten Landes, eines neuen Kontinents, der einmal Amerika heißen sollte: *Leif ließ die Schnigge beladen und segelte in den Sund. Das Land erhob sich nur wenige Ellen über das Meer. Auch leuchteten dahinter keine Gletscher. Der Wind ließ nach, und Ebbe setzte ein. Die starke Strömung zog das Schiff vom Ufer fort, so daß sie hart rudern mußten. Aris rief Leif vom Vordersteven aus zu, wie er zwischen den Untiefen steuern sollte. Der Spiegel der See sank aber so schnell, daß der Kiel des* EISSTURMVOGELS *weit vor dem Ufer auf Grund geriet …*

»Hier werden wir bleiben«, entschied der Erikssohn. »Seht ihr die kleine Bucht? Dort strömt ein Fluß aus, tief und breit genug, unser Schiff zu tragen. Wenn die Flut kommt und den EISSTURMVOGEL *befreit, rudert hierher!« Er deutete auf eine grasbewachsene Landspitze im Sonnenaufgang. »Dort wollen wir unsere Zelte aufschlagen«, erklärte er und schickte Aris zurück, die Gefährten zu holen … Aris eilte zu der Lagune zurück. Bald hob das Meer sich wieder. Die Grönländer bemannten das Schleppboot und fuhren zur Küste. Als sie Leifs Befehl vernahmen, segelten sie zur Flußmündung und ruderten den* EISSTURMVOGEL *in den See. Die Reichtümer des Landes erstaunten sie sehr. Die Wärme der Sommersonne brannte auf ihrer Haut … So geschah es, daß in diesem tausendsten Jahr, da viele Christen den Untergang der Welt erwarteten, Leif Erikssohn die neue Welt fand. An Leifs Landzunge warfen die Grönländer Anker, trugen ihre Fellsäcke von Bord und schlugen Zelte auf. Der Erikssohn lief indessen am Ufer entlang und wartete ungeduldig, was ihm die schottischen Schnelläufer mitbringen würden … Die Grönländer fällten Ahornbäume, hieben tragfähige Balken zurecht, spalteten Stämme zu Brettern und trieben Stützpfosten tief in den Boden. Grassoden deckten das Dach der*

Hütte. Dann zogen sie ihr Schiff auf Walzen. Leif fischte … und fing soviele Lachse, daß sie sich alle jeden Tag an frischem Fleisch satt essen konnten. Als der Bau stand, sagte der Erikssohn zu seinen Fahrtgenossen: »Wir wollen … das Land erforschen … Was ist das?« wollte Leif wissen … Der Mönch blieb vor dem Grönländer stehen und tätschelte ihm liebevoll die Wange. »Vinum!« strahlte er … »Wein?« staunte Leif. »So sieht Wein aus?« … »So soll denn dieses neue Land fortan … den Namen Vinland tragen.«

Die Schiffe, die für solche Unternehmungen zur Verfügung standen, waren natürlich schlichter als die großen Kriegsschiffe. Diese konnten sehr prächtig sein, wie am Bericht »König Knuts Drache« (in Snorris »Königsbuch« II/147[295]) deutlich wird: *Knut der Mächtige hatte nun sein Heer zusammen, um das Land verlassen zu können … und wunderbar große Schiffe. Er selbst fuhr ein Drachenschiff. Das war so groß, daß es sechzig Ruderbänke zählte, und darauf waren goldgeschmückte Drachenhäupter. Jarl Hakon hatte auch einen Drachen: dieser zählte vierzig Ruderbänke. Auch er trug vergoldete Häupter. Aber die Segel waren blau, rot und grün gestreift. Diese Schiffe waren überall oberhalb der Wasserlinie bemalt, und ihre ganze Ausrüstung war die prächtigste … Es heißt, daß König Knut mit dieser großen Heeresmacht aus England kam und seine ganze Schar heil und unversehrt nach Dänemark hinüberbrachte.*

Erinnern wir uns: Knut der Große († 1035) von Dänemark war 1016 selbst König von England geworden. Zwei Jahre später vereinigte er beide Länder, außerdem errang er durch Siege über Schweden und Norweger 1026–28 nicht nur die zusätzliche Herrschaft über Norwegen, sondern schuf zugleich ein die Nordsee beidseitig umspannendes Imperium, in dem sogar christlicher Glaube an Boden gewann.

Als ältestes Denkmal frühmittelhochdeutscher Sprache enthält des Bamberger Domherrn »Ezzos Lied« (1063; hier im Wortlaut der Vorauer Handschrift um 1120)[3] am Ende auch eine Richtlinie für christliche Seefahrer: *O crux salvatoris / Du unsere Segelgerte bist. / Diese Welt alle ist das Meer, / Mein Gebieter Segel und Fähre, / Die rechten Werke unser Segelseil, / Die unsere Fahrt richten heim. / Das Segel – der wahre Glaube – soll / Uns verhelfen zu unserm Wohl. / Der heilige Odem ist der Wind, / Der uns die gute Straße bringt. / Himmelreich ist unser Heimatland, / Da wollen wir landen, Gott sei Dank!*

Vollends im Rahmen christlicher Ethik und deren Moralbegriffen, dazu ausgestattet mit des Papstes Segen und Unterstützung, verliefen Wilhelms, des Normannen-Herzogs, Britannien-Invasion und seine

Britannien-Invasion 1066. Szenen aus dem Wandteppich von Bayeux: Bau der Schiffe, Pferdetransporter während der Fahrt über den Ärmelkanal, Herzog Wilhelm vor Pevensey, dort Ausbootung der Pferde. Stickerei mit Wollfäden auf Leinwandstreifen, angefertigt wohl um 1070–75 in englischer Manufaktur. Bayeux, Centre Guillaume le Conquérant.

Übernahme des angelsächsischen Königtums. Dessen Krönung erfolgte am 25. Dezember 1066. Ihr vorausgegangen waren, zwei Jahre zuvor, jener Wilhelm gegenüber – auf christlichen Reliquien abgeleistete – Treueschwur des Grafen Harold Godwine. Indem dieser selbst dann als Nachfolger des legitimen englischen Königs Eduard (der Bekenner; reg. 1042–66) auftrat, beging er Meineid und Treuebruch zugleich. Geschwächt durch den überraschenden Einfall der von Harald Hardradi angeführten Norweger, die Graf Harold am 25. September 1066 zwar bei Stamfordbridge vernichtend schlagen konnte, kam er selbst allerdings am 14. Oktober im Entscheidungskampf mit Herzog Wilhelm bei Hastings um.

Inzwischen hatte Wilhelm der Eroberer gut 300 Schiffe bereitstellen bzw. erbauen lassen, seine Truppen in Dives-sur-mer/Normandie gesammelt und eingeschifft, war danach – die britischen Entwicklungen beobachtend – mit seiner Flotte bis St. Valéry-sur-Somme gesegelt und, von dort erneut in See gehend, das Tiefwasser des Ärmelkanals überquerend, am 29. September 1066 vor Pevensey gelandet.

Jene Ereignisse (zwischen 1064, Harolds Schwur, und Oktober 1066, seinem Tod in rechtfertigender Sühne) spiegelt der »Wandteppich von Bayeux« wider. Als epochales christliches Kunstwerk und exaktes historisches Dokument (für die Jahre 1064 bis Herbst 1066) ist er eine außergewöhnlich bedeutsa-

me, mittelalterlich-christliche Bildergeschichte (und fast wie ein Trickfilm), dem sogar erklärende lateinische Texte fortlaufend eingefügt sind; sie entbehren nicht einmal dichterischen Ausdrucks.

Veranlaßt wohl bald nach 1066 durch Wilhelms Halbbrüder, Bischof Odon von Bayeux und Graf Robert, entstand die kostbare Stickerei mit farbigen Wollfäden auf Leinwandstreifen (von insgesamt ca. 70 m Länge und 50 cm Höhe) anscheinend um 1070 bis 1075 in der englischen Grafschaft Kent; denn der Wandbehang dürfte zur Einweihung der neuerbauten Kathedrale von Bayeux am 14. Juli 1077 fertig gewesen und dort offenbar erstmalig gezeigt worden sein.[223]

Dargestellt sind darauf in szenischem Zusammenhang 626 Personen, 202 Pferde, 37 Gebäude und – was uns besonders interessiert – 41 Schiffe (skandinavischen Typs, der »esnèques«, Sniggen). Dort lesen wir: *HIC VVILLELM DVX IVSS[I]T NAVES: EDIFICARE HIC TRAHVNT: NAVES AD MARE* ... Herzog Wilhelm befiehlt Schiffe zu bauen. Hier werden Schiffe ins Meer gebracht ... *VVILLELM DVX IN MAGNO: NAVIGIO MARE TRANSIVIT ET VENIT AD PEVENESAE HIC EXEVNT: CABALLI DE NAVIBVS* ... Herzog Wilhelm überquert mit großer Flotte das Meer und kommt nach Pevensey. Hier werden Pferde ausgeschifft.

Nicht nur Ludwig Uhlands (1787–1862) »Taillefer«-Ballade: ... *Der Herzog Wilhelm fuhr wohl über das Meer. Er fuhr nach Engelland mit gewaltigem Heer. / Er sprang vom Schiffe; da fiel er auf die Hand: / »Hei!« rief er, »ich faß' und ergreif' dich, Engelland!«* ... erinnert – wie »The Golden Warrior. The Story of Harold and William«, ein 1948 erschienener Roman des Kanadiers Hope Muntz (* 1907) – an jene Geschehnisse der Jahre 1064–66, sondern auch Reinhold Schneiders (1903–58) 1936 editierte dichterische Gesamtsicht »Das Inselreich. Gesetz und Größe der britischen Macht« (S. 115ff.) enthält literarische Anschauungs- und Gedankenerweiterung zum diesbezüglichen Thema: ... *während in den Wäldern der Normandie die Bäume gefällt wurden und es an der Küste vom Hammerschlag der Schiffszimmerleute schallte, während aus den anliegenden Ländern sich die Ritter einstellten, an dem heiligen Heerzug teilzunehmen, betraten Herzog und Herzogin in Caen das Kloster der heiligen Dreifaltigkeit zur Weihe ... Papst Alexander II. erklärte den Herzog zum rechtmäßigen Prätendenten, Graf Harold zum Räuber des englischen Thrones; als sichtbarer Ausdruck ... seines Segens sandte der Heilige Vater eine geweihte Standarte ... und einen*

Ring, der ein Haar Petri umschloß ... Im Dienste Roms zog der Herzog aus ... An der Mündung der Dive ... sammelte sich die Flotte, weite offene Einmaster, an die kleine Boote gekettet waren; einhundertzwanzig und hundert stellten [Wilhelms] *Brüder, der Graf von Mortain und der Bischof Odo von Bayeux, sechzig und fünfzig die reichen Adlingen ... In dem Gewimmel schaukelte das Herzogschiff, die* MORA, *ein Geschenk der Herzogin; ein kupferner Knabe stand am Bug, ein Horn haltend, das nach England wies. Um die Flußmündung lagerte sich das Heer, seiner Stunde harrend ... Tag um Tag verstrich und der Südwind wollte nicht wehen ... Der Wind wollte nicht drehn ... wenn der Proviant verzehrt sein würde, wer hielt* [das Heer] *in Zucht? Die Nachricht kam, daß Harold die starke Flotte, die vor der englischen Küste kreuzte, in die Themse zurückgezogen und das Landheer aufgelöst habe ... England lag unbewacht da, eine Beute, von den Eroberern nur getrennt durch den Kanal und geschützt allein vom Wind. Dieser drehte sich endlich; aber er kam nun von Westen; doch nutzte ihn der Herzog, der die Kanalflotte nicht mehr zu fürchten hatte, um der Insel näher zu kommen. An der Seinemündung vorüber und dann der Küste folgend, steuerten die vielen hundert Boote in die breite Mündung der Somme; ... vor St.Valéry warfen sie Anker, um wieder zu warten, Tag für Tag.*

Gott allein sieht, was zu dieser Stunde in England geschieht ... Bald darauf drehte sich der Wind; der Hahn wies nach Norden. Sofort befahl der Herzog die Einschiffung ... Am Ufer mühten sich die Troßknechte mit den Pferden ab, die nicht in die schwankenden Kähne wollten ... An den Masten glänzten Lichter auf, die die Schiffe miteinander verbinden sollten; groß wie ein Stern strahlte die Laterne am Hauptmast des Herzogsschiffs. So schwankte die Flotte hinaus mit der Last des Eisens und der Pferde ... in dieser Stunde wußte sich Herzog Wilhelm eins mit seinem Schicksal und seinem Glück. Hier, auf dem Kanal, waren die Väter gefahren ... Das Geschlecht mußte wieder frei werden ... nicht zu früh, wie der Vater es gewollt, der vergeblich seine Schiffe gerüstet und dann auf der Heimkehr vom Heiligen Lande verdarb; aber jetzt ist die Stunde ... Die Boote, von denen die Pferde erschrocken in die Wellen blickten, umtanzen, von Waffen klirrend, das Herzogsschiff, das ... der scheinbar verlassenen Küste Englands entgegeneilt.

Weiter in den Seegebieten von Ärmelkanal und Biskaya verweilend, muß vom Hundertjährigen Krieg zwischen England und Frankreich noch die Rede sein. Begonnen hatte er 1338, als König Edward III. (1327–77), übrigens Stifter des Hosenbandordens, Thron sowie Königstitel von Frankreich beanspruch-

Seetreffen von Guernsey 1342 im Hundertjährigen Krieg. Kupferstich (nach Buchminiatur in Jean Froissarts »Chroniques«) in A. Lenoir »Monuments des Arts Liberaux ...de la France« (Paris 1840).

te und sogleich Festlandsbesitz im Gegenküstenbereich anging. In solchem Bestreben, auch dank flämischer Verstärkungen, gelang es den unter Segeln angreifenden, von Edwards fähigem Admiral Marley geführten englischen Schiffen jene vor Sluis in der Scheldemündung ankernde französische Flotte am

24. Juni 1340 zu entern und durch überlegene Feuerkraft britischer Bogenschützen niederzukämpfen.

Nicht weniger spektakulär ließ sich Edwards harte, elf Monate, bis zum 4. August 1347 während Belagerung von Calais an. Berühmt (und in einer Skulpturengruppe adäquat durch Auguste Rodin verewigt) wurde der Opfergang ihrer sechs todesbereiten Bürger. In deren endgültiges Schicksal griff Edwards

Hundertjährigen Kriegs, so lief ihnen parallel die Schaffung einer französischen Flotte. Kampfgenossen fand diese alsbald in der kastilischen, wodurch – nach Plünderungen an Englands Südküste – rasch ein Übergewicht auf See erreicht war. Den verbündeten Geschwadern gelang es sogar, die Briten im Juni 1372 vor La Rochelle zu schlagen. Daran mag Edward III., indem er seine Unternehmen mit Kauf-

Französische Truppentransporter – bereit zur Abfahrt nach Kastilien – im Hundertjährigen Krieg. Miniaturmalerei in Jean Froissart »Chroniques« (Vol. 3), illuminiert vom »Meister der weißen Initialen«, Brügge um 1480–83: Malibu/California, The J. Paul Getty Museum, Ms. Ludwig XIII 7; 83.MP.150.

Gemahlin – mit den Worten Jean Froissarts (1337 bis um 1410)[106] – so ein: ... *Alors la reine se leva, fit lever les six bourgeois, leur fit ôter la corde du cou et les emmena avec elle dans sa chambre; elle leur fit donner les vêtements et servir à dîner, bien à leur aise; ensuite elle donnat six nobles à chacun et les fit reconduire hors du camp sains et saufs.* (Als die Königin aufstand, ließ sie die sechs Bürger sich erheben, ihnen den um den Hals gelegten Strick abnehmen und geleitete sie in ihre Gemächer; Kleider ließ sie ihnen geben und, nach Belieben, Speisen; darauf übereignete sie jedem 6 Goldstücke und ließ sie gesund und unbeschadet aus dem Lager führen). Doch alle Überlebenden von Calais, wichtigstem Bollwerk am Kanal (bis 1558 in britischem Besitz), mußten ihre Stadt verlassen, um fortan englischer Besatzung und Bevölkerung Platz zu machen.

Bleiben wir noch kurz bei den 1369 von Edward III. wiederaufgenommenen maritimen Aktionen des

fahrteischiffen führte, ohne deren Eigentümer zu entlohnen, selbst schuld gewesen sein, zumal darob Englands Schiffbau einschlief.

Teilweise aus Chroniken Jean le Bels schöpfend, aber dichterisch verfeinert, überlieferte solche Ereignisse Frankreichs erwähnter Poet und herausragender Historiker Jean Froissart in seinen 1373–1400 aufgezeichneten (aus vier illuminierten, um 1470–83 angefertigten Handschriftenbänden bestehenden) »Chroniques de France, d'Angleterre, d'Escoce, d'Espagne, de Bretagne, de Gascogne, de Flandres, et lieux circunuoisins«. Darin spiegelt Froissart selbst ein neues Lebensgefühl wider: jene Wandlung religiöser Inbrunst, Aufgabe ihrer geistig-sittlichen Ideale zugunsten empirischer Zweckmäßigkeit. Froissarts *von Waffen und Liebe kommt alle Ehre und Lust* (wobei Ehre natürlich klingende Münze nicht ausschloß) macht dies' ebenso deutlich wie seine Bemerkung,

Seefahrt der Heiligen Drei Könige, 96 cm hohe Tafel des Dreikönigs-Altars vom »Meister des Rostocker Dreikönigs-Altares«, um 1440–50, im Museum zu Rostock (nach Detlev Ellmers um 1400–15 – »die Dreikönigstafel markiert auch den wichtigsten ersten Schritt zur Entwicklung des Mannschaftslogis« auf Koggen; vgl. Beiträge zur mecklenburgischen Seefahrtsgeschichte, hrsg. von H.B. d. Wieden, = Heft 5 Schriften zur Mecklenburg. Geschichte ... 1981).

daß Frankreich voll sei von *Rittern und anderen Waffenträgern, die nichts zu tun* und sich deshalb zu einem 1389 von Genua ausgeschriebenen Vergeltungszug gegen tunesische Seeräuber gemeldet hatten. Mangelnde Initiative (bei zu geringer Beute- oder Lösegeldaussicht) führte rasch zum Fiasko.

Nicht mehr zur Sprache kam in den »Chroniques« König Heinrichs V. (1413–22) Landung in der Seinemündung 1415 samt Wegnahme von Harfleur. Dafür läßt Shakespeare (1564–1616, oder handelt es sich um Edward de Vere, den 17. Graf von Oxford, 1560–1604?) im 1604 uraufgeführten Drama »König Heinrich der Fünfte« den Chor (am Beginn des 3. Aufzugs in A.W. Schlegels Übersetzung) bühnefüllend skandieren:

... stellt euch vor, ihr saht
An Hamptons Pier den König, wohlgerüstet,
Einschiffen seine Herrlichkeit, die Flotte
Den jungen Tag mit seidnen Wimpeln fächeln.
Spielt mit der Phantasie und seht im Geist
Am hänfnen Tauwerk Schifferjungen klettern;
Die helle Pfeife hört, die Ordnung schafft
Verwirrten Lauten; seht die Leinensegel,
Die unsichtbare Winde schleichend heben,
Durch die gefurchte See die großen Kiele,
Den stolzen Fluten trotzend, ziehn. O denkt,
Ihr steht am Strand und sehet eine Stadt
Hintanzen auf den unbeständigen Wogen;
Denn so erscheint die majestätische Flotte,
Den Lauf nach Harfleur wendend ...

Solche Seemacht mit Schiffen bislang unbekannter Größe wurde unter Heinrich VI. (1422–61) zunächst bis 1435 erfolgreich gegen Frankreich eingesetzt, dann aber, nach Rückschlägen, aus Geldmangel verkauft. Schließlich endete 1453 das hundertjährige Ringen, in dem im Norden erste Kanonen zum Einsatz kamen – wie 1453 beim Sturmreifschießen von Konstantinopels Befestigungen.

Mittlerweile war die Hanse als Seehandel treibender Kaufmannsbund entstanden und hatte sich zur Städtegemeinschaft im Nord- und Ostseeraum entfaltet, Schutz- und Handelsvorrechte den Landesherren abgetrotzt und sich brückenschlagend zwischen den Märkten West-, Nord- und Osteuropas zum Vermittler von Rohstoffen und Massengütern gemacht. So versorgten hansische Kaufleute und Schiffe den Westen mit Pelzen für modische Kleidung, mit Wachs für Haus- und Kirchenbeleuchtung durch Kerzen, mit Holz und Pech für Schiffbau, mit Getreide, Honig (als Süßstoff), mit Hering und Stockfisch als den hauptsächlichsten Nahrungsmitteln, den Osten hinwiederum mit Tuchen und Wolle, Glas und Keramik, Waffen und Metallgerät, Bier und Wein sowie Gewürzen und vornehmlich Salz zum Einlegen von Fisch und Fleisch. Die hansische Kaufmannsgenossenschaft kooperierte in Städtegemeinschaften, zählte 70 Orte dauernd und 130 zeitweilig zu ihren Mitgliedern, die sich vom Baltikum bis zu IJssel und Rhein erstreckten, zu denen noch Kontore – als Stützpunkte im Ausland – Brügge, London, Bergen/Norwegen und Novgorod – kamen.

Es ist bezeichnend, daß Gustav Freytag (1816–95), jener vielgelesene, dem Realismus zugerechnete Romancier und Historiker in seinem alles Zeitgenössische überragenden Geschichtswerk »Bilder aus der deutschen Vergangenheit« (1859–67) der Hanse (Band 4, Kap. 7) breiten Raum gibt: ... *die große Verbindung der Hansa reicht fast genau soweit als die niederdeutsche Sprache, sie ist eine Verbindung vieler Städte zu gemeinsamem Handel in der Fremde, nicht zur Verteidigung, sondern zur Eroberung ... Daß der Bund nicht festen Zusammenhalt hatte, war natürlich, die Städte lagen von Osten nach Westen auf einem Terrain zerstreut, welches von Reval bis über die Schelde reichte; ihre Lebensinteressen waren in der Tat oft in unsühnbarem Widerspruch, was dem Kaufmann in Riga oder Danzig, in Wisby oder Bergen wohltat, das war für Köln oder das deutsche Kontor zu Brügge von größtem Schaden. Nicht die inneren Zwistigkeiten sind auffallend, sondern daß trotzdem Stadtgemeinden*

und Kontore durch mehr als drei Jahrhunderte immer wieder zusammenhielten und nicht selten ihren Vorteil der Allgemeinheit zum Opfer brachten ... Die Größe und Macht der Hansa ruht meist auf dem Handel ihrer Osterlinge, der Ostseehändler. Denn damals war die Ostsee der große Fischbehälter Europas; der Dorsch und seine Verwandten wälzten sich haufenweis in die ausgeworfenen Netze, der Hering kam alljährlich in ungeheuren Wanderzügen durch den Nordsund, an den Flußmündungen wimmelten der Lachs und der Aal unter den Booten der Slawendörfer ... Bis zum Ende des 12. Jahrhunderts fuhr der Fisch längs der Küste von Pommern in so dichten Massen, daß man im Sommer nur den Korb in das Meer zu tauchen hatte, um ihn gefüllt herauszuziehen. Damals wuchsen die wendischen Seestädte, vor anderen Lübeck, Wismar, Rostock, Stralsund, Greifswald mit märchenhafter Schnelligkeit zu hohem Wohlstand herauf.

Im 13. Jahrhundert verlegte der Fisch seine Seewege und strich längs der flachen Küste von Schonen und dem norwegischen Ufer. Sogleich eilten alle seetüchtigen Völker in sein Fahrwasser und die deutschen Hansen kämpften um seinetwillen blutige und siegreiche Kriege mit den Dänen, den Herren des Nordstrandes, mit Engländern, Schotten und Holländern ... vertrieben und erschlugen die Seefahrer anderer Nationen an fremdem Strand und behaupteten durch Jahrhunderte die Herrschaft auf Gotland, Schonen und Bergen ... Nach 1400 aber ... wurden die Familiengefühle des Herings von der Ostsee ab an die holländische Küste geleitet. Seitdem wurden die holländischen Städte reich, und den erstarkten Hansen verminderte sich der Erwerb ...

[Neben der] Kogge ... war das häufigste Schiff der Nordmeere die vergrößerte Slupe, ein rundbauchiges Fahrzeug mit starkem Kiel, mächtigen Steven und hohem Bord, der nach beiden Enden stark aufsprang, mit eingehaktem Steuer, das durch eine Pinne bewegt wurde, mit hochgewölbtem rundlichem Bug und steilem Bugspriet und mit einem starken hohen Mast in der Mitte. Wurde ein großes Schiff zu Krieg gerüstet, dann wurde im 13. Jahrhundert auf Back und Schanze, über Bugspriet und Steuer ein Gerüst gezimmert, worauf eine Plattform mit hölzernen Zinnen für den Schützen und für eine Standarmbrust oder Wurfmaschine ... die Fahrzeuge müssen nicht klein gewesen sein, das Dänenschiff, welches 1234 von den Lübeckern erstiegen wurde, soll 400 Gewappnete enthalten haben. Allmählich nahm das Kriegsgerüst auf Back und Schanze die Form kleiner Türme an, endlich wurde im 15. Jahrhundert auf beiden Seiten das Schiffsbord erhöht um ein oder zwei Halbdecke ... Die Konvoischiffe, welche die Handelsflotte geleiteten, Orlogschiffe oder Friedenskoggen (Geleitschiffe) genannt, führten Büch-

Totentanz (Ausschnitt), freie Kopie von Anton Wortmann 1701 nach Bernt Notkes (um 1435–1509) Original von 1463; Lübeck, Marienkirche, Kriegsverlust.

sen und Bliden (Standschleudern) und außer der seemänni-schen Bemannung noch Wappner, in Danzig um 1400 gewöhnlich 40–70 Mann …

Selten wagte sich das Schiff zu weiter Fahrt allein in die See. Da die Zeit der Ausfahrt für viele Reisen geboten war, sammelten sich die Schiffe einer Stadt oder Landschaft, große und kleine, leicht zu einer Flotte … überall gab es »Auslieger«, Kaperschiffe …, deren Bemannung aus harten Seevögeln bestand … Seit 1390 war die Genossenschaft der deutschen Vitalienbrüder der Schrecken der Dänen, bald aller Kauffahrer …

Goethes »Faust« faßt ihn in jene lapidare Form:

Man hat Gewalt, so hat man Recht.
Man fragt ums Was und nicht ums Wie.
Ich müßte keine Schiffahrt kennen:
Krieg, Handel und Piraterie,
Dreieinig sind sie, nicht zu trennen.

Wie Ebbe oder Flut, Windstille oder Sturm, führt Seeraub zu schnellem Erfolg oder Tod. Störtebeker, der mit seinen Vitalienbrüdern oder Likedeelern die Nord- und Ostsee heimsuchte, erfuhr es, als er, schließlich gestellt, im Herbst 1402 in Hamburg sein Haupt vor die Füße gelegt bekam. Dessen Schicksal zeichnete Hans Leip (1893–1983) nach in seinem Roman »Godekes Knecht« (1925)[185] und ließ dabei kontrastreiche Zeitumstände aufblitzen – wie etwa folgende: *Wenn die Länder der Erde doch verseucht allerorts durch die Fäulnis der alten Gesinnungen, in die der Betrieb der Pfennige gleich Pfeffer hineinfraß. Es ergärte überall in Zank, Raub und Betrug, den Unsinn zu stützen, so sehr alles wankte. Im Süden balgten sich drei Päpste um die lallende Christenheit, in deren Schoß ein leerer Kaiserstuhl neben irrsinnigen Königen und überdreisten Fürsten in den Donnerhimmel starrte, den die Städte umstanken im Bunde ihrer Habgier. War doch die Schale mit des Reiches bester Manneskraft wieder und wieder ausgeleert worden in den Wüstensand der Heiden und war dafür vollgelaufen mit Aussatz und Pest bis zum Rand. Und es würde nicht viel anders sein mit dem, was jener Seigneur von Bethencourt [1402] mit den Kanaren vorhatte. Es regierte ein Weib drei Länder, das war der Norden. Es zerbröckelte der Mauren*

Weisheit ins Meer, das war der Süden. Und im Osten, da war die goldene Horde des Timur Lenk schon angewiesen, aufzuerstehen gleich dem Antichrist, zu hauen, zu sengen und die alte Menschheit abzuschlachten, wie es Villanova zu Katalonien schon prophezeit hatte, den sie als Ketzer verbrannt.

Thomas Mann (1875–1955; Literatur-Nobelpreis 1929) äußerte sich dazu: *Ein brutaler Stoff, von Zartheit durchleuchtet, Leidenschaft in der Handlung und des Wortes, sich speisend aus Ursprüngen, die dem modernen Empfinden romantisch anmuten möchten und dennoch erschreckend klar gegenwärtig ins Gemüt greifen – eine* Bemerkung, die für viele Werke vorstehend behandelter Autoren ebenso gelten mag, wie für den althochdeutschen Denkspruch[3] in einer Zürcher Handschrift des 12. Jahrhunderts:

> *Tief furt truobe*
> *und schone wiphuore*
> *sweme dar wirt ze gach*
> *daz geruit in sa.*

(Trüber Wasser Tiefe / Und schöner Huren Liebe / Wer danach drängt zu jach / Den gereut es rasch.)

Die Heilige Ursula zu Schiff. Gemälde (Detail) eines oberrheinischen Meisters um 1470–80. Berlin, Gemäldegalerie, Kriegsverlust.

MEDITERRANE MEERFAHRT
IM MITTELALTER

Das älteste Märchen- und Legendenbuch des deutschen Mittelalters – jene 1342 fixierte Handschrift der lateinischen »Gesta Romanorum«[109] – enthält in der anrührenden Apollonius-Geschichte zwei Rätsel. Tharsia fordert von ihrem ihr unbekannten Vater Apollonius, nachmals Herrscher über Tyrus und Antiochia, deren Lösung: »*Es gibt ein Haus auf Erden, das, obwohl zugeschlossen, doch immer wieder aufspringt; das Haus gibt aber einen Widerhall von sich und doch sind seine Gäste still und geben keinen Laut von sich; beide aber, Gäste und Haus, laufen nebeneinander. So du nun ein König bist, wie du sagst, mußt du auch weiser als ich sein, löse mir also das Rätsel auf.*« Da sprach Apollonius: »*Damit du nicht glaubst, daß ich gelogen habe, so wisse, daß das Haus, welches auf dem Lande widerklingt, die Wellen sind, die Gäste aber die stummen Fische, welche in ihrem Haus dahinlaufen.*« Tharsia aber versetzte: »*Ich bin lang und schnell und die Tochter des schönen Waldes, umgeben von einer unzähligen Schar von Begleitern; ich durchwandle viele Straßen, lasse aber keine Spuren zurück.*« Da entgegnete Apollonius: »*... Der Baum nämlich, welcher von vielen Scharen von Begleitern flankiert ist, viele Straßen durchwandelt und doch keine Spur zurückläßt, ist ein Schiff.*«

Wie sich aus vielen, farblich unterschiedlichen Glaskuben infolge menschlicher Imagination ein Mosaik zusammensetzt, so entsteht aus Wiedergaben von Schiffen, dazu aus Impressionen von Augenzeugenberichten, historischer und dichterischer Erschließung nachfolgendes – von 500 bis 1500 reichendes – Panorama maritimer Entwicklung im Mittelmeer. Dabei erleben wir – begrenzt durch versinkende Antike und beginnende Renaissance – die mediterranen Epochen europäischer Völkerwanderung und Kreuzzüge, die Auseinandersetzungen zwischen Byzanz und Islam sowie den vier untereinander konkurrierenden Seerepubliken Amalfi, Pisa, Genua und Venedig. Deren vier Wappen bilden übrigens das Mittelemblem der grün-weiß-roten italienischen Handelsflagge.

Nachdem am 11. Mai 330 »Constantinopolis« (seit 1453 Istanbul) als »Nova Roma« gegründet, die Reichsteilung in West- und Ostrom 395 durch Theodosius I. vollzogen sowie 493 der Ostgoten-König Theoderich († 526) Herr Italiens geworden waren, errang das byzantinische Weltreich, und zwar unter Kaiser Justinian (527–65) – nach Vernichtung von Vandalen 533 und Goten 535–52 – in Europa, Asien und Afrika seine weiteste, durch eigene Flottenmacht gedeckte Ausdehnung.

Ravenna spielte erneut eine wichtige Rolle. Darum bekannte Dante (1265–1321) in der »Divina Commedia« (Hölle V,97) auch stolz: *Es liegt die Stadt, wo ich geboren wurde, Am Meeresstrand, wo sich der Po hinabsenkt.* Erläuternd fügte Ferdinand Gregorovius (1821 bis 1891) seinen »Wanderjahren in Italien« 1863 ein: *Ravenna war ursprünglich wie Venedig zum Teil auf Inseln gebaut ... dessen ausgezeichnete Lage bestimmte schon [Kaiser] Augustus, es zu einer Flottenstation des Adriatischen Meeres zu machen, so entstand der Hafen Classe.* Natürlich würdigt Gregorovius unser musivisches *Bild der untergegangenen Vorstadt Classe ... eine fest gemauerte Burg mit Zinnen und Türmen, das blaue Meer, Segelschiffe, die den Hafen bezeichnen ...*

Angesichts des typisierten Hafen-Mosaiks in Ravenna muß man nach den byzantinischen Vorbildern dafür fragen. Gewiß war es einer der in den Seemauerbereich einbezogenen Ports von Konstantinopel. Marmarameerseitig kommen dafür vor allem jene von Türmen flankierten Einfahrten[303] in den großen Eleutherios-Hafen, den halbrunden Kontoskalion-Hafen oder den dem riesigen kaiserlichen Palastbereich benachbarten Bukoleonhafen[259] in Betracht. Letzterer, südlich des Hippodroms und unweit des Pharos, des Leuchtturms von Byzantion, wurde von Palästen umgeben, welche auch Kaiser Justinian bewohnt hat. Sein bekanntestes Mosaikporträt (von 546–48) ziert die Nordostwand der Presbyterium-Apsis in San Vitale zu Ravenna. Ihm gegenüber, an der Südostwand, prangt Theodora mit ihrem Gefolge. Diese »first Lady« des byzantinischen Reiches war, bevor sie als Gattin Justinians zur Kaiserin aufstieg, mehr als eine »femme fatale«, zumal – wenn man Prokops (etwa 500–560)[252] »Anecdota« Glauben schenkt: *Oft entkleidete sie sich sogar im Zirkus vor aller Zuschauer Augen und erschien nackt mitten darin. Nur ein schmales Bändchen, das sich quer über den Leib und zwischen die Schenkel zog, trug sie. Nicht aber, weil sie sich geschämt hätte, sondern weil dort niemand ohne solches Band nackt auftreten darf. In solchem Aufzug legte sie sich, rückwärts gebeugt, auf den Boden. Daraufhin streuten Sklaven, denen dies Geschäft oblag, ihr gerade auf die Schamteile Gerstenkörner, die dann hierzu abgerichtete Gänse mit Schnäbeln von dort einzeln hervorholten und fraßen. Wenn sie dann aufstand, kein Gedanke daran, zu erröten; sie war offenbar noch besonders stolz auf solche Schamlosigkeit. War sie doch nicht nur schamlos; sie war geradezu eine vollendete Künstlerin der Schamlosigkeit ... Ließ sich – stolz auf solche Glanznummer ihres Auftretens – von einer Reihe von Männern ... begatten.* Unter ihren begeisterten Zuschauern befanden sich – wie konnte es in einer großen Hafenstadt (mangels damals noch nicht ausgestrahlter TV-Nachtsendungen) anders sein – viele Seeleute, Schiffsvolk aller Herren Länder und Angehörige der kaiserlichen Marine, darunter, wie zu allen Zeiten, ebenso sensations- wie sexhungrige »Lords«.

Derselbe Prokop überliefert in den um 550 verfaßten Teilen III und IV seiner »Historien« (oder »Bücher über den Krieg«), daß es Justinians Marschall Belisar im September 533 gelungen war, mit seinem gelandeten Heer von gut 20 000 Mann die verbliebenen Vandalen-Streitkräfte bei Sousse in Tunesien endgültig auszuschalten. Zum Truppentransport dorthin dienten damals – wie Belisars Geheimschreiber (eben unser Historiker und Sensationsjournalist Procopius) als Teilnehmer an der dreimonatigen maritimen Invasionsüberfahrt berichtet – 500 gewaltige Lastensegler. Ihren Schutz gewährleisteten 92 *lange Schiffe*, die *für die Schlachten zur See gebaut* waren; *diese nennt man heute dromones.*

Auf einer Insel des venetischen Meerbusens im Jahr 552 spielt Gabriele D'Annunzios (1863–1938) Tragödie »La Nave« (1906; deutsch von Rudolf G. Binding 1910).[71] Mit dem Schicksal jenes dort – parallel zur Gründung Venedigs – endlich vom Stapel kommenden Schiffs TOTUS MUNDUS möchte der alte Lotse Lucio Polo sein eigenes verbinden: *... auch mich nimm auf dein Schiff! Denn ich verginge, / müßt enden ich*

Einmastiges Frachtschiff mit Rahsegel. Ausschnitt des Mosaiks mit der befestigten Adria-Hafenstadt Classe bei Ravenna.[38] Dort in San Appolinare Nuovo, 6. Jahrhundert.

in faulenden Gewässern, / im angeschwemmten Schlamme träger Flüsse. / Wie viele Völker auf der weiten Welt / hab ich gesehn; und immer bot ich ihnen / das beste meiner Kunst. Das Schiff zerschellte / drei Male mir; und sieben Male blieb / das Säulentor des Herkules hinter mir; / ein Tag und eine Nacht blieb ich allein / an einer Rahe einst auf hoher See; / und ausgesetzt war ich der Strömung Wut, / der Raublust der Korsaren, Hunger, Durst / und jedem Ungemach. – Wer denkt daran? – / Geführet von Ravenna nach Byzanz / hab ich den Papst Johann, als er gefeiert / in Sofia Ostern mit Theodorich. / Von Konon habe ich geschifft Isuren, / von Thraziens Küste edle Rosse und / den Blutvergießer nach Otrantos Hafen; / gebracht zur Tibermündung die Galeeren / des Belisar, mit goldnem Korn beladen; / gesehen hab ich auf Palmaria / den Papst Silvester sterben auf der Streu; / und Vitigis zum König sah erheben / die Goten am Circèo ich; und fliehen / Basilius, den letzten Konsul Roms, / vor Tòtila. Was kann mich freuen noch? / Wer kann erneuen Dinge, die vergangen? / Nauarch, noch einmal, einmal will ich lesen / von deinem Rostrum in den ewi-

114

gen Sternen. / Dies Herz berät mich, wenn das Auge fehlt! / O laß mich sterben nicht in diesen Sümpfen. / Nimm mich mit dir zu einem letzten Glück. / Nie ists zu spät, die Fernen zu versuchen. / Nie ists zu spät, noch weiter vorzudringen. / Und fürchte nicht; denn meine Weisheit hat / von allen Worten Kenntnis, außer einem: / Nie wird sie zu dir sagen: »Bleib zurück!«

Für das 7. Jahrhundert wirkten zwei Ereignisse ebenso revolutionär wie epochal: im politisch-religiösen Bereich das Entstehen des Islams und im militärisch-technischen Sektor jene seit 671 reifende Erfindung des aus Heliopolis/Syrien stammenden Ingenieurs Kallinikos. Er brachte das durch ihn ver-

1977) und fährt fort: *Während bisher die Griechen in der Verteidigung geblieben waren, gingen sie [im Frühjahr 678] überraschend zum Gegenstoß über, diesmal geleitet von einer großen Anzahl kleiner Boote. Die Flotte segelte über das Marmarameer und traf bei den Parischen Inseln vor Kyzikos auf die arabischen Vorposten ... Die Schlacht begann ... Die arabischen Kriegsfahrzeuge waren in der Mehrzahl und fächerten die Front weit auf, um das Gros der griechischen Flotte zusammenzudrängen. Doch als sie ihre Angriffsmanöver durchführten, schoben sich die Feuerträger zwischen den griechischen Seekreuzern in die Front und donnerten ihre erste Ladung ab. Ehe die heransegelnden Verbände die Lücken der brennenden Fahrzeuge füllen konnten, waren*

Byzantinische Miniaturmalereien des 13. Jahrhunderts, wie – bei der Belagerung Konstantinopels von Bord eines Verteidiger-Schiffes der Flotte Michaels II. (820–29) – »griechisches Kriegs-Feuer« mittels Siphon auf den Feind geschossen wird, dazu bei einer anderen Darstellung – einer »naumachia« – die Wiedergabe eines Kampfschwimmers. Paris, Bibliothèque Nationale.

besserte »byzantinische Kriegsfeuer« erst dank seiner dazu entwickelten Siphone (röhrenförmige Druckspritzen) zu kriegsmäßiger Verwendung.

Dieses höchst erfolgreich eingesetzte »Feuer«[100] bestand – nach Franz M. Feldhaus – *aus Schwefel, Steinsalz, Harz, Erdöl, Asphalt und gebranntem Kalk. Sobald er mit Wasser in Berührung kommt, erhitzt er sich bis auf etwa 120°. Dadurch wurden die brennbaren Bestandteile des Feuersatzes entzündet ... es entwickelten sich Dämpfe, die in Verbindung mit der Luft explodierten ... Das Feuer erzeugte durch seine Eigenart eine große moralische Wirkung ... und es konnte auf nahe Gegenstände infolge der Explosionen sogar mechanisch zerstörend wirken.*
Wahrscheinlich sind die ersten Siphone ausprobiert worden, als zu Beginn der Belagerung [Konstantinopels] die arabischen Schiffe gegen die Häfen vordrangen, so daß der Bericht des Theophanes, wonach schon 672 »Feuerträger« mit zwei Masten und leichten Booten gebaut worden seien, das Datum der praktischen Durchführung der Erfindung ziemlich richtig angibt, schreibt Frank Thieß[304] (1890 bis

schon neue Kanonenboote aufgetaucht. Es heißt, daß Kallinikos selbst die Flotte seiner unheimlichen, in Rauch, Blitz und Donner gehüllten Siphonträger geführt habe, die nun durch die versinkenden, brennenden und manövrierunfähigen arabischen Großsegler hindurchstießen und Schuß um Schuß auf die herannahenden Kriegsschiffe abgaben. Sie brannten, als sei das Meer in eine kochende und feurige Hölle verwandelt: die Deckaufbauten brachen zusammen, das Takelwerk flammte auf, ihre Segel zerfetzte der Wind zu Wolken von Feuerfunken und glühend-flatternden Fahnen, und da die Brander sich durch ihre aufgelösten Reihen drängten und mit gräßlicher Präzision aus den Rohren den brennenden Tod über die zur Flucht abdrehenden Araber schossen, hatte die hinter ihnen anbrausende griechische Kriegsflotte ein leichtes Spiel.
Der zweite Teil der Schlacht war ein Zusammenpressen, Jagen und Zertrümmern der arabischen Reste, die, außerstande, eine Formation zu halten, nur noch einzeln um ihr Leben rangen. Die Griechen enterten die Hilflosen, stießen Lecks in die Unterwasserplanken, daß die schweren Fahr-

zeuge krängten, absanken, kenterten. Am Ende setzte ein heftiger Wind ein, der die Flammen zu riesigen Fackeln aufblies und sich schließlich in einen Sturm verwandelte, der das Zerstörungswerk vollendete ... Nur ein paar Schiffe erreichten den Hafen von Kyzikos. Die Griechen kehrten heim und meldeten dem Kaiser die Vernichtung der arabischen Seemacht.

Es war der größte Seesieg, den je ein Reich der Antike und des Mittelalters auf dem Meere errungen hatte, mächtiger als der von Actium, in dem Octavian Antonius und Kleopatra niederrang, eine der fürchterlichsten Niederlagen der Weltgeschichte. Noch im Frühsommer desselben Jahres bat Muâwija um Frieden ... Der Friedensvertrag wurde Anfang August 678 in Damaskus geschlossen.

Wir hören von weiteren erfolgreichen »Kriegsfeuer«-Einsätzen bei der zweiten (717/18) und späteren Belagerungen Konstantinopels – bis 1139 das »Griechische Feuer« wegen seiner allzu »mörderischen« Wirkung auf dem 2. Lateranischen Konzil für die europäische Kriegführung geächtet wurde.

Ekkehard Eickhoff[89], dem wir die historisch fundierte Rekonstruktionszeichnung einer byzantinischen Dromone der Zeit um 850 verdanken, beschäftigte sich eingehend nicht nur mit diesem damals kampfstärksten Kriegsschiff, das, bei einer Besatzung von 200 Mann, als Hauptarmierung drei Siphone führte (einen im Vorschiff und zwei an den Flanken des mittleren, teilweise gepanzerten Verdecks), sondern auch mit kleineren Typen, wie Chelandie, Pamphyle, der Usia und Galee, sowie mit deren jeweiliger Verwendung. Daß die islamischen Gegner solche Fahrzeuge in den Folgekämpfen zuweilen erbeuten konnten oder nachzubauen versuchten, ist deutlich geworden, zumal es im Koran[178] (5. Sure, Vers 24) ja programmatisch heißt: *Und sein* [Allahs] *sind die Schiffe, die hohen im Meer, gleich Bergen.* Jedenfalls hat der Islam ähnliche Fahrzeuge, beispielsweise beim Kampf um Sizilien, seit 827 eingesetzt.

Nach Fall und Aufgabe der letzten byzantinischen Festung Rametta auf Sizilien sammelten sich deren griechische Schiffs- und Mannschaftsreste im Hafen von Reggio/Calabria. Als die Dromonen und Galeen, kommandiert vom greisen Patrikios Niketas, von dort nach Byzanz heimkehren wollten, kam es 964 in der Meerenge von Messina zur »Seeschlacht der Vernichtung« (wie die siegreichen Fatimiden sie bezeichneten). Dabei wurden zahlreiche byzantinische Fahrzeuge von Hassans Einheiten infolge neuartiger *tollkühner Nahkampftechnik* durch arabische Kampf-

schwimmer, welche die gegnerischen Ruder umwickelten, manövrierunfähig gemacht, in Brand gesetzt und versenkt. Zu den Opfern zählte sogar die Admiralsdromone; denn Niketas kam samt Gefolge erst nach Zahlung hoher Lösegelder wieder frei. Siziliens islamische Besatzungszeit fand erst mit dem Auftreten der Normannen 1061–72 ein Ende.

Bisher unerläutert blieb Amalfi[34], jene von 839 bis 1131 bedeutsame Seerepublik. An unzugänglicher Küste, südlich von Neapel gelegen, verfügte Amalfi damals über eine unternehmerische Kaufmannschaft und eine gut gerüstete Flotte. Erfolgreich vermochte sie sich gegen die Sarazenen – zum Beispiel 846 an der Punta della Licosa und 849 vor Ostia – durchzusetzen. Letzteres Ereignis nahm Raffael übrigens zum Motiv eines Freskos in den Stanzen des Vatikans. Dank anderer gegen Langobarden, die Fürsten von Capua und Salerno, sogar das byzantinische Kaiserreich erstrittener Positionen dehnte sich Amalfis Handel im 10. Jahrhundert bis in die Levante aus. Selbst das in den »Tavole Amalfitane« codifizierte Seerecht erfreute sich alsbald hohen Ansehens. Um 1020 besaßen die Amalfitaner in Jerusalem ein Hospital; denn die Transporte von Pilgern und Kreuzfahrern brachten großen Gewinn, nicht minder ihr Handel mit kostbaren Stoffen, Parfums und Galanterieartikeln.

Einem namhaften amalfitanischen Schiffseigner widmete Giovanni Boccaccio (1313–75) im 1349–53 entstandenen, vielgelesenen »Decamerone« des 2. Tages 4. Geschichte: ... *Das Gestade von Reggio bis Gaeta gilt für die schönste Gegend Italiens; dort zieht sich, nahe bei Salerno, ein das Meer überragendes Uferland hin, die Küste von Amalfi, voll kleiner Städte und bewohnt von reichen Leuten, die in dem Eifer, womit sie dem Handel nachgehn, kaum ihresgleichen haben. Unter diesen Städten ist eine, Ravello mit Namen, die zwar auch heute reiche Bürger hat, aber vorzeiten einen hatte, der außerordentlich reich war, Landolfo Ruffolo; da ihm aber seine Reichtümer nicht genügten und er sie zu verdoppeln begehrte, kam es soweit mit ihm, daß er bald mit ihnen allen zugleich sein Leben eingebüßt hätte.*

Nachdem er nach Kaufmannsbrauch einen Überschlag gemacht hatte, kaufte er ein großes Schiff, belud es mit mancherlei Waren und fuhr damit nach Zypern. Dort fand er, daß noch viele andere Schiffe mit Waren gleicher Güte gekommen waren; deshalb mußte er seine Ladung nicht nur unterm Preis abgeben, sondern sie geradezu verschleudern, und so war er denn fast zugrunde gerichtet. In dem großen

Kummer, und weil er sich nicht zu helfen wußte, als er sah, daß er aus einem gar reichen Manne fast zum Bettler geworden war, gedachte er entweder zu sterben oder seinen Verlust durch Räuberei einzubringen. Und nachdem er einen Käufer für sein großes Schiff gefunden hatte, kaufte er ein leichtes Freibeuterschiff, rüstete und versorgte es aufs beste mit allem, was dieses Handwerk erfordert, und verlegte sich nun darauf, sich jedwedes Eigentum und sonderlich türkisches anzueignen. Bei diesem Handwerk war ihm das Glück viel günstiger als bei den Kaufmannsgeschäften. Es war kaum ein Jahr vergangen, so hatte er so viel türkische Schiffe geplündert und genommen, daß er das, was er im Handel verloren hatte, nicht nur wieder erworben, sondern auch

Ketten-Teile, mit denen im Mittelalter der Hafen von Pisa geschlossen wurde (1362 von den Genuesen erbeutet; 1860 aus Florenz an Pisa zurückgegeben); Pisa, Campo Santo.

Schiffbruch Landolfo Ruffolos. Holzschnitt-Illustration in Boccaccios »Il Decamerone« (Venedig 1602).

mehr als verdoppelt hatte. Da er also sah, daß er ein hübsches Vermögen besaß, überzeugte er sich, daß das, was er habe, ihm genug sein müßte, und entschloß sich denn, damit heimzufahren ...

Er war schon in den Archipel gekommen, als sich eines Abends ein Südostwind erhob, der nicht nur seiner Fahrtrichtung entgegengesetzt war, sondern auch die See höher gehn ließ, als sein kleines Schiff hätte aushalten können; darum suchte er in einer vor dem Winde geschützten Bucht einer kleinen Insel Zuflucht.

In dieser Bucht hatte er noch nicht lange gelegen, als dort zwei große genuesische Kauffahrer, die von Konstantinopel kamen, auf der Flucht vor derselben Gefahr mit Mühe eintrafen. Als die Genueser das kleine Schiff erblickten, dem jeder Weg zu entkommen abgeschnitten war, und erfuhren, wer sein Eigentümer war, beschlossen sie, als von Natur aus geldgierige und raublustige Menschen, weil sie ihn durch das Gerücht als sehr reichen Mann kannten, das Schiff zu nehmen ... Und nachdem sie Landolfo auf eins von ihren

Schiffen gebracht und das seinige völlig ausgeplündert hatten, versenkten sie es, und ihm blieb nichts als ein dürftiges Wams. Am nächsten Tage drehte sich der Wind, und die Kauffahrer richteten ihre Segel westwärts und setzten ihre Reise den ganzen Tag glücklich fort: gegen Abend aber brach ein Sturm los, der die Wellen hoch gehen ließ und die beiden Kauffahrer voneinander trennte. Durch das Ungestüm dieses Sturms geschah es, daß das Schiff, wo der elende, arme Landolfo war, bei der Insel Kephallenia mit großer Wucht auf die Sandbank geschleudert wurde und zerschellte; im Nu war das Meer voll schwimmender Balken, Kisten und Brettern, und wer von den Leuten schwimmen konnte, suchte nun, wie es bei Schiffbrüchigen zu geschehen pflegt, trotz der nächtlichen Finsternis und dem hohen Wogengange den Gegenstand zu fassen, der ihm von ungefähr zur Hand kam. So tat auch der arme Landolfo ... schwamm auf die Kiste zu, die ganz in seiner Nähe war, legte sich mit der Brust auf ihren Deckel und trachtete, sie mit seinen Armen nach Möglichkeit wagrecht zu erhalten. In dieser Lage und ohne etwas zu essen, weil er nichts hatte, aber bei häufigerm Trinken als er gewünscht hatte, verbrachte Landolfo den ganzen Tag und die darauffolgende Nacht in völliger Unkenntnis, wo er sei, da er nichts sah als das Meer. Schier zum Schwamme geworden und an die Kiste geklammert, gelangte er endlich am nächsten Tage an den Strand der Insel Korfu, und zwar an einer Stelle, wo gerade zufällig ein armes Weib ihr Küchengeschirr wusch ... Sie packte ihn bei den Haaren und zog ihn mitsamt der Kiste ans Land ... dann pflegte sie ihn noch einige Tage, so daß er wieder zu Kräften kam und sich bewußt wurde, wo er war. Nun hielt das gute Weib dafür, die Zeit sei gekommen, ihm seine Kiste, die ihn gerettet hatte, wiederzugeben und ihm zu sagen, er solle sein Glück fürbaß versuchen ...

Ruffolo hatte tatsächlich Glück im Unglück; denn die Kiste enthielt *viele Edelsteine, gefaßte und lose ... Nachdem es ihm gelungen war, sie loszuschlagen, schickte er dem guten Weibe in Korfu eine hübsche Summe Geldes als Dank und ebenso denen in Trani, die ihn bekleidet hatten; den Rest behielt er für sich, ohne fürder Handel treiben zu wollen, und lebte damit bis an sein Ende im Wohlstande.*

Von ähnlichem Freibeutererfolg kündet eine Inschrift am ehrwürdigen Dom zu Pisa.[34] *Anno 1063 haben die Pisaner den Grund dieser Kirche gelegt. Es war in dem Jahr, als der Zug an die sizilianische Küste unternommen wurde. Mit einer zahlreichen Flotte fuhren bewaffnet hinaus in gleicher Weise die Alten, die im reifen Alter Stehenden und die Jungen. Gegen Palermo nahmen sie ihren Kurs, sie zersprengten die Kette und drangen siegreich in den Hafen ein. Sechs große mit Schätzen reich beladene Schiffe fielen in ihre Hände, eines davon verkauften sie, die anderen vernichteten sie durch Feuer. Mit dem Erlös aber ist bekanntermaßen dieser Bau errichtet worden.* Ein Marineerfolg und weitere, sich anschließende wurden umgesetzt in eine monumental emporgeführte Bautengruppe: genannter Dom, das 1152 begonnene Baptisterium und der ab 1173 errichtete, durch die Versuche Galileis berühmt gewordene »Schiefe Turm« bilden so über Jahrhunderte hin den Hauptanziehungspunkt von Pisa.

Einst römische Kolonie, eroberten Pisas Flotten im 11. und 12. Jahrhundert nach entscheidenden Seesiegen über die Sarazenen Sardinien, Korsika sowie die Balearen. Schiffe stellte Pisa für den Transport der Kreuzritter, und 1135–37 gelang es Pisanern, Amalfi als ärgsten Rivalen niederzuringen. Das folgende Jahrhundert brachte für Pisas Handel und seine Machtstellung zur See zunehmende Gewinne, dank derer noch der Campo Santo 1278–83 errichtet

werden konnte. Er markiert die Wende; denn während seiner Bauzeit büßte Pisa wichtige Positionen in Asien ein, und 1284 gelang es Genuas durch Oberto Doria befehligten Geschwadern von 77 Schiffen sogar, die pisanische Flotte mit 86 Fahrzeugen unter ihrem Admiral Alberto Morosini bei Meloria vor Livorno zu vernichten. Im 14. Jahrhundert gingen Korsika, Teile Sardiniens und weiterer pisanischer Festlandsbesitz verloren; 1406 endlich wurde Pisa von Florenz erobert, womit Pisas Flagge von der See verschwand.

Bereits während des 1. Kreuzzuges nach Palästina (1096–99) sollen Pisanerschiffe geweihte Erde vom Golgathahügel heim nach Pisa transportiert haben. Aller Nachschub lief damals über den – von fatimidischen Verbänden gefährdeten – Seeweg. Vornehmlich venezianische und genuesische Flotten unterstützten die Kreuzfahrer während anschließender Jahre bei den Einnahmen von Byblos (1103), Akkon (Mai 1104) und Beirut (Mai 1110).

Hier einzuschieben wären jene Partien aus Snorris Königsbuch (III)[295], wo vom norwegischen König Sigurd und dessen Westeuropa-Umsegelung, Vorstoß ins Mittelmeer, seiner Jerusalem-Fahrt 1109, Sidons Eroberung sowie vom weiteren Seezug bis nach Byzanz (1111) die Rede ist: *Im Sommer segelte König Sigurd über das Griechische Meer nach dem Heiligen Lande. Er zog dann zur Stadt Jerusalem und traf den König von Jerusalem, Balduin. König Balduin bereitete König Sigurd einen wunderbaren Empfang und ritt mit ihm hinaus zum Jordanstrom und dann nach Jerusalem zurück ... König Sigurd weilte dort lange im Heiligen Lande, den Herbst hindurch und auch noch den ersten Teil des Winters. König Balduin veranstaltete ein glänzendes Fest für König Sigurd und viele Männer seines Gefolges. Da schenkte König Balduin dem Sigurd viele heilige Reliquien. Auf den Rat des Königs Balduin und des Patriarchen nahm man da einen Splitter vom Heiligen Kreuz, und beide schworen auf die Reliquien, daß dieser Span vom Heiligen Kreuze stamme, an dem Gott selbst gemartert wurde. Darauf gab man die heilige Reliquie König Sigurd unter der Bedingung, daß er mit zwölf seiner Männer vorher schwor, er würde das Christentum, soweit es in seiner Macht stünde, ausbreiten ... König Sigurd zog darauf zu seinen Schiffen nach Acre* [= Akkon]. *Da rüstete auch König Balduin sein Heer, um zu der Stadt im Syrerland zu ziehen, die Sidon heißt. Die Stadt war noch heidnisch. Diese Fahrt hatte König Sigurd mit ihm beschlossen. Und als die beiden Könige die Stadt kurze Zeit belagert hatten, ergaben sich die Heiden, und die Könige*

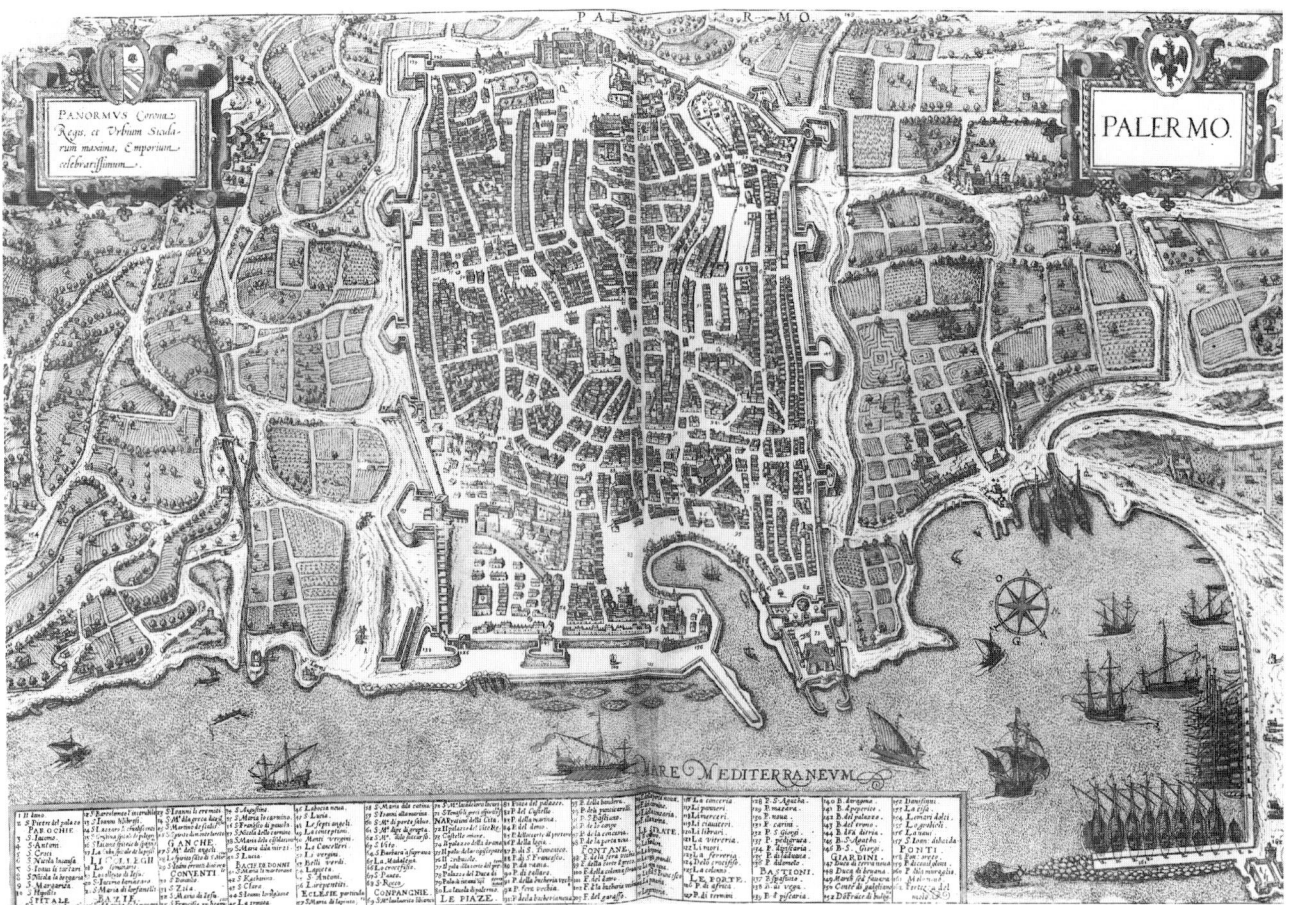

Vogelschauansicht von Palermo. Kupferstich in G. Braun & F. Hogenberg »Civitates orbis terrarum«, vor 1597.

nahmen von der Stadt Besitz, aber ihr Kriegsvolk machte noch andere Beute. König Sigurd übergab König Balduin die ganze Burg ...

Darauf ging König Sigurd auf seine Schiffe und rüstete sich zur Abfahrt vom Heiligen Lande. Sie segelten nordwärts zur Insel Cypern, und dort weilte er einige Zeit. Er fuhr dann nach Griechenland und legte sein ganzes Geschwader auf die Reede von Engilsnes [= Kap St. Angelo oder Malea an der SO-Spitze Moreas, der Peloponnes], wo er einen halben Monat lag. Jeden Tag strich günstiger Fahrtwind das Meer entlang nach Norden, doch wollte er zur Fahrt einen richtigen Seitenwind, so daß man die Segel der ganzen Schiffslänge nach aufziehen müßte. Alle Segel waren nämlich vorn und hinten mit kostbarem Tuch besetzt, weil beide, die Leute am Vordersteven wie auf dem Hinterdeck, nicht die weniger schönen Teile der Segel sehen wollten.

Als König Sigurd in Byzanz einsegelte, da fuhr er nahe dem Lande. Alles Land dort am Strande ist voll von Burgen und Kastellen und Dörfern, ohne Unterbrechung. Da sahen sie vom Lande aus in die Wölbung aller Segel, und dazwischen war keine Lücke. Das Ganze sah aus, als wäre es eine große

Wand. Das gesamte Volk stand an der See, um sich anzusehen, wie König Sigurd dort heransegelte.

Auch der Kaiser Alexios [I., 1081–1118] hatte von der Heranfahrt König Sigurds gehört, und da ließ er das Burgtor in Byzanz aufschließen, das »Goldene Pforte« genannt wird. Durch dieses Tor reiten die Kaiser in die Stadt ein, wenn sie lange von Byzanz fortgewesen sind und einen schönen Sieg erfochten haben. Da ließ der Kaiser Teppiche ausbreiten auf allen Straßen der Stadt von der Goldenen Pforte bis zum Blachernen-Palast. Dort sind alle die prächtigsten Kaiserhallen ... König Sigurd und alle seine Mannen ritten ... in solcher Pracht in Byzanz ein und dann zu der berühmtesten Königshalle, und dort richtete man alles für sie her. König Sigurd weilte dort einige Zeit.

Da sandte der Kaiser Alexios seine Leute zu ihm und ließ fragen, ob er lieber vom Kaiser sechs Schiffspfund Gold haben wolle oder ob er wünsche, daß der Kaiser ihm das Spiel aufführen ließe, das er sich gewöhnlich pflegte im Hippodrom aufführen zu lassen. König Sigurd entschied sich für das Spiel ... Darauf rüstete sich König Sigurd zur Heimkehr. Er gab dem Kaiser alle seine Schiffe, und das Schiff,

119

das König Sigurd gesteuert hatte, trug ein vergoldetes Haupt. Man setzte die Schiffe in der Peterskirche nieder.
Der Kaiser Alexios schenkte König Sigurd viele Pferde und gab ihm ein Geleit durch sein ganzes Reich. König Sigurd verließ da Byzanz, zurück aber blieben eine große Zahl Männer und nahmen Sold. König Sigurd zog nun zuerst nach Bulgarien und dann nach Ungarn, weiter durch Pannonien, Schwaben und Bayern ...

Selbstverständlich spielten damals im mediterranen Seegebiet auch normannische Einheiten ihre Rolle. So segelte zum Beispiel im Sommer 1113 Siziliens reiche und mächtige Regentin – Gräfin Adelaide – zu ihrer Vermählung mit Balduin, seit 1100 König von Jerusalem, nach Akkon. Albert von Aachen, ein wichtiger zeitgenössischer Chronist, läßt uns dazu wissen[228]: *Sie führte zwei Triremen mit sich, jede mit etwa 500 Kriegern an Bord, und sieben Schiffe mit Gold, Silber, Purpur und großen Mengen von Edelsteinen und Prunkgewändern, ganz abgesehen von Waffen, Panzern, Schwertern, Helmen, Schilden, die von Gold blitzten, und allen Ausrüstungsstücken, die von Fürsten zur Bedienung und Verteidigung ihrer Schiffe gebraucht werden. Das Schiff, auf dem die edle Dame selbst zu reisen geruht hatte, war mit einem Mast geschmückt, der mit dem reinsten Golde überzogen war, so daß er von weitem in der Sonne leuchtete. Bug und Heck dieses Schiffes, ähnlich mit Gold und Silber bedeckt und kunstfertig verziert, waren herrlich anzuschauen. Auf einem der sieben Schiffe befanden sich die sarazenischen Bogenschützen, äußerst kräftige Männer in wunderschönen und sehr teuren Gewändern, die alle als Geschenk für den König bestimmt waren ...*

Unter dem Kommando ihres Admirals Georg von Antiochia († 1151) entfaltete Siziliens Flotte nicht nur während des 2. Kreuzzugs (1147–49), sondern selbst noch bis in die 1180er Jahre hinein ihre größte Wirksamkeit im zentralen und östlichen Mittelmeer. Währenddessen (1162–75) ereigneten sich blutige Auseinandersetzungen zur See zwischen Genua und Pisa. Als sich dann mit dem 3. Kreuzzug (1189 bis 1192)[61,228] Kaiser Friedrich Barbarossa zum Heiligen Land aufmachte, folgten ihm Freunde, wie etwa Friedrich von Hausen († 1190, einer der frühesten deutschen Minnesänger) und Verbündete, wie König Richard Löwenherz von England und Frankreichs König Philipp II. August. Mit ihnen erschienen wieder umfängliche atlantische Flotten im mediterranen Seegebiet. Richards Einheiten liefen zunächst Marseille an, trafen sich dann mit den von Genua ausgelaufenen französischen im Hafen von Messina,

wo man 1190/91 sechs Monate lang überwinterte. Am 30. März 1191 verließ Philipp mit seinem Verband Sizilien in Richtung Akkon. Dort traf er am 20. April ein; Richard erreichte es erst am 8. Juni; denn seine nach Palästina führende Seefahrt war höchst unerfreulich verlaufen. *Starke Winde trieben die Flotte alsbald auseinander. Der König selbst blieb einen Tag in einem Hafen Kretas; von dort aus hatte er eine stürmische Überfahrt nach Rhodos, wo er ... vom 22. April bis zum 1. Mai verweilte, um sich von seiner Seekrankheit zu erholen. Mittlerweile ging eines der Schiffe im Sturm unter, und drei weitere wurden nach Zypern abgetrieben. Zwei dieser Schiffe erlitten an der Südküste der Insel Schiffbruch ... Am 8. Mai tauchten Richard und seine Hauptflotte vor Zypern auf. Sie hatten eine scheußliche Überfahrt von Rhodos hinter sich, und Richards eigenes Schiff war im Golf von Attalia nur mit knapper Not der Vernichtung entronnen ...*[267] Einen Monat später war das arabische Blockadegeschwader vernichtet und Akkon wieder für alle Christen offen.

Inzwischen hatte Kaiser Friedrich I. den Tod in Saleph gefunden und sein Nachfolger Heinrich VI. noch nicht Siziliens Besitz erlangt, als dessen Gemahlin Konstanze, die Erbin des Normannenreiches, am 24. August 1191 in Salerno gezwungen wurde, mit schnell laufender Galeere nach Palermo zurückzukehren. Henry Benrath = Albert H. Rausch, 1882 bis 1949) vergegenwärtigt den Vorgang in seinem 1935 erschienenen, als »Meisterwerk historisierender Belletristik« gewürdigten Roman »Die Kaiserin Konstanze«: *Das Admiralsschiff lag hellerleuchtet auf der Höhe der Bucht, als die Kaiserin es mit ihrem kleinen Gefolge um die zweite Morgenstunde betrat. Da man das Hafenviertel abgesperrt hatte, war die Übersiedelung von Schloß Terracina bis an Bord vor sich gegangen, ohne daß das Volk sie gewahr geworden wäre. Der Graf Margaritus empfing die Fürstin – nach dem Zeremoniell des sizilianischen Hofes – in der Kniebeuge vor den doppelten Reihen einer Ehrenwache, welche aus palermitanischen Matrosen zusammengestellt war. Als sie ihn mit einer Kopfneigung begrüßt hatte, geleitete er sie in die bereitgestellten Staatskabinen.*

– Ich gehorche nur den Befehlen, Majestät, die mir von der Regierung zugegangen sind.
– Ich weiß es, Admiral.
– Eure Majestät können alle Ansprüche erheben, die der Erlauchten Tochter Unseres Großen Königs Roger gebühren.
– Ich danke, Admiral.
– Wünschen Eure Majestät, daß erst morgen vormittag Befehl zum Fahren erteilt werde oder sogleich?

Die Eroberung Konstantinopels 1204 durch Kreuzfahrer und Venezianer. Großes Wandbild aus der Werkstatt des Tintoretto (1518–94), nach 1577, in der Sala del Maggior Consiglio des Dogenpalastes zu Venedig.

– Sobald Sie, Admiral, noch eine Entscheidung getroffen haben, die bei Ihnen allein steht. Mein Adjutant, Herr von Ingelheim, möchte mich nicht verlassen ... Ich bitte Sie, ihm den Wunsch ... zu erfüllen.

– Der Wunsch ist erfüllt, Majestät. Ich bin glücklich, ihn an Bord zu haben.

Eine Viertelstunde später verließ das Schiff die Bucht von Salerno mit südlichem Kurs auf Lipari-Messina. Der Admiral hatte Lothar [von Ingelheim] *zu sich gebeten:*

– Sie sollten, wenn sich die Zeiten beruhigt haben, einmal eine große Seereise mit mir durch das ganze Mittelmeer machen ... Das Meer ist die Welt. Das Meer ist die Unvor-

eingenommenheit. Das Meer ist die Schwester des Schicksals. Das Meer ist auch der Überschuß an Möglichkeiten.

Am besten, quer durchs Mittelmeer führenden Transportgeschäft, das die Weltgeschichte kennt, den Pilgerfahrten und Kreuzzügen, verdienten alle Seerepubliken. Amalfi und Pisa ebenso wie Genua und vor allem Venedig. Marianne Langewiesche (1908 bis 1979) schreibt dazu in ihrem beachtlichen, 1940 edierten Roman »Königin der Meere«: *Von jeher hatte Byzanz das Stapelmonopol für alle Waren, die aus den Ländern des Orients kamen und für Europa bestimmt waren. Venedig hatte das Handelsmonopol für diese Waren* [bis zum

12. Jahrhundert] *an sich gebracht, so waren beide Partner aufeinander angewiesen und keiner konnte seine Macht gegen den anderen mißbrauchen. Aber jetzt waren Venedigs junge Konkurrenten herangewachsen: Pisa und Genua. Und sie mischten sich in das ertragreiche Ostgeschäft, unterstützt von Byzanz, das froh war, auf diese Weise die unbequemste und gefährlichste Macht: Venedig, in deren Rechten zu schmälern. So war das venezianische Handelsmonopol gebrochen, sein Europa-Orient-Handel gefährdet. Und damit nicht nur seine Weltmachtstellung, sondern seine Existenz überhaupt. Es nützte nichts mehr, sich mit den pisanischen und genuesischen Schiffen herumzubalgen. Man mußte die Gefahr im Kern packen: Byzanz! Im Jahr 1202 kamen vierzigtausend Kreuzfahrer nach Venedig und begehrten, ins heilige Land verfrachtet zu werden.*

Diese Gelegenheit nutzte Venedig[333] nach Kräften und mit grandiosem Ergebnis: der Einnahme und Plünderung von Byzanz im April 1204 – womit der 4. Kreuzzug endete. Dank tagebuchartiger Aufzeichnungen eines Augenzeugen damaliger Ereignisse sollen diese hier folgen. Wir entnehmen sie der »Conqueste de Constantinople« (hrsg. v. Franz Getz, Leipzig 1915). Ihr Verfasser ist Geoffroy de Villehardouin (um 1160–1218)[321], einer der Führer des Kreuzzugs und Marschall der Champagne. Zudem gilt er als Initiator der französischen Geschichtsschreibung. So überliefert er selbst die Bedingungen, zu denen Venedig den Kreuzfahrer-Transport übernahm: *Wir werden Lastschiffe herstellen für viertausendfünfhundert Rosse und neuntausend Pferdeknechte und Schiffe für viertausendfünfhundert Ritter und zwanzigtausend Kriegsknechte zu Fuß, und für all dieses Kriegsvolk und diese Rosse wird die Vereinbarung die sein, daß die Schiffe für neun Monate Lebensmittel mitführen, unter der Bedingung, daß man für jedes Roß vier Mark und für jeden Mann zwei Mark gibt. Diese ganze Flotte werden wir euch für ein Jahr halten von dem Tage an, an dem wir aus dem Hafen von Venedig aussegeln, um den Dienst Gottes und der Kreuzfahrer zu tun. Die vorher einzeln angeführte Summe beläuft sich also auf fünfundachtzigtausend Mark, und so viel werden wir noch darüber hinaus tun, daß wir euch fünfzig Kriegsgaleen zum Geleit mitgeben unter der Vereinbarung, daß, solange unsere Gemeinschaft dauert, wir die eine Hälfte bekommen und ihr die andere von allen Eroberungen an Land und Gut zu Wasser und zu Lande.*

Durch Villehardouin erfahren wir dazu näheres über die Bereitstellung der Schiffe: *Jetzt werden die Schiffe ausgerüstet, auch die Lastschiffe für die Pferde, und als das Geschwader beladen war mit Waffen, Lebensmitteln,* Rittern *und Dienstleuten, und als die Schilde mit ihren Wappen aufgehängt waren an den Türmen und rings am Schiffsrande, richteten sie die Banner hoch, deren sie viele sehr schöne hatten. Und wisset, daß sie in den Schiffen mehr als dreihundert Schleuder- und Wurfmaschinen und alles Kriegszeug mitführten, das nötig ist, um eine Stadt zu nehmen. Niemals, an keinem Tage brach aus irgendeinem Hafen ein schöneres Geschwader auf. Solches geschah am 8. Oktober 1202, und beteiligt waren mindestens 140 Lastschiffe und 72 Galeeren, die dann am 10. November 1202 vor Zara eintrafen.*

Ausführlich schildert Villehardouin[321] danach ihre Ankunft in Konstantinopel im Juli 1203 und alle anschließenden Ereignisse, von denen hier nur die Schlußphase noch betrachtet sei: *Jetzt wurden die Schiffe wohl hergerichtet, die Aufbauten auf ihnen vollendet und alle Lebensmittel für alle Kreuzfahrer gesammelt. Am Donnerstag [dem 8. April 1204] stiegen sie alle in die Schiffe und führten ihre Pferde in die Lastschiffe, jeder Schlachthaufen für sich, und es wurden die Personenschiffe verteilt zwischen die Kriegsgaleeren und die Lastschiffe. Ein gar großes Wunder war es, anzuschauen, daß die Flotte, wie sie zum Angriff aufgestellt war, reichlich eine halbe französische Meile lang war. Am Freitag morgen näherten sich die Personenschiffe, die Kriegsgaleeren und die Lastschiffe der Stadt, wie es befohlen worden war. Jetzt begann der Kampf heftig und gewaltig. An manchen Orten stiegen sie an Land und rückten bis zur Mauer vor, an andern Stellen wiederum wurden die Leitern der Schiffe den Mauern nahe gebracht, so daß die auf den Türmen und die auf den Schiffen Mann gegen Mann mit den Schwertern fochten. So währte an mehr als hundert Stellen der Kampf hart und hitzig bis zur Stunde der None. Aber wegen unserer Sünden wurden wir Kreuzfahrer beim Sturme zurückgeworfen, einerseits in den Schiffen, andererseits wurden die, welche an Land gestiegen waren, mit Übermacht wieder in die Schiffe zurückgetrieben. Und wisset, daß die des Heeres diesmal mehr verloren als die Griechen. Hierüber wurden die Griechen gar sehr erfreut. Manche gab es, die sich vom Sturme zurückgezogen mit all ihren Schiffen, und manche gab es, die vor Anker blieben, so nahe bei der Stadt und beim Sturme, daß sie sich gegenseitig mit Steinschleudern und Wurfmaschinen beschossen. Darauf traten am Abend die des Heeres und die aus Venedig zu einer Beratung zusammen.*

Genug hin- und hergeredet, dies aber war das Ende der Beratung, daß sie ihre Sachen ausbessern sollten am folgenden Tage, der ein Samstag war, auch am Sonntag den ganzen Tag. Am Montag sollten sie zum Sturme gehen und von den Schiffen, auf denen die Leitern waren, je zwei und zwei ver-

Ein stolzes Schiff als Sinnbild der Vergänglichkeit. Französische Miniaturmalerei, Mitte 16. Jahrhundert, zu Francesco Petrarcas (1304–74) Canzone »Standomi un giorno, solo, alla fenestra« in »Les six visions Messire Francoys Petrarque«, Blatt 14v; Staatsbibliothek Berlin Preußischer Kulturbesitz, Ms. Phill. 1926.

binden. So führten sie immer zwei Schiffe zusammen gegen einen Turm, es waren ja die auf einer Leiter zu sehr bedrängt worden, denn derer auf dem Turm waren mehr als derer auf einer Leiter. Deshalb war es ein guter Gedanke, daß zwei Leitern einem Turm stärker zusetzen würden als eine allein ... So blieb die Sache bis Montag [12. April] morgen. Da wurden die in den Schiffen, Galeen und Lastfahrzeugen bewaffnet, die aus der Stadt aber fürchteten sie weniger als vorher, sie waren so kampffreudig, daß alles Volk auf den Mauern und Türmen stand. Jetzt begann der Sturm stolz

und wunderbar, und jedes Schiff griff die Gegner vor sich an, und das Getöse und Kampfgeschrei war so groß, daß Erde und Meer zusammenzustürzen schienen. So dauerte der Sturm sehr lange, bis Unser Herr einen Wind sich erheben ließ, den man Boreas nennt. Dieser trieb die Schiffe und Fahrzeuge näher an das Ufer, als sie bisher waren, und zwei Schiffe, die verbunden waren, die PEREGRINA und PARADIES, kamen, wie Gott und der Wind sie führten, so nahe an einen Turm, das eine Schiff von vorn und das andere von der Seite, daß die Leiter der PEREGRINA den Turm faßte. Jetzt sprangen einer der Ritter aus Frankreich und ein Venezianer auf den Turm; der Ritter hieß Andreas von Urbaise, dann drang hinter ihnen genug Kriegsvolk in den Turm, und die Besatzung verlor den Mut und wandte sich zur Flucht. Als die Ritter in den Lastschiffen dieses sahen, stiegen sie an Land, legten die Leitern an die Mauern an, erstiegen sie mit Macht und eroberten wohl vier Türme. Und sie fingen an, aus den Schiffen, den Galeen und den Transportschiffen zu springen, so schnell und so gut jeder konnte. Sie erbrachen vier Tore und drangen in die Stadt ein, auch begannen sie, die Rosse aus den Lastschiffen zu führen. Die Ritter saßen auf und ritten gerade auf das Lager des Kaisers zu.

Trotz jenes Rückschlags war die Kreuzzugs-Idee weithin ungebrochen. Einer ihrer Fürsprecher, Jakob von Vitry, Bischof von Akkon, schreibt über die Vorbereitung seiner Rückreise von Genua nach Akkon im Brief vom Oktober 1216[238]: *Auf einem neuen Schiff, das noch nicht auf dem Meer war und das man zum Preis von viertausend Pfund hergestellt hatte, habe ich fünf Plätze gemietet, für mich selbst und die Meinen, ein Viertel des oberen Kastells. Ich werde essen, meine Bücher studieren und im Freien bleiben, wenn es nicht gerade auf dem Meer einen Sturm gibt. Ich habe einen Raum gemietet, um dort des Nachts mit meinen Begleitern zu schlafen, einen anderen, um meine Kleider unterzubringen und dort die für die Woche nötigen Lebensmittel aufzubewahren; ich habe ein weiteres Logis gemietet, wo meine Diener schlafen und mir meine Speisen zubereiten; einen anderen Platz für meine Pferde, die ich mitführe. Im Kielraum des Schiffes endlich habe ich mein Brot, Zwieback, Fleisch und andere Dinge stapeln lassen, die für drei Monate als Lebensmittel genügen ...*

Als am 28. Juni 1228 Kaiser Friedrich II. nach mehreren Aufschüben schließlich vom apulischen Brindisi aus mit 40 Galeeren und kleinem Gefolge zum 5. Kreuzzug in See ging[328] – Kreuzfahrer-Truppen waren bereits in Syrien versammelt – und Anfang September selbst per Schiff in Akkon eintraf, tauschte er sogleich mit Ägyptens Sultan al-Malik al-Kamil Geschenke aus und erreichte in diplomatischen Verhandlungen nicht nur einen zehnjährigen Waffenstillstand, sondern auch vertraglich zugesichert, daß allen Christen fortan Jerusalem, Bethlehem und Nazareth gehören sollten. Mit solch positiven Ergebnissen erlangte Friedrich zugleich die Krone des Königreichs Jerusalem. Im Juni 1229 ist er in Brindisi wieder gelandet. So wird eine Seefahrtsallegorie in einem der kaiserlichen Minnelieder[328] verständlich: *Nie litt ich so als jenen Augenblick. / Da hinter meinem Schiff versank die Küste ... / Ich glaube fest, daß ich nun*

Schiffsmodell aus der Kirche von Mataró bei Barcelona, in Holz um 1450; Rotterdam, Maritiem Museum »Prins Hendrik«.

sterben müßte, / Trieb in den Hafen ichs nicht gleich zurück.

Zum engsten Vertrauten-Kreis Friedrichs II. zählend, bediente sich der Humanist Petrus de Vinea ähnlicher Symbolik in folgendem Sonett: *Hab meine Liebe, Schöne, euch geweiht / Und hoffe, daß auch ihr die meine stillt, / Und warte, daß sie alles mir erfüllt, / Auf gutes Wetter, wie gelegene Zeit. / So wie der Seemann, wenn er recht am Winde, / Die Segel rafft, falls er an wenden denkt, / Und er dann, wie erhofft, auch glücklich schwenkt, / Verfahr selbst ich, bis ich euch, Herrin, finde.* Derselbe Petrus von Vinea nimmt an anderer Stelle sogar ein odysseeisches Motiv auf: *... Gleichsam zerschellt bin ich, so wie ein Boot, / Das nur als Wrack die Brandung gibt zurück, / Weil es gefolgt dem Locken der Sirenen. / Und wie dem Seemann, der, weil er vergessen / Mit Wachs im Ohr durch Taubheit sich zu retten, / Erbarmungslos ins feuchte Grab versinkt, / Wird mir ein ähnlich Sterben zugemessen, / Von meiner Herrin ...*

Nachdem Jerusalem 1244 von den Arabern erobert und endgültig verloren war, erfolgte während des 6. Kreuzzuges (1248–54) jener spektakuläre Entsatzversuch Ludwigs IX., des Heiligen und Königs von Frankreich. Mit seinen in Südfrankreich – Roche-de-Marseille und Aigues-Mortes – eingeschifften Heerscharen quer durchs Mittelmeer steuernd, auf Cypern zwischenlandend, erreichte er im Frühjahr 1249 Damiette am Nildelta, nahm es ein, wurde dann aber, noch vor Kairo, vernichtend geschlagen und im April 1250 gefangengenommen. Berichte von Kreuzzugsteilnehmern, wie Johanns de Joinville (1224 bis 1317) und anderer, vermitteln Momentaufnahmen des Anbordgehens im August 1248 und der Begeben-

sahen, und jeden Tag trug uns der Wind weiter fort von den Orten, wo wir geboren waren. Und damit zeige ich euch, daß der ein waghalsiger Narr ist, der sich in solche Gefahr zu bringen wagt mit dem Gut eines andern oder in Todsünde; denn man schläft des Abends dort ein und weiß nicht, ob man sich nicht am Morgen auf dem Grunde des Meeres befindet.

Dem Brief eines unbekannten anderen Kreuzfahrers an einen Freund entnehmen wir: *Als der König und das Heer der Christenheit in Aigues-Mortes auf die*

Sogenannter »Mauren-Teller« mit portugiesischer Nao, einer dreimastigen Karracke, vor 1450. Fayence angeblich aus Malaga; London, Victoria & Albert Museum.

Mediterranes Segelschiff, an dessen Heckaufbau in arabischer Schrift ein Friedens-Aufruf erscheint. Schrägwandige Schale in Lüsterfayence, Ø 22 cm, kobaldblaue Zeichnung auf hellem Grund, entstanden um 1430 in Manises, Provinz Valencia; Berlin, Islamisches Museum (Inv. 06,99).

heiten vor Cypern und Damiette[238]: *An dem Tag, als wir in Roche-de-Marseille auf die Schiffe gingen, eröffnete man die Pforte des Schiffes und führte alle Pferde hinein, die wir übers Meer mitnehmen sollten. Dann schloß man die Pforte und verstopfte sie gut, wie man eine Tonne dichtet, weil auf dem Meer die ganze Pforte unter Wasser liegt. Als die Pferde drin waren, rief unser Schiffsmeister den Seeleuten am Bug des Schiffes zu: »Ist euer Geschäft getan?« Und sie antworteten: »Ja, Herr, mögen die Geistlichen und die Priester nur kommen.« Als sie dann gekommen waren, rief er ihnen zu: »Nun singt, in Gottes Namen!« Und sie riefen: »Veni, Creator Spiritus.« Und der Schiffsmeister rief seinen Seeleuten zu: »Setzt die Segel, in Gottes Namen!« Und so taten sie. Bald füllte der Wind die Segel und entzog uns den Anblick des Landes, so daß wir nur noch Himmel und Wasser*

Schiffe gegangen waren, geschah es, daß wir am Tage des Festes des heiligen Augustin Ende August [1248] absegelten und nach der Insel Zypern kamen ... Der Graf von Anjou ging in der Stadt Limassol an Land, und der König und wir, die wir mit ihm auf seinem Schiff waren, das MONT-JOIE *hieß, gingen ganz früh am nächsten Tag von Bord ... Wir befanden uns in jener Stadt mit sehr wenigen Leuten und blieben dort bis zu Himmelfahrt, um die Truppe zu erwarten, die noch nicht angekommen war.*
Der König und die ganze bewaffnete Truppe, die sich wohl auf 2500 Ritter und 5000 Armbrustschützen und viele andere Leute zu Fuß und zu Pferde belief, begaben sich nach diesen Geschehnissen auf die Schiffe, und an dem Tag der Himmelfahrt, die der 13. Mai war, stachen wir von Limassol und den anderen Häfen von Zypern in See, um nach der

Stadt Damiette zu fahren, wohin es von Zypern nicht mehr als drei Tagereisen sind. Wir waren aber zwei und zwanzig Tage auf See und hatten viel Widerwärtigkeit und Schwierigkeiten auf dem Meer.

Am Freitag nach Dreifaltigkeit um die Stunde der Terze kamen wir vor Damiette an und ein großer Teil unseres Heeres mit uns, obgleich es nicht das ganze war. Es waren noch ungefähr drei Meilen bis zum Land. Der König hieß die Flotte Anker werfen und entbot alle Barone, die da waren, zu sich. Sie versammelten sich alle auf der MONTJOIE *und einigten sich dahin, daß sie ganz früh am nächsten Tag an Land gehen wollten, trotz der Feinde, wenn diese wagten, ihnen zu wehren. Es wurde befohlen, alle Galeeren und kleinen Schiffe der Flotte bereitzumachen, damit am nächsten Tag früh morgens alle, denen es möglich war, sie bestiegen. Es wurde angesagt, jeder solle beichten und sein Testament machen …*

Ergänzend heißt es im Brief des Johann Sarrasin: *Früh am nächsten Tag hörte der König den Gottesdienst an und die Messe, wie es auf dem Meer geschieht, und wappnete sich und befahl, alle sollten sich bewaffnen und in die kleinen Schiffe gehen. Der König stieg in eine normannische Coche und so auch wir … in die kleinen Schiffe, um an Land zu gehen. Der König ließ die edlen Herren in die Schaluppe steigen und fuhr voran, und alle anderen Schiffe fuhren hinterher. Als wir uns dem Ufer näherten, beschossen uns sehr heftig viele wohlbewaffnete Türken, die vor uns auf dem Strand standen, und wir beschossen sie. Und als wir näher ans Land kamen, befanden sich da ungefährt zweitausend Türken zu Fuß und zu Pferde und liefen ins Wasser, unseren Leuten entgegen. Als die Schwerbewaffneten in den Schiffen und sogar die Ritter das sahen, stiegen sie zu Fuß mit allen Waffen ins Meer, die einen bis zu den Achseln im Wasser, die anderen bis zur Brust. Viele von den Unsrigen zogen ihre Pferde aus den Schiffen, unter großer Gefahr, viel Mühe; da strengten sich unsere Armbrustschützen an und schossen so gewaltig und dicht, daß es ein Wunder war. Dann kamen unsere Leute ans Land … Aber nachdem der König ins Meer gestiegen war, dauerte die Schlacht noch lange. Und als sie zu Lande und zu Wasser von morgens bis mittags gedauert hatte, zogen sich die Türken zurück und rannten fort und liefen in die Stadt Damiette.*

Im siebten und letzten, freilich ebenso erfolglosen Kreuzzug ist Ludwig der Heilige 1270 gestorben. Im gleichen Jahr endete auch der »erste« (1257 begonnene) Krieg zwischen Venedig und Genua. Drei weitere Waffengänge[237] – in deren Verlauf unterschiedlichste Schiffe Verwendung fanden – sollten sich anschließen, bis es den Venezianern vor Chioggia im

Juni 1380 endlich gelungen war, die lange Zeit zur See zumindest ebenbürtigen Genuesen niederzuringen. Damals wurden erstmalig Feuerwaffen eingesetzt; denn durch eine Geschützkugel kam dabei Genuas Admiral Pietro Doria zu Tode.

Pilgerfahrten ins Heilige Land und religiösen Zwecken dienende Seetransporte gingen allerdings inzwischen weiter; ein dazu benutztes Schiff beschreibt Philippe de Mezières (1327–1405)[22]: *Die* LA GRACIEUSE *hat drei übereinanderliegende, langgestreckte und geräumige Decks. Das Achterkastell ist durch befestigte Türme geschützt. Am Bug befindet sich ebenfalls ein großes, für Angriff und Abwehr ausgerüstetes Kastell. Mittschiffs steht ein hoher Mast aus Zypressenholz, der oben ein langes Kreuzholz, Rahe genannt, trägt, an dem ein großes, viereckiges Segel hängt. Im Masttopp gibt es ein kleines Kastell, das »Krähennest«, und darüber flattert ein Banner oder eine Standarte, mit dem Wappen des Schiffsherren … Über dem Kompaßkasten befinden sich eine große Laterne aus durchsichtigem Kristall und in ihr eine Lampe, die der ganzen Schiffsgemeinschaft Licht gibt. Vorräte aller Art sind in den Zwischendecks verstaut, wo unter anderem ein besonderer Raum zur Aufbewahrung süß duftender Kräuter dient. Vor dem Mast sind Maschinen – Taljen und andere Gerätschaften –, mit deren Hilfe Rahe und Segel geheißt werden können, was nicht ganz leicht ist. Vorn und achtern gibt es ein großes Tor, durch das man auf die drei Decks gelangt. In unserem Hochmut dürfen wir auch nicht die Bilge vergessen, den untersten von vorn bis achtern durchlaufenden Raum, in dem sich aller Unrat und Abfall des Schiffes sammelt. Wenn er nicht regelmäßig gereinigt wird, vermögen nur wenige Leute an Bord dem fauligen Gestank, der aus ihm aufsteigt, zu entrinnen.*

Vom Kompaß war soeben die Rede; mit ihm sowie mit Amalfi und dem benachbarten Positano ist eine Nachricht verknüpft, die in der »Topographia Italiae«, der Erben Matthäus Merians[34], 1688 abgedruckt erscheint: *In Amalfi ist zum ersten der Gebrauch des Schiffs Compaß oder pyxidis, umbs Jahr Christi 1300 von Flavio Gioia erfunden worden / Daß man nemlich durch Mittel des Magnets / bey Tag und Nacht auff dem hohen und wilden Meer schiffen kan.* Das Wort »erfunden« möchte man durch »verbessert« ersetzen; denn vermutlich handelte es sich dabei um die erstmalige Kombination von magnetisierter Nadel mit einer Windrose. Die ältesten Erwähnungen der für die Seefahrt gebrauchten Magnetnadel finden wir in den Schriften des Engländers Alexander Neckam, die bezeugen, daß um 1195 am Englischen Kanal See-

kompaß, Kompaßnadel und Wasserbussole geläufig waren.[100]

Bevor wir dieses Thema verlassen, sei noch jene wundersame Geschichte Herman Melville's (1819 bis 1891) »Die Legende vom Kompaß« auszugsweise zitiert: *Der Erzbischof von Bordeux, der gleichzeitig Admiral des Königs war, rüstete seine Schiffe aus und nimmt zum Steuermann den Johann von Aurey, einen alten Bretonen, der frommer war als ein Heiliger und alle Küsten kannte bis zum Türkenlande. Der König und der Erzbischof waren unruhig. Es war auch Grund dazu. »Steuermann«, sagten sie zum braven Johann, »versuche doch uns an Land zu bringen, wo es auch immer sei.« – »Ich weiß nicht mehr, wo Süd und Nord ist«, antwortete der alte Lotse. »Wenn ich nur mit meinem Lot den Meeresgrund erreichen ... und ein*

einziges Sternchen sehen könnte.« Während er so spricht, schlägt er das Kreuz ... ruft die Heilige Jungfrau an. »Herr König und Ihr, Herr Erzbischof«, sagte er, »tut wie ich, ich bitte Euch! Bittet Unsere Liebe Frau, daß sie uns ihr Sternbild zeige ... uns in diesem höllischen Nebel nicht verlassen wird.«

Plötzlich schrie er auf: »Ich sehe das Gestirn, ein schönes Sternbild! Wie ein Schiff ist es gestaltet!« Der alte Johann von Aurey betete. Der König, der Erzbischof und die ganze Besatzung verstanden nicht, daß er so zitterte. Aber da hörten sie eine zarte Stimme vom Himmel herabkommen, welche sagte: »Guter Steuermann, nimm meinen Stern; er wird dich immer auf dem Meer leiten.« Im gleichen Augenblick sahen alle, daß Johann einen Stern mit zweiunddreißig Strahlen in den Händen hielt. Der Strahl, der die Lilie trug, wies nach

Norden, ein anderer kreuzförmiger nach Osten ... »Gnaden-volle Heilige Jungfrau«, sagte endlich Aurey, »dein Stern soll unser Strichkompaß sein, der uns in das Heilige Land führen wird, damit wir die Schlacht gegen Mahomet und seine Türken gewinnen.«

Dem europäischen Feindbild des Islams muß hier gerechterweise auch dessen Vermittlerrolle antiker Wissenschaft (beispielhaft die der Kugelgestalt unserer Erde) und eigene kulturschöpferische Leistung, welche dem Abendland zugute kam, gegenübergestellt werden. So entstand ein für Europa entscheidendes mohammedanisches Zentrum unter Kalif al-Hakam II. Ibn Ar-Rahman (961–76) in der Universität mit Schulen und Bibliothek zu Córdoba in Andalusien. Bis dorthin war zuvor schon al-Masʿudi (um 890/95–956/57) als bedeutender Geograph und Weltreisender gelangt; denn er sprach in seinem »Buch der Goldwiesen«[37] selbst über die Straße von Gibraltar, wo *man das Fließen des Wassers, das sich vom Atlantischen Ozean in das Mittelmeer ergießt, wahrnehmen und seine Bewegung feststellen kann.* Aus dem benachbarten Ceuta stammte al-Idrisi (1099 bis 1166), der, nach Studien in Córdoba, Reisen durch Afrika, Asien und Europa, als Hofgeograph des Normannenkönigs Roger II., Autor geographischer Werke und Veranlasser einer in Palermo auf Silberplatten gravierten, zwar verlorenen, aber in Papierkopien vervielfältigten Erdkarte[74] zu Weltruhm kam.

Nicht weniger bekannt wurden islamische Gelehrte vom Rang eines Ar-Rumi (1179–1229) oder Ibn-Battuta (1304–77). Mit deren neuen geographischen wie astronomischen Erkenntnissen, auch eigenen See-Erfahrungen in Gezeiten und Strömungen, Monsunen und Passatwinden, verbesserten sie Nautik und Schiffbau (Lateinersegel vom 9. Jahrhundert an), zumal vielfältige, hochseefähige arabische Fahrzeugtypen – Batil, Sambuk, Baqara, Kadis, Fulk, Baghala oder Buma, welche auch in Marco Polos (1254 bis 1324) 1296–98 verfaßtem China-Reisebericht »Il Milione« vorkommen – selbst benutzt worden waren.

Daß solche Erfahrungen und Neuerungen vom christlichen Schiffbau aufgegriffen wurden, zeigt sich an jener um 1450 entstandenen katalanischen Nao, einer Devotionalie aus der Kirche von Mataró. Björn Landström[182] verweist daran auf *die vieldiskutierten durchlaufenden Decksbalken, den Betingsbalken, die Salings unter der Mars, das dreifache Taurack und ein Scheibgatt in einer Klampe beiderseits des Vorkastells, aus* *dem später der Kranbalken hervorging. Ferner sehen wir deutlich die eigenartige Bauart ... der Decke des Vorschiffs, das ... mit seiner gebogenen, geklinkerten Planken so seltsam anmutet. Heute hat das Modell nur einen Mast ...*

Mit ähnlichen, wohl zwei- bis dreimastigen Karracken erkundeten inzwischen portugiesische, von Prinz Heinrich »dem Seefahrer« entsandte Kapitäne – auf der Suche eines Seeweges nach Indien und Fernost – Afrikas Westküste. Über den Äquator vordringend und damit endlich den Erdglobus[164,275] auch auf südlichen Kursen umrundend, erreichten Diaz 1488 das Kap der Guten Hoffnung, Vasco da Gama 1497 Indien und Cabral 1500 Brasilien. Wie notwendig solche Erfolge waren, erläutert ein Blick auf Byzanz bzw. Konstantinopel. Es war am 29. Mai 1453 dem Geschützbeschuß und Sturmangriff der Truppen Sultan Mehmeds II. erlegen. Was dem vorausging, beleuchtet Baptistin Poujoulat[251]: *Nachdem die Belagerung bereits einen Monat gedauert, ohne daß die Türken Terrain gewonnen hatten, sah man aus der Ferne fünf Kriegsschiffe herannahen, von denen eins dem Kaiser Konstantin Paläologus und die übrigen den Genuesen gehörten. Sie kamen als Befreier und wurden von den Konstantinopolitanern mit Jubelruf begrüßt ... Mohammed II. verzweifelte daran, sich Konstantinopels zu bemächtigen, wenn er es nicht von der Hafenseite her, wo die Befestigungen schwächer waren, angriff. Aber der Eingang des Goldenen Horns war immer noch durch die beiden Ketten gesperrt, und die fünf Schiffe, welche Byzanz zu Hilfe gekommen waren, hatten ihre Kanonen nach der Seite von Kadi-Kewi gerichtet. Der nördliche Theil des Hafens enthielt jedoch nicht Wasser genug für die großen Schiffe der Griechen und Genuesen, während die leichteren Fahrzeuge der Osmanen darin vor Anker gehen konnten. Der Sultan kam auf die Idee, dieselben zu Lande nach diesem Punkte bringen zu lassen. Dieses kühne Unternehmen, welches in einer einzigen Nacht ausgeführt wurde, war nichts Neues. Es war nicht nur von Hannibal, der auf diese Weise Schiffe in den Meerbusen von Tarent brachte, und von Octavianus Augustus, welcher dasselbe Mittel anwendete und seine Schiffe über die Landenge von Nikopolis in den Meerbusen von Ambracia transportierte, angewendet worden, sondern auch später, wo der Patricier Niketas im 10. Jahrhundert seine Galeeren auf diese Weise in den Hafen von Korinth bringen ließ und die Venezianer ihre Flotte 1435 aus der Etsch auf den Gardasee führten. Die Schiffe Mohammeds II., deren Zahl sich auf achtzig belief, traten ihren Weg von dem Punkt des Bosporus, wo sich heutzutage der Palast Bekschistasch erhebt, aus an, wurden durch Menschen und Winden auf starken,*

Handelsschiff im (zerstörten) Wandbild aus der Wunderfolge des Heiligen Ranieri (= Rainer, † 1160), einst im Campo Santo zu Pisa, um 1380; Kupferstich in C. Lasinio »Pitture A Fresco Del Campo Santo Di Pisa Intagiate«. Firenze 1828.

mit Talg und Fett überzogenen Brettern, hinter dem Gottes-acker vorüber auf den Hügel von Pera gezogen und durch das tiefe St. Dimitrithal im Osten von Galata in den Hafen hinabgelassen. Nachdem die Operation erfolgt war, ließ der Sultan in kurzer Zeit ein Schiff erbauen, auf welches er Batterien brachte, die den genuesischen Schiffen antworten und die Stadt in Trümmer schießen sollten ... Eine unter den Konstantinopolitanern verbreitete Prophezeiung hatte geweissagt, daß ihre Stadt fallen würde, sobald man Flotten über die Erde segeln sähe.

Bezeichnenderweise hat sich Stefan Zweig (1881 bis 1942) gerade diesen Moment für seine berühmten »Sternstunden der Menschheit« (1927–45) nicht entgehen lassen: ... Mahomet ist ein Träumer, freilich ein Träumer jener anderen und viel seltneren Art, durch ihren Willen Träume in Wirklichkeit umzusetzen ... Byzanz liegt vor ihm wie eine goldene Frucht, aber er kann sie nicht greifen: das Haupthindernis für diesen Griff und Angriff bildet die tief eingeschnittene Seezunge, das Goldene Horn, diese blinddarmförmige Bucht, welche die eine Flanke von Konstantinopel sichert. Einzudringen in diese Bucht ist praktisch unmöglich, denn am Eingange liegt die Genuesenstadt Galata, der Mahomet zur Neutralität verpflichtet ist, und von dort ist die eiserne Sperrkette quer bis zur Feindesstadt gespannt ...

Da faßt Mahomet den genialen Plan, seine Flotte vom äußern Meer, wo sie nutzlos ist, über die Landzunge in den Innenhafen des Goldenen Horns hinüberzutransportieren. Dieser atemberaubend kühne Gedanke, mit Schiffen eine bergige Landzunge zu überschreiten, erscheint ... so absurd ... In aller Stille läßt Mahomet zahllose Rundhölzer herbeischaffen und von Werkleuten zu Schlitten zimmern ... Gleichzeitig sind schon Tausende Erdarbeiter am Werke, um den schmalen Saumpfad, der den Hügel von Pera hinauf- und wieder hinunterführt, möglichst für den Transport zu ebnen ...

Schweigsam wie alles Große, vorbedacht wie alles Kluge vollzieht sich das Wunder der Wunder: eine ganze Flotte wandert über den Berg. Das Entscheidende bei allen großen militärischen Aktionen ist immer der Überraschungsmoment. Und hier bewährt sich großartig Mahomets besonderes Genie. Niemand ahnt etwas von seinem Vorhaben – »wüßte ein Haar in meinem Bart von meinen Gedanken, ich würde es ausreißen«, hat einmal dieser geniale Hinterhältige von sich gesagt –, und in vollkommenster Ordnung, während prahlerisch die Kanonen an die Mauern donnern, vollzieht sich sein Befehl. Siebzig Schiffe werden in dieser Nacht des 22. April [1453] von einem Meer zum anderen über Berg und Tal ... transportiert. Am nächsten Morgen glauben die

Bürger von Byzanz zu träumen: eine feindliche Flotte, wie von Geisterhand hergetragen, segelt bewimpelt und bemannt im Herzen ihrer unnahbar vermeinten Bucht ...

Dem Fall Konstantinopels folgen sogleich osmanische Heeres- und Flottenunternehmen in der Ägäis, gegen Euböa, Attika und Peloponnes. Im März 1480 stehen türkische Geschwader vor Rhodos, während im August 1480 eine osmanische Flotte – 90 Galeeren und 20 Truppentransporter – Otranto erobern. Wie ein Lichtblick vermag Venedig als letzten wichtigen Außenposten zwar 1489 Cypern zu übernehmen (wo Shakespeares »Othello« spielt); aber das 15. Jahrhundert endet mit erneuten Seesiegen der Türken über

Dreimastige Karracke vor palastartigen Hafengebäuden, in Schiltbergers »Ein wunderbarlich / und Kurtzweilige History / Wie Schiltberger / ... / von den Türken gefangen / ... / und widder heimkommen ist / ...«. Frankfurt a.M. 1554, Blatt 38v.

venezianische Marineeinheiten vor der Insel Sapienza, in der Bucht von Navarino und im Golf von Lepanto.

Ein Deutscher, der Konstantinopel noch vor 1453 erlebte, berichtet in seinem um 1475 erstmals zu Augsburg erschienenen, mehrfach wiederaufgelegten Volksbuch »Eine wunderbarliche Historie, wie Schiltberger, aus München, von den Türken gefangen, in die Heidenschaft geführt und wieder heim kommen«[274] von allerhand Mißlichkeiten während seiner wechselvollen Militär- und Gefangenschaftszeit, auch wie er daraus entfliehen und ans Schwarze Meer gelangen konnte: ... darnach kamen wir auf einen Berg, da sahen wir eine Kogge in dem Meer stehen wohl bei acht Meilen fern vom Gestad. Also blieben wir da auf dem Berg, bis die Sonne unterging. Da es dunkel ward, machten wir ein Feuer, das sah man auf der Koggen, darnach schickte der Schiffmann Knechte in einem Boot zu dem Berg, daß

Venedig aus der Vogelschau, rechts die ausgedehnten Trakte des Arsenals. Kupferstich in G. Braun & F. Hogenberg »Civitates orbis terrarum« Bd. 1, 1572.

sie schauten, wer auf dem Berg wäre. Da wir sie zu uns fahren hörten, da meldeten wir uns, also fragten sie uns, wer wir wären. Da sagten wir ihnen, wir wären Christen, in der Heidenschaft gefangen gewesen und mit Gottes Hilf bis hierher gekommen, daß man uns in die Christenheit überführe, und daß wir wieder zu Lande kämen. Sie wollten uns nicht glauben, daß wir Christen wären, und fragten uns ... Da mußten wir ihnen das Paternoster sagen und den Glauben. Darnach fragten sie, wieviel unser wären, da sagten wir, unser fünf, dann hießen sie uns, auf dem Berg warten, und fuhren wieder zu ihrem Herrn und sagten ihm, als wir ihnen gesagt hätten, darnach fuhren sie herwieder und führten uns auf die Koggen. Da wir drei Tage auf dem Meer fuhren, kamen drei Galeeren, darauf waren Türken, die raubten auf dem Meere. Und kamen auf die Kogge zu und

hätten's gern beraubt, eilten der Koggen drei Tage und zwo Nächte nach und mochten ihr nichts angewinnen. Darnach kam die Kogge zu der Stadt Amastris, und da blieb sie drei Tage, und die Türken fuhren wieder ihren Weg hin.

Darnach fuhr die Kogge wieder auf das Meer und wollt gen Konstantinopel fahren. Und da wir nichts sahen denn Himmel und Wasser, da kam ein Wind und schlug die Kogge wohl auf achthundert welsche Meilen hinter sich zu einer Stadt, die Sinop genannt ist; da lagen wir fünf Tage. Darnach fuhren wir weiter anderthalb Monate auf dem Meere und mochten nicht zu Land kommen. Uns ging die Speise ab, daß wir nichts zu essen hätten noch zu trinken. Da kamen wir auf dem Meere zu einem Felsen, da fanden wir Schnecken und Meerspinnen, die klaubten wir auf und speisten uns vier Tage damit. Und also fuhren wir drei Monate *auf dem Meere und kämen darnach gen Konstantinopel, die Kogge fuhr darnach hin in welsche Lande.*

Als Zielhafen ist damit wahrscheinlich Genua[247] gemeint. Bereits von Dante gerühmt, charakterisiert es Francesco Petrarca (1304–74), einer der Begründer des Humanismus, in seinem »Itinerarium Siriacum« 1358 so: *Du wirst eine königliche Stadt zu Füßen der Alpenhügel sehen, stolz wegen ihrer Menschen und Mauern, deren bloßer Anblick sie als Herrin der Meere bezeichnet.*

Dort grüßt jeden Ankommenden als uraltes Wahrzeichen und Richtfeuer die »Lanterna«. Sie erscheint ganz links im Holzschnitt von Michael Wolgemut in Hartmann Schedels »Buch der Chroniken« 1493; Ende des 15. Jahrhunderts hatte der große Leuchtturm tatsächlich eine Entsprechung auf gegenüberliegender Mole. Am rechten Bildrand ist zudem jene 1159 vollendete, von Türmen flankierte Porta Soprana erkennbar. Dahinter befinden sich Hausreste, wo Kolumbus *zwischen dem 26. August und 31. Oktober 1451* geboren sei – wie es Salvador de Madariaga in seiner seit 1940 geradezu »klassisch« bewerteten Colón-Biographie[199] glaubhaft macht – als *sephardischer Jude ... Nach vier oder fünf Jahren Lehrzeit als Schiffsjunge muß er sich etwa mit vierzehn Jahren entschlossen haben, endgültig den Seemannsberuf zu ergreifen, und zwar nahm er Dienste auf einem Kaperschiffe ... Wenn der letzte aufgefundene genuesische Urkundentext echt ist, dann fuhr Colón bis 1479 ununterbrochen zur See ... Was nun das Äußere seiner Person und seines körperlichen Anblicks betrifft, so war er von hohem Wuchs und überdurchschnittlich groß: sein Antlitz war lang und hoheitsvoll. Die Nase war adlerförmig gekrümmt. Seine Augen waren blau, die Farbe seiner Haut weiß mit einer Neigung, sich leicht brandrot zu verfärben. Bart und Haupthaar waren in seinen jungen Jahren blond, dann verfärbten sie sich und wurden grau und weiß. Seine Art zu sprechen war angenehm und fröhlich ... Er war ein ernster Mann, gemäßigt, in allem was er tat, Unbekannten gegenüber liebenswürdig ... seine Unterhaltung zeugte von Diskretion und Klugheit ... Am Donnerstag, dem 20. Mai 1506 brach Christóbal Colón in Valladolid auf, um die letzte Reise anzutreten, von der niemand wiederkehrt.* – Allgegenwärtig wendet er sich uns, vor Genuas Hauptbahnhof, vom Denkmalssockel aus zu.

Ein Denkmal ganz anderer Art, als Buchinkunabel mit den ersten, in der Buchherstellung frühesten Holzschnitt-Falttafeln[34] setzte sich der Mainzer Domherr Bernhard von Breydenbach 1486 mit seinem vielbeachteten (in zwölf Auflagen und Übersetzun-

gen erschienenen) Reisebericht »Peregrinatio in Terram Sanctam« bzw. »Fart gen Jerusalem«. Darin enthaltene panoramahafte Ansichten von Venedig, Modon, Rhodos, Jerusalem wurden zur Sensation (und entsprechend ausgeschlachtet), zumal neben den Heiligen Stätten ein lebhaftes Interesse z.B. auch Rhodos galt, jener von den Osmanen ständig heimgesuchten Insel. Konnten Johanniterritter deren Belagerung von 1480 noch aufopfernd widerstehen, so mußten sie am 1. Januar 1523 das strategisch bedeutsame Eiland endgültig räumen (um danach auf Malta und andernorts weiterzuwirken).

Auf der großen östlichen Nachbarinsel Cypern, wo sie bis 1309 ebenso türkischen Invasionen getrotzt hatten, wurde – nach der Kreuzfahrerdynastie der Lusignan – Venedig von 1489 bis 1570 tonangebend. Eine dort durch Shakespeares Trauerspiel und Verdis Oper (nach Boitos Libretto) angesiedelte Gestalt ist – infolge tragischer Verstrickung – seither tief ins weltweite Kulturbewußtsein eingedrungen: der Mohr Othello. Zu Ende des 15. Jahrhunderts kommt er als Befehlshaber einer über die Türken siegreichen venezianischen Flotte aus stürmischer See nach Cypern heim.

Shakespeare läßt uns durch Cassio (Othello II,1) zurufen:

> *... O Herr, beschütz' Othello!*
> *Sein Segel schwelle, dein allmächt'ger Hauch,*
> *Daß bald sein wackres Schiff den Hafen segne;*
> *Dann eil' er liebend an der Gattin Brust,*
> *Entflamme glühend unsern lauen Mut*
> *Und bringe Cypern Tröstung! – Seht, o seht! –*
> *Des Schiffes Reichtum ist ans Land gekommen*
> *Ihr, Cyperns Edle, neigt Euch huldigend ...*

Und ein paar Verse weiter jauchzt Desdemona:

> *Mein Othello!*

Während er strahlend entgegnet:

> *Ein Wunder dünkt mich's, groß wie meine Freude,*
> *Dich hier zu sehn vor mir. O mein Entzücken!*
> *Wenn jedem Sturm so heitre Stille folgt,*
> *Dann blast, Orkane, bis den Tod ihr weckt!*
> *Dann klimme, Schiff, die Wogenberg' hinan,*
> *Hoch wie Olymp, und tauch' hinunter tief*
> *Zum Grund der Hölle! Gält' es jetzt zu sterben,*
> *Jetzt wär' mir's höchste Wonne ...*

In der Ära
globaler Entdeckungen

Wer das grüne, kristalline Feld
Pflügt mit des Schiffes eilendem Kiele,
Der vermählt sich das Glück, dem gehört die Welt.
Aber einschränkend fährt Schiller 1801/02 in der
»Braut von Messina« (I,8) fort: ... *das Meer ist der*
Raum der Hoffnung / Und der Zufälle launisch Reich: / ...
/ Wie der Wind mit Gedankenschnelle / Läuft um die ganze
Windrose, / Wechseln hier des Geschickes Lose, / Dreht das
Glück seine Kugel um, / Auf den Wellen ist alles Welle, /
Auf dem Meer ist kein Eigentum.

Afrika war, wie wir vorn schon sahen, Herodots (ca.
490–430 v.Chr.) Bericht zufolge, im Auftrage des
ägyptischen Pharao Necho II. gegen 596–594 v.Chr.
von phönizischen Schiffern auf dem Wege vom
Roten Meer durch Indik, Atlantik und die Säulen des
Herakles umrundet worden. Kaum ein halbes Jahrhundert danach entwickelte Anaximandros aus Milet
die Lehre von der Kugelgestalt des Himmels, in dessen Zentrum die Erde frei schwebe, wobei er sich den
Erdkreis noch als eine auf dem Meer schwimmende
Scheibe vorstellt. Doch gleichzeitig schrieb ein anderer bedeutender Gelehrter der Antike, Phokos von
Samos, ein frühes Lehrgedicht, das die »Schiffsastronomie« zum Thema hatte und somit dem Seemann
die wichtigsten Sternbilder, u.a. den nordweisenden
Kleinen Bären, als Orientierungsmittel lieferte – ein
aus nautischer Empirie gespeistes Faktum, das bei
den Pythagoräern um 500 v.Chr. zur Vorstellung von
der Kugelgestalt der Erde führte.

Vornehmlich Archytas von Tarent (428–365 v.Chr.)
gehörte zu ihren Verfechtern, wie er auch von den
kreisförmigen Bahnen der Planeten sprach. Für
Platon (427–347 v.Chr.) war die Erde ebenfalls eine
Kugel, und Eudoxos von Knidos (um 408–355 v.Chr.)
legte sich um die zentrale Erde die Kugelschalen seines kosmologischen Systems. Herakleides (um 388
bis 310 v.Chr.), übrigens ein Schüler Platons, lehrte
dagegen die Achsendrehung der Erde, die sich für
ihn bereits in einem heliozentrischen System zu

bewegen schien. Die Beweisführung für jene These
erbrachte danach Aristarchos von Samos (um 310 bis
230 v.Chr.). Dessen einzige vollständig erhalten ge-
bliebene Arbeit »Über Größe und Entfernung von
Sonne und Mond« folgte zwar noch geozentrischer
Auffassung.

Einer der vielseitigsten hellenistischen Gelehrten,
Eratosthenes von Kyrene, 246 v.Chr. als Vorsteher der
berühmten Bibliothek nach Alexandria berufen,
berechnete dann als einer der ersten mittels Sonnen-
höhenmessungen den Erdumfang. Außerdem entwarf er in seinem dreibändigen Werk »Geographika«
eine Gradnetzkarte der damals bekannten Welt, die
er zu umsegeln theoretisch für möglich hielt (was vor
ihm schon Alexander der Große geplant hatte). Auf
solchen Grundlagen fußend, hat Krates von Mallos in
der ersten Hälfte des 2. Jahrhunderts v.Chr. offenbar
einen Erdglobus angefertigt. Einer der Zeitgenossen,
Hipparchos von Nikaia/Bithynien, untersuchte wenig später die Bahnen von Sonne und Mond sowie
deren Größe und Entfernung von der Erde.

Angesichts dieser Erkenntnisse[90] und der daraus
resultierenden weitgesteckten Welterfassung ist es
nicht erstaunlich, daß Ovids (43 vor bis 17 nach Chr.)
nachhaltig ins europäische Bewußtsein eingegange-
ne »Metamorphosen«[232], welche *vom Uranfang bis auf*
unsere Zeit – die Epoche des Kaisers Augustus – reichen, von der Kugelgestalt der Erde zeugen. Entsprechende Passage (I,1, Vers 32–42) lautet:

... Wie er so das Gemisch, wer jener der Götter gewesen,
Ordnend hätte zerteilt und in Schichten gefügt
[das Zerteilte,
Rundete er im Beginn, auf das nach jeglicher Seite
Gleich sie wäre, zur Form einer mächtigen Kugel
[die Erde.
Dann goß er Fluten aus und hieß sie von tobenden
[Winden
Schwellen und rings umfangen der breiten Erde
[Gestade ...

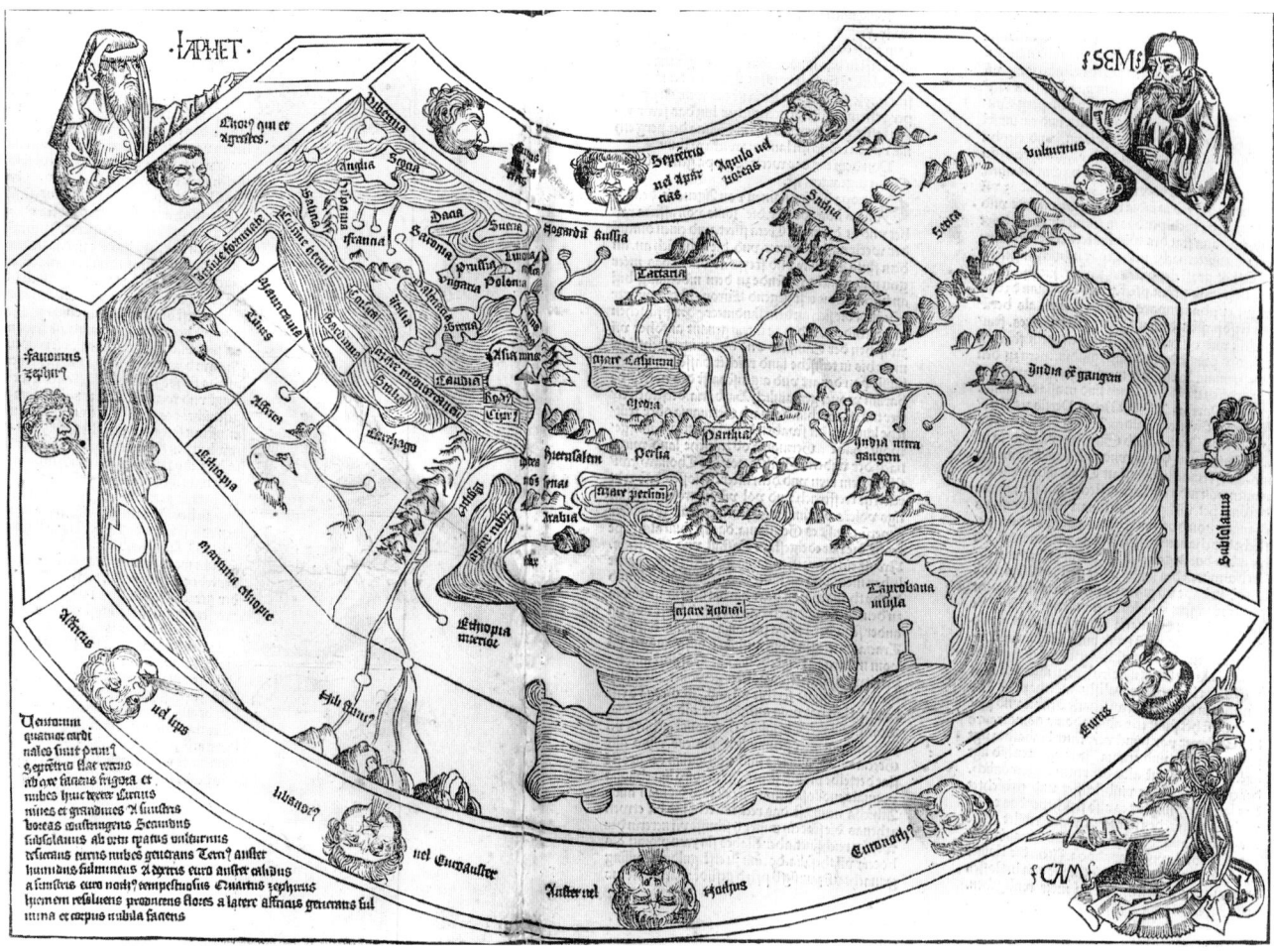

Außtaylung der werlt – nach der Vorstellung, die um 150 n.Chr. in Claudii Ptolemaei »Geographia« entwickelt war. Holzschnitt in Hartmann Schedels »Buch der Chroniken« 1493.

Selbst Plinius[242], der beim Vesuv-Ausbruch 79 nach Chr. umkam, bewies im 2. Buch seiner »Historia naturalis« die Krümmung der Erdoberfläche und damit die Kugelgestalt unseres Planeten durch die für jeden Seemann einleuchtende Tatsache, daß zunächst die Masten und später erst der Rumpf des Schiffes am Horizont sichtbar werden. Wenn Claudius Ptolemaios (um 100–160 n.Chr.)[254] dann zwar nicht zur Erkenntnis eines heliozentrischen Weltbildes fand, beruhte das auf einem Irrtum, aber dafür stellte er im »Almagest« fünf Sätze auf, die in der Folgezeit – bis zu den Tagen eines Kopernikus – für alle Seefahrer und Entdecker kanonische Geltung behielten.

Obwohl derartiges antikes Wissen von der offiziellen christlichen Kirche nicht konsequent weiterentwickelt wurde – für sie blieb die Erde eine auf dem Wasser ruhende Scheibe –, haben doch arabische Gelehrte und vor allem maurische Universitäten in

Spanien den europäischen Studenten während des 12. und 13. Jahrhunderts die seit der Antike bekannte Erdkugelvorstellung übermittelt. Neue Anstöße gaben die Handbücher eines Ibn Haukal und des Ali al-Masʿudi († 956/57)[37] sowie besonders jene Weltbeschreibung nebst Kartenwerk Mohammed al-Idrisis, der, 1099 in Ceuta geboren, 1166 auf Sizilien verstorben, als Hofgeograph des Normannenkönigs Roger II. Weltruhm erlangte. In Cordoba ausgebildet, durch Reisen in Afrika, Asien und Europa geschult, hat Idrisi selbst für den Sohn und Nachfolger Rogers, König Wilhelm, ein noch größeres geographisches Kompendium »al-masalik wa-l-mamalik« geschaffen (von dem aber nur ein Auszug auf uns kam). Die Summe geographischen Wissens zog danach Yaqut ar-Rumi († 1229) mit seinem in alphabetischer Ordnung gestalteten Wörterbuch.

Zum Ende des 13. Jahrhunderts begann sich auch die Seekartographie[275] zu entwickeln, für die das Jahr

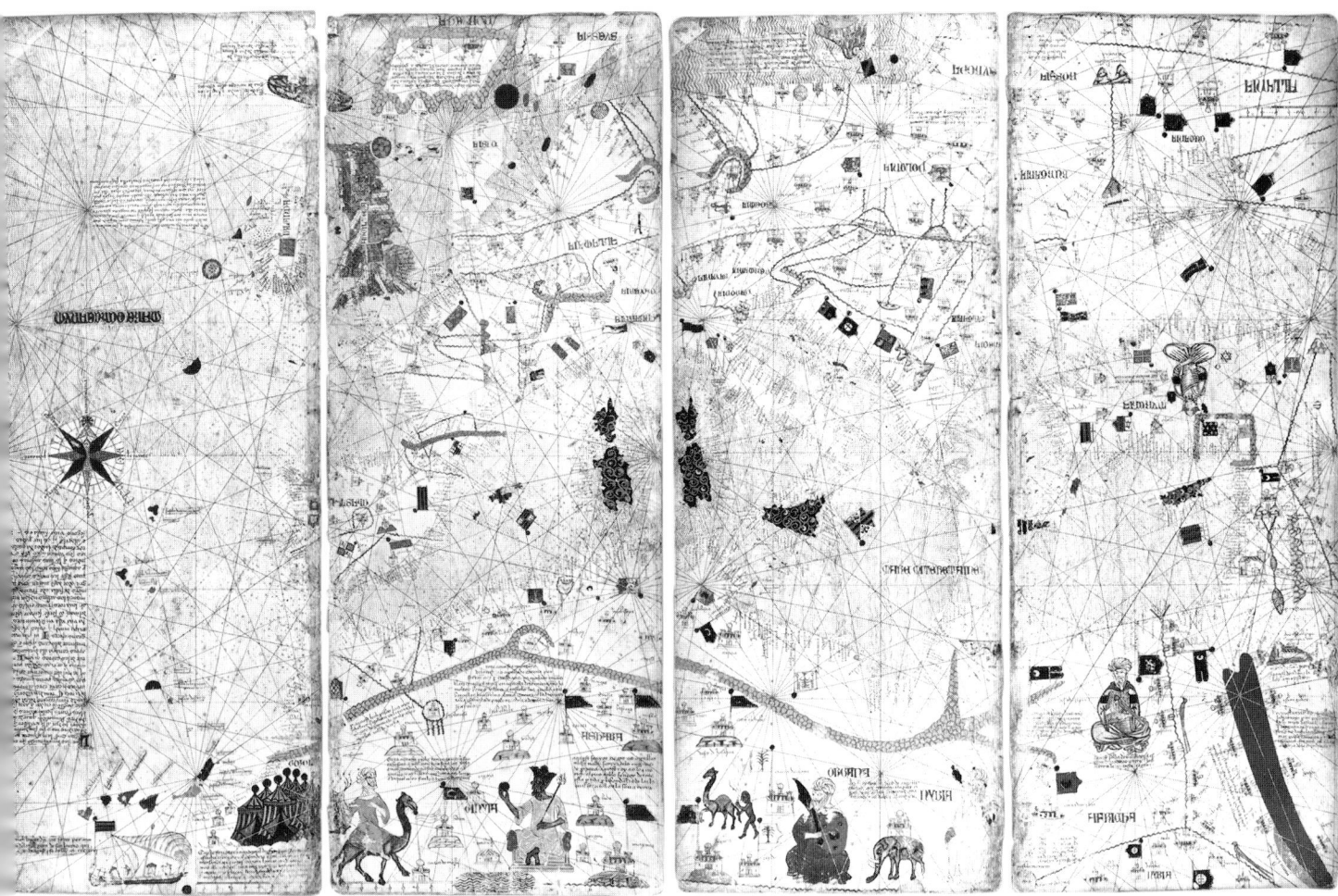

Die europäischen Meere im »Katalanischen Weltatlas« um 1375, auf Pergamenttafeln gezeichnet und koloriert. 1380 im Inventar des gerade verstorbenen französischen Königs Charles V. nachgewiesen. Paris, Bibliothèque Nationale.

1311 zur Wendemarke geworden ist; denn jenes Datum trägt eine von Petrus Vesconte in Genua gefertigte Seekarte. Entsprechende Portolane, von denen eine umfängliche Zahl erhalten ist, haben zwei Herkunftsbereiche: den italienischen mit Genua, Venedig, Ancona und Amalfi sowie den katalanischen mit Mallorca. Dort herrschten bis 1248 Mauren, deren nautische und geographische Kenntnisse die balearische Kartographentechnik nachhaltig beeinflußt haben. Ohne sie wäre der 1375 entstandene, in Paris bewahrte »Katalanische Weltatlas«, ein epochales Seekartenwerk[70], undenkbar. Als dessen Urheber kommt Abraham Cresques, 1387 zu Palma de Mallorca gestorben, in Betracht.

Bereits vor Konstantinopels Fall 1453 waren infolge Eindringens und Besitznahme des Islams in Nordafrika, Vorderasien, Levante und Südeuropa lang genutzte Handelsrouten zum mittleren und fernen Osten gestört. So mußten neue Wege nach Indien und China erschlossen werden.[74] Hierfür ideelle wie materielle Voraussetzungen bewirkt zu haben, bleiben Leistung und Verdienst eines portugiesischen Königssohns (mit englischer Mutter): des Infanten Dom Henrique »el Navegador«.

Aus breiter Forschung und Literatur über Heinrich den Seefahrer[137], welcher, 1394 in Porto geboren, 1415 an einer Expedition gegen Ceuta teilnahm, 1419 Gouverneur der südlichen Algarveprovinz wurde, dem man sogar die Gründung einer Seefahrerakademie (1420) in Sagres auf dem äußersten Südwestzipfel Portugals nachsagte und der danach unaufhörlich bis zu seinem Tode im Jahre 1460 Schiffe zur Erkundung von Afrikas Westküste mit allen ihr vorgelagerten Inseln aussandte, mag Klara Rumbucher[266] – ob ihrer Eindringlichkeit – zu Worte kommen: *Hier in Sagres lebt er, um der Wissenschaft willen ein Asket. Herzog von Viseu geworden, bleibt er gleichwohl der einsame, sich selbst genügende Forscher ... Die Wirklichkeit der Welt zieht ihn an ... er kennt die meisten seiner Zeit zugänglichen Schriften ... Die Bibel, die Kirchenväter .. sind ihm vertraut wie Herodot, Aristoteles, Caesar, Plinius, Ptolemäus ... Besonderes Interesse zeigt er für den arabischen Sternkundigen Alfagran. Marco Polo, Duns Scotus, Albertus Magnus ... sie alle sind neben Chroniken und Ritterromanzen Frankreichs, Italiens, Spaniens in seinen Gesichtskreis getreten ... Sein Hauptinteresse gehört der Erdkunde, der Mathematik und den nautischen Wissenschaften. Vierundzwanzigjährig von Ceuta zurückgekommen, geht er daran, seine Afrikapläne zu verwirklichen. Am Promontorio Sacro warten seine Seeleute und seine Barken auf die große Stunde ... Er erinnert sich ... von Atlantischen Inseln gehört zu haben und von Wanderungen des Edrisi, des Flüchtlings, den König Roger in Sizilien zur Aufzeichnung allen geographischen Materials veranlaßte. Der Infant holt seine Übersetzung dieses Buches und die Werke von Al-Masudi und Ibn Said ... die Schriften des Abulfeda und Albyrung ... Sie beschrieben schon die Ostküste Afrikas bis Sofala. Dann schlägt er Bacuis und Ibn Fathimas' Werke auf. Sie wissen von Fahrten bis Arguim zu berichten. Wie nun endet dieses afrikanische Festland? Verlängert es sich, hört die Welt da drunten auf oder gibt es eine Durchfahrt? ... Heinrich aber läßt sich nicht ablenken von seinem Hauptziel, zu erfahren, wie Afrika endet, und durch Portugal die Weltherrschaft zu gewinnen ... Denker, Wächter, Deuter und Leiter, der er ist, bleibt er auf seinem ... Berg am Cap San Vicente. Er, Heinrich der Seefahrer, der die See nicht mehr befährt! Statt einen Weg mitzugehen, überschaut, überprüft er alle möglichen Wege, bleibt er wie eine Spinne in einem großangelegten Netz ... Sein Reich ist sein Arsenal, seine Seemannsschule ... sein Sagres ...*

Prinz Heinrich läßt im Kartensaal die letzten Ergebnisse der jüngsten Expeditionen sogleich eintragen, und macht ... eine Aufstellung der ... 1434 bis 1448 gewonnenen Ergebnisse. Das Fazit ist: einundvierzig Schiffe wurden entsandt. Sie stießen vierhundertfünfzig Legoas [eine = 6197 m] über Cap Bojador hinaus. Sie meldeten, daß die an Vorgebirgen reiche Küste nicht nach Osten zum Land des Priesterkönigs [= Äthiopien] ..., sondern weiter nach Süden verlaufe. Dies alles zeichnen Heinrichs Kartographen in Sagres ein, und Zurara legt es nieder in seiner Chronik von Guinea ...

Auch nach Heinrichs Tod folgten weitere Entdeckerfahrten: 1470 lagen portugiesische Naos vor der Elfenbeinküste, überquerten 1472 den Äquator. Diego Cão stieß 1482 bis zum Kongo vor und passierte 1485 Cap Cross. Drei Jahre später umrundete Bartolomeu Diaz das Cap der Guten Hoffnung, und nur ein Jahrzehnt danach erreichte Vasco da Gama am

Bildnis König Emanuels I. von Portugal (* 1469, reg. 1495–1521) vor dem Kastellturm von Bélem bei Lissabon. Kupferstich in Manuel de Faria y Sousa »Historia Del Reyno De Portugal« 1730.

20. Mai 1498 Indien. Während der bis 1521 dauernden Regierungszeit König Manuels I., des Glücklichen (el Felice), war Portugal zur Beherrscherin des Südatlantiks wie des Indiks und zu einer unbestrittenen Seemacht aufgestiegen. So erfüllte sich Prinz Heinrichs Vision.

Unübersehbar, und in Korrespondenz zum Torre de Belém, ragt dessen 1960–62 am Tejoufer bei Lissabon errichtetes eindrucksvolles Monument (Padrão dos Descobrimentos) 52 m empor. Es symbolisiert ein Entdeckerschiff. Am Bug stehen mit Heinrich dem Seefahrer Kapitäne, Steuerleute, Kartographen und Chronisten, Soldaten und Missionare. Rückseitig ist das Turmtor mit jenem Schwert, das das Kreuz von Aviz trägt, geschmückt; denn Schwert und Kreuz charakterisieren samt Nao die portugiesische Conquista im Século de Ouro (das goldene Jahrhundert der Eroberungen). Deren Etappen sind hinter dem Padrão in einer weiträumig begehbaren Weltkarte markiert, welche als Marmormosaik eine riesige, 50 m große Windrose füllt und so Teile des Platzbereichs zwischen Denkmal und Jerónimos-Kloster – geschichtszugewandt – prägt.

Dort, im berühmten Kreuzgang des Klosters, am künstlerisch prächtigsten und Historie besonders betonenden Ort von Lissabon, hat man – aus wehmütiger Liebe und sehnsuchtsvoller Verehrung – Portugals großem, begnadeten Poeten Fernando Pessoa (1888–1935)[239] eine Gedenkstele gesetzt. Vor ihr kommen einem unwillkürlich Verse seiner furistisch triumphierenden »Ode marítima« (1915?) spontan ins Bewußtsein: … *Toma-me pouco a pouco o delírio das coisas marítimas … Allmählich packt mich der Fieberwahn der Seefahrtsdinge, / durchdringen mich leiblich der Kai und seine Stimmung, / springt mir der Wellenschlag des Tejo über die Sinne, / und ich beginne zu träumen, beginne, mich in den Traum der Gewässer einzuwiegen, / die Treibriemen greifen in meine Seele ein, / und des Steuerrades Beschleunigung rüttelt mich glänzendwach. / Es rufen nach mir die Gewässer, / es rufen nach mir die Meere, / es rufen nach mir mit leiblicher Stimme die Fernen, / alle in der Vergangenheit gespürten Meeresepochen rufen …*

… Männer vom Meer von heute! Männer vom Meer von gestern! / Bordkommissare! Galeerensklaven! Kämpfer von Lepanto! / Piraten aus Römerzeiten! Seefahrer Griechenlands! / Phönizier! Karthager! Portugiesen, aufgebrochen aus Sagres / zum unbegrenzten Abenteuer, zum absoluten Meer, das / Unmögliche zu verwirklichen! / Männer, die Wegmarken aufstellten, die den Kaps Namen gaben! / Männer, die zum ersten Male mit Schwarzen Handel trieben! / Die zuerst Sklaven aus neuen Ländern verkauften! / Die verstörten Negerinnen den ersten europäischen Orgasmus brachten! / Die Gold, Glasperlen, Dufthölzer, Pfeile / von Steilküsten holten … / Männer, … / die Entdeckerpreise gewannen dessen, der mit gesenktem Haupte / gegen das Geheimnis neuer Meere anstürmt! Ahoi!

Eintretend dann in den hohen Hallenraum der 1500 grundsteingelegten Klosterkirche begegnet man eingangs gleich den beiden neomanuelinischen Epitaphien für den Indienfahrer Vasco da Gama und für dessen Verherrlicher: den Dichter der »Lusiaden«, Luiz de Camões (1524–80).[54]

Von dem Vater des Camoës ist mit einiger Sicherheit überliefert, daß er zu einer Zeit, als der Dichter noch jung war, entweder auf dem Meere von Goa oder in der Stadt selbst infolge eines Schiffbruchs umkam. Er soll Kapitän in königlichen Diensten gewesen sein. Den Dichter selbst berühren die Familienbande nicht. Mit seinem Eintritt in die Welt beginnt ihn eine Gewalt zu besitzen, die bald, ohne Widerstand zu finden, den Gang seiner Tage regiert: die Liebe. – Reinhold Schneider (1903–58), jener intime Kultur-Kenner Portugals, seiner Historie und Dichtung, breitet im 1930 veröffentlichten Essay »Das Leiden des Camoës oder Untergang und Vollendung der portugiesischen Macht« die Entdeckungen Vasco da Gamas ebenso kenntnisreich vor uns aus wie das bewegte, von Liebesaffären dramatisierte Leben des durch seine »Lusiaden« unsterblich gewordenen Camoës.

Wahrscheinlich 1524 scheint Camões in Coimbra geboren zu sein, dort auch studiert zu haben. Lissabon, Marokko, wo er als Soldat ein Auge verlor, und erneut Lissabon waren die Stationen, bis der junge Poet sich 1553 nach Indien und China einschiffte, wo er zu Goa, Macao, auf den Molukken und zuletzt in Mosambik sein – 1572 zu Lissabon in Druck gegebenes – Hauptwerk »Os Lusiadas« (= Die Lusiaden) schrieb, ein Epos von zehn Gesängen.

Camões läßt darin, mythologisch verbrämt, Vasco da Gama über seine epochale Fahrt vom Tejo (IV. Gesang) über Melinde bis nach Calicut sprechen. Von paradiesischem Inseldasein ist die Rede wie von dem süß wunderbaren Liebeslohn, der seinen sturmerprobten Seeleuten durch Venus zukam (IX. Gesang). Am Ende gibt Gama eine Weltschau aller rühmlich neuerschlossenen Gebiete.

Doch hören wir – in kurzem Ausschnitt[54] –, wie Camões im VI. Gesang *A tempestade no mar* (= Der Seesturm), Strophe 92 und 94, den Kulminationspunkt dieser Reise besingt: … *Schon leuchteten des Morgens erste Rosen / Am Hange, dran der Ganges murmelnd fließt, / Als von dem hohen Mastkorb den Matrosen / Im Angesichte festen Landes erprießt. / Entronnen offenem Meer und Sturmestosen, / O wie da furchtbereit die Brust genießt! / Und fröhlich ruft der Lotse von Melinde: / Hier Calicut, wenn ich mich recht befinde!* (= *Disse alegre o piloto Melindano: / Terra é de Calecu, se nao me engano.*) / *Da dankte Gama Gott, und das mit Fuge, / Nicht nur weil er gewiesen ihm das Land, / Das er mit seines Herzens bangstem Zuge / Gesucht, um das er so viel Mühn bestand, / …*

Wenn Alexander von Humboldt (1769–1859) in Camões einen großen Seemaler sah und in dessen

Karracke vor dem befestigten Hafen von Modon (heute Methoni, Peloponnes). Holzschnitt-Falttafel von Erhard Reuwich, in Bernhard von Breydenbachs »Peregrinatio in Terram Sanctam« (Mainz 1486).

Epos *die Größe und Wahrheit der Naturbilder* (Elmsfeuer, Wasserhosen, Krankheitsformen von Skorbut u.a.) rühmte, so besticht vor allem des Portugiesen ungemein wandlungsfähiger Ausdruck und dichterische Formulierungskunst, welche viele »geflügelte« Worte Portugals Sprachschatz eintrug. Wie Camões Meereselemente und Seegeschehen *malte*, verdeutlichen folgende Stanzen aus den »Lusiaden« (I,18–19 und V,18–22; übertragen von Karl Eitner)[54], welche – nach Homers »Odyssee« und Vergils »Aeneis« – das dritte große maritime Epos der Weltliteratur bilden: *Daß dieser mein Gesang dir wahrhaft eigne: – / Durchschneiden siehst du deine Argonauten / Die salz'ge Silberflut; damit sie sehen, / Sie sei'n von dir im Meergetos' erblickt: / Schon jetzt gewöhn' dich, daß man zu dir flehe. – / Sie schifften im weiten Oceane, / Das unruhvolle Wellenreich durchfurchend; / Es athmeten mit sanftem Wehn die Winde, / Der Schiffe hohle Segel blähten sich; / Die Meeresfluten zeigten sich bedeckt / Von weißem Schaumgeflock, da, wo die Kiele / Die heil'gen Seegewässer spalteten, / Worin des Proteus Herde spielend schwamm: ...*

Genau gewahrt' ich das lebend'ge Licht, / Das von dem Schiffsvolk heilig wird geachtet, / Zur Zeit des Sturmes und das Windestosen / Und klägliche Geheul des grimmen Wetters. / Nicht minder war's für All' ein großes Wunder / Und sichre Ursach argen Schrecks, zu sehn, / Wie Meergewölk empor in langem Rohre / Des Oceans erhöhte Fluten sog. / Auch sah ich sicherlich – und nimmer glaub' ich, / Daß das

Gesicht mich täuschte – feinen Dunst / Und dünnen Rauch sich in die Luft erheben / Und, von dem Wind gejagt, / umher sich drehn: / Hierauf, als Rohr zum höchsten Pol erhoben, / Erschien dermaßen es, daß mit den Augen / Es sich so leichtlich nicht erkennen ließ; / Vom Stoff der Wolken däucht' es mir zu sein. / Und nach und nach begann es zuzunehmen, / Und wurde dicker als ein starker Mast; / Verengt sich bald und bald erweitert sich's, / Wie's in sich schluckt die großen Züge Wassers; / Und mit den Wellen auf und nieder wogend / Verdichtet's auf dem Gipfel sich zur Wolke, / Indem es größer wird und immer schwerer / Von jener großen Last verschluckten Wassers ...

So mehrt, anschwellend, auch die große Säule / Sich und die schwarze Wolke, die sie stützt. / Doch, wenn sie nun sich gänzlich voll gesogen, / Zieht sie zuletzt den Fuß vom Meer empor, / Und fliegt zum Himmel unter Regengusse, / Damit das Wasser sich mit Wasser tränke: / Den Wellen giebt die Wellen es zurück, / Doch raubt' es ihnen den Geschmack des Salzes. / Die Schriftgelehrten mögen nun erklären, / Welch ein Naturgeheimniß dieses sei.

Dem völlig verarmt 1580 verstorbenen Camões widmete ein niederländischer Schiffsarzt, Jan Jacob Slauerhoff (1898–1936), den surreal doppelschichtigen Roman »Het verboden rijk« 1932 (= Das verbotene Reich, 1986).

Es lohnt, sich der dichterischen, religiös geprägten Schau Reinhold Schneiders noch einmal zuzuwenden, und zwar der Indien-Erschließung: ... *In der*

Geschichte der Seefahrt, die die Schicksalskurve [Portugals und Spaniens] endgültig bestimmte, findet sich ein Vorgang symbolischer Deutlichkeit: 1484 kommt Columbus an den Hof des portugiesischen Königs Joao II., um diesem den Plan einer Fahrt nach dem Westen vorzulegen. Auf Entdeckungen sind alle Wünsche des Herrschers gerichtet, aber Schiffe nach dem Westen auszusenden, kann er sich nicht entschließen. Die portugiesische Straße führt Afrika entlang, in der Nähe der Küste; sie ist kühn, aber nicht verwegen ... Am 8. Juli 1497 fährt die Flotte aus dem Hafen Belém [bzw. Rastello] bei Lissabon aus; es sind drei Schiffe [S. GABRIEL, S. RAPHAEL, BERRIO] und ein Lastschiff zu je 100 bis 120 Tonnen; die Bemannung beträgt im ganzen 180 Mann. [König] Manuel selbst gibt ihr zu Schiff auf dem Flusse das Geleit.

Vasco da Gama führt den Oberbefehl; sein Bruder Paulo befehligt das zweite, ihr gemeinsamer Freund Nicolao Coelho das dritte Schiff. Es fährt noch einer mit, der sie am Kap Verde verlassen muß: Bartholomeu Dias, der tragische Auffinder des Kaps. Er konnte auf seiner Entdeckerfahrt, nachdem er den Stürmen getrotzt hatte, der Revolte auf seinem Schiff nicht Herr werden und mußte umkehren, ohne Indien, sein Ziel, erreicht zu haben. Die Ungnade des Königs war sein Dank. An der Unternehmung des Vasco da Gama ließ man ihm keinen andern Teil als den Bau der Schiffe, denen seine Erfahrung zugute kam. Vielleicht erfuhr Vasco da Gama durch das Schicksal seines Wegbereiters noch einen letzten Antrieb zu unbeugsamer Konsequenz ...

Mit ärmlichen, der Beachtung nicht werten Geschenken steht er in Calicut (Südwestküste Vorderindiens) nach einer Reise von insgesamt elf Monaten vor dem goldglänzenden Thron eines indischen Fürsten. Er wird, geschmückt mit den armseligen Herrlichkeiten Europas, für kaum mehr als einen Seeräuber gehalten und hat nichts zur Vermehrung seines Ansehens einzusetzen als den rücksichtslosen Stolz des Patrioten und Christen. Auch jetzt ist Vasco da Gama stark genug, seinen Zorn und die in ihm aufzuckende Bekehrerwut zu verstecken.

Auf der Rückfahrt sind ihm die Elemente günstiger, da trifft ihn vor den Azoren der härteste Schlag. Sein Bruder, den er liebte, erkrankt und stirbt am ersten Tag, an dem man ihn auf eine der Inseln brachte. Vasco da Gama steuert nach Portugal; die Schiffe, aufs schwerste beschädigt, halten sich wie durch ein Wunder auf der Flut. An der Küste von Algarve bemerkt ein Kaufmann die kleine Flotte und segelt auf sie zu: »Woher kommt ihr?« – »Aus Indien!« – Da wirft der Kaufmann sein Schiff herum und jagt mit vollen Segeln nach dem Tejo, um als erster die Nachricht zu bringen.

Lediglich ein Augenzeugenbericht (»Roteiro«),

wahrscheinlich von Alvaro Velho, liefert detaillierte Fakten dieser ersten Expedition Gamas.[316] Auch dessen zweite Indienfahrt ist nur in einem kürzeren Report (eines Unbekannten) belegt. Daraus schöpfend und andere zeitgenössische Quellen auswertend, vermag Reinhold Schneider das damalige Geschehen erregend, sogar Grauen, ja Abscheu erweckend, zu erweitern:

Im Februar 1502 geht Vasco da Gama zum zweitenmal nach Indien unter Segel: dieses Mal schon an der Spitze einer Armada, die bestimmt ist, Handelsbeziehungen zu befestigen und gleichzeitig einen Überfall zu rächen, der auf die Expedition des Cabral (1500) in Calicut ausgeübt worden war. Das Kap ist umfahren; Vasco da Gama kommt in seine Meere; er ist Herr.

Ein arabischer Kauffahrer, auf dem Mekkapilger reisen, hat das Unglück, seinen Weg zu kreuzen. Es ist in Indien, jenseits des Kaps, wo keine Gesetze gelten; es sind Mauren, gegen die der alte Haß der Rasse glüht. Die schwere Artillerie, deren Erfindung Europa vorbehalten war, gibt ihre ersten Schüsse in diesen Meeren ab. Außer der Besatzung fahren gegen 240 Menschen, Reisende mit ihren Frauen und Kindern, auf dem Schiff. Widerstand ist unmöglich; denn die Waffen des Kauffahrers sind machtlos gegen das Geschütz der Armada. Die Portugiesen rauben alles, was des Raubens wert erscheint: 12 000 Dukaten in Geld und Waren im Werte von 10 000 Dukaten. Dann bohren sie mit ein paar Schüssen das Schiff in den Grund; es sind Menschen, die sie nie gesehen haben, es ist kein Krieg, die andern sind nicht bewaffnet, aber in Indien ist alles frei.

Nun ist die Zeit, da Vasco da Gama sich rächen darf. Hier ist ein Feld, wo er seinen Zorn nicht mehr meistern muß, wo der eiserne Zwang, den er sich als Entdecker auferlegt hat, zerbrechen darf. Er hat es dem Samorim von Calicut nicht vergessen, daß er ihn geringschätzig empfing. Vor der Stadt angekommen, fordert er die Austreibung aller Araber, das heißt von 5000 Familien, den wichtigsten Kaufleuten des Reiches, die den Handel unterhalten. Der Samorim weist die Forderung zurück. Inzwischen haben die Portugiesen beim Landen eine beträchtliche Anzahl maurischer Kaufleute gefangengenommen, [um] dem Samorim Furcht einzuflößen.

Ihre Schiffe, die im Hafen lagen, wurden bereits ausgeraubt. Entfesselt, überwältigt von allen Teufeln seiner Grausamkeit, befiehlt Vasco da Gama, den Gefangenen – ein Zeitgenosse versichert, daß es mehr als 800 waren – Nasen, Ohren und Hände abzuhauen und zwei Schiffe zu richten. Das eine wird mit abgeschnittenen Gliedern beladen, das andere mit den Verstümmelten selbst. Im ersten sitzt ein solcher Ver-

stümmelter, an dessen Nacken ein Brief an den Samorim befestigt ist. Aber Vasco da Gama hat sich noch nicht gerächt. Er läßt den blutüberströmten Körpern im zweiten Schiff die Füße zusammenbinden und – damit sie sich nicht etwa mit den Zähnen befreien können – ihnen die Zähne mit Keulen eingeschlagen. Dann werden Matten über sie geworfen, diese mit Öl begossen und in Brand gesteckt. Während die beiden Schiffe, das eine brennend, das andere noch furchtbarer mit seiner unkenntlichen Last, dem Strande entgegentreiben, fallen die Geschosse in die wehrlose Stadt, die bald an allen Enden aufflammt.

Auf der Rückfahrt schließt Vasco da Gama noch einen vorteilhaften Vertrag mit dem König von Quiloa; mehr vollbringt er auf dieser Reise nicht. Aber er hat den Samorim bestraft und führt Gold und Waren mit, die nichts kosten: mehr wird in Portugal nicht verlangt. Nun schickt das winzige Land Jahr für Jahr seine Flotte in den Osten. Es gibt nicht Hände genug, die Schiffe zu bauen, nicht Holz genug dazu. Die Bevölkerung strömt aus allen Ortschaften ab aufs Meer, das Meer trägt sie fort. Unablässig geht der Zug der Schiffe die afrikanische Westküste hinab, die Ostküste hinauf, immer weiter vordringend, sonderbaren Reichen, Kontinenten, Inseln entlang, die sich aneinanderreihen; die Welt hat kein Ende.

Mittlerweile war Cristóforo Colombo (= Cristóbal oder Colón bzw. Kolumbus)[199] während vier Fahrten zwischen 1492 und 1504 auf einen neuen, im Westen gelegenen Kontinent gestoßen. Über die entscheidende, von Palos unweit Huelvas ausgehende, mit drei Schiffen – SANTA MARIA, PINTA und NIÑA – durchgeführte erste Erkundungsfahrt heißt es in dem überlieferten (von Las Casas kopierten) »Bordbuch«[77] zunächst gewitzt lakonisch nur: Wir verließen am Freitag, dem 3. August 1492 um acht Uhr die Saltesbank und fuhren bei oftmaligem Wenden bis zum Sonnenuntergang 60 Meilen gegen Süden ... dann nochmals in Richtung Süd-zu-West, also mit Kurs auf die Kanarischen Inseln.

Und weiterblätternd: Montag, 10. September. Wir legten 240 Meilen in Tag- und Nachtfahrt zurück, mit einer Stundengeschwindigkeit von 10 Seemeilen; allein ich verzeichnete nur 192 Seemeilen; damit die Mannschaft wegen der Länge der Fahrt nicht unwillig werde.

Über Montag, den 23. September notierte Kolumbus: Wir hielten weiter Kurs ... nach Westen ... 88 Seemeilen ... sichteten eine Turteltaube, einen Pelikan ... das Gras wurde wieder sehr dicht, in ihm fanden wir zahlreiche Krebse.

Da das Meer unbeweglich dalag, begannen meine Leute zu murren; sie äußerten die Ansicht, daß wir keine günstigen Winde zur Heimfahrt nach Spanien haben würden, da wir in diesen Gegenden des Ozeans niemals einen hohen Seegang erlebt hätten. Späterhin jedoch ging die See hoch, ohne daß sich ein Windhauch erhoben hätte. So kam mir diese tote See sehr zustatten ...

Gut vierzehn Tage danach sah sich Kolumbus tatsächlich am Ziel; denn er verzeichnete an Bord der SANTA MARIA: Donnerstag und Freitag, den 11. und 12. Oktober. Ich blieb weiterhin auf west-südwestlichem Kurs. Wir hatten stark unter hohem Seegang zu leiden, mehr als jemals auf unserer langen Fahrt. Wir erblickten einige Sturmvögel und ein grünes Schilfrohr, das an der Bordwand vorbei strich.

Die Leute der Karavelle PINTA erspähten ein Rohr und einen Stock, der anscheinend mit einem scharfen Eisen bearbeitet worden war ... Auch die Mannschaft der NIÑA sichtete Anzeichen nahen Landes und den Ast eines Dornbusches, der rote Früchte trug. Diese Vorboten versetzten alle in gehobene, freudvolle Stimmung.

Nach Sonnenuntergang kehrte ich zur Westrichtung zurück. Wir kamen mit ... 12 Seemeilen vorwärts und bis zwei Uhr morgens hatten wir 90 Seemeilen durchlaufen. Da die PINTA schneller war als die anderen beiden Schiffe und mir vorgefahren war, so entdeckte man an Bord der PINTA zuerst das Land und gab auch die angeordneten Signale.

Um zwei Uhr morgens kam das Land in Sicht, von dem wir etwa acht Seemeilen entfernt waren. Wir holten alle Segel ein und fuhren nur mit einem Großsegel, ohne Nebensegel. Dann drehten wir bei und warteten bis zum Anbruch des Tages, der ein Freitag [12. Oktober 1492] war, an welchem wir zu einer Insel gelangten, die in der Indianersprache Guanahaní hieß ...

Kolumbus-Biographien des unehelichen Sohnes Fernando Colón (1571) und des Priesters Bartolomé de Las Casas bilden die Grundlage für eine seit 500 Jahren sich aufgestaute und weiter ausufernde Literaturflut über den wagemutigen Entdecker.[104] Dessen Leben wurde als beschwerliche Reise dargestellt, in Prosa ebenso wie in epischer oder dramatischer Behandlung, desgleichen durch Befragung des vieldeutig auslegbaren Stoffs z.B. in nautisch-maritimer, religiöser oder sozialkritischer Hinsicht.[62]

Aus dem zahlreich konträren Nebeneinander sei hier als Beispiel für ironisch-charmante Essais eine Passage aus Herbert Eulenbergs (1876–1949) »Schattenbildern« ausgewählt: Der Traum des Kolumbus. Kolumbus (der Admiral des Ozeans sitzt in seiner Kajüte auf dem Verdeck des Flaggschiffs SANTA MARIA ... Es ist tiefe Nacht. Er

Karte der Karibik mit der Insel Guanahany (Watling-Insel in der Bahama-Gruppe; nördlich von Haiti), die Kolumbus am 12. Oktober 1492 mit SANTA MARIA, PINTA und NIÑA anlief. Auf einer bis 1493 dauernden 1. Reise wurden weiterhin Kuba und Haiti entdeckt, auf der 2. Tour (1493–96) Dominica, die Leward-Inseln, Puerto Rico, Jamaika; während der 3. Fahrt (1498–1500) erreichte er mit sechs Schiffen Südamerikas Nordküste, Venezuela, Trinidad, die Orinoco-Mündung und Margarita. Im Verlauf der 4. Expedition (1502–04) stieß Kolumbus selbst bis zur Ostküste Mittelamerikas, nach Panama, Honduras vor. – Indem er Indien suchte, entschleierte er so die Ahnungen um einen Kontinent, auf dessen Existenz bereits im Alten Testament, Jesaja 65,17 (und 66,22) angespielt wird: *Denn siehe, ich will … eine neue Erde schaffen …* – oder wie es im 2. Brief des Petrus 3,12 heißt: *Wir warten aber eines neuen Himmels und einer neuen Erde …* Seneca (4 vor bis 65 n.Chr.) formulierte diese Vision in seinem Drama »Medea« II,3 noch präziser: *Kommen werden spätere Weltenjahre, / da der Ozean jegliche Bande lockert / da ein großes Land sich auftut …* Dessen Erschließung initiierte Kolumbus, dem dieses Seneca-Zitat dazu Anstöße gab.

grübelt bei einer Tranlampe über seinem Schiffsbuch): *Heute machten wir 40 Meilen. Ich will nur dreißig notieren. Ich bin gezwungen, eine doppelte Berechnung zu führen. Im Schiffsbuch steht zu lesen, daß wir 720 Meilen seit den Kanarischen Inseln zurückgelegt haben. Wie würde die Mannschaft erst murren und meutern, wenn sie wüßte, daß uns bald tausend Meilen von der letzten Wohnstätte der Menschheit trennen! Sie wären längst heimgetrieben ohne mich …*
Die Landung. Kolumbus fährt mit den beiden Kapitänen der andern zwei Schiffe in einem Boot an die Insel. Die Eingeborenen, braune, wohlgeformte Menschen, umdrängen ihn heiter lächelnd. *Sie gehen alle, Männer wie Frauen, ganz nackt …* Kolumbus springt mit gezücktem Degen ans Land; er sticht die Waffe in die Erde und entfaltet die königliche Flagge …: »So ergreife ich Besitz von diesem Lande … und rufe … meine Kapitäne … zu Zeugen dafür, daß ich dieses Territorium … entdeckt und erobert habe, und daß hierfüro keine andere Macht Anteil habe an diesem westindischen Lande, das wir erreicht haben …«.

Colón war in Guanahani an Land gegangen. Der heutige Name der Insel ist Watling Island; sie liegt in der Insel-

gruppe der Lucayas und ist britisches Gebiet ... Seine [d.h. Kolumbus'] Beschreibung dieser Herrlichkeit folgt mehr der subjektiven Bewegtheit eines Dichters als dem untrüglichen Gefühl für ihre konkreten Vorzüge ... [Und doch] sieht er Gelegenheit zu wirtschaftlicher Ausbeutung zu politischer Herrschaft – kurzum, der Gedanke an ein Kolonialreich begann sofort zu reifen ... so schreibt er am 17. Oktober 1492 in sein Tagebuch, »daß es in der Welt keine bessere, fruchtbarere und gemäßigtere Erde gibt; sie kennt kaum Berge so flach ist alles« ... Dann betrachtet er die Baumwolle, die allenthalben im Überfluß wächst. Mit schlauem Sinn für Geschäftsmöglichkeiten notiert er, daß es vorteilhafter sein müsse, sie dem Groß-Khan zu verkaufen, als nach Spanien zu bringen ... Schon in dieser ersten Zeitspanne der Entdeckung sieht man bei Colón das lebhafte Interesse durchschimmern, das er einer möglichen Ausdehnung der Sklaverei entgegenbringt ...

Salvador de Madariagas (1886–1978) 1940 herausgekommene Colón-Monographie[199], welche vorstehende fast nur banale Sachangaben enthält, verbreitet sich freilich unversehens zu einem ebenso poetisch-visionären wie historisch-tiefschürfenden Zeit- und Charaktergemälde der Epoche – eben jenes geheimnisvoll besessenen Kolumbus (1451–1506). In den Buchten, Fäden, Knoten und Maschen des von Madariaga genial ausgeworfenen Netzes verbleiben Christen und Mauren, Seefahrer und Inquisitoren, getaufte Sepharden und glaubensstrenge Juden, Reconquista und Austreibung, alte und neue Welt, Macht und Ohnmacht, Goldglanz und Kettenelend, Eroberer und Schiffbrüchige ... als grandioses der vorauseilenden Phantasie anheimgegebenes Simultanerlebnis: ... *der irrfahrende Entdecker trug am 23. Oktober [1492] in sein Tagebuch ein: »Heute möchte ich nach der Insel Kuba weitersegeln, die nach meiner Ansicht Cipango sein muß« ...*

Die Indianer flohen vor den Spaniern; die Spanier glaubten, der Grund für die Flucht sei die Angst, weil die Eingebornen sie für Kannibalen hielten. Nun hielten aber die Spanier die Kannibalen für die Untertanen des Groß-Khan. Deshalb riefen sie den Fliehenden zu, sie möchten stehenbleiben, denn sie seien Spanier und hätten mit dem Groß-Khan nichts zu tun.

Colón war begeistert. Er lebte von Irrtümern, und je unwahrscheinlicher eine Lage war, desto besser segelte er nach dem Kompaß seiner Phantasie darin umher. Je gründlicher er sich irrte, desto natürlicher kam ihm die Sprache der unbedingten, leidenschaftlichen Gewißheit. Cervantes sollte später diese Sprache unsterblich machen, und manchmal

könnte es scheinen, als habe er sich die Anregung für seinen Don Quijote de la Mancha bei Don Cristóbal de Cipango [= Kolumbus, der Indiensucher] *geholt: »Es ist unbedingt sicher, daß dies hier Festland ist und daß ich mich unweit von Zayto oder Quinsay befinde; beide liegen ungefähr hundert kastilische Meilen voneinander entfernt. Man merkt dies auch am Meer. Es sieht anders aus als bisher, und als ich gestern nach Nordwesten segelte, fand ich, daß es kalt war.« Genauso sprach später Don Quijote, als er das berühmte Abenteuer mit dem verzauberten Schiff bestand:*

Christophoro Colombo, Bronzemedaille des Guido Mazzoni 1505. 1872 im Besitz von Gaetano Avignone, nun in der Bundessammlung von Medaillen ...zu Wien.

»Wir müssen schon lange hinausgesegelt sein und bestimmt liegen schon sieben- oder achthundert Meilen Weges hinter uns. Hätte ich einen Astrolab zur Hand, mit dem man die Höhe des Polarsternes bestimmen kann, dann würde ich dir genau sagen, wie weit wir schon gefahren sind. Aber ich müßte sehr unwissend sein, wenn wir nicht die Linie der Tag- und Nachtgleiche schon überschritten haben oder sehr bald erreichen.« ...

Don Cristóbal de Cipango [= Colón, Kolumbus] *entschied ... Kuba war ... das Festland. Es wurde gezeigt, daß Colón ... genau so dachte wie Don Quijote: die äußere Wirklichkeit war nur dann vorhanden, wenn die innere Wirklichkeit es zuließ. Wirklichkeit war, was er dachte. – Und nun kommt eine interessante Feststellung: Am 12. Juni* [1494, während der 2. Amerika-Reise], *also am Vorabend seines Entschlusses zur Umkehr, nahm Colón eine Handlung vor, die genau dem Stil Don Quijotes entsprach: er zwang die drei Schiffsbesatzungen, mit ihrem Eid zu bekräftigen, daß Kuba das Festland sei ...*

Es mußte so kommen. Wird nicht auch Don Quijote, in einen Holzkäfig eingesperrt, in sein eigenes Haus zurückgebracht? Wie hätte es Don Cristóbal de Cipango ergehen kön-

nen ...? ... An einem Oktobertag des Jahres 1500, fast auf den Tag genau acht Jahre nach der Entdeckung von Guanahani, verließ Don Cristóbal die Stadt Santo Domingo, um nach Spanien zurückzukehren. Einem Verbrecher gleich, hatte man ihn in Ketten gelegt ...

Heimgekommen von jenem ebenso wagemutigen wie glückbegünstigten ersten Unternehmen, schrieb

Columbus entdeckt Amerika. Buchillustration des Christian Bernhard Rode (1725–97). Entwurf zu Schröckhs »Weltgeschichte für Kinder« Bd. IV, 1 1782; Pinselzeichnung. Berlin, Kunstbibliothek.

Kolumbus am 14. März 1493, kurz vor seinem triumphalen Wiedereinlaufen in heimatlichen Gewässern, einen an den königlichen Schatzmeister Sanchez gerichteten Bericht (den sogenannten »Kolumbusbrief«), der in stolz eine neue Weltsicht einleitenden Sätzen gipfelt: *Ungefähr einen Monat, nachdem ich von Gades ausgefahren war, gelangte ich in das Indische Meer. Dort fand ich sehr viele Inseln, bewohnt von unzähligen Menschen; in feierlicher Proklamation und unter Hissung*

der spanischen Fahnen nahm ich, ohne daß jemand Einspruch erhob, von ihnen allen Besitz im Namen unseres allergnädigsten Königs.

Dieser auch für die Öffentlichkeit bestimmte Kolumbus-Bescheid wurde 1493 zu Basel von Michael Furter gedruckt und als »Epistola de insulis nuper inventis« mit vier Holzschnitten publiziert. Einer davon ist insofern wichtig, als man in ihm eine aus Breydenbachs »Fart gen Jerusalem« (1486) bekannte Karracke einfach seitenverkehrt kopierte.[36] Mangels besserer Vorlagen wurde ein fast zeitgenössisches, allgemein bewundertes Schiffsbeispiel gewählt, das aber jünger war als jene raren Kupferstiche des flämischen, vermutlich in Brügge um 1470–85 tätigen Meisters WA (zuweilen Meister W mit dem Schlüssel genannt[151]; darin hielt er offenbar Einheiten der in Flandern stationierten burgundischen Flotte um 1470 präzise fest). Diese dürften Reuwich bekannt gewesen und, was wohl deutlich wird, nicht ohne Einfluß auf seine Schiffskonterfeis geblieben sein. Wiederum wie eine dreidimensionale Ausformung seines »Modon«-Seglers wirkt der silbervergoldete Schlüsselfelder Tafelaufsatz (im Germanischen Nationalmuseum zu Nürnberg).

Bevor wir uns von Kolumbus abwenden, muß kurz noch dessen Weiterwirken – etwa im 1604 entstandenen Drama Lope de Vegas (1562–1635) »El Nuevo Mundo descubierto por Colón« oder in Jean-Jacques Rousseaus (1712–78) Libretto »La découverte du nouveau monde« 1740 – berührt werden wie auch auf Paul Claudels (1868–1955)[60] 1928 fixiertes, am 5. Mai 1930 in Berlin (mit der Musik von Darius Milhaud) uraufgeführtes szenisches Oratorium »Le Livre de Christophe Colomb« hingewiesen sein und Werner Egks Kolumbus-Oper von 1942.

Was ließen des Kolumbus' aufbegehrende Seeleute in Claudels Oratorium ausrufen? ... *Das Meer! das Meer! das Meer! Immer weiter, immer weiter nach Westen! Ewig dieser Wind, nach Westen treibt er! Alle müssen wir zugrunde gehen! keiner kommt je zurück! Christoph Columbus! Christoph Columbus! was willst du von uns? warum hast du uns mitgeschleppt? warum willst du, daß wir zugrunde gehen? Wir haben es satt! Wir wollen umkehren! Man muß ihn zur Umkehr zwingen! Er ist verrückt! Auf zum Verrückten! Auf zum Verrückten! Man muß ihn zur Umkehr zwingen! Ein Verräter ist er! Ein Verrückter! Ein Mörder! Und ewig das Meer! Und ewig das Meer! Und ewig das Meer! Immer wieder nichts! Nichts als das Nichts! Nichts als das Nichts! Wir sind verloren mitten im Nichts!*

Ähnliches mag skorbuterkranktes Seevolk mitten im Pazifik seinem Admiral Fernão de Magalhais (= Magellan, 1480–1521) vorgeworfen haben. Diesen portugiesischen Weltumsegler in spanischen Diensten wählten zwei deutschsprachige Literaten zum Thema jeweiliger Biographien: 1938 Stefan Zweig (1881–1942) und 1939 Rudolf Baumgardt (* 1896). Daß sich beide natürlich jener Aufzeichnungen im 1519–22 an Bord geführten Reisetagebuch des in Vicenza beheimateten Antonio Pigafetta[241] bedienten, sei wenigstens angemerkt. Über den Fahrtverlauf nun kurz einige Fakten: Im Auftrag Kaiser Karls V. Auslaufen aus Sevilla am 10. August 1519 mit fünf Schiffen; am 21. Oktober 1520 erreichte Magellans Geschwader jene nach ihm benannte »Straße«; vom 28. November an, mit nur noch drei Schiffen, Weiterfahrt durch den Pazifik auf nordwestlichen Kursen. *Endlich, am 6. März 1521,* – schreibt Zweig – *mehr als hundertmal hat sich die Sonne erhoben über gleich leerem, reglosem Blau, mehr als hundertmal ist sie hinabgetaucht in dasselbe leere, reglose, erbarmungslose Blau, hundertmal ist Tag zu Nacht geworden und Nacht zu Tag, seit die Flotte aus der Magellanstraße in die offene See gesteuert, da hallt abermals der Schrei vom Mastkorb: Land, Land.*

Es war Zeit, allerhöchste Zeit. Zwei Tage noch, drei Tage im Leeren, und wahrscheinlich wäre nie eine Spur jener heldischen Tat auf die Nachwelt gelangt. Mit verhungerter Mannschaft, ein wandernder Friedhof, wären die Schiffe steuerlos umhergeirrt und schließlich in einem Sturm oder an einem Strande zerschellt. Diese neue Insel aber, gottlob sie ist bewohnt, sie wird Wasser für die Verschmachtenden haben. Kaum nähert sich die Flotte der Bucht, noch sind Segel und Anker nicht niedergelassen, und schon flitzen unheimlich flinke Kanus heran, kleine bemalte Boote, deren Segel aus zusammengenähten Palmblättern gefertigt sind. Gelenkig wie Affen klettern die vollkommen nackten … Naturkinder an Bord … Im Nu verschwinden … Gegenstände wie durch Taschenspielerei; auf einmal ist sogar das kleine Landungsboot der TRINIDAD *vom Schlepptau abgeschnitten … diesen naiven Heiden scheint es genau so natürlich … – nackte Leute haben keine Taschen –, ein paar blitzende Dinge sich ins Haar zu stecken, als es den Spaniern, dem Papst und dem Kaiser … selbstverständlich dünkt, all diese unentdeckten Inseln mit ihren Menschen und Tieren von vorneweg zum legalen Eigentum des allerchristlichen Königs zu erklären.*

… Unmöglich für ihn [Magellan], *jenes kleine Landungsboot, das schon in Sevilla laut der Rechnung in den Archiven dreitausendneunhundertsiebenunddreißigeinhalb Ma-*

ravedis gekostet hat und das hier, Tausende Meilen weit, eine unersetzliche Kostbarkeit darstellt, den flinken Räubern einfach zu lassen. So landet Magellan am nächsten Tage vierzig bewaffnete Matrosen, um sein Ruderboot zurückzuholen und den unehrlichen Insulanern eine Lektion zu erteilen … Verzweifelt zerren sie und ziehen an den Pfeilen [im blutenden Körper] *und flüchten dann in wildem Tumult vor den abscheulichen weißen Barbaren … Nun können die ausgehungerten Spanier endlich etwas Wasser für die halb*

Narren an Bord des Narrenschiffs (einer mast- und ruderlosen Karracke) unterwegs nach Narragonien. Holzschnitt von Albrecht Dürer in: Stultifera Nauis … per Sebastianum Brant, Basel 1497.

Verschmachteten holen und … Nahrungsmittel. In gieriger Eile schleppen sie aus den verlassenen Hütten alles zusammen, was sie raffen können … und nachdem sie einander so beiderseits bestohlen haben, die Eingeborenen die Spanier und die Spanier die Eingeborenen, taufen die kultivierten Räuber zur Strafe die Insel für ewige Zeiten mit dem Schandnamen: Die Diebesinsel, die Ladronen.

Am 16. März 1521 erreichte die aus CONCEPTION,

TRINIDAD und VICTORIA bestehende Flottille die Philippinen-Insel Samar, am 27. April kam Magellan dann selbst auf Mactan um, und die VICTORIA ankerte schließlich – allein – am 8. September 1522 wieder vor Sevilla. Eine erste Weltumrundung war gelungen!

Wie beschreibt Rudolf Baumgardt das Ende der ersten Globusumschiffung? *... am 6. September 1522 taumelt ein Schiff in den Hafen von Sanlucar. Ein Schiff? Ein Haufen morscher Bretter, die schräg durch das Wasser schleifen, zerlöcherte Planken, verbogene Gestänge, an den Maststümpfen zerschlissene, schmutzige, zerfledderte Leinwandlumpen. Dieses blinde, blessierte, halb gesunkene Wrack* [der VICTORIA] *tastet sich in zwei mühseligen Tagen nach Sevilla. Es hat achtzehn verhungerte, fiebernde, ausgemergelte Gestalten an Bord, die Tag und Nacht, Stunde um Stunde, Minute für Minute an den Pumpen gestanden haben.*

Sie schleichen an Land, sie wanken, sie blicken sich blöde um, sie können nicht lachen, sie können nicht weinen. El-cano grätscht in der vordersten Reihe, Pigafetta trottet neben ihm her. Eine Prozession der Leichen ... Plötzlich aber – sie sind an den Stufen der Kathedrale – hat sich jeder gestrafft. Denn jetzt führt er sie wieder, der sie durch Jammer und Not, durch das Inferno ... geführt hat ... – ihr Admiral.

Der kühne, bleiche Elcano formuliert seinen Bericht. Kaum jemals ist eine gewaltige Tat in schlichtere Worte gefaßt worden: »Eure Hohe Majestät mögen wissen, daß wir angekommen sind: nur noch achtzehn Mann mit einem der fünf Schiffe, die Eure Majestät aussandte unter dem Generalkapitän Fernando de Magallanes glorreichen Angedenkens. Eure Majestät ... werden es zu schätzen verstehen, daß wir die ganze Rundheit der Erde umfahren haben; nach Westen auslaufend, sind wir durch den Osten zurückgekehrt.«

Der Beweis für der Erde Kugelgestalt war unumstößlich erbracht! Angeregt von Magellans Fahrt, Elcanos und Pigafettas Aufzeichnungen, verfaßte selbst der 1947 in Montevideo geborene Napoléon Baccino Ponce de León seinen skurrilen Roman »Malucco« (deutsch 1992).

Inzwischen lag Endzeitstimmung, ein Infragestellen aller Werte und Lehren über dem alten, christlichen, von Kriegen und Reformen geschüttelten Europa. 1494 war Sebastian Brants (1458–1521) weit verbreitetes »Narrenschiff« erschienen, dem 1511 zwei nicht weniger beachtete, satirisch-moralisierende Schriften des Straßburger Münsterpredigers Johann Geiler von Kaysersberg (1445–1510) folgten, sein »Schiff oder Spiegel der Narren« (Navicula sive speculum fatuorum) und »Das Schiff der Reue«

(Navicula penitentie); letzteres wurde bekannt auch in der verkürzten Fassung von 1512 als »Das Schiff des Heils«.

Gerieten die »Ad Narragoniam« eingeschifften, sündigen Narren, sobald sie nicht mehr Christus nacheiferten – oder wie es Brant anmahnt: *Wer oren hab / der merck und hör / Das schifflein schwancket uff dem mer / Wann Christus yetz nit selber wacht / Es ist bald worden umb uns nacht* – rasch ins Verderben, so bot sich

Silbervergoldeter Tafelaufsatz als fahrbares dreimastiges Schiff, ursprünglich offenbar im Besitz Kaiser Karls V. Paris, Musée de Cluny.

denen, welche dem von Christus selbst gezimmerten »Schiff des Heils« vertrauten, absolute Gewißheit, ins Reich Gottes einzugehen. Sämtliche Schiffsteile, seine Ausrüstung, Ladung, Fahrtabschnitte sind für Geiler Allegorien: so entspricht der geringen Bootsgröße die Kürze menschlichen Lebens, dem Anker die Hoffnung, dem Kompaß der Glauben, dem Segel freier Wille, den Rudern gute Taten. Darum lautet Geilers Maxime: unter dem Bild des Gekreuzigten *In*

Aphrodite-Venus, die Göttin unwiderstehlicher Liebe, sturmstillen Meeres und sicher geborgener Schiffe, vor einer Landschaftskulisse des Hafens von Genua. Diese kostbare, 1561 datierte, 130 x 156 cm große Holztafel des Jan Massys (1509–75) war 1635 in Prag nachweisbar, 1648 schwedische Kriegsbeute, 1652 in der Sammlung Königin Christinas von Schweden und hängt nun im Nationalmuseum zu Stockholm (Inv.-Nr. 507).

Jan Massys, Sohn und Schüler des Antwerpener Malers Quinten Massys, wurde 1531 Freimeister der flandrischen Lukasgilde und 1544 verbannt. Während folgender Exiljahre zeitweilig in Genua tätig, entstanden dort u.a. eine 1552 datierte »Madonna mit Kind« sowie das ihm zugeschriebene Porträt Andrea Dorias (beide im Museo Palazzo Bianco, Genova). Seit 1558 wieder an der Schelde, schuf er 1559 jene »Antwerpen-Ansicht mit Flora« in Hamburgs Kunsthalle und 1561 obenstehendes Bild. Dessen vielschichtige Motivik zeigt vordergründig – in Nachfolge zur antiken Praxiteles-Skulptur der nackten Aphrodite von Knidos – einen ebenso süßes Verlangen wie sinnliche Lust verheißenden, mit Perlen (also Muschelinhalten, die als Geschmeide für Flora undenkbar sind) geschmückten, mit golddurchwirktem Schleiertuch verhüllten, auf Kline ruhenden, raffiniert-schönen, dem manieristischen Zeitstil unterworfenen Frauenkörper. Er überschneidet reich gestaltete Marmorbalustrade mit einbezogener Wasserkunst (die rückseitig, zur Villa hin, einer Zeus-Jupiter-Statue die Folie liefert). Rechts, auf tieferer Terrasse, bewegt sich bedeutungsvoll ein Liebespaar. Im Grün des dahinter weitläufig ausgebreiteten Gartens (vor dem 1536 erneuerten Befestigungsring Genuas)

erkennt man sogar Andrea Dorias 1521–29–33 erbaute und erweiterte Villa. Von Massys nach 1529 – noch in asymmetrischem Zustand – aufgenommen, erscheint deren zur Via San Benedetto gelegene Nordfassade. Zwischen Seealpen und ligurischer Meeresfläche eingespannt, folgen dann – als große idealisierte Muschelform (in Anspielung auf Venus-Aphrodite) – Stadt und Hafen Genuas; rechts außen dessen 1543 errichtetes Wahrzeichen in Gestalt der »Lanterna«. Selbst der charakteristische Kathedral-Turm von San Lorenzo ist mitten im präzis wiedergegebenen Stadtkonterfei auszumachen, links davon zu ahnen jene geschichtsträchtige Piazza San Matteo mit gleichnamiger Kirche. Darin liegt Andrea Doria (1468–1560), Kaiser Karls V. mediterraner Flottenchef, begraben, während ringsum die Doria-Paläste von der in sechs Jahrhunderten bewiesenen außergewöhnlichen Bedeutung dieser ein Dutzend berühmter genuesischer Admirale und Seebefehlshaber stellenden Familie künden – wo gibt es in der Welt noch so ein existentes Ensemble? Genau zentral überragt im Hintergrund das malerische Vorgebirge von Portofino – eigentümlich aus dem Meeresdunst aufsteigend – die Kimm und gemahnt an den dort befindlichen Klosterkomplex von San Fruttuoso, wo die Dorias zwischen 1275 und 1305 ihre noch erhaltene, erneut Marinehistorie widerspiegelnde Grablege hatten. Darum liegt die Frage nahe, ob Jan Massys' ingeniöses Meisterwerk auf eine Bestellung Andrea Dorias zurückgeht, der seinen und der Ahnen irdischen Ruhm mit jenem Nimbus von Divinität und Schönheit »der aus Meeresschaum geborenen« Aphrodite-Venus allegorisch zu sublimieren gedachte.

Sundartiges Gewässer mit Schiffen, Hafen- und Werftanlagen: Detail aus der Landschaft mit heiligem Christophorus von Lucas Gassel (vor 1500 – um 1570). Gemälde auf Holztafel im Schloß Kronburg.

gotes namen faren – und nicht erst seither spricht man von »Christlicher Seefahrt«!

Verteidiger christlichen Glaubens – wie kein anderer –, Enkel der Katholischen Könige Ferdinand von Aragon und Isabella von Kastilien (welche Kolumbus 1492 nach Amerika segeln ließen) und verheiratet mit Isabella von Portugal, jener Tochter Manuels des Glücklichen, war Kaiser Karl V. (1500–58). Da in seinem Reich die Sonne nicht unterging, das Meer als Brücke zu den neuen westindischen Besitzungen diente, wurden spanisches Seemachtstreben unerläßlich und Bundesgenossen stets willkommen geheißen. Zu ihnen zählte Andrea Doria (1468–1560), Genuas glänzender Admiral und »pater patriae«.[116] Doria half Karl V. seit 1528 als Flottenchef, schlug 1535 die Barbareskengeschwader, nahm Tunis und befreite dabei 20 000 Christensklaven.

Aus Schillers Drama »Die Verschwörung des Fiesko zu Genua« – 1547 dort historisch erfolgt – ist uns die Gestalt Andrea Dorias, vor allem durch den Akt seiner Großmut, indem er den verräterischen Mohren gefesselt zu Fiesko zurückschickt, ins Gesichtsfeld gerückt.

Im Mittelmeer bleibend, unsere Aufmerksamkeit auf Malta[45] lenkend, erläutern Friedrich Schillers (1759–1805) Dramenfragmente und seine historischen Vorarbeiten zu »Die Malteser« folgendes: 1565 – *Malta ist von der ganzen Macht Solimans erobert, der dem Orden den Untergang schwur. Mit den türkischen Befehlshabern Mustapha und Pialy sind die Korsaren Uluzzialy und Dragut[237] und die Algierer Hascem und Candelissa vereinigt. Die Flotte der Türken liegt vor den beiden Seehäfen, und ohne die Schlacht mit ihr zu wagen, kann kein Ersatz auf die Insel gebracht werden. Zu Lande haben die Feinde das Fort St. Elmo angegriffen und schon große Vorteile darüber gewonnen. Der Besitz des Forts macht sie zu Herren der zwei Seehäfen und setzt sie in stand, St. Ange, St. Michael und Il Borgo mit Succeß anzugreifen, in welchen Plätzen die ganze Stärke des Ordens enthalten ist. La Valetta ist Großmeister von Malta … hat Gründe, einen Teil seiner Ritter, die Verteidiger des Forts St. Elmo, der Wohlfahrt des Ganzen aufzuopfern …* – um so den Sieg zu erzwingen.

Nur fünf Jahre danach, als ganz Zypern von den Mohammedanern überschwemmt war, kam endlich eine Allianz zwischen Venedig, dem Papst, Genua, Malta und Spanien zustande, deren vereinigte Flot-

147

ten, geführt von Don Juan d'Austria (1545–78; natürlicher Sohn Karls V. und der schönen Regensburgerin Barbara Blomberg), die osmanische Flotte am 7. Oktober 1571 in der Seeschlacht von Lepanto vernichtend schlug.[27,186]

Joseph Furttenbach (1591–1667), deutscher Ingenieur-Architekt, der, in Italien sich weiterbildend, auch Kapitän gewesen war, und seit 1621 in Ulm wirkte, gibt in seiner 1629 erschienenen »Architectura Navalis« neben umfangreicher Schiffbauthematik auch Darstellungen historischer Abläufe, so den des Seetreffens bei Lepanto. Es endete mit einem überwältigenden Sieg der Liga-Armada.

Über deren Verluste meldet Furttenbach allerdings: *In Summa seind von der Christen Armata 7656 umb jr Leben kommen. Folgt die Anzahl der erschlagenen gefangenen Türcken: 34 Capitani di Fano, 120 Gobernatori der Galeeren, 25990 Janitscharen, Spachi und Galcotten. Diese Alle wurden erschlagen. Und 3846 Türcken wurden gefangen. 29990 Türcken so erschlagen und gefangen seind worden. Ferner so haben die Christen 117 Galeeren und 13 Galeotten in Summa 130 Vasselli, die noch zu gebrauchen, neben einem ansehnlichen Raub von den Türcken erobert. Wie die Vermutung, so sollen biß an 80 des Feindes Vasselli zu grund geschossen und verbrandt worden sein; auch 40 derselben endtrunnen.*

Nach dieser victoria theten die Christen drey Tag ruhen, Gott dem Allmächtigen umb diesen Sieg Lob und Danck sagen. Endlich begab sich der Christen Armata nach Messina: Allda sie dann mit grossem Frolocken empfangen worden.

Als Mitkämpfer an jener Aktion – im Geschwader Barbarigos auf der Galeere MARQUESA – wurde Miguel de Cervantes Saavedra (1547–1616) am linken Arm verwundet. Im »Don Quijote de la Mancha« (1605–15; deutsch bereits 1621), der autobiographischen »Erzählung des Gefangenen« (Kap. XXXIX), schreibt er: *Ich nahm an dieser rühmlichen Kriegstat teil ... an jenem Tag, der für die Christenheit so glücklich war; denn an ihm wurden der ganzen Welt und allen Nationen die Augen über ihren Irrtum geöffnet, daß die Türken auf dem Meere unbesiegbar seien, an jenem Tage ... wurde der Stolz und die Hoffahrt der Osmanen gebrochen ... war ich aber der einzige Unglückliche ... fand mich am Abend ... an Händen und Füßen mit Ketten und Fesseln beladen, und damit hatte es folgende Bewandtnis. Uludsch-Ali[237], der König von Algier, ein kühner und tapferer Korsar, hatte die maltesische Hauptgaleere angegriffen und ihr so heftig zugesetzt, daß an Bord nur drei Ritter, und auch diese schwer*

verwundet, noch am Leben geblieben waren. Die Hauptgaleere [Gianandrea] *Dorias, auf der ich mich befand, eilte der maltesischen zu Hilfe. Ich tat, was ... meine Pflicht war, und sprang in die feindliche Galeere, die aber in demselben Augenblick vom Angreifer loskam ... So sah ich mich allein mitten unter den Feinden ... Bedeckt mit Wunden, wurde ich gefangen genommen, und wie ... bekannt ist, rettete sich Uludsch-Ali damals mit seinem Geschwader. Ich blieb demnach in seiner Gewalt ... und während so viele die ersehnte*

Niederländische Karracke, Detail des Gemäldes »Sturz des Ikarus« von Pieter Bruegel d.Ä. (um 1522/30–69). Brüssel, Musées Royaux des Beaux-Arts de Belgique.

Freiheit erlangten; denn nicht weniger als fünfzehntausend Christen, die auf der türkischen Flotte als Ruderknechte hatten dienen müssen, wurden an diesem Tage aus der Sklaverei erlöst.

Selbst mit einem vergleichbaren Dasein in algerischer Gefangenschaft machte Cervantes zwischen 1573 und 1580 zwangsläufig Bekanntschaft. Deshalb bleiben wir noch bei seinem »pikaresken« Meisterwerk und hören aus dem 63. Kapitel des »Don Quijote« jene – mit maritimem Stoff verbundene – rührende Geschichte der Kapitänin Ana Felix: *... Als Don Quijote mit dem Fuß hineintrat, feuerte die Hauptgaleere ihr*

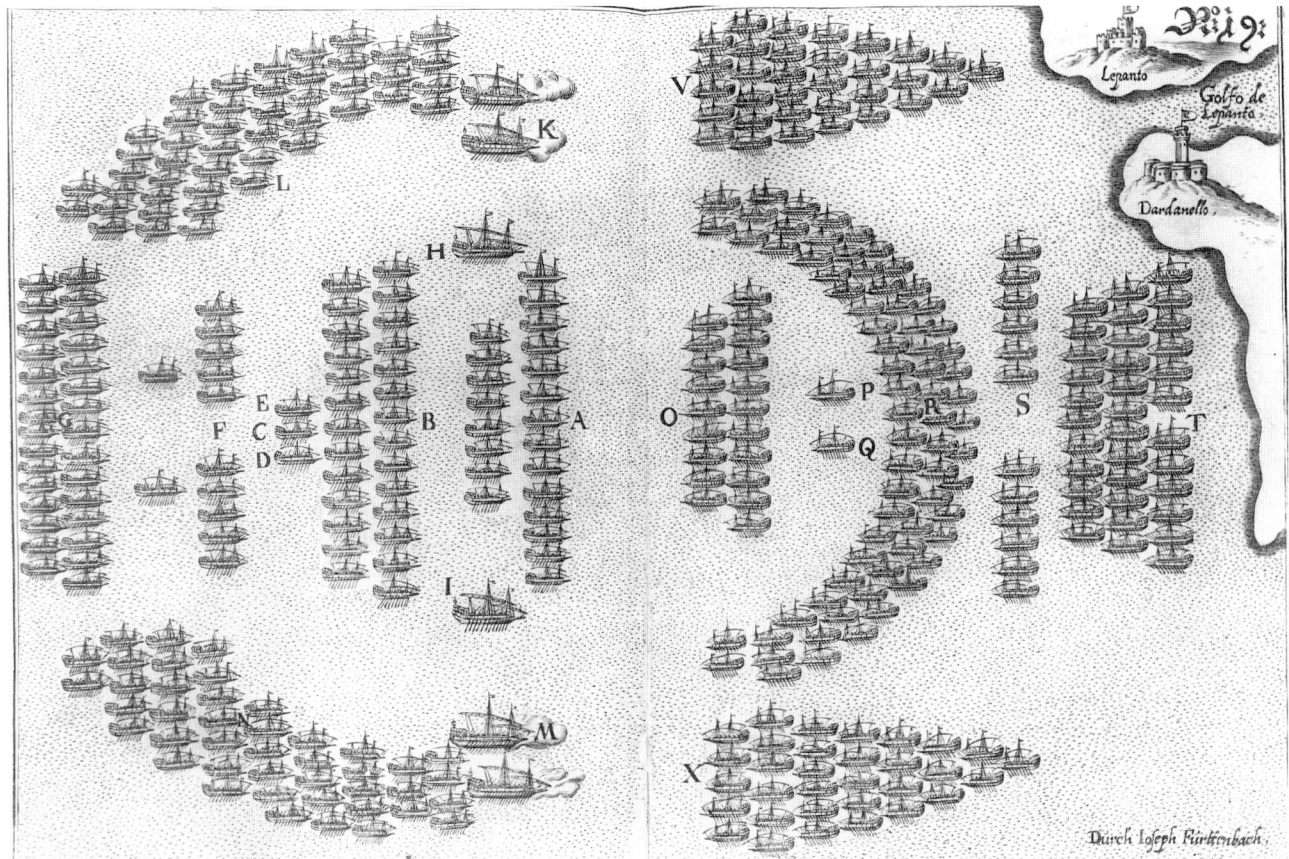

Aufstellung der gegnerischen Flotten zu Beginn des Treffens von Lepanto, am Ausgang des Golfs von Patras, am 7. Oktober 1571. Kupferstich von Joseph Furttenbach in dessen »Architectura Navalis«, 1629. – Links erscheint die Flotte der katholischen Liga, nach Furttenbach bestehend aus: A der Vorhut, B dem Haupttreffen von 63 Galeeren, C dem Admiralsschiff Don Juans, D Sebastiano Veniers, des venezianischen Admirals, Galeere, E Marc Antonio Colonnas, des päpstlichen Admirals, Fahrzeug, F Giovanni Andrea Dorias 10 genuesische Galeeren, G 30 Galeeren zur Reserve, von Don Alvaro de Bazan geführt, H/I je eine große Galeasse und je zwei davon bei K/M, L linker Flügel von Barbarigo & Canale kommandiert, N rechter Flügel, Marco Quirini und Santa Croce unterstehend. Im rechten Teil die türkischen Galeerengeschwader, angeführt von Ali Pascha im Zentrum, Uluch-Ali am linken und Mehemet Scirocco am rechten Flügel.

großes Deckgeschütz ab; dann, als er über die Treppe der Steuerbordseite auf das Verdeck trat, begrüßte ihn die ganze Rudermannschaft mit einem dreimaligen »Hu! Hu! Hu!« wie es der Brauch ist, wenn eine vornehme Person an Bord der Galeere kommt ... Hierauf gab der Galeerenvogt das Zeichen, den Anker zu lichten, sprang mitten auf das Zwischendeck, die ... Sklavengeißel in der Hand, und begann den Ruderknechten den Buckel zu fegen, worauf die Galeere langsam in die offene See stach ... in einer Entfernung von etwa zwei Meilen [entdeckten sie] ein Fahrzeug, daß sie ... auf vierzehn oder fünfzehn Ruderbänke schätzten ... Als dieses Schiff die Galeere wahrnahm, begann es ... zu fliehen, in der Absicht und Hoffnung durch seine Leichtigkeit zu entkommen. Dies gelang ihm nicht, denn die Hauptgaleere war eines der schnellsten Fahrzeuge in diesen Meeren. Sie gewann einen solchen Vorsprung, daß die Bemannung der Brigantine die Unmöglichkeit, zu entkommen, sogleich ein-

sah. Daher wollte der Rais [= Kapitän des algerischen Raubschiffs], man sollte die Ruder einziehen und sich ergeben ... Allein der Zufall ... wollte, daß ... zwei betrunkene Türken ... ihre Gewehre abfeuerten und zwei von unseren Soldaten ... töteten.
Bei diesem Anblick tat der General einen Schwur, keine Seele in der Brigantine am Leben zu lassen ... Der General fragte, wer der Rais der Brigantine sei, worauf einer der [36] Gefangenen, den man später als einen spanischen Renegaten [= Glaubensabtrünniger] erkannte, in kastilischer Sprache antwortete: »Dort der junge Mann ...«. Dabei zeigte er auf einen der schönsten und liebenswürdigsten Jünglinge ... nicht einmal volle zwanzig Jahre alt ...
... »was bist du von Geburt? Türke, Maure oder Renegat?« »Ich bin«, antwortete der Jüngling auf kastilisch, »weder ein Türke, noch ein Maure ... Ein christliches Weib«, war die Antwort.

Apotheose der Seeschlacht bei Lepanto 1571, im gleichen Jahr entstandenes Gemälde des Paolo Caliari, genannt Veronese (1528–88); ursprünglich in S. Pietro zu Murano, ausgestelllt in der Galleria dell'Accademia Venedigs.

Sebastiano Veniero, Generalkapitän der venezianischen Streitkräfte in der Seeschlacht von Lepanto 1571. Kupferstich von Giacomo Franco, 1610.

»Verschiebt, ihr Herren, die Vollziehung meines Todesurteils nur ein wenig«, sprach der Jüngling; »ihr werdet nicht viel verlieren ... bis ich euch meine Geschichte erzählt habe ... Ich gehöre zu dem ... unglücklichen ... Volke, über das sich in den letzten Zeiten eine Flut des Unglücks ergossen hat. Ich stamme von maurischen Eltern ... wurde durch Oheime nach der Berberei gebracht ... mit Gewalt fortgeschleppt ... Ich hatte eine christliche Mutter ... Der Ort, wohin wir uns flüchteten, war Algier; aber dort trafen wir es geradeso, wie wenn wir in die Hölle selbst gekommen wären. Der König hörte von meiner Schönheit und das Gerücht bezeichnete mich ihm überdies als reich ... Er ließ mich vor sich kommen und fragte mich ... Ich nannte ihm meine Heimat [in Spanien] und fügte hinzu, das Geld und die Kleinodien seien dort vergraben, man könnte sie aber leicht wiederbekommen, wenn ich selbst hinginge und sie holte. Dies alles sagte ich, um ihn mehr durch seine Habsucht als durch meine Schönheit zu blenden ... Bald darauf beschloß der König, ich sollte auf dieser Brigantine in Begleitung zweier Türken, eben derer, die eure Soldaten getötet haben, nach Spanien zurück-

kehren ... Gestern abend bekamen wir diesen Strand in Sicht ... heute hat man uns entdeckt ... Die einzige Gnade, um deren Gewährung ich anflehe, ist die, mich als Christin sterben zu lassen ...«.

... gerührt näherte sich der Vizekönig ... löste eigenhändig die Bande, mit denen die schönen Hände der christlichen Moriskin gefesselt waren. Während der ganzen Erzählung ... hatte ein alter Pilger, der mit dem Gefolge des Vizekönigs auf die Galeere gekommen war, seine Augen starr auf sie geheftet ... stürzte ... vor ihren Füßen nieder, umfaßte sie mit seinen Armen und rief ... »O Ana Felix, meine unglückliche Tochter, ich bin dein Vater Ricote und war im Begriff, dich aufzusuchen ...«.

»Oh, Ricote kenn ich sehr gut«, warf Sancho Pansa ein, »und was er von der Ana Felix sagt, daß sie seine Tochter ist, das hat auch seine Richtigkeit.«

Zur meeresthematischen Vervollständigung bedarf es noch des Hinweises auf des Cervantes' verschollenes Theaterstück »Die Seeschlacht« und auf seinen posthum erschienenen, teils in nördlichen

Breiten spielenden, phantastischen Liebes- und See-roman »Trabajos de Persiles y Sigismunda« (1616). Cervantes' von der Satire durchzogenes Gesamtwerk ist aber ohne Rabelais' Vorbild undenkbar. Denn fast noch gesteigertere burleske Unterhaltung und gro-teske Unwirklichkeit erfreute Europas gebildete Leser bereits in François Rabelais' (1494–1553) »Gar-gantua und Pantagruel« (1532–64).[255] Dieser – zum Teil unter der Devise *Tu, was dir gefällt* laufende, aber stets den Menschen als Maß aller Dinge anerkennen-de – aus fünf Büchern bestehende, ironisch-spötti-sche Roman über Gargantua und dessen Sohn Panta-gruel, übrigens Fürst von Utopien, offenbart in der Reise zu den Inseln der Versuchungen jene zeittypi-sche Parallele zu derjenigen mythischen eines Odys-seus.

An dessen listige Verschlagenheit knüpft jene im IV. Buch, Kap. 6–8, enthaltene, wohl stärkste, sati-risch-grimmigste Rabelais-Szene des Feilschens an – zwischen eulenspiegelhaftem Panurge und dem über-heblich-hinterhältigen Kaufmann Dindenault. Ein Schiff bildet dafür den Schauplatz. Panurge geht

endlich, warnend, auf den ungleichen Handel ein, wählt ein Tier, zahlt, wirft es plötzlich ins Meer. Flugs folgt ihm die ganze Hammelherde. Dindenault sucht dies, verzweifelt, zu verhindert, und kommt, von einem Widder mitgerissen und ins Wasser gestoßen zu Tode, was Panurge veranlaßt, über Elend und Seligkeit, zwischen irdischem oder lebendigem Leben zu spekulieren.

Maßgeblich klingt bei Rabelais – im gleichen IV. Teil von »Garantua und Pantagruel« – natürlich auch zeitgenössisches Ereignis an: so etwa Jacques Cartiers (1491–1557) über den Nordatlantik führende drei Canada-Fahrten (1534–41). Vor dessen bewegendem Denkmal auf den Wällen von Saint Malo in der Breta-gne erinnert man sich seines Logbuches: *wir verließen den Hafen von Saint Malo am 20. Tage im April des Jahres 1534, mit zwei Schiffen, jedes etwa 60 Tonnen schwer. Jedes hatte 61 Mann Besatzung an Bord. Wir segelten bei gutem Wetter und erreichten am 10. Mai Neufundland. In Kap Bonavista gingen wir vor Anker. Am 21. ... Mai verließen wir den Hafen in Richtung Nord-Nord-Ost und segelten zur »Insel der Vögel« ...*

Galeeren des 16. Jahrhunderts, Radierung in Wilhelm Dilichs »Krieges-Schule« (Frankfurt/Main 1689).

Doch kehren wir zu Rabelais zurück, zu folgendem, von manieristisch-verballhornender Sprachgewalt geprägten, herrlichen, kurzen Abschnitt (des V. Buchs, Kap. 18): *Nach Lichtung unsrer Anker und Kabel stachen wir mit sanftem Zephyr in See, und waren ungefähr ein zweyundzwanzig Meilen gefahren, als sich ein ungestümer Wirbel contrairer Wind' erhub; um den wir mit Marsree und Bulinen ein wenig herum temporisierten, nur um den Steuermann nicht zu kränken, der uns versichert' daß bey der Sanftmuth dieser Wind und ihrem muntern Wettstreit, bey so klarer Luft und stiller See weder ein grosses Glück zu hoffen, noch grosses Unglück zu fürchten stünd; wir also an den Spruch des Weisen der auszustehn und abzustehn* [= sustine et abstine, leide und meide], *id est zu temporisiren rieth, uns halten sollten. Gleichwohl hielt der Wirbelwind so lang an, daß der Steuermann, von unsern Bitten überwältigt, ihn zu brechen und unsern ersten Curs zu halten versucht'. Er zog also den grossen Besan auf, hielt das Steuer scharf mittschiffs nach der Compaßspitz, und brach so den gedachten Wirbel mittelst einer steifen Kühlt die noch dazustieß. Es war uns aber kein besserer Trost als wenn wir aus der Scylla in Charybdin kämen, denn etwa zwey Meilen weiter raakten wir mit unsern Schiffen unversehens auf Triebsand wie die Wellenwerf von Sainct Maixent. Drob all unser Schiffsvolk sich baß betrübt'. Rasch pfiff der Wind durch die Misanen; nur Bruder Jahnen fochts nicht an, sondern mit freundlichen Worten sprach er Einem um den Andern Trost zu, stellt' ihnen für, daß uns der Himmel bald helfen müßt, er hätt den Kastor schon auf den Stengen reiten sehen ...*

Als portugiesische Seefahrer und andere Europäer seit 1498 – Vasco da Gamas erstmaligem Eintreffen in Calicut – nach Indien und bald danach selbst in ostasiatische Gebiete kamen, sahen sie sich an Land nicht nur einer in Jahrhunderten gewachsenen Kultur – und damit entsprechendem Schrifttum – gegenüber, sondern erlebten auf See auch meergewohnte arabische und andere einheimische Schiffahrt mit dazu nautisch geeigneten, besonders konstruierten Fahrzeugen.[173] Diese waren einzelnen Reisenden zuvor schon aufgefallen, wofür Unterzeichnung wie Vollzug eines ersten Handelsvertrages 1320 zwischen Persien und Venedig ebenso sprechen wie Marco Polos Reisebericht »Il Milione« (1298).

Für seine Rückkehr aus China wählte er 1290 Schiffspassagen über Shanghai, Malacca, Sumatra, Indien bis nach Ormuz am Persischen Golf. Während der genuesischen Kriegsgefangenschaft entstand dann in Zusammenarbeit mit Rustichello da Pisa 1296–98 Marco Polos (nur in Kopien erhaltenes) Wunder-Buch »Il Milione«.[333] Dort behandelt er selbst nautische Erfahrungen: *Wir wollen unter den bemerkenswerten Dingen, die wir in Indien gefunden haben, zuerst mit einer Beschreibung der Handelsschiffe anfangen. Diese sind aus Tannenholz gebaut und haben nur ein einziges Deck; unter diesem ist der Raum in sechzig kleine Kajüten – auch mehr oder weniger, je nach Größe der Schiffe – eingeteilt, die zur Aufnahme der Kaufleute bestimmt sind. Sie haben vier Masten mit ebenso vielen Segeln, und einige haben zwei Masten, die man umlegen kann, wenn es nötig ist. Die größeren Schiffe haben außer den erwähnten Kajüten in ihrem Kielraum bis zu dreißig Verschläge, die aus dicken Platten bestehen. Diese Einrichtung ist getroffen worden, um das Schiff zu retten, wenn es ein Leck bekommen hat, zum Beispiel durch den Schlag eines Walfischs. Das kommt nicht selten vor, denn wenn man bei Nacht segelt, bildet sich im Kielwasser ein weißer Schaum, der die Aufmerksamkeit des hungrigen Tieres erregt. In der Hoffnung auf Beute schießt der Walfisch auf das Schiff zu und zerstört dabei leicht dessen Boden. Sobald die Schiffsleute das Leck entdeckt haben, entfernen sie sogleich die Waren aus dieser Abteilung; das Wasser aber kann nicht in die anderen Verschläge gelangen, weil die vorzüglich gebauten Bretterwände dicht sind. Darauf wird der Schaden ausgebessert, und die Ware kann wieder an ihre alte Stelle gebracht werden. Die Schiffe sind doppelplankig, innen und außen mit Werg kalfatert und die Planken mit eisernen Nägeln vernietet. Da es Pech in diesem Lande nicht gibt, überschmiert man den Boden mit ungelöschtem Kalk und kleingeschnittenem Werg, die mit Öl vermengt werden; aus diesem Gemisch entsteht eine Art Salbe, die lange Zeit klebrig und zäh bleibt und zum Abdichten noch besser geeignet ist als Pech.*

Die größten Seeschiffe haben eine Besatzung von dreihundert, andere von zweihundert und einige auch nur von hundertfünfzig Leuten. Man kann die Schiffe mit fünf- bis sechstausend Körben Pfeffer beladen. Früher beförderten die Schiffe größere Lasten als jetzt; weil aber der Ozean verschiedentlich Inseln und darunter auch einige Haupthäfen zerrissen hat, fehlt es für so schwere Schiffe an Wassertiefe. Deshalb wurden in der letzten Zeit nur noch kleinere Fahrzeuge gebaut. Diese können auch gerudert werden, während jedes Ruder von vier Männern bedient wird. Die größeren Schiffe werden jeweils von zwei oder drei großen Barken begleitet, die etwa tausend Pfefferkörbe laden können und mit sechzig bis hundert Matrosen bemannt sind. Diese kleinen Schiffe sind dazu da, um die großen zu ziehen, falls widrige Winde wehen sollten. Die Schiffe führen auch bis zu zehn kleine Boote mit sich, von denen aus die Anker ausgeworfen oder andere Arbeiten ausgeführt werden. Die Boote werden längs-

seits des großen Schiffes aufgehängt und bei Bedarf zu Wasser gelassen. Auch die Barken haben ihre kleinen Boote. Wenn ein Schiff ein Jahr oder länger unterwegs gewesen ist und der Überholung bedarf, wird einfach ein weiterer Bretterverschlag über den ersten gezogen und in derselben Weise kalfatert und gestrichen wie dieser; das wird bis zu sechs Lagen wiederholt; erst dann wird das Schiff für unbrauchbar erklärt und nicht mehr verwendet.

Notwendig scheint es zu sein, außerdem noch einen Blick auf jene wunderbaren »Tausendundeine Nacht«-Geschichten (arabisch Alf Laila Wa-Laila) zu werfen. Im 8. Jahrhundert vom Indischen ins Persische, dann im 10. Jahrhundert ins Arabische übersetzt, auch nachfolgend ständig vermehrt, sogar mit Elementen aus »Alexander-Roman« und »Odyssee« bereichert, enthält die faszinierende Märchensammlung selbst Seeabenteuer. Deren Held wurde Sindbad der Seefahrer. Er erzählt in der 541. Nacht: ... als mit einem Male ein großes Schiff mit einer Menge Kaufleute angesegelt kam ... es in den Stadthafen eingelaufen und am Ankerplatz angelangt war ... fragte ich den Schiffsherrn: Ist noch etwas in deinem Schiff? Er antwortete: Ja, im Schiffsraum befinden sich noch Waren, deren Besitzer uns unterwegs bei einer der Inseln ertrank, so daß seine Waren bei uns als Depositum verblieben ... Nun fragte ich den Kapitän: Wie ist der Name des Eigentümers der Waren? Und er antwortete: Er heißt Sindbad der Seemann und ertrank vor unsern Augen im Meer. Als ich seine Worte vernahm, blickte ich ihn scharf an und rief: O Kapitän, wisse, ich bin der Eigentümer; ich bin Sindbad, der mit Kaufleuten vom Schiff auf die Insel gestiegen war. Als sich der Fisch rührte, auf dem wir uns befanden, und als du uns riefst, da rettete sich, wer konnte, während die anderen, zu denen auch ich gehörte, versanken. Gott bewahrte mich jedoch, indem er mir einen großen Zuber, in denen die Passagiere gewaschen hatten, in den Weg trieb; ich setzte mich auf ihn und ruderte mit meinen Füßen, und Wind und Wellen halfen mir, bis ich an diese Insel gelangte, wo ... der König huldreich gegen mich war und mich in dieser Stadt zum Hafenmeister machte ... Die Waren, die du bei dir hast, sind daher mein Eigentum ...

Unter direktem Einfluß und als europäischer Nachklang der Sindbad-Reisen schrieb Wilhelm Hauff (1802–27) in romantischer, orientalisch-märchenhafter Verklärung »Die Geschichte von dem Gespensterschiff«[134] – ein Meisterstück deutschsprachiger Prosa. Vergleicht man vorn vorgenommene, vor Calicut passierte Rachegreuel mit Hauffs Aussage seines Kapitano, so wirkt diese wie eine zuversichtliche Fabel: Vor fünfzig Jahren war ich ein mächtiger, angesehener Mann

und wohnte in Algier; die Sucht nach Gewinn trieb mich, ein Schiff auszurüsten und Seeraub zu treiben. Ich hatte solches Geschäft schon einige Zeit fortgeführt; da nahm ich einmal auf Zante [im Ionischen Meer] einen Derwisch an Bord, der umsonst reisen wollte. Ich und meine Gesellen waren rohe Leute und achteten nicht auf die Heiligkeit des Mannes; vielmehr trieb ich mein Gespött mit ihm. Als er aber einst in heiligem Eifer mir meinen sündigen Lebenswandel verwiesen hatte, übermannte mich nachts in meiner Kajüte, als ich mit meinem Steuermann viel getrunken hatte, der Zorn. Wütend über das, was mir ein Derwisch gesagt hatte und was ich mir von keinem Sultan hätte sagen lassen, stürzte ich aufs Verdeck und stieß ihm meinen Dolch in die Brust. Sterbend verwünschte er mich und meine Mannschaft, nicht sterben und nicht leben zu können, bis wir unser Haupt auf die Erde legen. Der Derwisch starb, und wir warfen ihn in die See und verlachten seine Drohungen. Aber noch in derselben Nacht erfüllten sich seine Worte. Ein Teil meiner Mannschaft empörte sich gegen mich. Mit fürchterlicher Wut wurde gestritten, bis meine Anhänger unterlagen und ich an den Mast genagelt wurde. Aber auch die Empörer erlagen ihren Wunden, und bald war mein Schiff nur ein großes Grab. Auch mir brachen die Augen, mein Atem hielt an ... es war nur eine Erstarrung ... in der nächsten Nacht, zur nämlichen Stunde, da wir den Derwisch in die See geworfen, erwachten ich und alle meine Genossen. Das Leben war zurückgekehrt; aber wir konnten nichts tun und sprechen ... So segeln wir seit fünfzig Jahren, können nicht leben und nicht sterben; denn wie konnten wir das Land erreichen? Mit toller Freude segelten wir allemal mit vollen Segeln in den Sturm, weil wir hofften, endlich an einer Klippe zu zerschellen und das müde Haupt auf dem Grund des Meeres zur Ruhe zu legen. Es ist uns nicht gelungen, jetzt aber werde ich sterben. Noch einmal meinen Dank, unbekannter Retter! Wenn Schätze dich lohnen können, so nimm mein Schiff als Zeichen meiner Dankbarkeit!

Einem tatsächlich im 10. Jahrhundert existierenden Kapitän namens Buzurg ibn Schahrijar verdanken wir das »Buch der Wunder Indiens, seiner Küsten, Meere und Inseln« (= »Kitab ˁadscha ˀib al-Hind«)[212], eine Erzählungensammlung. Aus ihr folgt abschließende maritime Parabel: Der Kapitän ˁAllama hat einmal Muhammad ibn Babischad von einer Begebenheit erzählt, die sich während der Reise nach Indien und China zugetragen hat. Gerade als er über eines der sieben Meere segelte, ist er zur Zeit des ersten Gebetes in seine Kajüte hinabgestiegen ... Doch nachdem er einen kurzen Blick auf das Meer geworfen hatte, hielt er sofort inne und lief in großer Angst aufs Deck ...

»Mannschaft«, schrie er, »Segel reffen!« Sie folgten seinem Befehl.

»Und jetzt«, fuhr der Kapitän fort, »werft die gesamte Schiffsladung ins Meer.«

Er beugte sich über die Reling, um die Wasseroberfläche zu untersuchen; und als er sich wiederaufrichtete, vernahm er die entsetzte Stimme eines der Seeleute: »Kaufleute, schätzt ihr eure Waren ... mehr als das Leben ...?«

»Dummkopf«, erwiderten die Kaufleute ...

»O ihr Kaufleute«, antwortete der Kapitän, »verlaßt euch auf die Erfahrung dieses einen, so wie die Mannschaft sich vor euren Augen auf meine Erfahrungen verläßt. Ich habe euch gewarnt ... was mich anbelangt, ich überlasse euch der Gnade des Herrn ...«

Als er das gesagt hatte, befahl er, das Beiboot herabzulassen, stieg mit der Mannschaft in das Boot, nahm Proviantvorräte und Wasser mit und ruderte davon. Die Kaufleute sahen das und schrien: »Komm zurück, wir tun, was du befiehlst!« Doch der Kapitän erwiderte: »Bei Allah, ich komme nicht, bevor ihr nicht die Waren und alles, was ihr besitzt, ins Meer geworfen habt.«

Die Kaufleute zögerten nun nicht mehr, sondern warfen alle ihre Kostbarkeiten ... ins Wasser ... Nun kehrte die Mannschaft zum Schiff zurück, und der Kapitän sagte zu ihnen ... »O wenn ihr nur wüßtet, was uns und unser Schiff heute nacht erwartet! Darum ... betet ... erbittet des Allmächtigen Vergebung.«

Jeder tat nun, was der Kapitän befohlen hatte. Und als die Nacht hereingebrochen war, öffnete Allah die Pforten des Himmels und ließ einen furchtbaren Orkan niederbrausen, der ... die Wellen des Meeres bis zum Himmel peitschte und dann aufs Ufer warf. Das Unwetter trieb die Schiffe auf die hohe See hinaus und an der Küste entlang, und nur wenige entgingen dem Zerschellen.

Das Schiff indessen, das sich ... von seiner Ladung befreit hatte, hielt sich auf dem tobenden Meer, erklomm die Wellenkämme und schwamm dahin ... Als der vierte Tag angebrochen war ... legte sich der Orkan, und das Meer beruhigte sich ... Die Seeleute ließen das Beiboot herab ... Schließlich befanden sie sich in der Nähe einer Insel, an deren Ufer das Unwetter eine Menge Schiffstrümmer, Waren und Frachtkisten ... gespült hatte. Sie warfen den Anker, und inmitten dieses Trümmerfeldes fanden sie ihre Waren wieder ... Ehre sei Allah, dem Herren der Welten!

Schiffe des Islam. Miniaturmalerei in türkischer Handschrift vom »Leben Iskanders« (Alexanders des Großen) 1525–27. Paris, Bibliothèque Nationale (Ms. Suppl. Turc 316 fol. 447v).

ALS EUROPÄISCHE SEEMÄCHTE
WELTWEIT OPERIERTEN

*Hat man sich nicht ringsum vom Meere umgeben gesehen,
so hat man keinen Begriff von Welt und von seinem Verhält-
niß zur Welt.*

Goethe, der das am 3. April 1787 zu Palermo in
sein Tagebuch der »Italienischen Reise« eintrug,
machte aber am 15. Mai, nach Neapel rückkehrend,
noch eine andere Bemerkung: ... *Alles hatte sich auf
das französische Fahrzeug gedrängt, die Sicherheit der weißen Flagge vor Seeräubern, sonst Nichts weiter bedenkend.*

Doch alsbald – am 16. – wurden nicht jene zur drohenden Gefahr, sondern launische Wind- und Strö-
mungsverhältnisse, welche das Schiff einer Strandung
an felsiger Küste entgegentrieben: *Gebet und Klagen
wechselten ab ... Die Brandung schien sich zu vermehren,
und meine durch alles Dieses wiederkehrende Seekrankheit,
drängte mir den Entschluß auf, hinunter in die Cajüte zu
steigen. Ich legte mich halb betäubt auf meine Matratze ...*

Zweihundert Jahre zuvor begannen die Ausbildun-
gen zu einem nach seinen Folgen revolutionärsten,
weil ideologischen Kriege der Neuzeit. Dieses entscheidende Seeduell zwischen katholischem Spanien
und anglikanischem England spielte sich vom 29. Juli
bis zum 9. August 1588 im britischen Kanal ab. Es
endete mit einer Katastrophe der für »unüberwind-
lich« gehaltenen Armada.[13]

Aufgeboten waren dazu auf spanischer Seite insgesamt etwa 130 Schiffe mit 27000 Mann (bestehend
aus 20 Galeonen, 4 Galeassen, 4 großen und 40 kleineren bewaffneten Kauffahrteifahrzeugen, 34 Auf-
klärungs- und Depeschenbooten sowie 28 Nach-
schubtransportern), auf englischer Seite wohl nicht
viel weniger Einheiten.

Nach Verlassen von La Coruña am 22. Juli erreichte die Armada sieben Tage später den westlichen
Kanalausgang, wurde am 2. und 4. August vor Englands Südküste in erste Gefechte mit der britischen
Flotte verwickelt, desgleichen kurz danach in weitere
vor Gravelines und Dünkirchen. Nach vergeblichem
Warten auf Prinz Parmas Invasionstruppen entschloß

sich Generalissimo Medina Sidonia mit seiner inzwischen vom Feind schon hart angeschlagenen Armada
zur Heimfahrt zunächst nordwärts um die Shetland's
herum und dann an Irlands sturmumtobter Westküste entlang. Was bis zum Oktober 1588 Nordspaniens
Küste wieder anlief, waren immerhin noch knapp
100 Schiffe, deren Zustand freilich zumeist erbärm-
lich war!

Kehren wir zum 2. August 1588 zurück. Jenes
damalige Geschehen südöstlich von Plymouth vergegenwärtigt Arno Dohm in seinem Roman »Die Flotte
Gottes« (Gütersloh 1938, S. 232ff.) ebenso spannend
wie einfühlsam so: *Bei Hellwerden setzt die Armada Segel
und zieht ... weiter. Der Wind hat inzwischen aufgefrischt ...
Fünfzig, eher sechzig Segel, ein Viertel davon etwa Großkampfschiffe, laufen im Rücken der Armada. Befehligt von
Drake, auf der* REVENGE. *Revenge heißt Rache. Aber das
weiß von den Spaniern keiner. Die elf, die vorn sind, führt
Lord Howard. Es ist neun Uhr. Sonntagmorgen.*

*Ein winziges Schiffchen löst sich plötzlich aus den Reihen
derer im Rücken und läuft mit vollen Segeln in die Mitte
zwischen den Flotten. Feuert einen Schuß, und wendet. Soll
das Spiel sein? Gleichzeitig wendet vorn Lord Howard und
kreuzt mit den elfen, die Front der Felicissima schneidend,
an ihrem rechten Flügel vorbei – fast gegen den Wind! Er
gibt schnelles heftiges Breitseitfeuer. Die ersten Spanier ...
fallen ... Kurz darauf sind die englischen Schiffe wieder im
Rücken des Gegners vereinigt.*

*Weiter walzen die Galeonen. die Engländer folgen. Über dem
Winde! ...*

*Die Engländer kommen, feuern, wenden. Können sie zau-
bern mit ihren Segeln? ...*

*Die Armada läuft noch in gleicher Ordnung, wie sie aus der
Biscaya kam. Einer Ordnung, die vermutlich besonders auf
mächtigen Eindruck gestellt ist. Die auch nicht unzweck-
mäßig wäre – bei einem gleichgearteten Gegner. Eine umge-
drehte Sichel, die Spitzen nach hinten. Alle Großkampfschiffe
in doppelter Reihe, in breiter Front, die Flügel zurückge-
bogen.*

Spaniens Armada im Kampf mit den Briten vor Dover im August 1588. Gemälde von Aert van Antum (ca. 1580–1620). Amsterdam, Rijksmuseum.

Innen, halb von den Flügeln gedeckt, laufen die Geschwader der Kleinen. Diese Urcas, Patachas, Karavellen und Zabras, die sich im hohlen Rücken der Hauptmacht, nur schwächlich bewaffnet, zusammendrängen, wären bei der Kampffart des Feindes sehr in Gefahr. Aber der Feind richtet sein Augenmerk vorläufig nur auf die ... Galeonen.

Herzog Medina Sidonia ist ratlos. Er will vorwärtskommen, sich aber auch wehren. Wie soll er jedoch, dem Winde entgegen, plötzlich die Front zum Feinde drehen? Dergleichen ist nicht vorgesehen, auch niemals geübt.

Einzelne Geschwaderführer setzen sich, ohne seine Befehle, so zur Wehr, wie die Lage es erfordert ... Admiral de Recalde, der das Biscayageschwader befehligt, zehn Galeonen, hat seine Schiffe gewendet, als Drake auf REVENGE *und Frobisher auf* TRIUMPH *einen Angriff herantragen wollen. Recalde verfügt über zweitausend Soldaten. Er wird diese Gegner im Enterkampf packen!*

Auch Recalde hofft vergebens. Die Engländer sind unglaublich schnell. Sie kommen sehr nahe, doch niemals zu nahe. Die alte Kampffart, Bord an Bord, wollen sie nicht. Sie proben ihre eigene, neue, mit unerwarteten Erfolgen. Breitseiten feuern aus möglichster Nähe, schnelle Wendung, ablaufen und dann wieder heran mit der anderen Seite ...

So ging es weiter, bis Spaniens Armada – am 9./10. August – *mit ihrem Auftrag sich selbst aufgab.* Über das Anschließende gibt Reinhold Schneider (1903–58)

in seinem bemerkenswerten Buch »Das Inselreich« (1936, S. 365f.) erschütternden Bericht: ... *die Engländer folgten nur vorsichtig und nicht weiter als bis zum Firth of Forth. Dann entschied der Sturm, der die zurückkehrenden Engländer härter faßte, als es die Spanier vermocht, und zu gleicher Zeit die Galeeren und Galeonen bis an die Küste Norwegens, gegen Island, die Faröer, Shetlands und Orkneys hinausschleuderte. In namenlosem Grausen endete die Fahrt; vergebens sandten die an der Küste Irlands Gestrandeten Männer aus, die für ein Faß Wasser ein Faß Wein boten, ja, so viel Gold, wie man dafür forderte, und endlich ein wohlausgerüstetes Schiff. Selten nur kehrten die Bittsteller zurück; sie verschwanden und verdarben in den Gefängnissen ... War es nicht Torheit, die Verhungernden zu speisen ... So ließ Sir Richard Bingham, der Gouverneur von Connaught, viele Hundert ... niedermetzeln ... Indessen bogen noch immer tief auf die Flut gedrückte Schiffe mit zersplitterten Masten und zerfetzten klatschenden Segeln und zerschossenem Takelwerk um die kahle Nordspitze Schottlands; zerschellten sie an den düstern Inseln des Nordwestens, an Mull und Arran ... krachten die mit verhungernden, kranken Soldaten gefüllten Galeeren gegen die Riffe und Inseln Irlands, ihre wimmelnde Fracht ausgießend wie zerplatzte Säcke ihre Körner; strudelten andere in die kochenden Felsenbuchten hinein, in denen sie zerbarsten, bis endlich am Strand zwischen Ballyshannon und Sligo, auf wenige Meilen,*

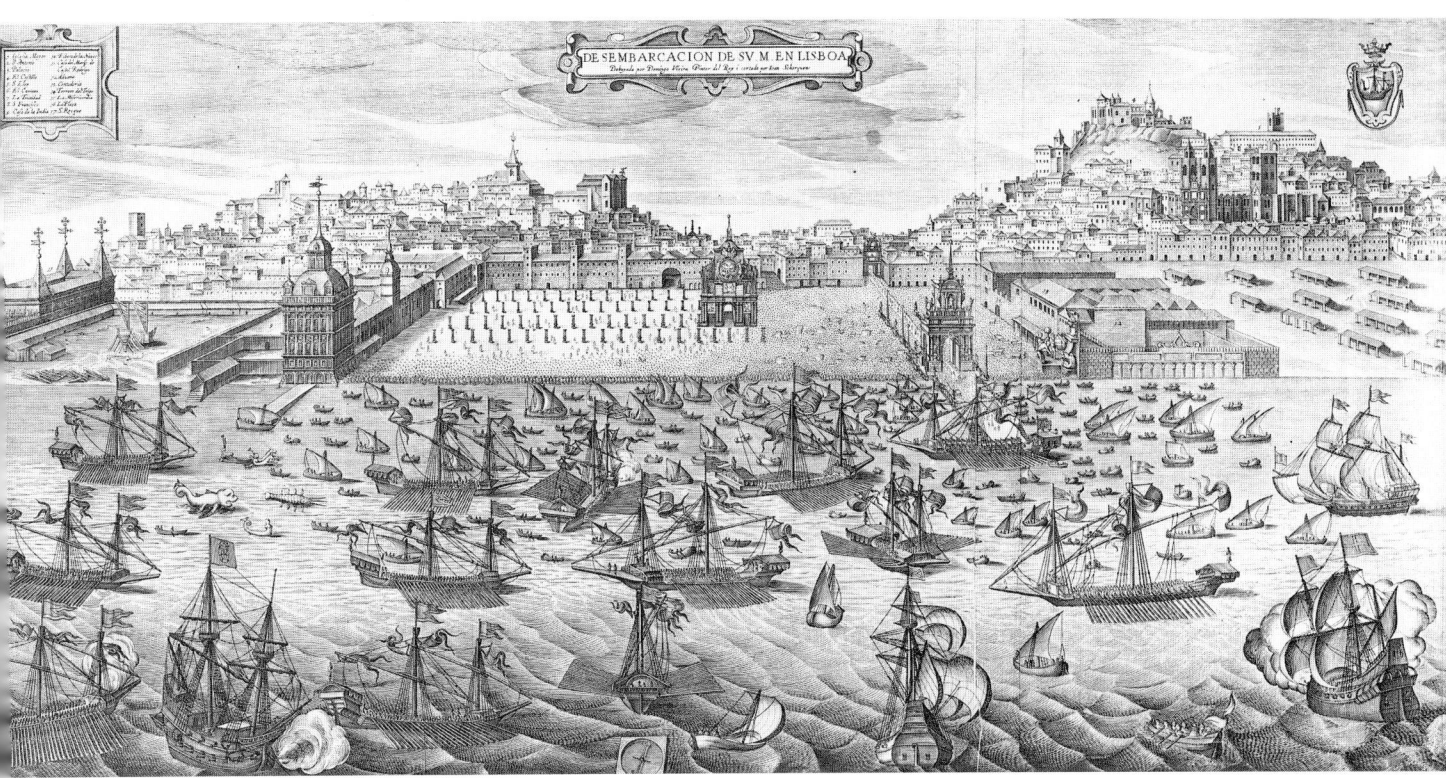

Landung König Philipps II. (reg. 1555–98) in Lissabon. Kupferstich von Joan Schorquens in Joan Baptist Lavanha »Del Rey D. Filipe II.« (Madrid 1622).

Schaum und Regen elfhundert Tote übersprühten und an der ganzen Küste sich das Holz gescheiterter Schiffe häufte ...

Nach Spanien heimgekehrt, kann Medina-Sidonia zu Don Karlos dann nur noch seufzend sprechen: *Im Feuer / Des englischen Geschützes war mir's leichter / Als hier auf diesem Pflaster / ... / Ich verlor ihm eine Flotte, / Wie keine noch im Meer erschien – Was ist / Ein Kopf wie dieser gegen siebzig / Versunk'ne Galeonen? – Aber, Prinz – / ...*

Im folgenden 7. Auftritt des 3. Akts seines Dramas »Don Karlos, Infant von Spanien« (1787) läßt Schiller – auf Philipps II. Ausruf *Sieh Da, mein Admiral!* – Medina Sidonia niedergeschlagen antworten: *Das, großer König, / Ist alles, was ich von der span'schen Jugend / Und der Armada wiederbringe.*

Nach langem nachdenklichem Schweigen meint der König begütigend weise: *Gott / Ist über mir – ich habe gegen Menschen, / Nicht gegen Sturm und Klippen sie gesendet – / Seid mir willkommen in Madrid ...*

Wie nachhaltig das weltbewegende Ereignis sich auswirkte, wird an folgender Bemerkung in Ludwig Tiecks (1773–1853) meisterhafter, in England spielender Erzählung »Dichterleben« deutlich: »*Ein reicher Squire aus Yorkshire ist gestern abend angekommen ...*«, antwortete der Wirt, »*und hat meine besten Zimmer gemietet ... Er sagt, er sei schon vor vier Jahren hier in London gewe-*

sen, als wir mit der unüberwindlichen spanischen Armada zu tun hatten ...«.

Vor Cadiz waren durch Sir Francis Drake, den erfolgreichen Weltumsegler (1577–80)[136] auf der Galeone GOLDEN HINDE (der Goldenen Hirschkuh), bereits 1587 Armadazurüstungen empfindlich gestört worden. Im Kampf mit ihr bewies er dann ähnlich nachhaltige Kühnheit. Sie trug ihm Haß wie gleichermaßen Bewunderung bei seinen Gegnern ein, zumal durch Lope Félix de Vega Carpio (1562–1635), welcher auf dem spanischen Admiralsschiff SAN JUAN Zeuge des Armada-Debakels wurde. Denn 1598, zwei Jahre nach Drakes Tod, veröffentlichte Vega in Würdigung des britischen Piraten und Seehelden, den die Spanier – als ihren teuflischen Widersacher – »el Dragón«, den Drachen, nannten, sein Epos »La Dragontea«. Für Aktualität und Beliebtheit dieser zehn Gesänge spricht, daß Cervantes zur 2. Auflage der »Dragontea« 1602 ein Huldigungssonett beitrug.

Nach wie vor stand der niederländische Freiheitskampf (1568–1648) in vollem Gange. Eine – 1599 im Hafen von Antwerpen stattgefundene – Episode daraus verdichtete Wilhelm Raabe (1831–1910) in seiner 1861 erstmals erschienenen, auch als Schülerlektüre bekanntesten Erzählung »Die schwarze

Galeere«: … *So kam es, daß anfangs selbst die wackeren, nichts fürchtenden, seeländischen Schiffsleute den Schrecken des Unbekannten fühlten vor diesen italienischen Galeeren, die gleich riesenhaften Wasserkäfern mit hundert Ruderfüßen die Wogen schlugen. So machte Federigo Spinola anfangs ein vortreffliches Geschäft und gewann manch reichbeladenes Kauffahrteischiff, manch armes Fischerboot den Niederländern ab, bis der erste Schrecken von den letzteren überwunden war und sie es wagten, den neuen Feinden*

Taschenglobus von Joseph Moxon um 1690 bzw. 1706/07 mit entsprechend geformter Lederkapsel, darin Gestirnsglobus. Den Erdball umlaufen zwei kurvende Linien, die »fein gestrichelte, schmal übergoldete« ist der Kurs, den Francis Drake mit der GOLDEN HINDE 1579/80 zog. Berlin, Kunstgewerbemuseum (K. 4706).

kühner an den Leib zu gehen. Ein zahlreiches Geschwader sandten die Generalstaaten aus, und in einem heißen Gefecht ward nicht nur eine große Anzahl der feindlichen Kaper vernichtet, sondern sogar auch eine der schrecklichen Galeeren genommen.
Im Triumph brachte man das merkwürdige Schiff nach Amsterdam, und hier wurde nach diesem Modell ein ähnliches Fahrzeug gebaut und mit den kühnsten Herzen und Händen bemannt. Drohend schwarz war seine Farbe, und bald genug wurde die schwarze Galeere den Spaniern und dem Admiral Federigo Spinola schrecklich. Die Spekulation des Genuesers trug von da an nicht mehr so gute Früchte wie im ersten Anfang. So war die schwarze Galeere kein Geisterschiff, kein Gespensterschiff, sondern ein Ding von Holz und Eisen, und seine Bemannung war auch keine Gespensterschar. Wesen von Fleisch und Blut kletterten in den Tauen, richteten die Segel, luden die Drehbassen, schlugen die Lunten auf und enterten die feindlichen Schiffe mit dem wilden Schrei: »Lieber Türk als Pfaff'.«

Martin Luserke (1880–1968) hat ähnliche Thematik – Seeaktionen der seit 1568 auftretenden Geusen bei Ameland, im Vlie und vor Emden – aufgegriffen und 1936 in seinem auflagenstarken Wassergeusen-Roman »Hasko« verwoben.

Wenn Bücher Weltgeschichte bewegt haben, dann gehört Jan Huyghen van Linschotens (1563–1611) »Itinerario. Voyage ofte Schipvaert ... naer Oost ofte Portugaels Indien ...« (3 Teile, Amsterdam 1595/96) mit dazu. Siebzehnjährig war Linschoten als Kaufmannsgehilfe 1580 zunächst nach Lissabon gelangt und dann bis 1587 Schreiber des portugiesischen Bischofs im indischen Goa gewesen. Seine dort langzeitig gewonnenen Eindrücke und Erkenntnisse bilden Inhalt und Wirkung jenes von 1596 an mit soviel Erfolg, allenorts sensationell aufgenommenen »Itinerario«. Dessen verheerende Ergebnisse äußerten sich in rasch erweckter Begehrlichkeit und ausdauerndem Eifer, mit denen fortan Holländer und Engländer nach den portugiesischen Besitzungen am Indik griffen.

Seit 1532 diskutiert, fand das Postulat vom »Mare liberum« – von der Freiheit der Meere – 1609 endlich seine juristisch kodifizierte Gestalt im vielbeachteten Buch »Über das Beuterecht« von Hugo Grotius (1583–1645 in Rostock). Es erlebte – obwohl schon 1610 auf dem Index stehend – 25 Ausgaben in sechs Sprachen. Doch eine nicht mehr von der Hand zu weisende Gegenargumentation erfuhr es durch die 1635 veröffentlichte Streitschrift »Mare clausum« von John Selden. Dieser britische Kronjurist erklärte darin die hohe See als »Res nullius« und damit für okkupierbar.

Dem mittlerweile einsetzenden Verdrängungsprozeß hatte Grotius' Schrift ebenso zu dienen wie jene (dem britischen Vorbild von 1599 folgende) 1602 ins Leben gerufene »Ostindische Kompanie«, dank derer es den Holländern 1605 gelungen war, Portugal von den Molukken zu vertreiben. Java besetzten sie 1610–18 und schufen sich darauf, zu Batavia (= Djakarta), ihren wichtigsten, über Jahrhunderte gehaltenen ostindischen Stützpunkt.
Noch einmal gingen sie mit Tagesanbruch ankerauf, um dann dicht unter Land an ... der javanischen Küste entlangzusegeln ... Eingeborenenboote dümpelten vorüber. Der Wind blähte ihre hohen, trapezförmigen Segel, für die der Mast zu klein zu sein schien. Ein nicht sehr großes englisches Schiff suchte aufkreuzend die Huk von Lampong zu gewinnen. Fern im Norden stand gleich einem fremdartigen

Holländische Schiffe – im Vordergrund eine Galeone – vor Dänemarks Küste bei Schloß Kronborg, um 1620. Ausschnitt des Gemäldes von Hendrick Cornelisz. Vroom (1566–1640). Berlin, Gemäldegalerie.

Untier eine chinesische Dschunke; eckiges Mattensegel über kantigem Rumpf. Und immer wieder grüne Inseln ... Jenseits der Palmenküste aber stiegen die in der Ferne stets bläulicher getönten Hänge zu den ... dunstigen Vulkangipfeln an.

Schon begann es zu dämmern, als sie das Batavia vorgelagerte Inselgewirr durchfuhren. Ringsum heimwärts strebende braune Fischer in seltsam schmalen Einbäumen, mit Handelswaren beladene Frachtprauen, ankernde Seeschiffe. Da fielen für längere Zeit zum letzten Mal die schweren, eisernen Anker der ADELAER *polternd zur Tiefe. In der Kajüte hatte man bereits die Kerzen angezündet ... rötliche Lichtflecke und tiefe Schlagschatten huschten über die Kojenvorhänge, betasteten mattglänzende Zinnkrüge und Teller, glitten am Globus und an den steifledernen Bücherrücken entlang und strichen über die erhitzten Gesichter der Offiziere. Weitbauchige Römer wurden immer wieder zum Munde geführt, um dann aus zwei schönen silbernen Schnabelkannen aufs neue gefüllt zu werden. Die Tabaks-*

pfeifen verbreiteten bläulichen Rauch. Die Männer hatten die Röcke aufgeknöpft und streckten behaglich die Beine, wie es ganzen Kerlen zukommt, die ihre Arbeit hinter sich haben.

Am oberen Ende des Tisches beugte sich Schiffer Willaert über das aufgeschlagene Logbuch. Das Schwatzen und Lachen der anderen schien ihn nicht zu stören. Überdies: morgen früh gab es keine Zeit mehr, denn das Buch mußte gleich mit an Land genommen und den Behörden vorgelegt werden ... Müde von dem langen, großenteils in der Sonnenhitze verbrachten Tage, erst langsam sich entspannend nach all den Monaten lastender Verantwortung, fühlte Willaert, wie ihm der Schweiß langsam den Rücken entlanglief. Von draußen führte die Brise fremdartige Düfte herein. Es roch nach Tropenwäldern ... Auf Deck sangen die dröhnenden Stimmen der Leute; da quiekte die Flöte, wimmerte die kleine Orgel. Ruckweise kratzte die Feder des Schiffers über das grobe Papier. Endlich schloß er: ... und lagen gegen acht Glas sicher vermurrt auf der Reede von Batavia. Dem Herrn sei Lob und Dank für glückliche Beendigung der Reise ...

Derselbe Piet Verhoog, langjähriger Schiffsoffizier – in der neoromantischen Traditionslinie jenes in Batavia geborenen Arthur van Schendel (1874–1946) und dessen Seeromanen stehend –, führt in seinem historischen Roman »Schiffer Willaert« (aus dem Holländischen übertragen von F. von Bothmer, 1936, S. 136) fort: ... *später saß Willaert inmitten einer lärmenden Gesellschaft: Schiffskapitäne, Armeeoffiziere und Kaufleute; darunter manche Bekannte, denen er entweder hier, in Westindien oder sonstwo früher schon begegnet war ... Zwischen Anstoßen und Lachen bekam er im Austausch gegen seinen eigenen Reisebericht lauter Neuigkeiten von Mataram, Colombo und Formosa zu hören. Vom Handel mit Japan war die Rede, von Beförderungen, von denen, die in die Heimat zurückgekehrt waren, von der Muskatnußernte auf den Molukken und von verlustreichen Gefechten mit den Seeräubern der Insel Celebes. Man gedachte der Gefallenen und sprach mit orientalischer Gelassenheit davon, daß einen über kurz oder lang das gleiche Schicksal treffen werde ...*

Und das Reich des Glaubens? fragt erwähnter Reinhold Schneider an gleicher Stelle (Das Inselreich, 1936, S. 470ff.). Er lenkt unseren Blick auf *die Männer und Frauen in dem engen, stickigen Zwischendeck* [der 1620 von Plymouth nach Amerika auslaufenden MAYFLOWER] ... *Sie landeten weitab von ihrem Ziele am Kap Cod, dem zurückgebogenen Zinken der Halbinsel, die wie ein zerbrochener Anker vor der Küste von Massachusetts liegt. Freilich lautete das Patent, das sich die Auswanderer in London erworben*

Door IAN HVYGHEN van LINSCHOTEN.

t'AMSTELREDAM.

By Cornelis Claesz. op't VVater, in't Schrijf-boeck, by de oude Brugghe.
Anno M. D. XCV.

Ostindienfahrer (Nãos) und Galeeren unter Segeln (in der Mittelkartusche), seitlich Stadtansichten von Antwerpen, Amsterdam, Middelburgh und Enkhuyzen. Kupferstich im Frontispiz von Teil 3 »Reys-Gheschrift ...«, 1595, S. 1 in: Jan Huyghen van Linschotens »Itinerario«. Die von L. Cornely wiedergegebenen Fahrzeuge lehnen sich formal eng an jene in Pieter Bruegels d. Ä. Stich »zeilende galeien vergezeld van een, op stuurboordsboeg geziene nao (nave)«.

hatten, auf Land in Virginia, aber Master Jones, der Kapitän, zeigte wenig Lust, durch Sturm und Klippen noch zweihundert Meilen südwärts zu fahren ... Um das Kap spielten Walfische, sonst zeigte sich keine Spur des Lebens. Es wurde kalt, Schnee senkte sich auf den hartgefrorenen Boden ... Schließlich fanden sie eine Bucht ... und in der Bucht eine kleine Insel, die Schutz und Sicherheit versprach. So feierten sie den Tag des Herrn an dem Ort, der ihre Heimat werden sollte ... Vorsichtig tastete sich die MAYFLOWER in ihren Winterhafen. Vor dem verankerten Schiff begannen die Männer und Frauen Hütten und Häuser zu errichten, denen sie ihr armes Hab und Gut anvertrauten; am Abend berieten sie die Gesetze ihrer Gemeinschaft ... Im April, als die MAYFLOWER den Anker lichtete ... um zurückzukehren nach England, sollte sie keinen der Pilger mitnehmen, die kleine Gruppe ... hatte das Land ihres Glaubens, ihrer Not und Arbeit, ihrer Toten und ihrer Hoffnung gefunden.

Solcher – mosaisch-christlichem Dekalog (2. Mose

160

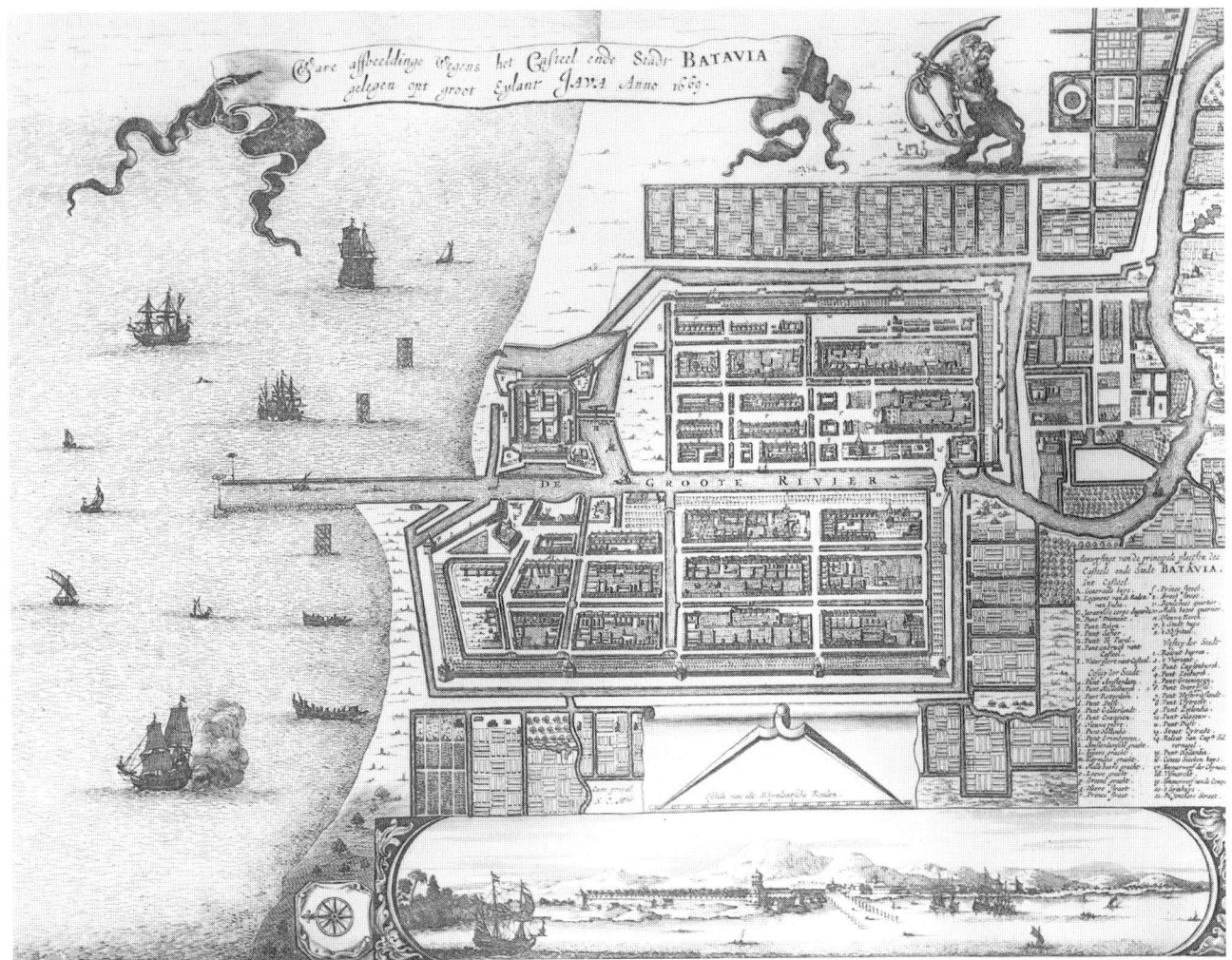

Plan und Ansicht von Batavia (= Djakarta) auf Java 1669. Kupferstich in Arnold Montanus »Denckwürdige Gesandtschafften der Ost-Indischen Gesellschaft ...« (Amsterdam 1670).

20,1–17 und 5. Mose 5,1–18 sowie Matthäus 5,17–48) und rechter Gesetzeserfüllung verpflichteter – Glaube war den Bukaniern und Flibustiern fremd; denn allein für sie maßgeblich wurde schnell und unbekümmert gewonnene Beute. Johann Wilhelm von Archenholtz (1743–1812) ist, als Herausgeber des höchst geschätzten historisch-politischen Journals »Minerva«, zugleich Autor einer tiefschürfenden »Geschichte der Flibustier« (1803).[12]

Dieser sonderbare Freistaat entstand ursprünglich durch die Habsucht und Bedrückungen der unersättlichen europäischen, vorzüglich der spanischer Herrscher in den westindischen Inseln. Es war [in der zweiten Hälfte des 17. Jahrhunderts] *eine in große und kleine Haufen abgesonderte, gleichgestimmte, durch Grundsätze und Verträge beherrschte, mit dem Losungswort »Beute!« auf den westindischen Meeren schwimmende Republik geborener Europäer.*

In zwölf Abschnitte unterteilt, erzählt Archenholtz deren wilde Geschichte und die haarsträubenden Untaten ihrer berüchtigsten Anführer, wie etwa jenes Peter Legrand, Lewis Scot, John Davis, Alexander (Eisenarm), L'Olonois, Moss van Vin, Van Horn, Grammont, Laurent de Graff, Morgan, Pierre le Picard, Sawkins, Sharp, Watling und anderer.

In der Schlußphase der Flibustier (bis 1713) taten sich sogar *zwei Weibspersonen, Mary Read und Anne Bonny* als Kapitäne hervor, *nicht als Lustdirnen, auch nicht verkleidet, sondern als wirkliche Raubgenossen in weiblichem Anzuge und in Matrosenhosen mit fliegenden Haaren ...*

John Steinbeck (1902–68), Amerikas erfolgreicher Autor, zeichnete 1929, in einem frühen Roman »Cup of Gold, a Life of Henry Morgan, Buccaneer« (deutsch: Eine Hand voll Gold) die Gestalt jenes

161

Holländische Ost- und West-Indiensegler. Radierung von Reinier Nooms genannt Zeeman (um 1623 – vor 1668).

gegen 1670 die Gewässer um Panama heimsuchenden und den eine wunderschöne Frau beherbergenden Ort selbst plündernden Sir Morgan erregend nach.

Vom Sinistren und Verruchten, von Flibustier-Missetat und Bukanier-Irrsinn zeugt kaum etwas einfühlsamer als Pessoas »Ode Marítima« (1915?)[239]: ... *Eine Symphonie unvereinbarer, analoger Empfindungen, / ein Gewirr von Verbrechen orchestriert sich in meinem Blute: / Toben von Blutorgien auf den Meeren, / wütend wie heißer Sturm durch den Geist hinwirbelnd, / glühende Staubwolke umnebelt meine Hellwachheit / und läßt mich dies alles nur mit der Haut und den Adern erblicken und träumen.*
Die Piraten, die Seeräuber, die Schiffe, die Stunde, / jene Meeresstunde, in der man die Prisen entert / und das Entsetzen der Gekaperten bis zur Tollheit ansteigt, diese Stunde / in ihrer Summe aus Greueln, Schrecknissen, Schiffen, Menschen, Meer, Himmel, Wolken, / Brise, Breitengrad, Längengrad, Stimmengewühl, / ich wollte, sie wäre in ihrer Gesamtheit mein Leib in seiner Gesamtheit, leidend, / wäre mein Leib und mein Blut, mein Sein in rot komponiert, / prangte als juckende Wunde im unwirklichen Fleisch meiner Seele!
O alles bei den Verbrechen sein! Jede einzelne Phase / der Überfälle auf Schiffe, der Metzeleien und Schändungen! / Sein, was am Tatort der Plünderungen war! / Sein, was lag oder lebte am Schauplatz der Bluttragödien! / Der vollendete Seeräuber aller Seeräuberei auf ihrem Gipfel, / und die Synthese des Opfers – aus Fleisch und Bein – aller Piraten der Welt!
... Fifteen men on the Dead Men's Chest. / Yo-ho-ho and a bottle of rum!

Piraten, Freibeuter, *Salzwasserdiebe* (wie Shakespeare sie nannte), zu Raub ausfahrende Schmuggler gab es aber – nach Goethes »Faust«-Zitat: *Krieg, Handel und Piraterie / dreieinig sind sie, nicht zu trennen* – auch andernorts. Blättern wir im umfänglichen Werk Frederick Marryat's (1792–1848)[205], etwa in seinem von 1837 an verbreiteten düster-schaurigen Roman »Snarleyyow, or the Dog Fiend« (= Snarleyyow oder Der Teufelshund), so sind es dort verbannte Anhänger Jakobs II. von England, welche 1699 im Kanaldreieck Amsterdam–Cherbourg–Portsmouth ihr Unwesen treiben, wobei es an Bord der JUNGFRAU teuflisch-makaber zugeht, bis klar wird, *daß der Hund ein Hund und kein Teufel war.* – Neben Marryat, dem ehemaligen englischen Captain, darf natürlich James Fenimore Cooper (aus Burlington in New Yersey, 1789–1851[64]) und dessen maritimer Roman »Der rote Freibeuter« nicht fehlen.

Daphne Du Maurier (1907–89), die beliebte »Dame« der englischen Unterhaltungsliteratur, hat, in »Frenchman's Creek« (1941; = Die Bucht des Franzosen, übersetzt von Siegfried Lang), jener zur Zeit

162

Pinaßschiff
im Sturm,
um 1630.
Gemälde
von Andries
van Eertvelt
(1590–1652);
im nieder-
ländischen
Kunsthandel
(der 1970er
Jahre).

Szenen aus niederländischen Werftbereichen um 1700.
Radierungen in Sievert van der Meulens »Navigiorum Aedificatio«
(Amsterdam o.J.), Blatt 2, 3, 6.

Charles' II. spielenden romantisch-spannenden Love Story zwischen aparter Lady Dona und Aubéry, dem bretonischen Freibeuter, zugleich stimmungsvolle Impressionen der eigenen Wahlheimat Cornwall miteingetupft: ... *Dona stand am Rad, die Speichen in der Hand. Einen Augenblick später spürte sie das Heben des Schiffes, die Bewegung ... des Fahrzeugs, wenn es die weiten Wogen brach ... Unten auf dem Mitteldeck hatten die Männer den Wechsel des Rudergängers bemerkt ... während der Kapitän an ihrer Seite stand ... den Blick vor sich auf die Meeresfläche gerichtet.*

»So gibt es doch etwas, das mein Kajütenjunge aus Instinkt versteht«, sagte er endlich ... »Er vermag ein Schiff zu steuern.« Lachend ging er davon, ihr die MOUETTE *ganz allein überlassend ...*

Zum ersten Mal, seit sie nach dem Abenteuer aufgebrochen, verspürte sie etwas wie Besorgnis, einen weiblichen Schauer der Furcht. Sie war Dona St. Columb, die Frau eines englischen Gutsbesitzers und Baronets. Einem unsinnigen Impuls gehorchend, machte sie gemeinsame Sache mit einer Bande von Bretonen, von denen sie weiter nichts wußte, als daß sie Seeräuber und Geächtete waren, gefährlich und skrupellos, angeführt von einem Manne, der ihr nicht das geringste über sich selber gesagt, in den sie sich lächerlicherweise wider alle Vernunft verliebt hatte, was, ruhigen Bluts betrachtet, sie mit heißer Scham erfüllen müßte ...

Das Rad der MOUETTE *drehte sich unter ihren Händen, das Schiff neigte sich in der kühlen Brise. Alles das, sagte sie sich, ist ein Teil von dem, was wir füreinander fühlen, und ein Teil der Anmut des Lebens: die Kraft im Rumpf des Schiffes, die Schönheit der Segel, das Wogen des Wassers, der Geschmack der See, die Berührung des Windes auf unsern Gesichtern ... Die Küste Cornwalls zeigte sich als dünne feine Linie am fernen Horizont ...*

Als das Schiff bei dem schwachen Wind nicht mehr vorwärts konnte, wurden die Boote niedergelassen, die Schleppseile befestigt, und so ... mit den ersten sinkenden Schatten zu seinem geheimen Ankerplatz befördert.

Irgendwo auf dem Fluß war ein Schiff, LA MOUETTE *genannte, und der Mann, den sie liebte, stand jetzt am Steuerrad und lenkte sein Schiff nach der See. Sie hatte versprochen, ihm bei Tagesanbruch ihre Antwort zu geben, ihn auf der kleinen Sandbank, die in die See vorsprang, zu erwarten ...*

»Es steht in der Bretagne ein Haus«, sagte er, »dort lebte ... Jean-Benoit Aubéry. Mag sein, daß er dorthin [nach Finistère, was Lands End bedeutet] *zurückkehrt, um die nackten Wände von oben bis unten mit Vogelbildern und Bildnissen seines Schiffsjungen zu bedecken ...*

Französisches Linienschiff LA MONARQUE, um 1675. Zeichnung von Pierre Puget (1620–94). Wien, Albertina Inv. Nr. 15246.

LA MOUETTE *kam zurück, um ihren Herrn zu holen. Als er das wartende Fischerboot bestieg und das kleine Segel des einzigen Mastes hißte, schien es Dona, als sei dieser Augenblick Teil eines längst vergangenen Geschehens ... Das Schiff trieb hin am Horizont wie das Sinnbild der Flucht ...*

In heiter-witzige Sphäre enthebt Theodor Fontane (1819–98), der sich – wohl wie kein anderer deutscher Literat zuvor – ungemein vielseitig mit England befaßt hat, einen weiteren Seeraubverdächtigen, und zwar den nachmaligen, ebenfalls im Kanal kreuzenden französischen Seehelden Jean Bart (1650–1702). Genial mutet es an, wie Fontane mit knappen Strichen eine ganze Marinelaufbahn und mit Seegefechten prall gefüllte Epoche in »Jan Bart« skizziert:

Jan Bart geht über den Vlissinger Damm.
»Hür', Katrin, wi trecken tosamm;
en Huus, en Boot, 'ne Zieg' un 'ne Kuh,
wat mienst, Katrin? sy miene Fru.«

Katrin an ihrem Friesrock zog:
»Ne, Jan, bist mi nich Mynherr 'noog.«
Der nickte und lacht: »Na, denn Adje.«
Und nach Frankreich geht er und sticht in See.

Matrose, Maat, so fängt er an,
auf der zweiten Reise: Steuermann,
auf der dritten: Leutnant unter Du Quesne,
auf der vierten: Flottenkapitän.

Marine, Gemälde von Willem van de Velde d.J. (1633–1707); im Kunsthandel zu London (1959 Galerie Koetser).

Und als es mit England kommt zum Krieg,
wo Jan Bart erscheint, erscheint der Sieg,
wie stolz das britische Banner auch weh',
Jan Bart ist Herr und fegt die See.

Heut' aber tritt er vor seinen Herrn,
vor Louis quatorze. Der sieht ihn gern.
»Willkommen, Jan Bart, in diesem Saal,
ich ernenn' euch zu meinem Groß-Admiral.«

Jan Bart verneigt sich: »Majestät,
was klug und recht ist, kommt nie zu spät.«
Alles starrt auf den König, der aber lacht –
Jan Bart hat sich wieder heim gemacht.

Und am Vlissinger Damm, an alter Stell',
sitzt wieder Katrin auf ihrer Schwell',
ihren Ältesten hält sie bei der Hand,
der Jüngste liegt und spielt im Sand.

Er grüßt sie lachend und noch einmal:
»Katrin, ich bin nu Groß-Admiral,
Katrin, w'rüm biste nich mit mi goahn?«
»Joa, wenn ich 't wußt hätt', hätt' ich 't doahn.«

Als Fontane am 20. September 1898 in Berlin starb, war Bertold Brecht (1898–1956) gerade sieben Monate alt. Auch er hat sich den Seeräubern in einer Ballade[47] zugewandt; hören wir daraus die 11. und

166

letzte Strophe: *Noch einmal schmeißt die letzte Welle / Zum Himmel das verfluchte Schiff / Und da, in ihrer letzten Helle / Erkennen sie das große Riff. / Und ganz zuletzt in höchsten Masten / War es, weil Sturm so gar laut schrie / Als ob sie, die zur Hölle rasten / Noch einmal sangen, laut wie nie: / O Himmel, strahlender Azur! / Enormer Wind,*

verfügte und ermahnte Trunnion den ihm befreundeten, jungen, lebenslustigen Peregrine: ... *Vom Pipes habe ich nicht nötig zu sprechen. Ich weiß, Ihr werden für ihn sorgen ... Der wackre Bursche ist in manchem ... tüchtigen Sturm und Unwetter mit mir gesegelt. Ein so stattlicher Seemann, wie je einer Wind und Wetter Trotz geboten, dafür*

Tauschhandel an der westafrikanischen Goldküste (Ghana), unweit des 1683 gegründeten brandenburgischen Forts Groß-Friedrichsburg. Schiffe eines Geschwaders des Großen Kurfürsten haben davor geankert. Um 1690 entstandene Zeichnung von Rutger van Langervelt (1635–95), möglicherweise als Entwurf für einen Wandteppich; im Kupferstichkabinett Berlin, KdZ 1328.

Bildnis des Gouverneurs von Pillau, Generalfeldmarschall Alexander Burggraf zu Dohna (1661–1728), um 1715. Zeichnerischer Entwurf (zum nicht nachweisbaren Gemälde) von Antoine Pesne (1683–1757); Wien, Albertina.

die Segel bläh! / Laß Wind und Himmel fahren! / Nur laß uns um Sankt Marie die See!

Ein liebenswürdig-augenzwinkernd zum Tode Bereiter war Kommodore Hawser Trunnion. Verabschiedet, hatte er in skurrilem Eigensinn seinen Haushalt dem eines Kriegsschiffes angeglichen. Wie er dann seinen letzten Willen kundtat, überliefert der ehemalige Marine-Chirurg (und Teilnehmer am karibischen Cartagena-Unternehmen 1741 mit dem britischen Linienschiff CUMBERLAND) Tobias George Smollett (1721–71) im 1751 edierten »pikaresken« Roman »The Adventures of Peregrine Pickle«. Dort

steh ich. Aber für mein übriges Volk, hoff ich, werdet Ihr doch Sorge tragen dhun ... Was das junge Weibchen, Ned Gauntlets Tochter, anlangt, so hab ich mir segen lassen, daß sie eine treffliche Dirn und dir nicht gram ist. Willst du ihr aber auf eine unerlaubte Art an Bord, so hinterlaß ich dir meinen Fluch und bin versichert, daß es dir auf der ganzen Reise deines Lebens nicht glücklich gehn wird. Doch ich glaube, du bist dazu ein zu ehrlicher Schlag, um dich so seeräubermäßig aufzuführen. Nimm, ich bitte dich ... deine Gesundheit fein in acht. Hüte dich, auf deinem Kurs mit Huren zusammenzustoßen. Sie sind nicht besser als die Seefräulein, die im Meer auf Felsen sitzen und zum Untergang der Vorbeifahrenden ein schmuckes Gesicht aushängen. Doch muß ich sagen, ich für meinen Part habe nie eine einzige von diesen lieblichen Sängerinnen angetroffen, wenn ich auch ein paar Mandel Jahre zur See gelegen bin ... Sobald der Odem aus meinem Körper ist, laß jede Minute einen Schuß abfeuern, bis ich wohlbehalten auf den Grund gesenkt bin. Ich will in dem roten Wams begraben werden, das ich anhatte,

THE ROYAL GEORGE, britisches Linienschiff von 1715. Aufnahme des Modells in der Lehrsammlung der TH Hannover, Aquatintaradierung von Charles Tomkins nach George Staples, in: John Charnock, An History of Marine Architecture, Vol. III, London 1802, Tafel nach der Seite 140. – Siehe dazu »Schiff und Hafen« 7, 1955, Heft 11, S. 768ff. mit Abb.

als ich die RENUMMY *erstieg und wegnahm. Laß meine Pistolen, meinen Hauer und meinen Taschenkompaß mir zur Seite in die Kiste legen; und meine eignen Leute sollen mich in den schwarzen Kappen und weißen Hemden, die mein Schiffsvolk anhatte, zu Grabe tragen …*

Nicht weniger amüsiert, freilich ebenso bestürzt liest man »Gulliver's Travels« von Jonathan Swift (1667–1745) – oder, wie ihr voller Titel lautet: »Travels into Several Remote Nations of the World. By Lemuel Gulliver, First a Surgeon, and then a Captain of Several Ships« (1726). Swift's sarkastisch-bissige »Reisen« gliedern sich in vier Teile: Zunächst, 1699, gerät Lemuel Gulliver, ein in der Südsee schiffbrüchiger Arzt, zu den zwergwüchsigen Bewohnern des Liliput-Eilandes, dann machte er mit Riesen im wasserumgebenen Brobdingnag Bekanntschaft, danach, von Seeräubern ausgesetzt, gelang Gulliver zur fliegenden Insel Laputa.[201] In der Akademie von Lagado erlebte er belächelnswerte Versuche zur Sonnenenergiegewinnung aus Gurken u.a. mit, bis er schließlich, im letzten Erzählungsabschnitt, diesmal von Meuterern ausgestoßen, zu den guten, pferdeartig verfremdeten Houyhnhnms kommt, in deren sozial beispielhaften Diensten affengleiche, amoralisch-böse Yahoos stehen. – Diese kühnste Satire Swift's – wenn nicht des 18. Jahrhunderts überhaupt – verkam leider – verstümmelt meist – zum harmlosen Kinderbuch!

Durch seinen 1719 erstmals verlegten »Robinson Crusoe«[104] alsbald weltberühmt, schildert Daniel Defoe – 1660 in London geboren, dort auch 1731 verstorben – bereits im Titel: *»Das Leben und die höchst*

merkwürdigen Abenteuer des Robinson Crusoe, aus York, eines Seemanns, der achtundzwanzig Jahre lang ganz allein auf einer unbewohnten Insel vor der Küste Amerikas nahe der Mündung des großen Orinokostroms lebte, dorthin verschlagen durch Schiffbruch, bei dem die gesamte Mannschaft außer ihm umkam. Mit einem Bericht wie er schließlich auf seltsame Weise durch Piraten befreit wurde. Von ihm selbst geschrieben.«

Nachdem Robinson am 30. September 1659 besagtes Inselufer nur mühsam erreicht hatte, verglich er das Böse mit dem Guten seiner neuen Situation und schloß hieraus: *Ich habe zwar keine Menschenseele, mit der ich sprechen oder bei der ich Trost finden kann. – Aber Gott hat das Schiff wunderbarerweise so nahe an den Strand gesandt, daß ich viele notwendige Dinge daraus holen konnte, die mich mit dem Unentbehrlichen ausrüsten oder aber mich in die Lage versetzen, es mir selbst zu beschaffen, solange ich lebe.*

Deutlich in origineller, sogar Staatsutopien entwickelnder Nachfolge zu Defoes Roman »Robinson« steht die »Wunderliche Fata Einiger See-Fahrer, absonderlich Alberti Julii, eines geborenen Sachsens, welcher in seinem 18den Jahre zu Schiffe gegangen, durch Schiff-Bruch selbte an eine grausame Klippe geworfen worden … entworfen von dessen Bruders-Sohnes-Sohnes-Sohne, Mons. Eberhard Julio, Curieusen Lesern aber zum vermuthlichen Gemüths-Vergnügen ausgefertigt … von Gisandern.« Jener in vier Bänden zwischen 1731 und 1743 gedruckte Roman von Johann Gottfried Schnabel (1692–1752) wurde von Ludwig Tieck (1773–1853) als »Die Insel Felsenburg« 1828 neu herausgebracht.

168

Tieck – als Übersetzer von Shakespeare und Cervantes – gehört auch zu den Begründern der deutschen Romantik. Für deren poetisches Empfinden spricht schon sein Lustspiel »Kaiser Oktavianus« (1804): *Mondbeglänzte Zaubernacht / Die den Sinn gefangen hält, / Wundervolle Märchenwelt, / Steig auf in der alten Pracht!* Zuvor hatte der junge Tieck 1790/91 im Drama »Alla-Moddin« das Interesse des Europamüden auf die ferne lockende Insel Suhlu gelenkt.

So wurden literarisch-historische Inseln[104,159] vom illustren Klang eines Delos, Lesbos, Patmos, »Dilmun«[80], »Scheria«, »Atlantis«[15], »Alcina«, »Utopia«, Kythera, »Ogygia« und Capri, Ithaka oder »Pala«[155] und das Bikini-Atoll zu Topoi unterschiedlichster Mikrokosmen, zu Abbildern, Synonyme für Paradies und Goldenes Zeitalter ebenso wie für Residenz und »Tusculum« oder Gefängnis und Totenstätte, für Liebes-Erwartung und glückliche Geburt, Unsterblichkeit oder Apokalypse.

An Kythera[45], dem südlich der Peloponnes gelegenen griechischen Eiland, wird die Ambivalenz solch' Inselcharakters deutlich; denn es gilt als möglicher Geburtsort der dem Meer entstiegenen, auf einer Muschel anlandenden Aphrodite-Venus. – Die mythisch transponierte Fahrt dorthin, »L'Embarquement pour Cythère« stellte Antoine Watteau auf einem Gemälde dar, das ihm europäische Anerkennung und 1717 seine Aufnahme in die Académie Française eintrug. Zum Thema angeregt wurde er durch das in Paris seit 1700 mehrjährig aufgeführte, vom Molière-Nachfolger Florent Dancourt verfaßte Lustspiel »Trois Cousines«. Darin fordert eine ihre Mitpilgerinnen auf: *Venez dans l'isle de Cythère / En pélerinage avec nous; / Jeune fille n'en revient guère / Ou sans amant ou sans époux; / Et l'on y fait sa grande affaire / Des amusements les plus doux.*

Offensichtlich beziehen sich darauf Charles Baudelaires (1821–67) im berühmten Gedichtband »Les Fleurs du Mal« (1857)[23] enthaltenen (von Friedhelm Kemp übersetzten) Verse von »Un Voyage à Cythère«: *Quelle est cette île triste et noire? – C'est Cythère, / Nous dit-on, un pays fameux dans les chansons, / Eldorado banal de tous les vieux garçons. / Regardez, après tout, c'est un pauvre terre. / ...*
Mais voilà qu'en rasant la cote d'assez près / Pour troubler les oiseaux nos voiles blanches, / Nous vimes que c'était un gibet à trois branches, / Du ciel se détachant en noir, comme un cyprès. / ...
Dans ton île, o Vénus! je n'ai trouvé debout / Qu'un gibet symbolique où pendait mon image ... / – Ah! Seigneur! donnez-moi la force et le courage / De contempler mon cœur et mon corps sans dégout!
(Was für eine Insel ist dies, schwarz und traurig? – Das ist Cythera, ward uns zur Antwort, ein vielbesungenes Land, das schale Eldorado aller alter Junggesellen. Schaut nur; genau besehen, ein ärmlicher Erdenfleck ...
Vielmehr, als wir der Küste nah genug vorüberstrichen, das Gevögel mit unsern weißen Segeln aufzuscheuchen, sahen wir, daß es ein Galgen war, der mit drei Armen schwarz sich vor dem Himmel abhob, zypressengleich ...
Auf deiner Insel, o Venus! fand ich aufrecht ragend nur bedeutsam einen Galgen, an dem ich selbst im Bilde hing ... – Ah! Herr! verleih mir Kraft und Mut, mein Herz und meinen Körper ohne Ekel zu betrachten.)

Blickt man in der Geschichte der Schiffskatastrophen zurück, so erging es dem Kuppler Labrax, welcher mit seiner aus zwei smarten Mädchen bestehenden »Ware« vom Seesturm an Nordafrikas Küste verschlagen und dort gestrandet war, in des Römers Plautus (um 250–184 v.Chr.) von Zufällen gelenkter Erkennungskomödie »Rudens« (= Das Tau) trotz gewisser Einbußen weit besser.

Von anderer, übernatürlich-wunderbarer Art ist das Geschehen an Bord eines Schiffes, als dessen Matrosen, durchnäßt, schreien: »*Alles verloren! Betet, betet! Verloren!*« Der Bootsmann zweifelnd hinzufügt: »*Was? Müssen wir ersaufen?*«

Ariel, ein Luftgeist in eben jenem erstmals 1611 bei Hofe gegebenen Shakespeare-Schauspiel »The Tempest« (Der Sturm, I,2) gibt rasch Aufklärung, in dem er auf Herzog Prosperos Frage antwortet: *Geborgen / In tiefer Bucht des Hafens, liegt das Schiff / Des Königs, da , wo du um Mitternacht / Einst von den stürmischen Bermudainseln* [zufällig 1609 entdeckt] */ Mich hießest Tau zu schöpfen. Alles Schiffsvolk / Ist unter Deck gebracht, in Schlaf versunken, / Halb vor Ermüdung, halb durch Zauberkraft. / Der Flotte Rest, den ich zerstreut, hat sich / Vereint und schwimmt auf mittelländ'scher See, / Den Heimweg traurig suchend gen Neapel, / Im Wahn, daß sie das Schiff des Königs scheitern / Und sein gesalbten Haupt versinken sahn.*

Ähnliche »Seemannsgedanken über das Ersaufen« hat Joachim Ringelnatz (1883–1934) hinterlassen, wo es im letzten Vers heißt: *Aber muß es sein, dann nicht nüchtern. / Ersaufen ist auch ein Genuß, / Und vielleicht*

»Die Geburt der Venus«. Gemälde von Sandro Botticelli um 1483–85; Florenz, Galleria degli Uffizi.

wird man dann nie mehr nüchtern. / Denn über das Fleisch und die Knochen / Weiß man was, offenbar. / Aber sonst hab' ich noch keinen gesprochen, / Der richtig ersoffen war.

Schiffbruch wie andere Seeabenteuer erleidend, stellt uns bereits erwähnter Tobias George Smollett im 1748 edierten, zweibändigen Roman »The Adventure of Roderick Random«[294] einen zur britischen Flotte gepreßten und 1741 an der blutigen Aktion von Cartagena beteiligten Sanitätsgehilfen vor, und zwar aus hautnahem Miterleben (dessen Schilderung sogar noch Charles Dickens und Walter Scott beeindruckten). – Weitgehend autobiographisch ist auch des auf See verschollenen Schotten William Falconer's (1732–69) Dichtung »The Shipwreck« (1762), in dem er seinen als Schiffsjunge bei einer Kauffahrteifahrt am Kap Colonna mitgemachten Schiffbruch vergegenwärtigt.

Zu Lissabon ereignete sich 1755 ein schreckliches, in ganz Europa, ja weltweit vieldiskutiertes Erdbeben. Widerhall fand es sogar im V. Kapitel von Voltaires (1694–1778)[323] bekanntem Roman »Candide oder der Optimismus« (1759; deutsch 1776): *Die Winde bliesen aus Norden, Süden, Osten und Westen, und vor dem Hafen von Lissabon geriet das Schiff in ein fürchterliches Unwetter. Ein Teil der Passagiere war durch die entsetzlichen Angstzustände, in die das Schlingern des Schiffes die Nerven und den hin und her gerüttelten Körper versetzte, dermaßen erschöpft und entkräftet, daß die drohende Gefahr sie nicht einmal zu beunruhigen vermochte. Andere schrien und beteten. Die Segel waren zerfetzt, die Masten zerbrochen, das Schiff geborsten. Jeder, der nur irgend konnte, legte Hand an ... Der Wiedertäufer stand auf dem Vorderdeck und half beim Manövrieren. Da versetzte ihm ein wütender Matrose einen ... Schlag ... aber durch die Wucht des Stoßes wurde der Matrose selber zurückgeworfen, stürzte kopfüber von Bord und blieb an einem Maststumpf hängen. Der gute Jacques ... stützte ihn beim Hinaufklettern ... [inzwischen] barst das Schiff vollends, und alles ging unter mit Ausnahme von Pangloß, Candide und jenem rohen Matrosen ... Der Lump schwamm unbekümmert ans Ufer, während Pangloß und Candide auf einer Planke angetrieben wurden. Als sich die beiden Freunde einigermaßen erholt hatten, schlugen sie den Weg nach Lissabon ein ...*
Kaum ... die Stadt erreicht, als die Erde unter ihren Füßen erbebte. Brausend und zischend wälzten sich die Wogen des Meeres in den Hafen, und die Schiffe, die dort vor Anker

»Embarquement pour Cythère« – Einschiffung nach Kythera, zur Liebesinsel, Geburtsstätte von Aphrodite-Venus. Gemälde von Antoine Watteau (dessen erste, im Louvre hängende Fassung von 1717 war sein Aufnahmestück in die Pariser Akademie); hier die zweite, 1763 von Friedrich dem Großen erworbene Version; Berlin, Schloß Charlottenburg.

lagen, zerschellten. Flammensäulen und Aschenregen wirbelten über Straßen und Plätze; Häuser stürzten ein, Dächer fielen auf die Fundamente ... Dreißigtausend Menschen ... lagen zermalmt unter den Trümmern. Pfeifend fluchend kam der Matrose herbei und meinte: »Holla – hier ist etwas zu holen!« ... Ungeachtet der drohenden Todesgefahr ... stürzte sich der Matrose auf die Trümmer, um Geld zu suchen; er fand auch welches, raffte es zusammen und betrank sich. Nachdem er seinen Rausch ausgeschlafen hatte, erkaufte er sich die Gunst des ersten besten Freudenmädchens, dem er in den Häuserruinen inmitten von Sterbenden und Toten begegnete. Pangloß zupfte ihn am Ärmel: »Lieber Freund ... das ist nicht recht. Sie handeln wider alle Vernunft und wenden ihre Zeit schlecht an.« »Zum Teufel«, brüllte der andere, »ich bin Matrose und stamme aus Batavia. Ich habe viermal auf Reisen in Japan das Kruzifix mit

Füßen treten müssen. Du bist mit deiner Weltvernunft wahrlich an den Rechten geraten.« – Und dabei träumte Candide doch von dieser als der besten aller Welten!

In ihr löste Münchhausen, jener unverwüstliche Fabulierer, seine Probleme nach eigenem wundersamen Rezept. Hören wir dazu etwas aus seinem zweiten Seeabenteuer in Gottfried August Bürgers (1747 bis 1794; nach Rudolf Erich Raspes, 1737–94) »Wunderbare Reisen zu Wasser und Lande ... des Freiherrn von Münchhausen«, 1786: ... Im Jahre 1766 schiffte ich mich zu Portsmouth auf einem englischen Kriegsschiffe erster Ordnung, mit hundert Kanonen und vierzehnhundert Mann, nach Nordamerika ein ... Als nämlich das erstemal der Walfisch mit dem Schiffe davonschwamm, so bekam das Schiff ein Leck, und das Wasser drang so heftig herein, daß alle unsere Pumpen uns keine halbe Stunde vor dem

171

Mediterrane Schiffe mit Lateinersegeln – als Dekor einer Kürbisflasche in Art der islamischen Fayencen von Nicäa aus der Berliner Fayence-manufaktur des Cornelius Funcke, um 1720; Hannover, Kestner-Museum.

Hausboot in gelb-grün-auberginefarbigem Bisquit-Porzellan der K'ang Hsi-Periode (1662–1722); im Kunsthandel.

Sinken hätten bewahren können. Zum guten Glücke entdeckte ich das Unheil zuerst. Auf allerlei Weise versuchte ich es, das Loch zu verstopfen, allein umsonst. Endlich rettete ich dies schöne Schiff ... durch den glücklichsten Einfall von der Welt. Ob das Loch gleich so groß war, so füllte ich's doch mit meinem Liebwertesten aus, ohne meine Beinkleider abzuziehen ... Meine Situation, solange ich auf der Brille saß, war zwar ein wenig kühl, indessen war ich doch bald durch die Kunst des Zimmermanns erlöst.

In solchem Zusammenhang ist an Frederick Marryat's (1792–1848)[205] populären, 1841/42 publizierten Roman »Masterman Ready; or The Wreck of the PACIFIC« (= Sigismund Rüstig, oder Der Schiffbruch der PACIFIC) zu erinnern, welcher Generationen – ob des klugen, positivistisch-humanen Verhaltens seiner Titelfigur – begeisterte.

... niemals werde ich die Seligkeit vergessen ... als ich eine Brigg in einer Entfernung von wenigen Seemeilen auf uns zusegeln sah ... Das Schiff war eine große Schonerbrigg von niederländischer Bauart, schwarz bemalt, mit protzig vergoldeter Bugzier. Sie mußte viel böses Wetter überstanden haben, und der Sturm, der sich für uns so verhängnisvoll zeigte, mochte auch sie arg zerzaust haben, denn ihr Fockmast fehlte ... stetiger als zuvor kam die Brigg heran ... Mit einem Male wehte über das Wasser ... ein Geruch, ein

Gestank ... höllisch, atemberaubend, unerträglich, unfaßlich. Ich war am Ersticken ...

... fünfzig Fuß war die Brigg von uns entfernt, und ihre Absicht schien es, uns am Heck anzulaufen, so daß wir, ohne ein Boot auszusetzen, an Bord gehen könnten. Wir stürzten nach achtern, da fiel sie plötzlich weit, um fünf oder sechs Strich, von ihrem Kurs ab, und als sie im Abstand von etwa zwanzig Fuß unter unserem Stern vorbeizog, konnten wir ihr Verdeck überblicken. Werde ich jemals das dreimal gräßliche Entsetzen dieses Schauspiels vergessen? Fünfundzwanzig oder dreißig Körper, darunter auch Frauen, lagen zwischen Heck und Galion verstreut im grauenhaftesten Zustand der Verwesung. Wir erkannten, daß auf dem unseligen Schiff keine Seele mehr am Leben war! ... Wir waren fast rasend vor ... Verzweiflung, vollkommen wahnsinnig durch die Qual der allerschmerzlichsten Enttäuschung ...

... Aus der safrangelben Farbe der noch nicht völlig verwesten Leichen schlossen wir auf die Vernichtung der gesamten Bemannung durch das Gelbe Fieber oder irgendeine andere ... Krankheit derselben furchtbaren Art ... Vielleicht war ... Gift in ihre Vorräte geraten, oder sie hatten von einem unbekannten giftigen Fisch ... gegessen; jedoch ist es unnütz, Mutmaßungen zu hegen ... – soweit folgten wir Edgar Allan Poe (1809–49) in seiner phantastisch-schauer-

lichen Novelle »The Narrative of Arthur Gordon Pym of Nantucket« (1838; deutsch 1908).[245]

Dieses memento mori! Gedenke des Todes, solche metaphorische Szenerie und deren krude Erscheinung lassen auch an Heinrich Heines (1797–1856) »Aus den Memoiren des Herren von Schnabelewopski« (1834) denken, an das 7. Kapitel mit jener eingestreuten Sage vom Fliegenden Holländer, welche Richard Wagner dann opernmäßig verarbeitete. – Ergibt sich dazu eine nachklingende Parallele in Melville's (1819–91)[213] »Redburn« (1849; 22. Kap.): »Ein Wrack kommt in Sicht«?

Bizarr-irreal, doch mit Zweifeln an fortschrittlicher »Kultur« (oder Zivilisation?), schrieb Thornton Wilder (1897–1975) in einer der nachdenklich-schönsten American Short Stories »The Warship« (= Das Kriegsschiff): *Das Schiff* TROMPETER, *das anfangs des achtzehnten Jahrhunderts mit hundert Sträflingen und ihren Familien an Bord von London nach Australien ausfuhr, erreichte niemals seinen Bestimmungsort, und kein Bericht von einem Überlebenden oder einem zum Schiff gehörenden feststellbaren Gegenstand gelangte je in die Welt. Jedoch die Menschenfracht des Schiffes ging nicht völlig zugrunde. Der Kapitän und der größere Teil der Mannschaft ertranken bei dem Unwetter, welches das Fahrzeug vernichtete; viele Passagiere und die meisten Kinder starben an den Strapazen der ersten darauffolgenden Wochen; aber endlich erreichten doch über einhundert eine Insel an der Westküste Australiens. Diese Überlebenden siedelten sich auf der Insel an und tauften sie prompt »England«, woraus aber in einigen Generationen mündlicher Überlieferung »Inglan« wurde ...*
Im Jahr 1910 lebten nur noch zwölf Erwachsene ... John Weever, der Kapitän von Inglan ... versuchte tapfer, seiner Gemeinde Lebensmut einzuflößen ... Sein ältester Sohn, Roja, ging mehr als alle anderen auf diese Anregungen ein ... Eines Abends ... sann er nach über die entvölkerte Kolonie ... Und als er so saß ... erschien ein seltsamer Anblick ... Ein großes Schiff kam ... mit Lichtern behangen ... Musik klang herüber ... Vorn und hinten ragten zwei große Turmskelette in die Sterne. Einen Augenblick dachte Roja daran, ein Freudenfeuer zu entzünden ... aber er besann sich. Der Anblick war schön, aber schrecklich ...

Umwelt-Realität mit eigenem schöpferischen Wollen in Einklang zu bringen, treibt zuweilen ins Stranden, wie es uns Torquato Tasso, im Schlußmonolog des 1790 vollendeten gleichnamigen Goetheschen Schauspiels, zuraunt: *... Zerbrochen ist das Steuer, und es kracht / Das Schiff an allen Seiten; berstend reißt / Der*

Boden unter meinen Füßen auf! / Ich fasse dich mit beiden Armen an! So klammert sich der Schiffer endlich noch / Am Felsen fest, an dem er scheitern sollte.

Einen völlig andersartigen Aspekt des Seetodes eröffnet William Shakespeare (1564–1616), und zwar läßt er Clarence in »König Richard III.« (I,4) sprechen: *Wie wir schritten so / Auf des Verdeckes schwindlichtem Getäfel, / ... / Mich ... über Bord / In das Gewühl der Meereswogen stieß ... O Gott! Wie qualvoll schien mir's, zu ertrinken! / Welch grauser Lärm des Wassers mir im Ohr! / Welch scheußlich Todesschauspiel vor den Augen! / Mir deucht', ich säh' den Graus von tausend Wracken, / Säh' tausend Menschen, angenagt von Fischen; / Goldklumpen, große Anker, Perlenhaufen, / ... unschätzbare Juwelen / Zerstreuet alle auf dem Grund der See. / In Schädeln lagen ... / ... blinkendes Gestein, / Das buhlte in der Tiefe schlamm'gem Grund / Und höhnte die Gerippe ringsumher.*

Nicht das Scheitern der SAINT-GÉRAN, sondern Virginies selbst bewirkter Untergang vor Mauritius (der Île de France) im Orkan bilden Höhe- und Umkehrpunkt in Jacques-Henri Bernardin de Saint-Pierres (1737–1814) berühmtem, auf Europas Romantik nachwirkenden Roman »Paul et Virginie« (1788). Wurde darin Natur, zumal exotische, verklärt dargestellt, widmeten sich Weltreisende und Forscher ihrer Enträtselung während des ausgehenden Barockzeitalters in bislang nicht gekanntem Maß. Davon handeln beispielsweise Jules Vernes (1828–1905) »Die großen Seefahrer des 18. Jahrhunderts«.

Jenes Säkulum war auch das bedeutender Enzyklopädien: der 1731–35 in Ulm edierten »Physica Sacra« des Schweizer Naturforschers Johann Jacob Scheuchzer oder derjenigen von Diderot & D'Alembert. Ihre »Encyclopédie« kam ab 1751 heraus, und deren 13 Tafelbände folgten endlich 1762–72/75.[36]

Zu den Logbüchern, welche weitestes Interesse fanden, zählen zweifellos jene von James Cook (1728 bis 1779). Während drei Fahrten 1768–71, 1772–75 und 1776–80 mit den Schiffen ENDEAVOUR, RESOLUTION, ADVENTURE sowie DISCOVERY durchforschte er den gesamten Pazifik und stieß sogar tief ins südliche Eismeer vor. Darüber vermerkte er am 30. Januar 1774: *Um 4 Uhr morgens sahen wir, daß die Wolken am südlichen Horizont einen ungewöhnlich weißen Glanz hatten. Dies bedeutete, wie wir wußten, daß wir uns einem Eisfelde näherten. Bald darauf wurde es vom Mastkorb aus gesichtet. 97 Eisberge konnte man unterscheiden ... So große Eisberge wie diese sind ... in den Grönlandmeeren nie beobachtet worden ... Es bedarf keiner weiteren Begründung*

The Fleet of OTAHEITE assembled at OPAREE.

Doppelrumpfboote vor Tahiti. Radierung von W. Woollett nach W. Hodges' gezeichneter Vorlage, Tafel 61 in James Cook: A Voyage Towards The South Pole, And Round The World ... Vol. I, London 1777. Als Kapitän Cook während seiner zweiten, 1772–75 durchgeführten Erdumseglung, als erste in Ost-Richtung, 1774 nach Tahiti kam, beeindruckte ihn dort jene aus derartigen Kriegsbooten bestehende Flotte.

dafür, daß ich drehte und nach Norden zurücksteuerte. Wir befanden uns auf 71 Grad südlicher Breite.

Zuvor, nach einer ersten Erfahrung mit südlichem Packeis, war Cook Ende August 1773 bei Tahiti vor Anker gegangen – und notierte beeindruckt: *Am Ufer war eine Stelle, wo keine Korallenriffe vor der Küste lagen. Die Brandung war hier wirklich furchtbar, ich erinnere mich nicht, jemals höhere Wellen gesehen zu haben. Jedes Schiff wäre in dieser Brandung verloren gewesen, und der beste europäische Schwimmer würde sofort von den Wellen gegen die Felsen geschmettert worden sein. Aber gerade diese Stelle war einer der Lieblingsbadeplätze der Tahitianer. Wenn die Brandung heranrauschte, tauchten sie unter und erschienen mit unglaublicher Gewandtheit und Leichtigkeit auf der anderen Seite der Welle. Einmal fanden sie inmitten der Brandung das Heck einer von den Wellen zerschlagenen Piroge. Sie ergriffen den Holzteil, schleppten ihn schwimmend ziemlich weit in die See hinaus, stellten sich darauf und kamen nun mit großer Geschwindigkeit, von Wellen und Wind getrieben, auf die Brandungslinie zugeschossen.*

Dieses Spiel schien ihnen ein unendliches Vergnügen zu bereiten, und sie waren dabei so unbefangen wie Kinder.

Für Cooks soziales Verantwortungsbewußtsein, was neben seinen Verdiensten als Forscher besonders auffällt, zeugt, daß er am 19. Januar vor Hawai festhält: *Um 9 Uhr, da wir uns ... nahe der Küste befanden, sandte ich drei bewaffnete Boote aus, nach einem geeigneten Landeplatz und frischem Wasser zu suchen ... da die Boote abstießen, stahl einer der Indianer das Hackbeil des Fleischers, sprang über Bord, schwang sich in ein Kanu und ruderte auf die Küste zu: unsere Boote verfolgten ihn, jedoch ohne ... Erfolg. Sintemalen wir einige Fälle von Syphilis an Bord beider Schaluppen hatten, gab ich Anweisung, um diese Seuche von den Einwohnern fernzuhalten, daß keinerlei Weiber ... Erlaubnis erhalten sollten, an Bord der Schiffe zu gehen; auch verbat ich jedweden Kontakt mit ihnen und befahl, daß niemand, der unter Syphilis litte, die Schiffe zu verlassen habe.*

Captain James Cook's Reisen[131], von denen moderne Romane, wie »Wind und Sterne« von John Hooker oder »Der geträumte Kontinent« von Jürgen Seidel handeln, konnten auch nur deshalb solchen Erfolg haben, weil Cook zur Vermeidung von Skorbut seinen Mannschaften regelmäßig Sauerkraut verabreichen ließ. Auf dessen gesundheitsfördernde Eigenschaften hatte bereits im 1. Jahrhundert n.Chr. der griechische Arzt Dioskurides hingewiesen.

Kapitäne mit weniger Vorsorge und Skrupeln – wie etwa William Bligh (1753–1817) auf der BOUNTY[44], mit der er 1787–89 von England nach Tahiti gesegelt war –, verursachten aus Tyrannei, und da sie ihre Besatzungen wie Leibeigene behandelten, oftmals Meuterei.

Lord Byron (1788–1824)[52] charakterisierte diese 1823 in »Die Insel« so: *Wach auf, du kühner Bligh! der Feind ist nah! / Wach auf! wach auf! – Zu spät! schon ist er da. / Voll Wuth umdrängt ihn der Empörer Rotte / Mit frevelhaftem Trotz und frechem Spotte. / Man bindet ihn, man droht dem mit dem Schwerte, / Auf dessen Wort gehorsam sonst man hörte, / … Du fragst nach deiner Schuld, ein Fluch nur sagt, / Daß deiner Gegner Wuth das Aergste wagt, / … Ehrfurcht erfüllt sie vor dem Manne, indessen / Sie ohne Scheu, Gesetz und Pflicht vergessen; / Doch woll'n sie nicht sein Blut und übergeben / Dem Glück der Wellen sein bedrohtes Leben!*

Ihre besondere Zuspitzung und überraschende Lösung erfuhr die sich 1797 ereignende Bordrevolution in Herman Melville's (1809–91)[213] posthum, erst 1924 vervielfältigtem, dramatischen Kurzroman »Billy Budd, Foretopman«. Angeklagt und zum Tode durch den Strang verurteilt, mußte Billy, überzeugt von der Richtigkeit seines Kriegsgerichtsspruchs, am Ende ausrufen: *»Gott segne Kapitän Vere!«* –

Das erste Kapitel, welches Melvilles charakterisierende Meisterschaft gleich unübertrefflich, stilistische Maßstäbe setzend, darlegt, hebt folgendermaßen an:
In jener Zeit, wo es noch keine Dampfschiffe gab, konnte ein Bummler, der an den Kais irgendeines großen Seehafens entlangspazierte, viel häufiger als heutzutage auf eine Gruppe braungebrannter Matrosen der Kriegs- und Handelsmarine treffen, die sich in ihrer besten Uniform an Land herumtrieben.
Bisweilen begleiteten oder umgaben sie wie eine Leibwache einen der Ihren, der, auf solche Weise ausgezeichnet, sich mit ihnen fortbewegte wie der Aldebaran mit seinen geringeren Sterntrabanten. Diese auffallende Erscheinung hieß in jenen, der banalen Nüchternheit noch nicht ganz verfallenen Zeiten allgemein »der hübsche Matrose«; und es gab ihn so gut auf Kriegs- wie auf Handelsschiffen, wo er sich ohne

jede Eitelkeit und mit der natürlichen Offenheit angeborenen Verdienstes unter seinen Kameraden bewegte und ihre freiwilligen Huldigungen als etwas Selbstverständliches entgegennahm.
Ich erinnere mich an einen typischen Fall. Vor fast einem halben Jahrhundert sah ich einmal einen einfachen Seemann in Liverpool im Schatten der großen schmutzigen Mauer des Prinzen-Kai – ein Hindernis, das seitdem längst verschwunden ist. Er war so tiefschwarz wie nur ein Afrikaner aus reinstem Hamitenblut, dabei wohlgebaut und auffallend groß. Um seinen Hals trug er ein lose geschlungenes buntes Taschentuch, dessen Enden auf seiner nackten Brust aus Ebenholz tanzten; dazu hatte er schwere Goldringe in den Ohren und auf seinem hübschen Kopf eine Schottenmütze mit gewürfelten Bändern.
Es war ein heißer Julimittag, und sein schwitzendes, blankes Gesicht strahlte von gutmütigster Barbarenlaune. Lachend und seine Scherze nach rechts und links verteilend, wobei seine weißen Zähne blitzartig aufleuchteten, schlenderte er dahin, umringt von seinen Kameraden, die ein so buntes Farben- und Rassengemisch darstellten, daß der alte Anacharsis Cloots sie sehr wohl vor den Schranken der französischen Nationalversammlung als vollzählige Vertreter des gesamten Menschengeschlechts hätte können auftreten lassen.
Jeden Tribut der Bewunderung, den ein Passant dieser schwarzen Pagode zollte, sei es, daß er stehenblieb und den jungen Riesen anstarrte oder gar ein »Ah« des Erstaunens hören ließ, quittierte das scheckige Gefolge mit einem solchen Stolz auf seinen Führer, wie ihn einst die assyrischen Priester empfunden haben mögen, wenn sich die gläubige Menge vor dem Steinbild ihres großen Stieres niederwarf. Nun aber zur Sache – Der »hübsche Matrose« jener geschilderten Zeit benahm sich zu Lande bisweilen fast wie ein König Murat; – mit dem eleganten Teufelskerl »Billy-be-Damm« hatte er nichts zu tun … Der neue Typ war oft noch amüsanter … ohne Ausnahme ein Meister in seinem gefährlichen Fach und obendrein fast immer ein bedeutender Boxer oder Ringer … Zu Lande war er der Champion, zur See der Wortführer und bei jeder Gelegenheit der erste und vorneweg. Mußte im Sturm das Toppsegel dicht gerefft werden, so war er dabei, rittlings auf der Windseite der Rah sitzend und mit beiden Händen die Zeisinge anziehend, kühn wie ein junger Alexander, der seinen Bucephalus meistert. Wie von Stierhörnern in den gewittrigen Himmel geschleudert, schwang sich sein jauchzendes Bild durch die Luft vor den Augen der Mannschaft, die sich in Reihen an den Rahen abarbeitete.
Meist entsprach seinem prachtvollen Körper ein ebensolches Temperament. Kraft und Geschmeidigkeit, so sehr sie zur

vollkommenen männlichen Schönheit gehören, hätten doch allein kaum die Art der Verehrung erklären können, die dem »hübschen Matrosen« in manchen Fällen von seinen weniger glücklich begabten Kameraden zuteil wurde: es kam sein offenes, ehrliches Wesen hinzu. Solch ein strahlendes Gestirn, wenigstens als Erscheinung, aber doch wohl auch nach der Beschaffenheit seines Herzens war trotz aller Unterschiede ... der blauäugige Billy Budd oder Baby Budd, wie er später von allen genannt wurde.

Er war einundzwanzig Jahre alt und Vortoppsgast in der Kriegsflotte während der letzten Jahre des achtzehnten Jahrhunderts. Erst kurz vor den hier berichteten Ereignissen war er in den königlichen Dienst getreten; und zwar hatte man ihn dazu gepreßt und ihn im Mittelmeer von einem heimkehrenden Frachtschiff auf ein aussegelndes Kriegsschiff, die INDOMITABLE, *die vierundsiebenzig Kanonen zählte, übernommen. Dieses Schiff hatte in See gehen müssen, ehe seine Besatzung vollzählig beisammen war, was in jenen unruhigen Zeiten häufiger vorkam.*

Von Meuterern wird gleichfalls in Robert Louis Stevenson's (1850–94) 1881–83 ediertem Roman »Treasure Island« (= Die Schatzinsel) gesprochen, in dem, Mitte des 18. Jahrhunderts, Jim Hawkins, siebzehnjährig, Held auf der HISPANIOLA und bei der Schatzsuche wird. Die vom verstorbenen Piratenkapitän Flint angefertigte Fundortkarte spielte dabei natürlich ihre Rolle; denn »*Hauptschatz hier*« stand darauf wie rückseitige Information: »*Hoher Baum an Schulter des Fernrohrhügels, ein Strich N zu NNO. Skelettinsel OSO zu O. Zehn Fuß / Das Barrensilber liegt im Nordversteck; man findet es am Abhang des östlichen Hügels, zehn Faden südlich der schwarzen Klippe, das Gesicht ihr zugewendet. / J.F.*«

Der »Schatz«, den ein anderes Schiff, die SAN DOMINICK 1799 zur chilenischen Küste brachte, bestand aus Sklaven. Mit deren Revolte gestaltete Herman Melville[213] seine 1855 erschienene, das junge Amerika aufrüttelnde Erzählung »Benito Cereno« – und beschwor so hintergründig: Sklavenfrage und jene zum Menetekel gewordene Auseinandersetzung zwischen Schwarz und Weiß.

Die Natur der vorliegenden Erzählung hat bisher nicht nur die am Anfang herrschenden Unklarheiten notwendig gemacht, sondern es auch mehr oder weniger zwingend erheischt, daß vieles nicht in der Reihenfolge des Geschehens, vielmehr in der Form der Rückschau und in unregelmäßiger Reihenfolge berichtet werden mußte. Dies ist auch der Fall in folgendem Abschnitt – bekennt Melville und vergegenwärtigt hier beispielhaft den Schauplatz.

In der Vermutung, es müsse sich um ein Schiff in Seenot handeln, ließ Kapitän Delano schließlich das Walboot flottmachen; trotz dem vorsichtigen Widerspruch seines Steuermanns hatte er vor, auf den fremden Segeler an Bord zu gehen und ihn, wenn nichts anderes zu tun wäre, in den Hafen zu lotsen. Bei weiterer Annäherung freilich wandelte sich der Eindruck, und es wurde offenbar, wie es sich in Wahrheit mit dem Schiffe verhielt. Es war ein spanischer Kauffahrer von der ersten Klasse, der neben anderer wertvoller Fracht eine Ladung Negersklaven von einem Kolonialhafen nach dem andern beförderte. Ein großes und zu seiner Zeit sicher auch sehr schönes Schiff, derengleichen man auf jener Route damals mitunter begegnen konnte: zum Teil waren es ausrangierte Schatzschiffe aus Acapulco, oder auch ehemalige Fregatten der königlich spanischen Flotte, altehrwürdigen Adelspalästen aus Italien vergleichbar, die selbst nach dem Niedergang ihrer Herrschaft die Zeichen einstiger Pracht bewahrten.

Je mehr sich das Walboot näherte, desto ersichtlicher wurde, daß das seltsam hinfällige Aussehen des fremden Schiffs einfach auf eine schauderhafte, überall sichtbare Vernachlässigung zurückzuführen war. Rundhölzer, Tauwerk, große Teile des Schanzkleids sahen förmlich flockig aus, so lang waren sie von Schraper, Teer und Bürste unberührt geblieben. In dem Tal der trockenen Totenbeine, von welchem im Propheten Hesekiel zu lesen steht, schien dies Wunder von einem Schiff dereinstens gebaut und vom Stapel gelaufen. Auch für seine gegenwärtige Verwendung hatte es offenbar keinen Umbau und keine Veränderung seiner Takelage erfahren. Wie einst war es ein Kriegsschiff, dem Stift eines Froissart entsprungen. Kanonen allerdings sah man keine. Die Marse waren geräumig, mit den Überresten eines achtseitigen Netzwerks umgittert, das jetzt freilich trostlos in Fetzen hing. Man mochte diese drei Marse hoch oben drei schadhaften Vogelhäusern vergleichen, und wirklich hockte in dem einen auf einer Webeleine ein weißer Vogel, eine sogenannte Dummschwalbe, ein seltsames Geschöpf, das seinen Namen daher führt, weil es von schlafrig-träger, geradezu nachtwandlerischer Wesensart ist, deswegen es denn auch auf See häufig mit der Hand gefangen wird. Die mit reichen Aufbauten versehene Back glich ihrerseits einem alten Turm, der vor Zeiten vom Feind erstürmt und dem Verfall preisgegeben worden war. Achterschiffs schwebten zwei hochgetürmte Quartergalerien mit Säulengeländern, die an vielen Stellen von zunderdürrem Seemoos bewuchert waren. Vorbauten einer unbenützten Luxuskajüte, deren Fenster trotz der milden Witterung hinter den kalfaterten Schutzklappen wohlverwahrt lagen, so daß man an verödete Balkone überm Canal Grande zu Venedig denken mußte. Als gewichtigstes

Überbleibsel verwichener Größe schließlich gewahrte man eine schildähnliche Heckverzierung, ein weites Oval mit dem Wappen von Leon und Kastilien in überladener Schnitzerei und umrahmt von reichem mythologisch-symbolischem Figurenwerk, als dessen oberste Bekrönung eine satyrähnliche Gestalt mit Maske einem sich windenden, gleichfalls maskierten Geschöpfe den Fuß auf den gebeugten Nacken setzte.

Ob das Schiff auch ein Gallionsbild trug oder am Bug verziert war, blieb ungewiß, weil man es vorn mit Segeltuch abgedichtet hatte, entweder zum Schutz während einer Reparatur, oder einfach, um eine Schadhaftigkeit recht und schlecht zu verbergen. Unter dem Segeltuch kam eine Art Postament zum Vorschein, und an dessen Vorderseite hatte

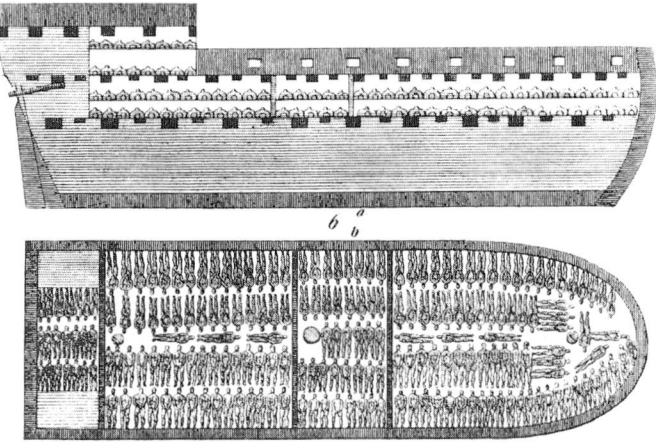

Sklaventransporter BROOK. Längsschnitt und Decksplan, erbaut 1781 in Liverpool. Lithographie in »Allgemeine Deutsche Real Encyclopädie« (Carlsruhe-Freiburg 1825–27).

man, wohl als einen Scherz unter den Matrosen, mit Farbe und Kalk in ungelenken Buchstaben die Inschrift hingepinselt »Seguid vuestro jefe« [»Folgt eurem Führer«], während an der Bordwand nicht weit davon in prachtvollen, einst vergoldeten Großbuchstaben angeschrieben stand: SAN DOMINICK. In die metallenen Buchstaben hatte sich der Rost wie mit Nägeln tief eingegraben, und Seegras schlingerte in dicken schlammigen Gehängen über den Namen hin, im Leichenwagenrhythmus des schwerrollenden Schiffsrumpfs.

Wie hilflos Sklaven, nachdem sie sich ihrer weißen Peiniger entledigt hatten, der gewonnenen Freiheit gegenüberstanden, lehrt entsprechende Passage in Daniel Defoe's (1660–1731)[75] – übrigens Begründer des modernen realistischen Romans – »The Life, Adventures and Pyracies of the Famous Captain Singleton« (1720; deutsch 1842): ... Sie sagten uns, sie hätten etwa dreißig von den weißen Männern getötet, indem sie diese mit Knitteln, Brecheisen ... auf den Kopf geschlagen

... das heißt, sie wußten nicht einmal so viel, daß die Segel es waren, welche das Schiff in Bewegung brachten. Als wir [den Neger] fragten, wohin sie gewollt, sagte er, sie hätten es nicht gewußt, sondern wären eben der Meinung gewesen, sie würden wieder in ihr eigenes Land zurückkommen. Ich fragte ihn auch, für wen er uns gehalten habe, als wir zum ersten Mal in ihre Nähe gekommen: er sagte, sie seien fürchterlich erschrocken; denn sie haben geglaubt, wir seien dieselben weißen Männer, die auf ihren Booten davongegangen, und seien in einem großen Schiff wiedergekommen ... deshalb haben sie erwartet, wir würden sie alle zusammen umbringen ...

Nachdem bereits in der Antike Sklavenprobleme zur Genüge bekannt wurden, der Islam Christen versklavt und an die Galeerenbänke verkauft hatte, die Portugiesen dann 1442 mit dem abscheulichen Menschenhandel ihren Anfang machten, 1562 John Hawkins' erste Sklavenfahrt erfolgte und Holland 1650 das Monopol für Sklavenvermittlung nach Spanisch-Amerika erwarb, seit 1688 Aphra Behn's (1640 bis 169) autobiographischer Roman » Oroonoko or The royal slave« für erhebliches Aufsehen sorgte, erreichten von 1770 an englische Sklaventransporte, von den Häfen Liverpool, Bristol, London ausgehend, ihren absoluten Höhepunkt; denn damals schafften 200 dort beheimatete Schiffe jeweils mehr als 45 000 dunkelhäutige »Objekte« nach Amerika. Allein 1787 wurden 100 000 Neger westwärts »verfrachtet«. Aber gleichzeitig waren Fahrzeuge selbst unter anderer Flagge mit ähnlich rasch krepierendem Gut unterwegs.

Joachim Nettelbeck (1738–1824)[226], bekannt als preußischer Schiffer und Mitverteidiger Kolbergs 1807 gegen die Franzosen, berichtet in seiner »Lebensgeschichte« – und zwar vom Januar 1772 an – ebenso lesenswert-ausführlich wie problembewußt-spannend über Sklavenhandel und -transport: ... Einmal gewöhnt, diese verschiedenen Artikel von den Europäern zu erhalten, können und wollen die Afrikaner sowohl an der Küste als tiefer im Lande sie nicht missen und sind darum unablässig darauf bedacht, sich die Ware zu beschaffen, wogegen sie sie eintauschen können. Also ist auch das ganze Land immerfort in kleine Parteien geteilt, die ... alle Gefangenen, welche sie machen, entweder an die schwarzen Sklavenhändler verkaufen oder sie unmittelbar zu den europäischen Sklavenschiffen abführen ... es geschieht wohl auch, daß der Vater sein Kind, der Mann das Weib und der Bruder den Bruder auf den Sklavenmarkt schleppt ... Aber ebensowenig kann abgeleugnet werden, daß die erste Veran-

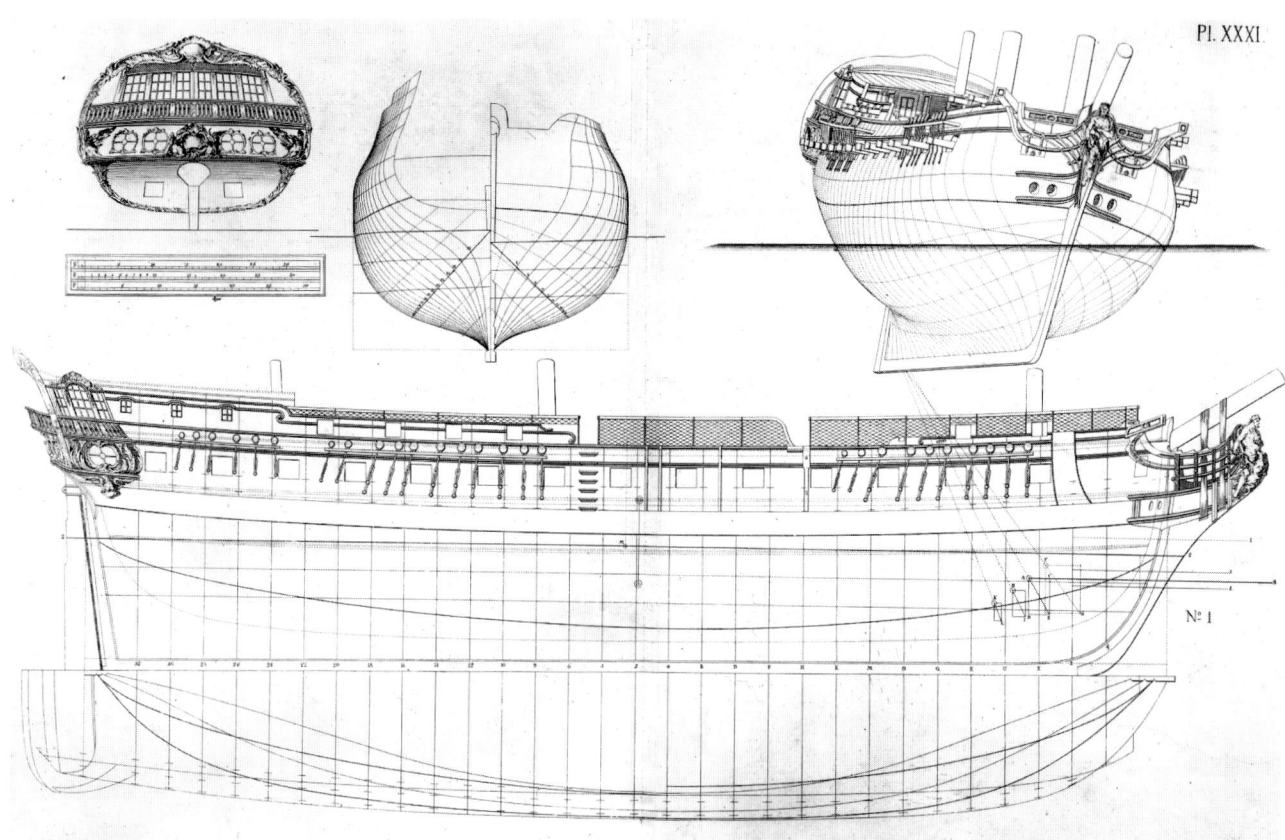

Pl. XXXI

Bark mit Fregattakelung, dargestellt in Aufrissen von Heck und Steuerbordseite sowie Linien- und Spantenrissen samt perspektivischer Buganzicht des Schiffskörpers. Radierung, Tafel XXXI in Henrik Fredrik af Chapman: Architectura Navalis Mercatoria ... Stockholm 1768. Dieselbe Bark, als bewaffnetes Handelsfahrzeug einsetzbar, wiedergegeben in Längs- und Querschnitten durch den Schiffskörper und verschiedenen Decksaufsichten, erscheint in Chapmans Tafel XXXII. Stettins Schiffbau

hat, seit Mitte des 17. Jahrhunderts, unter Schwedens politischer Oberhoheit (bis 1720), und weiterhin in der Traditionskette des schwedischen stehend, hochseegängige Schiffe hervorgebracht, die gewiß Chapmans (1721–1808) Entwürfen entsprachen, so beispielsweise jene im Mai 1770 zu Wasser gekommene, von Friedrich dem Großen in Auftrag gegebene Fregatte DUC DE BEVRE. Nettelbeck wurde deren erster Kommandant.

lassung zu all diesem Elende von den Europäern herrührt ... Ihre zu diesem Handel ausgerüsteten Schiffe pflegen längs der ganzen Küste von Guinea zu kreuzen und hielten sich unter wenigen Segeln stets etwa eine halbe Meile oder etwas mehr vom Ufer ... Gewöhnlich erschienen [die Neger] zu wirklichem Abschluß des Handels mit ihrer Ware am nächsten Morgen, als der bequemsten Tageszeit für diesen Verkehr. Denn da dort jede Nacht ein Landwind weht, so hat dies auch bis zum nächsten Mittag eine ruhige und stille See zur Folge ... Das Fahrzeug, welches die verkäuflichen Sklaven enthielt, war in der Regel noch von einem halben Dutzend anderer ... begleitet ... allein nur acht oder höchstens zehn ... wurden an Bord gelassen, während die übrigen in ihren Kanots das Schiff umschwärmten und ein tolles Geschrei verführten. Nun wurden auch die Gefangenen an Bord emporgehoben, um in näheren Augenschein genommen zu werden ...

Nettelbeck schildert beredt das menschenhändle-

rische Verfahren bis zur Abfahrt: ... *verschonte man auch die Weiber und Kinder mit ähnlichem Geschmeide [eiserne Hand- und Fußschellen, Ketten etc.], so wurden sie doch in ein festes Behältnis vorne in der Schiffsback eingesperrt, während die erwachsenen Männer ihren Aufenthalt dicht daneben zwischen dem Fock- und großen Maste fanden. Beide Behälter waren durch ein zweizölliges eichenes Plankwerk voneinander gesondert, so daß sie sich nicht sehen konnten. Doch brachten sie in diesem engeren Verwahrsam nur die Nächte zu; bei Tage hingegen war ihnen gestattet, in freier Luft auf dem Verdecke zu verweilen. Auf ihre fernere Behandlung während der Überfahrt nach Amerika werde ich ... zurückkommen.*

Daß Nettelbeck[226] zuvor schon, 1769, sogar als erster Titel und Uniform eines Kgl. Preußischen Schiffskapitäns samt Kommando über ein 350 Lasten tragendes Schiff von vierzig Kanonen, das bei Stettin auf dem Stapel lag, erhalten hatte, geht ebenfalls aus seiner »Lebensgeschichte« hervor; denn er schreibt: *Sobald die Fregatte ... im Mai 1770 glücklich vom Stapel gelaufen war, tat ich mein bestes, daß sie ... zu Anfang des Juni für völlig ausgerüstet gelten konnte. Dem damaligen Gouverneur, Herzog von Bevern zu Ehren, erhielt sie den Namen* Duc de Bevre ...

Nur wenige Jahre später, 1776, begann – von Barbara Tuchman (1910–89)[313] im Werk »Der erste Salut« überzeugend vergegenwärtigt – Amerikas Unabhängigkeitskrieg und damit sogar jene ungeahnte Suche nach Schiffsraum, der voran Neutrale, selbst Stettiner Werften[6], durch Neubauten profitabel entsprachen. Manches dieser Produkte geriet dann in die Auseinandersetzungen zur See zwischen England, Frankreich, Spanien und Amerika. Deren Ereignisse, daran beteiligte Menschen und Schiffe, bilden den wechselnden Hintergrund für die Romane noch folgender kurz zu streifender Autoren.

Seit unvordenklichen Zeiten existiert der heidnische Brauch, den größten Dummkopf der Familie dem Wohlstand des Landes und der Vormachtstellung seiner Flotte zu opfern, und so wurde ich im Alter von vierzehn Jahren als Opfer ausersehen, läßt uns Peter Simple, der Titelheld in Frederick Marryat's (1792–1848)[205] gleichnamigem, 1832/33 herausgebrachten Prosastück wissen. Unverwechselbar prall verlebendigte Marryat, der – selbst von 1806 bis 1830 zur See gefahren – als Begründer des abenteuerlichen, patriotisch-kolonialistisch geprägten Seeromans gilt, Simple's durch alle umweltbedingten Fährnisse und menschlichen Gemeinheiten vom Midshipman zum Lieutenant sich entwickelnde – oder hochdienende – Jungengestalt. Unter Marryat's weiteren Werken wäre in unserem Blickwinkel auch auf »Mr. Midshipman Easy« (1836), der in Gibraltar, Malta und andernorts spielt, hinzuweisen wie auf das bereits herangezogene, wohl bekannteste Buch »Masterman Ready« (1841/42).

Inmitten von Teerjacken, verpichten Rumfässern, derbem Seemannshumor bewegen sich – in der modernen Nachfolge Marryat's und Melville's – ebenso frei im trügerischen und doch so vertrauten nassen Element Cecil Scott Forester (1899–1966) mit seinem Helden Horatio Hornblower. In »The Happy Return« (1937; = Der Kapitän, übers. von F. v. Bothmer, Hamburg 1964, S. 198f.) ist vom Kommandanten der britischen Fregatte Lydia nach Umrunden des stürmischen Kap Hoorns die Rede: *Eine Liebelei mit Lady Barbara hätte seinen beruflichen, gesellschaftlichen und wirtschaftlichen Ruin herbeiführen können. Und*

er wußte, daß er unzuverlässig wurde, sobald es sich um Wagnisse handelte. Als er damals die Lydia *bis auf Schußweite an die* Natividad *hatte heranpullen lassen, um den Entscheidungskampf durchzufechten, da war es ein solches Wagnis gewesen, daß ihm heute noch bei der bloßen Erinnerung daran ein gelinder Schauer über den Rücken lief ... Selbst in diesem Augenblick, da er kaltblütig darüber nachdachte, war etwas gefährlich Faszinierendes in der Vorstellung, die gesamte Familie Wellesley [aus der 1815 der Sieger von Waterloo, Herzog von Wellington, hervorging] vor den Kopf zu stoßen und sich dann den Folgen ihrer Erbitterung auszusetzen. Und dann wurden alle diese kühlen Erwägungen wieder von einer Welle heißer Leidenschaft davongespült, als er an sie dachte, an ihre schlanke, süße Gestalt, an ihre verständnisvolle und liebreiche Art ... Als sich sein Puls schließlich wieder beruhigt hatte und er sich umdrehte, um das Auge über das Schiff schweifen zu lassen, erkannte er jede Einzelheit in eigentümlicher Schärfe, und gleich darauf war er wirklich froh, daß er seine Selbstbeherrschung wiedergefunden hatte, denn Lady Barbara erschien. Sie lächelte heiter, wie sie es immer tat, wenn die Sonne schien, und bald befand er sich in einem Gespräch mit ihr.*
»Ich habe in der vergangenen Nacht allerlei geträumt«, sagte Lady Barbara.
»Wirklich?« meinte Hornblower verlegen. Auch er hatte geträumt.
»Ja«, begann Lady Barbara wieder. »Meistens träume ich von Eiern; von Spiegeleiern und dick mit Butter bestrichenen Scheiben weißen Brotes; von reichlich mit Sahne gemischtem Kaffee; von gedünstetem ...« ...
Die lange Reise brachte es mit sich, daß jedermann von frischer Nahrung träumte, aber ihre natürliche Art wirkte auf Hornblowers Gemütszustand, als habe jemand die Fenster eines ungelüfteten Zimmers aufgerissen. Dem Gespräch über das Essen war es zu verdanken, daß die Krisis nochmals um einige Tage hinausgeschoben wurde, indessen die Lydia, *den Südostpassat ausnutzend, der Insel St. Helena zustrebte.*

Solcher Forester[2] vergleichbaren maritimen Thematik folgen beispielsweise C. Northcote Parcinson's Hauptfigur Richard Delancey oder Patrick O'Brian's hervorstechende Personen Jack Aubrey und der Schiffsarzt Dr. Maturin – oder Dudley Pope's Held Nicholas Ramage – oder Richard Woodman's Nat Drinkwater – oder Alexander Kent (eigentlich Douglas Reeman, geb. 1924) mit seinem aus Falmouth in Cornwall stammenden, zwischen 1768 und 1815 alle Meere befahrenden englischen Seeoffizier Richard Bolitho. Sämtlich[2,157] sind sie der Gestalt und legendären Wirkung Nelsons verpflichtet.

Wie sehr Englands herausragender Heros – *the greatest sailor since our world began* – selbst die Nachwelt beeindruckte, wird an Versen aus »Byrons Don Juan« von Goethe (1821) deutlich: *Nelson war unser Kriegsgott, ohne Frage, / Und ist es noch dem herzlichsten Bekenntnis; / Doch von Trafalgar tönet kaum die Sage, / Und so ist Flut und Ebbe wetterwendisch.*

Wetterwendisch gestaltet sich nach Trafalgar tatsächlich Emma Lyonnas Schicksal. Schlagen wir dazu Alexandre Dumas' (d. Ältere, 1802–70)[85] historische Monographie »Lady Hamilton. Memoiren einer Favoritin« auf: *Es ist überflüssig, die Trauer zu schildern, von welcher bei der Kunde von Nelsons Tod die ganze englische Flotte ergriffen wurde. Man vergaß darüber beinahe den gewonnenen Sieg.* [Kapitän] *Hardys erste Sorge war, dem Arzt den von Nelson ausgesprochenen Wunsch mitzuteilen, daß man ihn nicht ins Meer werfen, sondern in sein Vaterland zurückführen möge. Am Tage nach der Schlacht sann man auf ein Mittel, durch welches man die Verwesung der Leiche hinhalten könnte. Man mußte sich zu diesem Zwecke der Hilfsmittel bedienen, die an Bord der* VICTORY *zur Verfügung standen. Man hatte nicht genug Blei, um einen Sarg zu fertigen, deshalb nahm man eine große Tonne, legte die Leiche hinein und füllte das Gefäß dann mit Rum … Als man in Gibraltar ankam, ersetzte man den Rum durch Weingeist. Am Nachmittag des dritten November* [1805] *lichtete die* VICTORY *den Anker, verließ die Bai von Gibraltar, passierte die Meeresenge und fand vor Cadiz das Geschwader unter dem Kommando des Admirals Collingwood wieder. Noch am selben Abend setzte das Trauerschiff seinen Weg nach England fort und kam nach einer Fahrt von beinahe fünf Wochen in Spithead an … am 15. Dezember wurde Nelsons Leiche in einen Sarg gelegt, welchen ihm einst Kapitän Hallowall geschenkt hatte, und der aus dem Maste des französischen Schiffes* ORIENT *gehauen worden war … Man hatte bestimmt, daß der Sarg in der St. Paulskirche beigesetzt werden sollte, welche … durch Nelson zum Pantheon Englands eingeweiht ward …*

… Von dem Augenblicke an, da ich nicht mehr … Nelsons Geliebte war, ward ich ganz einfach wieder Emma Lyonna, das heißt, eine reichgewordene Kurtisane, die sich möglicherweise wenigstens die Achtung, die man dem Reichtum zu zollen pflegt, hätte erhalten können, wenn sie ihr Vermögen zu bewahren verstanden hätte. Einen Begriff von meiner Erniedrigung erhielt ich gleich anfangs durch die Weigerung Englands und des Königs, Nelsons Testament anzuerkennen …

Nelsons nur sieben Jahre zurückliegender spektakulärer Erfolg vor Abukir – am 1. August 1798 –

bildet Voraussetzung und Hintergrund für Alfred de Vignys (1797–1863)[320] ebenso oft zitiertes wie rezitiertes, gedankentief-formstrenges Gedicht »La Frégate LA SÉRIEUSE ou la plainte du capitaine« (… oder der Jammer des Kapitäns; 1828): *Qu'elle était belle, ma Frégate, / Lorsqu'elle voguait dans le vent! / …*

… Quand la belle SÉRIEUSE */ Pour l'Égypte appareilla, / Sa figure gracieuse / Avant le jour s'éveilla; / A la lueur des étoiles / Elle déploya ses voiles; / Leurs cordages et leurs toiles, / Comme de larges réseaux, / …*

Ainsi près d'Abukir reposait ma Frégate; / A l'ancre dans la rade, en avant des vaisseaux, / On voyait de bien loin son corset d'écarlate / Se mirer dans les eaux. / …

… – Une, deux, trois … – je vis treize et quatorze voiles: / Enfin, c'était Nelson.

Il courait contre nous en avant de la brise; / LA SÉRIEUSE *à l'ancre, immobile, s'offrant, / Reçut le rude abord sans être surprise, / Comme un roc un torrent. / …*

LA SÉRIEUSE *alors semblait à l'agonie: / L'eau dans ses cavités bouillonnait sourdement; / Elle, comme voyant sa carrière finie, / Gémit profondément. / …*

(frei übersetzt: Wie schön war meine Fregatte / Im Wind sich bewegend! … Als die schöne SÉRIEUSE / nach Ägypten absegelte / In anmutiger Gestalt / Bevor der Tag erwachte / Noch im Sternenschein / Entfaltete sie ihre Segel / Ihr Tauwerk und ihre Leinwand / wie weite Netze / … Endlich bei Abukir kam meine Fregatte zur Ruhe / Vor Anker, auf Reede, an der Spitze aller Fahrzeuge / Man sah von weitem schon ihre scharlachrote Form / sich in den Wassern spiegeln / … Eins, zwei, drei – ich sah dreizehn, dann vierzehn Segler / Endlich, das war Nelson / Er lief auf uns zu unabänderlich / Die SÉRIEUSE vor Anker, unbeweglich, sich darbietend / Erwartete den harten Ansturm ohne Überraschung / wie ein Fels, ein Strom / … Dann überkam die SÉRIEUSE Agonie / Wasser strömte dumpf in ihre Höhlung / Und sie, ihr Ende vor Augen / Seufzte tief.)

Von demselben, und nicht nur in Frankreich vielgelesenen Comte de Vigny[320] stammt jene fast gleichzeitig ablaufende Novelle »Das rote Siegel«. Darin heißt es gleich anfangs: *… Da ich das Meer liebte, verbarg ich mich … als ich in Brest … war, unten im Laderaum eines Kauffahrteischiffes, welches nach Indien segelte; man entdeckte mich erst auf hoher See, und der Kapitän machte mich lieber zum Schiffsjungen, als mich ins Meer zu werfen. Als die Revolution kam, war ich schon avanciert: war so nach und nach Kapitän eines kleinen, ziemlich sauberen Kauffahrers geworden … Als die königliche Exmarine …*

plötzlich von Offizieren entblößt war, nahm man Kapitäne der Handelsflotte ... man gab mir das Kommando auf einer Kriegsbrigg namens MARAT.
Am 28. Fructidor [der 12. Monat des franz. Revolutions-kalenders] *erhielt ich Befehl, mich für Cayenne segelfertig zu machen. Sechzig Soldaten sollt ich dorthin bringen und einen Deportierten, der von den 193 übriggeblieben war, welche die Fregatte* DEKADE *einige Tage vorher an Bord genommen hatte. Befehl hatt' ich, dies Individuum schonend zu behandeln; und in dem ersten Schreiben des Direktorium* [oberste Behörde 1795–99] *lag ein zweites, das mit drei roten Siegeln versiegelt worden war ... Verboten war mir dies Schreiben vor dem 1. nördlichen Breitengrade, dem 27. und 28. Längengrade, das heißt, bevor ich die Linie passierte zu öffnen ... Wir hatten frischen NNW-Wind, und ich war damit beschäftigt, das Schreiben unter das Glas meiner Uhr zu legen, als mein Deportierter in meine Kabine trat; an der Hand führte er eine hübsche, etwa 17jährige Kleine ... Er war ... ein Mann, der sich bei Gelegenheit besser benahm, als viele der Alten getan haben würden: Ihr werdet's schon sehen ...*

Jener aufrechte Mann, ausgesetzt in einem Bei-boot, wurde in Sichweite der MARAT, unter den Augen seiner jungen Frau, erschossen, hingerichtet – und sie wahnsinnig.

Wahrlich wandelte sich die Welt auf einem Kriegs-schiff – wie es Herman Melville (1819–91)[213], Ameri-kas einflußreicher Romancier, beispielhaft im 1850 verlegten Prosawerk »White-Jacket; or, The World in a Man-of-War« (worin autobiographisches Erleben auf der UNITED STATES 1843/44 einfloß) meinte – zuweilen, ja oftmals zu einer schwimmenden Hölle. Deren Pein-Skala war äußerst fein abgestuft; denn das Auspeitschen bildete darin – angesichts von Ope-rationen, also Wundenbehandlungen an Bord – nur einen Grad. Einen anderen, den Drill auf der NEVER-SINK, beschreibt Melville (im 16. Kapitel) so: *Da ein Kriegsschiff ... zu dem Zwecke erbaut ... ist, zu kämpfen und Kanonen abzufeuern, wird es selbstverständlich ... die Mannschaft gebührend ... zu unterweisen. Daher die »Klar Schiff«-Übung ... bei der sämtliche Leute auf den verschiedenen Decks an ihren Posten bei den Geschützen sein müssen, um eine Art Scheinkampf ... auszufechten.*
Das Signal dazu wird vom Schiffstrommler gegeben, der einen besonderen Rhythmus schlägt: kurz, abgebrochen, rol-lend, stoßend ... Mein Standort beim Feuern war an einer der Zweiunddreißigpfünder-Karronaden auf der Steuerbord-seite des Achterdecks. Dieser Standort war mir keineswegs angenehm ... jedermann weiß, was für ein überaus gefähr-

liches Pflaster das Achterdeck von Nelsons Flaggschiff in der Schlacht von Trafalgar war ...
Die Karronade, an der ich postiert war ... als Geschütz 5 geführt. Bei unserer Geschützmannschaft aber hieß sie die »Schwarze Betty«. Dieser Name wurde ihr vom Geschütz-führer, einem trefflichen Neger, verpaßt, zu Ehren seines Liebchens, einer farbigen Dame in Philadelphia. Bei der Schwarzen Betty war ich Ansetzer und Wischer, und ich setz-te und wischte, wie es sich für einen wackeren Kerl gehört. Wären ich und mein Geschütz in der Schlacht am Nil [= Abukir] *dabeigewesen, ich bin überzeugt, wir hätten uns gegenseitig unsterblich gemacht; der Setzkolben hinge jetzt in der Westminsterabtei ...*
Aber es war eine schreckliche Schinderei, jene gewaltige Masse Metall zur Stückpforte ein- und ausrennen zu helfen, besonders, da es blitzschnell gehen mußte. Dann, beim Er-tönen einer greulich krächzenden Schnarre, die der Kapitän höchstpersönlich schwang, mußten wir alle von unseren Geschützen fortstürzen, Piken und Pistolen ergreifen und ein imaginäres Heer von Enterern zurückschlagen ... Und schon heißt es »Feuer! Feuer!« im Hauptdeck, und das ganze Schiff ist in wilder Aufregung ...

Solche Extremsituation, wie durch Feuer Schiffe, ja riesige Flotten – bei Actium 31 v.Chr.[1] etwa oder bei Kyzikos 678 – zugrundegingen, findet in Alexandre Dumas' (1802–70)[85] Erzählung »Die KENT«, einem *wunderschönen Schiff der Britisch-Ostindischen Compa-gnie, das am 19. Februar 1825 ... von den Dünen ausge-laufen war,* insofern eine eigentümliche Wendung, als die KENT *zwar im Schiffsraum Feuer fing, aber die Vorsehung fügte es, daß das beispiellose Zusammentreffen von zwei ent-setzlichen Gefahren, indem das Feuer sich mit dem Sturm verband, gerade ein Mittel zur Rettung der Mannschaft wurde, weil es den Kapitän in die Lage versetzte, durch Öff-nung der Stückpforten eine große Wassermenge in den Schiffsraum einzulassen und dadurch die Fortschritte des Feuers momentan zu hemmen; denn hätte dies nicht gesche-hen können, so würde die* KENT *völlig von den Flammen verzehrt worden sein, ehe nur ein Mann sich auf die* CAM-BRIA *retten konnte ...*

Von schrecklich glimmendem »Feuer auf See«, und zwar an Bord der PYRENÉES, *deren eiserne Planken von ihrer Weizenlast tief ins Wasser gedrückt werden,* spricht auch – eine neue Variante einfügend – Jack London (1876–1916) in seinen »Südseegeschichten«.

In den menschlich Außerordentliches bloßlegen-den »Rites of Passage« des englischen Literatur-Nobel-preisträgers von 1983 William Golding (1911–93)[114] heißt es abschließend beziehungsweise anfangs: ... *es ist eine Erzählung daraus geworden, die auf dem Meer spielt (der langen Reise vom Süden Alt-Englands bis zu unsern Antipoden),* bald nach Nelsons Tod übrigens auf einem ausgedienten Linienschiff, *aber ohne einen einzigen Sturm, ohne Schiffbruch, ohne Versenkung, ohne Rettung auf offener See, kein Feind weit und breit … kein Heldentum, keine Prise … Allerdings – der Gestank, der Pesthauch, der Mief,* aus dem Sand- und Kiesballast des Schiffsbodens aufsteigend und alles Geschehen überlagernd – kennzeichnet dieses *hölzerne Bollwerk.*

Dessen Captain Anderson, Geistliche mißachtend, duldet des miteingeschifften Demütigung, und – *zum Gespött der Äquatortaufe geworden* – seine aus Trunkenheit, Päderastie, *fellatio* sich entwickelnde Selbstzerstörung; denn *nur, was der Mensch selbst tut, kann ihm Schande bereiten, nicht das, was ihm andere antun …*
Die Schiffsglocke wurde gedämpft angeschlagen. Matrosen trugen auf einer Planke den von einer Unionsflagge bedeckten Leichnam zum Schanzkleid an Steuerbord – jener Schiffsseite, auf welcher Ehrenbezeigungen erwiesen werden, gelten sie nun von Bord gehenden Admirälen oder Leichnamen … Ich habe inzwischen auch erfahren, daß der Kapitän und sämtliche Offiziere sich sehr darum bemüht haben, das Zeremoniell aufs genaueste zu befolgen, mit dem »der Schwarzrock von Bord gepfiffen wird« … Die sterblichen Überreste des Reverend … schossen unter der Flagge hervor und schlugen mit einem lauten Platsch aufs Wasser … Man durfte sich also vorstellen, daß die Reste von Colley »tiefer, als ein Senkblei je geforscht« [Shakespeare]*, ihren festen Ruheplatz finden würden …*

Nach dem Scheitern, in beispielloser Grenzsituation, zwischen Todesfurcht und letzter Lebenshoffnung schwankend, hatten sich 151 Überlebende der am 2. Juli 1816 unter skandalösen Umständen vor der westafrikanischen Küste (an der Banc d'Arguin unweit von Port St. Etienne, heute Nouadhibou, Mauretanien) gestrandeten französischen Transportfregatte MEDUSA auf ein selbstgezimmertes Floß gerettet. Nach dreizehn Tagen Inferno – sich addierend aus Hunger, Durst, Alkohol, tags erbarmungloser Tropensonne, Hitzekoma, mörderischer Brutalität, ja kannibalischer Bestialität – wurden noch 15 Mann geborgen, halbtot und deliriös. Ungeheure Betroffenheit erregte danach die Weltöffentlichkeit, zumal wenig später Géricaults Kolossalgemälde im Louvre zu Paris für zusätzliches Aufsehen sorgte. Gleichnishaft nahm sich Georg Kaiser (1878–1945) im 1945 uraufgeführten Schauspiel »Das Floß der MEDUSA« dieser Seetragödie an, welche Alexander McKee mit seinem 1960 deutsch-gedruckt vorliegenden Buch »In der Todesdrift« in Beziehung zu einer ähnlichen Katastrophe des Zweiten Weltkriegs – im selben Seegebiet und zur gleichen Jahreszeit – setzte.

Unvergänglich formulierte Lord Byron 1818/19 im »Don Juan« (II,101f.)[52]: *… / Dem Nachen Charons glich's mit seinem Schatten; / … / Die Haifisch' auch verließen sie noch nicht / … / Und alle war'n durch Durst und Hungersnoth, / Durch Frost und Hitze mager wie Skelette, / … / Gefunden hatten viele ihren Tod / Durch Kält' und Sonnenbrand an dieser Stätte, / Besonders war verringert ihre Zahl / Gleichsam durch Selbstmord bei dem Leichenmahl / … / … als ob's hinweg sie riefe / Von dieser ewigen, wüsten, salz'gen Tiefe …*

Zu Ende der napoleonischen Ära hatten nicht nur Spaniens Weltreich aufgehört zu bestehen und Süd- wie Nordamerikas Staaten an Selbstbewußtsein gewonnen (Monroe-Doktrin 1832), sondern auch in Europa gärte es weiter.

So öffneten sich, von der Kontinentalsperre befreit, dem Seeverkehr wieder deutsche Häfen: Lübeck, Greifswald, Stettin etwa. Neue Schiffe wurden gebaut – mit neuartigem Antrieb; denn 1819 gelang bereits der amerikanischen SAVANNAH ein erster, gewiß nur teils unter Dampf durchgeführter Nordatlantiktransit. Zwei Jahre danach setzte Griechenlands Befreiungskampf von jahrhundertewährendem Türkenjoch ein. Lord Byron (1788–1824)[52] gehörte allgemein bewundert zu denjenigen, welche sich mutig engagierten und dort sogar starben. Damalige Geschehnisse beschäftigten Europas Jugend, ihre Maler und Dichter. Als pars pro toto seien zitiert aus Adelbert von Chamissos (1781–1838) »Chios«-Zyklus Teile des »Kanaris« lautenden 6. Gedichts: *… Feuer! Feuer! / Held Kanaris, Ungeheuer, / Leitet den Brander gut; / Deine Zeit ist um, die Flammen / Schlagen über dir zusammen, / Unter dir ergrimmt die Flut. / Unter graßlichem Geheule / Stürzen krachend Mast' und Raaen, / Wirbelnd steigt die Feuersäule, / Keine Hilfe wagt zu nahen; / Sonder Führung und Gebote / Überfüllen sich die Boote, / Sie verschlingt des Meeres Schoß; / Glut erfaßt nach kurzem Jammer / Endlich auch die Pulverkammer, – / Ali, du erfüllst dein Los. / Schweigsam steuert – angegriffen, / Wird sein Boot er selber sprengen – / Held Kanaris zwischen Schiffen, / Die in blinder Flucht sich drängen; – / Keines mag um ihn sich kümmern – / Steuert zwischen Schiffestrümmern, / Bis er freier um sich schaut: / Heil dem Kreuz! vor Psaras Strande, / Vor dem teuren Vaterlande, / Flaggt er, als der Morgen graut. / …*

Plan des Hafens von Tchesmé an der kleinasiatischen Küste, wo ein russisches Geschwader türkische Einheiten am 5. und 7. Juli 1770 in Kämpfe verwickelte und vernichtete. Radierung in M.-G.-F.-A. Comte de Choiseul-Gouffiers »Voyage pittoresque de la Grèce«, Bd. 1; Paris 1782.

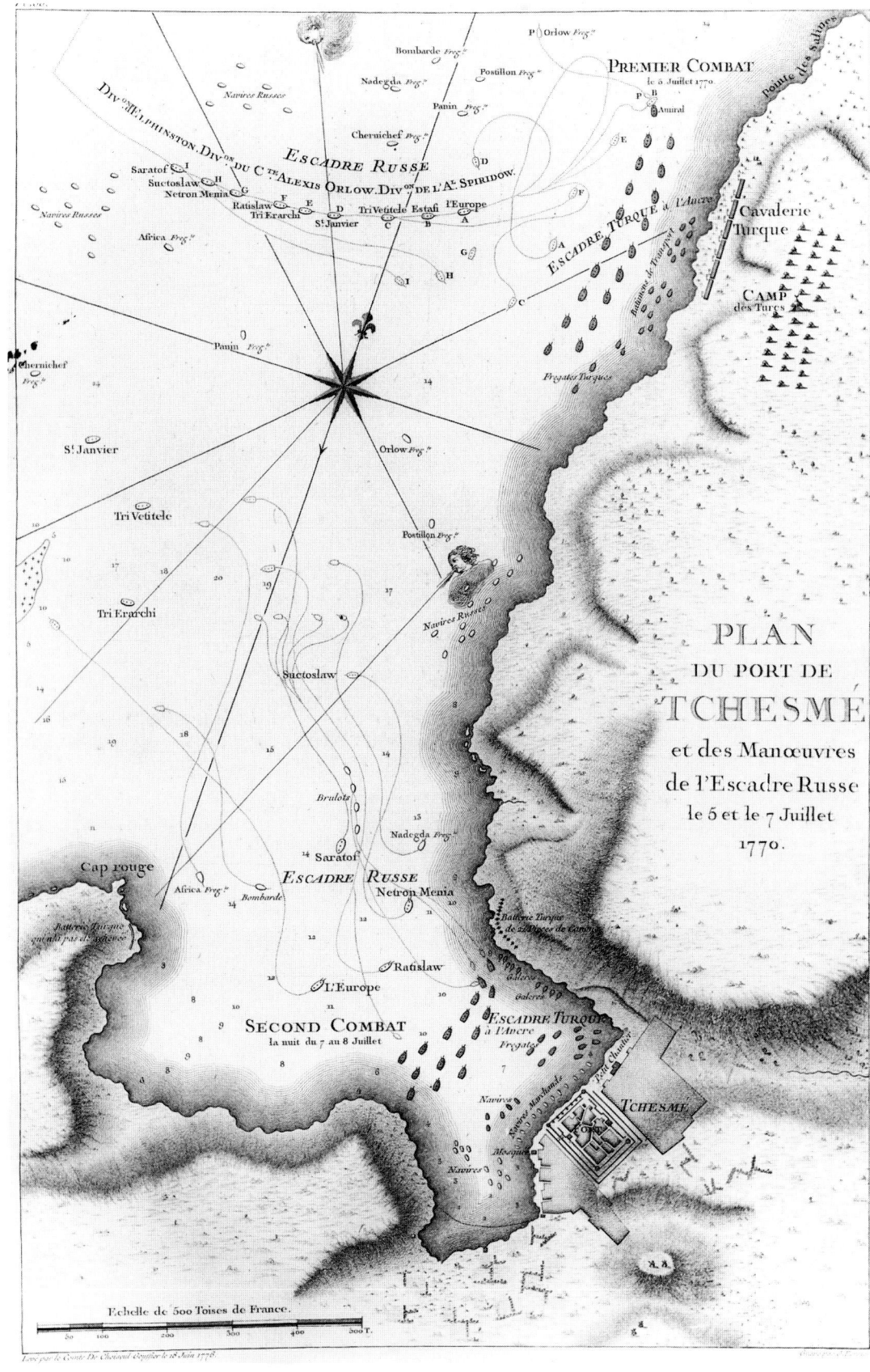

Angespielt wird darin auf jene Episode, als es, im Juni 1822, Konstantin Kanaris mit seinem Brander gelang, vor Chios das türkische Admiralsschiff zu vernichten. Derselbe Chamisso gedachte in einem anderen Gedicht – »Verbrennung der türkischen Flotte zu Tschesme« – jener vor und im Hafen von Tschesme (der Insel Chios gegenüber) bereits am 5. und 7. Juli 1770 erfochtenen Vernichtungsschläge russischer Schiffe über ihre türkischen Gegner. – Zu erinnern ist ferner an Chamissos umfänglichen Bericht über seine Weltreise an Bord der RURIK unter Kapitän Otto von Kotzebue (vom Juli 1815 bis zum November 1818), worin er meint (1822) – scherzhaft natürlich: *Wer nicht gereist, den acht't man nicht. Er kann auch nichts berichten, … Ein Schiffspatron, der das begriff, Nahm mich als Ballast in sein Schiff Und tät die Anker lichten …*

Die Entscheidung im griechischen Freiheitskampf brachte 1827 jene aus lauter Mißverständnissen sich anbahnende Seeaktion bei Navarino (vor Pylos, an der SW-Küste der Peloponnes)[175], wo zum letzten Mal ausschließlich besegelte Kriegsfahrzeuge aufeinander prallten. Melville's 75. Kapitel in »White-Jacket« (1850)[213] »Versenken, verbrennen und zerstören!« vergegenwärtigt uns diesen spektakulären, für Europa so bedeutsam gewordenen Vorgang atemberaubend spontan: *Unter den unzähligen »Garnen und Gespinsten«, die während unserer freundlichen Fahrt nach Norden in unserem Großmars abgehaspelt wurden, kamen keine denen unseres Toppältesten Jack Chase gleich … Doch vor allem wußte Jack von Navarino zu erzählen; denn er war Geschützführer an einer der Hauptdeckkanonen auf Admiral Codringtons Flaggschiff, der ASIA, gewesen. Besäße ich auch eine Ausdruckskraft wie … Homer, selbst dann würde ich es kaum wagen, Jacks eigene Darstellung dieses Treffens wiederzugeben, in welchem* [am 20. Oktober 1827] *zweiunddreißig englische, französische und russische Segelschiffe eine ottomanische Flotte von drei Linienschiffen, fünfundzwanzig Fregatten und einem Schwarm von Bran-*

dern und Hornissenschiffen in der Levante angriffen und besiegten.

»Wir brannten darauf, über sie herzufallen«, sagte Jack; »und als wir das Feuer endlich eröffneten, glichen wir Delphinen und fliegenden Fischen … Die verdammten Türken feuerten der alten ASIA *einen ganzen Marmorsteinbruch in den Rumpf, jede Kugel hundertfünfzig Pfund schwer. Sie schlugen drei Stückpforten zu einer einzigen zusammen. Aber wir gaben ihnen noch besser zurück. »Drauf und Dran, mein Bullenbeißer!« sagte ich und gab meiner Kanone einen Klaps aufs Hinterteil; »reiß offne Luken in ihre Muselmännerflanken!« Weißjacke, mein Junge, das hättest du miterleben sollen! Die Bucht war bedeckt mit Masten und Rahen und glich einem Floß aus Baumstämmen … Schauer von versengtem Reis und Oliven aus den explodierenden feindlichen Schiffen regneten auf uns herab wie Manna in der Wüste. »Allah! Allah! Mohammed! Mohammed!« zerriß es die Luft; einige gellten es zu den türkischen Stückpforten hinaus, andere schrien es aus den verschlingenden Fluten …*

Damals ging das Zeitalter alleiniger Ausnutzung von Wind- und Muskelkraft zu Ende. Eine neue Epoche in der Seefahrt begann: jene des Fahrzeugs aus Eisen, des Dampfantriebs, der Schiffsschraube. Im Jahre 1827 ereignete sich vor Navarino – wie wir hörten – eine letzte Seeschlacht – nur unter Segeln –, erhielt Josef Ressel sein Patent auf die Erfindung der Schiffsschraube[128], benutzte Goethe endlich den Begriff der »Weltliteratur«. So klingen Lord Byrons[52] Strophen »Beim Abschied von England« (*This done – and shivering in the gale*) oder am Anfang seines Korsaren-Epos' (The Corsair) wie der Abgesang auf eine hoffnungslos optimistische Ära: … *flatternd bläht / Mein Segel sich, vom Sturm durchweht, / Und pfeifend über'n Mast hinzieht / Der Wind und singt sein lustig Lied; / Weit fahr' ich in die Welt hinein / …*

Frei wie der Ocean und ohne Schranken / Durchfliegen wir das Meer mit den Gedanken; / So weit der Wind uns trägt, die Wogen schäumen, / So weit auch herrschen wir in seinen Räumen; / Sein grenzenloses Reich ist unser eigen / …

ZWISCHEN 1827 UND 1912

Weit hinaus in blaue Ferne / Dehnt sich stolz das dunkle Meer; / Lustig gleiten Boote, Schiffe / Auf dem offnen Grab umher. / Welch Gewimmel, welches Leben! / Tausend bunte Flaggen wehn. / Wie sie nach der Küste eilen, / Welches Kreuzen, welches Drehn!

Hans Christian Andersen (1805–75)[9], Dänemarks berühmter Märchenerzähler, eröffnet »Das Dichterschiff« mit jenem Vers. Lebensnah-elementar verschränkt er darin blaue Ferne mit Fahrzeugen unter bunten Flaggen über dem stets offnen Grab.

Zum Abgrund wird es für Charles Baudelaire (1821 bis 1867).[23] Der ob seiner Sprachmagie und ausschweifenden Dekadenz bewunderte Dichter machte jedenfalls entsprechende Erfahrung während einer am 9. Juni 1841 in Bordeaux beginnenden und am 16. Februar 1842 ebenda endenden Seereise. Sie führte ihn auf dem PAQUEBOT-DES-MERS-DU-SUD bis zu den Inseln Mauritius und la Réunion. Ein Nachhall davon prägt das Gedicht »L'Homme et la Mer« in den »Fleurs du Mal« (1857): *Homme libre, toujours tu chériras la mer! / La mer est ton miroir, tu contemples ton âme / Dans le déroulement infini de sa lame, / Et ton esprit n'est pas un gouffre moins amer. / ... / Vous êtes tous les deux ténébreux et discrets, / Homme, nul n'a sondé le fond des tes abîmes; / O mer, nul ne connaît tes richesses intimes, / Tant vous êtes jaloux de gardes vos secrets! / ...* (Freier Mensch, immer wird das Meer dir lieb sein! Das Meer ist dein Spiegel; du schaust deine Seele in der unendlichen Entrollung seiner Wogen, und dein Geist ist kein minder bitterer Abgrund ... Alle beide seid ihr finster und verschwiegen: Mensch, niemand hat je die Tiefe deiner Abgründe erlotet; o Meer, niemand kennt deinen heimlichen Reichtum, so eifersüchtig seid ihr, eure Geheimnisse zu hüten!)

Wüst und stürmisch dagegen erscheint das Meer Michail Jur'evič Lermontow (1814–41)[187] in jenem romantisch-frühen Gedicht »Das Segel« (1832; deutsch 1893): *Weiß glänzt auf blauer Wasserwüste / Ein Segel fern am Himmelsrand. / Was sucht es an der fremden Küste? / Was ließ es an der Heimat Strand? / Schrill pfeift der Wind, die Wellen schäumen, / Und knarrend biegt sich Mast und Spriet. / Es jagt nicht nach des Glückes Träumen, / Nicht Glück ist es, wovor es flieht. / Hoch über ihm der Sonne Gluten, / Und unter ihm rauscht blau das Meer, / Doch trotzig sucht es Sturm und Fluten, / Als ob in Stürmen Ruhe wär'.*

Ähnlich hintergründig-maritime Stimmungsschilderung erklingt in der klassischen Siebzehn-Silben-Form jenes »haiku« des Japaners Shiki (1867 bis 1902)[125]: *Der Mond im Finstern / Nur wie ein weißer Strich noch / Dort auf dem Meere* – oder – *So etwas Seltnes: / Kein Segel auf dem Meere / Am Herbstes Abend.*

Tatsächlich war im vorigen Jahrhundert für alle Großsegler Herbstzeit angebrochen; denn dampfgetriebene Schiffe machten immer stärker von sich reden: seit 1801/02 die CHARLOTTE DUNDAS, 1807 Fultons CLERMONT, 1812 die auch von Jules Verne erwähnte COMET, 1816 der Rheindampfer PRINZ VON ORANIEN, 1818/19 die SAVANNAH und 1827 jene holländische CURAÇAO, um einige bekannte Namen zu nennen, sowie dann 1838 die schon zu Transatlantiklinern ausgereiften SIRIUS (703 BRT) und Isambard Brunel's (1340 BRT große) GREAT WESTERN.[155]

Damals – 1825 – war zwischen Saint-Malo und Saint-Sampson auf Guernesey eine privatbereederte DURANDE qualmend unterwegs. Unvergänglich wurde dieses, die Welt der Fischer verändernde, Dampfschiff durch Frankreichs vielgelesenen Poeten Victor Hugo (1802–85), und zwar in dessen melodramatisch angelegtem Roman »Les Travailleurs de la mer« 1866.

In vergleichbares Milieu führt selbst Rudyard Kiplings (1865–1936) Seeroman »Captain Courageous«.[168] Darin kommen viele alte Fahrensleute zu Wort: *... nichts übertraf Diskos Schilderungen der Stockfische, wie sie dachten und überlegten ... Jacks Geschmacksrichtung ging mehr auf das Übernatürliche. Er hielt seine Zuhörerschaft durch Geistergeschichten in Atem, wie die Geschichte*

Triptychon »Schnee, Mond und Blüte«: Meeres- und Küstenlandschaft bei Nacht mit Seglern und Fischerbooten von Kanazawa/Provinz Musashi, August 1857. Farbenholzschnitte von Ando Hiroshige (1797–1858); Berlin, Museum für Ostasiatische Kunst.

von den Yohoos in der Monomoy-Bucht … Tom Platt erzählte … von seiner nie enden wollenden Reise ums Kap Hoorn auf seiner OHIO in den guten alten Tagen, da es noch die Prügelstrafe gab; von einer Flotte, nun ausgestorben wie der Vogel Dodo – der Flotte, die im großen Krieg unterging. Er beschrieb, wie man rotglühende Geschosse in die Kanonen lädt, einen Lehmpfropfen zwischen Geschoß und Kartusche. Und wie diese Geschosse zischen und stinken, wenn sie auf Holz schlagen … und wie die kleinen Schiffsjungen auf der MISS JIM BUCK Wasser darüber ausgegossen … und von Blockaden erzählte er, wo sie wochenlang vor Anker hatten liegen müssen, als einzige Abwechslung das Kommen und

Gehen von Dampfern, die Kohle luden; von Stürmen und Kälte ... die so groß gewesen war, daß 200 Mann Tag und Nacht zu schaffen hatten, um das Eis vom Tauwerk, von Blöcken und Ankertau herunterzuschlagen ... und wo ... die Mannschaft eimerweise Kakao soff. Vom Dampf hatte Tom Platt keine große Meinung.

Trotzdem ist das 19. Jahrhundert nicht nur das Säkulum des Dampfes und vehementer Fortschritte im Eisenschiffbau, sondern auch das der Sklavenbefreiung (bis 1888 und darüber hinaus) sowie riesiger über Meere gelenkter Auswandererströme.[192] Sie bezifferten sich – für die Zeitspanne 1821–1924 – schätzungsweise auf gut 33 Millionen Menschen, welche von Europa in die USA gingen, sowie 5,5 Millionen, die in Argentinien, und 4,5 Millionen, welche in Kanada eine neue Heimat suchten, 3,8 Millionen, die

Chinesische Dschunken.
Aquatintaradierung in: Thomas
& William Daniell »A Pituresque Voyage To India; By The
Way Of China« (London 1810).

nach Brasilien, und 2,2 Millionen, welche nach Australien emigrierten. Hinzukommen seinerzeit kolonisatorische Inbesitznahme Afrikas und von Teilen Asiens durch die Großmächte sowie jene entsprechende Erschließung der pazifischen Inselwelt.

… Ledoux … hatte als einfacher Matrose begonnen … In der Schlacht bei Trafalgar [1805] *war ihm die linke Hand … zerschmettert worden … hernach mit guten Zeugnissen verabschiedet … da sich ihm Gelegenheit bot, sich wieder einzuschiffen, diente er als Obersteuermann auf einem Kaper … Mit der Zeit schwang er sich zum Kapitän auf … Als man den Negerhandel verbot … wurde Ledoux für die Ebenholzhändler (wie sich die Schwarzfrachtmakler selbst zu nennen pflegen) ein unschätzbarer Mann … Was ihm unter den Sklavenhändlern das größte Ansehen verschaffte, war der nach seinen Angaben … ausgeführte Bau einer der Menschenfracht bestimmten Brigg … Wohlgetakelt und mit allem Nötigen versehen, stach die* HOFFNUNG *an einem Freitag (von Nantes) in See … Die Überfahrt zur afrikanischen Küste ging glücklich vonstatten … Tamango, ein berühmter Krieger und Seelenverkäufer, hatte eben eine große Anzahl Sklaven an die Küste gebracht und gab sie wohlfeil ab … Baumwollstoffe, Schießpulver, Feuersteine, drei Vierteltonnen Branntwein, fünfzig schlechte Flinten wurden gegen hundertundsechzig Sklaven getauscht …*

Über Tamango erfahren wir in Prosper Mérimées (1803–70) gleichnamiger Novelle dann weiter: *»Teufel noch mal!« rief Kapitän Ledoux, »die Schwarzen, die er verschachert hat, werden was zu lachen haben, wenn sie sehen, daß auch ihn das* [gleiche] *Schicksal ereilt hat« …*

Nach wenigen Tagen [und dramatischen Ereignissen] *war an Bord des Zweimasters* HOFFNUNG [nun einem Schiff ohne Masten] *niemand mehr am Leben als* [der Neger] *Tamango … Endlich wieder an Land, fand man seinen Fall entschuldbar, da er nur von seinem natürlichen Recht der Notwehr Gebrauch gemacht hatte …*

«Das Sklavenschiff« wählte sogar Heinrich Heine noch 1853–56 zu seinem Thema:

*Der Superkargo Mynheer van Koek
Sitzt rechnend in seiner Kajüte;
Er kalkuliert der Ladung Betrag
Und die probabeln Profite.*

*»Der Gummi ist gut, der Pfeffer ist gut,
Dreihundert Säcke und Fässer;
Ich habe Goldstaub und Elfenbein –
Die schwarze Ware ist besser.*

*Sechshundert Neger tauschte ich ein
Spottwohlfeil am Senegalflusse.
Das Fleisch ist hart, die Sehnen sind stramm,
Wie Eisen vom besten Gusse.*

*Ich hab zum Tausche Branntewein,
Glasperlen und Stahlzeug gegeben;
Gewinne daran achthundert Prozent,
Bleibt mir die Hälfte am Leben.*

*Bleiben mir Neger dreihundert nur
Im Hafen von Rio-Janeiro,
Zahlt dort mir hundert Dukaten per Stück
Das Haus Gonzales Perreiro.« …*

An Bord der niederländischen Korvette TRITON vor Neu-Guinea 1828. Zeichnung von Pieter van Oort (im Marinemuseum zu Den Helder), danach Lithographie von W. van Groenewoud, in Salomon Müller »Verhandelingen ...« 1839–44.

»Die Auswanderer« besang Ferdinand Freiligrath (1810–76)[88] in jener oft zitierten Ballade: *Ich kann den Blick nicht von Euch wenden, / Ich muß euch anschaun immerdar: / Wie reicht ihr mit geschäft'gen Händen / Dem Schiffer eure Habe dar! / ...* Nicht geringeres Mitgefühl spricht aus einer Charakterisierung durch Amerikas eine Sonderstellung einnehmenden, zu mythischer Größe gewachsenen Autor Herman Melville (1819 bis 1891).

Eigenes Erleben – die Europafahrt von 1839 – verarbeitend, ließ er 1849 »Redburn: His First Voyage«[213] erscheinen. Daraus bringen wir nun in Liverpool sowie auf See erfahrene Impressionen: *... Fast den größten Eindruck haben mir im Dockhafen die deutschen Auswanderer gemacht. Sie kommen meistens ... mehrere Tage vor der Ausreise auf die großen New Yorker Schiffe und richten sich gleich recht behaglich ein. Es waren alle Altersstufen darunter: Zittergreise und Säuglinge, lustige junge Mädchen in Miederkleidern ... und gescheit aussehende Männer in den besten Jahren ... Das alles mischte sich auf einem Schiff; manchmal waren es bis achthundert Personen. Jeden Abend versammelten sich diese Landsleute von Luther und Melanchton auf dem Vorderschiff zu gemeinsamem Singen und Beten. Es hatte etwas Erhebendes, ihren feierlich klingenden Chorälen zuzuhören, die inmitten der vielen Schiffe ... ein gewaltiges Echo erweckten und überdies von den hohen Dockmauern widerhallten ... Diese Gepflogenheit halten sie auch auf See aufrecht, und jeden Abend während der Hundewache werden zur dröhnenden Begleitung der Meeresorgel fromme Lieder gesungen ... Wir hatten vier bis fünfhundert Menschen im Zwischendeck, und für sie alle sollte das Kochen an der einen Feuerstelle besorgt werden. Es war gewiß ein ziemlich großer Herd, aber angesichts der zu versorgenden Menschenmenge war er doch klein ... um so mehr als nur zu gewissen Stunden Feuer gemacht werden durfte.*

Die Auswanderer unterstehen ... auf dieser Art von Schiffen gewissermaßen ... Kriegsrecht und haben sich in allen ihren Angelegenheiten an die despotischen Vorschriften des Kapitäns zu halten. Das Feuermachen besorgen die Auswanderer abwechselnd; es ist oft eine höchst unangenehme Arbeit, weil das Schiff stampft und der Gischt über die ungeschützte Kombüse wegfegt. Wenn ich ... Morgenwache hatte, sah ich regelmäßig irgend einen armen Kerl bei Tagesanbruch von unten heraufgeklettert kommen und an Deck nach weggeworfenem Stückchen Tauende oder geteerter Leinwand herumsuchen, die er zum Anheizen verwenden konnte. Kaum war dann das Feuer leidlich in Gang, so kamen auch schon die alten Weiber ... Männer und Kinder nach oben, jedes mit ... Töpfchen und Bratpfännchen bewaffnet, und es ent-

Häfen, Stadt und Forts von Sewastopol auf der Krim. Lithographie von Alexander Kaiser.

*stand unweigerlich ein gräßlicher Tumult über die Frage,
wer als nächstes drankäme. Zuweilen fingen die Hitzköpfe
an handgreiflich zu werden und leerten sich gegenseitig die
Töpfe und Pfannen aus ...*

An seinem Hochzeitstag verhaftet und unrecht-
mäßig im Château d'If vor Marseille eingekerkert,
fand Kapitän Edmond Dantès ein weit schwereres
Schicksal. Alexandre Dumas père (1802–70)[85] beschrieb es ungemein farbig-schillernd im 1844/45
edierten Roman »Le Comte de Monte-Cristo«. Nach
15jähriger Haft, spektakulärer Flucht und erfolgreicher Schatzsuche (auf der südlich von Elba gelegenen Mittelmeerinsel Montecristo) reich geworden,
sogar nobilitiert, nahm Dantès furchtbare Rache.

Ultimative Forderungen Rußlands an die Türkei
führten 1853–56 zum Krimkrieg[312], in dem vornehmlich britische und französische Dampfkriegsschiffe
ihre erste Bewährungsprobe bei der Blockade und
Beschießung russischer Festungen – Bomarsund in
der Ostsee und Sewastopol am Schwarzen Meer –
bestanden. Einem Augenzeugen solcher Einsätze,
dem französischen Marinemaler Morel-Fatio[37], verdanken wir jene weiträumig präzise Ansicht Toulons,
von wo aus Frankreichs Flotte zur Krim auslaufen

war, und Ereignisbilder maritimer Aktionen in Nord
und Süd.

Wie es im Dezember 1854 in Sewastopol aussah,
erzählt kein Geringerer als Leo Graf Tolstoi (1828 bis
1910)[309], jener international bekannt gewordene
Dichter von »Sewastopol« (1854) und des Monumen-
talwerks »Krieg und Frieden« (1864–69), folgendermaßen: ... *die dunkelblaue Oberfläche des Meeres hat schon
die nächtliche Finsternis von sich geworfen und wartet auf
den ersten Sonnenstrahl, um in heiterem Glanze zu spielen;
von der Bucht her weht Kälte und Nebel; es liegt kein Schnee
... nur das ferne, nie verstummende Brausen des Meeres, ab
und zu von dröhnenden Schüssen in Sewastopol unterbrochen, stört die Stille des Morgens. Auf den Schiffen schlägt es
dumpf acht Glas.*
... *Wir blicken nach den gestreiften Schiffskolossen, die nah
und fern in der* [Süd-]*Bucht zerstreut liegen, und nach den
schwarzen, kleinen Punkten der Schaluppen, die sich auf
der glänzenden blauen Fläche bewegen ... und nach der
schäumenden weißen Linie der Mole und der versenkten
Schiffe, von denen hier und da schwarze Enden der Masten
traurig aus dem Wasser ragen, und nach der fernen feindlichen Flotte, die am kristallklaren Horizont des Meeres
undeutlich sichtbar ist ...*

Die 42. Station in der Tokaido-Straße mit dem Fährboot von Shichiri, 1855, japanischer Farbenholzschnitt von Ando Hiroshige (1797–1858). Nach einem Blatt im DSM; Neuerwerbung.

Napoleons sterbliche Hülle im Katafalk aufgebahrt an Bord der (1834 stapelgelaufenen) Fregatte LA BELLE POULE, beim Inseegehen am 16. Oktober 1840 von der Südatlantikinsel Sankt Helena zum Zielhafen Cherbourg. Lithographie in »Retour en France des dépouilles mortelles de Napoléon ... par Victor Adam, Arnout & Bichebois« (Paris 1840).

Eindrücke der blutigen Kämpfe auf der Krim vermittelt zudem der moderne englische Marineautor Douglas Reeman (* 1924; = Alexander Kent)[256] im Roman »Badge of Glory« (1982; = Die Ersten an Land, die Letzten zurück. Hauptmann Blackwood und die Royal Marines, 1985). Bedingt durch den Krimkrieg endete die – 1852 von Kronstadt vor St. Petersburg ausgehende – Weltreise der russischen Fregatte PALLAS, zunächst rund um Europa und Afrika, dann über den Indischen Ozean verlaufend, in China. Einer ihrer Teilnehmer war Ivan Gončarov (1812–91). Ihm verdanken wir nicht nur den farbigen Reisebericht »Fregat PALLADA« (1858; deutsch 1925), sondern auch jene ein Jahr später erschienene, in verschiedenen Darstellungsebenen gespiegelte Roman-Gestalt des »Oblomov« – eine der bestechendsten Charakterstudien der Weltliteratur.

Mit einer anderen, derjenigen des »Don Quijote«, beschäftigte sich Thomas Mann (1875–1955)[203] während seiner erstmaligen Atlantiküberquerung, übrigens auf der niederländischen VOLENDAM. In täglichen, vom 19. bis zum 28. Mai 1934, also bis zum Einlaufen in New York, reichenden Aufzeichnungen »Meerfahrt mit Don Quijote« ist anfangs gleich vom eigenen Aufgewachsensein an der Ostsee, *einem provinziellen Gewässer,* die Rede sowie vom *Lampenfieber vor der Bekanntschaft mit dem Weltmeer.* Seiner Bemerkung über den zivilisationsabhängigen *Ehrfurchtsschrecken vor dem Elementarischen* und dessen ironischer *Ablehnung* läßt Thomas Mann unmittelbar den Satz folgen: *Iwan Gontscharow wurde während des Sturmes auf hoher See vom Kapitän aus seiner Kajüte geholt: er sei ein Dichter, er müsse das sehen, es sei großartig. Der Verfasser des »Oblomow« kam an Deck, sah sich um und sagte: »Ja, Unfug, Unfug!« Dann ging er wieder hinunter.*

Natürlich blieben kriegerische Auseinandersetzungen dem amerikanischen Kontinent ebensowenig erspart. Selbst weitläufige maritime Aktionen begleiteten 1861–65 den Bürgerkrieg.[284] Dabei spielten »Die Blockade-Brecher« – der gleichnamige Titel in Jules Vernes (1828–1905) Œuvre[319] – eine beachtliche Rolle. Jedenfalls berichtet Verne ausführlich über die 1862 vom Stapel gelaufene DELPHIN und ihren (dem Tausch von Baumwolle gegen Waffen dienenden) Einsatz: *Die Stadt Charleston liegt an einem Wasserbecken … in das die Einfahrt ziemlich schwierig ist, da es sich zwischen der Insel Morris im Süden und der Insel Sullivan im Norden stark verengt. Zu der Zeit, als der DELPHIN versuchte, die Blockade zu brechen, gehörte die Insel Morris schon den Nordstaatlichen … Die Insel Sullivan hingegen war in den Händen der Konföderierten … Übrigens kannte der Kapitän … alle Geheimnisse und Gefahren der Bucht, die Tiefe ihrer Gewässer bei Ebbe und Flut … ebenso ihre Strömungen … die große Frage hieß nur: Wie hineinkommen? … Es kreuzten gerade zwei nordstaatliche Fregatten in den Gewässern von Charleston … Inzwischen steuerten die Kreuzer mit vollem Dampf auf den DELPHIN los, während dieser seine Fahrt … fortsetzte und nur darauf bedacht war, sich außer Reichweite ihrer Kanonen zu halten … Bald ließ er auch das Fort Sumter zur Linken und wurde durch dasselbe vor den nordstaatlichen Batterien maskiert … Dies berühmte Fort liegt über drei Meilen von Charleston … es leistete … beinahe drei Jahre lang Widerstand und fiel erst einige Monate nach der beschriebenen Durchfahrt des DELPHIN …*

An Griechenlands bergig buchtenreicher Küste, etwa auf 36°10' nördlicher Breite, äußerte sich der Wirt jenes Gasthauses »Zu den zwei Leuchttürmen« über die drei ungleichen Schiffe, welche am 14. Mai 1864 der Sturm zu ihm getrieben hatte, über deren Menschen sowie *eine ganz gewöhnliche Männerhose und ein Schnürleibchen für ein sehr zartes Mädchen.* Marianne Langewiesche (1908–79) läßt uns in ihrem bezaubernden Roman »Die Allerheiligen Bucht« (1942) dann allmählich wissen, wem die Hose gehört; denn anwesender Mac Lee, zuvor auffällig hilfsbereiter Kapitän des Dreimastschoners CORMORAN, entpuppt sich in Wahrheit als Bob Crosby: *ein Seemann, der nicht Hölle und Tod fürchtete.* – Mit seinem Dreimastschoner THUNDERSTORME *war er* [infolge eines Kaperbriefs der Nordstaaten] *der Schrecken der Südstaaten gewesen. Nun war er verschwunden … Die politische Lage hatte sich etwas geändert. Am Anfang waren die Südstaaten auf dem Meer überlegen gewesen, durch die englische Hilfe, aber dann wuchs die Macht der Nordstaaten empor …*
Drei Schiffe liegen in der [Allerheiligen] *Bucht. Drei Welten im Kosmos der Felsen. Das Leben aller ist registriert in einer*

Kartei … Nur das Leben im CORMORAN *ist nicht registriert. Mac Lee kann lachen wie die göttliche Heiterkeit. Aber der Admiral* [Gast der Jacht und Vater der romantischen 16jährigen Nell] *hat erfahren, daß Papadopoulos* [der hier ebenfalls anwesende Grieche, welcher mit seinem Raddampfer vergnügliche Kreuzfahrten, im Bestreben] – *nur den Klatsch der Zeiten und nicht ihre Größe* – [seinen Gesellschaftsreisenden zu zeigen, durchführt], Mac Lee *kannte, als er noch nicht so hieß … – da hatte er die gleichen Leute auf seinem Kahn wie heute. Den unsterblichen Schaum des Meeres, den ein Windhauch wo anders hin wirft. Mal verweht er ihn ganz. Aber der Schaum wird immer neu erzeugt. Fangt ihn doch! Ist Wasser in der Hand. Kannst ihn nicht hängen …*

Die GREAT EASTERN, der von I.K. Brunel entworfene, 1858 in Midwall/London vom Stapel gekommene, 22 500 BRT große Superlativ. Farblithographie von A. Werl nach E.W. Weedon, Beilage zu Auers Faust, 1858.

Dafür fest und exakt zu evolvieren vermochte erwähnter Jules Verne[319] in immerhin 39 Kapiteln seines Buchs »Eine schwimmende Stadt« die von Isambard Kingdom Brunel (1806–59, einem der großen Schiffbaumeister) entworfene, 1858 stapelgelaufene GREAT EASTERN. Über diesen nautischen Superlativ jener Jahre liest man im 7. Kapitel: … *Was die Schornsteine anbelangt, so bedienen zwei vor dem Radkasten die Radmaschine, drei hinten die Schraubenmaschine; es sind ungeheure, 30,5 m hohe Zylinder, welche durch Ketten … senkrecht gehalten werden. Im Innern des* GREAT EASTERN *ist die Einrichtung seines weiten Rumpfes klüglich eingeteilt; das Vorderteil umfaßt die Dampfwaschhäuser mit den Bemannungsposten; daran schließen sich ein Damensalon und ein großer, mit Kronleuchtern … Gemälden und Spiegelglaswänden dekorierter Saal … folgen vier durch einen Gang geschiedene Kajütenreihen … Hinten boten die drei … Dining-rooms dieselbe Anordnung für die Kajüten …*

Ausgiebig wandte sich dem bewegenden, gelegentlich sogar tragischen Schicksal der GREAT EASTERN ebenfalls James Dugan in »The Great Iron Ship« (New York 1953; deutsch von Kurt Alboldt) zu. Dort verlautet sogar: *... Während des Baues kamen vier Werftarbeiter ums Leben, und einem herumschnüffelnden Besucher zerschmetterte der Fallbär einer Pfahlramme den Schädel. Die Werft war stolz auf diese niedrige Unfallziffer. Doch eine unheimliche Geschichte heftete sich an das Schiff. Ein schon längere Zeit spurlos verschwundener Nieter, munkelte man, sei in einem Raum tief unten im Rumpf lebendig eingenietet worden – niemand hatte sein Schreien beim Gedröhn der vielen Niethämmer gehört; jetzt gehe sein Geist an Bord um, und das Schiff sei verflucht ... – Im Mai 1889 ... begann das Abwracken ... Nach anderthalb Jahren*

Wilhelm Bauers Tauchboot, das 1851 in Kiel sank, 1887 gehoben wurde und bis zum Zweiten Weltkrieg im Meereskunde-Museum zu Berlin (wo das Foto entstand) ausgestellt war.

erreichten die Abwrackarbeiter den Doppelboden. Und als sie eines Tages dort unten einen kleinen Raum aufbrachen, hallte plötzlich ein gellender Schrei ... Die Arbeiter hatten ... zwei menschliche Gerippe gefunden – Skelette eines Nieters und seines halbwüchsigen Handlangers.

Selbstverständlich muß auch ein Triumph der GREAT EASTERN Erwähnung finden; denn genügend Platz hatte sie ja – selbst zur Unterbringung von Atlantikkabeln – und für die Einrichtungen zu deren Verlegung. Stefan Zweig (1881–1942) evoziert es in seinen 1927–45 herausgebrachten »Sternstunden der Menschheit«: *... Und nun ist endlich das langgeträumte Riesenschiff zur Stelle, das die ungeheure Fracht ... in sich aufnehmen kann, die berühmte GREAT EASTERN ... Und Wunder über Wunder: sie liegt ... brach, weil zu kühn vorausgeplant ihrer Zeit; innerhalb zweier Tage kann sie gekauft und für die Expedition ausgerüstet werden. Nun ist alles leicht, was früher unermeßlich schwer gewesen. Am 23. Juli 1865 verläßt das Mammutschiff mit einem neuen Kabel die Themse. Wenn auch der erste Versuch mißlingt ... die*

Technik ist schon zu sicher ihrer Sache, um sich entmutigen zu lassen. Und als am 13. Juli 1866 zum zweitenmal die GREAT EASTERN ausfährt, wird diese Reise zum Triumph, klar und deutlich spricht diesmal das Kabel nach Europa hinüber ...

Gerade ein Jahr später, 1867, war die amerikanische Fregatte ABRAHAM LINCOLN dazu ausersehen, ein gigantisches Meerungeheuer aufzuspüren und zu vernichten. Aber das U-Boot NAUTILUS – technisch vollkommen ausgereift und infolge kosmischer Antriebsmittel von Landbasen unabhängig, durch Kapitän Nemo gelenkt, *der mit der Menschheit gebrochen hat* – entzieht sich jeglicher Verfolgung, durchfährt mit absurden Abenteuern zehn Monate lang *zwanzigtausend Meilen* weit die Ozeane, versenkt die VENGEUR und bleibt schließlich samt Nemo verschollen. *Werden uns die Fluten eines Tages das Manuskript mit seiner Lebensgeschichte zuführen? Werde ich endlich den Namen dieses Mannes erfahren? Ich hoffe es,* schreibt Jules Verne

Ein im Maßstab 1:100 angefertigtes modernes Phantasie-Papiermodell der NAUTILUS (nach Jules Vernes Beschreibung in »20 000 Meilen unter dem Meer« 1870); Modellbaubogen des DSM.

am Ende seines ebenso phantastischen wie seit 1870 erfolgreich verlegten Romans »Vingt Mille Lieues sous les Mers«.

Als Exkurs wären hier zwei Anmerkungen einzufügen, und zwar

was Homer seinen Helden Odysseus (Od. 19,364ff.) zum einäugigen Polyphem in dessen Höhle sagen läßt: *O Kyklope, du frägst nach meinem ... Namen. / Nun, so höre ...: / Niemand ist mein Name ...*

ebenso was Per Olov Enquist (* 1934) im Prolog sowie Epilog seines von Wolfgang Butt übersetzten, stark beachteten Romans »Kapten Nemos bibliotek« (Stockholm 1991; München 1994) vorwegnimmt und womit er endet: *Jetzt, bald, wird mein Wohltäter, Kapitän Nemo, mir befehlen, die Wassertanks zu öffnen, damit das Schiff* [= das U-Boot], *mit der Bibliothek darin, sinkt ... – ... Die NAUTILUS sank langsam durch das schwarze Wasser, die Lichter wurden blasser und blasser, und am Schluß war es nur noch ein schwaches Nordlicht, das flackerte und verschwand ...*

Dazwischen wird man mehr und mehr erschütterter Zeuge einer von sprachlicher Meisterschaft und sublimer Gedankenfülle geprägten, ob ihrer eingängigen Metaphern abgründig faszinierenden Tragödie.

Seit Jules Vernes Roman wachsen dem Tauchboot insofern geheimnisvolle Paraderollen zu, als derartige Unterwasserfahrzeuge bereits in aller Munde waren – wie etwa jene den amerikanischen Südstaaten erbaute, vor dem Hafen von Charleston (South Carolina) gegen die Unionsfregatte HOUSATONIC erfolgreich unter Wasser operierende, selbst dabei nicht wieder auftauchende HUNLEY (deren gut erhaltenes Wrack dort sechs Meter tief im Mai 1995 entdeckt wurde) oder das von Scott Russel entwickelte, zwar 1855 gleich vor Sewastopol gekenterte U-Boot oder Wilhelm Bauers 1850/51 fertiggestellter und versunkener BRANDTAUCHER.[299] Zuvor, 1832–35, hatte der Franzose Villeroi mit seinem Fahrzeug gelungene Tauchfahrten absolviert, während Montgérys L'INVISIBLE 1825 keine weitere Verwendung fand. Auch Robert Fultons NAUTILUS blieb 1801 nur ein von Napoleon und Sir John Jervis geprüftes Projekt, dem wiederum andere vorausgegangen waren, darunter jenes hölzerne Boot des Dr. Cornelius van Drebbel, mit dem er vor König Jakob I. und dessen Gefolge (um) 1624 in der Themsemündung tauchte. Solche Sensation verführte Ben Jonson (1577–1637), Englands beliebten Komödienautor, zu folgendem emphatischen Vers: *They write here on Cornelius' son / hath made the Hollanders an invisible eel, / to swim the haven at Dunkirk / and sink all the shipping there.*

Nicht in Dünkirchen, sondern zu Amsterdam endet Jacob Brouwer, jener von JOHANNA MARIA besessene, auf ihr seit 1865 fahrende Segelmacher, dann Schiffszimmermann, Bootsmannsmaat und endlich Kapitän. Beiden widmete Arthur van Schendel (Batavia 1874–1946) »Het fregatschip JOHANNA MARIA«. Den 1930 in Holland verlegten, neuromantischbedeutsamen Roman charakterisiert wohl am besten folgende Passage: *Ein rechtschaffenes Schiff, das sein ganzes Leben lang gearbeitet hat, selbst wenn es mißhandelt wurde und wie sehr ihm auch Wind und See zu schaffen machten, gearbeitet für das Brot von Menschen, die auf ihm und an Land lebten. Und er hatte auch gearbeitet, das wußte die JOHANNA MARIA, und sicher nicht nur um* [nach Schmuggelgeschäften ihr] *Eigentümer zu werden.*

Coopers romantischen Seeabenteuern[64] setzte Richard Henry Dana (1815–82) seinen autobiogra-

phisch-realistischen Reisebericht »A Personal Narrative of Life at Sea«, 1840 erschienen unter dem weitverbreiteten Titel »Two Years Before the Mast« (deutsch von W. Heus, 1933), entgegen. Gesundheitshalber hatte er als ehemaliger Harvardstudent und fortan Seemann 1834 auf der Brigg PILGRIM angeheuert. Mit ihr umrundete er Kap Hoorn, erlebte dabei die erbarmungslose Härte des Arbeitens und Lebens an Bord mit unzumutbaren Quartieren, schlechter Verpflegung, erniedrigender Behandlung bis hin zu satanischer Auspeitschung. Über Montag, den 19. November äußert sich Dana: *Das war für uns ein schwarzer Tag. Gegen sieben Uhr früh wurden wir durch den Ruf: »Alle Mann auf! Mann über Bord!« aus tiefstem Schlaf aufgeschreckt. Wir stürzten an Deck und fanden das Schiff in den Wind gedreht. Die Segel standen alle back. Der Junge, der am Ruder stand, hatte versäumt, eine Boje oder einen anderen schwimmenden Gegenstand über Bord zu werfen. Der Zimmermann, ein erfahrener Seemann, drehte, da der Wind nur schwach war, das Ruder hart über und ließ das Schiff in den Wind schießen, obwohl alle Leesegel gesetzt waren. Die Deckswache ließ das achtere Boot zu Wasser, und ich kam gerade noch rechtzeitig, um hineinzuspringen. Erst als unser kleines Boot auf dem weiten Ozean schaukelte, erfuhr ich, wen wir verloren hatten. Es war Georg Ballmer, der junge Engländer, von dem ich vorher als dem Liebling der Besatzung gesprochen hatte. Er war nach oben gegangen, um an dem Topp der Großmarsstenge einen Stropp und Block für das Leebaumsegelfall anzubringen. Stropp, Block, Marlspiker hatte er sich um den Hals gehängt. Er fiel von der Steuerbordpüttingswant. Da er nicht schwimmen konnte und mit all den Dingen um den Hals beschwert war, ist er wohl augenblicklich gesunken. Wir pullten zurück zur Unfallstelle. Obgleich wir wußten, daß keine Hoffnung war, ihn zu finden, wollte doch keiner zuerst vom Umkehren sprechen. Etwa eine Stunde pullten wir umher ... Schweren Herzens drehten wir das Boot und hielten auf die Brigg zu ...*

In ähnliche Unglückssituation eindringend, mustern wir als »Das Wrack« jene auf den Sandbänken der Insel Ré, nordwestlich vor La Rochelle, im Orkan gestrandete Dreimastbark MARIE-JOSEPH, und zwar in Guy de Maupassants (1850–93)[209] gleichnamiger, exemplarischer Novelle: *Ich war zu der Zeit Inspektor der Seeunfallversicherungsgesellschaft ... als ich einen Brief meiner Direktion empfing. Er enthielt den Auftrag, mich sofort nach der Insel Ré zu begeben ... Es war der 31. Dezember ... an Bord des kleinen schwarzen Dickbauchs von Dampfboot namens JEAN-GUITON, das mich zu Insel Ré übersetzen*

195

Fischerboote am Strand von Etretat/Normandie, mit stark anbrandender See, 1884. Gemälde von Claude Monet (1840–1926); Wallraf-Richartz-Museum Köln, W.R.M. 3120/Foto: Rheinisches Bildarchiv, Köln.

würde. Es fuhr mit einem wütenden Fauchen ab, schob sich zwischen den beiden alten Türmen hin, die den Hafen bewachen, kreuzte die Reede und verließ dann die Digne. Richelieu hatte sie erbauen lassen [anläßlich seiner Belagerung der Hugenottenfestung La Rochelle 1628]. *Ihre ungeheuren Quadern schauen noch wie Wasserblumen aus der Flut herauf. Sie umgibt die Stadt wie ein riesiger Ring …*

Ich begann mit dem Kapitän zu plaudern … Ich fragte ihn nach Einzelheiten über den Schiffbruch, den ich bestätigen sollte … Der Reeder hatte uns mitgeteilt, daß der Sturm das Fahrzeug so hoch auf den Strand geworfen hatte, daß es unmöglich schien, es wieder flott zu bekommen … Ich sollte nun die Lage des Wracks feststellen, abschätzen, wie hoch etwa sein Wert vor der Strandung gewesen war, und dabei nachforschen, ob auch wirklich alles unternommen wurde, um das Schiff zu retten. Ich kam als Vertreter der Gesellschaft, um hernach, wenn es in einem Prozeß nötig sein würde, widersprechend zeugen zu können … Der Kapitän der JEAN-GUITON *wußte über die Sache gut Bescheid, denn er*

war mit seinem Dampfer an den Rettungsversuchen beteiligt gewesen … Ich erkletterte die Schiffsruine an der tiefliegenden Bordseite, gelangte auf die Kommandobrücke und drang von da aus ins Innere vor. Das graue Tageslicht fiel durch die eingeschlagenen Luken und durch die Spalten in den langen und düsteren Laderaum, wo allerlei zerbrochenes Holzwerk herumlag. Sonst gab es da drinnen nichts als Sand. Der Sand bildete jetzt den Boden für dies Plankengewölbe. Ich schickte mich an, einiges über den Zustand des Fahrzeugs zu notieren … Unterm Schreiben lief mir von Zeit zu Zeit ein Schauer von Kälte und Verlassenheit über die Haut; manchmal hielt ich inne, um auf die undeutlichen und rätselhaften Geräusche im Wrack zu lauschen: sie rührten von Krebsen her, die mit ihren krummen Scheren an den Planken scharrten, sowie von Tausenden von kleinen Seetieren, die sich auf diesem Toten niedergelassen hatten. Dazwischen unterschied ich deutlich den feinen und regelmäßigen Nageton der Pfahlmuschel, die ohne Pause das Gebälk zerfraß und aushöhlte …

»Die Barke« von 1875 als Atelier-Symbol für die Pleinairmalerei des Impressionismus. Gemälde von Edouard Manet (1832–83); München, Neue Pinakothek.

Daß Maupassant, Frankreichs größter Novellist, mit Schiffen und solchem Umstand vertraut war, beweisen schon seine Lebensverhältnisse. Aufgewachsen und immer wieder nach Etretat, dem malerischen Fischer- und nachmaligen mondänen, von Europas Künstlereliten jahrzehntelang heimgesuchten und gemalten Badeort an der normannischen Steilküste, unweit von Rouen, zurückgekehrt, hat sich maritim-nautische Thematik nicht nur im literarischen Werk niedergeschlagen, sondern wird zusätzlich noch durch Maupassants 1872 beginnende Beamtentätigkeit im Marineministerium ebenso bestätigt wie durch all jene später auf der eigenen Jacht BEL AMI im Mittelmeer leidenschaftlich unternommenen Kreuzfahrten.

Als am 5. Dezember 1875 frühmorgens bei Schneetreiben die DEUTSCHLAND, ein 2800 BRT großer Norddeutscher Lloyd-Dampfer auf einer Sandbank, dem Kentish Knock, bei der Themsemündung strandete, kam Hilfe für die 329 Menschen an Bord erst, nachdem 57 von ihnen erfroren waren. Diese Katastrophe zeugte jenes symbolistische, seit 1918 vielbeachtete Gedicht »The Wreck of the DEUTSCHLAND« des Jesuitenpaters Gerard Manley Hopkins (1844 bis 1899). Selbstverständlich steht darin Gott am Beginn: *Thou mastering me / God! giver of breath and bread: / World's strand, sway of the sea / Lord of living and dead.* Darum bedeutet Schiffbruch für Hopkins' christliche Überzeugung gewiß auch Rettung, Erlöstwerden, Auferstehung. Hopkins' Gedicht bildet auch den

Abschluß eines Berichtes über fünf Franziskanerinnen, die – auf dem Wege nach Amerika – dem Schiffbruch zum Opfer fielen. Michael Klaus Wernicke schildert genau und einfühlsam das Drama in »Gescheiterte Rettung. Fünf Franziskanerinnen und der Schiffbruch der DEUTSCHLAND im Jahre 1875« (Hamburg 1995).[325A]

Völlig konträr dazu hatte Jahrzehnte zuvor (1834) die Fabel vom Fliegenden Holländer in den von Heinrich Heine (1797–1856) niedergeschriebenen »Memoiren des Herren von Schnabelewopski« geschlossen: ... *gleich einer leeren Tonne, die sich die Wellen einander zuwerfen und sich spottend einander zurückwerfen, so werde der arme Holländer zwischen Tod und Leben hin und hergeschleudert, keins von beiden wolle ihn behalten; sein Schmerz sei tief wie das Meer, worauf er herumschwimmt, sein Schiff sei ohne Anker und Hoffnung.*

Wie anders klangen ähnliche Gedanken noch 1812 bis 1818 bei Lord Byron (in »Childe Harolds Pilgerfahrt« 104–106)[52]: *Und Leben in dem Wrack, das vor mir schwimmt, ... / Und aus den Planken, fern am Strand zerstreut, / Ein Hoffnungsboot mir baun mit neuem Muth, / Um frisch zu kämpfen mit dem Meer, umdräut / Von lauter Brandung und vom Sturm der Flut, / Der an dem Ufer tobt in ew'ger Wuth, / Wo ich, was je mir theuer war, sah stranden; / Doch zimmerte ich aus geborgnem Gut / Mir auch mein rohes Boot, wo sollt' ich landen, / Da Heimat, Hoffnung, Glück und Lebenslust mir schwanden? / Drum laßt die Winde brausen, ihr Geheule / Sei mir fortan Musik! ...*

Menschliche Existenzgrenzen, heitere Lebens- und stille Leidens-Kraft auslotend, schildern jene seit 1889 verbreitete, aufmerksam beurteilte Erzählung »Three Men in a Boat« von Jerome (= Jerome Klapka, 1859–1927) und des Amerikaners Stephen Crane's (1871–1900) vom Naturalismus geprägte, von Joseph Conrad und anderen bewunderte Kurzgeschichte »Im Rettungsboot«[69]: ... *Die dritte Woge wälzte sich heran, wild, grimmig, ungeheuer. Sie schluckte das ganze Dinghy ein, und fast im selben Augenblick stürzten die vier in die See. Ein Stück Korkgürtel hatte im Boot gelegen, das hielt der Berichterstatter mit der linken Hand an die Brust gepreßt, als er über Bord glitt. Das Januarwasser war eiskalt ... hier an der Küste von Florida. Als er wieder an die Oberfläche kam, sah und hörte er zunächst nichts als schäumendes Getöse. Nach einer Weile gewahrte er seine Gefährten in der See. Der Maschinist war allen voran. Er schwamm mit starken, schnellen Stößen. In einiger Entfernung zur Linken wölbte sich der große weiße korkumgürtete Rücken des Kochs aus dem Wasser; und weiter hinten hing der Kapitän mit* seiner einen gesunden Hand an dem Kiel des gesunkenen Bootes ... – soweit Crane.

Ihm sei bewußt Theodor Fontanes (1819–98) idealistisch-beliebte Ballade »John Maynard«[88] gegenübergestellt: ... *»Feuer!« war es, was da klang, / ein Qualm aus Kajüt' und Luke drang, / ein Qualm, dann Flammen lichterloh, / und noch zwanzig Minuten bis Buffalo. / ... / Und noch zehn ... / ... Und in die Brandung, was Klippe, was Stein, / jagt er die SCHWALBE mitten hinein; / soll Rettung kommen, so kommt sie nur so. / Rettung: der Strand von Buffalo. / Das Schiff geborsten. Das Feuer verschwelt. / Gerettet alle. Nur einer fehlt!*

Absoluter Sieger blieb dagegen die Pest in Georg Heyms (1887–1912)[143] expressiver Erzählung »Das Schiff« (1911): *Es war ein kleiner ... Korallenschiffer ... Manchmal bekamen sie ... die Berge von Neuguinea ins Gesicht, manchmal im Süden die öden australischen Küsten wie einen schmutzigen Silbergürtel ... Es waren sieben Mann an Bord ... Und mit schwankenden Schritten, ohne Besinnung, stürzte er ... an dem Toten in der Hängematte vorbei, vorn, wo die große Strickleiter vom Ende des Bugspriets zu dem vordersten Maste herauflief. Er kletterte daran hinauf, er sah sich um. Aber die Pest kam hinter ihm her. Jetzt ... schon auf den untersten Sprossen. Er mußte also höher, höher. Aber die Pest ließ nicht los, sie war schneller ... Er kletterte an der höchsten Rahe entlang ... Er kam am Ende der Rahe an ... Und nun kam sie freischwebend ... heran wie ein alter Matrose mit wiegendem Gang. Nun waren es nur noch sechs Schritte ... zwei ... Er wich zurück, griff mit den Händen in die Luft, wollte sich irgendwo festhalten, überschlug sich und stürzte krachend auf das Deck, mit dem Kopf zuerst auf eine eiserne Planke ...*

Seuchen, Feuer, Stürme, menschliches Versagen forderten trotz technisch-rasanter Entwicklung und ungebrochener Fortschrittsgläubigkeit nach wie vor ihre Opfer. Dessen eingedenk und doch vom Element Meer und unvergänglicher Seefahrt fasziniert – entstanden Gedichte von hohem, europäischem Klang, darunter von Annette von Droste-Hülshoff (1797–1848) »Am Turme«: *O, sitzen möcht ich im kämpfenden Schiff, / Das Steuerruder ergreifen / Und zischend über das brandende Riff / Wie eine Seemöwe streifen ...*
darunter ebenso von Paul Verlaine (1844–96): *Ich gleiche manchmal einem armen Schiffe: / Es läuft entmastet mitten durch die Stürme: / Es sieht kein Licht auf Unserer Frauen Türme / Und wartet betend auf den Tod am Riffe.*
Ähnlich symbolistisch, von Fernweh gezeichnet, ist Stéphane Mallarmés (1842–98) »Seebrise«[324]: ... *Ich zieh ins Ferne. Dampfer das Getakel schaukelnd, / den*

Hafenszenerie in New Orleans am Mississippi mit abfahrbereiten Fluß-
dampfern – darunter NATCHEZ und VICKSBURG – sowie Seeschiffen.
Lithographie von Walker 1883. Im selben Jahr erschien Mark Twains
»Leben auf dem Mississippi«. Darin schildert er seine beim bekannten

Lotsen Horace Bixby verbrachten Lehrjahre, in denen er jene Gewässer
intensiv kennenlernte. Als Mark Twain dann sein Lotsenpatent erhielt,
brach der Bürgerkrieg aus, und mit ihm setzten soziologisch-umwälzende
Verhältnisse am Strom ein.

*Anker heb nach einer fremden heißen Erde! / Ein Leid, um
grausam Hoffen in Verzweiflung / vertraut noch der
Taschentücher letzten Gruß. / Vielleicht sind diese Masten
die die Stürme laden / von denen die ein Windstoß neigt auf
die zerschellten / verlorenen, ohne Mast noch grüner Insel
Flor … / Doch, o mein Herz, horch, horch auf der Matrosen
Chor!*
oder Arthur Rimbauds (1854–91) gepriesenes, ebenso sprach- wie ausdrucksmächtiges, fast surreales
Gedicht »Le Bateau ivre«.[324] Beispielhaft zwei Verse
daraus: … *Viel süßer als der herben Äpfel Fleisch dem Kin-
de, / Durchdrang mich grünes Naß, wusch blauen Wein
und Dreck / Hinab von des bespienen Schiffes Tannenrinde
/ Und riß mir das Steuer mitsamt dem Anker weg. / …
Jetzt, ich, verlorenes Schiff im Haargeflecht der Riffe, / Vom
Sturm geschleudert hoch in vogelleere Luft, / Ich, wasser-
trunkenes Skelett, das keine Panzerschiffe / Und Hansa
Segler nicht fischten aus seiner Kluft …*
Die Summe solcher maritimen Symbolik und eige-

ner nautischer Erfahrung zog mit erzählerischer
Verve 1906 Joseph Conrad (= Jozef Korzeniowski,
1857–1924)[63] in »The Mirror of the Sea: Memories
and Impressions«; dort hebt er den *endlosen und unbe-
achteten Kampf mit der See* ebenso hervor wie die *tiefe
und ernste Beziehung, in der ein Mann zu seinem Schiff
steht;* denn *es hat Ansprüche, als ob es atmen und reden
könnte … und wahrhaftig, es gibt Schiffe, die für den rechten Mann alles tun, nur nicht sprechen.* – Aber Conrad
betont auch: *das Meer kennt kein Mitleid, keine Treue,
kein Gesetz, kein Gedenken.*

Entsprechend hart war und ist das Los all derjenigen, die vom Meer abhängen: *Eines Tages war der
Leuchtturmwärter von Aspinwall* [=Colón], *unweit von
Panama, spurlos verschwunden. Da er während eines
Unwetters verschwand, nahm man an, daß der Unglückliche zu dicht ans Ufer herangetreten und dort von den Wellen
fortgespült worden sei. Diese Annahme war um so wahr-
scheinlicher, da man am nächsten Tag auch sein Boot nicht*

Das 1880 in Dienst gestellte, damals schnellste und stärkste europäische Großkampfschiff von 11911 t, die CAIO DUILIO, war das erste in Italien gefertigte eiserne, zudem erstes Zweischraubenschiff. Mit Graphit und farbigen Kreiden angelegte Zeichnung eines italienischen Anonymus, um 1880, Berlin, Kunstbibliothek (Hdz 6962). – Vom italienischen Marineingenieur Benedetto Brin (1833–98) entworfen, 1873 in Bauauftrag gegeben, kam die CAIO DUILIO 1876 zu Castellamare vom Stapel, hatte als Schutz die umfänglichsten *jemals gefertigten Panzerplatten von 560 mm Dicke* und eine ebenso superlative in zwei Türmen untergebrachte Armierung von 4:44,95 cm, dazu befand sich im Achterschiff ein verschließbarer Raum, in dem ein kleines Torpedoboot einfahren und mitgenommen werden konnte. Im Museo storico navale zu Venedig sind diese DUILIO-Besonderheiten an Plänen und Baumodellen (Inv. 4091, 4092, 4165, 4346, 1497) ablesbar.

finden konnte, das gewöhnlich in einer Felsspalte lag. Die Stelle des Leuchtturmwärters war also vakant, und sie mußte so schnell wie möglich besetzt werden, da der Leuchtturm … für die von New York nach Panama fahrenden Schiffe eine große Bedeutung hatte …

… Der Leuchtturmwärter lebt fast wie ein Gefangener. Außer am Sonntag darf er seine felsige Insel nie verlassen. Ein Boot … bringt ihm täglich Lebensmittel und frisches Trinkwasser. Doch die Fährleute fahren sogleich wieder weg, und auf der gesamten Insel … befindet sich dann keine Menschenseele mehr. Der Wärter wohnt im Leuchtturm, den er in Ordnung halten muß. Tagsüber hängt er je nach Barometerstand verschiedenfarbige Flaggen als Signal heraus, und am Abend zündet er das Feuer an. Eigentlich wäre diese Arbeit nicht so beschwerlich, wenn man nicht mehr als vierhundert steile Stufen einer Wendeltreppe hinaufsteigen müßte, um zum Feuer in der Turmspitze zu gelangen. Und der Wärter muß diese Kletterpartie nicht selten mehrmals am Tag bewältigen.

Er führt überhaupt ein klösterliches Leben, ja sogar ein Einsiedlerleben …

Natürlich wird »Der Leuchtturmwärter« – eben jener Ersatzmann – gefunden, und zwar in Skawiński, dem alten Polen, der drei Jahre auch als Walfänger gefahren war. Bei seiner Einstellung verwarnt man ihn ausdrücklich: »*auf jedwede Verfehlung im Dienst folgt unverzüglich Ihre Entlassung*«. Wie es tragischerweise dazu kommt, erzählt in der gleichnamigen, 1882 (deutsch 1949) verlegten Kurzgeschichte Henryk Sienkiewicz (1846–1916). Ihm wurde 1905 der Literatur-Nobelpreis für »Quo vadis?« zuerkannt.

Fast ein halbes Jahrhundert danach erklärte der Literatur-Nobelpreisträger von 1954 Ernest Hemingway: *Die ganze moderne amerikanische Literatur stammt von einem Buch ab, das »Huckleberry Finn« heißt.* Dessen Autor, Mark Twain (= Samuel Langhorne Clemens, 1835–1910), nicht nur engagierter Vorkämpfer gegen Fanatismus und Dummheit (man lese: »The Curious Republic of Gondour«, 1875), sondern auch gegen Sklaverei und Rassismus, veröffentlichte nicht minder beachtliche Werke, wie »The Adventures of Tom Sawyer« 1876 und »Life of the Mississippi« 1883. In beiden spielt Nordamerikas längster, südwärts setzender Strom mit seinen Flößen, Flußdampfern und Schleppkähnen eine unverwechselbare Rolle. Doch vom Mississippi[50], auf und für den Mark Twain sein Lotsenpatent machte, begleiten wir ihn nun bei seinem im Frühjahr 1878 begonnenen »Bummel durch Europa«: *Diese Flöße hatten eine Form und Bauart, die dem gewundenen Lauf und der außergewöhnlichen Schmalheit des Neckars angepaßt waren ... 50 bis 100 Yard lang ... verjüngten sie sich allmählich von neun Stämmen Breite am Heck zu drei Stämmen ... am Bug. Gesteuert wird hauptsächlich vom Bug aus mit einer Stange; die dortige Breite ... gibt nur dem Steuermann Platz, denn diese kleinen Stämme haben keinen größeren Umfang als die durchschnittliche Taille einer jungen Dame. Die Verbindung zwischen den verschiedenen Abschnitten des Floßes sind schlaff und nachgiebig, so daß man das Floß leicht zu jeder Krümmung zurechtbiegen kann, welche die Gestalt des Flußes erfordert ... Als ich ... in Heilbronn so auf die Flöße hinunterblickte, überkam mich plötzlich tollkühne Abenteuerlust ... ging ich zu dem längsten und schönsten Floß hinab und rief den Kapitän mit einem herzlichen »Ahoi, Schiffer!« an ... und wir fingen an zu verhandeln ... Der Kapitän rückte sich die Hosen hoch, dann schob er nachdenklich seinen Priem in die andere Backe ... Schließlich sagte er ... daß er keine Erlaubnis habe, Passagiere zu befördern ... Also charterte ich Floß und Mannschaft und nahm die ganze Verantwortung auf mich.*

Mit einem munteren Lied ging die Steuerbordwache an die Arbeit, holte den Anker ein, und unser Fahrzeug ... trudelte bald mit etwa zwei Knoten Stundengeschwindigkeit dahin ... Gegen Mittag hörten wir den begeisterten Ruf: »Schiff ahoi!« ... Es war ein Schlepper ... von sehr merkwürdigem Bau und Aussehen ... offenbar besaß er keine Schraube oder Schaufeln. Jetzt kam er dahergeschäumt, machte eine Menge Lärm ... Er hatte hinten neun Kähne angehängt ... Während er schnaufend und stöhnend vorüberfuhr, entdeckten wir das Geheimnis seines Antriebs ... er schob sich dadurch hinauf, daß er sich an einer großen Kette vorwärtszog. Diese Kette ist im Flußbett verlegt, und nur an den zwei Enden befestigt. Sie ist siebzig Meilen lang. Sie tritt durch den Bug des Schiffes ein, dreht sich um eine Trommel und wird achtern wieder ausgesteckt. Der Dampfer zieht an dieser Kette und schleppt sich dadurch flußaufwärts oder -abwärts.

Genaugenommen hat er weder Bug noch Heck, denn er hat an jedem Ende ein Steuerruder mit langem Blatt und wendet niemals. Er gebraucht dauernd beide Ruder, und sie sind so stark, daß er trotz des enormen Widerstandes der Kette nach rechts oder links abbiegen und um Krümmungen herumsteuern kann ...

Ebenso bislang Unbeschriebenes – das Meer mit seiner Gewalt, Stimmungen, wechselnd zwischen Stille und Sturm, seiner Gnadenlosigkeit – wird von Pierre Loti (= Julien Viaud, 1850–1923), der einer protestantischen Seemannsfamilie entstammte, mit seinem fünfteiligen Roman »Pêcheurs d'Islande« 1886 (deutsch 1888)[194] erstmalig in die französische, ja umgehend in die europäische Literatur eingeführt. Es ist die Geschichte der Fischer Yann Gaos und Sylvestre Moan, die jeden Frühling vom bretonischen Hafen Paimpol zum Fischfang nach Island auslaufen, sowie deren weitere Schicksale in Liebe und Tod – auf einem Lazarettschiff nach Verwundung vor Tonking (1884 im französisch-chinesischen Krieg) und der andere verschollen auf See.

Diese gewinnt wohl in folgendem, von impressionistischen Stilmitteln bestimmten Teilstück lebendigste Kontur: *So rasch sie auch flohen, jetzt begann das Meer sie zu bedecken, sie zu »fressen«, wie sie sagten. Von achtern trieb sie der Seegang, dann kamen die Sturzseen mit solcher Kraft, als sollte alles zertrümmert werden. Die Wellen wurden immer noch höher, immer toller, und doch wurden sie immerfort zersplittert. Grünliche Fetzen trieben durch die Luft – das zurückfallende Wasser, das der Wind ringsum versprühte. Große Wassermassen klatschten auf das Deck der* MARIE, *die wie gepeinigt erbebte. Im sprühenden Gischt war nichts mehr zu erkennen, unter den heftigen Windstößen lief er in Wirbeln vor ihnen her wie im Sommer der Straßenstaub. Und nun kam Regen, kam fast horizontal angefegt, und alles zusammen peitschte und pfiff wie Geißelhiebe.*

Sie hielten beide am Steuer aus, festgebunden und aufrecht, und ihr Wetteranzug aus Wachstuch stand steif und glänzend wie Haifischhaut ... Das Gesicht brannte, manchmal blieb der Atem weg. Wenn der Wassersturz vorüber war, sahen sie einander an und lächelten über das Salz, das ihre Bärte verkrustete.

Auf die Dauer machte das Toben ungeheuer müde, es ließ nicht nach, es steigerte sich noch. Bei Mensch und Tier ist die Wut bald verraucht und geht vorbei, doch die Wut der leblosen Dinge muß man oft lange ertragen, sie kennt weder Grund noch Zweck, und ist geheimnisvoll wie Leben und Tod.

Neben Pierre Loti sollte man Gorch Fock (= Johann Wilhelm Kinau; 1880–1916)[101] nennen; denn nicht zufällig läßt er die Handlung seines das Meer nachzeichnenden, im Finkenwärder Fischermilieu verankerten Roman »Seefahrt ist not!« 1887 spielen – ein Jahr nach Erscheinen der »Pêcheurs d'Islande«. Doch wie vergegenwärtigt Gorch Fock die Elemente? *Der Wind wurde aber immer wilder und ochsiger, die schlimmen Regenflaggen jagten einander und die See kochte immer furchtbarer. Der Ewer wollte es auch mit dem gereeften Großsegel nicht mehr tun: sie mußten es wegnehmen und dafür den kleinen Klüver als Sturmsegel setzen, statt der Besan aber den dreieckigen Nackenhut ... bis ... die Nacht jählings hereinbrach, eine sternenlose, sargdunkle Nacht. Da ritt der Sturm mit elf bis zwölf Windstärken sein schweißbedecktes, mit weitgeöffneten Nüstern und fliegender Mähne einherbrausendes Roß, die Nordsee, und selbst die Sturmsegel, die winzigen Lappen wollten nicht mehr halten ... Sie waren allein auf der Doggerbank, nirgends ... ein Schiff ... sie sahen kein anderes Licht als die Strahlen des Elmsfeuers, das in Büscheln auf den Toppen der Masten und an den Blöcken der Gaffeln geisterhaft glomm, bis eine Hagelplage es verlöschte ... eine schwere, kreißende, ungeheure See hing wie ein Berg, wie ein Eisberg steil über ihm und senkte sich ehern. »Holt jo fast, holt jo fast!« rief er schrill ... Nur wilde, graue See war ringsum: der Junge war weg ...*

Wie schwer und opferreich damals Fangsaison und Fischerei, zumal auf hoher See, waren, deuten auch Arno Holz (1863–1929) in seiner Ballade »Een Boot is noch buten« (1892) an wie Rudyard Kipling (1865 bis 1936)[168] – in der »Poetenecke« der Westminster-Abtei beigesetzte Dichter der »Seven Seas« (1896) – im 1897 edierten victorianischen Bildungsroman »Captain Courageous. A Story of the Grand Banks«.

In vergleichbarer Beziehung stehen – neben Knut Hamsuns (1859–1952) »Auf den Bänken bei Neufundland« (in »Gottes Erde«, 1932) – »Die Lofotfischer« (Den siste Viking, 1924) von Johan Bojer (1872–1959), wiederum eines Norwegers; dessen »Nacht des Schreckens« liefert darin die Probe: *Sie segelten, sie segelten, sie wußten nicht, wo. Quer über den Westfjord – oder aufs hohe Meer hinaus oder gerade auf eine Felswand los, das stand in Gottes Hand. Hätten sie einen Kompaß an Bord gehabt, es wäre doch unmöglich gewesen, nachzusehen und ein Streichholz anzuzünden – bei solchem Wetter ...!*
Sie hörten dann und wann Schreie, das waren keine Vogelstimmen, das waren Menschen ... Menschen, die auf gekenterten Booten ritten. Das war nun einmal so. Heute nacht

mußte jeder sich selber retten, so gut er konnte. Aber die Nacht war vom Unglück erfüllt. Die noch segelten, wußten, daß jetzt gekenterte Boote auf meilenweitem Meere schwammen, und die sich an den Kiel klammerten, mußten vergebens um Hilfe schreien – keiner konnte darauf achten ... Sie segelten, sie segelten. Um sie her konnte es nicht finsterer werden, aber der Seegang konnte sich noch steigern. Sie wußten nicht mehr, was Wolken und was Meer war ...

Ähnliche Dramatik bietet Jack Londons (1876 bis 1916) »The Sea Wolf« (1904), eine möglicherweise Nietzsche persiflierende Verherrlichung des Übermenschen in Gestalt jenes tyrannisch-teuflischen Kapitäns des Robbenfangboots GHOST – und, noch einmal zurückblickend, Herman Melvilles (1819–91) bereits 1851 publizierter, zu Recht als »amerikanischer Klassiker epischen Ausmaßes« gerühmter Walfänger-Roman »Moby Dick; Or, The Whale«.
... Ahab schleuderte die Harpune, und der getroffene Wal schoß davon. Mit rasender Geschwindigkeit lief die Leine durch die Kerbe am Steven und vertörnte sich. Ahab bückte sich, um sie wieder klarzubekommen. Es gelang ihm. Aber die Leine schlang sich um seinen Hals, und ohne einen Laut, ehe die Männer merkten, was geschehen war, wurde er aus dem Boot gerissen. Gleich darauf flog das Ende der Leine aus der Balje, warf einen Ruderer nieder, klatschte aufs Wasser und verschwand in der Tiefe.
Einen Augenblick erstarrten die Männer vor Schreck. Dann wandten sie sich um. »Das Schiff! Großer Gott, wo ist das Schiff?« Schemenhaft sahen sie die PEQUOD *überholen und wie ein Traumbild im Dunst zerfließen. Nur die obersten Stengen ragten noch aus dem Wasser. Die Harpuniere standen immer noch an den Toppen, und noch im Versinken hielten sie Ausschau über das Meer ...*

Wird dort die PEQUOD mit Ahab und seiner Besatzung als ein sozialer Mikrokosmos realistisch höchst originell, ja mit magischer Kraft virtuos dargestellt, so kennzeichnen harte Stiltendenzen neuer Sachlichkeit die 1928 erschienene, mit dem Kleist-Preis ausgezeichnete Erzählung vom vergeblichen, blutig niedergeschlagenen »Aufstand der Fischer von St. Barbara«, mit dem Anna Seghers (= Netty Radvanyi, 1900–83) gesellschaftliche Probleme in grelles Licht rückt: Unterdrückung und Ausbeutung besitzlosabhängiger Fischer durch allmächtig-skrupellose Reeder. Völlig anders, nicht weniger spannend und aktionsgeladen, verläuft der zähe Kampf des alten Santiago mit einem riesigen Schwertfisch, der, zwar bezwungen und abgeschleppt, dennoch nur als ein von gierig-gefräßigen Haien zernagtes Skelett –

durch Naturgewalten also vernichtet – heimgebracht werden kann. Ernest Hemingway (1899–1961) stellt ihn uns in »The Old Man and the Sea« (1952) erschütternd vor Augen.

Von anderen, ebenso mitreißend konsequenten, alten kretischen Seeleuten ist in Nikos Kazantzakis' (1883–1957)[166] köstlichem Roman »Kapetan Michalis« (1953; = Freiheit oder Tod, übersetzt von H. von den Steinen, Berlin 1954, S. 15ff.) die Sprache: »Ich gehe hin«, murmelte Käpten Michel, noch mit den Augen dem Roß folgend, wie es jetzt am Hoftor anlangte, »ich gehe hin.« Er hatte plötzlich den Entschluß gefaßt und ging zurück, um den Laden zu schließen und den Weg zum Konak von Nuri Bey einzuschlagen.

Aber Käpten Stefanis ... hatte keine Furcht vor dem Menschenhasser. Er war selbst ein Mann, ein gewaltiger Seekämpe. In all den Aufständen von 1854, 1866 und 1878 hatte er unzählige Male mit seiner DARDANA die türkische Blockade durchbrochen und an abgelegenen Naturhäfen Nahrungsmittel und Munition für das Christenvolk gelandet. Und als sie ihn bombardierten und sein Schiff versenkten, floß sein Blut aus dem zerschmetterten Knie. Aber er erreichte schwimmend die Bucht der heiligen Pelagia und hielt dabei über den Wellen in seinen Zähnen die Briefe, die das Athener Komitee an den berühmten Käpten Rabe, den Führer der Mesará geschickt hatte. Seitdem freilich kam er herunter, verarmte, ließ seine Kleider zerlumpen, trug noch immer seine über und über geflickten Kapitänsstiefel, trieb sich tags am Hafen umher und bewunderte, wenn auch mit brennendem Herzen, die fremden Schiffe. Es tat ihm wohl, Pech zu riechen und die Stimmen und die Begrüßungen und das Aufschlagen der Anker auf dem harten Boden der Tiefe zu hören. Der Körper war schwach, die Taschen leer, aber die Seele stand aufrecht in seiner Brust und blickte über das Meer wie die Gorgo am Schiff.

Er stand mutig vor Käpten Michel und sprach: »He, Käpten Michel, hat dein Ohr das Gespräch im Barbierladen vernommen? Wenn du zu wählen hast ... zwischen Nuris Pferd und Eminé Hanum, was wählst du?«

»Ich mag die schamlosen Redereien nicht«, sagte Käpten Michel und ging auf seinen Laden zu, ohne sich auch nur nach dem heruntergekommenen Schiffsherrn umzusehen.

Aber der eigensinnige Seemann gab es nicht auf. Er tat, als hätte er es nicht gehört, und holte jenen ein. »Nuri hat sie aus Konstantinopel hergebracht, und sie ist, heißt es, eine Tscherkessin, eine fünfmal schöne Wilde, so eine, die die Menschen auffrißt. Von ihrer Amme, der schwarzen Christin, die sie mitgebracht hat, erfahren meine Nachbarinnen, die Elendsweiber, was sich hinter der Käfigtür beim Bey abspielt ...«

»Käpten Stefanis«, wiederholte Käpten Michel nervös, »ich mag die schamlosen Redereien nicht.«

Aber der zähe Seemann bestand auf seinem Trotz ... Er hat keine Angst vor der großmächtigen türkischen Armada gehabt und soll Angst vor dieser hier haben? Er wird alles hören, ob er will oder nicht. »Nuri Bey«, redete er auf ihn ein, »ist dein Blutsbruder, Käpten Michel; vergiß das nicht. Also ist es recht, daß du weißt, was in seinem Haus vor sich geht. Der Bey, die schreckliche Bestie, sitzt, heißt es, gebändigt zu ihren Füßen und sieht ihr in die Augen. Und sie preßt ihre angezündete Zigarette an seinen Hals und kichert ...«

Käpten Michel ... holte den Schlüssel hervor und schob den alten Seewolf vom Türpfosten fort, damit er den Laden abschließen könne. Aber der Seemann vermochte nicht mehr, seine Zunge zu bändigen ... Also die Segel gehißt, was auch geschehe! So brachte er hastig seine Geschichte zu Ende: »Die Hanum ist eifersüchtig, heißt es, auf Nuris Pferd. Vorgestern nacht, als der Bey sie umarmen wollte, stieß sie ihn zurück. ›Erst mußt du mir einen Gefallen tun‹, sagte sie. – ›Was du willst, meine Gebieterin, alles gehört dir.‹ – ›Bring dein Pferd auf den Hof. Zünde Lampen an, damit ich sehen kann, und schlachte es in meiner Gegenwart.‹ – Der Bey seufzte, senkte den Kopf und lief hinaus. Er schloß sich in sein Zimmer ein. Und die ganze Nacht hörte sie ihn hin und her gehen und brüllen. Ich sage es dir, damit du es weißt. Er hat nach dir geschickt ... Er braucht dich ...« Käpten Stefanis rieb seine schwieligen Hände: »Ja, Käpten Michel, so steht es. Wahrhaftig, wenn's Lügen sind, sollen die Elendsweiber sich vorsehen!«

Käpten Michel gab sich einen Ruck, die Tür dröhnte, er schloß ab ... er wandte sich zu dem Schiffbrüchigen. »Ihr Seeleute«, sagte er verächtlich, »habt keinen Respekt vor den Frauen!« Und er ging fort.

›Ihr Festlandskapitäne‹, versetzte Stefanis höhnisch ...

Die uns eben begegneten unsterblichen Kapitänstypen und mediterran-levantinischen Schlitzohren, Michalis und Stefanis, gehören ebenso zu den farbglänzenden Mosaiksteinen des erstrebten literarisch-maritimen Panoramas wie jener gleich zu betrachtende, weltweit agierende, komplexe Bel Ami: kein Held, aber ein Mann, der gefällt – anderen, und nicht nur den Damen, sondern vor allem sich selbst – Peer Gynt. Dessen ingeniöser Schöpfer, Henrik Ibsen (1828–1906)[156], widmete ihm das seit 1876 häufig und mit großem Erfolg aufgeführte gleichnamige »dramatische Gedicht«. Es handelt von einer gegen bürgerliche Konventionen gerichteten freien Persönlichkeitsentfaltung und deren innerer wie äußerer

Hafen von Saint Tropez. Gemälde von Paul Signac (1863–1935) 1893; Wuppertal, Städtisches Museum.

Bedrohung. Dazu benutzt Ibsen (im Brief an Brandes 1875) jene herrliche Metapher von der »Leiche im Laderaum des Luxusdampfers«.

Im vierten Aufzug des Dramas präsidiert und brilliert Peer Gynt im eleganten Reiseanzug, bei Sonnenuntergang im Palmenwald der Südwestküste Marokkos, an einer Tafelrunde, während auf See seine Dampfjacht unter norwegischer und amerikanischer Flagge vor'm Anker schwoit. Lebhaft diskutierend, äußert Peer Gynt: *Mein Plan? ... Mit bloßem Reisen fängt es an. / Nur darum nahm ich euch an Bord / Als Kameraden in Gibraltar ... Gynt will mehr, / Er strebt nach höherem Niveau, / Er will der Welt Gebieter werden ... Drum ankert' ich an diesem Strand; / Am Abend geht die Fahrt nach Nord. / Die Blätter, die ich hab' an Bord, / Verkünden eine*

Revolution – / Auch jetzt trifft zu, was oft ich fand, / Das Glück krönt immer die Verwegenheit! ... Griechenland stand auf. / ... / Doch der Türke in der Klemme / ... / Doch geht nach Hellas, seht, wie's schmeckt; / Ich setz' euch alle an das Land, / Und geb dazu euch Waffen gratis. / Je mehr ihr schürt den wilden Brand, / Um desto besser; niemals satis! / Schlagt euch für Freiheit gegenseitig / Tot ... / ... / Doch mich entschuldigt; mir ist's gleich ...

Plötzlich liegt über der Jacht ein Feuerschein, dann folgt dichter Rauch; Peer Gynt schreit erregt, denn sein Schiff ist gesunken, von der Meeresfläche verschwunden.

Einige Szenen später, immer noch im 4. Aufzug, befindet sich Peer Gynt mittlerweile in Ägypten neben einer Memnonssäule und deklamiert: *Doch zeigt die*

Beschießung des russischen Ostasien-Kriegshafens Port Arthur und der dort befindlichen Kriegsschiffe des Zaren durch die unter Admiral Togos Flagge fahrende japanische Flotte am 9. Februar 1904 (noch vor der formellen Kriegserklärung!) mittags. Zeitgenössischer japanischer Farbenholzschnitt. – Beteiligt waren daran die Linienschiffe MIKASA, HATSUSE, ASASHI, SHIKISHIMA, FUJI, YASHIMA (der 1. Division) und die Panzerkreuzer IWATE, IZUMO, YAKUMO, AZUMA, ASAMA, TOKIWA (der 2. Division). Russische Küstenbatterien und Schiffe erwiderten das Feuer, jedoch ohne entscheidende Schäden – für beide Seiten. Vorausgegangen war in der Nacht vom 8. auf den 9. Februar ein Überraschungs-Torpedoangriff japanischer Zerstörer gegen jene im Hafen von Port Arthur liegenden, hell erleuchteten zaristischen Einheiten. Treffer erhielten die Linienschiffe CESAREVIC und RETVIZAN sowie der Kreuzer PALLADA. – Den für Japan günstigen Ausgang des russisch-japanischen Krieges führte dann die Seeschlacht von Tsushima am 27./28. Mai 1905 herbei.

Beschränkung ja den Meister. / Ich will nur ruhn und harren der Geister. / Von deren Gesang die Säule klingen soll, / Nach dem Frühstück auf eine der Pyramiden. / Ob ich in das Innre auch dringen soll? / Ein rechter Forscher darf nicht ermüden! / … / Die Lage Troja's dann untersuch' ich … [womit Ibsen zwar als ein mögliches Peer Gynt-Vorbild Heinrich Schliemann preisgibt, aber sich genauso rasch wieder von ihm entfernt; denn des eigenen Ichs, der persönlich aufzubringenden Kraft und ihrer Grenzen trotzdem letztlich immer ungewiß, bekennt Peer Gynt] *Man weiß nicht, wohin die Galeere fährt …*

Formen von Gewalt und Macht artikulieren sich im Allgemeinen extrem unterschiedlich, haben viele, auch larvenhafte Gesichter:

wie etwa Theodor Storms (1817–88) »Schimmelreiter« als Deichgraf die zerstörerisch-malmende Kraft des Wassers einzudämmen versucht –

oder

wie jener 1884 auf der NARCISSUS angeheuerte Neger Jim Wait die Mannschaft allmählich demoralisiert, was Joseph Conrad[63] 1897 in »The Nigger of the NARCISSUS. A Tale of Sea« erregend gestaltet –

oder

wie derselbe Autor (ursprünglich polnischer Sprache), der sich zwischen 1875 und 1894 in der französischen und dann englischen Marine zum Captain hochdiente, 1902 in »Typhoon« einen Taifun im Chinesischen Meer und dessen infernalische Wirkung auf Kapitän samt Besatzung des Dampfers NAN-SHAN dramatisiert.

Macht ist aber auch Voraussetzung für Bedeutung und Größe einer Nation, zumal auf See. Solches zündend dargelegt zu haben, bleibt Alfred Thayer Mahans (1840–1914) Verdienst. Dank seines ab 1890 von New York (bis in die Bordbüchereien der kaiserlichen deutschen Marine) verbreiteten Buches »The Influence of Sea Power upon History, 1660–1783« und anderer ähnlicher Werke entwickelte sich rasch in den USA globales Seemacht-Denken und -Handeln.[154] Entsprechendes bewiesen Kaiser Wilhelms II.

in ihren Folgen fatale – anläßlich der Einweihung des neuen Stettiner Hafens am 23. September 1898 bekundete – Maxime *Unsere Zukunft liegt auf dem Wasser* ebenso wie die Niederschlagung des chinesischen Boxeraufstandes 1900 durch daran beteiligte britische, deutsche, französische, italienische, österreichische u.a.m. Kriegsschiffe und Expeditionskorps. Aspekte dieses Einsatzes verlebendigte Douglas Reeman (* 1924; = Alexander Kent) im Roman »The First to Land« 1984 (= Die Faust der Marine. Hauptmann Blackwood im Boxer-Aufstand, 1986).

Japans ungestümes Vordringen auf die internationale Seemacht-Bühne zeitigte wenig später so spektakuläre Aktionen wie Port Arthur[26] und Tsushima. Dort geht Rußlands von Admiral Rozdestvenskij (Rojéstwenski) über 20 000 Meilen bis in die Japan-See geführte Ostseeflotte am 27./28. Mai 1905 im Ringen mit den japanischen Einheiten Admiral Togos opfervoll, 4545 Tote mitnehmend, zugrunde. Allen Beteiligten setzt 1936 Frank Thiess (1890–1977) mit »Tsushima«, dem ob seiner unerhört exzessiven Bildhaftigkeit außerordentlichen Seekriegs-Roman, ein – trotz Verbots im Dritten Reich – unverblassendes Denkmal. Erhöhung erfährt es zudem durch des Autors versierte Detailkenntnis und menschliche, Siegern wie Besiegten gleichermaßen zuteilwerdende Fairneß.

In diesen Nächten geschah das Unheimliche, daß er die Japaner herbeirief. Er fuhr aufs Meer hinaus und machte Torpedo-Abwehr-Übungen mit weithin leuchtenden Scheinwerfern. Auf 50 Meilen weit war die Position des drei Knoten schleichenden Geschwaders sichtbar. Togo kam nicht.
Da wußte Rojéstwenski, daß sein Gegner ihn in der Japanischen See, geschützt von seinen Kriegshäfen und telegraphischen Stationen erwarten werde. Seit Wochen hatte er vergeblich mit immer neuen Manövern ihn hierher [Kamh ranh Bay] *zu locken versucht. Nicht er, Togo hatte jetzt Zeit. Rojéstwenski kannte den Ort, an dem er auf ihn lauerte. Von seinen Spionageschiffen waren einige abgefangen worden, andere hatten ihm berichtet, wie stark die japanische Flotte sei und wo sie sich befände: 37 Schlachtschiffe und Kreuzer, 24 Hilfskreuzer und 109 Torpedoboote. Das Gros lag in Masanpo, an der Südküste Koreas, nordwestlich der Insel Tsushima.*
... Wenn Njebogátow bald kam, konnte sie in der zweiten Hälfte des Mai stattfinden. Wenn er nur endlich käme, der Njebogátow [mit seinen »Blechtöpfen«, »Plätteisen«, den nachlaufenden fünf schwarzen Panzerschiffen mit sieben Troßfahrzeugen], *damit die große Tragödie ihren Anfang nähme!*

Das Publikum der ganzen Welt saß schon unruhig auf seinen Plätzen und wartete. Und fern in einer seidenen Loge sah auch der Zar ihnen zu, Seine Majestät der Kaiser, für den sie sterben würden. Wie weit er war und wie klein! Kaum erkennbar noch aus der Tiefe des Abgrunds, in den er sie geschickt hatte.

Ein Schauspiel völlig anderer, nicht weniger grausiger Art bietet uns George Simenon (1903–89)[289] in seinem 1938 verlegten, tiefste menschliche Urgründe aufdeckenden Roman »Les rescapés du TÉLÉMAQUE« (= Die Überlebenden der TÉLÉMAQUE, deutsch von H. Kober, 1981, S. 38f.): *Damals war die Segelschifffahrt noch im Schwange, und die Flotte von Fécamp bestand nicht nur aus Neufundlandfischern ... sondern auch aus einem Viermaster, der jedes Jahr nach Chile segelte: der TÉLÉMAQUE unter Kapitän Roland.*
Im Winter 1906 nun traf die telegraphische Meldung ein, daß die TÉLÉMAQUE vor Rio de Janeiro mit Mann und Maus gesunken sei. Vier Wochen später barg ein englischer Dampfer mit Kurs auf Kap Hoorn auf offenem Meer ein Boot, in dem man fünf reglose Gestalten entdeckte [von ursprünglich sechs Überlebenden, wie nachweisbar]. *Vier von ihnen konnten wieder zum Leben erweckt werden. Der fünfte, der eine merkwürdige Wunde am Handgelenk aufwies, war bereits tot, als man ihn an Bord des Schiffes hievte. Zuerst waren die Lebensmittel ausgegangen, dann das Wasser. Und Patrick* [genannt Quick], *der weniger Widerstandskraft als die anderen besaß, starb als erster ... Février, der Steuermann, der schon die arktischen Meere befahren hatte, überwand sich als erster und brachte dem noch warmen Körper Quicks einen tiefen Schnitt am Handgelenk bei.*
Als der blutleere Leichnam des Engländers ins Meer geworfen wurde, hatten die fünf Männer wieder die Kraft für einige Tage. Doch bald schon verfielen sie aufs neue in ihre tödliche Schwäche.

Mit raffinierter kriminalistischer Delikatesse deckt Simenon den vollendeten Kannibalismus auf und löst schließlich das zahlenmäßige Rätsel.

Kaum minder beachtlich ist – aus der Palette von Farben und Mischungen aller maritim-nautischen Gegebenheiten und Möglichkeiten von irdischer Realität wie phantastischem Traum, zwischen Heldenverklärung und Teufelsverdammung – Selma Lagerlöfs (1858–1940; 1909 Literatur-Nobelpreis) Roman »Die wunderbare Reise des kleinen Nils Holgerson mit den Wildgänsen« (1906; deutsch 1907). Da er zugleich als geographisches Bildungsbuch für Kinder konzipiert war, vermittelte es natürlich auch die Impression eines Besuchs im Kriegshafen Karlskrona: *Sie kamen in einen großen Saal, der mit einer Menge bemasteter und aufgetakelter Schiffe angefüllt war. Ohne daß es ihm jemand gesagt hätte, wußte der Junge, daß er hier die Modelle zu den Schiffen sah, die für die schwedische Flotte gebaut worden waren. Es gab viele verschiedene Arten von Schiffen. Alte Linienschiffe, deren Flanken mit Kanonen gespickt waren, die vorne und hinten mächtige Aufbauten hatten und deren Masten einen großen Wirrwarr von Segel und Tauen zeigten. Ferner kleine Küstenschiffe mit Ruderbänken an den Seiten, unbedeckte Kanonenschaluppen und reichvergoldete Fregatten; das waren die Modelle von Schiffen, deren sich die Könige auf ihren Reisen bedient hatten. Und endlich waren da auch die schweren breiten Panzerschiffe mit Türmen und Geschützen auf dem Verdeck, die heutigentags gebraucht werden, sowie schlanke, schwarzglänzende Torpedoboote, die wie lange schmale Fische aussahen ...*

Galiosfiguren schwedischer Kriegsschiffe von Emanuel Törnström und Lorenz Nordin 1833–57 im Marinemuseum zu Karlskrona.

... Der Junge saß sicher unter dem Hut und hörte sie erzählen, wie auf diesem Platz gearbeitet und gestritten worden war, um die hier ausgerüsteten Schiffe fertigzustellen ... Die beiden Männer gingen durch die großen Werkshallen, durch die Segelnähereien und Ankerschmieden, durch die Maschinen- und Schreinerwerkstätten. Sie besahen die hohen Krane, die Vorratshäuser, den Artilleriehof, das Zeughaus, die lange Seilerbahn und das mächtige verlassene Dock, das aus dem Felsen herausgesprengt worden war. Sie gingen auf die Bohlenbrücken hinaus, wo die Kriegsschiffe verankert lagen, begaben sich an Bord der Fahrzeuge und betrachteten sie wie zwei alte Seebären ... Ganz zuletzt kamen sie auf einen offnen Hof, wo die Gallionsfiguren von alten Linienschiffen aufgestellt waren. Und etwas Merkwürdigeres hatte der Junge noch nie gesehen, denn die Figuren, die da hingen, hatten unglaublich große, schreckenerregende

Gesichter. Gewaltig kühn und wild sahen sie aus, von demselben stolzen Geist erfüllt, der einst die riesigen Schiffe ausgerüstet hatte. Sie waren von einer anderen Zeit und von anderen Händen hervorgebracht worden. Dem Jungen war es so, als schrumpfe er vor ihnen ganz zusammen.

Tausende von Meilen entfernt, auf den Routen des Atlantiks, zogen damals Postdampfer und Luxusliner ihre – natürlich auch Auswanderer mitführende – Bahn, rangen Reedereien um den Besitz noch schnellerer Schiffe und des Blauen Bandes[155], war man unablässig bemüht, jeglichen Bordkomfort zu

De Eerste Nederlandsche Scheeps-Verband Maatschappij / Gevestigd Te Dordrecht ... Schleppzüge mit Penichen und solche in der Werft. Plakat, Farblithographie von Willy Sluiter (* 1873), um 1900.

heben und selbst weiteste Distanzen exakt zu bedienen. Daß daneben die Masse der kleineren Dampfer gleichfalls weiterfuhr, beleuchtet jene »Schönste Geschichte der Welt«, verfaßt vom Literatur-Nobelpreisträger Rudyard Kipling.[168] Darin wird von der Dimbula gesprochen, einem 2500-Tonnen-Frachter, auf stürmischem Kurs von Liverpool nach New York unterwegs – und, in surreal bezaubernder Weise, wie die einzelnen Konstruktions-, ja Antriebsteile mitein-

Siesta an Bord des Dampfers CHILE der Messageries Maritimes während der Fahrt von Bordeaux nach Lissabon 1895. Farblithographie von Henri de Toulouse-Lautrec (1864–1901), 1896 (verwendet für eine Plakatausstellung im Salon des Cent, Paris).

Weiblicher Fahrgast (Kapitänsfrau oder Gattin des Reeders) an Bord eines Passagierschiffs, 1871/72. Aquarell (mit Deckfarben) von Max Liebermann (1847–1935); im Hamburger Kunsthandel 1992.

ander reden, sich beseelt unterhalten: *Hölzerne Schiffe schreien und knurren und grunzen, aber eiserne Fahrzeuge schüttern und beben verhalten in all ihren Hunderten von Spanten und Tausenden von Nieten ... jedes einzelne Stück [der DIMBULA] hatte seine besondere Stimme ... Gußeisen ist in der Regel sehr wortkarg; aber geschweißte Stahlplatten und Schmiedeeisen ... Spanten und Träger, die viel gebogen ... verschweißt ... vernietet worden sind, die schwatzen beständig ... Es war ein herrlicher Morgen [vor New York] ... und in stattlichem Gänsemarsch ... gingen die MAJESTIC, die PARIS, die SERVIA, KAISER WILHELM II. und die WERKENDAM in See. Als die DIMBULA das Ruder legte, um den großen Schiffen freie Bahn zu geben, schrie der Dampf ... »Wir haben ein Wetter gehabt, wie es in den Annalen des Schiffbaues nicht seiensgleichen hat!« ... »Es ist einfach abscheulich«, sagten die Bugplatten. »Sie hätten uns doch*

ansehen können, was wir durchgemacht haben. Es gibt kein Schiff ... das so viel ertragen mußte wie wir – oder etwa nicht?«

Fraglos gab es solche, denen schlimmeres widerfuhr: der ELBE beispielsweise. Szenen bei deren Untergang am 30. Januar 1895 vermittelt uns Gerhart Hauptmanns (1862 bis 1946) Phantasie so: *Was sich indessen auf dem Achterdeck des ROLAND [womit Hauptmann die ELBE meint] abspielte, paßte ... nicht in Friedrichs Begriffe von Menschennatur. Was er dort ... zu erkennen glaubte, hatte nichts mit jenen zivilisierten und gesitteten Leuten gemein, die beim Klang der Musikstücke, im Speisesaal und auf Deck hatte tänzeln, konversieren, lächeln, grüßen und zierlich den Fisch mit der Gabel zerteilen sehen. Friedrich hätte geschworen, er unterscheide die weiße Gestalt des Kochs, der sich mit langem Küchenmesser durch die Respektspersonen, für die er gekocht hatte, Bahn machte. Er war überzeugt, er sah einen Heizer, einen schwarzen Kerl, der eine Dame ..., die sich an ihn geklammert hatte, schlug und über die Reling stieß. Einige Stewards, deutlich erkenn-*

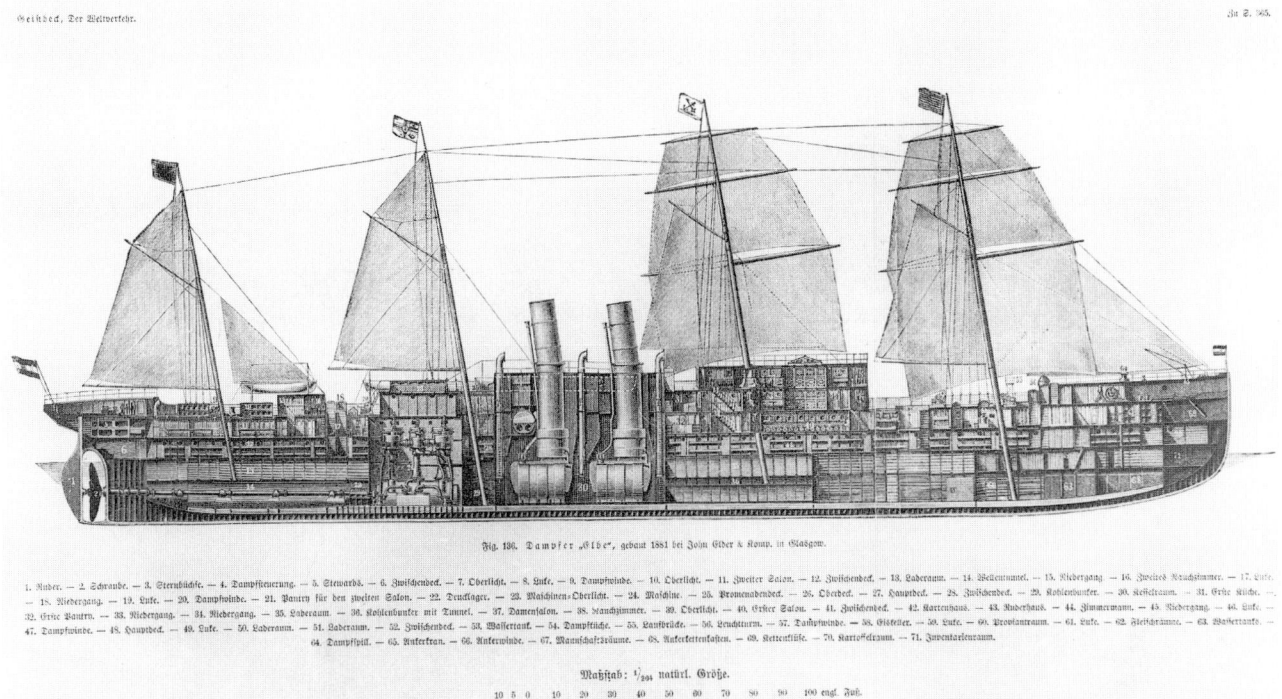

Fig. 196. Dampfer „Elbe", gebaut 1881 bei John Elder & Komp. in Glasgow.

1. Ruder. — 2. Schraube. — 3. Sternbüchse. — 4. Dampfsteuerung. — 5. Stewards. — 6. Zwischendeck. — 7. Oberlicht. — 8. Luke. — 9. Dampfwinde. — 10. Oberlicht. — 11. Zweiter Salon. — 12. Zwischendeck. — 13. Laderaum. — 14. Wellentunnel. — 15. Niedergang. — 16. Zweites Rauchzimmer. — 17. Luke. — 18. Niedergang. — 19. Luke. — 20. Dampfwinde. — 21. Pantry für den zweiten Salon. — 22. Drucklager. — 23. Maschinen-Oberlicht. — 24. Maschine. — 25. Promenadendeck. — 26. Oberdeck. — 27. Hauptdeck. — 28. Zwischendeck. — 29. Kohlenbunker. — 30. Kesselraum. — 31. Erste Küche. — 32. Grüne Pantry. — 33. Niedergang. — 34. Niedergang. — 35. Laderaum. — 36. Kohlenbunker mit Tunnel. — 37. Damensalon. — 38. Maschzimmer. — 39. Oberlicht. — 40. Erster Salon. — 41. Zwischendeck. — 42. Kartenhaus. — 43. Ruderhaus. — 44. Zimmermann. — 45. Niedergang. — 46. Luke. — 47. Dampfwinde. — 48. Hauptdeck. — 49. Luke. — 50. Laderaum. — 51. Laderaum. — 52. Zwischendeck. — 53. Wasserlauf. — 54. Dampfküche. — 55. Laufbrücke. — 56. Leuchtturm. — 57. Dampfwinde. — 58. Glockter. — 59. Luke. — 60. Proviantraum. — 61. Luke. — 62. Steißkammer. — 63. Wassertank. — 64. Dampfspill. — 65. Ankerkran. — 66. Ankerwinde. — 67. Mannschaftsräume. — 68. Ankerkettenkasten. — 69. Kettenlaufe. — 70. Matrosenraum. — 71. Inventarraum.

Maßstab: ¹/₃₀₄ natürl. Größe.

10 5 0   10   20   30   40   50   60   70   80   90   100 engl. Fuß.

Längsschnitt des Passagierdampfers ELBE, 1881 bei John Elder & Co in Glasgow erbaut, 4897 BRT groß. Mit ihr und entsprechenden Schiffen – WERRA, LAHN usw. – vermochte der Norddeutsche Lloyd in die Spitzengruppe der Nordatlantikfahrt, neben White Star Line und Guion Line, vorzudringen (dank der tatkräftigen Unterstützung durch den deutschen Kaiser). 1894 benutzte Gerhart Hauptmann, europamüde, die ELBE zur Überfahrt nach Amerika. Im Jahr darauf, am 30. Januar morgens, wurde sie, damals durch Kapitän von Gosseln geführt, in der Nordsee vom britischen Frachter CRATHIE (450 BRT) so unglücklich gerammt, daß ihr Totalverlust und 343 Tote für erhebliches Aufsehen sorgten. Noch einmal geriet dieses Schiff ins Bewußtsein der Öffentlichkeit durch Hauptmanns stark autobiographisch gefärbten Roman »Atlantis«. Denn er beginnt gleich: *Der deutsche Post- und Schnelldampfer ROLAND* [gemeint ist die ELBE] *verließ Bremen am 23. Januar 1892. Er war einer der älteren Schiffe der* Norddeutschen Schiffahrtsgesellschaft unter denen, die den Verkehr mit New York vermittelten ... *Das Schiff führte von Bremen aus nicht mehr als hundert Kajütpassagiere. Das Zwischendeck war mit etwa vierhundert Menschen belegt ... Die Speisesaal nahm die ganze Breite des Schiffes ein ... Die Tafel* [darin] *war in Form eines Dreizacks aufgestellt. Der geschlossene Teil der Gabel lag nach der Spitze des Schiffes zu, die drei Zinken waren nach rückwärts gerichtet.* [Dort] *befanden sich eine Art Kamingesims und ein Wandspiegel ... Man tafelte bei elektrischem Licht* und saß auf Drehstühlen (im Bereich der Kommandobrücke, als Nr. 40 der Speisesaal, Nr. 38 das Rauchzimmer, Nr. 37 der Damensalon). *Eine Polsterbank lief an den braun getäfelten Wänden* [des Rauchsalons] *herum, und man konnte durch drei oder vier Fenster ... hinausblicken. Den ganzen ovalen Raum zwischen den Polstern füllte ein dunkel gebeizter Tisch ...;* nach der Falttafel in Michael Geistbeck: Der Weltverkehr ..., Freiburg 1887.

bar, benahmen sich immer noch heldenhaft, instruktionsgemäß ... Einer ... war blutüberströmt; immer kämpfend und schreiend, half er einer Frau mit ihrem Kinde ins Rettungsboot. Aber das Boot schlug um und war verschwunden ...

... Er schlug nach etwas: es war eine Hand, ein Arm, ein Haupt, ein nasses, nicht mit menschlicher Stimme heulendes seehundartiges Abgrundtier ... Er sah ... Fäuste ..., die gekrampften Finger ..., wie sie mit der Kraft der Verzweiflung Hände und Ellenbogen ertrinkender Nebenmenschen von dem glattgefrorenen Bootsrand abnestelten. Matrosen gebrauchten die Ruder in einer Weise, der schwarze Ströme Blutes nachfolgten ... Es kam darauf an, aus dem Bereich dieser Hölle ertrinkender Menschen herauszukommen ...

Noch hörte man die Weisen der Schiffskapelle zeitweilig todesmutig herabhallen ...

Das in vorstehender Probe aus Hauptmanns »Atlantis« Zitierte erschien als Fortsetzungsroman zunächst im »Berliner Tageblatt« 1912, just zum Zeitpunkt des TITANIC-Untergangs.[307] Gerhart Hauptmann, der deutsche Literatur-Nobelpreisträger von 1912, lieferte damit aktuellste Einblicke in den schaurigen Ablauf solcher – normale Vorstellungskraft sprengenden – Katastrophe. Viele Autoren – Augenzeugen, Historiker und Literaten, Journalisten, Juristen und Meeresgeologen – untersuchten Ablauf, Umfang, Ursachen, Zufälle des Desasters. Erschreckend bleibt, wie sehr es von allzumenschlichen Fakto-

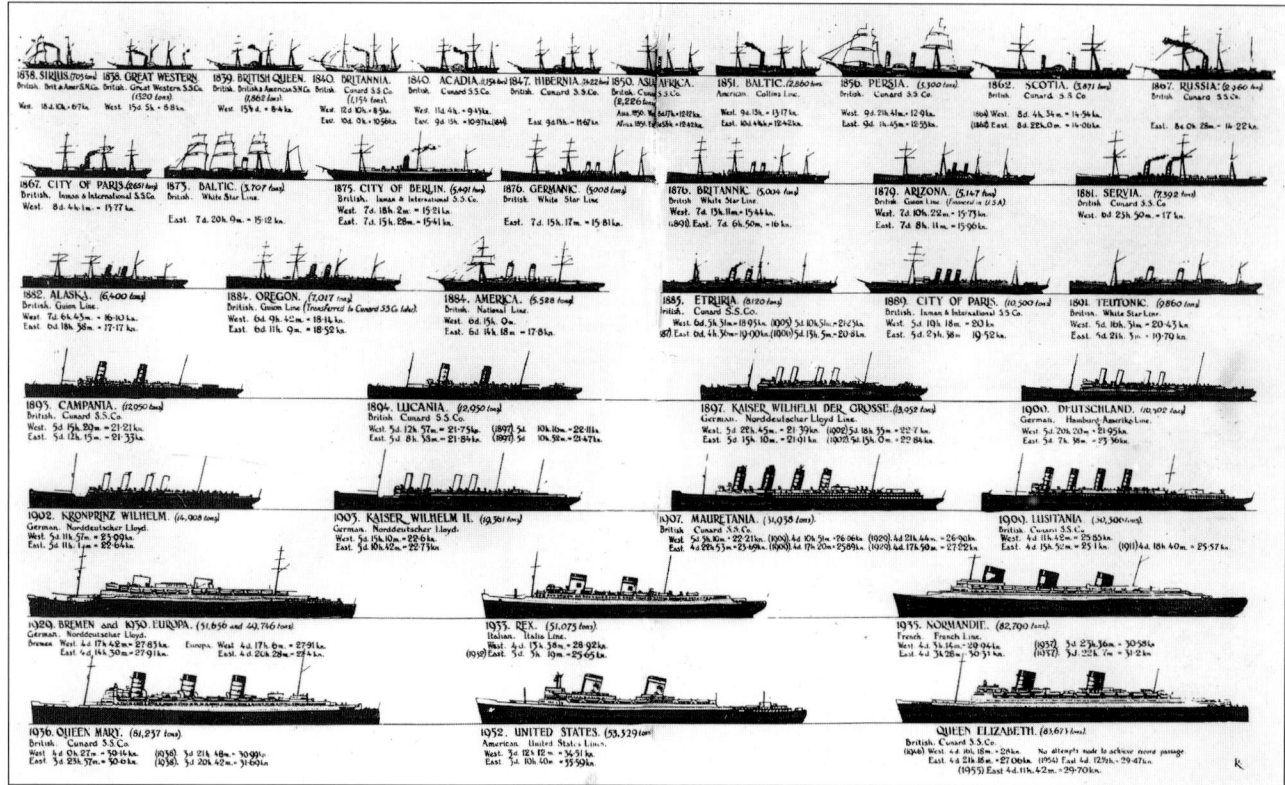

The Blue Riband of the Atlantic: Some of the Steamships, from 1838 to the present day … Zweiseitige Tafel in »The Illustrated London News«, May 7, 1955, p. 822/23 – mit maßstäblich gleichen, von C.W.E. Richardson gezeichneten Schiffsrissen. Erfaßt sind oben für 1838 SIRIUS und GREAT WESTERN, 1839 BRITISH QUEEN, 1840 BRITANNIA und ACADIA, 1847 HIBERNIA, 1850(51) ASIA bzw. AFRICA, 1851 BALTIC, 1856 PERSIA, 1862 SCOTIA, 1867 RUSSIA und (in der 2. Reihe) CITY OF PARIS, 1873 BALTIC, 1875 CITY OF BERLIN, 1876 GERMANIC und BRITANNIC, 1879 ARIZONA, 1881 SERVIA, (in der 3. Reihe) 1882 ALASKA, 1884 OREGON und AMERICA, 1885 ETRURIA, 1889 CITY OF PARIS, 1891 TEUTONIC, (in der 4. Reihe) 1893 CAMPANIA, 1894 LUCANIA, 1897 KAISER WILHELM DER GROSSE, 1900 DEUTSCHLAND, (in der 5. Reihe) 1902 KRONPRINZ WILHELM, 1903 KAISER WILHELM II., 1907 MAURETANIA, 1909 LUSITANIA, (in der 6. Reihe) 1929 BREMEN bzw. 1930 EUROPA, 1933 REX, 1935 NORMANDIE, (unten) 1936 QUEEN MARY, 1952 UNITED STATES sowie QUEEN ELIZABETH. – Zentral steht die Erfolgskette der deutschen Superlative, 1897 beginnend mit KAISER WILHELM DER GROSSE. Beim Stettiner »Vulcan« am 4. Mai 1897 vom Stapel gelaufen und im September bereits auf Jungfernreise von Bremen nach New York, errang der mit 14 349 BRT anfangs vermessene NDL-Liner (als damals und bis 1899 größtes Schiff der Welt) im November 1897 mit einer Durchschnittsgeschwindigkeit von 22,35 kn jenes umkämpfte Blaue Band, das von ebenfalls in Stettin erbauten deutschen Passagierschiffen – der DEUTSCHLAND, der KRONPRINZ WILHELM und der KAISER WILHELM II. – bis 1907 verteidigt werden konnte.

ren – Wunschdenken, Kompetenzgerangel, Eitelkeit – abhing!

K.A. Schenzinger[272] deutet es in »Schnelldampfer«, seinem 1951 edierten Roman der Dampfschiffahrt an: TITANIC – *Magie der Masse, / Zauber des Glanzes, / Stolz einer Nation, / Hoffnung der Aktionäre, / 2500 Passagiere, 800 Mann Besatzung, / Fanatismus der Geschwindigkeit, / Wahn einer Trophäe …*

Auch Hans Magnus Enzensberger (* 1924)[94], ein namhafter zeitgenössischer deutscher Dichter, formulierte in »Untergang der TITANIC« 1978 (einem Versepos von 33 Gesängen, das er, balladesk entschleiernd, »Eine Komödie« nennt) noch schärfer – im anhebenden 16. Gesang: *Der Untergang der* TITANIC *ist aktenkundig. / Er ist etwas für Dichter. / Er garantiert eine hohe steuerliche Verlustzuweisung. / Er ist ein weiterer Beweis für die Richtigkeit der Thesen Vladimir Ilič Lenins. / Er läuft im Fernsehen gleich nach der Sportschau. / Er ist unbezahlbar. / Er ist unvermeidlich. / Er ist besser als gar nichts. / Er hat am Montag Ruhetag. / Er ist umweltfreundlich. / Er eröffnet den Weg in eine bessere Zukunft. / Er ist Kunst. / … / Er klappt. / Er ist ein Schauspiel von atemberaubender Schönheit. / Er sollte den Verantwortlichen zu denken geben. / Er ist auch nicht mehr das, was er einmal war.*

Die TITANIC als Symbol, ja Metapher der Katastrophen unserer Zeit begriff und benutzte bereits Oswald Spengler (1880–1936); denn ihr Untergang spiegelt sich wortwörtlich im Titel seines berühmteinflußreichen, 1912 begonnenen, seit 1918 heraus-

Plakat der White Star Line, Liverpool, für ihren Europa-Amerika-Dienst. Im weißen Stern (auf rotem Grund) die vier Schornsteine des 45 324 BRT großen Passagierdampfers OLYMPIC. Farblithographie von Walter Thomas, um 1911. – Damals größtes und wegen seiner erlesenen Innenausstattung schönstes Schiff der Welt, war es 1910 vom Stapel gelaufen und 1911 fertiggestellt worden. Als Truppentransporter rammte und versenkte die OLYMPIC 1918 das deutsche U-Boot U 103 und 1934, inzwischen im Dienst der vereinigten Cunard-White Star Line laufend, das Nantucket-Feuerschiff. Drei Jahre später – nach gut 500 Atlantiküberquerungen – kam der Riese zur Verschrottung. Sein Schwesterschiff, die TITANIC, erlangte – am 2. April 1912 abgeliefert, auf ihrer Jungfernfahrt nach New York bereits am 14. April mit einem Eisberg kollidiert, am 15. um 02 Uhr 20 mit 1503 Menschen versunken – traurigen Weltruhm.

kommenden Buches »Der Untergang des Abendlandes. Umrisse einer Morphologie der Weltgeschichte«. Im 2. Band (S. 630) spricht Spengler betont vom *Ehrgeiz der Rekorde und Dimensionen* und meint damit *ungeheure Schiffe … fabelhafte Kräfte … stampfende, zitternde,* dröhnende *Werke aus Stahl und Glas, in denen sich der winzige Mensch als unumschränkter Herr bewegt und endlich die Natur unter sich fühlt.*

Muß er – kreatürlichem Zwiespalt unterworfen – dabei nicht Schiffbruch erleiden? Solchen Schluß zog jedenfalls Henrik Ibsen im 1876 uraufgeführten, Generationen beeindruckenden, bereits herangezogenen Drama »Peer Gynt«.[156] Auf einem Schiff in der Nordsee, vor Norwegens Küste, bei Sonnenuntergang und Sturm (im 5. Akt) bekennt diese nun altersgraue, in Peajacket und Seestiefeln heimkehrende Symbolfigur: *Viel kann ich nicht entbehren. / Ich grub nach Gold, verlor, was ich fand; / Stets blieb ich Fortunen unbekannt. / Und das bißchen, was ich nach Hause bring', / Ist der Rest von dem, was zum Teufel ging.*

Seine Ehre und Selbstachtung zum Teufel gehen zu lassen, kam für jenen »schottischen« Captain Kettle nicht in Betracht. Ihn hatte Cutcliffe Hyne (1865–1944) in den zahlreichen seit 1897 im Pearsons Magazine wöchentlich erscheinende Kurzgeschichten über Kettle zur literarisch legendären Figur gemacht. Besonders prägnant tritt sie in »The Liner and the Iceberg« hervor: *Die* ARMENIA *dampfte am Rand der Banks-Straße entlang, der offiziellen, nach Osten* [über den Nordatlantik] *führenden Dampferroute, die anders verlief als die Ost-West-Route. Nach allen Gesetzen der Navigation hätte nichts ihren Weg kreuzen dürfen, von Fischkuttern abgesehen. Die spielten jedoch keine Rolle, da sie selbst die Leidtragenden waren, wenn sie nicht genug Verstand hatten, sich von einem Dampfer fernzuhalten.*
Doch plötzlich tauchte ein riesiger Schatten aus dem Nebel auf. Bevor noch das Signal des Maschinentelegraphen befolgt, geschweige denn die Dampfzufuhr abgesperrt werden konnte, ging ein so fürchterlicher Ruck durch das Schiff, als habe es mit voller Fahrt eine Klippe gerammt. Das Vorschiff der ARMENIA *riß auf und schob sich knirschend zusammen. Die Maschinen stoppten, und das schreckliche Geräusch reißenden Metalls verstummt …* »Da geht es hin, mein verdammtes Patent«, *sagte Kettle verbittert.* »Wer hätte zu dieser Jahreszeit einen Eisberg so weit südlich vermutet?« *Trotzdem traf er sofort alle notwendigen Entscheidungen. Drei Leute standen noch am Backbordfallreep und riefen nach Kettle. Düsteren Gesichts begab er sich zu ihnen. Es waren der Zahlmeister, der Zweite Offizier und Mr. Grimshaw. In heller Wut fiel Kettle über seinen höflich-glatten Quälgeist her:* »Ins Boot mit Ihnen, Sir! Wie können Sie es wagen, meinen Befehl zu mißachten … bei Gott, ich werf' Sie eigenhändig über Bord.«
»Spring doch, du verdammter Idiot!« *brüllte der Zweite Offi-*

Constanza–Constantinopel–Smyrna und Constanza–Constantinopel–
Piräus–Alexandria-Verbindungen der Serviciul Maritim Roman in
Bukarest mit dem Dampfer DACIA (1907 von den Ateliers & Chantiers de
la Loire in St. Nazaire erbaut, 3418 BRT, 15 kn, für 410 Passagiere einge-
richtet). Plakat; Farblithographie von Vinona?, um 1907.

zier in sein Ohr. »Oder der Dampfer sackt noch unter uns
weg.«

*Blitzartig schossen Kapitän Kettle gewisse Tatsachen durch
den Kopf. Ihm waren £ 10 000 geboten worden, wenn dieser
Mann Liverpool nicht erreichte; er selbst würde bald keine
Stellung mehr haben ... Außerdem hatte er bittere Demüti-
gungen von diesem Mann hinnehmen müssen ... Wenn er
ihn jetzt einfach ertrinken ließ, hatte er seinen Rachedurst
gestillt ... Aber dann erinnerte er sich wieder ... Die Vorstellung, einem so feigen Mordbuben einen Gefallen zu tun,
erfüllte ihn mit Ekel ... Er stieß Horrocks und den Zweiten
Offizier beiseite und sprang ins Wasser, um seinen Passagier
zu retten. Es ist kein leichtes Unterfangen, einen Menschen
bei Nacht und rauhem Seegang zu finden ... Die Männer im
Rettungsboot, die fürchteten, daß die* ARMENIA *sinken ...*

*würde, begannen schon abzulegen, als zwei Körper aus den
Wellen auftauchten; sofort wurden sie ins Boot gehievt ...*

Als lose Vorlage benutzte Bernhard Kellermann
(1879–1951; der durch Romane, wie das »Meer«
1910 und »Der Tunnel« – fiktiv zwischen Europa und
Amerika – 1913, bekannt gewordene Autor) das TITA-
NIC-Debakel für seinen 1938 verlegten Roman »Das
blaue Band«. Gleich anfangs und am Ende heißt es
dort über die COSMOS: *... größtes Schiff der Welt und vielleicht das schönste, das Menschen je gebaut hatten ... nach
New York in See. – ... unter der Wasserlinie von dem Eisberg
fast 40 m lang vom Bug an aufgeschlitzt ... die* COSMOS
*war versunken – mit ihrem Palmenhaus ... 5000 Post-
säcken, den Safes voller Juwelen ... den 5 Millionen Dollar
Goldbarren, dem Velásquez* [für das Museum in Chicago] *...
den drei Rennwagen ...*

Erneut variiert Erik Fosnes Hansen (* 1965) das
TITANIC-Thema im erfolgreichen Roman »Choral am
Ende der Reise« (Oslo 1990; aus dem Norwegischen
übersetzt von Jörg Scherzer, Köln 1995) mit sieben
überraschend eingängigen Symbolbezügen – als sub-
til komponierte C-Dur-Oktave.

Zur Liebe – was bisher nur gering anklang – finden
Seeleute zuweilen auf seltsamen Wegen. Dafür bietet
Martin Andersen-Nexö (1869–1954) in den 1913
dänisch gedruckten »Bornholmer Noveller« ein
bewegendes Beispiel: *Immer waren sie beisammen ...
machten ... weite Reisen mit, fischten Albatrosse beim Kap
und Makrelen in der Nordsee, segelten nach Südamerika um
Rotholz, und nach Grönland, um Kryolith zu laden.
Nach zehnjähriger Dienstzeit ersuchten sie um Aufnahme in
die Steuermannsschule. Lars' Ansuchen wurde bewilligt.
Peters nicht, und Lars wollte sich nicht von seinem Bruder
trennen. Dies Jahr verdangen sie sich bei einer Bark aus Stavanger, die mit Balken nach Havre ging. Von Havre liefen
sie nach Hull, von wo sie eine Ladung Kohlen nach
Malaga im Mittelmeer mitnahmen ...
Da lagen dunkle sonnendurre Lastenträger und schrien
ihnen zu, längs des Kais schlenderten Verkäufer mit Obst-
körben auf dem Kopf: Apfelsinen, Mispeln; und auf den
Schiffspfählen saßen Weiber und nickten und deuteten.
Südliches leichtes Leben, dunkelglühende Früchte, billige
Liebe.
Lars und Peter gingen zusammen an Land. Sie ließen die
Sirenen unbeachtet und wanderten hinauf zu der stark
erleuchteten holzgepflasterten Hauptstraße ... Schweigend
und träumend ... kamen* [sie] *in enge Gassen mit hohen
Häusern, deren Balkons dicht zusammenschlossen ... Unter
den Myrten saßen zwei junge Mädchen in weißen Kleidern.*

Peter ... betrachtete sie entzückt, während Lars hinging und an der Gitterpforte rüttelte. Eine dicke alte Frau kam mit einem Schlüsselbund heraus und ließ sie ein.

Sie kamen öfter dahin, und Peter verliebte sich in das eine der beiden Mädchen. Sie sprach englisch und war einige Monate in Gibraltar verheiratet gewesen ... Sie war hübsch ... Eines morgens war Lars daran, das Kajütendach zu waschen, während Peter den Behälter instand setzte, der das Regenwasser aufnehmen sollte. Landeinwärts donnerte es. Die beiden sprachen nicht miteinander; zum erstenmal in ihrem Leben hatte es einen Auftritt gegeben, und zwar wegen des Mädchens aus Gibraltar. Peter hatte sich's in den Kopf gesetzt, sie zu heiraten. Lars wollte es nicht dulden. Er war zu einfältig in seiner Vorstellung vom Weibe, um das Mädchen nach ihrer Lebensweise zu beurteilen, es bildete nun einmal ihr Lebensbrot, sich an den, der eben kam, zu verkaufen ... Die Hauptsache für Lars aber war, daß sie es mit Peter und ihren Gelöbnissen nicht ernst meinte, daß sie leichtfertig war. Ein englischer Kapitän schien hier seinen festen Kurs zu haben.

Gleich wird das Schiff die Hafeneinfahrt passieren, symbolisiert bei einer anderen ebenso elementaren wie schamlos-schönen Beziehung, und zwar der Pariser Intellektuellen George und dem bretonischen Thunfischfänger Gouvain Lozerech, deren lustvolles Sichsuchen und Wiederfinden: in tiefster *Verzückung der Liebe.* Darum gab Benoîte Groult ihrem Roman auch mit Bedacht den vielsagenden Titel »Les Vaisseaux du Cœur«[121] – Schiffe, Vehikel, Gefäße, geeignet, unser Herz höher schlagen zu lassen, zu bezaubern – wie jene Augen Gouvains: *blau wie zwei Meeressplitter ... Seine Leidenschaft behielt er lediglich noch seinem Beruf vor. Er hatte nicht einmal gefragt, was ich in Wellesley unterrichtete, er sprach nur von seinen eigenen Plänen. Die ersten Schleppnetze aus Perlon waren gerade aufgetaucht auf den großen kalifornischen Trawlern mit ihren Tausenden von PS starken Motoren; die alten Thunfischkutter aus der Bretagne und der Vendée, die der Tradition verhaftet blieben, würden demnächst vollkommen überholt sein.*

»Kannst du dir das vorstellen? Ringwaden von über einem Kilometer Länge? Und zweiundzwanzig Hektar Schleppfläche? Es wird nicht lange dauern, bis auch bei uns alles leergefischt ist. Wir arbeiten ja immer noch mit lebenden Ködern, also bringen wir auch weniger Fisch herein. Diese Art von Fischfang ist am Ende.«

»Was willst du tun?«

»Na ja, ich muß mich halt anpassen an die anderen, wenn ich nicht verhungern will.«

Von »den anderen«, den Basken, den Spaniern, den »Amis« sprach er mit heftigem Groll. Er wäre am liebsten allein gewesen auf See. Alles, was auf dem Atlantik kreuzte und woanders als in Concarneau gebaut worden war, war ein feindliches Schiff. Jeder Kapitän hatte auch eine Piratenseele. Lozerech mehr als jeder andere. Alle diejenigen, die einen Fisch oder eine Krabbe mit Schleppnetz oder Harpune fingen, waren bestenfalls Ganoven, schlimmstenfalls Räuber, auf jeden Fall Vandalen und Störenfriede ... Ich hörte ihm zu, wie er von seinem Leben sprach mit jener bescheidenen Tapferkeit und Humorlosigkeit, die ihn kennzeichneten und die vielleicht von einem allzu langen Umgang mit dem Meer herrührten.

»Ach, weißt du, in meinem Beruf leistet man sich nicht viel. Das ist vielleicht ein Fehler, aber so ist es eben.«

»Was heißt das: ›So ist es eben‹? Du nimmst es so hin! Das ist Resignation, nichts anderes. An das Schicksal glaube ich nicht, das bastelt man sich im nachhinein selbst zusammen.«

Wiedersehen wollte ich ihn erst, wenn er frei von seinen familiären Bindungen sein würde, irgendwo auf der Welt. Aber nichts ist schwieriger, als einem Hochseefischer acht Tage seines Lebens zu entwenden. Zuerst kommt der Fisch, den es zu jagen, zu fangen, tiefzufrieren, zu verkaufen gilt. Dann das Schiff. Und dann der Reeder. Was übrigbleibt, gehört der Familie. Diese Einteilung ließ für Unvorhergesehenes wenig Raum.

Das Glück wollte, daß die Reederei Gauvain auf die Seychellen schickte, da sie plante, dort ein paar Thunfischtrawler aus Concarneau zu stationieren. Dieses berufliche Alibi erlaubte es ihm, sich selbst die Realität zu verschleiern, nämlich die Tatsache zu verdrängen, daß er seiner lieben Familie acht Tage vorenthielt, um den Versuch zu machen, die unverständliche Sache – von Liebe wagte er nicht zu sprechen – noch einmal zu erleben, die ihn schon zweimal vollkommen aufgewühlt hatte. Und was noch unvorstellbarer war, eine Frau legte zehntausend Kilometer zurück, ohne einen anderen Grund, als mit ihm zu schlafen. Ja, ihm, Lozerech, widerfuhr dies. Wenn man ihm das jemals prophezeit hätte! ... Und seit er auf den Seychellen angekommen war, seit zehn Tagen, schwankte er zwischen Scham und Entzücken, fragte er sich, ob diese ganze Geschichte nicht die Ausschweifung zweier gestörter Geister war und ob nicht der Teufel dahintersteckte.

Nach zwei Weltkriegen

In diesem – unser Jahrhundert, also Zeitgenössisches[46] behandelnden und damit wahrscheinlich am meisten interessierenden – Kapitel bilden naturgemäß die beiden nautischen »Kriegs«-Komplexe Schwerpunkte. Neben ihnen dürfen die – zum Glück längeren – »Friedens«-Abschnitte aber keinesfalls verblassen. Entsprechend wurde das allgemein geltende Prinzip des Buches – eine breite Palette möglichst vieler Facetten und Aspekte aus Seewesen und Schiffahrt mosaikartig darzubieten – mit charakteristischen literarischen Belegen – kurzen, meist viel zu knappen Text-Partien – der herangezogenen wichtigsten maritimen Autoren einigermaßen gleichgewichtig versucht. Zudem möchten die hier gebotenen Passagen Anregung und Aufforderung an den Leser sein, sich den ausgewählten Werken – im riesigen, kaum je ganz zu erfassenden Fundus der Weltliteratur –, ihrem Studium dann mit Spannung, Wissensbereicherung, Fragen, kontroverser Kritik und Erschrecken, Freude oder ungeteiltem Genuß zu widmen oder gar selbst intensiv hinzugeben. Einen überdenkenswerten, allerdings extremen Einstieg bietet anschließender Text:

»Sir, bei solchem Wetter können wir keinen Angriff auf ein U-Boot fahren.«

»Das kann man vorher nicht wissen.«

»Sir, die DIETCH *von unserer eigenen Flottille kam seinerzeit bei den Aleuten in einen Sturm und wurde durch ihre eigenen scharfen Wasserbomben versenkt, als diese durch den Seegang ins Rutschen kamen … Der Kommandant mußte vor ein Kriegsgericht.«*

… »Warum liegt das Ruder hart Steuerbord?« brüllte Queeg [der Kommandant], *der gerade wieder hereingetaumelt kam. »Wer gibt hier die Ruderbefehle? Ist denn auf dieser Brücke alles verrückt geworden?«*

»Schiff läuft nach Backbord aus dem Ruder, Sir«, meldet Maryk [Erster Offizier]. *»Der Rundgänger kann nicht mehr Kurs halten.« »160 Grad«, meldet Stilwell … Die* CAINE *unterlag dem berüchtigten »Windfahneneffekt«. Das Ruder hatte keine Wirkung mehr, sie schor ganz einfach nach der Seite aus und wurde zum Spielball von Wind und See. Ihr Bug drehte sich rasch – von Süd nach Ost … Die* CAINE *legte sich fast ganz nach Backbord über, im Ruderhaus rauschte das Wasser über Deck … die See … brodelte zu den Scheiben empor … Der alte Minensucher schien sich ein klein wenig aufzurichten … Der Wind hatte das Schiff von Süd- auf Westkurs geworfen, Queeg war mit aller Gewalt bestrebt, es wieder auf Süd zurückzudrehen, Maryk tat jetzt das genaue Gegenteil. Er machte sich das Drehmoment des Schiffes nach Steuerbord zunutze, und unterstützte es mit … Maschinen und Ruder, um den Bug … nach Norden … gegen Wind und See zu richten …*

»Mr. Maryk, der Flottenkurs ist 180 Grad«. Die Stimme des Kommandanten klang dünn …

»Sir, wir haben längst den Anschluß an den Verband verloren – die Radargeräte sind ausgefallen.«

… Der Rudergänger meldet: 0 Grad liegt an!« …

… Die CAINE *stieß und stampfte wie wild … Draußen war nichts als weißgraue Finsternis, erfüllt von jagendem Gischt, und dazu das schrille Geheul des Sturmes, das in schaurigem Glissando auf und nieder schwankte.*

»Wir sind nicht in Seenot!« brüllte Queeg. »Nach Backbord auf 180 Grad gehen!«

»Recht so, wie's jetzt geht!« befahl Maryk im gleichen Augenblick. Der Rudergänger … glotzte fassungslos vom einen zum anderen.

»Tun Sie, was ich Ihnen sage!« rief ihm der Erste Offizier zu. Er wandte sich an den Wachhabenden: »Willie, notieren Sie die Uhrzeit!«

Dann trat er grüßend zum Kommandanten: »Sir, es tut mir leid, Ihnen sagen zu müssen, daß Sie offenbar krank sind. Ich enthebe Sie daher unter Berufung auf Artikel 184 der Navy Regulations zeitweilig von Ihrem Kommando über dieses Schiff.«

Herman Wouk (* 1915), der erfolgreiche amerikanische Autor von »The CAINE Mutiny« (1951; = Die CAINE war ihr Schicksal[330]), woraus wir den Präzedenzfall soeben miterlebten, erinnert in seinem Roman

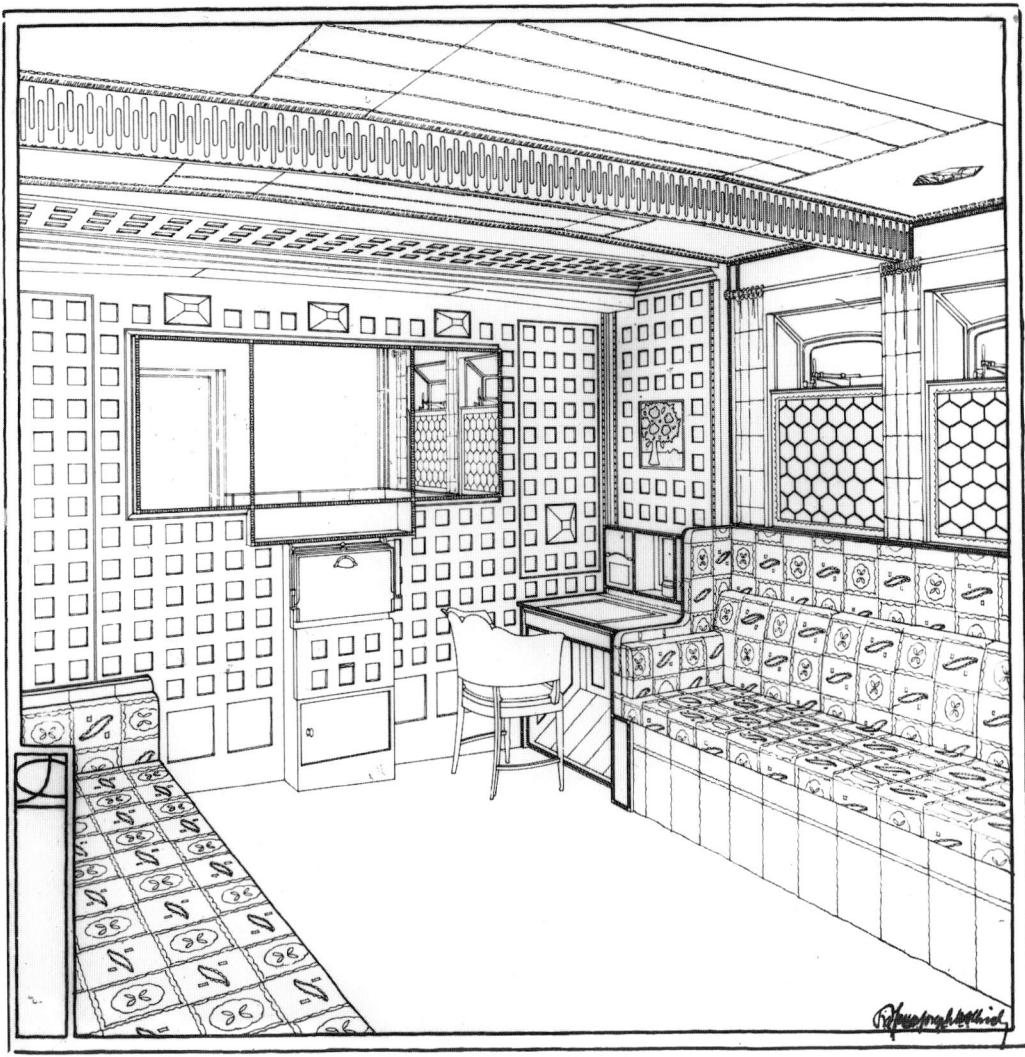

Avantgardistisch ausgestattete Luxuskabine auf dem NDL-Passagierdampfer KRONPRINZESSIN CECILIE, 1907 entworfen von Joseph Maria Olbrich (1867–1908). Zeichnung im Besitz der Kunstbibliothek Berlin SMPK.

»War and Remembrance« (1978) daran, *daß der Krieg eine alte Denkgewohnheit ist, ein alter Gemütszustand und eine alte Methodik der Politik – Dinge, die wir jetzt überwinden müssen, so wie wir Menschenopfer und Sklaverei überwunden haben.* Seine Forderung läßt hoffen! Freilich beschleichen uns – angesichts letzter blutgetränkter Jahrzehnte – Zweifel. Diese verdichtete Vita Sackville-West (1892–1962) in »No Signposts in the Sea« 1961 metaphorisch so: *Ich habe das Gefühl, in mehr als einer Hinsicht zu schwimmen ... wie auf dem Meer, das keine Wegweiser hat ...*

Aber unablässig, unüberhörbar ruft uns Portugals großer Dichter Fernando Pessoa (= Alvaro de Campos, 1888–1935)[239] in seiner strahlenden »Meeres-Ode« zu: *No mar, no mar, no mar, no mar, / Eh! pôr no mar, ao vento, às vagas, / A minha vida! / Salgar de espuma arremessada pelos ventos / Meu paladar das grandes viagens.*

(Aufs Meer, aufs Meer, aufs Meer, aufs Meer, / hei, auf das Meer, den Wind, die Wellen / mein Leben setzen! / Mit windgetriebenem Schaum von großen Reisen / den Gaumen salzen!)

Über »Salz« formte Rudolf Hagelstange (1912 bis 1984), jener seit 1945 durch sein »Venezianisches Credo« bekannte deutsche Schriftsteller, folgendes, für unsere weitere Betrachtung beherzigenswerte Poem-Ende:

Salz des Meeres, der Erde ...
Würze des Ichs und des Alls. –
Habe den Mut: Werde
Salz.

Freitag, 31. Juli 1914 ... Vielen Kapitänen auf den großen Passagierschiffen im Nordatlantikverkehr war der gesellschaftliche Teil ihres Berufs eine Last. Nicht für Charles Polack. Er führte nicht das schnellste Schiff, nicht das luxu-

riöseste, und doch zählte die Kronprinzessin Cecilie unbestritten zu den bevorzugtesten auf der goldenen Route ... Die Passagiere liebten ihn, diesen schnauzbärtigen Riesen, vor allem die Amerikaner ... Es gab Passagiere, die ihm seit zwanzig Jahren auf allen seinen Schiffen die Treue hielten ... Für sie war er ... einfach »Charly« ... Die Namensliste der I. Klasse las sich wie ein »Who's who« der oberen Zehntausend ... die Creme der reichen Witwen ... Sie alle glaubten nicht an Krieg, sondern machten sich wie eh und je auf zur »Grand Tour« ... 1280 Passagiere hatte die Cecilie an Bord. Die I. und II. Klasse waren ausgebucht ...

Polack ... zog sich die Seekarten mit dem eingezeichneten Kurs der Cecilie heran. Ihre Position lag 30 Grad West, nördlich der Azoren, fast 1600 Seemeilen von New York entfernt, etwa 1400 Seemeilen vor Plymouth ... Krieg, das war hier mitten auf dem Atlantik etwas Abstraktes ... Was er denken konnte, war nur das eine: Sie nehmen dir dein Schiff! ... Daß dies vielleicht ihre letzte gemeinsame Fahrt sein sollte, war für Charles Polack ein so unvorstellbarer Gedanke, daß ihm die Lösung plötzlich sehr einfach erschien: ... das Gold, das er an Bord hatte. Die Engländer ... würden Jagd auf ihn machen. Eine Goldladung von vierundvierzig Millionen ...

Die Cecilie hatte ihren Kurs um 180 Grad geändert – und fuhr nicht mehr nach Osten, Europa entgegen, sondern lief mit voller Kraft nach Westen zurück ...

Bar Harbor ... ist fast der nördlichste Punkt der Vereinigten Staaten ... Der 3. August 1914 war das, was die Einheimischen einen typischen Bar-Harbor-Tag nannten ... Luft wie Glas ... Die Geschichte von Bar Harbor war die Historie dieser Bucht und der Schiffe, die in den vergangenen Jahrhunderten darin Zuflucht gesucht hatten ... Schau doch! Das Schiff! Weit draußen, in der südlichen Einfahrt ... glitt ein mächtiges Schiff über das Wasser ... schwarz und klar gezeichnet, der lange Rumpf, die Decks, die vier schmalen Schlote, die dunklen Qualm ausstießen ... Die Cecilie? Niemals! Die Cecilie hat vier gelbe Schornsteine, diese hier sind schwarz. Ich sehe auch keinen Namen, und vor allem nirgends eine Flagge ... Dem Aussehen nach könnte es allenfalls die Olympic sein, aber die ist gestern abend in New York eingelaufen ...

Soweit Sandra Paretti (= Dr. Irmgard Schneeberger; 1935–94) in ihrem glänzend recherchierten, 1977 editierten Roman »Das Zauberschiff«. Es wäre nichts ohne seinen Kapitän »Charly«; denn das schlimmste für ihn war, als sie 1917 die Cecilie beschlagnahmten ... Sie wissen, daß Polack alle Ersten Offiziere, die er ausgebildet hatte, seine Söhne nannte? Er war sehr stolz auf sie. Einer davon wurde später der Kapitän der Bremen

... sie holte 1929 das Blaue Band ... hieß Ziegenbein ... und wann immer er mit seinem Schiff in Bremerhaven festmachte, besuchte Polack ihn an Bord ... Es war im November 1934, der 16. November, die Bremen lag am Columbus-Kai, sollte am nächsten Tag auslaufen ... Es gab die übliche Abschiedstrinkerei. Polack ging um Mitternacht ... Die Kais sind sehr schmal ... er ist ins Wasser gestürzt und ertrunken.

Als am 2. August 1914, den Ersten Weltkrieg einleitend, die deutsche Mobilmachung begann, befanden sich viele unserer Kriegsschiffe samt Versorgern in fernen Gewässern. Dem »Geschwader Spee« widmete Arno Dohm 1942 einen dicken Roman. Darin blitzt wie aus archaischer Saga einer der tragischen Kriegshelden auf. Ein anderer legendärer, Paul von Lettow-Vorbeck (1870–1964), erfinderisch-zäher Verteidiger Deutsch-Ostafrikas 1914–18, erzählt in seinem 1920 verlegten Buch »Heia Safari!« (S. 72ff.): Unser kleiner Kreuzer Königsberg war Anfang des Krieges aus ... Daressalam ausgelaufen und hatte am 20. September 1914 bei Sansibar den englischen Kreuzer Pegasus zusammengeschossen ... im Golf von Aden Kreuzerkrieg geführt und einige ... feindliche Schiffe aufgebracht beziehungsweise versenkt ... Durch Kohlenmangel gezwungen ... sich in der Rufidjimündung versteckt. Das ostasiatische englische Geschwader war auf der Suche nach ihr. Dadurch bekam die Emden die Möglichkeit, verhältnismäßig ungestört ihre bekannten, erfolgreichen Kreuzerfahrten auszuführen ... Die Flußmündung des Rufidji bildet ein weit verzweigtes und sehr unübersichtliches Delta ... Die Versuche des Feindes, mit kleinen Fahrzeugen in die Mündungen hineinzufahren ... [blieben erfolglos]. Der Adjutant, ein kleiner Dampfer, den die Engländer als »gute Prise« genommen und armiert hatten, wurde ihnen bei dieser Gelegenheit wieder abgenommen und diente uns später als Hilfskriegsschiff auf dem Tanganjikasee ...

Anfang Juli [1915] erfolgte erster Angriff von vier Kreuzern, anderen armierten Schiffen und zwei Flußkanonenbooten [Mersey und Severn] ... abgeschlagen. Aber bei seiner Wiederholung am 11. Juli mußte die Königsberg schwer leiden ... [ihr] Verlust ... [brachte] wenigstens für den Kampf an Land das Gute, daß ... Mannschaft und wertvolles Material nunmehr der Schutztruppe zur Verfügung standen ...

Was genannte Kreuzer angingen, setzten deutsche Hilfskreuzer auf allen Meeren, unter so ritterlichen und darum geachteten Kommandanten, wie Dohna-Schlodien oder Nerger oder Luckner[197], fort. Deren Leistungen regten Douglas Reeman (= Alexander Kent, * 1924), jenen britischen Erfolgsautor[256], zu »The Last Rider« an. Darin lenkt Felix von Steiger

Gebt für die U-Boot-Spende – mit Turm eines deutschen U-Boots. Plakat, Lithographie nach Willy Stöwer, 1917.

Ende« – »Hersing, der Zerstörer der Schlachtschiffe« – »Wie Schwieger die LUSITANIA versenkte« – »Lothar von Arnauld, das As unter den Assen« – »Die Lichter vom Broadway« – und so weiter – gipfelt förmlich in einem auch Lowell Thomas rätselhaften Nachspiel; denn Das Drama schließt mit einem kurzen, häßlichen … Kapitel, das selbst einen früheren Gegner erschüttern muß: Deutsches U-Boot gegen deutsche Linienschiffe … wie es möglich war, daß … die deutsche Hochseeflotte … und die Matrosen … meuterten … die U-Boote nicht.

Das Interessanteste bei der Schlußabrechnung ist … die zahlenmäßige Schwäche der deutschen U-Boot-Flotte (knapp 300, von denen 199 Boote verloren gingen) … Alles in allem 18 716 928 Tonnen Handelsschiffe versenkt … Deren Gesamtzahl beziffert sich auf 5000–6000. Allein 1917, als der U-Boot-Krieg seinen Höhepunkt erreichte, wurden 7,5 Millionen Tonnen auf den Grund des Meeres befördert. Das war die Zeit, als die Stützen des britischen Weltreiches zu zittern anfingen. Und die wenigsten von uns haben damals gewußt, wie schwach sie nur noch waren!

Überdeutlich wird schon aus solcher amerikanischen Aussage Wert und Unwert der kaiserlichen, aus Weltmachtdünkel geborenen Hochseeflotte. Ihr Einsatz am Skagerrak (31. Mai/1. Juni 1916)[293], obwohl von strategisch geringer Bedeutung, hat viele Literaten als menschliches oder technisches Phänomen angezogen. Vier von ihnen sei kurz das Wort gegeben: zunächst Frank Thiess (1890–1977), welcher in seinem bemerkenswerten Roman »Tsushima« (1936) – als Vorbemerkung – heraushebt: … Die als technisches Phänomen weitaus gewaltigere Schlacht am Skagerrak reicht an »Bedeutung« insofern nicht an Tsushima heran, als sie auf den Weltkrieg ohne entscheidenden Einfluß geblieben ist. Die Schlacht bei Tsushima indessen entschied nicht nur einen Krieg, alles Vorhergehende lief nicht nur wie der Mantel eines Kegels auf ihre Spitze zu, sondern sie wurde das Fanal für den beginnenden Untergang des Zarenreichs und die Geburt einer neuen Großmacht, die hinfort nicht mehr aufgehört hat, die Geschicke der Welt mitzubestimmen.

Im 1929/30 bei Malik zu Berlin verlegten, sogar in 18 Sprachen übersetzten Roman der deutschen Kriegsflotte »Des Kaisers Kulis« wird von Theodor Plievier (1892–1955)[243] das gewaltige Geschehen dann (S. 253ff., 268f.) zu skizzieren versucht: Die Luft wird sichtiger. Die Panzerkreuzer stehen sich gegenüber, Admiral Hipper mit LÜTZOW, DERFFLINGER, SEYDLITZ, MOLTKE, VON DER TANN, Sir Beatty mit LION, PRINCESS ROYAL, QUEEN MARY, TIGER, NEW ZEALAND, INDEFATIGABLE. Fünf zu sechs! Eine Breitseite von 16 000 kg Artilleriewirkung gegen

1917/18 eines dieser deutschen Phantomschiffe – die VULKAN. Sie wird zur fiktiven, vom Allzumenschlichen ebenso wie von Kriegstragik überschatteten, widerlich-faszinierenden Bühne, auf der einer ihrer Geschützführer fragt: … Was hält Gott wohl von unseren Anstrengungen, seine Geschöpfe auszulöschen? … Wir und die Engländer, jedes andere kriegführende Volk – alle sind überzeugt, im Recht zu sein. Jeder ist sicher, daß Gott und das Recht auf seiner Seite sind. Das kotzt mich an! Und ich wette, daß es Gott noch viel mehr ankotzt als uns hier unten!

Luckners abenteuerlicher Beutezug mit seinem schneeweißen Segler war sicher etwas Neuartiges … Und wie von Pol zu Pol standen gegen seine Fahrten die schreckensvollen Reisen seiner Kameraden unter der See, der Ritter der Tiefe, der Unterseeboot-Kommandanten. Es waren die beiden äußersten Extreme des Seekrieges, bekennt Lowell Thomas – in seiner 1930 von E. Freiherr von Spiegel aus dem Amerikanischen übertragenen, lebendig-spannenden Chronik – »Ritter der Tiefe«. Deren Abschnittfolge – »Die gewaltige Ouvertüre, Weddigens Heldenlaufbahn und

24000 kg! 18 km reichen die deutschen Geschütze, 21 weit die englischen ... Sir Beatty schießt noch immer nicht. 480 Zentner Eisen gegen 320! Und hinter ihm liegt das 5. Schlachtgeschwader, das ein Flaggensignal verkehrt abgelesen und sich noch nicht einrangiert hat. Admiral Evan Thomas mit den vier »Elizabeths«, den modernsten Schiffen der britischen Flotte: ein weiteres Plus von 600 Zentnern mit jeder Breitseite! Hipper setzt sein Signal. Blutrot! »Feuer eröffnen! 150 Hundert« 15 km! Das Artillerieduell beginnt. Schiff gegen Schiff!

sieht ihn immer heller aufglühen und gibt das Signal zum Rückzug.
Und verliert seine einzige Chance ...

Unter dem Titel »Dreimal ist zu viel« summiert Rolf Hochhuth (* 1931, medienwirksamer »Vater« der Dokumentar-Dramatik)[146] das makabre Skagerrak-Happening als: *Größte Seeschlacht aus Versehen ... die keinesfalls ... gewünscht ... Und ... daher ... abgebrochen wurde, als sich herausstellte, sie könne »ausarten« in eine Entscheidungsschlacht zwischen den Briten, die im Verhält-*

Täglicher Rotterdam-London-Dienst der Batavier-Lijn W.H. Müller & Co., Rotterdam, mit dem Dampfer BATAVIER IV (1902 von Gourlay Brothers & Co in Dundee erbaut, 1569 BRT, 14 kn, 110 Passagiere aufnehmend). Plakat, Farblithographie von Bart van der Leck (1876–1958), 1914.

Im Rechenexempel Jellicoes steht eine fehlerhafte Zahl, ein Besteckfehler Beattys. 25 Minuten zu früh ist er auf die deutsche Hauptflotte gestoßen. Das Gros seiner Schiffe läuft noch in Marschkolonnen und beginnt erst, sich zu formieren. Die Entwicklung dieses riesigen Apparates kostet Zeit. Und die in entwickelter weiter Schlachtlinie unwiderstehliche »Grand Fleet« ist in dieser Phase des Kampfes noch steif und schwerfällig.
Admiral Scheer und sein Stab: Ein Zeichentisch – Hingetupfte Punkte: Schiffe. Flecke: Geschwader. Blaue, rote Schraffierung: bestrichene Flächen der Artillerie. Pfeile, Fahnen: Kurse, Wind, Qualmrichtung! Aber hier versagt die Mathematik. Hier bleibt eine unbekannte Größe.
Admiral Scheer sieht nur den riesigen Flammenbogen. Er

nis 3:2 stärker waren, und den Deutschen, die ihre Rettung im Rückzug fanden, den Churchill mit Bewunderung für Reinhard Scheer, den deutschen Flottenchef, das »glorreiche Entkommen« nannte.
Noch ein Paradoxon: Der nur durch dreimaliges »Wenden« ... gerettete weitaus Schwächere in der Schlacht war zahlenmäßig der Sieger: Die Deutschen verloren 3039 Männer, die Briten 6784. Scheer verlor 62000 Tonnen Schiffsraum. Lord John Jellicoe 112000 Tonnen. Dennoch – drittes Paradoxon – fühlten beiden Seiten sich als Sieger ...

Oder – deutscherseits vielleicht doch als Verlierer? Denn in jener bei S. Fischer zu Berlin gedruckten, am 12. Februar 1918 in Dresden uraufgeführten und danach oft gespielten expressionistischen Tragödie

»Seeschlacht« von Reinhard Goering (1887–1936) flüstert der fünfte Matrose im Schlußmonolog: *Die Schlacht geht weiter, hörst du? / Mach deine Augen noch nicht zu. / Ich habe gut geschossen, wie? / Ich hätte auch gut gemeutert! Wie? / Aber schießen lag uns wohl näher? Wie? / Muß uns wohl näher gelegen haben?*

Im Aufsatz »Revolutionäre« (im Buch »Matrosen« 1928, S. 138f.) begründet Joachim Ringelnatz[260] – als Sympathisant von Meutereien – diese so: *Es ist kein Zufall, wenn Revolutionen bei den Marinen einsetzen; denn Matrosen sind vielseitiger, geschulter, welterfahrener als das Landvolk. Sie haben zu ihren seemännischen Kentnissen, die vom Sternenhimmel bis zum Meeresboden tasten, auf Kriegsschiffen noch Signalsprachen ... und hunderterlei anderes gelernt. Sie kennen fremde Länder, Sitten und Sprachen. Viele von ihnen haben schon an politischen Aktionen teilgenommen, und an Bord verbrachten sie Tage und Nächte in nächster Nähe von höchsten Persönlichkeiten. Ihr Respekt war immer nur ein vernünftiges Sicheinfügen in erkannt Notwendiges, niemals ein blödes Sichbeugen vor unbegriffener Überlegenheit.*

Darum kann Marine- und Schiffahrtshistorie ihre Augen keinesfalls vor Empörungen, Aufständen[216] verschließen, zumal mit Beginn der Französischen Revolution 1789, jene auf der BOUNTY[44] 1789, oder 1797 diejenigen in der britischen Navy an der Nore-Sandbank (Themsemündung) und in Spithead, 1842 auf der amerikanischen Kriegsbrigg SOMERS oder 1905 der russischen POTEMKIN geradezu beispielhaft geworden sind. Nicht weniger berüchtigt und folgenschwer wurde das vom Kreuzer AURORA[206] am 25. Oktober 1917 abgegebene Umsturz-Signal, das in Deutschland und Österreich lebhaften Widerhall fand.

Eine Erhebung, welche vom 20. Januar 1918 an sich im südlichsten k.u.k. Adriakriegshafen ereignete, benutzte Friedrich Wolf (1888–1953) zu jenem im Berliner Bülowplatz-Theater am 9. November 1930 uraufgeführten Schauspiel »Die Matrosen von Cattaro«. Darin fällt als letztes Wort des zur standrechtlichen Erschießung abgestellten Meuterers Franz Rasch: *Das ist nicht das Ende, Leutnant, das ist erst der Anfang!*

Aus den Meutereien[216] bei der kaiserlichen Hochseeflotte entwickelte sich jene umwälzende Revolution in Deutschland, welche am 9. November 1918 zum Zusammebruch des Kaiserreichs und in Berlin zur Ausrufung der Republik gedieh. Zuvor machte ein literarisches Zitat – in seiner Negation zwar –

The Stoke Hole. Holzstich in »The Graphic« 1870 (March 19).

Furore; denn die sich verweigernden Matrosen und Heizer hatten ihren Offizieren auf S.M.S. THÜRINGEN und HELGOLAND am 30. Oktober 1918 gegen 22 Uhr zugerufen: *Wir wollen nicht in Schönheit sterben!* Damit wurde Gehorsam und Seeklarmachen sabotiert.

Norwegens bedeutender Dichter Henrik Ibsen (1828–1905)[156] prägte 1889/90 jenes ebenso furiose wie dubiose, mit fatalem Hintersinn befrachtete Zitat *In Schönheit sterben* – und zwar im bis heute oft gespielten, psychologisch-symbolistisch angelegten, vieraktigen Schauspiel »Hedda Gabler«. Darin versucht er, Lebenslüge, Scheinmoral und Borniertheit der ihn umgebenden, von Konventionen erstickten höheren, tonangebenden Kreise und Korps aufzudecken. Ibsen exemplifizierte es an der Gestalt Heddas, General Gablers exaltierter Tochter, die vom Wunsch beseelt ist (II,10): *Ich will ein einziges Mal in meinem Leben Macht über ein Menschenschicksal.* Und sie erreicht tatsächlich einen Selbstmord!

Mit Heddas dann eigenem ausweglosem Sterben »in Schönheit?« provozierte Ibsen nicht nur tiefst blasphemisch sein Publikum, besonders in Deutschland, wo er fast zwei Dezennien verbrachte, sondern

219

Deutschlands Hochseeflotte, desarmiert und interniert in Scapa Flow
am 28. November 1918. Britisches Foto (die Selbstversenkung erfolgte
erst am 21. Juni 1919).

er stilisierte dieses Zitat auch zu einem Kaiser Wilhelm II., seine Marine und die Fin de siècle-Gesellschaft ins Mark treffen wollenden Schocker. Dessen
erstaunliche Nachwirkung hält bis 1939 an, da sich
Erich Raeder (1876–1960; Chef der Kriegsmarine)
seinem »Führer« gegenüber des antithetisch-absurden Wortes *In Schönheit sterben* fatalistisch immer
noch zu bedienen beliebte.[122]

Meuterei-Fortsetzungen spiegeln[258] selbst Ludwig
von Reuters 1921 gedruckt vorliegende Erinnerungen »Scapa Flow. Das Grab der deutschen Flotte«
(S. 75, 83, 99ff.) wider: *Nach Auskehrung des Obersten
Soldatenrates war der Augenblick gekommen, wo ich den ...
Flaggschiffwechsel vornehmen konnte. Er fand am 25.
März* [1919] *statt. Ich wählte den Kleinen Kreuzer* EMDEN,
der als einziges Schiff [dank seiner marinetreu gebliebenen
Besatzung] *sich mir ... zur Verfügung gestellt hatte ... Die
Internierung lastete auf den Mannschaften, rief in ihnen
einen Zustand der Gereiztheit hervor, der nur eines geringen
Anlasses bedurfte, um es zu ... Ausschreitungen kommen zu
lassen. Solche Anlässe nützten die politischen Hetzer aus, sie*

*sorgten dafür, daß der Verband bis ... kurz vor der Versenkung nicht zur Ruhe kam und unser Besitzrecht an den
Schiffen dauernd gefährdet blieb ...*

Hier ist es angebracht, eine Charakteristik des
Zivilcouragierten einzufügen, und zwar 1901 verfaßt
durch Bogislav von Selchow und abgedruckt in
dessen »Hundert Tage aus meinem Leben« (1936,
S. 77): *»Jeder von euch denkt ja selbständig. Wer hat euch
denn das beigebracht?«*
»Der Artillerieoffizier.«
*Durch alle Abteilungen ging der Geschwaderchef, in die
Munitionskammern, zu den Schnellfeuergeschützen, zum
Turm, in die Kasematte, ließ Leute ausfallen, Feuer ausbrechen, Bremsen sich festklemmen, Leitungen zerstört sein.
»Was tun Sie?« Jeder hatte eine Antwort, die ihm nicht in
den Mund gelegt war, die der Lage entsprach. »Tun Sie das
und das?« Nein, das dürfe er nicht, das schade der Hauptaufgabe des Schiffes, den Gegner zu vernichten. »Von wem
habt ihr denn das alles?«*
»Vom Artillerieoffizier.« Der Prinz konnte alle Offiziere und
Maate und Geschütze ausfallen lassen. Noch der letzte
Matrose würde das Kommando zum Rammstoß geben. Das
ganze Schiff war ja geladen vom Geiste dieses Artillerieoffi-

ziers. »*Ich habe noch keine so vorzügliche Besichtigung erlebt. S.M.S. SACHSEN ist das beste Schiff meines Geschwaders*«, schloß der Prinz [Heinrich von Preußen] *seine Kritik. Achtzehn Jahre später vollbrachte dieser Artillerieoffizier die letzte große Tat des Weltkriegs. Der die deutsche Flotte vor Scapa Flow versenkte, das war Kapitänleutnant von Reuter von S.M.S. SACHSEN, nunmehr als Admiral eingegangen in die Unsterblichkeit.*

Am 17. Juni 1919 gab von Reuter[258] jenen wägenden Befehl, in dem er – Punkt 11 – festlegte: *Es ist meine Absicht, die Schiffe nur zu versenken, wenn der Feind versuchen sollte, ohne Zustimmung unserer Regierung sich in ihren Besitz zu setzen. Sollte unsere Regierung in den Friedensbedingungen in die Auslieferung unserer Schiffe einwilligen, dann werden die Schiffe ausgehändigt werden zur dauernden Schande derjenigen, welche uns in diese Lage versetzt haben.* – Als Reuter bald darauf tatsächlich Nachricht erhielt, daß man sich deutscherseits zur Übergabe bequemte, ließ er eigenverantwortlich am 21. Juni gegen 10 Uhr das verabredete Signal heißen: *Schiffe sofort versenken!* Das Unterwasserbringen gelang bei der BADEN, EMDEN, FRANKFURT, NÜRNBERG sowie 18 Torpedobooten nicht oder nur teilweise, da

diese in sinkendem Zustand von den Briten auf Land geschleppt wurden.

Sofort nach Untergang des Großteils der deutschen Flotte schrieb bereits erwähnter Reinhard Goering sein (noch 1919 von S. Fischer ediertes) Drama »Scapa Flow«. Am Schluß des 2. Aktes empört sich – im Wortwechsel zwischen englischem und deutschem Admiral – der Brite: *Diese Tat, / Die Sie getan haben, / Wird unvergessen bleiben / Wegen ihrer Ruchlosigkeit / Durch alle ewige Zeit. / ... / Sie werden / Vor Gericht gestellt werden. / Viele Millionen Gold / Sind durch Ihre Tat vernichtet. /* ...

Admiral von Reuter durfte wahrscheinlich ähnlich stolz auf seine Entscheidung sein wie es Gabriele d'Annunzio (1863–1938), Italiens heroisch-schillernder Poet, nach der Eroberung Fiumes (1919) war, zumal sein daran beteiligter Kreuzer PUGLIA bis heute die Attraktion im Vittoriale degli Italiani, d'Annunzios Heldenhain am Gardasee (Gardone Riviera)[71], geblieben ist. Einem Modell der PUGLIA begegnet man im Museo storico navale zu Venedig.

Dem Meerfriedhof im mediterranen Sète, wo Paul Valéry (1871–1945) ruht, widmete derselbe 1920

Matrosen-Abschied. Holzschnitt-Beilage von Frans Masereel (1889–1972) in der Zeitschrift »Der Ararat«, 2. Jahrgang, 1921.

jenes bewunderte meditative Gedicht »Le Cimetière marin«.[324] Es schließt: *Das weht vom Meer und in dem Wehn enthalten / ist meine Seele ... Salzige Gewalten! / ... / Ja, Meer! du großes, dein ist alles Wüten, / du Pantherfell, du Mantel, darin die Mythen / der Sonne flimmern, tausende vielleicht –, / ... / Der Wind erhebt sich! / Leben: ich versuche es! / ... / und Wasser, dort zu Staub zersplittert sichs! / ... / und Woge, du! mit frohem Wellenstoße, / das Dach unter dem Klüverschwarm –, zerbrichs!*

Von Sète, zugleich Valérys Geburtsort, ist es nicht weit bis Marseille, Frankreichs wichtigem Tor nach Afrika und in die Levante. Seiner Atmosphäre und den Menschen am alten Hafen verhalf Marcel Pagnol (1895–1974) in Volksstücken, wie den drei »Zum goldenen Anker« (1931) zu pulsierender Gegenwärtig-

keit. Dort bekundet Escartefigue: *Ich bin stolz darauf, Seemann zu sein und Kapitän, Herr an Bord, gleich hinter dem lieben Gott ...* – Irdisch weit bedrängter ist die Stimmung von Auswanderwilligen im Drama von Charles Vidrac (1882–1971) »Le Paquebot TENACITY« (1919).

Was an Außergewöhnlichem auf Kapitäne zukommen kann, verlebendigt Hans Henny Jahnn (1894 bis 1959) in »Mov«, einer von »13 nicht geheuren Geschichten« (1974): *Mov Faltin wurde bald nachdem er sein Patent erworben hatte, Kapitän und führte ein kleines Frachtschiff für eine unbedeutende Reederei in Höganaes ... So kam auch jene Nacht ... in der James Botters verunglückte. Sie wurden auf hoher See von schwerem Wetter überrascht. Der Ozean kam über die Reling. Das Deck war glatt. Botters ging in der Finsternis ... nach achtern. Ganz unerwartet ... entwich der Boden unter seinen Füßen. Er glitt aus, fiel, rollte wie ein Stück Holz gegen die Schiffswand. In jenem Augenblick schrie er ... Die Zähne des Mannes schlugen aufeinander. Der Kapitän Mov Faltin stützte den Matrosen, half ihm ... aus seinem Leibe war, groß wie eine Walnuß, durch eine Wunde, die kaum noch blutete, die braun umrandet war, eine Schlinge des Darms hervorgetreten. Dem Matrosen schlugen die Zähne ... wieder aufeinander. Mov Faltin gab ihm ... Kognak. »Ich werde ihn zunähen müssen«, sagte Faltin zu sich selbst, »ich werde dies Schwierige ausführen müssen, denn er wird sonst in zwei Tagen tot sein.« Er suchte Watte und Chloroform hervor. Er ließ den Matrosen den süßlichen Dampf des Betäubungsmittels einatmen ... las die Beschreibung, wie man Fleischwunden vernäht ... Der Kapitän betupfte die schwammige Blase, die aus dem Bauch hervorgetreten war, mit einer desinfizierenden Flüssigkeit ... Mit einem ... Finger stieß er den Darm durch die Öffnung im Leibe zurück. Dann vernähte er sie kunstlos, doch emsig, mit einer Anzahl Stichen. Er trieb die Nadel durch Haut und Fleisch ... Als man nach zwei Tagen einen Hafen anlief, drang der Kapitän darauf, daß Botters ins Krankenhaus komme. Aber der weigerte sich ... wollte nicht von Bord ... Mov Faltin pflegte den Kranken mit Sorgfalt. Stundenlang saß er schweigend neben dem Lager des Genesenden ... Dann wurde die alte Ordnung wieder hergestellt. James Botters zog ins Logis der Matrosen.*
»Ich habe meine Pflicht getan«, sagte Mov Faltin am Ende der für ihn so erregenden Wochen zu sich selbst ...

Wohl selten vermochte ein Seemann so schnell aufzurücken, wie Jan Wandelaar. Über jenen rührigen Bugsierkapitän und die Hochseeschleppfahrt handelt Jan de

Abfahrt der Schiffe, 1927. Gemälde von Paul Klee (1879–1940); Berlin, Nationalgalerie (22/67).

Hartogs (= F. R. Eckmar; * 1914) vielbeachteter Roman »Holland's Glorie«.[132] Voraussetzung dafür war der 13. Oktober 1919: *Die Britische Admiralität vergibt den Transport eines 30 000-Tonnen-Docks nach Port Stanley, Falkland-Inseln. Eine Überfahrt von siebeneinhalbtausend Meilen, die längste, die jemals ein Dock gefahren ist, und dieses Dock ist das größte, das jemals in der Welt unzerlegt über die See geschleppt wurde ... Am 25. Oktober 1919 erhält die Seeschiffahrts-Gesellschaft J. Wandelaar & Co. den Auftrag, das Falklanddock zu schleppen ...*
Jan Wandelaar ... steht, wie er allzeit gestanden hat und ... stehen wird, auf der Brücke, die Hände auf dem Rücken, die Beine gespreizt. Fahren! Fahren! Gott laß mich fahren, denn unerreichbar ist der wahre Pol des Verlangens, und hinter dem Horizont winkt immer das Glück.

Darum konnte Fernando Pessoa[239], Portugals gefeiertster, anfangs schon zitierter Lyriker, in seiner fast futuristischen »Ode Maritima« (1915?) uns auch nur

mahnen: *Ach ... / die Reisen übers Meer, wo wir alle auf eine besondere Weise / Gefährten der anderen sind, als brächte ein Meergeheimnis / unsere Seelen näher zusammen und machte uns / vorübergehend zu Landsleuten des gleichen, unsicheren Vaterlandes, / im ewigen Ortswechsel auf der Unermeßlichkeit der Gewässer! / Große Hotels des Unendlichen, ihr meine Überseedampfer! / Mit vollendetem Weltbürgertum bleibt ihr nirgendwo stehn / und beherbergt alle Arten von Trachten, Gesichtern und Rassen ...*

Imagination und Poesie sich öffnend, versetzt uns Joachim Ringelnatz (1883–1934)[260] sogar in phantastisches Traumgeschehen (»Die Woge« 1922, S. 112ff.): *... Der Halbnäsige hob, ohne auf das Gezeter der Wirtin zu achten, den Glaskasten von der Wand herab und stellte ihn ... auf den Fußboden so heftig nieder, daß die gläsernen Wände in Scherben auseinander brachen ... Hierauf – ... in der vierten Minute des 29. Nobembers 1915 – geschah es, daß die kleine Viermastbark sich zu dehnen begann, daß sie*

223

nach wenigen Sekunden die Größe einer Badewanne und in nochmal soviel Zeit den Umfang einer Dampfpinasse erreichte.

»Alle Mann an Bord!« Es entstand eine Panik. Angstlaute, Pfiffe, Kommandos, gegenseitiges Aneinanderprallen, – die Wirtin schrie nach Bezahlung. Aber die meisten Seeleute stürzten zunächst in ein und demselben Gedanken zum Klavier: Muky. Sie trugen das mutig lächelnde Mädchen trotz der drängenden Gefahr behutsam auf den Segler. Dann schifften sie sich selbst ein; und jeder begab sich ... auf .... Posten, an die Brassen, in die Wanten hoch ... ans Ruder, der Torpedokoch in die Kombüse ... Kapitän Bindebein aufs Achterdeck.

Unterdessen wuchs die Bark weiter in die Länge, Höhe und Breite, die Stühle, die beladenen Tische mit Getöse umkippend und beiseite schiebend. Schon stießen die Masten in die Decke, daß Kalkstücke herabprasselten. Der Besan hatte die Mißgeburt gespießt. Jetzt zerbrachen die schwellenden Schiffsplanken das Möblement an den Stubenwänden und preßten die dicke, quietschende Wirtin fest, platt. Ein Zivilist entging nur knapp dem gleichen Schicksal, indem er ... aus der Tür schlüpfte. Als diese aufgerissen ward, brach ein ungeheurer Windstoß herein und ließ die Segel knattern, bis sie sich auf einmal zum Bersten voll steiften. Das Schiff kam in Fahrt. Die Raanocken zertrümmerten vorbeistreifend Fenster, Spiegel und Bilder ... die ausgestopften Tiere ... So rammte der Viermaster wuchtig die nächste Wand ein ... schoß quer über den Kirchplatz ... und schlitterte nun die grausam gepflasterte John-Brinkmannstraße längs, wo der letzte Werftarbeiter, den man mitleidig mit an Deck gezogen hatte ... kopfan über die Reling sprang.

»Südwest zum Westen!«

»Heiß Großstengtagseil!« – »Zwei Strich Backbord!«

Das rasende Schiff überrannte schreiende Menschen ... jumpte über die Kaimauer platschend ins Wasser und lief nun mit verdoppelter Geschwindigkeit aus dem Hafen. Lief rücksichtslos, frech an signalisierenden oder schießenden Wachtschiffen vorbei, durchbrach unbeschadet ein entsetzlich krachendes Minenfeld und sonstige Hafensperren, jagte – immer mit vollen Segeln – quer durch eine Seeschlacht und von dannen, weit fort in die ... blaue Ferne ... wo wir alle einmal gewesen sind, in den süßesten Stunden unbewußter Kindheit.

Vom Surrealen wenden wir uns nun höchst realen »Viechereien« zu, etwa denjenigen, welche Witold Gombrowicz (1904–69) 1930 unter »Die Begebenheiten auf der Brigg BANBURRY« mitaufnahm: *Das Schiff war alt, stark von Ratten angenagt, die sich unter Deck in riesigen Mengen vermehrten – es hatte stellenweise ganz aus-*

Nach den nordischen Staaten – Schweden, Finnland, Dänemark, Norwegen, Estland, Lettland, Rußland – führt der Weg über Lübeck, 1925. Plakat von Alfred Mahlau (1894–1967).

gefressene Seiten, und das Heck wiederum war, wie zum Tort, voller Rattendreck ... Das Übermaß an Ratten entzückte mich durchaus nicht – diese Tiere haben unangenehme Sitten, ihr fetter Schwanz ist so lang, sein spitzes Ende so entfernt, daß sie das Gefühl seiner Verbindung mit dem Rest des Körpers verlieren und infolgedessen ständig der unerträglichen Täuschung unterliegen, daß sie ein leeres Stück Fleisch hinter sich herschleifen, ein vollkommen fremdes und so recht zum Fressen. Das macht sie sehr nervös. Manchmal senken sie die Zähne in den Schwanz, sich quietschend zusammendrehend, wie toll vor Begierde und entsetzlichem Schmerz ... nachmittags sah ich Spielereien von Pelikanen mit Tiefseefischen. Es kamen zwei von Südwest geflogen und begannen über dem Schiff zu kreisen. Pelikane sind große, schneeweiße Vögel mit gewaltigem Kropf und einem meterlangen, unerhört scharfen Schnabel. Freilich können sie nicht davon träumen, damit einen Hai oder Walfisch fres-

Norddeutscher Lloyd Bremen / Nach Südamerika – mit Rio de Janeiro und einem NDL-Dampfer vom Typ GENERAL VON STEUBEN; Plakat, Farblithographie von Bernd Steiner, um 1928.

Cunard / Europe America – mit dem Passagierdampfer BERENGARIA (seit 1921; als IMPERATOR 1912 beim Vulcan Hamburg vom Stapel gelaufen, 52 117 BRT); Plakat, Farblithographie von Odin Rosenvinge um 1922.

sen zu können, aber es juckt sie die absolute Überlegenheit über die Seeriesen, die darin beruht, daß weder Haie noch Wale fliegen können. Das juckt sie und läßt ihnen keine Ruhe. Darum kommen sie still dahergeflogen und – zack – stoßen sie ihren dolchscharfen Schnabel in den Rücken eines Tiefseefisches, der untertaucht ... sich bemühend herauszuspringen und dem Pelikan nachzujagen.

Einer der – sogar 1936 mit dem Literatur-Nobelpreis ausgezeichneten – meist gespielten Dramatiker des amerikanischen Theaters war Eugene O'Neill (1888–1953). Alle Kontraste einer wilden, ungezügelten Existenz auskostend, fuhr er selbst auf Segelschiffen, Kohlenpötten, Luxuslinern, erlebte die unendliche Freiheit der Meere ebenso wie das Träumen von »Hinter dem Horizont«; dieses nur ein Titel seiner 13 an Bord verwurzelten Bühnenstücke. Ein anderes, »The Hairy Ape« (1922; = Der haarige Affe), führt uns vor die Feuerlöcher, in die Kesselräume eines

Passagierdampfers und in jene tragisch-groteske Konfrontation eines Schiffsheizers mit einer Millionärstochter, welche beim Anblick seiner Muskelpakete und behaarten Brust in Ohnmacht fällt. Liebe, Angst, rasende Wut, brüllende Rache werden zu Motiven, die am Ende Yank, den haarigen Heizer, verzweifelt ausrufen lassen: Mein Gott, wo paß' ich denn nun hin?

Bei einer Seereise nach Trapezunt (wohl von Konstantinopel aus) äußert »Das hellblonde, junge Mädchen« Nimet – im gleichnamigen Roman des Türken Mahmud Yesari (* 1895)[73] – dem Kapitän Cezmi gegenüber ihren Wunsch, sich im Kesselraum umsehen zu dürfen: Cezmi war gespannt, was für eine Gesicht Nimet in dem Kesselraum machen würde ... Cezmi *schritt voran, Nimet folgte ihm. Während sie die zweite Treppe hinabstiegen, begann ihnen die Hitze des Kesselraumes entgegenzuschlagen ... Den von Rauch und Kohlenstaub geschwärzten Augen dieser Heizer, die ihre versengte Brust dem Feuer aussetzten, mußte das hellblonde Mädchen wie eine göttliche Sonne erscheinen ... das war es, was Czemi gefürchtet hatte. Wie sehr bereitete das den Unglücklichen, die sich nach Sonne und Licht sehnten, Kummer und Schmerz. Sie sahen nicht, konnten nicht sehen. Aber ist es überhaupt recht, das Fenster eines Lebens zu zeigen und zu öffnen, zu dem sie keine Beziehung haben. Bedeutet das nicht Qual und Marter? ... Nimet konnte nicht weiter ... Der Anblick, den sie gehabt hatte, erfüllte ihr Herz mit giftiger Bitternis, Flamme und Feuer waren sonst doch immer rot ... aber hier beschlug die Farbe des Feuers alles schwarz ... so schwarz, daß sie fürchtete, daß ... diese Schwärze ihre Seele schwarz färben würde ...*

Während einer »Mittelmeerreise« (publiziert 1940 bis 1942) erlebte Heinrich Lersch (1889–1936) – wie vor ihm schon Joseph Conrad in der Erzählung »Youth« (1902) – einen Brand im Kohlenbunker mit: *... Der Dreitausend-Tonnendampfer fuhr von Griechenland heim nach Hamburg ... Der Kapitän lachte sein Sprüchlein: »Wir haben den Wind von hinten und das Schiff voll Korinthen!« ... Ich als Passagier kletterte hinunter in den Heizraum. »So, man rin in den Kohlenbunker!« sagte einer und kroch voran. Ich folgte. Kaum war ich drin, trieb mich fürchterlicher Gasqualm wieder hinaus. Ich stand da, wie aus einem Kessel Ammoniak gezogen. Als ich mich ausgehustet hatte, sagte der Heizer: »Im Bunker brennt die Kohle! Unter dem großen Vorrat lag noch viel alter Dreck und Staub auf dem Boden, der hat sich von selbst entzündet, die Glut frißt sich weiter und höher. Weißt du Bescheid? Schüppen wir einfach drauf los, so kriegt die Glut Luft, es gibt Großfeuer. Überschwemmen, das macht Wasserstoffgas, explodiert. Packen wir mit Gewalt die Kohle um, so fliegt der Staub durch die Luft – Kohlenstaubexplosion! Löschen? Der Brand müßte mit trockenem Sand erstickt werden. Woher nehmen? Weiterbrennen darf es nicht! Jetzt heben wir mit kleinen Schüppen auf und kabeln ihn kübelweise hoch. Aber jeden Augenblick kann eine Explosion den alten Kasten wie ein Graubrot in zwei Teile reißen ...«*

Knut Hamsun (1859–1952; Literatur-Nobelpreis 1920)[127] fügte eine ähnliche Schreckensvision – dies' Mal mit Öl – seinem Roman »August Weltumsegler« (1930) ein: *Da lag nun sein Schiff und war geladen und sollte am Morgen in See stechen. Nun weiß ja jeder Seemann, wie gefährlich es ist, bei großer Hitze mit einer Ölladung zu fahren. Der Druck hebt die Luken ab und sprengt*

das Schiff in wenigen Stunden mit Mann und Maus in die Luft. Aber August wollte alles lieber, als mit der Tochter des Generalpräsidenten verheiratet sein, pfui Teufel! sagte er. Und Edevart konnte sich kaum vorstellen, wie widerlich und ekelhaft sein Erlebnis mit ihr gewesen war. *Ein Mann stand nun hier auf dem Kai, zündete eine Zigarette an und warf das Zündholz ins Wasser. Was geschah? Ja, das Wasser geriet in Brand, das Wasser rings um das Schiff brannte von dem Öl, das aus den Tanks im Schiffsrumpf herausgesickert war. August war sich klar darüber, daß es so gut wie sicher den gewissen Tod bedeutete, mit diesem feuergefährlichen Schiff zu fahren, aber er wollte um jeden Preis fortkommen. Pfui Teufel!*

Erlösend wirkt daneben ein Kuttel-Gedicht von Joachim Ringelnatz (= Hans Bötticher, 1883–1934): *Daddeldu malt im Hafen mit Teer / Und Mennig den Gaffelschoner* CLAIRE */ Ein feiner Herr kam daher, / Blieb vor Daddeldu stehn / ... / Und der Fremde sagte verbindlich lächelnd: »Nein, / Ich bin nur Fürst Wittgenstein.« / Daddeldu erwiderte: »Fürst oder Lord – / Scheiß Paris! Komm nur an Bord.« / ...*

Glanz und Glamour der »Roaring Twenties« verkörpern jenes mondäne Publikum, Leinwandstars und exentrische Globetrotter, die während Weltreisen und im Linienverkehr zwischen Kontinenten auf Luxusdampfern agieren, wofür sechs Novellen, zusammengefaßt im 1921/22 erschienenen Band von Paul Morand (1888–1976) »Ouvert la nuit« (= Nachts geöffnet) ebenso zeugen wie manche der meisterhaften Erzählungen von W. Somerset Maugham (1874 bis 1965), etwa dessen »Winterkreuzfahrt«, »Honolu« oder »Der Besserwisser«.

Hierhin gehören auch die gefühlsgeladenen Sturm-Stunden in Evelyn Waughs (1903–66) Roman »Brideshead Revisited« (1944–60).

Was 1924 auf S.S. ARCADIA, dem von Liverpool nach New York rasenden Ozeanriesen *mit 250 Pfund russischem Kaviar, 18 Sorten Champagner, 30 Stangen Dynamit* und einer feurigen Schönheit, zugleich millionenschweren Erbin an Bord, passiert, schildert Graham Masterton im Roman »Jungfernfahrt«.

Allerdings selbst die stillere, nachdenklichere Art des zur See Fahrens, in der sich Handelsreisende, Auswanderer, Künstler übten, erfuhr ihren literarischen Niederschlag – etwa in der Weise, wie der Emigrant Stefan Zweig (1881–1942) seine Einfahrt in Rio de Janeiro beredt vor uns zum Panorama werden läßt: *... Aber nein! Es war wiederum ein Irrtum und dies nur die Bucht von Botafogo und Flamengo, nochmals muß*

das Schiff weiter steuern, noch ein anderes Blatt dieses göttlichen, in allen Farben leuchtenden Fächers aufgeblättert werden, noch muß man vorbei an der Marineinsel und jener
kleinen mit dem gotischen Palast, wo Kaiser Pedro zwei Tage
vor seiner Absetzung den letzten Ball gegeben. Und jetzt erst
grüßen die Turmhäuser, eine einzige vertikale Masse, jetzt
erst zeigen sich die Docks, jetzt erst kann das Schiff anlegen
und man ist in Südamerika, ist in Brasilien, ist in der
schönsten Stadt der Welt.
Diese einstündige Einfahrt in Rio ist ein Erlebnis einziger
Art und in ihrem unwiderstehlichen Eindruck nur jener in
New York zu vergleichen. Aber New York grüßt härter, energi-
scher: wie ein nordischer Fjord wirkt es mit seinen aufge-
türmten eisweißen Kuben. Manhattan ist ein männlicher,
heroischer Gruß, der steil aufgestoßene menschliche Wille
Amerikas, ein einziger Ausbruch zusammengefaßter Kraft.
Rio de Janeiro aber bäumt sich nicht einem entgegen – es
breitet sich aus mit weichen, weiblichen Armen, es empfängt,
es zieht an sich heran, es gibt sich mit einer gewissen Wollust
dem Blicke hin. Alles ist hier Harmonie, die Stadt und das
Meer und das Grün und die Berge, all das fließt gewissermaßen klingend ineinander, selbst die Hochhäuser, die
Schiffe, die bunten Lichtplakate stören nicht; und diese Harmonie wiederholt sich in immer andern Akkorden ...

Freilich, was für Stefan Zweig gilt, trifft ebenso für
Thomas Mann (1875–1955; Literatur-Nobelpreis
1929)[203] zu, der mit der VOLENDAM 1934 von Bou-
logne-sur-mer nach den USA unterwegs – ein »Welt-
buch«: Cervantes' »Don Quijote« studiert, doch üppige Verpflegung, Shuffle board-Spiel und allgemeinen Bordbetrieb nicht aus den Augen verliert. So
notiert er am 21. Mai: ... die Passagiere möchten sich um
elf Uhr ... an den numerierten Bootsplätzen einfinden, zur
Instruktion für den Notfall ... wir haben uns ... zum Stell-
dichein aufgemacht, denn der Notfall interessiert mich in all
dem übertünchten Komfort, der es darauf anlegt, den Ernst
der Lage in Vergessenheit zu bringen.

Wie unheimlich ernst es auf der zwischen Hamburg und Nordnorwegen verkehrenden POLARLYS
zugeht, zumal ein rätselhafter Todesfall dabei aufzu-
klären ist, verdeutlicht Georges Simenon (1903–89),
Belgiens weltweit meistgelesener Autor, in seinem
seit 1932 vorliegenden Kriminalroman »Der Passagier der POLARLYS«.[289] Was wir meist – beim Anblick
eines stolzen Schiffes – an Hintergründigem, auch
Menschlich-Allzumenschlichem verdrängen, schildert Heinrich Hauser (1901–55)[135] in seinem 1928
durch den Gerhart-Hauptmann-Preis ausgezeichneten Roman »Brackwasser«: ... die Flut steigt, das Schiff

soll raus: vier Gitterbrücken stehen über dem Deck des Schiffes, vier Güterzüge stehen auf den Brücken. Die Maschinen
pfeifen schrill, bewegen Ruck um Ruck die Pleuelstangen.
Die Kipper greifen die letzten Güterwagen, und rauschend
schießt ein Strom von Cardiffkohle Schub um Schub über die
Rutschen in die offnen Bunker ... Schaufeln knirschen: die
Dockarbeiter räumen den Kohlenberg beiseite. Schwarze,
grölende, singende Teufel. Talglichter brennen an ihren
Schaufelstielen. Betrunken, so wie an Deck auch alle Mann
betrunken sind im Augenblick der Abfahrt.
Auf dem zweiten Deck haben Ärzte und Zahlmeister einen
Tisch mit Tintenfässern und Papieren aufgeschlagen: Sie
lassen die ganze Besatzung mit aufgehobenen Armen wie
Verbrecher langsam an sich vorübergehen. Das ist die Untersuchung auf Geschlechtskrankheiten. An den Masten und
an der Brücke flammen jetzt bunte Signallichter auf. Schlepper liegen längsseit. Die Sirene brüllt zur Abfahrt, die
Hydranten zischen Wasser über Deck. Die Brücken rollen
zurück. Vorn und achtern schrillen die Telephone. Die Win-
schen rasseln die Haltetaue ein. Die Pfeifen der Steuerleute
trillern. Die Schlepper ziehen an. Ein Streifen Wasser wächst
zwischen Kai und Schiff.
Um Mitternacht wandert die EMPRESS OF IRELAND, elf
Galerien voller Licht, vom Lotsen geführt, durch die Allee
der Leuchtbojen. Zum letzten Male greift das Land nach ihr
mit den weißen Armen seiner Feuer. Sie wandert. Ein kleiner
Stern, der schwimmend über einem großen Abgrund hängt.
Das ewige leise Zittern der Stahlplatten, das leise Bum-bum
der Maschinen beruhigt und schläfert ein. Wie ein schwerer
Hammer schlägt sich das Vorderschiff seinen Weg durch die
See, Rauch dampft über dem breiten, weißkochenden Kiel-
wasser.
Oben im Schiff wohnt der Kapitän. Er denkt an die Prämie,
die die Kompanie ihm zahlen wird für eine schnelle Reise.
Ganz hinten ist das kleine weiße Haus des ersten Maschini-
sten: er denkt an die Prämie ... für Sparsamkeit mit Kohlen.
In dem braunen Teakholzhaus auf dem obersten Deck woh-
nen die Steuerleute: sie denken an die Rangliste der Kompanie und an Beförderung. Vorn ist die Kammer des ersten
Bootsmanns. Der denkt an die Prämie ... für Sauberkeit.
Ganz unten im Schiff sitzen die Proviantmeister in den
Kühlräumen beim ewigen Glühlampenlicht: die denken daran, viele Dosen Lachs und Ananas zu sparen, die sie für
sich verkaufen können. Die Heizer, die mittschiffs dicht über
der Wasserlinie leben, wissen: wenn die Damen der ersten
Klasse sich auf der Windseite frisieren, fliegen ihnen unten
die ausgekämmten Haare durch die Bullaugen, und wenn
die große Gangway herabgelassen wird, dann können sie
ihnen unter die Röcke gucken.

Sea Queens in Exile, jene vom US Shipping Board in der Chesapeake Bay aufgelegten Liner MONTICELLO (ex KAISER WILHELM II.), MOUNT VERNON (ex KRONPRINZESSIN CECILIE), AMERICA (ex AMERIKA), GEORGE WASHINGTON, im Aquarell festgehalten von R.E.Whitney 1939; DSM.

... an Bord der VERA, Norddeutscher Lloyd, auf der Fahrt von Vera Cruz, Mexiko, nach Bremerhaven ... 1931, spielt jenes durch Sebastian Brants »Stultifera Navis« beeinflußte »Ship of Fools« der prominenten texanischen Erzählerin Katherine Anne Porter (1890 bis 1980).[249] Sie gibt sogleich ein Personenverzeichnis ihrer bunt zusammengewürfelten Mitreisenden und sagt dann über die Zwischendeckspassagiere. *876 Seelen, und zwar Spanier ... Arbeiter von den Zuckerpflanzungen auf Kuba, die infolge der Krise ... jetzt nach den Kanarischen Inseln, verschiedenen Teilen von Spanien ... zurückbefördert werden.*

Eine menschliche Menagerie schließt sich an, die den besonderen Reiz und kommerziellen Welterfolg des »Narrenschiffs« ausmachen: *Nur die spanischen Tänzerinnen, ganz dem Augenblick lebend, patrouillieren auf Deck ... Mit ihrer Moschus und Ambra atmenden Haut und frischen Blumen im Haar sah man sie ... jede mehr oder weniger mit einem der blonden jungen Schiffsoffiziere be-*

schäftigt ... Die ... waren ... auf der Hut, als sie sich ... in befohlener Ritterlichkeit, aber auch ... angenehmer Erregung der spanischen Damen annahmen. Einer nach dem anderen ... blickte ... in die brennende Tiefe eines Augenpaares, das einzig und allein aufs Geschäft aus war ...
Von stinkender Hafenluft und Moskitoschwärmen erfüllt, setzte das Schiff am Abend seine Fahrt fort ... Auf seinem Weg in die Kabine blieb er stehen, um einen Blick in die düstere Grube des Zwischendecks zu werfen. Auf den nackten Decksplanken lagen dicht an dicht schlafende Gestalten ... Er stand und grübelte über das unergründliche Geheimnis der Armut nach ... die einer schleichenden, unheilbaren Krankheit glich ...

Von einem andersgearteten, ebenso schwärenden, jedoch politischen Leiden ist in »Crossings« (1982; = Schiff über dunklem Grund)[297], dem langzeitig US-Bestsellerlisten anführenden Roman von Danielle Steel, die Rede, obwohl jetzt – in Anknüpfung an Porters »Ship of Fools« und dieses variierend – Danielle

Steel's Bemerkung folgen mag (S. 194): ... *als Schiff voller Narren ... erschien die* NORMANDIE *mit ihrem Hundezwinger, Rauchsalon, Grand Salon, mit den Promenaden und Deluxe-Suiten ... illuminierten Springbrunnen aus Kristall, sechs Meter hohen Fenstern und in Glas eingeschliffenen Schiffsdarstellungen an den Wänden ... den Aquarien mit seltenen Fischen und den Volieren mit exotischen Vögeln ... In Rückschau auf ein Jahr vergangene, nun absurd erscheinende Galaabende und Dinner in Frack und Abendkleid* wird sich Steels Romanheldin des verrückten Kontrastes insofern bewußt, als sie kriegsbedingt jetzt *auf dem Frachter* DEAUVILLE *in zerrissener und verdreckter Kleidung, zusammengepfercht mit 300 Männern ... weit weg von der furchtbaren Realität der verwundeten Überlebenden ...* noch existiert.

Solch ein »Totenschiff« wird in Bruno Travens (= H.A.O.M. Feige?; 1882–1969) exemplarischen Roman von 1926 für den Kohlentrimmer Gale zum höllischen Schauplatz. Es ist jene von ihrem Reeder, um Versicherungsbeträge zu ergaunern, dem Untergang

L'Amerique du sud / Par le Paquebot L'ATLANTIQUE / Compagnie de Navigation / Sud-Atlantique; Plakat, Farblithographie, gestaltet 1931 von A(dolphe) M(ouron) Cassandre, dem seinerzeit bedeutendsten europäischen Plakatkünstler. – Das am 15. April 1930 bei Penhoët in St. Nazaire stapelgelaufene, 42 512 BRT große Turbinenschiff war nach Fertigstellung im Südamerikadienst zwischen Bordeaux und Buenos Aires eingesetzt. Bei einer Werftüberholung geriet es im Januar 1933 vor Guernsey in Brand. Tage später, totalgeschädigt, nach Cherbourg eingeschleppt, kam der Dreischornsteiner 1936 zum Abbruch.

For Real Comfort / NEW STATENDAM Spring 1929 / Holland-America Line (Stapellauf 1924, 29 511 BRT-Passagierschiff); Plakat, Farblithographie von A.M. Cassandre (1901–68) 1928.

bestimmte EMPRESS OF MADAGASCAR. *Angeheuert auf ganz große Fahrt ... ledig aller Qualen,* treibt Gale zuletzt einsam in alles lösender See.

Derartig seeraubnahe Praxis war und ist stets gang und gäbe gewesen. Sie wird deshalb mittelbar zur Begründung für Gedichte Bert(olt) Brechts (1898 bis 1956)[47], etwa seiner »Seeräuber-Jenny«, welche vierstrophig mit jeweiligem Refrain (in letzter Zeile wechselnd) endet: *Und ein Schiff mit acht Segeln / Und mit fünfzig Kanonen / Wird liegen am Kai ... Wird beschießen die Stadt ... Wird beflaggen den Mast ... Wird entschwinden mit mir.*

Im »Wendekreis der Galionen« (1972), der Novelle »Riviera«, deutet Alexander Lernet-Holenia

Plakat des Norddeutschen Lloyd, Bremen. Entwurf von Hugo Feldtmann, um 1930.

Distanz etwa einer viertel Seemeile dem Schoner längsseits und verlangsamte die Fahrt.

Der Schoner aber blieb nicht im Winde stehen, sondern schwenkte weiter ... und raste direkt auf den SCHRECK-LICHEN *los. Der Kommandant des* SCHRECKLICHEN, *überzeugt, es mit einem Narren zu tun zu haben, der ihm ohne weiteres eine vor der Admiralität schwer zu verantwortende Havarie beibringen könne, wendete mit wie rasend gegeneinander arbeitenden Schrauben so schnell er konnte nach Steuerbord und sah zu, daß er weiterkam. Der* DONNER *aber, etwa eine halbe Seemeile zurückliegend, empfing den Eindruck, Don Luis setze dazu an, den* SCHRECKLICHEN *zu rammen und in den Grund zu bohren, und feuerte sofort zwei Granaten auf die* SANTA ANNA *ab, eine um eine Spur*

Steuerbordseite des 79 280 BRT-Liners NORMANDIE. Foto um 1937. Stapellauf 1932 bei Penhoët in St. Nazaire, 1935 Jungfernfahrt Le Havre–New York, dabei sowie ein Jahr darauf Gewinn des Blauen Bandes. 1939 in New York aufgelegt, 1941 Umbau zum US-Truppentransporter. In LAFAYETTE umgetauft, brach auf ihr im August 1943 ein Großbrand aus, der zum Kentern am Hudson-River führte; 1946 zum Abwracken verkauft. Dieser Superlativ Frankreichs, auch als sein *schwimmender Schuldenberg* apostrophiert, galt dennoch als *wunderbar ... incroyable ... un miracle ... extraordinaire ... die* NORMANDIE. *Ein Kunstwerk. Die Krone der französischen Flotte.* Auf jener *Insel des Luxus* ließ Danielle Steel ihre Figuren im Juni 1939, während der vorletzten Friedensfahrt, agieren. Den vergleichslosen Schauplatz charakterisiert sie so: *... Es gab drei verschiedene, diskret voneinander getrennte Eingänge für die 1942 Passagiere, die an Bord erwartet wurden, nämlich Première Classe, Touriste und Cabine. Die erste Klasse war mit 864 Passagieren belegt ... Bereits auf dem Weg zu ihrer* [Suite] *waren ihnen die vielen Holzvertäfelungen, Glasflächen und Skulpturen im Art-Deco-Stil aufgefallen ... die Damen, die an jenem Abend den Großen Speisesaal betraten ... langsam die Treppe hinunterschritten, trugen perfektes Make-up, tolle Frisuren ... in der Mehrzahl Modelle der Pariser Haute Couture. Das Glitzern ihrer Juwelen wurde nur noch übertroffen vom Glanz der Lichter ... von den verspiegelten Wänden, die zwanzig Meter länger waren, als die der Spiegelgalerie von Versailles, tausendfach reflektiert. Der über zehn Meter hohe Saal war erfüllt von einer Symphonie aus rubinrotem Taft, saphirblauem Samt, smaragdgrünem Satin und Goldlamé ... Der Tisch des Kapitäns* [Thoraux] *stand vor der eindrucksvollen Bronzestatue, einer Friedensgöttin ... im Grand Salon ...*

(1897–1976)[188] bereits das Wetterleuchten nahenden Weltbrandes an: ... *Des Kriegszustandes wegen, der zwischen Italien und Abessinien* [1935/36] *herrschte, hatten die Zerstörer* LE TERRIBLE *und* LE TONNERRE *auf der Höhe ungefähr von Ventimiglia gekreuzt, um gewisse Schiffe, die vorbeikamen, zu kontrollieren. Als sie die* SANTA ANNA *erblickten, war sie an ihnen, im Schutze der Nacht, schon vorbei.* LE TERRIBLE, *der* SCHRECKLICHE, *signalisierte, der Schoner solle die Flagge zeigen ... da er die Flagge noch immer nicht zeigte, feuerte* LE TERRIBLE *ihm eine ... Granate vor den Bug. Der Donner des modernen Geschützes, halb vom Wind erstickt, klang hart, knapp und zornig.*
Als die Wassersäule hochflog, ahnte Serafini allerdings, um was es sich handeln müsse. »In den Wind!« *schrie er Don Luis zu, rannte nach vorn und fing an, die Vorsegelschoten loszuwerfen.* »Und bleiben Sie im Wind stehen!« *schrie er. Der Schoner schwenkte sehr langsam in den Wind, und die Fock und dann der Klüver begannen zu flattern. Zugleich kam* LE TERRIBLE, *der dem* TONNERRE *voraus war, auf*

»Die blaue Insel«, ein 1934 datiertes Gemälde von Lyonel Feininger (New York 1871–1956 ebenda), der, 1919 ans »Bauhaus« berufen, 1922 durch seinen Aufenthalt am Timmendorfer Strand verstärkt zum Thema Strand, Meer, Schiffe fand, 1937 in die USA zurückkehrte, soll uns daran erinnern, daß er und sein in Deutschland entstandenes umfangreiches Werk zu jener Kategorie der im »Tausendjährigen Reich« als »entartet« erklärten Künstler und Kunstwerke gehörten; 1961 im Kunsthandel (bei Ketterer, Stuttgart).

höher als die andre. Beide trafen: die erste den Vormast, ein wenig unterhalb der Stenge, so daß sogleich Stenge, Gaffel und Vorsegel auf das Verdeck herabfielen, die zweite aber barst, einen Regen von Eisen- und Holzsplittern umherspritzend und eine Wolke von Gestank verbreitend, in der Wasserlinie des Schoners. Die Bordwand ward in einem Umfange von etwa zwei Quadratklaftern aufgerissen, und donnernd stürzte das Meer in das Schiff. Es kenterte wenige Augenblicke später und blieb mit den Segeln auf dem Wasser liegen ...

Nur Schritte liegen zwischen Krieg, Raub und Schmuggel. Mit diesem – oder besser – einer besonderen Art von brüderlichem »Transfer« einer von der nazi-braunen Diktatur als »entartet« erklärten Kirchenplastik und eines nicht arischen Mädchens beschäftigte sich Alfred Andersch (1914–80) in seinem 1957 publizierten Roman »Sansibar oder Der letzte Grund«. Daraus folgt nun (S. 179): *Während er die* PAULINE *festlegte ... sah er das Motorboot der Zollpolizei aus der Haffmündung herauskommen und Kurs nach NNW nehmen. Knudsen wußte, daß sie die See ... zwischen Fehmarn und dem Reriker Haff abpatrouillierten; jenseits dieser Linie bestand wenig Gefahr, er mußte möglichst schnurgerade nach Norden, auf die dänischen Inseln zu halten, auf Lolland und Falster, im Schutz des dänischen* Hoheitsgebietes *konnte er dann zur schwedischen Küste hinüber und ... bis Skillinge kommen ...*

Ein Schiff mit geringerer Schnelligkeit und schwächerer Armierung wird vom schnelleren und stärker bestückten Gegner meist in der für diesen günstigen Schußentfernung in den Grund geschossen werden. Das mußte eine ganze Anzahl unserer Kreuzer in der bittersten Weise fühlen. Wie grundfalsch die Friedensansicht der kaiserlichen Marineleitung war (die Tendenz, alle auf Stapel gelegten deutschen Schiffe immer etwas kleiner als die zur gleichen Zeit vom Stapel gelassenen englischen zu bauen), zeigte der Krieg ... die Seeschlacht am Skagerrak ...

Wer das 1925 preisgab, war Adolf Hitler.[145] In seinem programmatischen, millionenfach verbreiteten, zur Literatur des Absurden geratenen, doch Weltgeschichte diabolisch bewegenden Bekenntnisbuch »Mein Kampf« merkt er aber zurecht an: *Viereinhalb Jahre lang hatte das Britische Weltreich gefochten ... Deutschland vernichtet ... Das militärische Ergebnis: die Festigung Frankreichs, als erste Vormacht zu Lande, und die Anerkennung der USA als gleichstarke Seemacht. Wirtschaftspolitisch: die Auslieferung größter britischer Interessengebiete an die ehemaligen Verbündeten.*

Dazwischen eingeschoben findet sich jene aufschlußreiche, eigentümlich zukunftsweisende Feststellung Hitlers (von 1927): ... *Nicht nur für Flugzeuge und Fernbatterien bilden die englischen Lebenszentren lohnende Ziele, sondern auch der Wirkung des U-Bootes gegenüber wären die Verkehrsstränge des britischen Handels bloßgelegt. Ein U-Boots-Krieg, gestützt auf die lange atlantische Küste sowohl als auf die nicht minder großen Strecken der französischen Randgebiete des Mittelländischen Meeres in Europa oder Nordafrika, würde zu verheerenden Wirkungen führen.*

Allerdings glaubte Hitler (1927)[145], seiner damals niedergelegten makaber-apokalyptischen Maxime –

The men who came back out of the hellhole of Dunkerque – beim Verlassen der zu ihrer Rettung im Mai/Juni 1940 eingesetzten Zerstörer in einem britischen Kanalhafen; Photo-Reproduktion in der amerikanischen Zeitschrift »Life« vom 17. Juni 1946.

Deutschland wird entweder Weltmacht oder überhaupt nicht sein – folgend: *nur mit England allein vermochte man, den Rücken gedeckt, den neuen Germanenzug [gegen Rußland] zu beginnen ... Darum Verzicht auf Welthandel und Kolonien, Verzicht auf eine deutsche Kriegsflotte, Konzentration der gesamten Machtmittel des Staates auf das Landheer.*

Als Hitler dann, 1939, im Marinebereich unvollkommen gerüstet, immer noch seinem schizophrenen Wunschdenken anhängend, England zumindest neutralisieren zu können, Krieg entfachte, hätte ihn seine eigene (oben zitierte) Erkenntnis über deut-

sche Flottenrüstung und ihre Erfolgschancen davon abhalten müssen. Daß verantwortliche Männer, wie voran Raeder und Dönitz[133,290], es nicht taten oder erreichten, sondern diesen hypertroph längst zum Anstifter millionenfachen Mordes gewordenen Verbrecher sogar noch unterstützten, bleibt ein deutsches Rätsel.

Nachdem Hitler Polen vom 1. September 1939 an überfallen[202] und anschließend seine Blitzkriege durch ganz Europa hatte vorbereiten lassen, vollzog sich seit dem 9. April 1940 Dänemarks und – im Wettlauf mit den listigen Briten – Norwegens Besetzung. Daß sie ergebnisreich verlief, ist dem unverhältnismäßig opfervollen, da tollkühnen Einsatz deutscher Kriegsmarine-Einheiten zuzuschreiben, obgleich – wie es Cajus Bekker (= Hans Berenbrock, 1924–75)[28] in seinem fundierten, klug abwägenden, zudem glänzend formulierten Kriegstagebuch der deutschen Marine »Verdammte See« (1978, S. 159) anmerkt – *Eine genaue Analyse des Unternehmens ... das Versagen der höchsten Führungsstäbe der Marine in nahezu allen Belangen, in denen ihr erfolgreiches Wirken vonnöten gewesen wäre, offenbart.*

Wenn dann, trotz gewisser, doch nur taktisch positiv bewertbarer Kreuzerraids beim ozeanischen Zufuhrkrieg, die einzigen strategisch wirksamen Hauptziele – das nach Verlust der Luftherrschaft aussichtslose Unternehmen »Seelöwe« (= England-Invasions-Plan)[37,146] und die Atlantikschlacht, also jene totale Abschnürung der britischen Insel bis zum Frühjahr 1943 in allmählich zunehmenden U-Boot-Einsätzen – nicht erreicht wurden, ist der Grund dafür letztlich im Fehlen einer (nach den Erfahrungen des uneingeschränkten U-Boot-Krieges von 1915 bis 1917 notwendigen) riesigen, rechtzeitig verfügbaren, schlagkräftigen und ständig auf den neuesten, ja avantgardistischen Technik-Stand gebrachten U-Boot-Flotte zu suchen.

Wie die kriegsvorentscheidende Evakuierung von Dünkirchen (Operation »Dynamo«)[37] bis zum 4. Juni 1940 zeigt, waren jene während der Norwegen-Aktion noch verfügbaren schwimmenden Verbände der deutschen Kriegsmarine überhaupt nicht mehr in der Lage, entscheidend und den Rücktransport des britischen Expeditionskorps von über 330000 Mann in die Heimat tatsächlich behindernd, einzugreifen. Trotzdem bekannte Sir Winston Churchill (1874 bis 1965)[59], der damalige britische Premierminister und nachmalige Literatur-Nobelpreisträger (von 1953):

Wir müssen sehr sorgfältig darauf bedacht sein, diese Rettung nicht in einen Sieg umzudeuten. Kriege werden nicht durch Evakuierung gewonnen.

Über die »Rettung aus Dünkirchen«, 26. Mai bis 4. Juni 1940, schrieb Churchill in seinem epochalen Geschichtswerk »Der Zweite Weltkrieg« (12 Bände, 1948–54) außerordentlich kenntnisreich und detailliert unter anderem: ... *Aber trotz Sand und den Heldentaten unserer Piloten wäre alles vergeblich gewesen ohne das Meer. Die vor zehn oder zwölf Tagen erteilten Instruktionen hatten unter dem Druck und Antrieb der Geschehnisse erstaunliche Früchte getragen. An den Küsten und zur See herrschte vollendete Disziplin. Die See war ruhig. Ununterbrochen glitten die kleinen Boote zwischen Küste und Schiffen hin und her, holten die Männer vom Strand, wenn sie hinauswateten, oder zogen sie aus dem Wasser, völlig unbekümmert um das Luftbombardement, das oft genug seine Opfer forderte. Schon durch ihre Zahl allein trotzten sie den Fliegerangriffen. Die »Mücken-Armada« in ihrer Gesamtheit konnte nicht untergehen. Mitten in unserer Niederlage bedeckte unser Inselvolk, geeint und unbesiegbar, sich mit Ruhm; und die Geschichte vom Dünkirchner Strand wird aus allen Berichten hervorstrahlen, die einst von unserer Zeit künden werden.*

Unbeschadet der bewundernswerten Leistung der kleinen Fahrzeuge darf nicht vergessen werden, daß die Hauptaufgabe jenen Schiffen zufiel, die im Hafen von Dünkirchen zwei Drittel der Truppen an Bord nahmen. Die Zerstörer spielten ... eine überragende Rolle. Auch der große Anteil darf nicht übersehen werden, den die Passagierschiffe mit ihren Mannschaften aus der Handelsmarine hatten. Die Endphase der Evakuierung wurde mit viel Geschick und Präzision durchgeführt. Zum erstenmal war es möglich, im voraus zu planen, statt sich von Stunde zu Stunde auf Improvisationen verlassen zu müssen. Am Morgen des 2. Juni standen noch etwa 4000 Engländer mit sieben Fliegerabwehrgeschützen und zwölf Panzerabwehrkanonen sowie beträchtliche französische Kräfte im Vorgelände von Dünkirchen und hielten den immer enger werdenden Brückenkopf. Jetzt war die Evakuierung nur noch bei Dunkelheit möglich, und Admiral Ramsay beschloß, in jener Nacht mit allen erreichbaren Schiffen und Booten nach dem Hafen zu fahren. Neben Schleppern und kleineren Fahrzeugen wurden an jenem Abend 44 Schiffe von England abgesandt, darunter 11 Zerstörer und 14 Minenräumboote. Auch 40 französische und belgische Schiffe nahmen daran teil. Vor Mitternacht war die englische Nachhut eingeschifft. Dennoch war das nicht das Ende der Geschichte von Dünkirchen ...

Eine andere, nun zwar erschütternde Geschichte war die Versenkung der BISMARCK am 27. Mai 1941. Mit ihr zerbrach Raeders Operationsplanung für den (Luftunterstützung großen Stils – unverständlicherweise – außer Acht lassenden) Einsatz deutscher Hochseestreitkräfte in außerheimischen Gewässern, aber zu ihrem Schicksal führte zweifelsfrei jene gleiche menschliche Hybris, welche im April 1912 den Untergang der TITANIC[307] bewirkt hatte. Mit der Suche und Auffindung deren beider Wracks im atlantischen Abgrund brachte Robert D. Ballard[17] sie gemeinsam ins unübersehbare Spotlight.

Allerdings, womit das Ende des deutschen Schlachtschiffs (wie die TITANIC auf der Jungfernfahrt!) eingeleitet wurde, vergegenwärtigt hier zunächst Cecil Scott Forester (1899–1966), der bekannte »Hornblower«-Autor, in seinem literarischen Werk »Hunting the BISMARCK« (London 1959; = Die letzte Fahrt der BISMARCK, übertragen von E. von Beulwitz, Hamburg 1960, S. 127ff.): *»Flugzeug Steuerbord voraus!« Und gleich gellte der Alarm durch das ganze Schiff. Die Flakgeschütze schwenkten herum und begannen zu feuern, aber mitten in ihren ohrenbetäubenden Lärm hinein schrien die Ausguckposten weiter mit überschnappender Stimme: »Flugzeug Backbord querab!« »Flugzeug Steuerbord achteraus!« Lindemann* [Kommandant der BISMARCK] *gab rasch aufeinanderfolgende Ruderkommandos, die durch das Sprachrohr übermittelt und vom Rudergänger in fliegender Hast ausgeführt wurden. Das mächtige Schiff wurde herumgeworfen wie ein kleines Boot und ließ die schäumende, quirlende Bogenspur seines Kielwassers hinter sich. Ein dumpfer Knall und eine Wassersäule vorne am Bug verrieten, daß dort ein Torpedo getroffen hatte, aber das Schiff hatte allem Anschein nach keinen Schaden genommen, es kämpfte weiter, als ob nichts geschehen wäre. Dann, als es gerade wieder im Drehen war, stieß eine andere Maschine auf das Achterschiff zu. Die Laufbahn ihres abgeworfenen Torpedos war deutlich zu erkennen.* [Admiral] *Lütjens stand in der Brückennock und schüttelte wütend die Fäuste nach dem Angreifer.*

»Hart Backbord! Hart Backbord!« schrie Lindemann, aber der ursprüngliche Steuerborddreh ließ sich nicht schnell genug abstoppen. Der Torpedo traf das herumschwenkende Heck und detonierte in einem Schauer von Gischt ganz nahe dem Ruder. Ein furchtbares Zittern lief durch das Schiff, als ob sich das ganze mächtige Gebäude selbst in Stücke schütteln wollte, dabei lag es zugleich in absurder Weise über, weil es mit höchster Fahrt auf engstem Kreis weiterdrehte.

»Steuerbord! Steuerbord!« schrie Lindemann. Unten mühte sich der Rudergänger vergebens an seinem Rad, der Steuer-

strich am Kompaß glitt nach wie vor links über die Rose. »Ruder läßt sich nicht legen!« meldete er. »Ruder klemmt!«
... Im Lagezimmer der Admiralität in London standen die Offiziere um eine Karte, die ganz anders aussah, als die bisher benutzte. Ihr Maßstab war so groß, daß sie außer einem Stück französischer und spanischer Küste am rechten Rand nur freien Seeraum zeigte. Aber auf dieser leeren Fläche staken verschiedenfarbige Fähnchen mit den Aufschriften: BISMARCK, KING GEORGE V, RODNEY, Kampfgruppe H, Vians Zerstörer, *und bei jedem dieser Fähnchen endete eine schwarze Linie, die Strecke, die das betreffende Schiff oder der Verband während der letzten Stunden zurückgelegt hatte. Sonst war auf dieser Karte nur der große Kreisbogen ausgezogen, der aufzeigte, wie weit vor der französischen Küste mit dem Eingreifen der deutschen Luftwaffe zu rechnen war. Ein junger Leutnant kam mit einem Funkspruch herbeigeeilt.*
»Die SHEFFIELD *hat jetzt die* BISMARCK *in Sicht, Sir«, sagte er und verbesserte den Schiffsort der* BISMARCK. *»Sie meldete soeben Schiffsort, Kurs und Fahrt.« »Wie weit hat die* BIS-MARCK *noch zu laufen, bis sie auf Jagdschutz durch deutsche Flugzeuge rechnen kann?« fragte der Admiral. Einer der Offiziere griff mit dem Zirkel den Abstand zwischen dem Schiffsort der* BISMARCK *und dem Kreisbogen ab. »Einhundertzweiundsiebzig Meilen, Sir.« »Also keine sieben Stunden mehr, und sie ist in Sicherheit«, sagte der Konteradmiral. »Dabei bleibt es höchstens noch eine Stunde hell. Und die* ARK ROYAL *läßt immer noch auf sich warten. Ich möchte nur wissen, was da los ist.«*
»Soeben kommt ein dringender Funkspruch, Sir«, *meldet ein Offizier.* »Von SHEFFIELD: ›Swordfish greifen an, BISMARCK feuert.‹«
»Na endlich!« *sagte der Admiral.* »Das sind die Flugzeuge der ARK ROYAL.« *»Los ihr Männer, gebt es ihm!« sagte der Vizeluftmarschall voll Begeisterung. »Wieder dringend von* SHEFFIELD: ›Die BISMARCK *steuert im Kreis.‹«*

Das Schicksal der BISMARCK behandelt natürlich auch Churchill[59] in Band III, 1. Buch seiner Memoiren »Der Zweite Weltkrieg«. Zur Schlußphase bemerkt er: *Bei Tagesanbruch am 27. [Mai 1941] wehte eine steife Nordwestbrise. Um 8 Uhr 47 eröffnete die* RODNEY *das Feuer, eine Minute später folgte die* KING GEORGE V. *Schnell erzielten die britischen Schiffe Treffer; erst nach einer Weile antwortete die* BISMARCK. *Kurze Zeit war ihr Feuer ziemlich exakt, obwohl ihre Mannschaft nach vier Tagen übermenschlicher Anstrengung völlig erschöpft war ... Ihre dritte Salve schlug beiderseits der* RODNEY *ein, doch nachher machte sich die Wucht des britischen Angriffs geltend, und innerhalb einer halben Stunde schwiegen die meisten*

Geschütze der BISMARCK. *Sie brannte mittschiffs und zeigte schwere Backbordschlagseite. Die* RODNEY *schwenkte jetzt vor ihrem Bug ein und übergoss sie aus nicht mehr als 3500 Metern Entfernung mit einem Granatenhagel. Um 10 Uhr 15 waren sämtliche Geschütze der* BISMARCK *zum Schweigen gebracht und ihr Mast weggeschossen. Das Schiff rollte hilflos in der schweren See, ein brennendes und rauchendes Wrack; aber immer noch sank es nicht.*
Um 11 Uhr erstattete ich dem im Church-Haus tagenden Unterhaus ... über das Drama der BISMARCK *Bericht ... Ich hatte mich eben gesetzt, als mir ein Zettel zugesteckt wurde, der mich veranlaßte, mich abermals zu erheben. Ich bat das Haus um Entschuldigung und sagte: »Eben habe ich die Nachricht erhalten, daß die* BISMARCK *[gegen 10 Uhr 35] untergegangen ist.« Das Haus schien befriedigt.*

Zu den Untergangsursachen trägt Rolf Hochhuths (* 1931)[146] »Eine Liebe in Deutschland« (1978) – im Kapitel 8 »Odysseus 1940« – folgende wichtige Hintergründe bei: *Churchill wurde zum Odysseus des Jahres 1940, weil er in den sechs Monaten nach ... Dünkirchen »den Mann da drüben«, wie er naserümpfend Hitler zu nennen pflegte, dreimal kriegsentscheidend überlistet hat: Die erste List brachte die Deutschen um die Chance, sofern eine bestand, auf der Insel zu landen [Unternehmen »Seelöwe«]. Die zweite ließ sie die Luftschlacht um England verlieren, weil Churchill Görings Flugzeuge von den britischen Jagdflughäfen weglockte auf London. Die dritte zettelte jenen Volksaufstand in Belgrad an, der Hitlers Terminplan zum Überfall auf Rußland durchstrich, so daß seine Panzer, von Schlamm und Schnee geschlagen, vor Moskau liegenblieben und ungezählte seiner Soldaten erfroren ...*
Diese dritte List konnte wie schon die zweite Churchill nur glücken, weil einige Polen bereits vor Kriegsbeginn für die Engländer (wie ... für sich selber) jene deutsche Chiffriermaschine entdeckt und davon ein Exemplar entwendet hatten, die Hitler dann arglos während seines sechsjährigen Krieges benutzte, um alle Befehle in eine Geheimsprache zu übersetzen, die eben dank dieser Genie-Tat Polens schon seit Herbst 1940 für die Briten kein Geheimnis mehr war.
Enigma hieß Rätsel bei den Griechen des Altertums. Enigma nannten die Deutschen jene Code-Maschine, die 1938 in Serienproduktion ging, weil sie – ein kompliziertes System elektrisch angetriebener Zylinder, die alle Buchstaben des Alphabets trugen – dazu bestimmt war, während des ganzen Zweiten Weltkriegs die Befehle Hitlers, seiner ... Admirale an ihre ... Schiffe und deren Antworten an die Hauptquartiere zu chiffrieren ... Nach Hitlers Invasion Norwegens war es den Briten geglückt, aus einem vor der norwegischen Küste abgeschossenen deutschen Flugzeug eine weitere Enigma-

Chiffriermaschine mit allen Codes zu bergen ... am 9. Mai 1941 zwangen Briten mit Wasserbomben U 110, das einen Konvoi südlich Grönlands angegriffen hatte, beschädigt zum Auftauchen, enterten das Boot ... und holten ... Schlüsselmaschine mit allen dazugehörigen Unterlagen ... heraus. Daß von 39000 deutschen U-Boot-Fahrern 27 212 gefallen sind, verdanken sie vorwiegend dem Vertrauen, das ihr Chef Dönitz[133] in Enigma setzte – unbelehrbar noch dreißig Jahre nach Kriegsende ... Diesem seinem Wahnwitz entsprang auch sein Befehl an die Boote, täglich ihre Positionen genau heimzufunken – so wie das den Briten bereits entkommene Schlachtschiff BISMARCK dem Schwatztrieb seines Admirals Lütjens die Vernichtung verdankte: *... es war die meisterliche Auswertung der Peilung* [seiner] *langen Funksprüche ...*

Damals dachten und fragten sich immer mehr deutsche U-Boot-Leute: *... Unsere letzte Nacht an Land. Unter dem Hinundhergerede die ziehende Angst: Wirds klargehen – werden wirs schaffen? ... Keine Ahnung, wos wirklich hingeht. Mittelatlantik wahrscheinlich. Wenig Boote draußen. Ganz schlechter Monat. Verstärkte Abwehr ... Das Blatt hat sich gewendet. Jetzt sind die Geleitzüge bestens gesichert. Prien, Schepke, Kretschmer – alle an Geleitzügen draufgegangen.*

Die ähnlichem Los entgegenfiebernden, nachwachsenden »Helden« beobachtet und skizziert Lothar-Günther Buchheim (* 1918) im einzigartigen deutschen Roman »Das Boot« (1973), und zwar am Atlantiksaum, unweit ihrer U-Boot-Bunker, in der »Bar Royal«: *... Allesamt sind sie zu früh ergraute Männer, von der Schippe gesprungene Seegladiatoren, die kaltschnäuzig tun, obwohl sie bestens im Bilde sind, wie ihre Chancen stehen. Sie können stundenlang ... im Sessel hocken – fast reglos. Dafür sind sie unfähig, ihr Glas ohne Zittern zu halten. Alle haben schon mehr als ein halbes Dutzend schwere Reisen hinter sich, und Nervenproben der schlimmsten Sorte, Torturen der höheren Grade, ausweglosen Situationen, die sich nur durch schiere Wunder zu ihren Gunsten wandten. Keiner, der nicht schon mit demoliertem Boot zurückgekommen wäre, wider Erwarten sozusagen – mit von Fliegerbomben verwüstetem Oberdeck, vom Rammstoß eingedrücktem Turm, eingeschlagener Bugschnauze, angeknacktem Druckkörper. Aber jedesmal haben sie bolzengerade in der Brücke gestanden und sich gebärdet, als wäre die ganze Unternehmung nichts Besonderes gewesen. So zu tun, als wäre das alles nichts ... gebietet der Komment. Heulen und Zähneklappern ist nicht erlaubt. Der BdU* [Befehlshaber der U-Boote Dönitz][133] *hält dieses Spiel in Schwung ... Die* [»Bar Royal«] *wird immer voller. Aber Thomsen fehlt noch ... Bei der Ritterkreuzverleihung ... stand Thomsen*

eisern wie ein Standbild ... nahm sich derart zusammen, daß er kaum noch Farbe im Gesicht hatte. In seiner Verfassung konnte er von der markigen Rede des FdU [Führer der U-Boote] *kaum ein Wort gehört haben ... Das Klavier muß noch mehr Bier saufen. »Schnaps macht im-po-tent!« lallte Thomsen. Er kann sich kaum noch auf den Beinen halten ... Herrgott! Das gibts doch gar nicht – diesen Mond. Er ist rund und weiß wie ein Camembert. Gleißender ... die ganze Bucht ein einziges Silberpapiergeknitter. Die riesige Fläche vom Strand bis hin zur Kimm: Millionen metallischer Facetten. Silberkimm gegen samtschwarzen Himmel ... Die Insel draußen ist ein dunkler Karpfenrücken im Gleißen ... Ein Hund schlägt an: Der Mond bellt.*
Wo ist Thomsen, der neue Ritter? ... zurück in die »Royal«. Die Luft ist zum Schneiden ...
Thomsen war eben noch da. Der kann doch nicht einfach weg sein. Mit einem Fuß stoße ich die Tür zum Klo auf ... Da liegt er ... in einer großen Pfütze ... Das Ritterkreuz hängt auch im Urin. Vor Thomsens Mund bilden sich immer neue blubbernde Blasen ... »Kämp-fen, sie-gen oder un-ter-gehn! Kämp-fen, sie-gen oder un-ter-gehn!«

Zum Kotzen ist es tatsächlich, wenn man in den autobiographischen Aufzeichnungen eines der damals dort mitbeteiligten U-Boot-Kommandanten – Herbert A. Werner (* 1920) »Die eisernen Särge« (1969; 7. Aufl. 1979, S. 256f.) – liest, was im Mai 1944 von ihnen verlangt wurde: *Die Invasionsflotte ist rücksichtslos anzugreifen und zu versenken ... jedes feindliche Fahrzeug, das der Landung dient, auch wenn es nur ein halbes Dutzend Soldaten oder einen Panzer an Land bringt, ist ein Ziel, das den vollen Einsatz des Bootes verlangt. Es ist anzugreifen, auch unter der Gefahr des Verlustes des eigenen Bootes ... Das U-Boot, das dem Feind bei der Landung* [in der Normandie bzw. Bretagne vom 6. Juni 1944 an] *Verluste beibringt, hat seine höchste Aufgabe erfüllt und sein Dasein gerechtfertigt ... Nur durch Selbstaufopferung können wir dem Feind die größtmöglichen Verluste beibringen ... »Der Befehl heißt: Rammen ... Admiral Dönitz*[133,233] *verlangt totalen Einsatz«* – selbst unter vorsätzlicher »Selbstzerstörung«!

Darum formuliert Heinrich Heine im »Romanzero« (1851, II) völlig zu Recht: *Es muß der Held nach altem Brauch / Den tierisch rohen Mächten unterliegen.*

Fast wie eine Posse wirkt daneben jener Propaganda-Auftritt eines hochdekorierten U-Boot-Kommandanten in der mit Schülern vollbesetzten Aula des Danziger Real-Gymnasiums. Dort hatte der Kaleu vor neun Jahren, etwa anno 34, sein Abitur gemacht. Günter Grass (* 1927) überliefert diese Farce in seiner Novelle »Katz und Maus« (1961): *Recht farblos gab* der Kapitänleutnant zuerst eine Übersicht, wie sie jeder Flottenkalender bot: Aufgaben der U-Boote. Deutsche U-Boote während des ersten Weltkrieges: Weddigen, U 9, U-Boot entscheidet Dardanellenfeldzug, insgesamt 13 Millionen Bruttoregistertonnen, danach unsere ersten 250 t-Boote, dann kam Prien mit U 47, bohrte die ROYAL OAK in den Grund – wußten wir alles – auch die REPULSE, und der Schuhart hat die COURAGEOUS usw. ... Mannschaft ist eine eingeschworene Gemeinschaft ... Belastung der Nerven enorm, müßt Euch mal vorstellen, mitten im Atlantik oder im Eismeer unser Boot, eine Sardinenbüchse, eng feucht heiß, Leute müssen auf Reserveaalen schlafen, tagelang kommt nichts auf, leer die Kimm, dann endlich ein Geleitzug, stark gesichert ... und als wir unseren ersten Tanker, die ARNDALE, hatte 17 200 Tonnen, erst 37 fertiggestellt, mit zwei Aalen mittschiffs ...

Zudem verstand es der Kaleu, nüchtern technische Ausdrücke wie dunkle Märchenworte zu betonen ... Und so hörten wir ihn »Lenzpumpe« raunen ... Meinte wohl, wenn er »Mutterkompaß« und »Kreiselkompaßtöchter« sagte, uns Neuigkeiten zu bringen. Dabei hatten wir den technischen Marinekram seit Jahren intus. Er aber machte auf Märchentante, sprach das Wörtchen Hundewache, Kugelschott oder ... »Kabbelige Kreuzsee« so aus, wie etwa der gute alte Andersen oder die Brüder Grimm geheimnisvoll von »Asdic-Impulsen« geflüstert hätten.

Unter den weiteren deutschen Autoren, die sich Marine- und Kriegs-Thematik anspruchsvoll widmeten, sei – neben Jens Rehn (1918–82) – auch an Ernst Schnabel (1913–86), den anderen Seebefahrenen, erinnert; denn ihm verdanken wir nicht nur jene interessante Odyssee-Adaption »Der sechste Gesang« (1956), sondern selbst das Libretto zu Hans Werner Henzes Oratorium »Das Floß der Medusa« (1969). Aus Schnabels 1943 erschienenen »Schiffe und Sterne« kommt eins der vielen nimmermüden, als Konvoi-Geleitschutz eingesetzten namenlosen Vorpostenboote (zumeist ehemalige Fischdampfer) – der ganzen Gattung ein Denkmal setzend – unprätenziös ins Bild: ... der Schatten der anderen Maschine, die von achtern über uns hereinbrach, fing sich und stieg, während die Bomben ausklinkten, empor. Zwei von ihnen sprengten hellgrüne Gischttürme aus der See, drei zerrissen unser Vordeck und verwandelten es in einen flammenden Krater. Feuerwolken quollen herauf, dazwischen schwarze Rauchknäuel, und dann die knallenden, blitzenden Sprenggarben unserer getroffenen Munition. Ein dumpfer Schlag gegen meine Schläfen ließ sie verlöschen.
Wie aus einer ungeheuren Entfernung erfuhr ich, daß Flugzeuge brannten, neue Bombenreihen fielen, daß Minute um Minute verging. Aber das neue Motorengebrüll über unseren Köpfen war plötzlich wieder unheimlich nahe. Ich stand auf dem Achterdeck, das Schiff legte sich brennend sacht auf die Seite. Der größte Teil der Besatzung war schon im Wasser, als die Maschine über uns hinwegbrauste und eine neue Kette von Bomben vorbeizischten, die im Wasser krepierten, grüne Fontänen mit einem eisigen Schein in ihrem Innern.
Unser Boot hatte ein schweres Ende, es verbrannte. Nachdem es vorn um einige Fuß eingesunken war, schwamm es auf einem Schott lange Zeit, und erst, als die letzte Granate unserer getroffenen Munition krepiert und die Flammen fast am Verlöschen waren, brach das Schott. Pfeifend entwich die Luft aus dem Rumpf, der Bug schnitt unter, während das Heck hoch aus dem Wasserspiegel emporstieg ... Die glühenden Aufbauten löschten zischend im Wasser aus. Das Schiff versank. Der Gischtberg der entweichenden Luft hielt sich nur sekundenlang über der Untergangsstelle, er sank ein, und zuletzt tauchten verkohlte Planken herauf, halb verbrannte Schwimmflöße, ein Stück des abgebrochenen Masts, und trieben lautlos auseinander.

Untrennbar gehören dazu die betroffenen Menschen. Insgesamt forderte der Zweite, 1945 endende Weltkrieg 50 Millionen Tote. Fünfzigtausend Seeleute der Handelsmarine liegen als Folge zweier Weltkriege auf dem Meeresboden des Atlantik. 50 000! und mit ihnen 6000 Schiffe, ganz zu schweigen von den Besatzungen der Kriegsschiffe, wurden doch von 1939 bis 1945 allein 600 deutsche Unterseeboote versenkt, viele mit Mann und Maus. Fünfzigtausend: verbrannt, in Stücke gefetzt, erfroren, ertrunken. Als die Namen dieser Armen auch noch der ohnehin entsetzlich hohen Zahl derjenigen hinzugefügt wurden, die auf dem Mahnmal der britischen Handelsmarine auf dem Tower Hill in London bereits aufgeschrieben waren, mußte das Monument verdoppelt werden ..., schreibt Alan Villiers (* 1903) in »Wild Ocean« (New York o.J.).[322]
Erläuternd (dabei manche Zahl gegenüber vorn zitiertem Lowell Thomas u.a. berichtigend) fährt Villiers fort: Im Ersten Weltkrieg haben die feindlichen U-Boote 4837 Handelsfahrzeuge von mehr als 11 Millionen Tonnen versenkt, bei einem Monatsdurchschnitt von 95 Schiffen. Im Zweiten Weltkrieg waren es 2775 von ungefähr 14,5 Millionen Tonnen, was einen Monatsdurchschnitt von 40 Schiffen mit 215 000 tons ergibt. Jedes dieser vierzig verdrängte also im Durchschnitt 5200 tons gegenüber 2300 tons im ersten Krieg. Hätte die U-Boot-Flotte des letzten Krieges die Versenkungsziffern erreicht, die im ersten Krieg von weniger leistungsfähigen Booten mit weit geringerem Ak-

Nach Schiffsklassen gegliederte Verluste des britischen Empires bis zum Sommer 1943: *If blood be the price of Admiralty, Lord God, we have paid it full* (The great sacrifice made by the Royal and Empire Navies in four years of war: Losses that have been more than replaced); gezeichnet von C.E. Turner, Falttafel in The Illustrated London News vom 4. September 1943,

S. 270f. (siehe dazu: British Vessels lost at Sea 1939–45. A reprint of the original official publication: Ships of the Royal Navy. Statement of Losses during the Second World War and British Merchant Vessels Lost or Damaged by Enemy Action during Second World War. By Admiralty. 1939–45. Reprint 1976).

tionsradius erzielt worden waren, so wären die Alliierten allein dadurch besiegt worden. Aber beim zweiten Mal wurde sofort das System der Geleitzüge in Gang gesetzt. Darüber hinaus spielten Flugzeuge aller Typen, besonders auch von Trägern aus, von 1939 bis 1945 eine sehr wirksame Rolle. Sie machten nicht nur den U-Booten das Leben noch sehr viel schwerer, sondern forderten auch als Waffe einen großen Zoll. Der zweite Krieg war außerdem in hohem Maße ein Krieg der Wissenschaftler, und die der Alliierten blieben den deutschen immer eine Nasenlänge voraus ...

... Vom Standpunkt des Seemanns aus war und blieb es ein kaltblütiger, grausiger, furchtbarer Krieg, dieser Kampf zwischen den getauchten Booten und den Handelsschiffen mit ihrem Geleit. Ein Krieg, in dem sich mitten in einer Sturmnacht plötzlich unheimliche Explosionen ereigneten, ein großes Schiff in eine feurige, flammende Hölle verwandelt wurde, um schnell – leider nur nie schnell genug – aus der langen Reihe des Geleits zu verschwinden, während entsetzte Kameraden hilflos zusehen mußten und die kleinen Geleitfahrzeuge zum Angriff davonstürmten. Ein Krieg, wo getroffene, todwunde Schiffe von dem weiterfahrenden Konvoi

achteraus gelassen wurden, um einsam zu sterben; denn der Konvoi mußte ja die Fahrt fortsetzen. Alles war so grauenhaft, so unmenschlich. Es kam einem immer so vor, als seien überhaupt keine Menschen auf jenen Schiffen, die da weiterdampften, als seien sie ganz unbeteiligt, oder konvulsivisch zitterten und sanken. Dabei war es doch Fleisch und Blut, das litt und starb.

Nicholas Monsarrat (1910–79) veröffentlichte – neben den zwei Bänden »Der ewige Seemann« – 1951 seinen ebenso beachtlichen wie weit verbreiteten Seekriegsroman »The Cruel Sea« (= Großer Atlantik. Roman, übertragen von Arno Dohm, Hamburg 1952). Darin bekundet der Autor: *Dieses ist die* [wahre] *Geschichte von einem Ozean, zwei Schiffen und ungefähr 150 Männern ... Zunächst: der Ozean* [ist die grausame See selbst] *... Alsdann das Schiff ... Die Korvette ... es ist November 1939 ... H.M.S.* COMPASS ROSE *... der Torpedo traf ... als sie* [1942] *fast mit Höchstfahrt lief: so fügte ihr die See eine ebenso tödliche Wunde zu wie der harte Hieb des Feindes ... –* [1943] *... Es ist eine neue Klasse – Fregatten – »Wie heißt sie denn?« ...* SALTASH *... Und schließlich die*

Männer ... manche sind, wie ihr schönes [1.] Schiff, dem Verderben geweiht ...

An dem hellen und verhängnisschweren Morgen des Invasionstages befand sich SALTASH *zum ersten Mal seit vielen Monaten in nicht vertrauten Gewässern. Sie gehörte zu einer Reihe von Geleitgruppen, die in weitem Bogen vor den Ausläufern des Ärmelkanals patrouillierten, um alle U-Boote abzufangen, die in Versuchung kommen mochten, den fragwürdigen Schutz des Atlantiks zu verlassen und der Invasionsküste zuzusteuern ... Am 6. Juni 1944 gab es nur »ein« Stück Land und Wasser, auf das die Kraft zu konzentrieren sich lohnte, und jeder Soldat, Seemann oder Flieger, der da nicht mitmachen konnte, verpaßte einen einmaligen geschichtlichen Augenblick.*

Als sie bald danach wieder in »ihrem« Gebiet auf dem Atlantik waren, kam es ihnen vor, als zögen sie durch die Straßen einer leeren Stadt, deren Bewohner zu einem interessanteren Schauspiel ausgewandert waren. Jetzt war der Atlantik wirklich der Ozean des Sieges: kaum je kam ein U-Boot in Sicht, während riesige Geleitzüge – einer mit der Rekordzahl von hundertsiebenundsechzig Schiffen – mit dem so nötigen Nachschub für die sich ausdehnenden französischen Schlachtfelder unbelästigt den Ozean überquerten. Einige Dampfer, die SALTASH *beschützte, waren bereits direkt nach Cherbourg bestimmt – welch eine Wendung im Vergleich zu früheren Zeiten, als sie unter ungeheuren Schwierigkeiten, unter ständigen Angriffen aus der Luft und in See, wie die Mäuse in die Bucht von Liverpool geschlichen waren! Aber so standen die Dinge jetzt, und so blieben sie bis zum Ende des Jahres: die U-Boote wurden, nachdem sie ihre Stützpunkte in der Biskaya verloren hatten, bis nach Norwegen und sogar in die Ostsee zurückgedrängt, und für Störfahrten in die weiten »Western Approaches« war ihr Weg von der Ostsee sehr weit und nicht leicht.*

Indem wir uns Augenblicke noch auf einem anderen europäischen Kriegsschauplatz, dem Mittelmeer, umschauen, ragt aus der Flut von Erinnerungsbüchern einsam jenes von Rolf Johannesson (1900 bis 1989) »Offizier in kritischer Zeit« (1989)[161N] durch Mut, Phantasie, unbestechliche Sachlichkeit, gepaart mit poetischer Anmut, hervor. Über den Autor heißt es: *Abendgespräche führte er sokratisch und zog seine Partner in Gedankengänge, die sie in der Marine nicht gewohnt waren.* Am 21. März 1942 stellte Johannesson den 1939 in England gebauten, im Schwimmdock zu Salamis von deutschen Bombern versenkten, ehemaligen griechischen Zerstörer VASILEFS GEORGIOS I unter den Namen ZG 3, später HERMES, wieder in Dienst. *Mit diesem Kommando begann für mich das schönste Jahr mei-*

ner Marinezeit ... Ich war selbständig, hatte einen problemlosen Auftrag und eine großzügige operative Führung. Auftragstaktik, nicht Befehlstaktik! In den Jahren meiner Kommandoführung hieß es nur, Sie führen diese zwei oder drei Schiffe von den Dardanellen nach Pyräus, nach Suda, nach Tobruk. Wann und wie Sie das machen, ist allein Ihre Entscheidung! ... Kamen wir zurück aus Afrika, hatten Kreta passiert, dann steuerten wir wie vor 2500 Jahren den alten Poseidon-Tempel auf Kap Sunion an, diese goldgelben Säulen auf der Steilküste von Attika. Vor den Dardanellen passierten wir Troja und dachten an Hektor und Achilles, aber auch an Priamos und Kassandra. Im Euböa-Kanal sahen wir die Termopylen: »Wanderer kommst Du nach Sparta, verkündige dorten, Du habest uns hier liegen gesehen, wie das Gesetz es befahl.« Auf unserem Liegeplatz Salamis hatte Themistokles, der Admiral Athens, 480 v.Chr. den Ansturm der Perser auf Griechenland in einer der berühmtesten Seeschlachten der Weltgeschichte geschlagen. Im Schlick werden wohl noch hölzerne Wracks liegen ... Am 7. Dezember 1942 wurde mir das Ritterkreuz verliehen (nach über 40 erfolgreichen mediterranen Unternehmungen). Die strategische Lage war schwierig. Rommel hatte seinen Vorstoß nach Ägypten unternommen mit der Flankenbedrohung seines Nachschubs durch Malta und Alexandria. Die Insel war durch die Luftwaffe fast niedergekämpft; ich hatte den Befehl zur Erstürmung im Verein mit der italienischen Flotte schon an Bord. Entgegen dem Rat des Deutschen Marinekommandos Italien in Rom wurde im letzten Moment der Befehl rückgängig gemacht. Ein Fehler, der sich bitter rächen sollte ... Am 2. April 1943 endete mein Kommando. Von der italienischen Marine erhielt ich als Abschiedsgeschenk eine 30 cm hohe Kopie des bekannten Hermes von Cellini. Das Original steht in Florenz.

Wechseln wir hinüber in den Pazifik, so war dort am 7. Dezember 1941 jener den Krieg zwischen Japan und den USA auslösende Überraschungsangriff auf Pearl Harbor erfolgt. Winston Churchill[59] schreibt darüber (wahrscheinlich listig verschwiegen) in seinen »Memoiren« (III,2) nur: *Hier genügt es, die Haupttatsachen anzuführen und auf die schreckenerregende Schlagkraft der japanischen Luftwaffe hinzuweisen. Um 8 Uhr 25 waren die ersten Wellen der Torpedo- und Sturzflieger mit vernichtender Wirkung über die Flotte hinweggebraust. Um 10 Uhr war alles vorbei, und die Angriffskräfte zogen sich zurück. Hinter sich zurück ließen sie in einem Meer von Feuer und Rauch eine zerschlagene Flotte, aber auch den Rachedurst der Vereinigten Staaten. Das Schlachtschiff* ARIZONA *war in die Luft geflogen, die* OKLAHOMA *gekentert, die* WEST VIRGINIA *und* CALIFORNIA *waren an ihren Ankerplätzen gesunken und mit Ausnahme der im Trockendock befindlichen* PENNSYLVANIA *hatten auch die übrigen Schlachtschiffe schwere Schäden erlitten. Zweitausend amerikanische Seeleute waren tot, annähernd zweitausend weitere verletzt. Die Herrschaft über den Pazifik war auf die Japaner übergegangen, und für den Moment waren die strategischen Gewichte auf dem Erdball von Grund auf neu verteilt.*

Allerdings – die USA vermochten der neuen Herausforderung unverzüglich, nachhaltig zu begegnen; im Mai 1942 im Korallenmeer, fand jene – historisch betrachtet – erste Flugzeugträger-Schlacht und im Juni bereits Admiral Spruances die Wende einleitender See-Luft-Schlag bei Midway statt. Herman Wouk (* 1915)[330] hat diese Ereignisse in »War and Remembrance« eng verknüpft mit der spannenden Geschichte einer weltweit agierenden amerikanischen Familie und besonders derjenigen von Captain Victor »Pug« Henry, damals Kommandant des US-Kreuzers NORTHAMPTON, und seinen beiden auf U-Boot beziehungsweise Flugzeugträger eingesetzten Söhnen.

Weitere marinehistorische Ereignisse im Pazifik verlebendigt Danielle Steel[297] in ihrem erfolgreichen, zwischen Juni 1939 und Ende 1942 handelnden, menschliche und Schiffsschicksale geschickt miteinander verbindenden Roman »Crossings«: *Am Morgen des 27. Oktober* [1942] *kenterte die brennende* HORNET *und riß Tausende ... mit in den Tod. Die* ENTERPRISE *hatte viele schwere Treffer hinnehmen müssen, war aber noch im Einsatz ... Burnham ... beobachtete die Crew bei der Bedienung der Geschütze, als eine 500-Pfund-Bombe das Flugdeck traf ... Soldaten ... versuchten, das Feuer zu löschen, während die anderen die ... japanischen Sturzkampfbomber weiter unter Beschuß nahmen, die auf das Schiff zurasten und Bomben abwarfen. Eine japanische Maschine zerschellte auf dem Deck und verursachte eine heftige Explosion ... Nick verspürte Wärme und eine seltsame Leichtigkeit in seinen Gliedern, als er von der Druckwelle hochgehoben wurde und Körperteile an sich vorbeifliegen sah. Er hatte das ganz sonderbare Empfinden, plötzlich schwerelos zu sein ...*

Wenn ein Schlauchboot allein im Mittelatlantik treibt, ist es gleichgültig, ob es im Frieden oder im Krieg dort driftet. Es ist auch unerheblich, welcher Nationalität zwei Menschen angehören, wenn sie ... verdursten werden, falls man sie nicht rechtzeitig findet. Die Sonne ist uninteressiert daran, ob der Einarmige ein [abgeschossener] *Amerikaner* [der US-Airforce], *der Andere ein Deutscher* [Kommandant eines U-Boots] *ist, und ob beide ... 1943 ... auf einem Schlauchboot*

hocken ... In der romanhaften Parabel »Nichts in Sicht« 1954 von Jens Rehn (1918–82) dümpeln sie qualvoll ihrem Ende entgegen.

Mit dem Schrei *»Hilfe!«* beginnt William Goldings (1911–93; des Autors der »Äquatortaufe« und Literatur-Nobelpreisträgers von 1983)[114] »Pincher Martin« (1956; übersetzt von Hermann Stiehl, 1960). Darin wird uns der Überlebenskampf eines Schiffbrüchigen mitleidend nahegebracht: *Natürlich. Mein Rettungsgürtel. Er wurde von Bändern unter beiden Armen gehalten. Die Bänder gingen über die Schultern – und jetzt konnte er sie sogar fühlen ... Er war fast schlaff, wie es die Dienstvorschrift empfahl, weil ein praller Gürtel platzen konnte, wenn man auf das Wasser auftraf. Schwimm fort vom Schiff, hieß es, und blas dann erst deinen Gürtel fest auf ... Kein Wrack in Sicht, kein sinkender Schiffsrumpf, keine zappelnden Überlebenden außer ihm selbst, nur die Dunkelheit war da ... die Bewegung des Wassers ... Und ich habe das richtige Kommando durchgegeben. Wenn ich es zehn Sekunden früher getan hätte, wäre ich jetzt ein gottverdammter Held – Hart steuerbord, schnell! Muß uns genau unter der Brücke erwischt haben ...*
Er hing reglos in seinem Gürtel, fühlte, wie die Kälte mit ihren Fingern nach seinem Leib tastete. Sein Kopf fiel auf die Brust und das Wasser schlappte ihm träge, hartnäckig übers Gesicht. Denken. Meine letzte Chance. Überlege, was du noch tun kannst.
Das Schiff ist draußen im Atlantik gesunken. Hunderte Meilen vom Festland entfernt. Er war allein, vom Geleitzug nach Nordosten ausgeschickt, um die Funkstille zu brechen. Das U-Boot hält sich vielleicht noch in der Gegend auf, um ein, zwei Überlebende zum Verhör an Bord zu nehmen ... »Hilfe, ihr verdammten Scheißkerle – Hilfe!«
Das Gefühl der Tiefe erfaßte ihn, und er zog die tauben Beine an den Leib, als wollte er sie dem Ozean entreißen. Er krümmte sich und starrte, er erhob sich über die Kluft der tiefen See auf einer Welle, und sein Mund öffnete sich, um gegen die Helle anzuschreien ... »Hilfe! Ein Schiffbrüchiger!« ...
»Dann war ich tot. Das war der Tod. Ich bin zu Tode erschreckt worden. Nun sind die einzelnen Stücke von mir wieder zusammengekommen, und ich bin gerade nur am Leben.« ...

Eine andere Form von Überlebens- und Rettungsthematik behandelt Siegfried Lenz (* 1926), Verfasser des »Feuerschiffs« (1959/60) sowie Friedenspreisträger des deutschen Buchhandels 1988, in der Erzählung »Ein Kriegsende« (1984).[133] Fünf Minuten vor 12 – oder schon kurz danach – geht es, unter verschärften Bedingungen, um humanitäre Risikobereitschaft und darum, dem Chaos ausgelieferte Mitmenschen zu bergen. Dieser selbstlose, manche Naziverbrechen lindernde Einsatz war für die meisten deutschen Handels- und Kriegsfahrzeuge bei der Rettungsaktion gut zwei Millionen Deutscher über die Ostsee im Frühjahr 1945 ebenso natürliche wie tragische Pflicht. Zwar tat Disziplin dabei not bis zum Ende; wer sie verweigerte, wurde – wie im Sinne jeden Kriegsrechts – schuldig und so zum Verräter an seinen Mitbürgern. Freilich Humanität erfordert im besonderen Moment und Maß eben das, was Moltke[219] meinte: *Gehorsam ist Prinzip! Aber der Mann steht über dem Prinzip!*

Nach Palästina auswanderungswillige Juden waren für jene ihr dortiges Mandat ausübende Briten selbst noch 1947 keine Weltbürger. Denn am 18. Juli brachte ein englischer Zerstörer vor Haifa die Exodus 47 auf. Ihren emigrierenden Passagieren wurde der endgültige Landgang zur ersehnten Urheimat verwehrt. Dieses Beispiel verarbeitete Leon Uris (* 1924) in seinem provokanten Roman »Exodus«.[315] Darin sind es jüdische Jugendliche, welche versuchen, *die englische Einwanderungsblockade zu durchbrechen und nach Palästina zu gelangen ... Das Schiff mit 300 Flüchtlingskindern an Bord liegt vor Anker in der Mitte des Hafens* [von Kyrenia auf Zypern] *... Ein Sprecher der* Exodus *hat mitgeteilt, daß der Raum des Schiffes mit Dynamit gefüllt ist ... man wird das Schiff in die Luft sprengen, wenn die Engländer versuchen sollten, an Bord zu gehen ... Hungerstreik: 1 Stunde ... 20 ... 85 Stunden ...* Exodus *hat bekannt gegeben, daß ab morgen ... 12 Uhr täglich zehn Freiwillige auf der Brücke des Schiffes, in aller Öffentlichkeit, Selbstmord begehen werden. Diese Protestaktion wird solange fortgesetzt, bis man der* Exodus *erlaubt, nach Palästina auszulaufen, oder bis an Bord niemand mehr am Leben ist ...*

Reflexionen über das Fahren zur See, Reisetagebücher, Darstellungen von der Allgegenwart des Meeres, von Strand, Wind, Gezeiten und Schiffen, Häfen, Inseln und Kontinenten füllen ganze Regale. Nur Beispiele daraus können anklingen: *Ein schneeweißer Dreißigtausendtonner dreht, von Schleppern bugsiert, langsam im Hafenbecken. Es ist die* Olympia, *der Stolz der griechischen Handelsflotte. Auf dem Promenadendeck geht der Reichtum mit der Langeweile spazieren. Im Zwischendeck hockt die Armut neben der Hoffnung. In der Enge des Hafenbeckens ist das Schiff kaum mehr als ein Stück Eisen. In der Weite der See wird es zu einer ozeanischen Schönheit,*

1970 warben die Museen von Marseille auf ihrem gemeinsamen Faltprospekt – nicht ohne Grund – mit einem Gemälde (Ausschnitt) von Albert Marquet (1875–1947):»Le Vieux-Port«, wo der im Zweiten Weltkrieg zerstörte Pont Transbordeur (jene die Hafeneinfahrt charakterisierende Hängefähre) noch ins Auge fällt.

die von den Seeleuten auf den Sieben Meeren bewundert wird. Zum Abschied vom Piraeus läßt der Kapitän ... die Sirenen brummen. Über Dächer und Masten hinweg dröhnt die Stimme des Welthandels aufs Meer hinaus.

Vorstehende von Peter Bamm (– Curt Emmerich, 1897–1975; zeitweiliger Schiffsarzt) »An den Küsten des Lichts« (1961, im 4. Kapitel) formulierte Sätze wollen als Einstimmung dienen, da alljährlich namhafte Literaten, beiderlei Geschlechts, zwischen Ländern und Erdteilen, aus Lust, Neugier oder Notwendigkeit, europaüberdrüssig, südseesatt oder amerikabegeistert, ja fernwehgestimmt an Bord von Frachtern oder Linern irgendwo in Fahrt sind.

In »The Colossus of Maroussi« (1941; deutsch von C. Bach und L. Humm-Sernau, 1965, S. 11ff.) erzählt Henry Miller (1891–1980): *Am nächsten Tag beschloß ich, das Schiff nach Korfu zu nehmen, wo mich mein Freund Durrell*[87] *erwartete. Wir fuhren gegen fünf Uhr nachmittags vom Piräus ab, die Sonne brannte noch immer wie ein Hochofen. Ich hatte den Fehler gemacht, ein Billett zweiter Klasse zu nehmen; als ich aber unzählige Tiere an Bord kommen sah, Bettzeug und all den verrückten Krimskrams, den die Griechen auf Reisen mit sich schleppen, wechselte ich prompt in die erste über … die Luft war lau und der Himmel voller Sterne. Alles schien mir vollkommen. Es gab keine Zeit mehr, es gab nur mich, der ich in einem langsamen Schiff dahintrieb … Da der Kanal von Korinth durch einen Erdrutsch gesperrt war, umfuhren wir den Peloponnes. Am zweiten Abend liefen wir in Patras ein … Sobald das Schiff Anker wirft, kommen kleine Schiffe voll mit Passagieren und Gepäck und Vieh und Mobiliar heran. Die Männer rudern stehend, sie schieben die Riemen … Sobald sie neben dem Schiff anlegen, entsteht ein Tohuwabohu. Alles … ist chaotisch, tumultuarisch. Doch nie geht jemand verloren oder verletzt sich, nie wird etwas gestohlen, nie gibt es Prügeleien. Es ist eine Art Gärung, die entsteht, da für den Griechen jedes Ereignis … etwas Einzigartiges ist … Er liebt es mit seinen Händen zu arbeiten, seinem ganzen Körper, ja gleichsam mit seiner Seele. Darum ist Homer noch heute lebendig.*

Albert Camus (1913–60)[55], einer der bedeutenden französischen Dichter und Philosophen, außerdem Widerstandskämpfer, Nobelpreisträger 1957 und lebenslang bemüht, des modernen Lebens Absurdheit anzuprangern, meditiert in seinen »Carnets« (1962ff.; deutsch 1963ff.) bei Seereisen auch über das Meer: *Wir sind auf dem Atlantik, und das Schiff rollt heftig in der starken Dünung … Ich beende meinen Tag wie gewohnt angesichts des Meeres, das heute abend prachtvoll ist unter dem Mond, der mit phosphoreszierenden Zügen arabische Schriftzeichen auf die langsame Dünung malt … 4. Juli: … Ich hatte schon tagsüber versucht, Aspekte des Meeres zu notieren … Meer am Morgen: Unermeßlicher Fischteich – schwer und quecksilbrig – schuppig – klebrig – mit frischem Schleim bedeckt. Meer am Mittag: blaß – große weißglühende Blechplatte – knisternd auch – sie wird sich unvermittelt umkehren, um der Sonne ihre feuchte Seite darzubieten, die jetzt noch im Dunkeln liegt … 5. Juli: … Das Meer gleicht einer riesigen Geschwulst in dem metallischen Glanz der Verwesung … 8. Juli: … Seit Dakar sind wir noch gut zwanzig Passagiere. Zu müde heute, um das Meer zu beschreiben … 10. Juli: Am Vormittag passieren wir den Äquator, bei einem Wetter … kühl, unfreundlich, der Himmel mit Schäfchenwolken bezogen und das Meer etwas widerborstig … 11. Juli: … Ganze Sturzseen fegen mit ihren Wasser-*

massen über die Decks, aber die Temperatur bleibt erstickend und tot … 12. Juli: Regen, Wind, wütendes Meer … Das Schiff arbeitet sich, vom Rauch der Gischt umgeben, vorwärts … 15. Juli: … Und wir erblicken die Lichter von Rio …

Bei Marguérite Duras (* 1914)[86] sind es immer wieder Schiffe, welche, als Sinnbilder menschlicher Freiheit und der Flucht vor unauslotbarer Lebensleere, grenzenlose Meeresweiten durchkreuzen. Strände, Gezeiten, Strömung und Wind erhalten dazu in ihren Werken (1971 etwa in »L'Amour«, 1986 in »Vera Baxter oder Die Strände des Atlantiks«) mythische Dimensionen. Zur Parabel und subtilen symbolischen Konstruktion geriet der Duras 1952 »Le marin de Gibraltar«. Dieser frühe Roman zeugt zugleich von der Unerreichbarkeit des Absoluten. Aus ihm nun ein kurzer Ausschnitt: *Der Eintritt in afrikanische Küstengewässer geschieht immer plötzlich, ohne Insel, ohne eine Bucht, in der sich die Dünung sanft verliert, ohne jene auf dem Meer tanzenden Archipele, die einen Kontinent ankündigen. Es war ein schöner Tag. Schwärme von Tümmlern kamen uns entgegen. Sie sprangen, silbrig in der warmen Flut, und versuchten vielerlei Verführungskünste, um einen von uns zu bewegen, sich ihrem heftigen Appetit zu opfern. [Anna, die Jachtbesitzerin]* warf ihnen Brot zu. *Eine leichte Dünung wiegte den Ozean, und über Meerestiefen von fünftausend Metern fuhren wir in den Golf von Guinea. Nichts störte den vollkommenen Gesichtskreis außer dem Kamin eines Frachters … und … einigen gelben Baumwollsegeln …* ANNA *hieß die Jacht bis zum Tode ihres vermögenden Mannes, danach in* GIBRALTAR *umgetauft, diente sie hauptsächlich zur Suche nach dem Matrosen, dem unvergessenen, verlorenen, unauffindbaren, bis ein Brand – im vergeblich erreichten Léopoldville – Schiff und Roman zum Ende bringt.*

Wieder verlasse ich Europa, keineswegs auf der Flucht … aber am dramatischsten Ort aller Ausfahrten, im Hafen von Lissabon. Am Tag habe ich vom Schiff weg die üblichen Ausflüge unternommen, fügte Marie Luise Kaschnitz (1910–74)[165] ihrem Meditationsbuch »Orte« (1973, S. 171) ein: *In Belém bin ich in der Kirche der großen Seefahrer gewesen … später fahren wir noch einmal vorüber auf dem breiten Fluß, auf dessen anderem Ufer … Christus segnend seine Arme erhebt. Da hatte das Schiff schon abgelegt, da standen die Auswanderer auf den Decks … das … Winken hinüber, herüber … hänge auch ich über der Reling, zurück, zurück. Bis es dann vor mir auftaucht, das lichte Niemandsland vor der Flußmündung, die goldenen Sandbänke, da gehöre ich keiner Heimat, keinem Reiseziel mehr an …*

Die US-Passagierschiffe AMERICA (33532 BRT) und UNITED STATES (53330 BRT, errang 1952 das Blaue Band) vor Manhattan. Photographie, um 1952. Über beide heißt es in »The Oceanliner: Speed, Style, Symbol«, der Begleitschrift zur Ausstellung des Cooper-Hewitt Museum New York 1980, S. 36: *The* AMERICA *(1940) was the one major American liner built in this decade. The ship's naval architect was the firm of Gibbs & Cox; the interior architects were the New York firm Egger & Higgins; and the*

decorators were the New York firm of Smyth, Urquhart & Marckwald. This team of designers was later responsible for the UNITED STATES *(1952). Like other ships of this decade, the* AMERICA'*s interiors showed the use of the new materials such as linoleum and aluminium. The general ambience was very spare, with a modest art program. The spaces lacked the sense of theater and drama so typical of other liners. There was great emphasis in the art program on American subjects and themes.*

Vita Sackville-West (1882–1962), gleichfalls häufige Meeresreisende, sieht in ihrem Roman »Weg ohne Weiser« 1961 sogar manche nautische Schattenseite: *... Das Schiff verunreinigt und schändet unterdessen die See mit Abfällen, schwimmenden Apfelsinenschalen, durchweichten Pappschachteln, tanzenden Flaschen ... Die Möven schießen herab und schreien laut über diese großzügigen Spenden ...*

Aber auch sie liebte die See, welche Chiles großer Poet – Literatur-Nobelpreisträger 1971 – Pablo Neruda (1904–73)[225] unsterblich besang:

> *Ozean, den mein schweifender*
> *Sinn aus den Augen verlor,*
> *rastlos entdecke ich dich wieder,*
> *rings um mich wogst du,*
> *schließt mein Leben in deinen Kreis, / ...*
> *O nacktes Element / ...*
> *einzig Essenz und Gischt,*
> *Bewegung und Abstand, / ...*
> *Hier zu Füßen der überstirnten Erde / ...*
> *Auf halbem Meer, jählings, unterwegs,*
> *inmitten der anderen hingebreiteten Wasser,*
> *breit wie die Hände des Mondes,*
> *warf das Meer, mein Meer, mir einen Kuß zu.*

Starken Kontrast bietet dazu Françoise Sagan (= Quoirez, * 1935)[268] mit dem 1981 publizierten, eine musikalische Festspielreise zum Kreuzfahrtinhalt machenden Roman »La femme fardée« (= Willkommen Zärtlichkeit, 1983, S. 312): *Programmgemäß sollte die* NARCISSUS *Alicante anlaufen ... Alicante, wo sie Sherry trinken und De Falla, gespielt von Kreuzer, hören sollten sowie die große Arie aus »Carmen«, gesungen von der Doriacci – wenn sie natürlich nicht wieder »Au claire de la lune« zum besten gab.*

Das spanische Klima ließ einige Höhepunkte der Leidenschaft erwarten. Doch plötzlich erhob sich der Schirokko – der Beherrscher der Herzen und vor allem der Körper – und warf fast alle Helden dieser Reise auf ihr Lager ... Die Elemente besiegten die meisten Luxuspassagiere ... die NARCISSUS *suchte also am Ende des Tages hinter Ibiza Zuflucht und ließ an einem unendlich langen und glanzlosen Abend eine der beliebtesten Zwischenstationen aus.*

Historisch-exotischer Schauplätze, des Nils etwa mit seinen uralten Kulturzeugnissen, bedienten sich – Literatur-Nobelpreiträger von 1983 und 1988 – William Golding[114] in »Ein ägyptisches Tagebuch« (seiner Nil-Kreuzfahrt) wie dessen ägyptischer Kollege Nagib Mahfus (bzw. Naguib Mahfouz, * 1911) in »Das Hausboot am Nil«.

Meist ähnliche maritim-opulente »Grand luxe«-, »Dolce vita«- oder »La vie en rose«-Thematik – vermischt mit Folklore, Spannung, Abenteuer, sogar Kriminalfällen oder gar Horror-Thrillern, kommen ebenfalls ins Bewußtsein. Genannt seien deshalb Jürgen Thorwalds »Der Mann auf dem Kliff« (und an Bord der britischen VICTORIA CASTLE 1952), Anthony Burgess' (* 1917) Roman »Tremor« (1966) und Wolfgang Hohlbeins »Kreuzfahrt. Eine unheimliche Reise« (1988) oder Manfred Bielers (* 1934) – auch als politisches Lehrstück zu wertende – Erzählung »Der Passagier« (1984). Von entsprechendem, wenn nicht schärferem parabelhaftem Charakter ist der Roman von Julio Cortázar (1914–84)[65] »Los Premios« (1960; = Die Gewinner) geprägt. Darin läßt er 20 Bürger aus Buenos Aires in der argentinischen Staatslotterie eine Kreuzfahrt auf der MALCOLM gewinnen. Vorzeitig müssen sie freilich ihr Seefahrt-Vergnügen – infolge Auftretens politisch relevanter ›Beulenpest‹ – abbrechen.

Die große Fracht des Sommers ist verladen, / ... / Das Sonnenschiff im Hafen liegt bereit, / und auf die Lippen der Galionsfiguren / tritt unverhüllt das Lächeln der Lemuren. / Das Sonnenschiff im Hafen liegt bereit / ... / Wenn hinter dir die Möwe stürzt und schreit – enthält Ingeborg Bachmanns (1926–73)[76] Gedichtsammlung »Die gestundete Zeit«. Wenn darin Nachdenkliches anklingt, so wandelt sich in Gertrud Leuteneggers (* 1948) Prosa »Komm ins Schiff« (1983) dieses zum Alpträume verursachenden, Kafka nahekommenden Gleichnis.

Ins andere Extrem schielend, von teils harter haptischer Realität zeugen daneben »Das Pestschiff« (1987) von Frank G. Slaughter oder Alan Sillitoes (* 1928) »The Lost Flying Boat« (= Verschollen) und, eine amüsant-ironische Variante einfügend, »Der brave Leviathan« (1978) von Pierre Boulle (* 1912). Darin wird ein in Saint-Nazaire erbauter, 600000 t Rohöl fassender, atomgetriebener, zunächst allen Umweltschützern als Ausgeburt der Hölle erscheinender Supertanker, die GARGANTUA, unvermutet zum Wundertäter, ja zum Lebensretter all' jener sie ehedem bekämpfenden Fanatiker.

Indem wir noch einmal Hagelstanges anfangs zitierte Poesie *Salz der Meere ... Werde Salz* wiederaufnehmen – und bemerken, daß das Wort »Salz« (lateinisch sal) schon bei den Römern Synonym für Begriffe war, wie Humor, Ironie, Witz –, geraten zwangsläufig wiederum »Les Vaisseaux du Cœur« von Benoîte Groult (* 1920)[121] ins Blickfeld. Jener ruch-los-verzückte, 1988 edierte, unter dem Titel »Salz auf unserer Haut« (von Irène Kuhn ins Deutsche gebrachte) Roman verfolgt das ungewöhnliche Liebesverhältnis zwischen »George« und ihrem »Kormoran«, dem bretonischen Fischer Gouvain Lozerech, *von dem er sich mit Bedauern eingesteht, daß es das Salz seines Lebens ist.*

Zum erstenmal in seinem Leben waren seine Gewißheiten ins Wanken geraten ... »Weißt du, was das kostet, ein Thunfischtrawler, wie wir welche haben?«

»... Für den Chef ist das die Dauerpanik. Nicht die Arbeit macht ihn kaputt, sondern die Angst. Außerdem bist du ja verantwortlich für eine elektronische Ausrüstung und ein unglaublich kompliziertes Material – du hast keine Vorstellung, wie teuer das alles ist. Wenn was kaputtgeht oder eine Panne passiert, ist es eine Katastrophe. Jeder Tag, wo das Ding stillsteht, kostet die Reederei Unsummen ...«

An Bord ist alles verfälscht durch den monströsen Parameter Ozean ... »Wellen? Die hörst du nicht einmal«, sagte Gouvain höhnisch. »Also dich würde ich gerne mal an Bord sehen, nur acht Tage lang! Alle Motoren laufen ununterbrochen 24 Stunden: die von den Tiefkühlaggregaten für den aufgeschichteten Thunfisch, die, die das Eis machen für die Pökelfächer, und wenn es draußen 40° warm ist, müssen die ganz schön was abgeben! Und zu alledem die Schiffsmotoren: an die 20000 PS. Und dann noch der Hubschrauber, mit dem man die Fischschwärme ortet, den hab' ich ganz vergessen. Was den Radau betrifft, schlägt der sämtliche Rekorde. Am Ende weißt du überhaupt nicht mehr, wo du bist, und du weißt auch nicht, was schlimmer ist: der Maschinenraum, wo es 45° warm ist, oder die Gefrierräume, wo sich das Eis an den Wänden abgesetzt hat. Und sogar wenn du im Hafen liegst, hast du noch den Motor der Klimaanlage, und schließlich den Motor des Krans, der den Fisch in Form von 2000-Kilo-Paketen aus den Laderäumen herausbefördert. Ich war daran gewöhnt, mit Fischkörben zu hantieren, den Fisch direkt reinzuholen. Ich mag nicht gern im Dienst von Maschinen stehen. Nein wirklich, um unter solchen Umständen zu arbeiten, muß man verrückt sein. Auf jeden Fall bin ich zu alt dazu. Und da es sowieso bald keinen Thunfisch mehr gibt ...«

Am 5. November meldete der Chirurg, daß die Operation geglückt sei ... Am 7. nachts starb Gouvain auf der Intensivstation ... Ach es wäre besser gewesen, er hätte sich »sein Loch im Wasser graben« dürfen, wie er es so oft nannte ... Mir blieb aber die Gewißheit, alles von ihm bekommen zu haben, wovon Liebe erstrahlen kann ...

Sturm in der Karibik: dabei gehen 1955 acht Mann des kolumbianischen Zerstörers CALDAS über Bord.

Prospekte von Kreuzfahrten auf Linern und unter Segeln zwischen 1977 und 1994.

Die Suche nach ihnen wird vier Tage später abgebrochen. In der Woche darauf rettet sich dennoch einer, sterbendkrank. Gabriel García Márquez (* 1928; 1982 Literatur-Nobelpreis) verdichtete das tatsächliche Geschehen 1970 zum »Relato de un náufrago«, dem »*Bericht eines Schiffbrüchigen, der zehn Tage lang, ohne zu essen und zu trinken, auf einem Floß trieb, der zum Helden des Vaterlandes ausgerufen, von Schönheitsköniginnen geküßt, durch Werbung reich, gleich darauf durch die Regierung verwünscht und dann für immer vergessen wurde.*« Das letzte, 14. Kapitel ist – resignierend – überschrieben: »*Mein Heldentum bestand darin, nicht zu sterben.*«

Abertausende mußten derweil im Korea-Krieg (1950 bis 1953) und nachfolgend vor und in Vietnam (1964 bis 1973) ihr Leben lassen. Daran erinnern literarische Arbeiten beispielsweise von James A. Michener (* 1907) »Die Brücken von Toco-Ri« (1953–55) und von Douglas Reeman (= Alexander Kent) »Duell in

der Tiefe« und »Wrack voraus«. Von anderem maritim-militärischem Unternehmen ist in Romanen, wie »Geheime Tauchfahrt« von Stephen Coulter (1974)[67], »Alarm! Das Weiberschiff« von Heinz G. Konsalik (1976), »See-Leopard« von Craig Thomas (1985) und »U-137« von Edward Topol, »Jagd auf ROTER OKTOBER« von Tom Clancy (1986) und »Auf Grund« von Stuart Woods (1987), »Nachtjäger« von Robert Merle (1989) und »Eisflut« von Richard Moran (1989), zumeist von U-Booten, darunter jenem im Spätherbst 1981 vor der schwedischen Küste aufgelaufenen sowjetischen U 137 – zuweilen auch sensationslüsternd – die Rede.

Nur aus japanisch-fernöstlichem Traditionsbewußtsein erklärlich wird jener dort 1963 erschienene, rasch Berühmtheit erlangende Titel »Gogo no eiko« (= Der Seemann, der die See verriet) von Yukio Mishima (Tokio 1925–70 durch Freitod). Er erzählt unter anderem die Geschichte einer sechsköpfigen Jungengruppe, die einen Schiffsoffizier grausam tötet, welcher schlichtem Familienleben zuliebe sein

»Lili Marleen«

Deutsche Kreuzfahrttradition
1994

Romantik unter Segeln

PETER DEILMANN · REEDEREI

»heroisches« Seefahrerdasein beenden will. Hans Werner Henze benutzte Mishimas Roman übrigens für seine Oper »Das verratene Meer«.

Die Welt ist viel größer, als wir meinen. Wir reisen, wir bringen Länder und Meere hinter uns und haben die Nase dabei kaum über die eigene Schwelle gesteckt, hält jener in philosophischer Grübelei versunkene Gelehrte seinem Widersacher Alexis Sorbas vor. Der nach ihm benannte Roman von 1946 bescherte Nikos Kazantzakis (1883 bis 1957)[166] literarische Weltgeltung und die Verfilmung dieser leidenschaftlichen, sich für einen modernen Sindbad haltenden kretischen Kapitänsfigur.

Ihr muß man den brasilianischen Capitão de Longo Curso: Vasco Moscoso zuordnen; denn dessen herrlich unglaubliches Seemannsgarn füllt den Roman »Os Velhos Marinheiros, I: A Completa Verdade sobre as Discutidas Aventuras do Comandante Vasco Moscoso de Aragão« (1961; = Die Abenteuer des Kapitäns V. M., 1964) von Jorge Amado (* 1912)[7], Lateinamerikas beliebtestem, portugiesisch-sprachigem Romancier.

Am Ende (S. 328ff.) erreicht der aufschneiderisch-hochseeunerfahrene Moscoso den Hafen Belém ... *nach einem Augenblick der Verblüffung lächelte der Erste Offizier ...: Befehl vom Kapitän: das Schiff mit allen Leinen festmachen ...*
Alle Anker!
... Alle Ketten! alle Verholleinen! ...
Alle Springs! ...
... die Voraussage lautet: schönes, ruhiges Wetter ...
Homerisches Gelächter stieg vom Kai auf, in das die gesamte erste Klasse einstimmte. Der Erste Offizier fuhr fort:
Auch den Notanker werfen, Herr Kapitän?
Auch ...
Vielen Dank, Herr Kapitän, das Festmachen ist beendet.
Vasco Moscoso de Aragão senkte den Kopf, senkte sein weißes Haupt. Er war der Spott ... aller geworden ...
... So unerwartet, wie es gekommen war, so plötzlich verzog sich auch das Unwetter ... zu jener Stunde hatten der brasilianische Telegraphendienst und das Überseekabel bereits das ganze Land und die fünf Erdteile von der gewaltigen

Naturkatastrophe und vom Genius des Kommandanten Vasco Moscoso ... in Kenntnis gesetzt, des einzigen, der, das Unwetter vorausahnend, sein Schiff zu retten vermochte ...

Solche Poesie pur – klingt aus mit der Dichterfrage: ... Wo ist die Wahrheit: in der engen Wirklichkeit jedes einzelnen oder im grenzenlosen Traum des Menschen? ...

Darum bedarf es nur kürzester Spanne bis zur Illusion des »Théâtre de Pornopapas«, auf dessen Brettern, an Bord eines Schiffes in Saloniki, ein surreal-groteskes, der Unentrinnbarkeit des Eros verpflichtetes Ödipus-Stück abläuft. André Pieyre de Mandiargues (* 1909) schildert es in der gleichnamigen, 1965 im Konvolut »Porte dévergondée« (= Tor der Schamlosigkeit) enthaltenen Novelle.

Als Saint-John Perse (= Marie-René-Alexis Saint-Léger, 1887–1975) den Literatur-Nobelpreis im Herbst 1960 in Stockholm entgegennahm, sagte er: Dem Dicher möge es genügen, das schlechte Gewissen seiner Zeit zu sein. Aber mit der 1957 publizierten lyrischen Dichtung »Amers« (= See-Marken. 1959, übertragen von Friedhelm Kemp, S. 126f.)[269] weist er doch ebensoviel zugunsten unserer Zeit nach – denn: Étroits sont les vaisseaux ... Eng sind die Schiffe, eng der Bund; und enger noch dein Maß, o treuer Leib der Liebenden ... Und was anders ist dieser Leib selbst wenn nicht Bild und Form des Schiffes? Nachen und Naue, und Opferboot, bis in seine Mittelöffnung; geformt in der Gestalt eines Kieles, und über seine Sparren geschweift, den elfenbeinernen Doppelgurt biegend nach dem Verlangen meergeborener Krümmen ... Zu allen Zeiten haben die Schiffbaumeister diese Art gehabt, den Kiel zu verbinden mit dem Spantenwerk und der Wandung ...

Vor kurzem erst zu Wort gekommener Gabriel García Márquez charakterisiert in den »Zwölf Geschichten aus der Fremde« (übersetzt von D. Ploetz und D.E. Zimmer, Köln 1993) seinen Dichter- und Nobelpreiskollegen Pablo Neruda (1904–73)[225] einfühlsam so: Ich habe nie jemanden kennengelernt, der so sehr dem Bild entsprach, das man von einem Renaissancepapst hat:

genußsüchtig und hochkultiviert. Selbst gegen seinen Willen präsidierte er an jedem Tisch ... Jener Tag im Carvalleiras war beispielhaft. Er aß drei ganze Langusten, zerlegte sie mit der Meisterschaft eines Chirurgen und verschlang gleichzeitig die Gerichte aller anderen mit den Augen, pickte bei jedem ein wenig, und zwar so genußvoll, daß seine Eßlust ansteckte: auf die Venusmuscheln aus Galicien, die Krustentiere aus dem Kantabrischen Meer, die Krebse aus Alicante, die espardenyas von der Costa Brava. Währenddessen sprach er wie die Franzosen nur von anderen Köstlichkeiten der Küche, insbesondere von den urweltlichen Seemuscheln aus Chile, die er im Herzen trug.

Nerudas[225] gleichermaßen vom Herzen diktierten Gedichte »An die Gewässer Nordeuropas« oder »Ode an ein einziges Meer« enthalten beglückende Verse, wie: Gewässer im Norden, / darin wäscht sich der Himmel. / Alles zergangen / zu stumpfem Weiß, / zu schmutzigen Horizonten, / aschfarbener Weite. / Das Schiff kreuzt und zerschneidet / die Haare des Wassers / und gleitet, gleitet, gleitet / vondannen im Nebel, / schwerelos wie ein zur Stummheit / ausersehener Vogel ...
oder –

Zuletzt würdest du, Sirene / durchsichtig an meiner Seite / schwimmend, / Meersalz in deine / liebenden Küsse mischen, / und gemeinsam stiegen wir aus dem Ozean, / ... / Ein Traum? Ja, doch / was ist das Meer, wenn nicht ein Traum?

Angesichts solch heiter-entzückenden Wunsches sollte man den wichtigsten nicht vergessen, welchen Immanuel Kant in seinem – 1795, vor zweihundert Jahren, bei Friedrich Nicolovius zu Königsberg erschienenen – philosophischen Entwurf »Zum ewigen Frieden« für uns einleitend beschwört: Ob diese satyrische Ueberschrift auf dem Schilde jenes holländischen Gastwirths, worauf ein Kirchhof gemahlt war, die Menschen überhaupt, oder besonders die Staatsoberhäupter, die des Krieges nie satt werden können, oder wohl gar nur die Philosophen gelte, die jenen süßen Traum träumen, mag dahin

Maritimes
in Film und Fernsehen

Es ist – nach Jahrzehnten weltweit reichlicher Produktion[189] – kaum noch überschaubar und darum hier nur andeutungsweise ausgebreitet und jeweils noch kürzer ausgewertet. Viele vorausgehend behandelte Autoren lieferten dazu Vorlagen oder waren zuweilen sogar an Filmdrehbüchern beteiligt. Diese mußten natürlich den Gesetzen der Filmdramaturgie entsprechend zur künstlerischen Einheit von Bild, Wort, Mimik und Musik gelangen. Das bedeutet: weitgehende Aufgabe der ursprünglichen literarisch-poetischen Form zugunsten eines andersgearteten, simultan Raum[5], Perspektive, Bewegung, Musik und Sprache, Licht und Farbe gleichermaßen erfassenden illusionistischen Gesamtkunstwerks.

Selbst wenn ein derart berühmt gewordener russischer Film, wie der 1925 von Sergej Eisenstein geschaffene »Panzerkreuzer POTEMKIN«, dem klassischen Prinzip des Dramas in fünf Akten – »Menschen und Maden«, »Tragödie auf dem Schiff«, »Ein Toter ruft auf«, »Die Treppe von Odessa« und »Begegnung mit dem Geschwader« – folgte, empfing er doch durch ebenso neuartige wie ungesehene Dynamik und Rhythmik, zwingende Bildeinstellung und Schauplatzrealistik seine unerhörte optisch-suggestive Wirkung. Von ihr spricht Georg Hensel[139]: *So wird man im Fernsehen bei der nächsten Wiederholung von Eisensteins Stummfilm die Treppe von Odessa, diese rund zweihundert ungeheuer breiten Stufen, die vom Hafen dreihundert Meter hinaufführen, mit der Erinnerung an gelähmte Aufstiegs-Beine und ganz anderen Augen betrachten: diese berühmteste aller Montagen, die Militärstiefel, die Bajonette, die hochgereckten Arme mit den gespreizten Fingern, der Korbkinderwagen mit den großen Rädern, wie er die Stufen heruntertorkelt. Der Revolutionsfilm war eine Filmrevolution: nach ihm wurde alles anders, Regie, Schauspieler, Photographie, Schnitt, Montage, Begleitmusik.*

Als der illustre Streifen vom 26. April 1926 an öffentlich in Berlin-Kreuzbergs »Apollo-Theater« zur Filmgeschichte machenden Aufführung kam, berichtete Lion Feuchtwanger (1884–1958) darüber im 1930 herausgekommenen Roman »Erfolg« (Buch 4, 2. Kap.): *... Auch auf dem Meer ist man derweilen nicht faul ... Man hat andere Schiffe herangezogen, große, mächtige. Sie umzingeln die POTEMKIN. Auf dem Schiff mit der roten Fahne ist alles klar zum Gefecht. Seine Rohre, spiegelglatt, gigantisch, werden gerichtet, gehen auf und nieder, bedrohliche Fabeltiere ... Ringsum schwimmt es heran, eiserne Wesen der Vernichtung ... Die POTEMKIN steuert auf sie zu. Es sind Schiffe ihrer Klasse, die sie jagen ... Es ist keine Aussicht durchzubrechen ... Sie kann nicht siegen, sie kann nur, sterbend, die andern mit in ihren Tod reißen. Es ist eine wilde, dumpfe Spannung auf der Leinwand und vor ihr, wie langsam die riesigen Schiffe den Kreis schließen ... Da beginnt das verurteilte Schiff, Zeichen zu geben ... bunte Flaggen steigen auf, nieder. Winken. Die POTEMKIN signalisiert: »Schießt nicht, Brüder« ... Eine ungeheure Freude hebt die Herzen, als der Kreis der Verfolger die POTEMKIN passieren läßt, als sie ungefährdet einläuft in den neutralen Hafen ... [Konstanza, 1905].*

Bert Brecht[124] faßte seinen damaligen Eindruck im Gedicht »Keinen Gedanken verschwendet an das Unänderbare!«:
Jenes Gefühl der Zustimmung und des Triumphes
Das uns bewegt vor den Bildern des Aufruhrs auf dem
 Panzerkreuzer POTEMKIN
Im Augenblick, wo die Matrosen ihre Peiniger ins Wasser
 Stürzen ...

Wie in ein Kaleidoskop blickend und durch dessen Winkelspiegel vervielfachte Muster bewegend, Farben dabei sich reizvoll überlagernd, in raschem Schnittwechsel, folgt nun ein historischer Abriß des maritim-nautischen Filmaufkommens:
1 Als vergnügliches modernes Kinomärchen erleben wir in »Splash« (USA, 1984, Regie Ron Howard), wie eine schöne Meerjungfrau den geliebten, wissenschaftlich engagierten Mann ins mediengehetzte New York begleitet, bis – nach vergeblichen Anpassungsversuchen – beide Zuflucht im Meer finden.

»Der Galeerensträfling« Teil I, zum Film mit Paul Wegener. Plakat, Farblithographie von R.L. Leonhard, 1919.

2 Zum »filmischen Kabinettstück« zählt jene von John Huston, zugleich Regisseur, verkörperte Rolle des Noah im italienischen Streifen »La Bibbia« (1965).
3 Hollywoods Trick-Kiste ermöglicht Seebeben, Vulkaneruptionen und Lavaströme beim Versinken von »Atlantis, The Lost Continent« (USA, 1960), das ein Fischerjunge, die schiffbrüchige Königin rettend, miterlebt.
4 Kirk Douglas als »Ulisse« bestreitet kinogerecht

»Die Fahrten des Odysseus«, wobei ihn Silvana Mangano als Circe ebenso betört wie Rossana Podestà als Nausikaa; Anthony Quinn mimt Antinoos, den zügellosesten Freier Penelopes (Regie Mario Camerini, 1954). Als moderne Fassung der Odyssee entstand 1995 Theo Angelopoulos' Film »The Glance of Ulysses« nach dem gleichnamigen Drehbuch von Tonino Guerra und dem griechischen Regisseur.
5 Wie die Troja-Flüchtlinge, angeführt von Äneas,

nach Italien gelangen, malt breit der ital.-franz. Monumentalfilm »La Leggenda di Enea« (1962).

6 Seeschlachten zwischen Römern und ihren unterlegenen punischen Gegnern bringt – nach der Roman-Vorlage von Emilio Salgari – eine ital.-franz. Produktion von 1959 als »Cartagine in flamme« ins flimmernde Bild.

7 Lewis Wallaces überzeugende Filmversionen über »Ben Hur« (USA 1924–26 und USA 1959, mit 8 »Oscars« bedacht) zeugen von entsprechendem maritimem Aufwand.

8 Den Spuren Alexanders des Großen folgt »Sindbad The Sailor«, verkörpert von Douglas Fairbanks jr., auf die Insel Daryabar, und zwar nach dessen dort verborgenen sagenhaften Schätzen suchend. Dabei gewinnt er die Gunst der schönen Shireen (Maureen O'Hara, im US-Spielfilm von 1947 – nach Sindbads 8. Reise in »Tausendundeinenacht«).

9 Vom Wikinger Einar, König Ragnars Sohn (um 800), und der entführten englischen Prinzessin Morgana handelt der – nach Edison Marshalls Erzählung – mit Kirk Douglas 1958 gedrehte US-Film »The Vikings«.

10 Zu den publikumswirksamsten Stoffen gehören natürlich Episoden aus dem Leben des Indien-Amerikasuchers Kolumbus: wie er 1485 seine Pläne Königin Isabella von Kastilien unterbreitet (mit Frederic March und Florence Eldridge, in der amerik.-brit. Produktion »Christopher Columbus« 1949) oder, biographisch breiter gefaßt, wie ihn Alberto Lattuada im 1985 ausgestrahlten TV-Dreiteiler »Christoph Columbus« (mit Gabriel Byrne, Faye Dunaway, Max von Sydow, Raf Vallone, Rossano Brazzi u.a.) sieht, oder wie Alexander Salkind seinen Hauptdarsteller George Corraface »Christopher Columbus – Den Entdecker« spielen läßt, oder, gleichfalls im Jubiläumsjahr 1992, wie im Nonsens-Film von Gerald Thomas Jim Dale den legendären Helden persiflierend verkörpert, oder schließlich wie Gérard Dépardieu der widersprüchlichen Kolumbus-Gestalt im Ausspruch *Paradies und Hölle – wir tragen sie mit uns, wo immer wir auch hingehen* in Ridley Scotts Streifen »1492 – Die Eroberung des Paradieses« überzeugend gerecht wird – unterstützt durch grandiose Bildeinstellungen von Adrian Biddle, nach dem Drehbuch Roselyne Boschs, mit der berückenden Musik des Griechen Vangelis.

11 Eine span.-ital.-franz. Co-Produktion benutzte Bruno Franks (1887–1954) Roman zur Darstellung des jungen – von Horst Buchholz gespielten – Dichters »Cervantes / Les aventures extraordinaires« (1966). Voll kam – neben ihm Gina Lollobrigida,

Filmschiffe: die SANTA MARIA in Ridley Scotts »1492 – Die Eroberung des Paradieses« 1992 ...

José Ferrer, Louis Jourdan – vor allem jene 1571 sich entscheidende Seeschlacht von Lepanto in die farbstarke Supertotalvision.

12 Für elisabethanische Thematik, den Freibeuter, Weltumsegler, Mitkämpfer bei der Vernichtung der spanischen Armada 1588, Sir Francis Drake, stehen Filme ein, wie:

»Fire over England« (GB 1936, mit Laurence Olivier, Vivien Leigh, James Mason);

»The Sea Hawk = Der Herr der sieben Meere« (USA 1940, mit Errol Flynn unter Michael Curtiz' Regie);

»Il Dominatore dei sette mari = Pirat der sieben Meere« (It. 1961, mit Rod Taylor);

»Devil Ship Pirates = Die Teufelspiraten« (GB 1963, mit Christopher Lee).

13 Im 1952 gedrehten US-Film »Plymouth Adventure – Schiff ohne Heimat«, mit Spencer Tracy als Captain Jones, kommt die historische MAYFLOWER-Fahrt der Pilgerväter 1620 vom englischen Plymouth nach Massachusetts ebenso in die kino- bzw. televisionsmäßige Optik wie im 1986 gestalteten britischen Film »New World« mit William Bradford, Alice Southworth u.a.[303]

14 Bukanier, Flibustier, Freibeuter, Korsaren, Piraten, Seeräuber – welch' unerschöpfliche, der überbordenden Phantasie immer neue, ungesehene Stoffe liefernde Filmsujets – sind Inhalt folgender Titel:

»The Black Pirate« (USA 1926, als Stummfilm mit Douglas Fairbanks);

»Captain Blood = Unter Piratenflagge« (USA 1935, nach dem Roman von Rafael Sabatini [1875–1950], spielt 1682 in der Karabik, mit Olivia de Havilland und Errol Flynn, dessen erster Schritt zum Starruhm, unter der Regie von Michael Curtiz);

»The Black Swan = Der Seeräuber« (USA 1943, mit Tyrone Power, Maureen O'Hara);

»Frenchman's Creek = Der Pirat und die Dame« (USA 1944, nach Daphne du Mauriers Roman, mit Joan Fontaine, Arturo Cordova, Basil Rathbone; läuft vor und in Cornwall ab);

»The Spanish Main = Der Seeteufel von Cartagena« (USA 1945, mit Maureen O'Hara, Walter Slezak);

»Buccaneer's Girl = Die Piratenbraut« (USA 1950, mit Ivonne de Carlo; trägt sich in und vor New Orleans zu);

»Anne of the Indies = Die Piratenkönigin« (USA 1951, mit Jean Peters, Louis Jourdan, Debra Paget), melodramatische Geschichte der sich für ihren Geliebten französischen Kapitän opfernden, in der Karibik gefürchteten Seeräuberin Anne Bonnie;

»Captain Pirate = Die Schwarze Isabell« (USA 1952, nach Rafael Sabatinis Roman »Kapitän Blood kehrt zurück«; Fortsetzung zu »Unter Piratenflagge« von 1935);

»Abbott and Castello meet Captain Kidd« (USA 1952), Seeräuberparodie mit Charles Laughton;

»Blackbeard the Pirate = Kampf um den Piratenschatz« (USA 1952, nach Roman von Vallon Scott);

»The Crimson Pirate = Der rote Korsar« (USA 1952, mit Burt Lancaster, Eva Bartok, unter der Regie von R. Siodmak);

»Caribbean = Die Geliebte des Korsaren« (USA 1952, nach einem Roman von Ellery H. Clark);

»Against All Flaggs = Gegen alle Flaggen« (USA 1952, mit Maureen O'Hara, Anthony Quinn, Errol Flynn), Schauplatz ist Madagaskar. (Als Flynn starb, hinterließ er die 36 m lange, in Kalifornien gebaute Segeljacht ZACA – ob der darauf gefeierten Orgien das »Flaggschiff der Fleischeslust« genannt, zuletzt, um 1966, noch in Villefranche als Wrack existent);

»Yankee Buccaneer = Unter falscher Flagge« (USA 1952);

»Raiders of the Seven Seas = König der Piraten« (USA 1953, mit John Payne, Donna Reed);

»I tre Corsari« (It. 1953, Regie und Drehbuch von Mario Soldati).

15 Unausgeschöpft bleibt das Piratenthema weiter für die nächsten Dezennien:

»I pirati della costa = Küste der Piraten« (It. & F 1960, mit Lex Barker);

»Morgan il pirata = König der Seeräuber« (It. & F 1960, mit Steve Reeves, Valerie Lagrange);

»Il secreto dello sparviero nero = Der schwarze Brigant« (It. 1961);

»Gordon il pirata nero = Der schwarze Seeteufel« (It. 1961);

»The Pirates of Blood River = Piraten am Todesfluß« (GB 1961, Regie John Gilling);

»Pirates of Tortuga« (USA 1961);

»Mary la rousse femme pirate = Piratenkapitän Mary» (It. & F 1961);

»Il corsaro = Der größte aller Freibeuter« (It. & Sp. 1969);

»I Pirati dell'isola verde = Die Piraten der grünen Insel« (It. 1970);

»Il Corsaro Nero = Freibeuter der Meere« (It. & Sp. 1971, mit Terence Hill und Bud Spencer);

»Swashbuckler / The Scarlet Buccaneer = Der scharlachrote Pirat« (USA 1976, mit Robert Shaw, Geneviève Bujold);

»Pirates = Piraten« (F 1985/86, Buch und Regie Roman Polanski, der bekennt: *Ich habe den Film für einen kleinen Jungen gemacht, für den Jungen, der ich noch immer bin, obwohl mir schon die Haare ausfallen;* mit Walter Matthau, Cris Campion, Charlotte Lewis), im Mittelmeer, vor Tunesien, gedreht.

16 Daniel Defoes 1719 erschienener Roman »Robinson Crusoe« hat nicht nur als »farbenprächtiger Bilderbogen«, sondern auch als psychologische Studie zivilisationsfreier Menschlichkeit filmische Adaptionen erfahren: 1972 in der UdSSR sowie zuvor 1952 bis 1954 durch Luis Buñuel in einer amerik.-mexik. Produktion.

17 Nach Robert Louis Stevensons Werken, seiner Novelle »Flaschenteufel« – in der auf Hawai vom Matrosen Kiwe eine unzerstörbare Flasche erworben wird, die ihm, um den Preis seiner Seele, alle Wünsche erfüllt – entsteht 1934 der Ufa-Film »Liebe, Tod und Teufel«. – Der 1953 mit Errol Flynn in den USA gemachte Streifen »The Master of Ballantrae = Der Freibeuter« folgt Stevensons gleichnamigem Roman (von 1889); im USA-Remake von 1984 hat Michael York die Hauptrolle. – Für mehrere filmische Fassungen dient »Treasure Island« (1883) als Vorlage: so zu US-Stummfilmen 1908, 1912, 1917 und 1920, jeweils in der Regie von J.S. Blackton, J.S. Dawley, C.M & S.A. Franklin und M. Tourneur, sowie einer 1934 von Victor Fleming geschaffenen, vertonten Wiederholung, dann 1950 zum US-Film »Long John Silver« (Regie B.

...und die Galeone NEPTUN in Roman Polanskis »Piraten« 1986.

Haskin), 1954 zur gleichnamigen australischen Abwandlung, ferner 1972 zu einer span.-ital.-franz.-deutschen Zusammenarbeit »La Isla del Tesoro = Die Schatzinsel« mit Orson Welles, Walter Slezak. – Auch Stevensons auf einem Seeräuberschiff sich ereignender Roman »Kidnapped« (1886) kommt 1960 in den USA als »Kidnapped = Die Abenteuer des David Balfour« auf Zelluloid.

18 Den zwischen 1768 und 1779 durchgeführten Erkundungsreisen des Captain Cook im Pazifik, vor Neuseeland und Australien sind – nach dem Drehbuch von Peter Yeldham (unter Verwendung der gleichnamigen romanhaften Vorlage von John Hooker) der TV-Vierteiler »Wind und Sterne« in der Regie von Lawrence G. Clark gewidmet (1988 im deutschen Fernsehen).

19 Meuterei – übrigens ein häufiges, von Kolumbus bis zu den Seeräubern des 17. und 18. Jahrhunderts, selbst bei Stevenson, immer wieder aufflackerndes Thema, ja Motiv – bestimmt auch 1685 auf der nach Amerika segelnden ALBATROS insofern das Geschehen, als sich seine männlichen und weiblichen Gefangenen des Schiffs bemächtigen: nachgestaltet von Anna Maria Pierangeli, Edmund Purdom, Ivan Desny u.a. im ital.-franz. Film »L'Ammutinamento = Les Revoltes de l'ALBATROS«.

20 Berühmt geworden ist jene ein Jahrhundert später, 1789, auf der BOUNTY eingetretene Mannschaftsrevolte. Über sie und die gesamte Reise hinterließ Captain Bligh eigene, 1792 gedruckte Aufzeichnungen unter dem Titel »Voyage to the South Sea«. – Das Drama zwischen Bligh und seinem Ersten Offizier Fletcher Christian samt Großteil der Mannschaft, einfühlsam von Charles B. Nordhoff (1887–1947) und James N. Hall (1887–1951) in »Mutiny« (= Schiff ohne Hafen) und »Man Against The Sea Pitcairn's Island« (= Meer ohne Grenzen) beschrieben, wurde wiederholt eindrucksvoll in den USA verfilmt, 1935 mit Charles Laughton (Bligh) und Clark Gable (F. Christian), 1961 mit Trevor Howard und Marlon Brando sowie 1984 mit Anthony Hopkins und Mel Gibson.

21 Einen anderen auf Nordhoff & Halls Romanvorlage basierenden Stoff mit einem Strafgefangenenschiff, wo ein unrechtens verurteilter amerikanischer Student sich gegen einen sadistischen Kapitän im 18. Jahrhundert mutig auflehnt, gestaltete John Farrow 1953 im US-Film »Botany Bay = Das Schiff der Verurteilten« mit Alan Ladd, James Mason.

Der Höhepunkt der Auseinandersetzungen zwischen dem Ersten Offizier der BOUNTY (Marlon Brando) und Captain Bligh (Trevor Howard), 1961.

22 Herman Melvilles[213] dramatisch-geniale Erzählung »Billy Budd« verwendete nicht nur Benjamin Britten als Textvorlage für seine gleichnamige Oper (1951–61), sondern auch der Film. – Im November 1987 war einer dpa-Meldung aus San Francisco zu entnehmen, daß amerikanische Forscher wenige Meilen vor Vera Cruz an der Küste des Golfs von Mexico das Wrack der Brigg SOMERS entdeckt hätten. Auf ihr trug sich 1842 der einzige bekannt gewordene Meutereiversuch in der Geschichte der US-Navy zu; er regte Melville zu »Billy Budd« an. Nach der Meuterei hängte man drei Anführer an Bord des Schiffes. Zu ihnen gehörte der 18jährige Philipp Spencer, Sohn des US-Kriegsministers. Danach galt die SOMERS als »Geisterschiff«, auf dem die Seelen der Hingerichteten angeblich spukten. – Unter Peter Ustinovs Regie wurde Melvilles »Billy Budd« in England (gleichnamig bzw. »Die Verdammten der Meere«) 1961/62 verfilmt, dabei Handlungszeit und -ort – 1797 auf das britische Kriegsschiff AVENGER – verlegt. Billy, verkörpert durch Terence Stamp, ist geschätzt von Captain Vere (Peter Ustinov), aber gehaßt vom boshaft-schurkischen Bootsmann Claggart (Robert Ryan), den er im Affekt erschlug.

23 Nicht ohne melodramatische, aber publikumswirksame Töne ist mehrfach Horatio Nelsons Neigung und Liebesverhältnis zur schönen Lady Hamilton – bei Verwendung des Alexandre Dumas-Buchs – filmisch aufgegriffen worden: 1939–41 in England unter Regie von Alexander Korda mit Laurence Oli-

Nelsons letzte große Liebe im Film: verkörpert von Sir Laurence Olivier und Vivien Leigh (als Lady Hamilton), 1939–41.

vier und Vivien Leigh in »That Hamilton Woman = Lord Nelsons letzte Liebe«; dann 1968 im franz.-ital.-deutsch koproduzierten Christian-Jaque-Film »Les amours de Lady Hamilton = Lady Hamilton zwischen Schmach und Liebe« mit Michèle Mercier, Richard Johnson, Boy Gobert und Nadja Tiller (als Königin von Neapel); erneut 1973, nun nach dem Theaterstück von Terence Rattigan (1911–78), als wiederum britischen Streifen »The Nelson Affair / Bequest to the Nation = Die Nelson Affäre« mit Peter Finch und Glenda Jackson. – Im Marmorhaus zu Berlin fand 1921 die Uraufführung des unter der Regie von Richard Oswald nach der Romanvorlage von H. von Schumacher gedrehten Stummfilms »Lady Hamilton« statt.

24 Nelsons Vorbild wirkt unverkennbar auf den nach C.S. Foresters »The Happy Return« 1950/51 in den USA von Raoul Walsh gestalteten Film »Captain Hornblower = Des Königs Admiral« nach, bei dem im Pazifik, 1807, an Bord der Fregatte LYDIA Gregory Peck (als Captain), Virginia Mayo (Lady Barbara) und Robert Beatty (als Lieutenant Bush) gemütbewegend agieren.

25 Eine unvergeßliche Rolle spielt Alec Guiness als Captain Crawford während der Napoleonischen Kriege bei einer Geleit-Eskorte im Mittelmeer, wo er – nach dem Roman von Frank Tilsley – nicht in Gibraltar Schutz sucht, sondern seiner Order folgt: in »H.M.S. DEFIANT-Rebellion« (GB 1961, Regie Lewis Gilbert).

26 In »Tripoli = Tripolis« kommt – nach der Erzählung von Will Price & Winston Miller – 1950 dargestellt von John Payne, Maureen O'Hara, eine Strafexpedition der US-Navy gegen arabische Piraten samt Eroberung des befestigten Tripolis auf die seeabenteuerbereite Leinwand. – Vor ihr flimmerte bereits 1940 der US-Actionfilm »Captain Caution = Überfall auf die Olive Branch« – gedreht nach Kenneth Roberts' Roman – mit Victor Mature, Louise Platt, die eine Schiffseignerin darstellt und sich Anfang des 19. Jahrhunderts im Kampf gegen Briten engagiert. – Piratenstücke des Robert Surcouf (1773–1826) wurden 1966 in der span.-franz.-ital. Produktion »Surcouf, le Tigre de Sept Mers = Unter der Flagge des Tigers« mit Gérard Barray, Antonella Lualdi zum Marinespektakel. – Desgleichen »The Last Of The Buccaneers = Der letzte Freibeuter« (USA 1950), worin Jean Lafitte 1812 auf seine Art im Kriegsgeschehen mitmischt.

27 Vergleichbarer Gattung gehört »L'Avventuriero = Ich komme vom Ende der Welt«, der ital. Film von 1967 an, in dem Anthony Quinn, Rossana Schiaffino – nach Joseph Conrads Roman »The Rover« – den gealterten, ins revolutionäre Südfrankreich zurückkehrenden Korsaren Peyrol und dessen geliebte Arlette verkörpern. Ihrem Glück opfert sich Peyrol dann erneut auf See im Kampf mit den Briten. – Ein Remake als TV-Dreiteiler »Der Freibeuter« gestaltete Franco Giraldi 1985 mit Philippe Leroi, Laura Morante, Fabrizio Bentivoglio.

28 Prosper Mérimées berühmt-aufrüttelnde Novelle um den schwarzen, bei einer Meuterei etwa 1820 von der Notwehr gebrauchmachenden Sklavenhändler »Tamango« wird 1957 zum Inhalt des gleichnamigen, unter John Berrys Regie entstandenen franz. Films mit Curd Jürgens, Dorothy Dandridge.

29 Der wahrscheinlich meistverfilmte Roman der Weltliteratur ist »Les Misérables = Die Verdammten« bzw. »Die Elenden« von Victor Hugo (1862), in dem Jean Valjean (nach 19jähriger Festungshaft wegen Brotdiebstahls – aus Hunger) ins bürgerliche Leben zurückkehrt, aber vom argwöhnischen Polizisten Javart verfolgt, doch wieder zu lebenslänglicher Galeerenstrafe verurteilt wird. Valjean kann sich durch Flucht dieser allerdings entziehen und taucht in Paris unter, wo – wie es bei Victor Hugo heißt – *ozeanische* Volksmassen, Menschen*fluten wogen;* davor verblaßt natürlich jener 1987 im deutschen Fernsehen ausgestrahlte Dreiteiler »Das Teufelsschiff« nach

Victor Hugos Roman »Les Travailleurs de la mer« (1866); darin setzt der Reeder Lethierry 1825 auf der Kanalinsel Guernesey ein neuartiges Dampfschiff zum Fährverkehr ein und scheitert mit ihm.

30 Als unerschöpflicher Klassiker begegnet uns – über die Jahrzehnte der Filmgeschichte hin – stets wieder neu Alexandre Dumas' 1844/45 publizierter »Graf von Monte Christo«: ob in der 1. Tonfilmversion der USA 1934 – oder – im französischen Schwarz-Weiß-Zweiteiler 1942 unter der Regie Vernays – oder – im wiederum von Vernay gemachten, nun farbigen Remake von 1953, mit Jean Marais – oder – in der 15. Filmfassung von Autant-Lara 1961 – oder – in David Greenes »The Count of Monte Christo« von 1974 mit Richard Chamberlain, Tony Curtis, Trevor Howard – usw.

31 Zum gleichen Abenteuergenre gehörend, bringt 1939 der US-Film »Rulers of the Sea = Herrscher der Meere« mit Douglas Fairbanks jr. einen abgeheuerten Steuermann vor unsere Augen, dem 1836 ein Atlantiktransit mit einem Dampfschiff glückt. – Etwa vier Jahre danach erleben wir vor den Küsten Georgias und Floridas mit, wie – von Cecil B. de Mille 1942 in Szene gebracht – in »Reap The Wild Wind = Piraten im Karibischen Meer« Ray Milland und John Wayne, als Brüder, unterstützt von Paulette Goddard, Schiffe stranden lassen, sie ausplündern und Bergungsprämien kassieren.

32 Aus eigenem Erleben – 1842/43 als Walfänger und Meuterer – gespeist, gewannen Herman Melville's Romane besondere Faszination, was sich dann – mehr oder minder – in Filmfassungen von »Omoo = Omu« (USA 1949, Regie L. Leonhard) niederschlug oder in »The Sea Beast« (USA 1925, Regie M. Webb, oder USA 1930, von L. Bacon) beziehungsweise in »Moby Dick« (USA 1956), dank der Regie John Houstons, mit Gregory Peck als Ahab, zum absoluten Meisterwerk steigerte.

33 Mark Twain (1835–1910), der seine Lehrzeit bei Captain Bixby absolvierte und das Lotsenpatent für den Mississippi erwarb, kommt im »Leben auf dem Mississippi« (im US-Film 1981) unter Peter Hunts Regie, selbst, verkörpert durch David Knell, auf einem Raddampfer lernend ins Bild – und in »The Adventures of Huckleberry Finn = Abenteuer auf dem Mississippi« (USA 1959, Regie Michael Curtiz) dazu noch Twains unsterbliche Gestalten des ungleichen Freundespaares während der abenteuerlichen Floßfahrt auf Amerikas legendärem Strom.

34 Als 1868 im Pazifik eine US-Fregatte mit einem »Meeresungeheuer« kollidierte, blieb Kapitän Nemos U-Boot NAUTILUS – wie von Jules Verne atemberaubend geschildert – für weitere, insgesamt »20 000 Leagues Under The Sea = 20 000 Meilen unter dem Meer« fahrtüchtig, was uns der 1954 unter Richard Fleischers Regie mit Darstellern wie Kirk Douglas, James Mason, Paul Lukas, Peter Lorre entstandene, mit zwei »Oscars« ausgezeichnete US-Film eindrucksvoll nahebringt. Der in England 1969 von J. Hill mit Robert Ryan geschaffenen Neuverfilmung »Captain Nemo and the Under Water City« blieb solcher Erfolg versagt, was natürlich auch für die franz. und amerik. Stummfilmfassungen von 1907 und 1916 gilt.

35 Jules Vernes »Die Abenteuer des Kapitän Grant« fanden dank der Walt Disney-Verfilmung von 1962 »In Search of the Castaways« zur Lichtbildform, desgleichen sein (von einem Leuchtturmwärter im Kampf mit Seeräubern handelnden) Roman »Das Licht am Ende der Welt« in der span.-ital.-franz. Produktion von 1971 mit Kirk Douglas, Yul Brynner, Samanta Eggar.

36 Vierfach »Oscar«-gekrönt, ging als einer der schönsten und bezauberndsten Streifen überhaupt jener 1956 nach Jules Vernes[319] skurrilem Romanstoff – der Wette eines britischen Gentleman – von Michael Todd produzierte, Michael Anderson regiegeführte, optisch opulent aufbereitete Reisebilderbogen »Around the World in 80 Days = In achtzig Tagen um die Welt« mit David Niven, Cantinflas, Robert Newton, Shirley MacLaine, Charles Boyer in die Filmgeschichte ein. Wo sah man sonst, wie ein Schiff langsam, Planke nach Planke, Scheit für Scheit, Bohle um Bohle, verheizt wird, um das gesteckte Ziel – zu jedem Preis – doch noch zu erreichen? In Phantasie und Intensität der Erfassung romantisch-traumhafter, dabei morbider Licht- und Meeresstimmungen, ephemerer Seeatmosphäre kam jenem Superlativ wahrscheinlich nur Lucchino Viscontis 1970 – nach Thomas Manns Novelle gedrehter »Tod in Venedig« – soweit es die symbolhaften Schiffsszenen betrifft – nahe.

37 Zwei Jahre, bevor Douglas Sirk (= Detlef Sierck) in die USA emigrierte, drehte er noch 1935 in Berlin für die Ufa – nach Henrik Ibsens Bühnenstück von 1877 – »Stützen der Gesellschaft« mit Heinrich George, Albrecht Schoenhals, Maria Krahn. Ein darin zum Untergang gebrachtes Schiff ermöglicht dem reichen, skrupellosen norwegischen Reeder, dessen

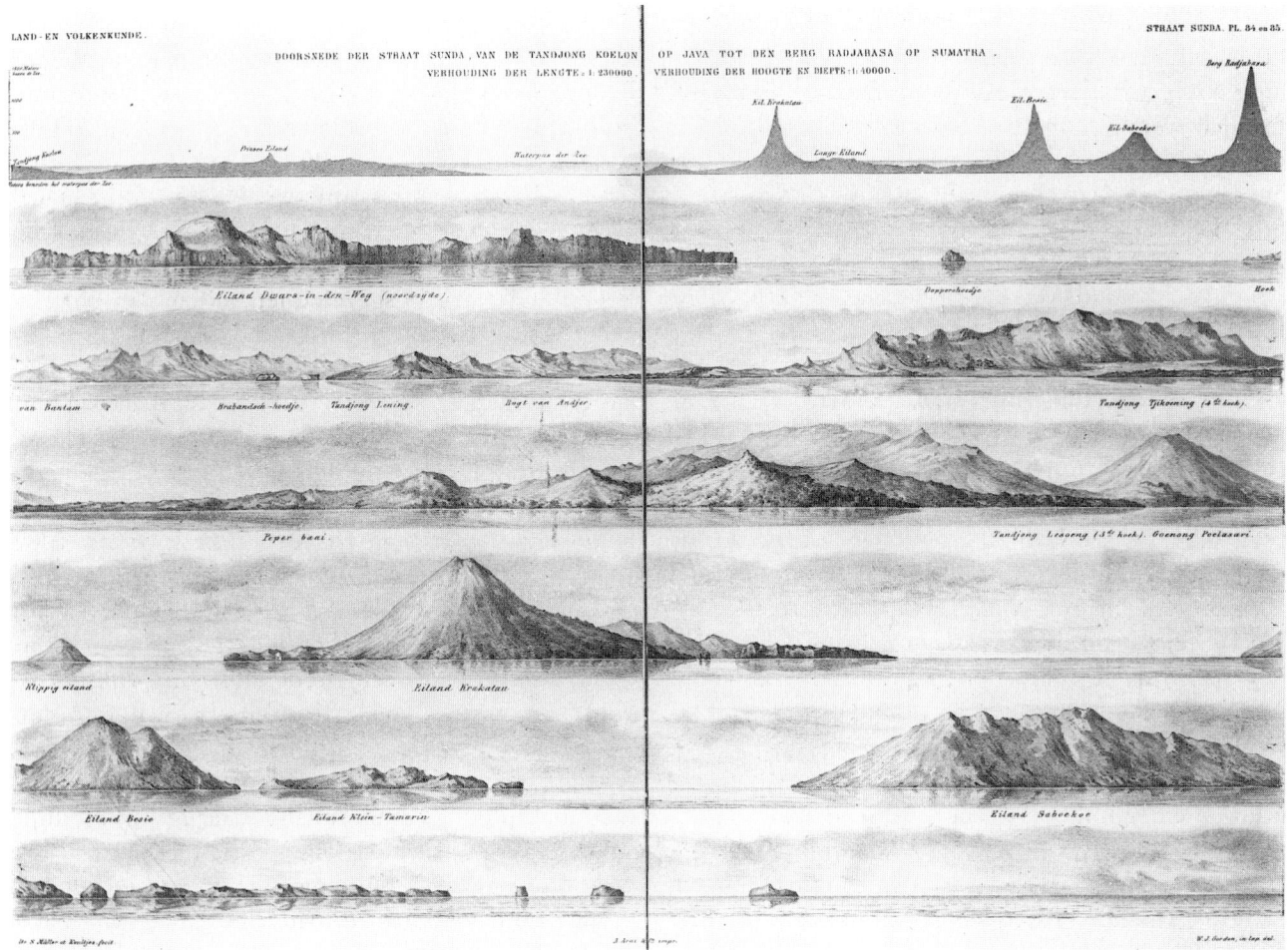

LAND- EN VOLKENKUNDE.

DOORSNEDE DER STRAAT SUNDA, VAN DE TANDJONG KOELON OP JAVA TOT DEN BERG RADJABASA OP SUMATRA.

VERHOUDING DER LENGTE: 1:230000   VERHOUDING DER HOOGTE EN DIEPTE:1:40000

STRAAT SUNDA. PL. 84 en 85.

Die an der Sundastraße bis 1883 bestehende Gestalt des Krakatau spiegelt jene lithographierte Tafel 84/85 in Salomon Müllers »Verhandelingen over de naturlijke geschiedenis der Nederlandsche overzeesche Bezittingen« (Leiden 1839–44) wider.

dunkle Vergangenheit von seinem aus Amerika heimgekehrten Schwager entlarvt wird, ein Unrecht sühnendes Ende zu finden.

38 Um den Perlenschatz eines gesunkenen Dampfers bemüht sich die Besatzung eines Expeditionsschiffes, das bei Passage der Sundastraße 1883 in den Vulkanausbruch des Krakatau gerät: »Krakatao – East of Java«, der eine historische Katastrophensituation nachstellende US-Film von 1967, mit Maximilian Schell, Rossano Brazzi, Diane Baker.

39 Jener ins Jahr 1887 verlegte Romangehalt aus dem Finkenwärder Fischermilieu in Gorch Focks »Seefahrt ist not!« fand 1921 eine Verfilmung durch R. Bibrach. Und 1947 entstand nach Giovanni Vergas (1840–1922) Romanfragment »I Mala Voglia« (Sizilianische Fischer) der italienische Film »La Terra Trema = Die Erde bebt«. In diesem Meisterwerk verleiht Luchino Visconti der Fischerfamilie Valastro aus Aci Trezza und ihrem tragischen Sichauflehnen gegen

Fischgroßhändler subtile Plastizität. – Von Rivalität auf einem Walfänger zwischen ergrautem Kapitän und jungem Seemann handelt der US-Streifen Henry Hathaways von 1949 »Down to the Sea in Ships = Seemannslos«, mit Lionel Barrymore, Richard Widmark, Dean Stockwell. – Und im australischen Film von 1979 »Blue Fin = Die Sturmfahrt der BLUE FIN« beweist Hardy Krüger, als 14jähriger Thunfischfängersohn, seinem Vater, Greg Rowe, seemännisches Können, das Vater und Schiff zum Schluß sogar rettet. – Noch ein Thema aus der Welt der Fischerei, und zwar nach Anna Seghers 1928 preisgekröntem »Aufstand der Fischer von St. Barbara«, behandelt der gleichnamige, von Thomas Langhoff inszenierte, 1991 ausgestrahlte Fernsehfilm.

40 Noch zwei nach Joseph Conrads Romanen entstandene beachtliche Verfilmungen sind zu nennen: so die Geschichte jenes gescheiterten und Rehabilitation suchenden Träumers »Lord Jim« in den Fassungen von 1925 durch Victor Fleming (USA) und der britischen 1964 von Richard Brooks mit Daliah Lavi, Peter O'Toole, James Mason, Curd Jürgens. – Ferner die genau-gewissenhafte Charakterstudie eines jungen Kapitäns durch Andrzej Wajda in der polnisch-englischen Produktion »The Shadow Line = Die Schattenlinie« 1976.

41 Hier wären – wegen des gleichen psychologischen Qualitätsniveaus – anzuschließen filmische Umsetzungen von Vorlagen Jack Londons:

»The Sea Wolf« (von dem teuflisch-tyrannischen Kapitän des Robbenfängers GHOST, Wolf Larsen) durch H. Boswort 1913 (USA), G. Melford 1920 (USA), R.W. Ince 1926 (USA), A. Santell 1930 (USA), Michael Curtiz 1940/41 mit Edward G. Robinson (USA), Harmon Jones 1958 mit Barry Sullivan (USA), Wolfgang Staudte 1971 mit Raimund Harmstorf (D).

»The Mutiny of the ELSINORE« durch E. Sloman 1920 (USA), R. Lockwood 1938 (USA).

42 Kriegerische Auseinandersetzungen zur See in Fernost am Ausgang des 19. Jahrhunderts vermitteln: »The Naval Battle of 1894 = Die Seeschlacht«, eine chinesische Produktion 1962, die den chin.-jap. Krieg thematisiert, und »The Battle of the Japan Sea« 1972 in der Regie von Ihiji Maruyama, zeigt Szenen aus dem russ.-jap. Krieg 1904/05; bereits 1936 entstand »Port Arthur«, ein pathetischer deutsch-franz.-tschech. Streifen mit Adolf Wohlbrück, Karin Hardt, René Deltgen, Paul Hartmann.

43 Im deutschen Fernsehen lief 1986 ein informativer Vierteiler über »Shackleton, Der Mann im Schatten des Pols«, welcher 1907–09 dort forschend, im Südpolarcis mit der ENDURANCE eingeschlossen wurde, was ihn veranlaßte, in offenen Rettungsbooten Hilfe aus dem 800 km entfernten Süd-Georgien zu holen.

44 Captain Robert F. Scotts tragisch endende Südpolar-Expedition von 1911/12 wird nach seinem bis zum 29. März 1912 reichenden Tagebuch im 1948 gedrehten brit. Film »Scott of the Antarctic = Scotts letzte Fahrt« als erschütterndes menschliches Drama rekonstruiert.

45 Zu ähnlicher Dramatik kamen Filme über den legendären Untergang der TITANIC im April 1912: voran steht hier – wegen seiner angeblich defätistischen Wirkung (und des dadurch im November 1943 erlassenen Aufführungsverbots von Goebbels) jener 1943 von Herbert Selpin und Werner Klingler vollen-

dete Tobis-Film »TITANIC« mit Protagonisten wie Sybille Schmitz, Kirsten Heiberg, Hans Nielsen (als Erster Offizier), E.F. Fürbringer, Karl Schönböck. – Zehn Jahre später gestaltete Jean Negulesco mit Clifton Webb, Barbara Stanwyck, Robert Wagner eine neue, andersartige US-Version vom Katastrophenfall »TITANIC«, und 1958 folgte, nach dem Buch von Walter Lord, in einer brit. Produktion, unter der Regie Roy Bakers »A Night To Remember = Die letzte Nacht der TITANIC«.

46 Als beziehungsvolle Parodie des epochalen Untergangs darf man Federico Fellinis »Schiff der Träume = E la nave va« von 1983 sehen; ausgelaufen zur Seebestattung der Operndiva Edmea Tetua, gerät der Luxusliner GLORIA N. mit der Crème einer internationalen Musikgesellschaft – man schreibt Spätsommer 1914 – vor die Rohre eines österreichischen Panzerschiffs. Es überleben – dank des benutzten Rettungsboots – nur ein leibhaftiges Nashorn und der Journalist Orlando (alias Fellini: Freddie Jones). Auch wenn dieses Werk des großen Cineasten nicht die Anerkennung jenes grotesk-inspirationsreichen (das High Society-Thema auf dem italienischen Passagierdampfer REX vorwegnehmenden) Streifens »Amarcord« (1973), welcher Federico Fellini den vierten »Oscar« eintrug, erreichte, so ordnet sich »E la nave va« doch bereichernd unter die unsterblichen »Narrenschiffe« ein.

47 Vor Swinemünde wurden im Juli 1939 unter M.W. Kimmichs Regie die Außenaufnahmen für den Emil Jannings-Film der Tobis »Der letzte Appell« mit diversen Fahrzeugen gedreht (dem filmgerecht veränderten Artillerieschulschiff BREMSE, das jenen brit. Kreuzer AMPHION darstellte, welcher auf die zu Kriegsanfang 1914 gelegten Minen des einstigen Seebäderdampfers KÖNIGIN LUISE [nun REIHER] lief und sank). – Sechs Jahre zuvor war der Ufa-Film »Morgenrot« von Gustav Ucicky mit Rudolf Forster, Fritz Genschow, Paul Westermeier im Januar 1933 abgeschlossen – und am Tage der »Machtergreifung« in Gegenwart von Hitler und Goebbels – in Berlin uraufgeführt worden, und zwar als Heldenlied auf den Kampf und Untergang eines deutschen U-Bootes im Ersten Weltkrieg. Gerhard Menzel, als Drehbuchautor, legte dem Kommandanten jenen fatalen Satz in den Mund: *Zu leben verstehen wir Deutschen vielleicht schlecht, aber sterben können wir fabelhaft.* Für Außenaufnahmen diente seinerzeit auch der Kreuzer EMDEN. – Mit antikommunistischer Tendenz befrachtet, zeich-

Der britische Kreuzer AMPHION (ex BREMSE) im 1939 gedrehten Film »Der letzte Appell«.

nete Karl Anton im 1936 gefertigten Streifen »Panzerkreuzer SEBASTPOL = weiße Sklaven« – mit Camilla Horn, Karl John, Werner Hinz – wilde Revolutionsereignisse 1917 in Rußlands Krim-Kriegshafen.

48 Weniger propagandistisch, dafür liebenswert grotesk, ja menschlich anrührend ist der im Herbst 1914 in Ostafrika, am Tanganjikasee, nach C.S. Foresters Vorlage spielende Kino-Klassiker »AFRICAN QUEEN«. Auf dem gleichnamigen, altersschwachen Dampfboot versucht ein höchst ungleiches Paar – Katherine Hepburn und Humphrey Bogart, 1952 dafür »Oscar«-ausgezeichnet – dem Kriegsgeschehen zu entkommen.

49 Mit Stummfilmstar Lya de Putti – im Mädchenpensionat als sinkendem Schiff – und mit Paul Wegener ist »S.O.S. Die Insel der Tränen« einer jener 1923

Film-Komiker Buster Keaton in »The Navigator«, 1924.

beliebten Titel, zu dem Lothar Mendes Regie führte, Arnold Bronnen den Text lieferte und die Kritik meinte: *einzig der Schiffbruch bot packende Momente.* – Weit komischer agiert auf großem Dampfer, in hoher See, mit seiner Geliebten »The Navigator«, verkörpert durch Buster Keaton (US-Film, 1924). – Derselbe Meister des Slapstick gestaltete unvergeßlich jenen bärbeißigen Captain »Steamboat Bill, jr.« an und auf den Wassern des Mississippi (US-Stummfilm, 1928). – Zur gleichen Gattung fröhlich überdrehter Unterhaltung zählt »Monkey Business = Die Marx Brothers auf See« (USA, 1931), welche als blinde Passagiere einen Ozeandampfer auf den Kopf stellen.

50 Als flotter Reißer postuliert, bringt der nach B. Travens Roman von Georg Tressler gestaltete, mit Horst Buchholz und Mario Adorf besetzte deutsch-mexikanische Spielfilm von 1959 einen zum Versicherungsbetrug dem Untergang geweihten Pott, eben »Das Totenschiff«, ins flimmernde Bühnenlicht des Kinos.

51 Von nachdenklicherer Art zeugen zwei französische Streifen, die, nach Marcel Pagnols Dramen »Marius« und »Fanny« (so auch die Filmtitel von 1931/32) durch Alexander Korda und Marc Allégret umgesetzt, jene Geschichte von der im Marseiller Hafenlokal »Zum schwarzen Walfisch« sitzengelassenen Geliebten des Gastwirtssohns erzählen. – Derselben Umgebung zuzuordnen ist jener 1934 mit Emil Jannings, Angela Sallocker, Max Gülstorff zustandegekommene deutsche Film »Der schwarze Walfisch«. – Hier anzuschließen wäre noch Marcel Carnés – ein Hafenmilieu unübertroffen ins Bild bringende Meisterwerk des »poetischen Realismus« – 1938 mit

Michèle Morgan und Jean Gabin gedrehte Leinwandklassiker »Quai des brûmes = Hafen im Nebel«. *52* Beeindruckende Szenen gestaltete Heinrich George (1893–1946) nicht nur als baltischer Lotse, der die deutsche Seeblockade im Ersten Weltkrieg durchbricht, um Lebensmittel für seine hungernde Familie aus Schweden zu beschaffen – im 1933 gedrehten Streifen »Das Meer ruft« –, sondern auch als Partikulier aus Aken/Elbe über die Spree nach Berlin fahrend – im »Schleppzug M 17«, gleichfalls 1933. – Unter W. Ulbrichts und Helmut Käutners Regie entstand 1944/45 – nach Leo de Laforgues Manuskript »Unter den Brücken von Paris« – der ausgezeichnete Ufa-Film »Unter den Brücken« mit Carl Raddatz, Gustav Knuth, Hannelore Schroth. – Von ähnlicher Problematik handelt im gleichen Umfeld die französische Produktion von 1934 »L'ATALANTE«. *53* Stanley Kramer vermochte mit seinem 1964 nach Katherine Anne Porters gleichnamigem Bestseller in Szene gesetzten »Ship of Fools = Narrenschiff« (das 1931 von Mexiko nach Bremerhaven unterwegs war) – trotz glanzvoller Starbesetzung mit Vivien Leigh, Simone Signoret, José Ferrer, Lee Marvin, Oskar Werner, Elizabeth Ashley, George Segal, Heinz Rühmann – den Erfolg der Autorin nicht gleichwertig zu wiederholen: woran deutlich wird, daß sich nicht jeder dem Leser höchst eingängige Stoff für das voran optisch-dramaturgisch charakterisierte Medium Spielfilm eignet.

54 Des Kriminalfilms bedarf das Kino-Spektrum selbstverständlich auch, so geht in »Einer zuviel an Bord« (D 1935, nach dem Roman von Fred Andreas) der Kapitän des Frachters CEDER mit Kurs auf Neapel im Sturm übers Stag. – Komödienhafte Elemente hat Herbert Selpins 1937 mit Viktor de Kowa, Susi Lanner, Alfred Abel gedrehtes »Spiel an Bord«. – In der nach Romanmotiven von Earl Derr Briggers seit 1925 angelaufenen »Charlie-Chan-Serie« handelt es sich im 1940 von Eugene Ford inszenierten US-Film »Charlie Chan's Murder Cruise = Charlie Chan auf Kreuzfahrt« um Aufklärung zweier Morde, zu der Scotland Yard Chan herangezogen hatte. – Sechs Jahre später kam in der gleichen Serie »Dangerous Money« heraus, in dem eine Schiffsreise zwischen Honolulu und Australien ihre Rolle spielt. – Last but not least: »Dr. Crippen an Bord« – ein berühmter Titel, der, 1942 von Erich Engels regiegeführt, Rudolf Fernau, René Deltgen, Gertrud Meyen zu seinen Protagonisten zählen konnte.

55 Nicht nur mit Quarantäneverstoß, Goldtransport, Waffenschmuggel, auch geheimer Mission, Schiffsüberführung, Kidnapping angereichertes Seemannsgarn bestimmt den Eindruck folgender, nautisch geprägter Filme: »Unter heißem Himmel« (D 1936, Regie G. Ucicky) mit Hans Albers, Lotte Lang, Aribert Wäscher. – »China Seas = Abenteuer im Gelben Meer« (USA 1936, nach Crisbie Garstins Roman) mit Clarke Gable, Jean Marlow. – »Souls at Sea = Schiffbruch der Seelen« (USA 1937, Regie H. Hathaway) mit Gary Cooper. – »Fracht von Baltimore« (D 1938) mit Hilde Weißner, Attila Hörbiger. – »Passage Home = Eine Frau kommt an Bord« (GB 1955, nach einem Text von Richard Armstrong). – »Das Feuerschiff« (D 1962, Regie L. Vajda) mit James Robertson-Justice sowie das gleichnamige Remake (USA 1985) mit Klaus Maria Brandauer, Robert Duval: beide Fassungen nach der Erzählung von Siegfried Lenz.

56 Liebesbeschwingte, nervende oder schwermütige Seefahrt auf Linern oder Frachtern vermitteln heitere oder ironisch gemeinte Filme, wie »Warum lügt Fräulein Käthe?« (D 1935, nach Curt J. Brauns Novelle) mit Dolly Haas, Albrecht Schönhals, Ida Wüst. – »Frauen sind keine Engel« (D 1943, Regie Willy Forst) mit Marthe Harell, Axel von Ambesser, Curd Jürgens, Margot Hielscher. – »Dacapo«, der brit. Episoden-Spielfilm nach Somerset Maugham (1951), mit dem Titel »Die Schiffsreise«. – Ferner jener englische – nach Evelyn Waugh 1981 gedrehte – TV-Siebenteiler – »Wiedersehen mit Brideshead«, wo sich »Im Sturm« bei Amerikarückkehr an Bord der MAURETANIA (tatsächlich der QUEEN ELISABETH II) Charles (Jeremy Irons) und Julia (Diana Quick) leidenschaftlich wiederbegegnen.

57 Schon vom Wetterleuchten drohend aufziehenden Kriegsgeschehens gezeichnet, vergegenwärtigt jener – nach Jan de Hartogs Vorlage – in Frankreich 1950 entstandene Film »Maitres après Dieu = Schiff in Gottes Hand«, wie ein holländischer Kapitän (= Pierre Brasseur) seinen Frachter vor Amerikas Küste 1939 untergehen läßt, um seine jüdischen Verfolgten nicht nach Deutschland zurücktransportieren zu müssen. – »The Sea Chase = Der Seefuchs« (USA 1955, mit John Wayne, Lana Turner, David Farrar) beinhaltet den Versuch eines deutschen Frachtschiffs, 1939 mit Flüchtlingen von Sydney aus den heimatlichen Nordseehafen zu erreichen. – Die weltweit beschämt beachtete Irrfahrt des Hapag-Liners ST. LOUIS 1939 mit 937 asylsuchenden Juden an Bord,

Piraten, Schätze, Liebe – die bewährte Mischung vieler Filme erzeugt auch in »Der Rebell von Java« (mit Fred McMurray und Vera Ralson), der gegen Ende des 19. Jahrhunderts spielt, die entsprechende Spannung.

die in den USA nicht an Land gehen durften, brachte Stuart Rosenberg im amerik.-brit. Film »Voyage of the Damned = Reise der Verdammten« 1976 – nach der Romanvorlage von Gordon Thomas & Max Morgan-Witts – mit Faye Dunaway, Max von Sydow, Oskar Werner, Orson Welles, James Mason, Maria Schell erregend auf die Kinoleinwand. – Durch kunstvolle atmosphärische Erfassung kaum weniger interessant ist »The Long Voyage Home = Der lange Weg nach Cardiff« (USA 1940, nach dem Bühnenstück von Eugene O'Neill, mit John Wayne, Thomas Mitchell): die Heimfahrt eines irischen Transporters. – Wolfgang Kirchners & Bernhard Wickis Fernsehfilm (1987) nutzt, ja erweitert Alfred Anderschs Roman »Sansibar oder Der letzte Grund« zum Zeitgemälde. – Dahinein gehört wohl noch die deutsche, unter Gerd Oswalds Regie 1960 entstandene Verfilmung der »Schachnovelle« von Stefan Zweig. Ihr Schauplatz ist ein Passagierdampfer in Fahrt zwischen New York und Buenos Aires.

58 Anna Seghers wichtiger Roman »Transit«, der vom Schicksal ideologiebedingt flüchtender Europäer 1940 in Marseille handelt, fand im gleichnamigen französischen TV-Film 1993 mit Claudia Messner, Sebastian Koch neue Aktualität. – Ähnliche Beachtung gebührt Howard Hawks' US-Film 1944 »To Have and Have Not = Haben und Nichthaben« – nach Ernest Hemingways Roman –, worin ein amerikanischer Captain (= Humphrey Bogart) mit seinem Motorboot Resistance-Mitglieder vor Vichy-Regierungs-Chergen in Sicherheit bringt.

59 Kriegsfilme über die Jahre 1939–45 zählen zu Dutzenden, entsprechend kurz und gedrängt ist anschließende Aufreihung:

In »The Battle of the River Plate = Panzerschiff GRAF SPEE« (GB 1956, Regie M. Powell, mit Peter Finch, Anthony Quayle, John Gregson) kommen letztes Gefecht und Selbstversenkung der GRAF SPEE am 17. Dezember 1939 vor Montevideo ins Bild.

Robert Merles Roman ausnutzend, entstand 1964 die franz.-ital. Produktion »Week-End à Zuydcoote = Dünkirchen 2. Juni 1940«, nachdem zuvor schon, 1958 der engl. (nach dem Roman »The Big Pickup« von Elleston Trevor) gedrehte Streifen »Dunkirk = Dünkirchen« das Evakuierungsgeschehen des brit. Expeditionskorps nüchtern behandelt hatte.

»Sink the BISMARCK = Die letzte Fahrt der BISMARCK« (GB 1960, Regie Lewis Gilbert) folgt C.S. Foresters Buch.

Ein den Briten »dargeliehener« alter amerikanischer Zerstörer kommt im Kampf gegen gegnerische U-Boote zum Erfolg: »The Gift Horse = Ein Fressen für die Fische« (GB 1952, mit Trevor Howard, Richard Attenborough), während bei einem italienischen Zerstörer mit Kurs auf Tobruk die Maschinen ausfallen, der Kommandant fällt und sein Stellvertreter heroische Pflichterfüllung beweist: »Il prezzo della gloria = Höllenfahrt nach Tobruk« (It. 1955).

Von Einsätzen amerikanischer, britischer und italienischer Einmann-Sprengboot-Fahrer, Froschmänner, Kampfschwimmer erzählen Filme wie: »The Frogmen = Froschmänner« (USA 1951), »Il sette dell'Orsa maggiore = Die Sieben vom Großen Bären« (It. 1953), »Siluri Umani = Torpedomänner greifen an« (It. 1954), »La Donna che venna dal mare« = Die Spionin von Gibraltar« (It. 1956), »The Silent Enemy = Froschmann Crabb« (GB 1958), »The VALIANT« (GB & It. 1961).

60 U-Booten im Zweiten Weltkrieg und ihren Männern im Kampf, Sterben und Überleben sind Produktionen gewidmet, wie:

»U 47 – Kapitänsleutnant Prien« (D 1958, Regie H. Reinl, mit Dieter Eppler, J. Fuchsberger, H. Juhnke);

»Haie und kleine Fische« (D 1957, nach dem Roman Wolfgang Otts, Regie Frank Wisbar, mit Hansjörg Felmy, Wolfgang Preiss);

»Decoy = U 153 antwortet nicht« (GB 1962), denn geentert ist es;

»Das Boot« (D 1979–81, nach L.G. Buchheims Roman, Regie Wolfgang Petersen, Musik Klaus Doldinger, mit Jürgen Prochnow, H.-A. Grönemeyer, K. Wennemann);

»The Enemy Below = Duell im Atlantik« (USA 1957), Regie Dick Powell, mit Robert Mitchum (als Kommandant des US-Zerstörers HAYNES) und Curd Jürgens (Kommandant von U 121);

»Ein Tag, der nie zu Ende geht« (D 1959, Regie F.P. Wirth, mit Ruth Leuwerik, Hansjörg Felmy, Hannes Messemer), passiert vor Irland;

»Above Us The Waves = X-Boote greifen an« (GB 1955, nach Buch von C.E.T. Wassen & J. Benson), und zwar die TIRPITZ im norwegischen Fjord;

»Morning Departure = Die Nacht begann am Morgen« (GB 1950, nach Theaterstück von Kenneth Woolard, Regie Roy Baker, mit John Mills, R. Attenborough, Nigel Patrick);

»La grande speranza = Die große Hoffnung« (It. 1953), wobei italienisches U-Boot Überlebende eines torpedierten Frachters rettet;

»Lupi nell'abisso = Wölfe in der Tiefe« (It. & F 1959).

61 Fortsetzung der Kriegsfilme mit Spektakulärem, Alltäglichem und Spaß an Bord:

»Sotto dieci bandiere = Unter zehn Flaggen« (It. 1960, mit Van Heflin, Charles Laughton), handelt vom deutschen Hilfskreuzer ATLANTIS;

»Attack of the Iron Coast = Sturm auf die eiserne Küste« (GB 1967), brit. Geheimkommando zerstört Dock im deutschen Atlantikstützpunkt;

»Cockleshell Heroes = Himmelfahrtskommando«

In der Welt der griechischen Schwammtaucher spielt das Liebes- und Konkurrenzdrama »Das Höllenriff« (»Beneath the 12-Mile Reef«) mit Robert Wagner und Terry Moore.

(GB 1956, nach Erzählung von George Kent), Einsatz brit. Kanuten mit Minen gegen deutschen Stützpunkt Bordeaux;

»The Longest Day = Der längste Tag« (USA 1961), Invasion der Alliierten 1944 in Normandie und Bretagne;

»The Cruel Sea = Der große Atlantik« (GB 1952, nach dem Roman von Nicholas Monsarrat);

»Lifeboat = Rettungsboot« (USA 1943, nach John Steinbeck, Regie Alfred Hitchcock, mit Walter Slezak, dem deutschen Überlebenden unter lauter Passagieren eines versenkten alliierten Dampfers);

»Kennwort: Morituri« (USA 1964, Regie B. Wicki, mit Marlon Brando, Yul Brynner, Trevor Howard), im Sommer 1942 gerät vollbeladener kriegswichtiger deutscher Kautschuk-Transporter INGO in US-Konvoi;

»Whisky Galore = Das Whiskyschiff. Freut euch des Lebens« (GB 1949, nach Roman von C. Mackenzie);

»Kanonenserenade« (D & It. 1958, Regie W. Staudte, mit Vittorio De Sica als Kapitän eines kleinen italienischen Tomatendampfers).

62 Europäische Ereignisse am Kriegsende 1945 füllen folgende Streifen:

»Nacht fiel über Gotenhafen« (D 1959, Regie Frank Wisbar), Flüchtlingsschicksale und WILHELM GUSTLOFF-Untergang;

»Canaris« (D 1954, mit O.E. Hasse, Martin Held), tragisches Ende des deutschen Abwehrchefs Admiral Canaris;

»Ein Kriegsende« (deutscher TV-Film 1985 nach Siegfried Lenz);

»Les maudits = Boot der Verdammten« (F 1947, Regie René Clément), Konfliktsituation auf deutschem U-Boot, das 1945 aus Norwegen mit Offizieren und Kollaborateuren nach Brasilien flüchtet;

»Non faccio la guerra, faccio l'amore = Geh ins Bett, nicht in den Krieg« (ital.-span. Film 1966), mit O.W. Fischer als eigensinnigem U-Boot-Kommandanten;

»Das letzte U-Boot« (deutscher TV-Film 1992, Regie Frank Beyer), im April 1945 versucht ein deutsches U-Boot den Durchbruch nach Japan.

63 Mit dem Seekrieg im Pazifik beschäftigen sich Filme wie:

»The Final Countdown = Der letzte Countdown« (USA 1979, Regie Don Taylor, mit Kirk Douglas, M. Sheen, K. Ross), Science-Fiction-Konstruktion, die USS NIMITZ, den weltgrößten Flugzeugträger, ins Jahr 1941 zurückfahren läßt;

»Tora! Tora! Tora!« (USA 1969, Regie Richard Fleischer), rekonstruiert japanischen Überraschungscoup auf Pearl Harbour am 7. Dezember 1941;

»Pearl Harbour brennt!« (deutscher Dokumentarfilm von Friedrich Müller);

»Hawaii Marei Oki Kaisen = Die Schlacht von Hawai und in der Malaien See« (Japan 1942, Regie Kajiro Yamamoto), Propagandaerzeugnis mit raffinierten Trickaufnahmen;

»From Here to Eternity = Verdammt in alle Ewigkeit« (USA 1953, nach Roman von James Jones, Regie Fred Zinneman, mit Burt Lancaster, Montgomery Clift, Frank Sinatra) endet mit dem Angriff der Japaner auf Pearl Harbour;

»War and Remembrance = Der Krieg« (USA TV-Siebenteiler, Regie Dan Curtis, im deutschen TV 1986), Robert Mitchum, als US-Navy-Captain Victor »Pug« Henry, gerät in die Ereignisse von Pearl Harbour;

»Gunshin Yamamoto Gensui Rengokantai = Die Schlacht am Pazifik« (Japan 1957, Regie Toshio Shimura), Pearl Harbour und weitere Seekämpfe bis zum Tod Admiral Yamamotos;

»1941 = 1941 – wo bitte, geht's nach Hollywood« (USA 1979, Regie Steven Spielberg), Auftauchen japanischer U-Boote vor Kaliforniens Küste nach dem 7. Dezember 1941;

»Task Force = Sturm über dem Pazifik« (USA 1949, mit Gary Cooper), pensionierter Marineoffizier wird reaktiviert und widmet sich der Flugzeugträger-Entwicklung und -Erprobung;

»In Harm's Way = Erster Sieg« (USA 1964, nach Roman von James Bassett, Regie Otto Preminger, mit John Wayne, Kirk Douglas), nach Pearl Harbour sich ergebende Kriegs- und Liebesgeschichten;

»The Sullivans = Fünf Helden« (USA 1943), fünf Brüder, die auf Schlachtschiff fallen;

»The Battle of Midway = Die Schlacht um Midway« (USA 1975, Regie Jack Smight, mit Charles Heston, Henry Fonda, Robert Mitchum, Glenn Ford, James Coburn), welche im Juni 1942 die Kriegswende im Pazifik einleitete;

»The Gallant Hours = Der Admiral« (USA 1959, Regie Robert Montgomery), dargestellt wird Admiral William F. Halsey.

64 Im Pazifik 1941 bis 45 eingesetzte amerikanische U-Boote, Schnellboote und kleinere Einheiten in Kino- und TV-Filmen:

»Operation Pacific = Unternehmen Seeadler« (USA 1952, mit John Wayne, Patricia Neal), wobei ein US-U-Boot Kinder und Nonnen von japanisch besetzter Pazifikinsel birgt;

»Hellcats of the Navy = Höllenhunde des Pazifik« (USA 1957, nach Buch von Ch.A. Lockwood und H.Ch. Adamson, mit Ronald Reagan und Nancy Davis), als »chauvinistischer Reißer« eines tollkühnen U-Boot-Kommandanten – im menschlich-militärischen Zwiespalt – apostrophiert;

»Run Silent, Run Deep = U 23. Tödliche Tiefen« (USA 1958, nach Roman von Edward L. Beach, Regie Robert Wise, mit Clark Gable, Burt Lancaster), U-Boot-Offiziere im menschlichen Konflikt, vor Japans Küsten kreuzend;

»Torpedo Run = Torpedo los!« (USA 1958, Regie Joseph Pevney, mit Glenn Ford, Ernest Borgnine), zugespitzt auf Entscheidung, feindliches Kriegsschiff zu torpedieren und damit 1400 Landsleute samt eigenen Familienangehörigen zu opfern;

»Up Periscope = Geheimkommando« (USA 1959, nach Erzählung von Robb White, Regie Gordon Douglas), zeigt technisch perfekt gefilmte »Kriegsrealistik« auf US-U-Boot;

»Operation Bikini = Sprengkommando Ledernacken« (USA 1962), eigenes, mit geheimem Radargerät an Bord zum Wrack gewordenes U-Boot soll Japanern nicht in die Hände fallen;

»They were expendable = Schnellboote vor Bataan« (USA 1945, nach Roman von William L. White, Regie John Ford, mit Robert Montgomery, John Wayne, Donna Reed), Action, kriegerisches Feuerwerk und Galgenhumor;

»PT 109 = Patrouillenboot PT 109« (USA 1962, nach literarischer Vorlage von R.J. Donovan, mit Cliff Robertson), Marineeinsatz des nachmaligen US-Präsidenten John F. Kennedy 1943 im Südpazifik, wobei japanischer Zerstörer PT 109 rammt;

»The Wackiest Ship in the Army = Auf schrägem Kurs« (USA 1960), altes Segelschiff im Geheimeinsatz der US-Navy;

»Mister Roberts = Keine Zeit für Heldentum« (USA 1955, nach Bühnenstück von Thomas Heggen, mit Henry Fonda, William Powell, Jack Lemmon), mit einem »Oscar« ausgezeichneter, in der Südsee, an Bord eines US-Transporters spielender, Mannschaftsinteressen widerspiegelnder Streifen;

»Away All Boats! = Klar Schiff zum Gefecht« (USA 1956), heroischer Kommandant eines US-Transporters;

»The Deep Six = Durchbruch bei Morgenrot« (USA 1957), Rehabilitation eines scheinbaren Feiglings;

»The CAINE Mutiny = Die CAINE war ihr Schicksal« (USA 1954, Regie Edward Dmytryk [= Luciano Sacripanti, er drehte 1952 »Meuterei auf dem Piratenschiff«], mit Humphrey Bogart, José Ferrer), nach Herman Wouks gleichnamigem Roman hervorragend, hart und konsequent gestaltetes Navy-Drama im Zwielicht zwischen seemännischer Pflicht und militärischem Kadavergehorsam.

65 Vom Ende des pazifischen Ringens berichten:

»Victory at Sea = Der nackte Krieg« (USA 1954), Dokumentation der Seesiege;

»Ningen Gyorai Shitsugekisu = Der Befehl und das Gewissen« (Japan 1954, Regie Takumi Furukawa), Kamikazeeinsatz von Einmann-Torpedofahrern im Juli 1945 zur Rettung eigener U-Boot-Besatzung, verbunden mit der Sinnfrage nach Heldenopfern;

»Imperial Navy = See Inferno« (Japan 1981, Regie Shue Matsubayashi) beleuchtet Untergang der japanischen Kriegsmarine.

66 Jüdische Flüchtlinge und andere Nachkriegsschicksale, von Meisterregisseuren nachgezeichnet, in:

»Exodus« (USA 1960, nach dem Roman von Leon Uris, Regie Otto Preminger, mit Paul Newman, Eva Maria Saint, Ralph Richardson) führt Episoden jüdischer Heimkehr-Tragik 1946–48 erschütternd vor Augen;

»The Breaking Point = Menschenschmuggel« (USA 1950, nach Ernest Hemingway, Regie Michael Curtiz, mit John Garfield, Patricia Neal), ungewollt in Schmuggelgeschäfte geratener ehemaliger Navy-Offizier, der zum Familien-Unterhalt sein Motorboot vermieten muß.

67 Streifen, die sich den Chinesischen Revolutionen und dem Korea-Krieg zuwandten:

»The Sand Pebbles = Kanonenboot am Yangtse-Kiang« (USA 1966, nach Roman von Richard McKenna, Regie Robert Wise, mit Steve McQueen, Candice Bergen, Richard Attenborough), US-Kanonenboot im chinesischen Bürgerkrieg 1926;

»Yangtse-Incident = Yangtse-Zwischenfall« (GB 1957, nach Buch von Eric Ambler, Regie Michael Anderson), 1948 gerät britische Fregatte AMETHYST zwischen die Fronten des chinesischen Bürgerkrieges und erzwingt Durchbruch nach Nanking;

»Submarine Command = U-Kreuzer TIGERHAI« (USA 1951, Regie John Farrow, mit William Holden, Don Taylor), Offizierskonflikt auf amerikanischem U-Boot;

»The Bridges ot Toko-Ri = Die Brücken von Toko-Ri« (USA 1954, nach Erzählung von James A. Michener, Regie Marc Robson, mit William Holden, Mickey Rooney, Grace Kelly, Frederic March), dramatisch-tragische Ereignisse auf US-Navy-Flugzeugträger (siehe dazu die anthropologische Analyse von Helmut Reinhard, in: Schiff und Zeit 25, 1987, S. 1–24).

68 Atom-U-Boote in Kino und Fernsehen:

»Hell and High Water = Inferno« (USA 1954, nach Roman von David Hempstead, Regie Samuel Fuller, mit Richard Widmark, Bella Darvi), gut inszenierter Spionage- und Abenteuerstreifen in Alaska;

»The Atomic Submarine = Auf U 17 ist die Hölle los« (USA 1959), Science-Fiction-Produkt;

»The Bedford Incident = Zwischenfall im Atlantik« (GB 1965, nach Roman von Mark Rascovich, Regie James B. Harris, mit Richard Widmark, Sidney Poitier), US-Kreuzer zerstört – durch menschlichen Irrtum – unbekanntes U-Boot mit Atomrakete;

»Ice Station Zebra = Eisstation Zebra« (USA 1967, nach Roman von Alistair McLean, Regie John Sturges, mit Rock Hudson, Ernest Borgnine), Bergungsversuch eines sowjetischen Spionagesatelliten durch US-Atom-U-Boot;

»Gray Lady Down = U-Boot in Not« (USA 1977, nach Roman von David Lavallee, Regie David Greene, mit Charles Heston, David Carradine, Stacy Keach), Bergung der Besatzung eines gesunkenen US-Atom-U-Boots;

»Top Missile = Unternehmen Dritter Weltkrieg« (USA 1985, mit Robert Conrad, Sam Warterston, David Soul), Simulation des Ernstfalls und eingeleiteter Gegenschlag;

»Kaitei Gunkan = U 2000 – Tauchfahrt des Grauens« (Japan 1963/64, Regie Inoshiro Honda), Science-Fiction-Streifen mit phantastischem Flug-U-Boot;

»The Hunt for RED OCTOBER = Jagd auf ROTER OKTOBER« (USA-Thriller 1990, nach gleichnamigem Bestseller-Roman von Tom Clancy, Regie John Mc Tiernan, mit Sean Connery, Alec Baldwin, Scott Glenn), verfolgtes Sowjet-U-Boot als Überläufer 1984 in dramatischer 10 000 Meilenfahrt zu den Amerikanern;

»Atom-Alarm im Eismeer« (TV-Film von Detlev Cordts, ausgestrahlt 1993), handelt dokumentierend von der Arktis als größter atomarer Müllkippe der Sowjets, wo zumindest zwölf Atom-U-Boote auf dem Meeresgrund liegen.

69 Marine-Aktionen, -Grotesken und -Komödien in Nachkriegskino und TV:

»The Baby and the Battleship = Das Baby auf dem Schlachtschiff« (GB 1956, nach Anthony Thornes Novelle, Regie Jay Lewis, mit John Mills, Richard Attenborough, Bryan Forbes) auf britischem Kriegsschiff;

»All at Sea/Barnacle Bill = Kapitän Seekrank« (GB 1957, mit Alec Guiness), handelt vom seekranken Landungsbrückenkommandanten;

»Watch Your Stern – Ist ja irre unser Torpedo kommt zurück« (GB 1960, im Stil der »Carry On«-Serie), bei einer Zerstörerflottille wird neuer Torpedo erprobt, der eigenes Schiff trifft und entsprechend für Jux sorgt;

»Assault On a Queen = Überfall auf die QUEEN MARY« (USA 1966, mit Frank Sinatra, Virna Lisi), mit gehobenem ehemals deutschen U-Boot erfolgt phantastischer Raubüberfall auf den Luxusliner;

»The Land That Time Forgot = CAPRONA« (GB 1975–77), Science-Fiction-Film um deutsches U-Boot, das unter amerik.-brit. Kommando die Antarktis erreicht und dort prähistorische Menschen aufspürt;

»Flugzeugträger U.S.S. GEORGETOWN« (Neunteilige US-Action-Serie, ausgestrahlt im deutschen TV 1989), Aktionen der eingeschifften Kampfflieger.

70 Die verfilmte Welt der Fischer und Fisch-Trawler:

»Si tous les gars du monde = TKX antwortet nicht« (F 1955, Regie Christian-Jaque, mit Hélène Perdière, Mathias Wiemann, Claude Sylvain), Fleischvergiftung auf dem bretonischen Fischkutter LUTÈCE, und wie es Mohammed gelingt, Hilfe herbeizuholen; gilt als »humanster« Film des Regisseurs – und hatte entsprechenden Erfolg;

»The Old Man and the Sea = Der alte Mann und das Meer« (USA 1958, Regie John Sturgess, mit Spencer Tracy), nach Hemingways gleichnamigem Kurzroman gedrehte großartige Vergegenwärtigung dieses zutiefst menschlichen Stoffs;

»Salt On Our Skin = Salz auf unserer Haut«: Andrew Birkins enfühlsame Verfilmung des Romanbestsellers »Les vaisseaux du cœur« von Benoîte Groult (1988) mit Greta Scacchi und Vincent d'Onofrio (D/Can./F 1992) wird in seiner Wirkung durch die eingängige Filmmusik von Klaus Doldinger stark unterstützt.

71 Unterhaltendes, Ergötzliches, Kriminalfälle, Zeitkritisches, Katastrophen, Science-Fiction-Abenteuer auf Linern, Frachtern, Fährschiffen, Yachten – nach 1945:

»Luxury Liner = Liebe an Bord« (USA 1948), musikalische Komödie zwischen New York und Bremerhaven;

»Cargo to Capetown = Ladung für Kapstadt« (USA 1950), Streit zweier Seeleute um schönes Mädchen auf Handelsschiff im Indik;

»Epilog« (D 1950, Regie Helmut Käutner, mit Fritz Kortner, Carl Raddatz, Irene von Meyendorff), zeitkritische Schilderung des Untergangs der Yacht ORPLID und ihrer geheimnisvollen Fahrgäste;

»The Captain's Paradise – Der Schlüssel zum Paradies« (GB 1952, mit Alec Guinness, Celia Johnson, Yvonne de Carlo), auf den zwischen Gibraltar und Algier verkehrenden Fährschiffskapitän wartet hier wie dort jeweils eine Ehefrau;

»Dangerous Crossing = Gefährliche Überfahrt« (USA 1953, nach Roman von John Dickson Carr), Ehemann reicher Erbin kommt auf Ozeandampfer abhanden – oder existiert er nur in ihrer Phantasie?

»Abandon Ship/Seven Waves Away = Die Angst hat tausend Namen« (GB 1956, mit Tyrone Power, Mai Zetterling), Action-Reißer um das im Sturm gesunkene überladene Rettungsboot eines Liners;

»Manuela« (GB 1957, Regie Guy Hamilton, mit Trevor Howard, Elsa Martinelli), Dreiecksgeschichte um 17jähriges Mischlingsmädchen auf einem Frachter, dessen in Brand geratene Ladung zum Schiffsverlust führt;

»The Captain's Table« = Der Luxus-Käpt'n« (GB 1958, nach Roman von Richard Gordon, mit John Gregson, Peggy Cummings), Lustspiel an Bord;

»Le vent se lève = Der Sturm bricht los« (F 1958, mit Curd Jürgens, Mylène Demongeot), Höllenmaschine auf altem Frachter zum Versicherungsbetrugsversuch eines ausgedienten Kapitäns;

»Ferry To Hongkong = Fähre nach Hongkong« (GB 1959, nach Roman von Max Catto, Regie Lewis Gilbert, mit Curd Jürgens, Orson Welles), Auseinandersetzung zwischen Abenteurer und Kapitän auf der Fähre Hongkong–Macao;

»The Last Voyage = Höllenfahrt« (USA 1959, Regie Andrew L. Stone), Kesselexplosion auf Ozeanriesen und Rettungsversuche;

»The Wreck of the Mary Deare = Die den Tod nicht fürchten« (USA 1959, nach Roman von Hammond Innes, Regie Michael Anderson, mit Gary Cooper, Charles Heston), furchtloser Kapitän vor Londoner Seeamt nach Verbrechen auf See;

»Drillinge an Bord« (D 1959, mit Heinz Erhardt), im Kampf mit Gangster auf Liner;

»Plein Soleil = Nur die Sonne war Zeuge« (F & It. 1959, nach Patricia Highsmith's Roman, Regie René Clément, mit Alain Delon, Maurice Ronet, Marie Laforet), raffiniert-qualitätvoller Krimi auf Yacht im Mittelmeer;

»Sail a crooked ship = Ganoven gehen an Bord« (USA 1961, nach Nathaniel Benchleys Roman, mit Robert Wagner, Ernie Kovacs, Dolores Hart), Lustspiel um Gangster, die sich eines alten Dampfers für einen Bankraub in Boston bemächtigten;

»Geliebte Hochstaplerin« (D 1961, Drehbuch von Gregor von Rezzori, mit Nadja Tiller, Walter Giller), Mannequin sucht auf Luxusdampfer Millionär, bleibt aber an blindem Passagier hängen.

72 Unterhaltendes auf Schiffen – nach 1945 – Fortsetzung:

»The Sailor from Gibraltar = Nur eine Frau an Bord« (GB 1966, nach dem gleichnamigen Roman von Marguerite Duras[86], Regie Tony Richardson, mit Jeanne Moreau, Jan Bannen, Vanessa Redgrave, Orson Welles, Hugh Griffith), Yachtbesitzerin ist auf See unterwegs bei der Suche nach dem geheimnisvollen, unvergessenen »Matrosen von Gibraltar«; in atmosphärisch dichter Verfilmung mit der Musik von Antoine Duhamel;

»Le Lost Continent = Bestien lauern vor Caracas« (GB 1967, nach Dennis Wheatleys Roman, Regie Michael Carreras, mit Eric Porter, Hildegard Knef), Science-Fiction-Gruselabenteuer, mit schrottreifem Frachter vom Hurrikan auf Meeresbänken zum Scheitern gebracht, ist die Besatzung wildem Getier ausgesetzt;

»Les choses de la vie = Die Dinge des Lebens« (F & It. 1969, nach Paul Guimards Roman, Regie Claude Sautet, mit Michel Piccoli, Romy Schneider, Léa Massari), »französischer Film des Jahres 1970«, technisch und ästhetisch brillant und psychologisch sensibel gedreht, nutzt Sautet Rückblenden, in denen der nach schwerem Autounfall zur Rettungsstation gebrachte Protagonist auf dem langen Weg dorthin glückliche Urlaubsepisoden mit seiner Frau auf dem gemeinsamen Segelboot vor La Rochelle noch einmal erlebt und dabei – in mehr und mehr überlagernden Vorausblenden – sich selbst im Meer als Ertrinkender, Versinkender empfindet;

»Der Kapitän« (D 1971, nach Richard Gordons Roman, Regie Kurt Hoffmann, mit Heinz Rühmann, Johanna Matz, Horst Tappert, Ernst Stankowski), bisheriger Frachterkapitän übernimmt elegantes Kreuzfahrschiff Julia und wird mit Humor und Pfiffigkeit der gesellschaftlich veränderten Situation und ihren Ansprüchen gerecht;

»The Poseidon Adventure = Die Höllenfahrt der Poseidon« (USA 1972, nach dem Roman von Paul Gallico, Regie R. Neame, mit Gene Hackman, Ernest Borgnine), ins Seebeben geraten, treibt der Luxusliner alsbald kieloben; wie Überlebende sich retten und verhalten, dieses zu zeigen, ist Anliegen des Streifens;

»Explozia = Explosion« (Rumänien 1973), Hochseefrachter mit explosiver Ladung gerät in Brand, und es gelingt, ihn aus dem rumänischen Hafen hinauszubugsieren;

»Juggernaut = 18 Stunden bis zur Ewigkeit« (GB 1974), Thriller, in dem der Passagierdampfer Britannic mit Zeitbomben bedroht wird, die man aber entschärfen kann;

»Killer on Board = Tod an Bord« (USA 1977, mit Jane Seymour, Claude Atkins, George Hamilton, Susan Howard), Seuche bricht auf einem ausgebuchten Liner aus, der deshalb keinen Hafen anlaufen darf; Kapitän läßt daraufhin Quarantänestationen an Bord einrichten, wobei Zwischenmenschliches ebenso wie Einzelschicksale anspruchsvoll sich offenbaren.

73 Einzeltitel aus Serien oder ganze Unterhaltungs-
folgen vor maritim-nautischem Hintergrund:

»Columbo: Traumschiff des Todes« (USA 1974,
mit Peter Falk, Robert Vaughn, Patrick MacNee),
während einer Kreuzfahrt wird Sängerin ermordet,
zur Verbrechensaufklärung bittet Kapitän Inspektor
Columbo um Hilfe;

»James Bond 007 – The Spy who love me = Der
Spion, der mich liebte« (GB 1977, nach Roman von
Ian Fleming [1908–64], Regie Lewis Gilbert, mit
Roger Moore, Barbara Bach, Curd Jürgens, Caroline
Munro), britisches und russisches Atom-U-Boot ver-
schwinden, danach verbünden sich 007 James Bond
und die schöne KGB-Majorin Anya Amasowa auf der
Jagd nach dem größenwahnsinnigen Reeder Strom-
berg, der privaten Atomkrieg auslösen will;

»James Bond 007 – For Your Eyes Only = In tödlicher Mission« (GB 1980, nach Ian Fleming, Regie
John Glenn, mit Roger Moore, Carole Bouquet, Cas-
sandra Harris), 007 soll Raketensteuerung versenkten Spionageschiffs bergen, hat es dabei mit russischen Spionen und einer schönen Frau zu tun; dabei
kommen Korfu und das dortige »Achilleion« mit ins
verführerische Bild;

»Eine Tür fällt ins Schloß« (GB 1988, Kriminalfall
nach Agatha Christie, mit David Suchet, Hugh Fra-
ser), während Kreuzfahrt wird beim Stop in Alexandria eine Passagierin tot in ihrer Kabine aufgefun-
den, Captain Hastings bittet mitreisenden Meister-
detektiv Hercule Poirot um Ermittlungen;

»Love Boat« (USA TV-Serie, seit 1977–86 mit mehr
als 180 komödiantischen Episoden-Folgen produ-
ziert, teils in Starbesetzung, darunter Zsa-Zsa Gabor,
Olivia de Havilland, Ginger Rogers, Lorne Greene,
Ron Ely, Britt Eklund, die Mitglieder des Dallas- und
Denver-Clans; konstant blieb die Crew mit Captain
Stubing [= Gavin MacLeod], Stewardess Julie [= Lau-
ren Tewes], Bordarzt [= Bernie Kopell], Barkeeper
[= Ted Lange]; Spielort ist u.a. die in London be-
heimatete Pacific Princess der Princess Cruises);

»Das Traumschiff – Urlaubsgeschichten auf See«
(deutsche TV-Serien seit 1982, nach literarischen
Vorlagen von Beatrice Ferolli, Curth Flatow, Heinz G.
Konsalik, Herbert Lichtenfeld, Barbara Noack, Sand-
ra Paretti, Herbert Reinecker, Claus Tinney u.a.,
Regie Alfred Vohrer u.a., mit Schauspielern, wie

Heinz Weiss [Kapitän], Heide Keller [Chefstewar-
dess], Sascha Hehn [Chefsteward bzw. Erster Offi-
zier], Heidelinde Weis, Uschi Glas, Günter Pfitz-
mann, Peter Pasetti, Witta Pohl, Gaby Dohm, Dunja
Rajter, Hans Caninenberg, Iris Berben, Pierre Brice,
Susanne Uhlen, Walter Giller, Chariklia Baxevanos,
Anaid Iplicjian, Olivia Pascal, Anja Kruse usw.;
gedreht zum Teil auf der Vistafjord, Astor und –
von der 3. Serie an – Berlin). – Im unterhaltsamen,
heiter-nachdenklich gestimmten, von Kai Borsche
regiegeführten TV-Mehrteiler »Ein unvergeßliches
Wochenende« (D 1994) kam am 2. April 1995 die
unter deutscher Flagge internationaler, nostalgisch-
romantischer Kreuzfahrt dienende, von Peter Deilmann bereederte Barkentine Lili Marleen (750 BRZ,
mit 1200 qm Segelfläche) in und vor dem Hafen
Palma de Mallorca auf den von einem Millionen-
Publikum konsumierten abendlichen Bildschirm.

74 Dokumentar-Filme von Meeres- und Tiefseefor-
schern sowie Unterwasserphotographen, wie die von:

Jacques-Yves Cousteau (mit Filmer Louis Malle,
1955): »Le monde du silence = Die schweigende
Welt« und 1964 »Le monde sans soleil = Welt ohne
Sonne«;

Hans Hass: »Menschen unter Haien« 1943, »Abenteuer im Roten Meer« 1951, »Unternehmen Xarifa«
1954;

Thor Heyerdahl: »Kon-Tiki« 1950/51 (mit einem
»Oscar« ausgezeichnet), »Aku-Aku« 1959.

75 Film über die Entstehungsgeschichte des Meeres
sowie seiner Tier- und Pflanzenwunder:

»The Sea Around Us = Geheimnisse des Meeres«
(USA 1953, nach wissenschaftlicher – mit einem
»Oscar« bedachter – Studie von Rachel Carson,
Regie Irwin Allen).

*Vorstehendes nautik- und marinerelevantes Verzeichnis
erhebt keinen Anspruch auf Vollständigkeit, sondern will
lediglich Hinweise auf Werke des internationalen Film-
schaffens geben, zu dessen Voraussetzungen viele literarische Vorlagen zählen, aus deren Zusammenspiel mit
hervorragender Regie, imaginationsaufgeschlossener
Kameraführung, Musik und leidenschaftlichen Interpreten,
Protagonisten, Schauspielern manche unvergeßliche
Glanzleistung erwuchs.*

EPILOG:
ODYSSEE AUF 24 SCHIFFEN

Oft, besonders wenn ich nachts ... das Himmelsgewölbe betrachte, höre ich im Winde vom Meer her den schweren Schlag des Wassers. Welle folgt auf Welle, es lockt mich, zu versuchen, sie zu zählen – das ist ja ein sinnloses Unterfangen, aber die Verlockung zur Ordnung besteht selbst hier. Eine Ursache, die eine Wirkung hat, die eine Ursache hervorruft: ist das das Leben? Und wenn ich dann wieder ... das Echo von den Bewegungen des Meeres in meinen Ohren habe, fühle ich mich verlockt, weiter über Ursachen und Wirkungen zu grübeln ...

Solche Gedanken des schwedischen Literatur-Nobelpreisträgers Eyvind Johnson (1900–76)[162] spiegeln sich auch im Folgenden:

1

The Liner, She's a Lady, formulierte der Nobelpreisträger von 1907 Rudyard Kipling[168] – und traf exakt jedes Seemannes, vielleicht auch Kreuzfahrers inniges Verhältnis zu seinem Schiff. Geliebte, Braut oder Mutter, ein weibliches Wesen – wird Gefährt und zur Gefährtin auf See. Darum reden wir von ihm in zärtlichem Ton: die LAGOS oder die BERLIN.

Mütter entsprechen solchen Ladies. An die Hand nehmend, wenn wir Glück haben, lenken sie unsere ersten Schritte. Mir geschah das, gut einjährig, im Herbst 1924 bei zuweilen stürmischer Überfahrt von Hamburg nach Istanbul – auf fugengeteerten Planken des 2300 BRT-Dampfers LAGOS. Beleg dafür blieb meiner Mutters beim Passieren gemachtes Foto von Gibraltar.[38]

Bekannt als eine der »Säulen des Herakles«, schnürt sie mit Ceutas bis zur Punta Almina reichendem Vorgebirge, als südlicher Erhebung, dem Mittelmeer einen westlichen Flaschenhals.[261] Durch ihn setzt jene Homer (Od. 12,1) schon geläufige Oberflächenströmung ostwärts. Allen aus dem Atlantik kommenden Schiffen erleichtert sie Weiterfahrt und Einlaufen ins wärmere, rascher verdunstende mediterrane Seegebiet. Davor warteten einst schwerste »Arbeiten« (10./11.) auf Herakles.

Der halbgöttliche Sohn Alkmenes und Zeus', zwölf Jahre im Dienst König Eurystheus' von Mykene, mußte Geryons herrliche rote Rinder entführen. Um ihre fernen Weiden zu erreichen, benutzte unser Held jene von Helios ausgeliehene Sonnenscheibe, *in welcher der Sonnengott selbst seinen nächtlichen Weg vom Niedergang bis zum Aufgange zurücklegt. Auf dieser fuhr Herakles mit seiner nebenhersegelnden Flotte nach Iberien hinüber ... Dann kam er nach der Insel Erythia* [Cadiz?], *wo Geryon mit seinen Herden hauste,* läßt uns Gustav Schwab in seinen »Sagen des klassischen Altertums«[281] (nach Hesiod, Theogonie 287ff., 979ff.) wissen. Anschließender Raub gelang wie auch nächste unerfüllbar erscheinende »Arbeit«.

Vier jungfräuliche Hesperiden samt hundertköpfigem Drachen bewachten an desselben Okeanos' Ostgestade einen von Gäa gepflanzten, zur Zeus-Hera-Hochzeit gestifteten Baum voll goldener Äpfel. Ihre kostbaren Früchte sollte Herakles entwenden und nach Tiryns schaffen. Dazu gewann er durch Atlas zwar betrügerische Hilfe, doch dessen schweres Himmelsgewölbe schulterte Herakles listigerweise selbst nur kurz (Hesiod, Theog. 215f.). So mit griechischer Mythologie konfrontiert, was dem Gymnasiasten schnell aufging, sah ich erst Jahrzehnte später (1979 an Bord der ITALIA, 1986/93/95 der BERLIN) jene »Säulen« und bewunderte im seit 1704 britischen Marinestützpunkt Gibraltar natürlich auch alle traditionsbewußt an seinem Felsen gehegten Affen.

Bei vorletzter Durchfahrt, 1993 mittags, direkt unter Afrikas bergiger Küste, Gibraltar drüben, backbordseitig im Dunst ausmachend, blitzten simultan mehr als eine Hand voll literarischer Impressionen auf:

wie Herodot von den Phöniziern überliefert: *... und im dritten Jahr* [der Afrika-Umschiffung, um 594 v.Chr.] *bogen sie bei den Säulen des Herakles ins nördliche Meer ein und gelangten nach Ägypten ...*

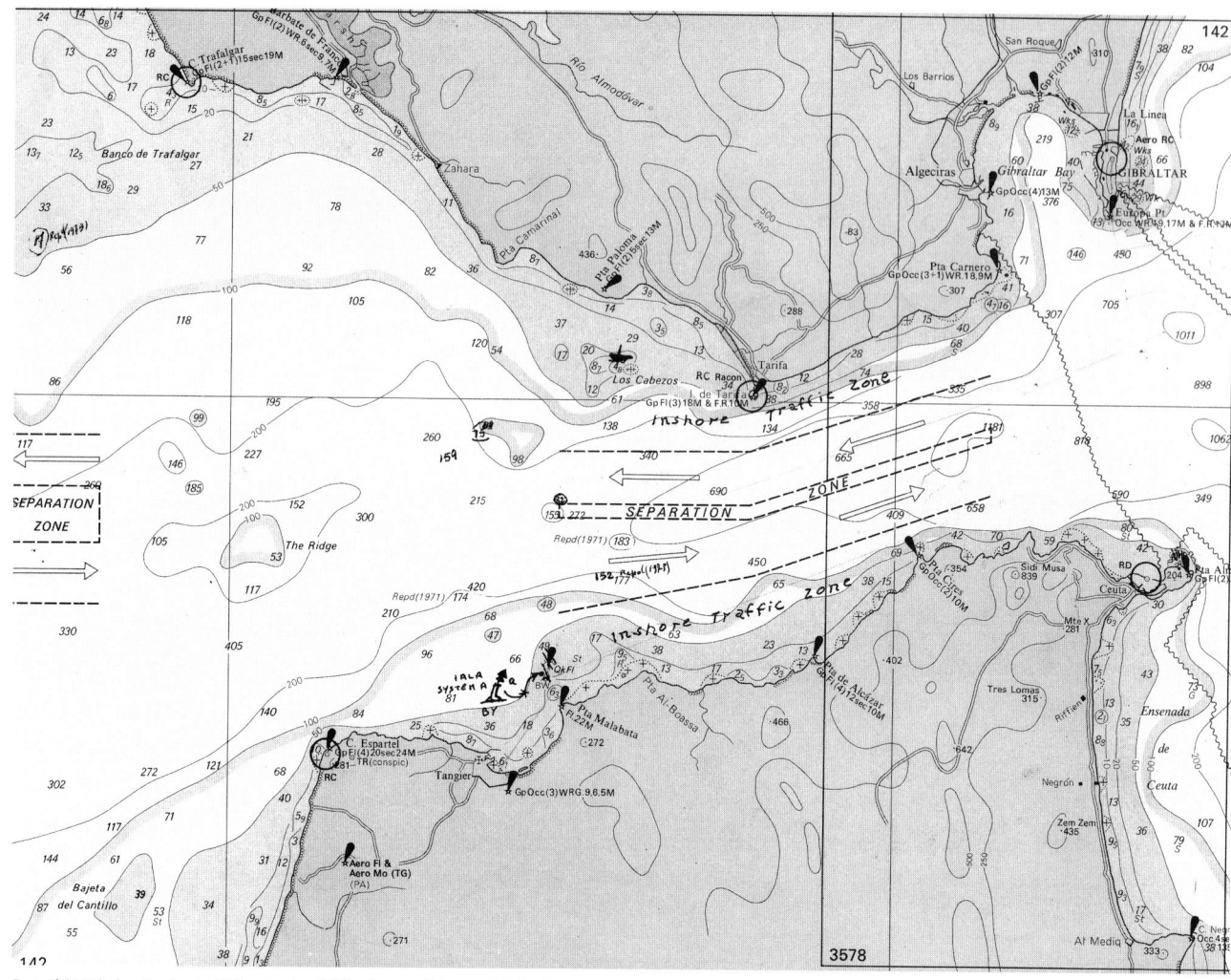

Detail (142) der Seekarte 773: »Strait of Gibraltar to Adra and Cabo Tres Forcas«, Maßstab 1 : 300 000, Druck von 1975 (mit handschriftlichen Nachträgen).

wie Dante jenen *alt und schwer* gewordenen Odysseus, im unstillbaren Erkenntnisdrang, hier mit Gegenkurs noch einmal aufkreuzen läßt. *Als wir zu jenem engen Schlund gelangten, / Wo Herkules sein Grenzmal aufgerichtet, / Damit der Mensch sich weiter hin nicht wage. / Zur rechten Hand ließ ich Sevilla liegen, / Weil ich zur andern Ceuta schon gelassen. / ...*

wie Helmuth von Moltke[219] am 28. Oktober 1846 an seinen Bruder Fritz schreibt: *Das schlimmste ist eine nach Sturm eintretende Windstille. Die See ging sehr hoch, und das Schiff* [die AMAZONE], *welche nun in den Segeln gar keine Stütze mehr fand, taumelte wie betrunken. Man dachte, die Masten müßten brechen. Endlich tauchte Djebel el Tarik, der Fels des Tarik, wie* [seit 711] *der ursprüngliche sarazenische Name von Gibraltar ist, aus der Flut empor. Es ist ein prächtiger Anblick. 1400 Fuß hoch hängt diese schroffe isolierte Masse nur durch eine ganz flache Sandzunge mit dem europäischen Kontinent zusammen. Gegenüber erhebt* sich auf afrikanischem Boden die andere Herkulessäule, der Affenberg bei Ceuta. Lange kämpften wir gegen die gewaltige Strömung, welche hier stetig in das Mittelmeer fließt. Endlich fielen die Anker, und die Festung grüßte mit einem königlichen Salut unsere Trauerflagge ...*

Aus dem Unterbewußten steigt auf, was Ibsens »Peer Gynt« (1876) bekennt: *Mein Plan? ... Mit bloßem Reisen fängt es an. / Nur darum nahm ich euch an Bord / Als Kameraden in Gibraltar ... Gynt will mehr, / ...*

Ebenso kommt in den Sinn, was Heinrich Hauser (1901–55) in »Notre-Dame von den Wogen« (1937) vergegenwärtigte: *Die* NOTRE-DAME *hatte die Höhe von Gibraltar passiert ... Bug und Heck, sie bedeuten Zukunft und Vergangenheit. Am Bug stehend, richten sich die Gedanken vorwärts auf das Kommende; ins Kielwasser schauend, wanderten sie nach der Heimat zurück. Von der Karte Europas in seinem kleinen Seeatlas hatte er umblättern müssen zur Karte des Atlantischen Ozeans – ganz klein*

ITALIA (1965 Stapellauf, 12 219 BRT) und BERLIN (1980 Erstablieferung, 1986 vergrößert auf 9570 BRT), festgemacht in Genua an der Stazione Marittima di Ponte dei Mille (24. Mai 1986), waren Liner, die dem Autor ans Herz wuchsen.

Herakles als Träger des Himmelgewölbes (Gestirnsglobus), um 1600. Entwurfszeichnung des Goldschmieds Christoph Jamnitzer (1563–1618); Berlin, Kunstbibliothek (Hdz 4830).

war Europa darauf. Das Beste, was diese Reise mir bringt, ist die Distanz, dachte er, die Dinge fangen an, ganz anders auszusehen, als man sie zu Hause sah …

Plötzlich wird spannend, wie Marguerite Duras (1952)[86] jene *die größte Liebe der Welt* begehrende Anna, ihren »Matrosen von Gibraltar« – als Symbol vergänglich verlorener Glücksmomente – mit der Jacht GIBRALTAR (ex ANNA, ex CYPRIS) suchend, beobachtet: *Afrikas Küste erhob sich, trocken und nackt und wie ein Salzplateau. Ihre unbarmherzige Linie wurde von Ceuta durchbrochen. Die in größerem Wetterschutz liegende dunklere spanische Küste schaute auf sie. Dort wuchsen die letzten Pinien der lateinischen Welt. Wir fuhren in die Straße von Gibraltar ein. Tarifa zog vorüber, winzig, von Sonne feuerrot, rauchgekrönt. Zu seinen unschuldigen Füßen braute sich die wunderbarste Veränderung irdischen Wassers zusammen. Wind kam auf. Der Atlantik erschien … Das Schiff wechselte den Kurs. Das Wasser wurde grün und schaumig. Die Meerenge verbreitete sich. In der Farbe des*

Wassers und des Himmels und in ihren Augen vollzog sich eine völlige Wandlung. Sie wartete immer noch, den Blick nach vorn gerichtet …

Noch ein anderer Eindruck überlagert bisher Geschautes, wie nämlich Lothar-Günther Buchheim im Roman »Das Boot« (1973) die Vergeblichkeit, streng bewachte »Säulen« ostwärts durchbrechen zu sollen, uns nahe bringt: *»Unglaublich – in direktem Anflug – aus der Dunkelheit!« Das Flugzeug ist es also, das den Alten beschäftigt … von der Seekarte kann die Bande nach einer Kreuzpeilung in aller Ruhe ablesen, wie tief wir liegen … Ich staue den Atem, bis er nicht mehr gehen will. Dann schlucke ich krampfhaft. Jetzt reißt es mir mit Gewalt die Zähne auseinander, und ich pumpe mich mit einem einzigen tief schöpfenden Atemzug voll Luft. Und nun wieder Atem anhalten, stauen, pressen – neues Würgen im Hals. Wann kommt die Bombe? Wie lange wollen diese verfluchten*

Schweine noch mit uns spielen? ... Die brauchen doch nicht mal ihre Werfer zu benutzen. Die können eine Wasserbombe einfach über Bord kippen, ganz lässig, wie ein überzähliges Teerfaß.

Von achtern werden neue Meldungen in die Zentrale geflüstert. Der Alte scheint gar nicht hinzuhören ... »Oberflächenbombe – Aufschlagzünder – unmittelbar neben dem [U-]Boot – in Höhe des Geschützes ... Nicht zu fassen, so dunkel und trotzdem!« höre ich ihn murmeln.

Was für eine Wahnsinnsidee, uns durch die Enge zu prügeln! Mußte ja schiefgehen ... Und der Alte hats gewußt! ... seit dem Funkspruch mit dem Befehl zum Durchbruch ... Der Alte sah kaum eine Chance hier durchzukommen ... wollte uns weismachen: Ganz einfach geht das. Mit einem Trick. Durchsacken lassen. Bloß klappen muß der Trick. Hier hat man keine drei Versuche gut. Hier zählt nur das erste Mal.

2

Großbritanniens Navy sicherte sich aus ähnlich strategischem Kalkül Maltas Grand Harbour von 1800 bis 1964. Günstig vor Sizilien und Tunesien gelegen, dazu mitten im Seeweg zwischen west- und östlicher Hemisphäre, bewertete schon das Altertum Malta als mediterranen Nabel, als götternahes Eiland. Zu Hause war dort Atlas' Tochter Kalypso. Lord Byron[52] spricht von ihr – anspielend auf Gozo und Malta – in »Childe Harolds Pilgerfahrt« (1812ff.): *Nur der Calypso Inseln laß mich nennen, / Das treue Schwesternpaar im Mittelmeer: / Noch wird der Müde sie als Hafen kennen, / Die schöne Göttin aber weint nicht mehr, / Vom Felsen spähend nach dem Freunde, der / Ein sterblich Wesen kühn ihr vorgezogen.* Gemeint sind Odysseus und Penelope.

Indes boten sich (gelandet aus der Tirrenia-Fähre MALTA-EXPRESS 1987, 1990–93 von der BERLIN) eindrucksvolle Zeugnisse hier freigelegter Megalith-Kulturen (4000–2000 v.Chr.). Es sind goldfarbene Ruinen rundräumiger, ursprünglich eingewölbter Tempel, darunter als ältester die »Gigantija« zu Gozo. Beziehungsvoll gilt das raffiniert, zweistöckig gestaltete Hypogaeum von Mdiny als unterirdische Kult- und Orakelstätte der »Magna Mater«; denn man fand darin Terrakottafigürchen schlummernder, fettleibiger »Priesterinnen«. Dem unübersehbaren Torso einer ähnlichen, zwar stehenden, handgreiflich »großen Mutter«-Statue begegneten wir im Heiligtum von Hal Tarxien. Darin verlebendigen sich Formen frühen Matriarchats. Sie bewirkten Fausts Suche nach den »Müttern«, zumal ihn Goethe ausrufen läßt: *In eurem*

Namen, Mütter, die ihr thront Im Grenzenlosen, ewig einsam wohnt ...

Fassen wir es persönlich: die Mütter demnach als Spiegel unvergänglichen Lebens, selbst unseres Daseins, in der Reflexion auf die eigene Mutter, die Ehefrau als Mutter gemeinsamer Kinder, auch die Tochter Bettina samt Schwiegertochter Susanne als Mütter der Enkel Fabius, Luisa und Vincent.

Unter dem poetisch geheimnisvollen Titel »Die Insel der Großen Mutter oder Das Wunder von Île des Dames« (1924) brachte uns der Nobelpreisträger von 1912, Gerhart Hauptmann, eine Episode aus dem utopischen Archipelagus folgendermaßen nahe: *Dem Ufer einer herrlich und verlassen prangenden, von Gebirgen überhöhten Insel ... des Stillen Weltmeeres näherten sich eines Tages mehrere Boote, als die Sonne grade im Mittag brütete. Es waren insofern merkwürdige Boote, als sie ... von ... Damen dicht besetzt waren und gerudert wurden ... Nun war es aber durchaus nicht Vergnügen, was diese Fahrt verursacht hatte ... die Damen waren Schiffbrüchige ... Gott weiß, durch welches Mißgeschick der KOMORAN leck geworden und untergangen war ... Das Unglück war bei schönstem Wetter und spiegelglatter See eingetreten. Man hatte*

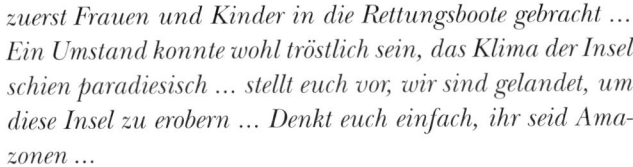

...im Kieler Matrosenanzug mit Schiffsmodell an Bord der DIANA querab von Ithaka im Oktober 1929; die auslaufbereite DIANA des Lloyd Triestino (zur Fahrt von Triest nach Konstantinopel 20. Oktober bis 1. November 1929); oben die ROMANIA – der Società Italiana di Servici Marittimi, Genova – während der Seereise von Konstantinopel nach Marseille 23. Juni bis 1. Juli 1926.

zuerst Frauen und Kinder in die Rettungsboote gebracht ... Ein Umstand konnte wohl tröstlich sein, das Klima der Insel schien paradiesisch ... stellt euch vor, wir sind gelandet, um diese Insel zu erobern ... Denkt euch einfach, ihr seid Amazonen ...

Relikte späterer Zeit verdankt die wasserarme maltesische Inselgruppe Phöniziern, Karthagern und Römern, auch Byzantinern, Arabern, Normannen wie Spaniern. Kaiser Karl V., in dessen Reich die Sonne nicht unterging, überließ Malta 1530 dem aus Rhodos gewichenen Johanniterorden.[45] Kulturschöpferisch und befreiend betätigte er sich dort bis 1798; danach hielt Napoleon Malta zwei Jahre noch als maritimes Relais für seinen Ägypten-Zug. Eigenartig und einmalig berühren uns – neben 23 (ob ursprünglich 24?) gigantischen Steinzeitbauten – jene ebenso zahlreichen wie hoch aufragenden Kuppelkirchen, beispielsweise in Mosta; sie zählt zu der Welt größten. Wie hätte man – gegenüber benachbarten Mohammedanern – Christi Macht nachdrücklicher beweisen können? – zumal der Legende nach in Maltas St. Paul's Bay Paulus, sein Apostel, 58 n.Chr. strandete und lehrte (NT, Apostelgeschichte, Kap. 27 und 28).

3

Ostsüdost-Kurs (mit GALAXIAS 1978, ATALANTE 1980) lag an, bis Kretas Berge auftauchten, Iraklion erreicht war. Indem wir sein Archäologisches Museum besichtigten, dazu weitflächig ausgegrabene, teilrekonstruierte Paläste in Knossós[97], Mália und Festós besuchten, eröffnete sich – vor ausgedehnten, labyrinthisch um Höfe verschachtelten Bautengruppen, berückenden Wandmalereiresten, subtilen Keramikdekors, Spuren fortschrittlichster Wassertechnik und erstaunlichem Wohnkomfort, verdichtete sich zudem angesichts bezaubernder weiblicher Statuetten mit brustfrei dekolletierter Kleidung – das magische Bild jener zwischen 2000–1500 v.Chr. zu extravaganter Blüte gediehenen minoischen Zivilisation. Sie schuf sich zum Schutz ihrer unbefestigten, fruchtbaren Insel eine große Handels- und Kriegsflotte: die älteste, zugleich erste faßbare Seemacht im Mittelmeer. Deren Haupthafen lag einst in Amnisos an Kretas Nordküste.

Obwohl frühe minoische Schriftzeichen bekannt sind, verharren ihre tonangebenden Persönlichkei-

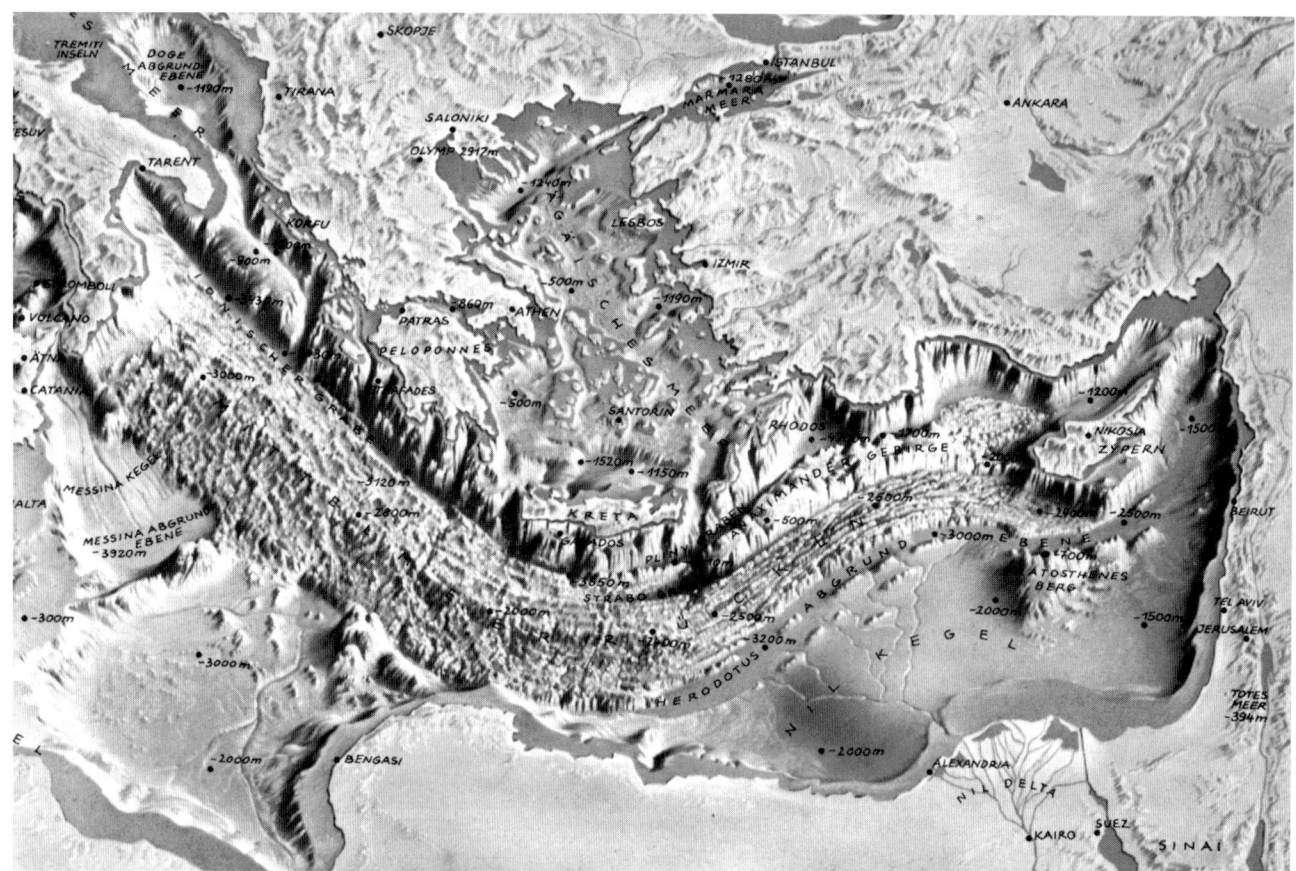

Östliches Mittelmeer: dessen Meeresboden-Panorama (ohne Wasser) nach Heinrich Berann (im »Stern« 1965, S. 101). – Noch 1824 konnte Franz Grillparzer schreiben: *Alle diese Inseln im weiten Meere, wie klein ihre Oberfläche und wie unermeßlich ihre Festen vom Spiegel des Wassers an bis zum Grunde des Meeres! In wie unermeßlichen Flächen und Krümmen, in wie mannigfaltigen Formationen mögen sie sich hinziehen unter dem Meere, ungeheure Länder und Regionen! Der Mensch nennt aber nur das Land, was für ihn sichtbar und bewohnbar über der Oberfläche sich zeigt.*

Mir kommen diese Gipfelländer über dem Meere wie die Zeit vor, gegenüber der verhüllten, unermeßlichen Ewigkeit. Wenn man so viel Wasser auf der Karte sieht, so drängt sich einem das Bild auf, das Land sei im Wasser; und im Grunde ist doch alles Land, nur daß das Wasser die niedrigen Stellen bedeckt. O ihr armen Länder in der Tiefe unter Wasser! Gott gebe, daß ihr auch einmal die freudige Sonne erblickt; o ihr Menschen, vom Unglück überflutet, Gott schenke euch einen freudigen Tag!

ten in sagenhaftem Dunkel. Zeus, als nachmals höchste olympische Gottheit, war auf Kreta geboren oder zumindest dort aufgewachsen. Zu Besuch beim König von Tyros in Phönizien, entführte er auf einem weißen Stier dessen Tochter Europa, zeugte dann mit ihr drei Söhne: Minos, Rhadamanthys und Sarpedon. Sie verkörpern die älteste kretische Herrscherdynastie. Minos galt zwar als umsichtiger Gesetzgeber, doch mit seiner Gemahlin Pasiphae, Tochter des Sonnengottes Helios und der Okeanide Perseis, hatte er insofern Probleme, als sie ihm nicht nur Ariadne und Phädra gebar, sondern eben auch – nach abwegig-perverser Lust – jenes menschliche Stierkopf-Ungeheuer: den Minotaurus.

Um solch kannibalisches Monster zu verbergen, wurde Daidalos aus Athen – als technisches Univer-

salgenie (Leonardo da Vinci lange vorausgehend, aber vergleichbar) – zum Bau eines unentrinnbaren Labyrinths verpflichtet. Schuldhaft darin später eingesperrt, konnte Daidalos dem ausweglosen Irrgarten selbst nur mittels für sich und seinen Sohn Ikaros gefertigter Flügel entfliehen. Theseus hingegen, Sohn des Königs Aigaieus von Athen (Namensgeber der Ägäis), von Ariadne geliebt und mit einem Garnknäuel ausgestattet, vermochte – nach Tötung des Minotauros – dank des »Ariadne-Fadens« zu Ausgang und Freiheit zurückfinden.

»Freiheit oder Tod« ist darum Titel eines jener – üble Besatzungszustände auf Kreta nahebringenden – Romane, mit denen Nikos Kazantzakis (1883 bis 1957)[166] Weltruhm erwarb. Denn nach Kretas griechischen und hellenistischen Perioden (500–67 v.Chr.)

folgten Jahrhunderte römischer, byzantinischer, venezianischer und – von 1669 bis 1898 – türkischer Fremdherrschaft.

4

Weit zerstörerischere Katastrophen – jene Vulkan-Eruption von Thera-Santorin, bald anschließender Einsturz der ausgebrannten Caldera, dabei verheerend wirkender Tsunami (eine 200 m überschreitende Flutwelle) – erlitt sogar Kretas Nordufer bereits Mitte des 2. Jahrhunderts v.Chr.[126] Dieses zeitlich sehr ferngerückte Inferno (übrigens viermal stärker als der Krakatau-Ausbruch 1883) erschloß sich uns imaginativ noch (an Bord der GALAXIAS 1978 und ITALIA 1981) beim Einlaufen in das riesige, meerwassergefüllte Oval der Kykladeninsel. Von einem ursprünglich mehr als 1000 m Höhe erreichenden (dem Stromboli ähnlichen) Vulkankegel blieben drei Kraterrandstücke übrig. Sie steigen innen bis zu 360 m steil empor und tragen weiße Ortschaften wie gleißende Kronen.

Zentral im – geologischen Wunder gleichen – fast der Chiemsee-Größe entsprechenden Kessel wuchsen mittlerweile zwei kleine »Kamenis« aus dem Wasser; ein »Schlot« blieb davon aktiv. So ist Santorin – nach Johannes Gaitanides' feinsinniger Meinung – *mehr Hades als Hellas ... eine immer wieder aufgerissene Wunde, eine geköpfte Insel ... Apokalypse zum Naturdenkmal versteinert.*[107] Und trotzdem raunt uralte Mär von ihr: »Kalliste! o du Schönste!« – zumindest der Ägäis, wenn nicht aller sieben Meere, Kiplings »Seven Seas«.

Solches Mirakel erleben zu können, erschien 1940 bis 1945[217K] noch wie ein Traum. Doch Danielle Steel behielt mit ihrem Zuruf in »Loving«[297] recht: *Gib deine Träume oder deine Träumerei niemals auf. Halt sie ganz fest ... mach weiter ... gib nicht auf ... pack das Netz ... und wenn es so aussieht, als wollten sie aus dem Netz springen, nachdem du sie gefangen hast, dann spring ihnen nach, und schwimm weiter, wenn es nötig ist, bis du ertrinkst ... aber laß niemals einen dieser Träume los ...*

An Santorins Südstrand, in Akrotiri, förderten Ausgrabungen – unter meterhohen Bimssteinschichten – seit 1967 eine umfängliche, noch vor 2000 v.Chr. gegründete Ortschaft zu Tage. Deren zweistöckige Häuser waren angefüllt mit beachtlichen Geräten und Mobiliar, feinster Keramik sowie bauchigen Vorratsgefäßen und geradezu märchenhaften Fresken.

Fischerjunge mit seinem Fang. Fresko aus einem freigelegten Haus in Akrotiri auf Thera-Santorin, Mitte 2. Jahrtausend v.Chr.; Athen, Archäologisches Nationalmuseum.

Darunter befinden sich delikat, Mitte des 2. Jahrtausends v.Chr. gemalte geschmeidige Krokuspflückerinnen oder nackt dem Meer entstiegene Fischerjungen, modisch geschminkte, fast lebensgroß unter gestirntem Himmel stehende Damen, blaue Äffchen, frühlingshafte Lilien- und Papyrusgewächse sowie das Miniaturpanorama[204] einer schiffreichen Marineexpedition vor exotischem Gestade (jetzt alle im Archäologischen Nationalmuseum zu Athen). Verblüffend stimmen deren stilistische Merkmale mit den Eigentümlichkeiten kretisch-minoischer Dekorations- und Bildkunst überein, die ja bis nach Ägypten – der Hyksos-Zitadelle von Auaris am Ostrand des Nildeltas – reicht.

Wie zur Bestätigung prägte Thukydides (etwa

460–400 v.Chr.; Griechenlands früher Historiker)[306] den Begriff »Thalassokratie« und erklärte sie (1,4): *Als erster all derer, von dem Überlieferung berichtet, versah Minos sich mit einer Flotte und schuf so die Vormacht über den größten Teil des heute griechischen Meeres. Auch über die Kykladen gewann er die Herrschaft, und nachdem er die Karer vertrieben hatte, ließ er Kolonisten sich dort ansiedeln, denen er seine Söhne zu Herrschern gab.*

5

Ordnung, Maß, Licht und Klarheit sind Wesenszüge Apolls. Ewiger Jugend gewiß und voll harmonisierender Weisheit, sogar als Anführer der neun Musen, zuweilen selbst als »ichthyomorpher Delphinios«, Protektor der Meerfahrt, bekannt, ebenfalls der Heilkunde verpflichtet, übt er sich zudem – Sitten kultivierend – in Gerechtigkeit, wird Strafender, Rächender, nur wenn es gilt, Frevel und menschliche Hybris zu sühnen. Apoll wurde insofern autonomes Vorbild, als er nach Tötung des Drachens Python den Olymp verließ und im Tempetal, als Sklave König Admintos' von Pherai, dessen Herden hütend, Entsühnung suchte. Dadurch begründete er unseren abendländischen Humanitätsbegriff. Man verehrte Apoll, Zwillingsbruder der Artemis, beides übrigens Kinder von Zeus und Leto, vor allem in Delphi, freilich auch zu Delos, seinem Geburtsort. Diese darum »heilige« Insel, ursprünglich frei im Meer treibend, verankerte Poseidon mitleidig im Ägäis-Zentrum. Seitdem blieb sie der Kykladen Radnabe.

Lukian (etwa 120–180 n.Chr.)[198], dessen nicht nur antiker Weltruhm auf Werken wie »Der Traum«, »Der Fischer«, »Charon« u.a., beruht, hinterließ in den »Dialogi marini« jenes herrliche, das Festwerden der Insel Delos erklärende Gespräch zwischen der Götter-Botin Iris und Poseidon:

IRIS: Zeus will, daß du, Poseidon, die von Sizilien abgerissene herumirrende Insel, die bis jetzt noch unter dem Wasser schwimmt, anhalten und heraufziehen sollst, so daß sie mitten im Ägäischen Meere auftaucht und auf einer dauerhaften Grundfeste ruhig sitzen bleibt. Er braucht sie nämlich für etwas.

POSEIDON: Es soll geschehen, Iris. Aber was kann es ihm nützen, wenn sie über dem Wasser sichtbar wird und nicht mehr umhertreibt?

IRIS: Leto soll auf dieser Insel ihre Niederkunft erwarten, und es ist hohe Zeit; denn sie hat schon starke Wehen.

POSEIDON: Wie? Taugt denn der Himmel nicht zum Kinderkriegen? Oder, falls auch dort kein Platz wäre, hat denn die

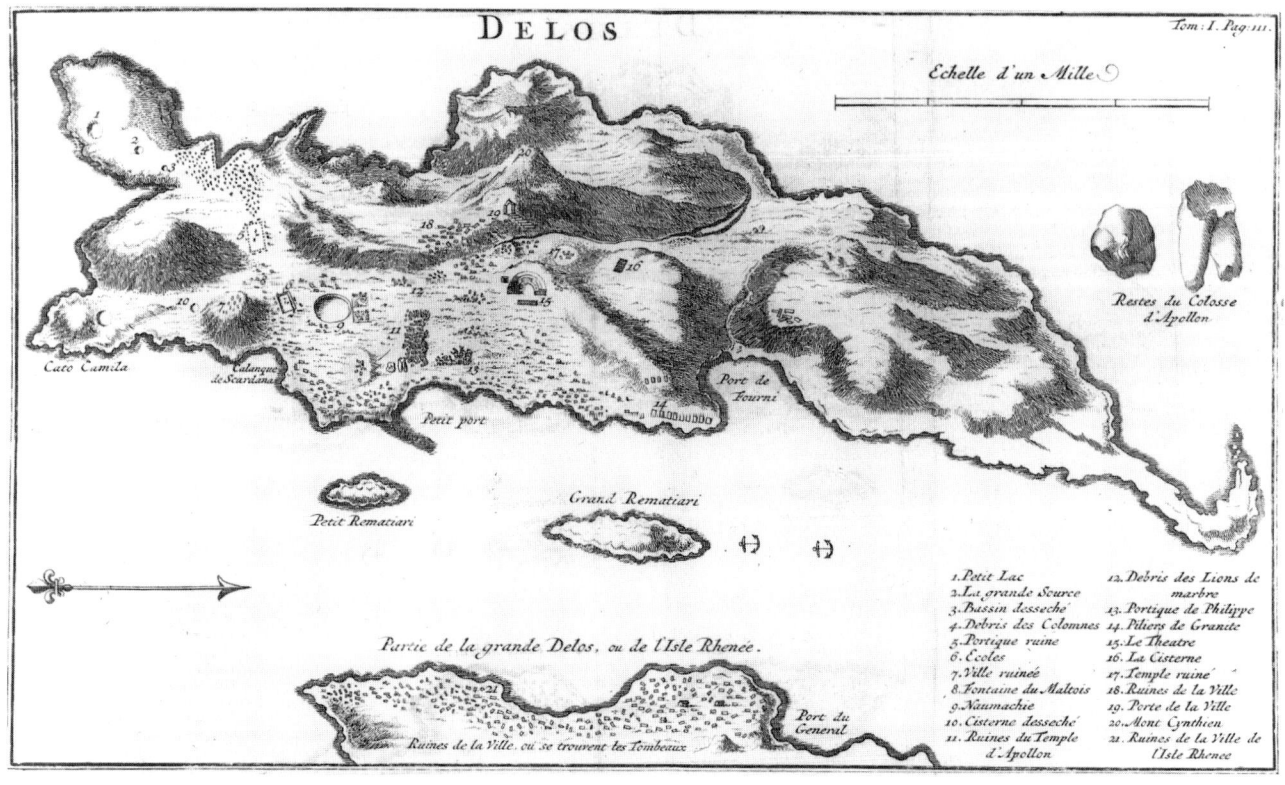

Karte der Insel Delos. Radierung in Pitton de Tournefort »Relation d'un voyage du Levant« (Bd. 1, Amsterdam 1718).

ganze übrige Erde nicht Raum genug für die Kinder, die sie gebären wird?

IRIS: Nein, Poseidon! Denn Hera hat die Erde mit einem großen Eide gebunden, der Leto in ihren Nöten kein Obdach zu geben. Zum Glück ist diese Insel nicht unter dem Eide begriffen, weil sie damals noch unsichtbar war.

POSEIDON: Nun versteh ich's! Bleib stehen, Insel! Tauche wieder aus der Tiefe auf und fahre nicht länger herum, sondern bleibe fest an deiner Stelle, und nimm, du über alle Maßen Gesegnete, die beiden Kinder [Apoll und Artemis] *meines Bruders* [Zeus] *auf, die schönsten unter allen Göttern! – Und ihr, Tritonen, geleitet Leto her auf diese Insel! Und die heiterste Stille ruhe auf der ganzen See! ...*

Unter solcher Prämisse machten wir (mit der GALAXIAS 1978, IOANNIS 1980, BERLIN 1993) »am besten Ankerplatz« vor der Hekate-Insel, zwischen Rhenaia und Delos, fest und waren, ausgeschifft, sogleich in dem von unerhörter Stille, hellstem Licht überlagerten (mit Pompeji mühelos konkurrierenden) berückendsten Grabungsgebiet griechisch-römischer Kulturen.

Schon Homer (Od. 6, 160ff.) ließ Odysseus beim Anblick Nausikaas – von deren Schönheit und Ebenmaß geblendet – ausrufen: ... *meine Augen sahen noch nie solch sterblichen Menschen ... / nur auf Delos fand ich einst an Apollons Altare / Einen dir gleichen Wuchs: eine neuaufgesprosste Palme.*

Im Terrain des ehemaligen »Heiligen Sees« entdeckten wir die »Nachfahrin« jenes Apoll geweihten eleganten Baumes – unweit seiner eigentlichen Kultstätte. Nur Schritte davon liegt die berühmte Löwen-Allee. Deren ehemals neun sprungbereite, aus naxischem Marmor vollplastisch gemeißelte, souverän erfaßte Tierkörper (einer steht lange schon vor Venedigs Arsenal) rechnen zu den ästhetisch erhabensten griechischer Kunst, präzis des 7. Jahrhunderts v.Chr., als Delos im Ionischen Inselbund hervortrat.

Zwischen Okzident und Orient gelegen, dem Getreidehandel, Seeverkehr, Geld- und Warenumschlag, Hetären- und Sklavenmarkt dienend, erlebt Delos – als Vorort und Tresorier des »Attisch-Delischen Seebundes« 477–454 v. Chr. – erneute Blütezeit. Ähnlich glückliche Perioden schlossen sich im Hellenismus und unter römischer Herrschaft an. Imposante Reste von Amts- und Lagerhäusern, Kornspeichern, Theater, prächtigen, mehrstöckigen Luxusvillen zeugen dafür. Und doch sei nicht vergessen, daß zu Delos, Ursprungs- und seit 1000 v.Chr. Verehrungsort Apolls, des Gottes von Maß und Klarheit,

über Jahrhunderte hin – kreatürlichem Schicksal enthoben – niemand weder geboren werden, noch sterben durfte; ein seit den Ausgrabungen wieder deutliches Phänomen.

6

Ein schwerwiegenderes bleibt Pallas Athena; denn keine griechische Gottheit erlangt vergleichbare, ja – wegen ihrer Geburt aus Zeus' Haupt – geheimnisvollere Bedeutung. Als jungfräuliche, blauäugige Beschützerin Athens, Attika den Ölbaum bringend, klug und erfinderisch, fördert sie die friedlichen Künste, voran Architektur und Schiffbau, freilich auch listig-besonnene Helden vom Zuschnitt eines Herakles, Theseus, Jason und – schon vorausgreifend – Achill sowie Odysseus.

Argonautenzug[16] nach Kolchis, ans Ostufer des Schwarzen Meeres, dort Gewinn des »Goldenen Vlieses« und leidvoll-schwierige Heimfahrt wurden von Jason gemeistert. Dessen wagemutige maritime Pioniertat (gewiß Kolumbus' Amerikaentdeckung gleichwertig), das Vordringen in bislang unbefahrene, nicht nur strömungsbedingt schwierige östliche Gewässer – Hellespont (Dardanellen), Propontis (Marmara-Meer), Bosporus, Pontos Euxeinos – sowie eine erstmalige, goldschürfend-lukrative Erschließung fremder Gestade gelangen. Da auf der ARGO, übrigens ältestes namentlich bekanntes, »fünfzigruderiges« Schiff, das sogar als Sternbild an den Himmel kam, zu Jasons Crew auch Herakles, Theseus, Atalante (Jasons Tochter) und Laërtes (Odysseus' Vater) gehörten, muß Jasons spektakuläres, an Troja vorüberführendes Unternehmen vor jenem keinesfalls nur legendären, sondern lästige Konkurrenz und Zölle ausschaltenden Krieg der Achäer erfolgt sein.

Trojas zehnjährige Belagerung spitzte Homer (etwa 770–700 v.Chr.) in seinem »Ilias«-Epos – symbolisch und als »pars pro toto« – allein auf den »Zorn Achills« gegen Agamemnon zu, den anderen wichtigen Achäer-Befehlshaber. Wann tritt Achill wieder zum Kampf an? *Wenn es ihm das Herz in der Brust befiehlt und ein Gott ihn antreibt* (Ilias, IX 702). Mit solch schuldhaft-tragischer Verstrickung überdeckte Homer in genialer Weise zugleich noch des »windigen Ilions« für Besiegte und Sieger gleichermaßen bitteres Ende. Daß seinem dramaturgisch hautnah gestalteten Invasionsstoff historische Tatbestände zugrunde lagen, läßt jene fast bürokratische Detailtreue des im 2. Gesang der »Ilias« enthaltenen »Schiffskatalogs«[160] ahnen. Darin ist von mehr als 1100 nach Landschaftskontingenten geordneten, »bauchigen« Fahrzeugen die Rede. Jeweils 50 Ruderer und/oder 120 Krieger hatten sie an Bord. Demzufolge nahmen zumindest 50 000, wenn nicht 100 000 Mann an der übers Meer – die Ägäis – gestarteten Troja-Expedition teil: ein grandioser – in Relation zur Normandie-Invasion vom Juni 1944 ihr kaum nachstehender – Aufwand!

Oftmals Dardanellen und Troja – bei Seereisen nach und von Istanbul-Konstantinopel (mit der LAGOS 1924, ROMANIA 1926, DIANA 1929, ITALIA 1931, SAN GIORGIO 1957, ITALIA 1979/81, BERLIN 1993) – passierend, erlebten wir Heinrich Schliemanns ab 1871 zu frühem Ruhm gekommene Ausgrabungsstätte Troja (mit der gesicherten Kulturschichte »Troja I« um 2950 v.Chr. beginnend) inzwischen unter neuartig erfolgträchtigen Aspekten. Denn Manfred Korfmann[179], seit 1982 in der Troas weitergrabend, dort sogar bis 1995 fest projektierend, lokalisierte nicht nur Trojas bronzezeitlichen Hafen, Tenedos gegenüber, in der Beşik-Bucht, sieben Kilometer südwestlich des »Burgberg Ilions« (Hisarlik-Hügel), sondern ermittelte sogar unter den bisher erforschten Besiedlungshorizonten den von »Troja VI« (ca. 1700 bis 1250 v.Chr.) als jenen, an dessen erdbebenbedingtem Abschluß wohl tatsächlich Homers Trojanischer Krieg stattfand.

Kontrovers, aber überlegenswert klingt dasjenige, was Rolf Hochhuth (* 1931) in »Das Londoner Kleine Welttheater, II. Das Bett« andeutet, und zwar in der Diskussion zwischen Cherwell und dem Prime Minister: ... *Nimm eine List, nahm denn das Pferd von Troja den Siegern ihre Würde?*

Das Pferd? – Das Pferd da ist ... die übelste literarische Niedertracht aller Epochen!

... Nicht durch Feuer – durch Äneas kamen die hinein: der hat den Griechen nachts ein Tor geöffnet – um für sich und seine Muschpoke freien Abzug zu erwirken ... und daß man später diesen einzigen Prominenten, der heil davonkam, auch noch als Tapfersten gefeiert hat, neben Hektor: spricht dafür, daß Äneas nicht kämpfte.

Einem dort maßgeblich beteiligten Heroen, dem durch alle Kampfesgefahr von Athena sicher geleiteten Odysseus, widmete Homer – konsequent vom Allgemeinschicksal einer gesamten Gesellschaft auf das Einzelgeschick eines Individuums abhebend – sein zweites Epos: die »Odyssee«. Sie ist der atemberau-

bend »modern«, mit Rück- und Vorausblenden souverän umgehende, historischen Anlaß nutzende, sinnlosen Krieg verdammende, selbst sozialen Wandel würdigende Roman einer letztlich intakten Familie und der – aus eigener Schuld wie Götterfügung – leidvoll-langwierigen, persönlich gemeisterten Heimkehr.

Auf Ithaka läßt Homer (Od. 23, 310–341) Odysseus, mit Penelope nach zwanzig Jahren Abwesenheit wiedervereint[213E], seiner Frau, in der dritten Person, augenzeugenhaft knapp, fast emotionslos über die Ereignisse nach Trojas Fall mitteilen: *Odysseus begann, wie er zuerst die Kikonen bezwungen, / Dann das üppige Land der Lotophagen erreichte, / Was der Kyklop getan, und wie er Rache genommen / Für die braven Gefährten, die jener grausam gefressen, / Wie er zu Aiolos kam, der ihn so gütig empfangen, / Und entsandt, doch wie ihn das Schicksal noch nicht in die Heimat / Ließ, nein, wie er jammernd aufs neu von wirbelnden Winden / Über die fischreiche Flut des wilden Meeres verschlagen. / Wie er die Laistrygonen sodann in Telepylos antraf, / Die seine Schiffe zerschlugen und alle tapfern Gefährten / Töteten; nur Odysseus entfloh im dunkelen Meerschiff. / Und er erzählt auch von der List und dem Zauber der Kirke, / Wie auf berudertem Schiffe er dann des Hades entlegenes / Haus erreichte, um dort des ... Teiresias Seele / Zu befragen, und wie er dort alle Gefährten erblickte, / Auch seine Mutter, die ihn gebar und das Kindlein erzogen, / Wie er alsdann der Sirenen bezaubernde Lieder vernommen, / Wie er ... die Charybdis erreichte / Und die Skylla, der keiner noch unbeschädigt entronnen / ... wie die Gefährten des Helios Rinder geschlachtet, / Wie dann ... Zeus das schnelle Schiff mit des Blitzstrahls / Flamme zerstörte und alle die edlen Gefährten ... / Tötete, doch er selber den Losen des Todes entkommen, / Wie an Ogygias Insel er ... zur Nymphe Kalypso / Trieb und sie ihn begehrlich zum Gatten wünschte, in hohler / Grotte zurückhielt, ihn pflegte und immer sagte, sie wolle / Ihm ... ewige Jugend verleihen – / Aber niemals gelang es ihr, sein Herz zu bereden – / Wie er dann leidbeladen das Land der Phaiaken erreichte, / Die ihn wie einen Gott ... verehrten / Und ... in einem Schiff zur teuren Heimat entsandten / Mit unendlichen Gaben an Erz ... Silber und Kleidern ...*

7

Mein Tagebuch bezeugt für den 23. Juni 1957 an Bord der 4500 t großen SAN GIORGIO, einem ebenso schnittigen wie elegant ausgestatteten Passagierschiff der Adriatica: ... gegen 04 Uhr auf Oberdeck, um die

Einfahrt in die Dardanellen zu erleben, Troja – im Dunst an Steuerbord – zu sehen, was angesichts vieler, allzu dichter Hügel und Bergzüge mißlang, dafür ging die Sonne im Hellespont auf. Sie beleuchtet einen Tag, der verlorene Jugend und Heimat noch einmal aufleuchten läßt.

Um 13 Uhr kommt Konstantinopel in Sicht, wird immer größer, ist unvergleichlich schön, ja vertraut, so – als ob ich es gestern, nicht schon 1932, als neunjähriger Bub', verlassen hätte. Jedes Bauwerk – ob türmebewehrte Seemauer oder minarettumstandene

Am Abend im deutschsprachig-lutherischen Pfarrhaus zu Pera erwartete uns freundschaftliche Aufnahme mit Führung durch Kirche, Predigerwohnung samt Garten. Nur dessen dreiflügelig umfriedeter Grünbereich schien – in Istanbul – das einzige gegenüber dem Erinnerungsbild kleiner gewordene Areal zu sein; denn in unverblaßter Rückschau – auf darin endlose Holländerfahrten, Katzenjagden durch meine drei Hunde und mitfühlendem Verfolgen unserer gemächlich, »meilenweit« sich fortbewegenden Griechischen Schildkröte – blieb derartige

Auf dem Bosporus bei Rumeli Hisar, der 1452 auf Befehl Sultan Mehmet Fatihs erbauten Festung (zur Vorbereitung der Eroberung Konstantinopels im Jahr darauf). Kolorierte Lithographie in »Stamboul Souvenir D'Orient par Preziosi«, 1861.

Kuppeln am angestammten Platz. Eigentlich scheint nichts verändert ... doch bei Yedikule (Kastell der sieben Türme mit Porta Aurea) störende Industrie mit rostigen Gasometern! Um 14 Uhr Festmachen am Galata-Kai. Abenteuerliche Taxen stehen bereit, bringen uns zur Sultan Achmet- oder »Blauen« Moschee (von 1609–16), aufs römisch geprägte Hippodrom mit 390 n.Chr. errichtetem Theodosius-Obelisk (aus ägyptischem Karnak) und delphischer Schlangensäule. Justinians erhabene Hagia Sophia wird besichtigt, die Yerebatan-Zisterne und das Topkapi-Serail-Museum, seine antiken Skulpturen, aufgesucht, der Çinili Köşk – als 1473 vollendete osmanische Bau-Zimelie – beglückt wahrgenommen.

Erfahrung seltsam. Mit ihr wurde freilich die behütete Kindheit in Konstantinopel momentan so gegenwärtig, daß es schwer fiel, diesem »ersten Zuhause« gleich wieder den Rücken zu kehren.

Freilich wir wollten ja noch in Ejub an den Süßen Wassern des Goldenen Horns sitzen und den Bosporus befahren – wie weiland Helmuth von Moltke[219], bis 1839 Reorganisator des türkischen Heeres.

Er schreibt am 3. Dezember 1835 seiner Mutter aus Konstantinopel: *Nachdem wir eine Nacht in Pera geruht, setzten wir uns in einen der äußerst zierlichen leichten Nachen (Kaik), welche zu Hunderten im Hafen herumfahren ... Aber, wie soll ich Dir den Zauber schildern, welcher uns jetzt umfing ... Wir eilten zwischen großen Kauffahrern aller*

Nationen und riesenhaften Linienschiffen aus dem Goldenen Horn in den Bosporus. Kaiks glitten in allen Richtungen über das unbeschreiblich klare, tiefe Wasser; jetzt wendeten wir uns links um das Vorgebirge, welches Pera, die Frankenstadt, und Galata mit seinen alten Mauern und dem gewaltigen runden Turm, trägt, von welchem einst die Genueser der Eroberung Konstantinopels teilnahmslos zuschauten.

Wegen der heftigen Strömung halten sich die Nachen beim Hinauffahren ganz dicht an das europäische Ufer, und wir betrachteten mit Vergnügen die Einzelheiten der Sommerwohnungen (Jalys), welche von den Wellen bespült werden … und die ganze, drei Meilen weite Strecke … bis Büjükdere bildet eine fortgesetzte Stadt aus zierlichen Landhäusern und großherrlichen Palästen, aus Fischerhütten, Moscheen, Cafés, alten Schlössern und reizenden Kiosken.

Wir erlebten ähnliche Fahrt – allerdings mit einem der regelmäßig verkehrenden Vorortdampfer. Nach Galata[103] zurückgekehrt, ließen wir dort Sinans 1580 für den türkischen Großadmiral Kiliç Ali Paça [= Ochiali] und erfolgreichen Mitkämpfer 1571 bei Lepanto erbauten Moscheenkomplex auf uns wirken, um danach sogar noch im nahen Beşiktaş die 1541/42 wiederum von Sinan errichtete Türbe des berühmtberüchtigten Korsaren und Begründers der osmanischen Seemacht, Barbaros Hayrettin (Chaireddin Barbarossa) aufzusuchen. Am davor plazierten modernen Denkmal kündet ein Sechszeiler des bekannten türkischen Lyrikers Yahya Kemal Beyath (1884 bis 1958): *Was dröhnt so laut am Horizont entlang? / Kehrt Hairettin zurück, erwartet lang / Aus Tunis, Algier und dem Inselmeer? / Auf Wogen reitet Schiff an Schiff daher / Zurück aus Ländern, die vom Halbmond hell. / Woher, ihr Schiffe, kommt ihr? Sagt es schnell!*

Unweit davon führte derselbe bedeutende Baumeister Sinan 1555/56 die Moschee für einen weiteren Großadmiral auf, und zwar für Sinan Paşa. Nur Schritte entfernt, birgt das an der Uferstraße liegende Deniz Müzesi (Marinemuseum) jene frühe, vielbeachtete Amerika-Karte des türkischen Admirals und Karthographen Piri Reis.

Zwei Tage später: 14 Uhr Ablegen, Auslaufen. Anderthalb Stunden lang, achteraus zurückweichend, verdämmerte im Sonnenglast die Silhouette meiner einstigen ›Stadt der Glückseligkeit‹ (übrigens die türkische Bedeutung des Namens Istanbul, Hauptstadt des Osmanischen Reiches von 1453 bis 1923). Skutari, Haidar Pascha – Kopfbahnhof der 1902 begonnenen, bis nach Bagdad projektierten

Eisenbahnlinie – und Kadiköi grüßten von Backbord, während die Prinzeninseln eine Weile noch unsere Route durchs Marmara-Meer säumten.

Doch bevor es gänzlich außer Sicht gerät, noch ein gedanklicher Rückblick in des byzantinischen Kaiserreichs bedeutendste Kirche: jene 537 und – nach Einsturz durch Erdbeben – 563 wiedergeweihte Hagia Sophia. Dank augenöffnender, wörtlich zu nehmender »Lehrgänge« mit meinem religions- und archäologiekundigen Vater ist sie mir früh zum Maßstab abendländischer Architektur, sogar zum weltweit unübertroffenen, genialsten Raumwunder gewachsen. Was verbindet dieses nun mit Homers »Odyssee« und einem modernen Kriegsschiff?

Schon der Begriff »Schiff«, erweitert zum »Kirchenschiff«, tritt uns im Hagia-Sophia-Innern entgegen; denn dem von einer Riesenkuppel überwölbten, kubischen Zentralraum sind in West-Ost-Richtung jeweils halbkuppelbekrönte Baukörper angefügt. Eine bewegungsbezogene Basilika entstand dadurch, und zu ihrer konstruktionsbedingt wichtigsten Wandstruktur zählen im Erdgeschoß ausgerechnet (2 mal 8 ist) 16 gewaltige, tragende Säulen. Blicken wir dann zum Kuppelrund empor (55,6 Meter hoch, einst von Goldmosaik überzogen, in dem allein Christi Kreuz stand), bemerkt man am Wölbungs-Unterrand 40 rundbogig schmale Lichtdurchlässe, welche dem Sakralraum eine magisch schwebende Transzendenz sichern – und uns signethaft den Zugang zu christlicher Ikonographie, allgemeiner Zahlensymbolik eröffnen. Bedeutet die Acht (samt deren Verdopplung) ewige Dauer und absolute Vollkommenheit, zumal ja nur acht Menschen die Sintflut überlebten, so die 40 – nach der Lehre des Augustinus (354–430) – das irdische Leben in Plage, Wanderschaft und Erwartung. Vierzig Tage und Nächte fiel alles vernichtender Sintflut-Regen (I. Mose 7,4).

Indem wir jenen einflußreichen Kirchenvater bemühten, seine entscheidende Erkenntnis latenter Verbindung zwischen griechisch-lateinischer Antike und Christentum werten, erscheint unser Bezug auf Homers »Odyssee« – im eigentlichen Wortsinn – als durchaus »merkwürdig«: 40 Tage umfaßt deren gesamte Handlungsdauer, mithin die Leidenszeit des »Dulders Odysseus«. Nur acht Nächte und 16 Tage werden nach Homers Intention erzählend vergegenwärtigt, und zwar – der täglichen Stundenzahl sowie dem naturgegebenen Dreierrhythmus von Schlaf, Arbeit und Feierabend entsprechend – in (3 mal 8 ist) 24 Gesängen. Drei Personen – Odysseus, Penelope und Telemach – sind wesentliche Handlungsträger, gleich jener göttlich-weisen Trinität, welche sich in den beiden Halb- und der zentralen Vollkuppel der Hagia Sophia – als Haupteindruck – manifestiert. Homers Begeisterung für Zahlenbezüge, ja sogar Zahlenspiele geht soweit, daß er in der »Odyssee« (13,13f. und 8,390f.) von 13 bronzenen Dreifuß-Kesseln spricht, welche die gastfreundlichen Phäaken Odysseus schenkten und mit ihm nach Ithaka schafften.

8

Purer Zufall oder schicksalhafte Fügung war im Februar 1929 mein Besuch auf der (1925 erst als Kreuzer vom Stapel gelaufenen) EMDEN, wobei ich mit dem Kopf voran in eins ihrer Geschützrohre gestülpt werden sollte. Damals hatte sie – unter ihrem »Pour le mérite«-dekorierten Kommandanten von Arnauld de la Perière zum Freundschaftsbesuch in Konstantinopel[91], vor Galata, im Bosporus geankert – mich so nachhaltig beeindruckt, daß sie maßgeblich zu meinem kriegsbedingt späteren Marine-Einsatz beitrug.

Zurückgekehrt nach Deutschland und dort seit 1933 endlich geordneten Gymnasialunterricht nutzend, war ich während aller Schulferien häufig Gast in Stettin. Dort wirkten meine namensgleichen Ur- und Großväter als Schiffseigner, mit Steuermannspatenten auf »Großer Fahrt« versehenen Schiffer – einer davon verlor 1806 vor Britanniens Nordseeküste seine Rahslup, ein anderer »blieb« auf See – , verdienten ihren Lebensunterhalt als Hersteller gehobenen Möbelbedarfs oder als Banker. Zu ihnen gehörte Marie Elisabeth Nüscke (1747–1813)[6,193], eine Tochter jener an der Oder einst bekannten, gleichnamigen Werften-Dynastie (deren erster das Gewerbe betreibende Ahn reicht bis 1650 zurück). Im Kontor der noch berühmteren, zur Zeit des Kaiserreichs bedeutendsten deutschen Schiffbau-Anstalt »Vulcan« erwarb sich der Vater meines Vaters sein Rüstzeug fürs später gewinnbringende, gläubig Gottes Segen widerspiegelnde Geldgeschäft. Zu besonderer Faszination kam durch ihn die wunderbare, im Museum auf der Hakenterrasse ausgestellte Schiffsmodelle-Sammlung des Stettiner »Vulcan«.[314]

Schiffsschicksale interessierten mich damals schon; denn alle betrachteten, intensiv studierten Werftmodelle rundum vereinigter eleganter Reichspost- und

Kreuzer EMDEN (III, Stapellauf 1925, Mai 1945 selbstgesprengt); Dampfer NÜRNBERG der Stettiner Reederei R.C. Gribel (ca. 750 BRT); Kreuzer LEIPZIG (Stapellauf 1929; 1946 mit Gasmunition vor dem Skagerrak versenkt); Motorschiff SAN GIORGIO (1956 erbaut für die Adriatica, 4500 BRT).

Passagierdampfer, Tanker, Kabelleger und Frachter, dicker Linienschiffe, schlanker Kreuzer und rassiger Torpedoboote, einst in deutscher oder fremder Währung beglichen, waren in sich handwerklich erstaunliche Meisterwerke, in denen Kommandobrücken und Decksaufbauten, Takelage und Windhutzen, Bootsdavits, Ladeluken und Spills, Geschütztürme und Torpedorohre, Maschinentelegraphen, Steuerruder und Positionslaternen, detailgetreu ausgebildet, die Phantasie beflügelten, Sehnsüchte weckten und jene Illusion, selbst an Bord zu gehen, mitzureisen, fast zur Wirklichkeit steigerten. In solch' »beseelten« Schiffen behaust zu sein, sich ihnen bedenkenlos anzuvertrauen, sich mit ihnen sicher durch Sturm- und Kalmenzonen fortzubewegen, sie vielleicht einmal fahren zu können – was für ein Traum! Und welcher Junge mit vierzehn/fünfzehn hängt ähnlicher Phantasmagorie nicht an?

Mein Vater nahm mich im Juli 1939 zu einer zehntägigen Trampfahrt des 1920 erbauten, 748 BRT großen Stettiner R.C. Gribel-Dampfers NÜRNBERG auf die Ostsee mit. Jeder von uns hatte pro Tag nur Devisen im Wert einer RM zur Verfügung, um den allerdringendsten Erinnerungsbedarf in Åbo, Stockholm und Visby zu decken. Zuletzt, vor Swinemünde, gerieten wir in ein Seegefecht, das – in der Sphäre zwischen Schein und Realität – sich als Drehszene zum Tobis-Film »Der letzte Appell« erwies. War es schon soweit? Vorerst nicht; denn im Folgemonat – direkt an der Schwelle des Zweiten Weltkriegs – durfte ich mich, aufgrund eines gewonnenen, für Schüler ausgelobten Modell-Wettbewerbs der Kriegsmarine (es galt, eines ihrer Torpedoboote – LU – im Maßstab 1:200 zu bauen) für zwölf Tage auf dem Kreuzer LEIPZIG einschiffen. Inmitten des noch friedlich daliegenden Baltischen Meeres erlebte ich Schiffsverschlußzustände, Gefechtsübungen, Artillerie- und Torpedoschießen, Brand- und Lecksicherungsmaßnahmen, aber kaum routinemäßigen Bordalltag. Eine Vorahnung kommenden Unheils war nicht mehr Fiktion: wie heißt es in Adolf Hitlers »Mein Kampf« Band 2 (1927) – Deutschland wird entweder Weltmacht oder überhaupt nicht sein ... oder überhaupt nicht sein.

Als fatale Parallele paßt dazu jene Frage, welche Julio Cortázar (1914–84)[65] in »Passatwinde«, der Erzählung »Die Barke oder erneute Besichtigung Venedigs«, stellt: Life, lie, war es nicht eine Person von O'Neill, die sagte, Leben und Lüge trenne gerade nur ein einziger unschuldiger Buchstabe?

Vorpostenboote im »Päckchen«, Anfang 1941 zu Brest, darunter VP 212; Wohnschiff HOLSTENAU vor der Kriegsmarinewerft Kiel im Winter 1941/42; der – mit anderen Einheiten der französischen Flotte – in Toulon am 27. November 1942 selbstversenkte 9938 t-Kreuzer DUPLEIX (nach Foto in »The Illustrated London News« vom 20. Februar 1943); rechts: das Torpedoboot TA 26 (ex ARDITO) – nach verlustreichem Nachteinsatz umständehalber – in der Bucht von Portoferraio/Elba am 15. April 1944 vor Anker; die unter Kriegsmarineflagge im Versorgungsdienst stehende Fracht-Peniche MARION zu Toulon im September 1943; die Tanker-Peniche KITTY im Hafen von Genua am 18. Januar 1944 beim Schweröl-Transport bei Sonnenaufgang.

9

Bordkameradschaft und Glück! Schon Weihnachten 1940 und anschließende Monate auf dem VORPO-STENBOOT 212 (einem ehemaligen deutschen Fisch-dampfer, ex FRITZ BUSSE) in Brest eingestiegen, lächelte Fortuna. Bald wuchsen dem jungen Solda-ten bei sturmgewürzten Aufklärungstörns vor Oues-sant und längs der bretonischen Küste nicht nur See-mannsbeine, sondern auch Vertrauen, ja Stolz auf Gefährt und Besatzung. Ihnen setzte vorn erwähnter Ernst Schnabel in »Schiffe und Sterne« ein unver-blassendes Mahnmal.

Als wir am 10. Mai 1941 – bei einem Tanker-Geleit von Brest bis zur Schelde – um 12 Uhr 50 Englands Küste in Sicht bekamen, begann ein nachdenklicher Augenblick – im Angesicht des Feindes. Kurz danach, 13 Uhr, zeigte sich Cap Gris Nez, während die beglei-tenden Jagdflugzeuge Me 109 über uns ihre schüt-zenden Kreise zogen. Um 13 Uhr 15 unterschieden wir durchs Fernglas deutlich acht in Eisenkonstrukti-on errichtete Funktürme. Immer klarer wurde die britische Steilküste. Deren Kreidefelsen – von Dun-geness bis weit über Dover hinaus – wuchsen merk-lich in die Höhe. Vierzehn Sperrballone zählte ich allein über Dover; 14 Uhr lag es querab. Hellgrün wirkte die Wasserfläche des Kanals – und, kaum glaublich, wie eine unverdiente Tantieme, das Große Los – kein Schuß fiel.

10

Vorübergehend dann professioneller Schiffbaupra-xis hingegeben, brachte ich es in Kiel bis zum Elek-troschweißen von U-Boots-Sektionsteilen. Ich hauste dabei 1942 mit anderen Bauoffiziersaspiranten auf der abgetakelten, reichlich engen HOLSTENAU. Später in Antwerpen an mehrwöchig durchgezogenem Bootsführerlehrgang für das Fahren von Fracht-Peni-chen, requirierten Flußmotorschiffen, teilnehmend, geriet ich im August 1943 nach Marseille, bezog während Monatsfrist meine erheblich geräumigere Kabine auf einem damals schon mit Tarnanstrich ver-unstalteten Wohnschiff, der einst luxuriösen französischen VILLE D'ALGER. Von deren heruntergekom-menen Salons ging es noch tiefer abwärts; denn fortan fuhr ich Penichen, die MARION zum Beispiel, zunächst nach Toulon über offene See. Ihr und den jeweils knapp 40 m langen, 5 m breiten Schwester-prähmen mit 335 t Ladefähigkeit setzten kabbeliges Meer, Strömung und Böen unterwegs derart zu, daß

Krieg – als »ultima ratio« oder als Synonym für (Hen-ry Benraths Ausspruch[28K]) *Die Dummheit ist Trumpf in der Welt* – bewirkte in mir, fünf Jahre dem ebenso unmenschlichen wie absurden, ja verbrecherischen Geschehen widerwillig unterworfen, ähnlich rationa-le Reaktion, um totaler Menschenverachtung und Selbstaufgabe zu entgehen. Schiffe halfen dabei,

Detail des Gemäldes von Claude Gelée genannt Le Lorrain (1600–82) »Ulysse remet Chryséis à son père«; Paris, Musée du Louvre. Darin erscheint neben dem beflaggten Hafenturm im Sonnenaufgangsdunst die »Lanterna« von Genua. Von dem nur unter einem Vorsegel einlaufenden Dreimaster setzt ein Beiboot ab, in dem Odysseus jene Chryseis, die Tochter des Apollonpriesters Chryses, diesem wiederbringt, nachdem sie zur Ursache des – die Achäer vor Troja lähmenden – Streits zwischen Agamemnon und Achill (und dessen berechtigtem Zorn) geworden war.

sich erst einmal längere Ruhepausen und verbände-festigende Umbauten ergaben. Dazu ins schweröl-verkrustete Trockendock verholt, wurde die eingetretene Umweltkatastrophe schon dem Geruchssinn bewußt; denn Toulons Hafen war ein Schiffsfriedhof geworden. Vizeadmiral Jean de Laborde hatte am 27. November 1942 – beim Einmarsch deutscher Trup-

pen – die Selbstversenkung der dort noch verbliebenen Reste der französischen Flotte (insgesamt 225 000 t Schiffsmaterial) veranlaßt.[311]

Zwar nutzten wir das selbst einigermaßen komfortabel »aufgebesserte« Penichenlogis in der Werftliegezeit, man sah uns aber jede freie Stunde einige Kilometer westlich von Toulon am Meer verbringen: unter schattig duftenden Schirmpinien, bunten Markisen bevorzugter Hafencafés oder Platanendächern beliebter Restaurants von Sanary-sur-Mer und Bandol. Als angenehm temperierte, heitere Erholungsplätze hatten sie sich Reste einstigen Flairs, stillem Charmes bewahrt – und die Apéritifs, der Pastis, die einheimisch vorzüglichen Weine, perlender weißer aus Cassis, vollblumig roter aus den Anbaugebieten Bandols, mundeten wie eh und je, was für die genossenen Proben provençalischer Kochkunst mit ihren Zutaten von Olivenöl, Knoblauch, Salbei und Thymian ebenso galt. Über all' dem lagerten einschmeichelnde Chansonmelodien: »Parlez-moi d'amour«, »Lili Marleen«, »Je suis seul ce soir«, »J'attendrai«, »Tu m'apprendras«, »Premier Rendez-vous«, »Au clocher de mon cœur«, »Je n'en connais pas la fin« – wie wahr!

Trotzdem wurde jene Periode zur Seligkeit. »Bliss«, ähnlich knisterndes Gefühl charakterisierend, nannte Katherine Mansfield ihre 1918 im Hotel »Beau Rivage« zu Bandol vollendete Short Story. Gleichzeitig und nach ihr bevölkerten andre namhafte Literaten den von Klima und abseitiger Lage gesegneten Küstenabschnitt: Aldous Huxley, Paul Valéry oder René Schickele (Autor des 1937 Aufsehen erregenden Romans »Die Flaschenpost«). Er zog einen ganzen Kreis deutscher Schriftsteller 1933–38 dorthin – ins ungewollte Exil: Bert Brecht (man lese in seinen »Kalendergeschichten« von 1953 »Der Soldat von La Ciotat«), Feuchtwanger, Kesten und Erwin Piscator, Toller, Werfel und Arnold Zweig, dazu Heinrich und Thomas Mann. Arbeitend am zweiten Band des Joseph-Romans, saß er abends auf der Veranda seiner bescheidenen Maison »La Tranquille« (der »Sorgenlosen«) und notierte: Ich sitze oft bis spät vor meinem Arbeitszimmer, sehe die Sterne und bedenke des Lebens Sonderbarkeit.

Sonderbar war es im Herbst 1943 tatsächlich; denn – nach solch' betäubenden Wochen »au coin du paradis«, dabei oftmals auf den gleichen oder gar denselben Stühlen beider Hafencafés sitzend, welche von genannten Emigranten wenige Jahre zuvor benutzt worden waren – erfolgte die Kommandie-

Erklärung etlicher fürnemmer Oerter dieser Statt.

* S. Petrus auff dem Sand.	F Gallete Berg.	M Holtzbruck.	ƺ Die Göttin der Dancksagung.
A Laternen Thurn.	G S. Niclaus.	N Kessenbruck.	T Stattknecht Gassen.
B Basten oder gewaltig Brustwehr.	H Ein Schiffkunst.	O Ein Damm oder Waht.	V Ort am Meere der Stattknecht Wohnung.
C Herren Andree Dorie Pallast.	I Die Bruck Claueri genennet.	P S. Marx.	X S. Carignanus.
D S. Thomas Port.	K Die Donbruck.	Q Brustwehr auff dem Meer.	Y Kesig oder Gesängnuß.
E Basten zum Spon genannt.	L Kauffbruck.	R S. Lorenz.	Z Ein Castell oder Schloß.

»Der schönen vnd weitberühmpten Statt Genua Abcontrafactur«. Holzschnitt in Sebastian Münsters »Cosmographia«, 1544ff.

rung nach Genua, Liguriens »Superba«, in meinen künftigen, schmerzlich-schönen Schicksalsort.[247]

Heinrich Heine (1789–1856), dessen Schriften 1835 in Deutschland verboten wurden, bekennt in seiner »Reise von München nach Genua« (Kapitel 33): *Die Stadt ist alt ohne Altertümlichkeit, eng ohne Traulichkeit. Sie ist auf einem Felsen gebaut, am Fuße von amphitheatralischen Bergen, die den schönsten Meerbusen gleichsam umarmen. Die Genueser erhielten daher von der Natur den besten und sichersten Hafen … Im Garten des Palazzo Doria steht der alte Seeheld als Neptun in einem großen Wasserbassin. Aber die Statue ist verwittert … das Wasser ausgetrocknet, und die Möven nisten in den schwarzen Zypressen. Wie ein Knabe, der immer seine Komödien im Kopf hat, dachte ich bei dem Namen Doria an Friedrich Schiller, den edelsten … Dichter der Deutschen …*

11

Unter den »besonderen Vorkommnissen« stets gegenwärtig blieb von Savona aus jener Schweröl-Transport – über offene See – im Dezember 1943, als bei bewegtem Meer, zumal auflandig sich erheblich verstärkendem Wind, der Dieselantrieb meiner vollgebunkerten Tanker-Peniche KITTY kurz vor Umrunden des östlichen Genueser Molenkopfes ausfiel und nach Werfen des nicht fassen wollenden Notankers ein Stranden am Wellenbrecher, dem Molo Duca die Galliera unabwendbar schien.

Damals hing rettende Schlepperhilfe tatsächlich am »seidenen Faden«. Oder war es Pallas Athene, die nicht nur zur blauäugigen Beschützerin, listigen Lenkerin des »meerbefahrenen Odysseus« wurde, sondern auch mir beistand in vielen ebenso haarsträubenden wie sinnlosen Nachteinsätzen auf TA 26 (ex ARDITO, einem ehedem italienischen Torpedoboot). Binnen Minutenspanne fiel es selbst dann feindlichem Torpedo zum Opfer[108], trug aber menschlicher Hybris wenig später das Ritterkreuz ein: Welch Absurdität! Darüber vermag nicht hinwegzutrösten, was Douglas Reeman (in »A Ship Must Die« 1979; deutsch 1986, S. 68)[256] meinte: *… Männer starben nun mal im Krieg, und nur mit viel Glück gelang es, heil durchzukommen … gewöhnlich gerieten mehr Menschen aufgrund blödsinniger Befehle und undurchführbarer Aufträge zu Tode als durch Erfolge des Feindes. Das galt für beide Seiten …* Humanitäts- wie risikobereit ihr Leben einsetzend, bargen vornehmlich italienische Fischer aus Monterosso al Mare jene bis zu 30 Stunden im Wasser treibenden Überlebenden von TA 26 und TA 30 (ex DRAGONE). Durch US-Schnellboote fast gleichzeitig exekutiert, wurden unsere Torpedoboote zum nassen Grab für 110 Kameraden.

Zuletzt gab es fast keine Nacht mehr, in der west-

oder südlich von Genua nicht irgendein deutsches Boot durch gegnerisches Einwirken verloren ging. Verzweifelt und nur selten noch beim Bergen Schiffbrüchiger helfen könnend, mußte ich es, zeitweilig dem Lagezimmer der 7. Sicherungsdivision zugeteilt, mitansehen. Ironisch-tragischerweise befand sich jene Befehlszentrale im einst weltläufigen, garten-, sogar orchideenumgebenen Nobelhotel »Eden« zu Nervi bei Genua.

12

Allerdings – bevor ich auf der OLDENBURG, meinem letzten, mehr Himmelfahrtskommando als schwimmendem Untersatz einstieg (übrigens einem Minenschiff, zuerst italienische Eisenbahnfähre, ex GARIGLIANO, die wir mit eigener Sprengladung an Genuas prominentem – unweit von Andrea Dorias 1521–33 erbauter Villa[116] gelegenem – Abfertigungskai Stazione Marittima di Ponte dei Mille am 24. April 1945 versenkten), überlagerte eine – im raren Zauber homerischer Odysseus-Kirke-Episode wohl ähnliche – Begegnung alle persönliche Not, ja sterile Zukunftslosigkeit. Obwohl selbst schon unentrinnbaren Strudeln allgemeiner Katastrophe suizidfähig ausgesetzt, *sozusagen keinen Wind mehr in den Segeln* spürend[297], erschütterten und beglückten folgende – autonomes Überlebenwollen endlich weckende – Zeilen von anmutiger Graziella Concetta de Stales:
Caro … in questa immensa solitudine dei Giovi il mio pensiero vola a te, alla tua bella giovinezza ed alle ore tanto belle passate con te – Ho nel cuore tanta gioia e un inno mi canta tutta la serena e deliziosa dolcezza dei nostri incontri, ricordi? Non ti scrivo di più, so che per te sarebbe troppo difficile il dover tradurre tutto quello che ti vorrei dire – Ti penso sempre e vorrei poterti rivedere, ma come? ma quando? ma dove? – Ti auguro ogni bene, ti pergo le mani in una cordiale stretta che ti dice tutta la mia simpatia e tutta la gioia che ho nel cuore quando penso a te.

Ihr literarisch-klassisch gewählter Zweifel »ricordi?« bewegt bis jetzt, da – den »incontri« und ihren tief durchlebten, ebenso grenzen- wie maßlosen Glücksmomenten – eben doch eine Frage folgt: was wollte Graziella mir noch sagen – »ma come? ma quando? ma dove?« Damaliger Kriegsverlauf verhinderte beidseitig ersehntes »wie wann wo?« und ließ Wolfgang Borcherts (1921-47) »Generation ohne Abschied« zum Spiegel werden:
Wir sind die Generation / ohne Bindung und ohne Tiefe. /

Unsere Tiefe ist Abgrund. / Wir sind die Generation ohne Glück, / ohne Heimat und ohne Abschied. / Unsere Sonne ist schmal, / unsere Liebe grausam / und unsere Jugend ist ohne Jugend … / Unsere Sonne ist schmal, / unsere Liebe grausam / und unsere Jugend ist ohne Jugend / … wir sind … die Generation / ohne Gott …

13

Zurück blieben Narben. Die Physis war angekratzt, deshalb mußte meine Lebensmaxime fortan lauten:

Frontispiz der »Architectura Navalis. Von dem Schiffgebaw: in zwey Theilen, verfasset: Durch Josephum Furttenbach, Im Jahr, 1629« (gedruckt in Franklfurt/M.). Kupferstich, darauf ein idealer, befestigter Meerhafen für Ruder- und Segelfahrzeuge. Diese früheste gedruckte deutsche Abhand-lung zeitgenössischen Schiffbaus enthält neben ausführlichem Text mit technischen und historischen Angaben auch 20 Kupferstichtafeln, darauf zumeist Schiffswiedergaben.

»non omnis«.[37] Schiffe fahren, gar sie bauen wollen, erschien als Utopie. Extremer, entsagungsvoll harter Wiederanfang, Studien europäischer Kunstgeschichte, Archäologie, Architekturtheorie sowie »architectura navalis« und ihrer Nachbardisziplinen, erschlossen neue Etappen, bis das ideale Ziel, Berlins Museen und ein Wirken an ihnen, nicht ohne Athenes unmerkliche Lenkung, tatsächlich erreicht war. So wurden Jutta (verwandt mit Ernst Moritz Arndt und einer Comtesse Wartenberg) – inzwischen seit August 1952 meine Penelope – und unsere Kinder zu Partnern aller nachfolgenden Seefahrt.

Seereisen verbinden viele Möglichkeiten: zwei Jubiläen bei strahlender Mitternachtssonne in lauer Polarluft, Spitzbergen oder die Lofoten querab, bei zart wiegenden Schiffsbewegungen (der BERLIN 1987) jeweils am Mitternachtsbüfett mit sämtlichen Gaumenköstlichkeiten versorgt, festlich beginnen zu lassen – oder – im Gedenken an Hölderlins »Hyperion«-Bekenntnis (1797) *Ich liebe dies Griechenland überall. Es*

trägt die Farbe meines Herzens – sich ihm selbst und seiner unvergleichlich schönen, wundererfüllten Inselwelt, rasch beeindruckt, zu nähern – oder – festgemacht (mit der BERLIN 1990) in La Goulette, sich alsbald unter bunt exotischen Basargewölben des nordafrikanischen Tunis staunend, feilschend, düftebenommen zu bewegen, bis die Erinnerung an längst vergessene Lateinstunden – Catos *ceterum censeo, Carthaginem esse delendam* – aufblitzten und den Wunsch erwachen läßt, wenigstens Spuren einstiger Örtlichkeiten vom römischen Hauptfeind Karthago doch noch zu erhaschen – oder – sich nur dem bequemsten Verhalten zu widmen: vom aufmerksamen Bordservice umsorgt, verwöhnt, einfach zu träumen, Tontauben zu schießen, Shuffle Board zu spielen, am Swimmingpool – inmitten weitester, unendlicher atlantischer Meerfläche, doppeltes Fernsein von Alltag und drängenden Terminen wohlig zu empfinden – oder – sogar bei Sturm und hohem Wellengang, bei extremer Situation demnach, jene in unserem Zivili-

sationsbewußtsein fast vergessene Macht des Elementarischen und deren Bewältigung durch erfahrene und umsichtige Seeleute wieder miterleben zu können.

Gewiß sind der Wahlentscheidungen noch weitere! Uns hat stets das Glück, eingeschifft, ein ständig gleiches Bett zu haben, nicht nach Hotels suchen und keine Koffer packen zu müssen und – was das Wichtigste ist – bequem und noch dazu erlebnisreich anschaulich dahin geschippert zu werden, worauf man sich lange gefreut hat: als Wiedersehen oder Neuerfahrung. Begreifendes Kennenlernen bedeutet freilich auch »Arbeit«. Ich habe sie als Kunstbeflissener, sogar als Urlaubstätigkeit, nie gescheut; denn – so trivial es klingen mag – man sieht, durchschaut, erlebt dreidimensional nur das, wovon man etwas weiß, man empfindet Genuß erst, wenn die erblickte Wirklichkeit schöner, großartiger, überwältigender ist als alle gedankliche Vorstellung oder die tote, einem irgendwo zugegangene – und sei sie noch so bunte – Reproduktion. Selbstverständlich sollte man Architektur, künstlerische Zeugnisse menschlichen Bauens, Räume ertastend, Proportionen abwägend, durchmessen, im Kontext ihrer Umgebung, Schritt um Schritt, sie langsam, zugegeben mühsam, »erfahren«. Dem Fachmann steht es gut an – in notwendiger Selektion – nur das Beste zu würdigen und seinen jüngeren Partnern das Verständnis dafür zu erschließen.

14

So stand jene (im April 1979 mit de ITALIA) speziell ausgesuchte Seereise unter diesem Thema »Bauwunder verschiedener Epochen«. Roland war knapp 17, Bettina fast 15 Jahre alt; beide suchten an Bord natürlich Kontakt mit ihresgleichen, sollten aber »beiläufig« auch durch Exkursionen Bildungserweiterung haben. Gleich beim Anlaufen von Neapel bot sich

ihnen ein erster Begriff vom benachbarten Pompeji, einer 79 n.Chr. unter den Ausbruchsstoffen des Vesuvs versunkenen, seit dem 18. Jahrhundert wieder ans Licht kommenden Provinzstadt, zugleich das umfassende Bild römischer Urbanität, Gesellschaftsordnung und Lebenskultur. Auf der 2. Station, Alexandria, waren sofort zwei der antiken »Sieben Weltwunder«[287] handgreiflich nahegerückt. Doch bereits dort begann das Dilemma; zählen wir zunächst jene sieben auf: ägyptische Pyramiden von Kairo-Gizeh, Stadtmauern (oder hängende Gärten der Semiramis) von Babylon, Tempel der ephesischen Artemis, Goldelfenbeinbildnis des Zeus von Olympia, Maussolleion von Halikarnass (Bodrum), Koloß von Rhodos und Leuchtturm (Pharos) von Alexandria. Letzterer, vom Baumeister Sostratos aus Knidos um 280 v.Chr. vollendet, 120 m hoch, später sogar »befeuert«, im 12. Jahrhundert immer noch in Betrieb, steht erdbebenbedingt freilich nicht mehr, aber die Fragen – nun vor Ort: »wo hat er am Hafen gestanden?«, »wie sah er aus?«, »wann wurden seine Steine wiederverwendet?«, weitete sich für alle Beteiligten zum Abenteuererlebnis aus. Es noch steigernd, trugen anschließend besuchte drei Pyramiden samt Sphinx in Gizeh zur Erkenntnis bei, daß in der Architektur an deren Anfang (und jeweils am Beginn aller später neuen Bauperioden) geometrisch klare, dreidimensional einfache Formen, wie Pyramide, Kegel, Kubus, Kugel und kristalline Pfeiler, stehen (oder Vorrang behalten). Übrigens ist neben der Cheops-Pyramide das dort 1954 entdeckte, für des Pharaonen Jenseitsfahrt bestimmte, 2530 v.Chr. gebaute und aus 161 Einzelteilen bestehende, etwa 43 m lange und 5 m breite, älteste Schiff der Welt[161], in einem Museumsmagazin verstaut.

Übereinandergetürmte steinerne Blöcke bilden die »Klagemauer«, womit wir zur 3. Station, Haifa und nach Bus-Transfer in Jerusalem angelangt waren: vor dem Fundament des 70 n.Chr. zerstörten

Sechs der »Sieben Weltwunder« am Unterrand der Weltkarte in Johan Blaeu's Atlas – Le Grand Atlas ou Cosmographie Blaviane – Amsterdam 1662.

Salomonischen Tempels, auf dessen Areal sich seit 691 der fayencengeschmückte, von einer vergoldeten Kuppel bekrönte, oktogonale »Felsendom«, eines der ältesten, bedeutendsten Heiligtümer des Islams, erhebt. Derart in aktuellste, tragisch-unlöslich verquickte Staats- und Glaubenskonfrontation eingeführt, erreichten wir – als 4. Station – von Izmir aus Ephesos, um dort die eine wiedererrichtete Säule des gewaltigen, in seinen Ausmaßen nur noch klar am Grundriß erkennbaren, 356 v.Chr. von Herostratos aus purer, egozentrischer Ruhmsucht angezündeten, danach großartiger rekonstruierten und erneut 262 n.Chr. endgültig vernichteten Artemis-Tempels in Augenschein zu nehmen. Es folgte (5.) Istanbul und dort natürlich ein Besuch in der seit 1934 zum Museum (und damit zur Touristenattraktion) umfunktionierten Hagia Sophia (von der vorn schon die Rede war). Diesem Raumwunder stellten wir – beim 6. Halt, Piräus ist durch eine Metro mit Athen eng verbunden – dann das Ideal, die säulengestraffte Körperlichkeit eines »klassischen« griechischen Tempels dorischer Prägung – in Gestalt des »Athena parthenos« geweihten Parthenon – auf der Akropolis entgegen, bei deren Verlassen ein Hinweis auf ihre Propyläen, das formale Vorbild für Berlins Brandenburger Tor, nahelag.

Wenn danach, vom 7. angelaufenen Hafen, von Civitavecchia aus, sogar Roms riesige St.-Peters-Kirche in die Vergleichsreihe kam, wurde das Leitmotiv europäischer Spätrenaissance und weltweiten Barocks erstmalig für unsere Kinder deutlich. Schließlich, 8., ausgeschifft in Genua, vermittelte ein Spaziergang durch dessen »Goldene Meile«, bestehend aus den kostbaren Palästen der Via Balbi, Via Cairoli, Via Garibaldi[247], deren frühe Ansichten übrigens Rubens in seinen »Palazzi di Genova« 1622/26 edierte, in grandioser Weise einen nachhaltigen Begriff von erlesenster Wohnkultur Europas. Darum sprach Madame de Staël von einer *rue des rois*. Friedrich

Nietzsche sieht in Liguriens »Superba« *eine höchste Leistung menschlicher Phantasie;* gleichlautend meinte Richard Wagner: *Niemals noch sah ich etwas Ähnliches wie dieses Genua. Es ist unbeschreiblich schön, gewaltig und doch ganz eigenartig.* Als Mark Twain (»A Tramp Abroad« 1880[217K]) nach Genua kam, fiel ihm dort – angesichts der 120000 Einwohner – auf: *zwei Drittel davon sind Frauen, glaube ich, und mindestens zwei Drittel der Frauen sind schön. Sie sind so elegant und geschmackvoll gekleidet und so anmutig ...* In »La Vie Errante« lobt es Guy de Maupassant (1850-93), der Dichter des »Bel Ami«, wie ja auch seine Jacht hieß, so: *Einer der schönsten Anblicke, die einem diese Welt zu bieten hat: Genua vom hohen Meer aus. In der Tiefe der Bucht erhebt sich die Stadt, wie aus den Fluten steigend, am Fuß des Gebirges. Längs der beiden Küstenstreifen, die sich um sie runden, spiegeln fünfzehn kleine Städte ihre hellen Häuser im Wasser. Oberhalb des riesigen Hafens streckt sich Genua über die ersten Vorberge der Alpen ...*

15

In Berlin, dessen Pergamonmuseum nicht nur den großen pergamenischen Altar mit Gigantenfries, geschaffen von Pyromachos 166/156 v.Chr., sondern auch das römische, um 120 n.Chr. dicht am Hafen entstandene, etwa 29 m breite Markttor von Milet zu seinen Topstücken zählt, während eines selbst darauf bezogenen Berufslebens tätig, trieb es uns stets von neuem zu deren Ursprungsstätten. Natürlich per Schiff (mit der SAN GIORGIO 1957, GALAXIAS 1978, ATALANTE 1979, ITALIA 1979/81), die Ägäis durchquerend, suchten wir den ehedem von Griechen besiedelten, später von Römern regierten kleinasiatischen Küstenabschnitt auf. Von den Landehäfen Dikili, Izmir und Kuşadasi waren, motorisiert, Pergamon,

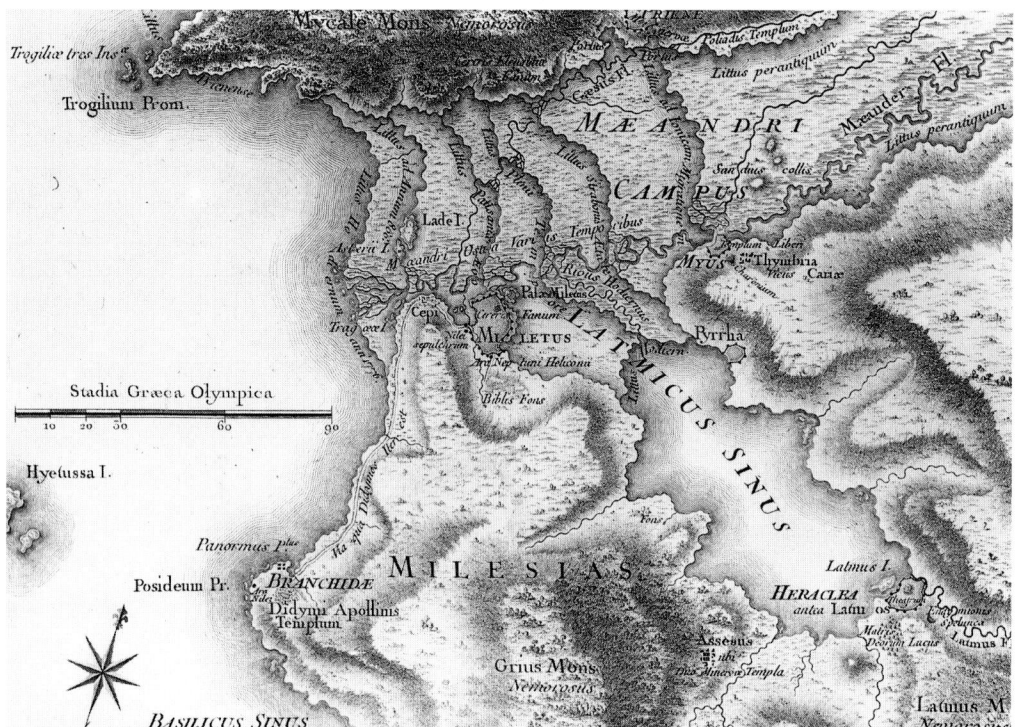

Karte der Umgebung von Milet – mit Priene und Didyma – an der klein-asiatischen Küste, worauf die starke, seit der Antike eingetretene Versandung der Mäanderebene deutlich wird. Radierung in Comte de Choiseul-Gouffier »Voyage pittoresque de la Grèce« (Bd. 1, Paris 1782). – An gleicher Stelle publiziert ist der Plan von Bodrum-Halikarnass, wo des 353 v.Chr. verstorbenen Tyrannen von Karien, Maussolos' Grabmal – eines der Sieben Weltwunder – stand. Aus dessen Baumaterial errichteten die Venezianer 1402 das noch heute den Hafen beherrschende Kastell St. Peter.

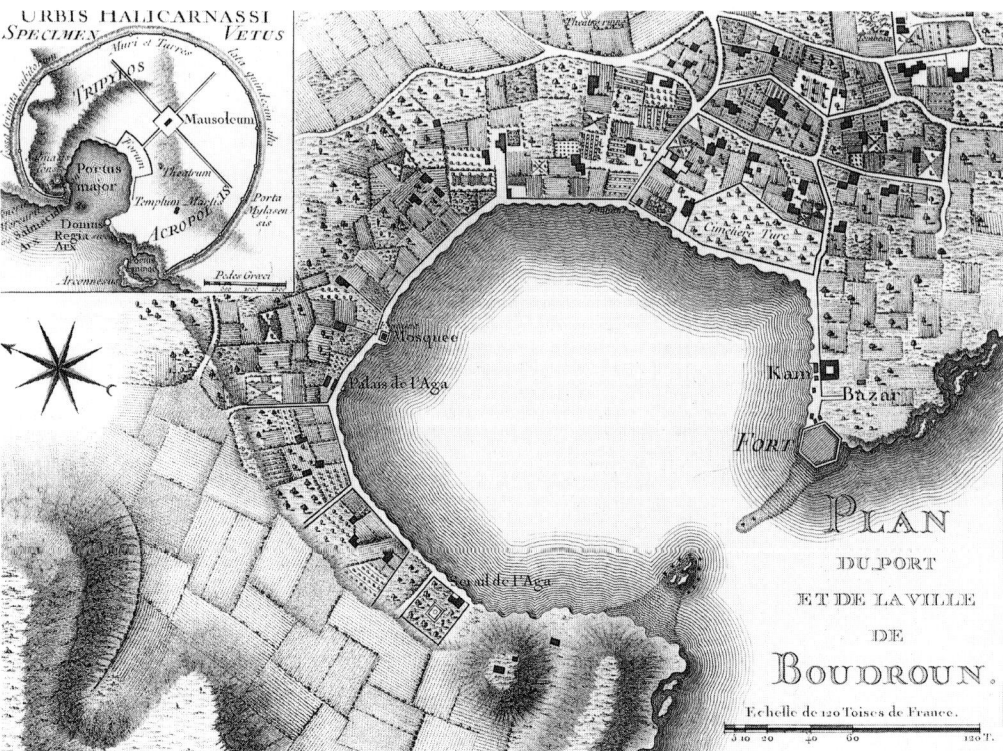

Ephesos, Priene, Milet und Didyma zu erreichen – fast alles früher an der Küste oder in Meeresnähe gelegene Grabungsorte der Berliner Museen – wahrlich Sternstunden deutscher (in Ephesos österreichischer) Archäologie!

Als sie ab 1899 jenen – rastergleichen – Grundriß der Stadt Milet, seit dem 7. Jahrhundert v.Chr. eine der Welt größten, 494 zwar von den Persern zerstört, aber ab 479 v.Chr. nach des Hippodamos' Plan wiedererrichtet, freilegten, kam eine rationale, guter

Seewind-Durchlüftung dienende Stadtanlage mit rechtwinklig sich kreuzenden und parallel verlaufenden Straßen zu Tage.

Schon im 6. Jahrhundert lehrten zu Milet die frühesten maßgeblichen Philosophen abendländischen Denkens: Thales, Anaximandros und Anaximenes. Für sie gilt, was Walther Kranz in »Die Griechische Philosophie« (1941, S. 35) zusammenfaßte: *Die Welt ist eine Einheit. Es gibt ein Weltgesetz. Die Welt ist ein Kosmos ... der Gedanke der Unendlichkeit wird hier zum ersten Male gedacht.* Anaximander entwickelte zudem jene Vorstellung von der Kugelgestalt des Himmels, in dessen Zentrum unsere Erde frei schwebt; außerdem soll er ein Modell davon geschaffen, eine Land- und Seemassen darstellende Erdkarte gefertigt und die Sonnenuhr erfunden haben. Gleichzeitig schrieb ein anderer Gelehrter, Phokos aus dem nahen Samos, ein Lehrgedicht über »Schiffsastronomie«. Darin besang er – wie schon Homer (Od. 5, 270ff.) – den aus nautischer Empirie abgeleiteten nordweisenden Kleinen Bären und weitere Sternbilder als Orientierungshilfen zur See. Als geistiges, auf die Nachbarstädte überstrahlendes Zentrum und als handelspolitische Metropole mußte dieses »Venedig des Altertums« Neid und fremder Mächte Begehrlichkeit in besonderem Maße wecken, wie das Ereignis Anno 494 zeigt.

16

Nur vierzehn Jahre danach – 480 v.Chr. – endete Xerxes', des Perserkönigs, Europa-Invasion in jener denkwürdigen Seeschlacht vor Salamis bei Athen. So wurde dortige Akropolis wenige Jahrzehnte später zum Triumphmonument, der Parthenon zu einem 24 Jahrhunderte überdauernden griechischen Dankessymbol für entscheidende Hilfe der jungfräulichen Göttin Athena. Als Spiegel deren erfinderischer Weisheit, was uns angesichts der großartigen Ruine immer noch deutlich blieb, ist ihr zum kostbaren Schrein stilisiertes athenisches Heiligtum von ingeniösen Kurvaturen und sublimer Eleganz geprägt; denn alle horizontalen Oberkanten sind scheinbar schnurgerade, weisen jedoch eine Entasis auf, eine zur jeweiligen Mitte hin – natürlich nur Milli- und Zentimeter – zunehmende Schwellung. Sie betrifft das Stylobat (die Stufenlage, auf der sämtliche Architekturelemente ruhen) ebenso wie das Gebälk. Selbst die kannelierten Säulen belegen im Schaft ähnliche

Poseidon-Neptun auf dem Prospekt der CYCLADES, welche, 1954 umgebaut, nun 20 Knoten lief, und zwar bereedert von der John Toyas Navigation S.A. Piraeus, zwischen Brindisi–Piraeus–Chios–Mytilene–Dodekanes und zurück.

Entasis. Hinzukommt, daß Säulenkranz und Cellamauern sich leicht nach innen neigen, womit des Tempels kubische Außenform, kaum merklich, pyramidal-schwebend und zart himmelsweisend wirkt.

Dazu gesteht Rolf Johannesson (1957–61 Flottenchef der deutschen Bundesmarine[161N]): ... *Und dann das Mittelmeer! Nicht als Tourist, sondern [1942/43] als Krieger auf klassischem Boden. Ich zitierte Homer:* »*denn nichts Schrecklicheres ist mir bekannt als die Schrecken des Meeres, einen Mann zu zerstören und sei er noch so gewaltig.*« *Und der gescheiteste Grieche, Odysseus, der listenreiche, der göttliche Dulder. – Dreißigmal war ich wohl auf der Akropolis, wenn ich in Salamis* [mit dem Zerstörer HERMES, ex VASILEFS GEORGIOS I] *festgemacht und gemeldet und meinem vorzüglichen Ersten Offizier ... die Arbeiten im Hafen überlassen hatte. – Das Schönste auf dieser Welt ist für mich bis heute der Parthenon in der Morgensonne.*

Folgerichtig fand man auf der Akropolis ein (im Louvre bewahrtes) attisch-antikes Trieren-Relieffragment, aus dem die Gestalt jener einst zum Seesieg beitragenden athenischen Kriegsschiffe authentisch hervorgeht. Inzwischen liegt im Piräus (dessen bis heute nachwirkenden Stadtgrundriß erwähnter Hippodamos aus Milet neu entwarf) die OLYMPIAS, eine moderne Rekonstruktion solcher nautische Antriebspräzision mit militärischer Technikperfektion gleichermaßen verbindenen Trieren.[221] Zu deren Sonnen- und Winterschutz errichtete man an den Häfen Zea, Munichia und Kantharos zumindest 82, 196 und 94 nachweisbare, davon 38 in Zea rekonstruierte Schiffshäuser (Neosoikoi, die jeweils 40 m lang und 6,5 m breit sind).[305]

Plutarch (etwa 46–120 n.Chr.)[244] lobte des Themistokles – Siegers von Salamis – Verdienste folgendermaßen: *Nun baute er den Peiraieus aus, weil er die günstige Lage der Häfen erkannt hatte, und machte so aus Athen eine wirkliche Seestadt, obwohl er damit den Grundsätzen der alten attischen Könige zuwiderhandelte. Diese hatten sich nämlich alle Mühe gegeben, das Augenmerk der Bewohner vom Meer fort auf die Ausnutzung des Bodens zu lenken und sie an ein Leben ohne Schiffahrt zu gewöhnen. Deshalb hatten sie die Fabel erfunden, wie Athena im Streit um den Besitz des attischen Landes Poseidon besiegte, als sie den Richtern den Ölbaum zeigte. Aber er knetete nicht, wie Aristophanes sagt, Peiraieus und Athen zu einem Teig, sondern er führte gleichsam Athen zu seiner Hafenstadt hinab und damit das feste Land zum Meer. Die Folge war dann auch, daß er dem niederen Volk die größere Macht gegenüber dem Adel in die Hände legte und es übermütig machte, weil nun Matrosen, Rudermeister und Steuerleute an die Macht kamen. Deshalb wurde auch die Rednerbühne auf der Pnyx, die so aufgestellt war, daß die Redner aufs Meer sahen, später von den dreißig Tyrannen nach dem Land hingedreht.*

Denn die Herrschaft über das Meer, so glaubten sie, sei die Mutter der Demokratie, während ein Volk von Ackerbauern leichter zur Oligarchie neigt.

Als wir erstmals nach dem Krieg (im Juli 1956 auf der 1400 t großen CYKLADES der Toyas Line), von Brindisi kommend, noch im Golf von Korinth fuhren, lagen zur Linken Zentralgriechenlands Bergzüge Parnass (mit ölbaumprächtigem Itea sowie weissagendem Delphi) und Helikon, an Steuerbord des Peleponnes' bergige Kette von Erymanthos, Kyllene und Akrokorinth (dahinter die Argolis mit goldmaskenreichem Mykene). Dann zog für unendlich spannende Minuten der schmale, steil neben beiden Schiffswänden emporsteigende Durchstich, Korinths 1893 eröffneter Kanal, fast schrammend, an uns vorüber – bis im Saronischen Golf aus weiträumiger Ferne, aquarellfarbig hingetupft – Salamis, Athens Akropolis und Ägina grüßten. Auf Gegenkurs, mit dem Ziel Ithaka, Heimat des Odysseus, wurde uns die Durchfahrt des Kanals von Korinth (mit der BERLIN 1993) erneut ebenso eindrücklich wie erregend zuteil.

17

Über Andalusien hinaus gilt das Sprichwort: *Quien no ha visto Sevilla, no ha visto maravilla. Quien no ha visto Granada, no ha visto nada* – wer nicht Sevilla sah, erlebte kein Wunder, und wer nicht Granada kennt, dem fehlt alles! Dessen eingedenk liefen wir (mit der ITALIA 1979, der BERLIN 1986/95) Cadiz, Malaga und Motril an. Von dort war zunächst Cordoba – » die verborgene Schöne« – schnell erreicht und mit ihr eines der respektabelsten, kulturell bestimmenden Zentren des maurischen Islam. Dann eingetaucht in den oasenhaften, bogen- und kuppelüberspannten Säulenwald der Mezquita, jener zwischen 785 und 1009 errichteten, 22 750 qm »großen Moschee«, begegnete uns eine von schriftbedingt-phantastischer Ornamentvielfalt bestimmte, rational klar gefügte, einmalige Sakralarchitektur – und angesichts der beiden Denkmäler für Maimonides (1135–1204) und Averroës (1126–98) nachhaltiges Wissen um mittelalterliche Geistigkeit: deren – Aristoteles (384–322 v.Chr.) sowohl wiederbelebende, als auch ausweitende – Lehre von Vernunft und Toleranz.

Gerade ihren Spuren – oder deren bestürzendem Gegenteil (Somerset W. Maughams Zitat *Toleranz ist ein anderes Wort für Gleichgültigkeit* darf man dabei

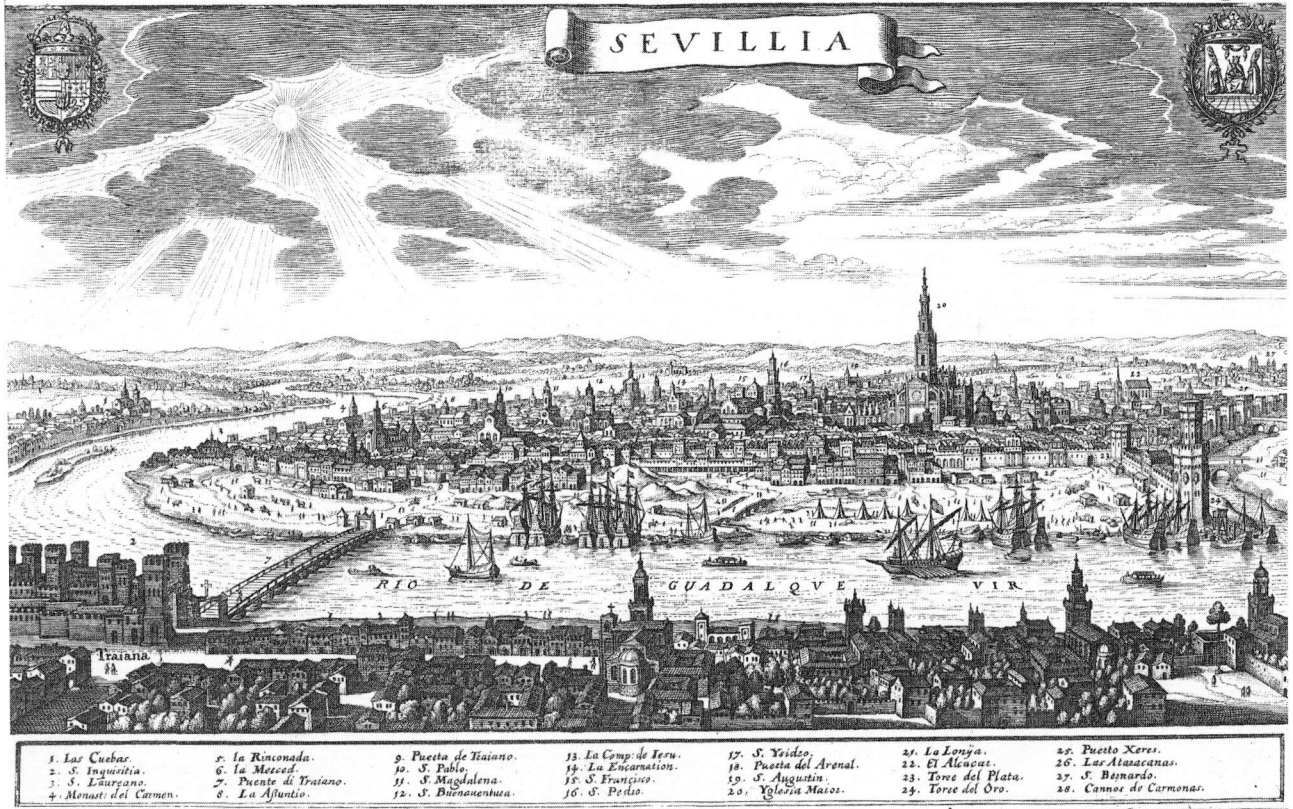

HISPALIS UULGO SEVILLIÆ URBIS TOTO ORBE CELEBERRIMÆ PRIMARIÆ EFFIGIES HISPANIÆQUE.

SEVILLA

RIO DE GUADALQUEVIR

Traiana.

1. Las Cuebas.	5. la Rinconada.	9. Puerta de Traiano.	13. La Comp. de Iesu.	17. S. Yoidro.	21. La Lonja.	25. Puerto Xeres.
2. S. Inquisitia.	6. la Merced.	10. S. Pablo.	14. La Encarnation.	18. Puerta del Arenal.	22. El Alcacar.	26. Las Ataranas.
3. S. Laureano.	7. Puente di Traiano.	11. S. Magdalena.	15. S. Francisco.	19. S. Augustin.	23. Torre del Plata.	27. S. Bernardo.
4. Monast: del Carmen.	8. La Asuntio.	12. S. Buenauentura.	16. S. Pedro.	20. Yglesia Maior.	24. Torre del Oro.	28. Cannos de Carmonas.

Kupferstich-Ansicht des 17. Jahrhunderts von Sevilla, wo vorn rechts am Guadalquivir-Ufer der markante Torre del Oro (jenes berühmte Bauwerk aus der Almohadenzeit, um 1220) aufragt. Heute ist darin das Marinemuseum, ehedem verlief von da zum Turm des gegenüberliegenden Ufers die den Amerikafahrer-Hafen gegen unerwünschte Eindringlinge absichernde eiserne Kette.

gewiß nicht verteufeln) – wurden wir in Granada vor den Grabmalen der Katholischen Könige Isabella von Kastilien und Ferdinand von Aragón gewahr; denn ihnen gelang am 2. Januar 1492 der christlichen Reconquista Vollendung – mit dem Einzug in Granada und auf dessen maurischem Juwel: der Alhambra. Deren verzaubernde, Tausend und eine Nacht-Geschichten verlebendigende, Wasserkünste in ungesehener Konsequenz miteinbeziehende, dem 14. Jahrhundert entstammende Räumlichkeiten zeugen – den Cuarto Dorado, Myrtenhof, Barkensaal, Comares-Turm (Thronsaal), Löwenhof (mit zentralem, von zwölf schwarzen Marmorlöwen getragenem Brunnen, 11. Jh.) und umliegende Säle de los Abencerrajes, de los Reyes, de las Hermanas, Mirador samt Lindaraja-Gärten durchschreitend – von exquisiter, orientalisch-märchenhafter Pracht und absoluter ästhetischer Vollkommenheit. Brutal wirkt daneben Karls V. als Siegesmonument gebauter kaiserlicher Palast. Wie stark freilich maurische Kunst oder deren Luxus den jungen Kaiser zu beeindrucken vermoch-

te, wird überraschend unter dem goldüberstirnten Rund des Stalaktitengewölbes im Gesandtensaal des maurischen Alcázar zu Sevilla evident, wo Karls Vermählung mit Isabella von Portugal am 11. März 1526 stattfand.

Wenn wir danach zum Kolumbus-Kenotaph in Sevillas Kathedrale, in die – nach Roms St. Peter und Londons St. Paul's (wo Nelson ruht) – der christlichen Diaspora drittgrößte Kirche hinüberwechselten, kam nicht nur des glücklichen Entdeckers zwiespältige Persönlichkeit, sondern auch deren Eingebettetsein in christliche, jüdische und maurische Konfliktsituation zu vertiefendem Bewußtsein. Salvador de Madariagas »klassische« Kolumbus-Biographie (von 1940)[199] erhellt solche Tatbestände, indem er beispielsweise herausstellt, daß Kolumbus – erst einen Tag nach der von Ferdinand und Isabella endgültig bewirkten Mauren- und Judenvertreibung aus Spanien – am 3. August 1492 vom westlich von Sevilla, bei Huelva gelegenen Hafen Palos mit seinen drei Karavellen SANTA MARIA, PINTA und NIÑA in See

291

gehen konnte. Acht Monate später brachte er weltbewegende Nachricht spektakulär gelungener Atlantiküberquerung heim. Und Sevilla errang 1503 das Privileg, Einfuhr- und Umschlagstadt aller aus den neuen westlichen Besitzungen auf spanischen Schiffen transportierten Gold- und Silberladungen zu werden, was ihren Reichtum erklärt.

Im Fischerdorf Moguer bei Huelva erblickte Juan Ramón Jiménez (1881–1958), der Nobelpreisträger von 1956, das Licht der Welt. Beredt hat er sie und ihre Geschöpfe besungen – hier sein Gedicht:

Ruta
Todos duermen, abajo.
* Arriba, alertas,*
el timonel y yo.
Él, mirando la aguja, dueño de
los cuerpos, con sus llaves
echadas. Yo, los ojos
en lo infinito, guiando
los tesoros abiertos de las almas.

Route
Alle schlafen, unten
    Oben, wachsam
der Steuermann und ich.
Er, auf die Nadel blickend, Herr über
die Körper hinter verschlossenen
Türen. Ich, die Augen
im Unendlichen, lenke
die erschlossenen Schätze der Seelen.

18

Lá vai a Nau Catrineta / Por sobre as águas do mar ... – dort fährt die Nau CATRINETA hin über Meereswogen, beginnt ein portugiesisches Volkslied ... und wir umfuhren die goldenen Sandbänke vor Lissabon, liefen (mit der LAGOS 1924, von meiner Mutter berichtet, ITALIA 1979, BERLIN 1986/93/95) in den Tejo ein. Schon kamen an Backbord drei Monumente in Sicht: Turmkastell von Belém, Jerónimos-Kloster und Padrão dos Descobrimentos. Ihnen galt unser vorrangiges Interesse; denn das 52 m hohe, als »nao« (Schiff) stilisierte, 1960/62 jubiläumsfreudig vollendete Denkmal der Entdeckungen ist zugleich Erinnerungsort für Heinrich den Seefahrer (1394–1460).[137] Als portugiesischer Königssohn (mit britischer Mutter) nahm er 1415 an erfolgreicher Expedition gegen Ceuta teil, wurde 1419 Gouverneur der Algar-

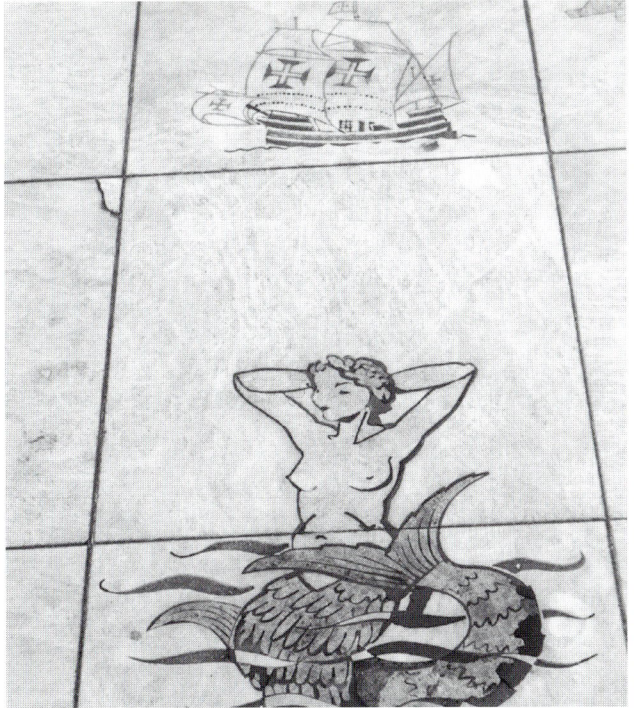

venprovinz und betrieb dort – von Cap Sagres, seinem nautischen Zentrum, und vom Hafen, ebenso Schiffbauplatz Lagos aus – die nautischen Vorbereitungen zu allen nachfolgenden maritimen Erkundungsfahrten entlang Westafrikas Küste bis nach Guinea. Heinrichs Vision erfüllend, umrundeten portugiesische Kapitäne, wie Bartolomeu Diaz 1488 das Cap der Guten Hoffnung, Vasco da Gama landete sogar 1498 in Indien und Cabral 1500 in Brasilien. Sämtliche Daten und Fortschritte dieser geographischen Erschließung und politischen Inbesitznahme neuer ferner Inseln wie Landstriche enthält – mitten in riesiger Windrose – ein Weltkartenmosaik, welches zwischen Padrão und Jerónimos-Kloster zum »Begehen« – selbst des Atlantiks, Indiks und Pazifiks – einlädt.

Nur Schritte sind es dann, und wir betreten den 1500 grundsteingelegten, 25 m hohen, ehrwürdigen Raum jener als Seefahrergedächtnisstätte mit Vasco da Gama-Tumba[316] und Kenotaph des Dichters Camões[54], desgleichen als Grablege portugiesischer Könige, wie Manuels I. el Felice, berühmt gewordene Kirche Santa Maria de Belém. Ihr zur Seite liegt ein stets wieder besuchenswerter, zweigeschossiger Kreuzgang. Besonders prachtvoll führt er Portugals Manuelinik, jenen künstlerischen Mischstil aus europäischer Renaissance und arabisch-fernöstlichen Formelementen, durchsetzt mit nautisch-maritimen Einzelmotiven, vor Augen; dort halten wir sogar vor einer Gedenkstele für den 1935 verstorbenen hoch geschätzten Poeten Fernando Pessoa inne – Verse seiner zeitlos schönen »Ode marítima«[239] meditierend.

Ebenfalls der Jungfrau Maria geweiht und beliebte manuelinische Stildetails, wie Armillarsphären, Jakobsstab, Tauwerk, Muscheln und ein Rhinozeros, darin erkennend, diente das 1516–21 in den Tejo hineingebaute Turmkastell von Belém anfangs auch der feierlichen Verabschiedung oder Empfangszeremonie für alle aus- und wiedereinlaufenden, Reichtümer von entlegenen Kontinenten mitbringenden

Links oben: Manuelinische – aus nachgeahmtem Tauwerk, Korallen, Muscheln, nautischem Gerät gebildete – Ornamentik an der Außenwand des Chors des Christusritter-Klosters von Tomar (frühes 16. Jahrhundert). Rechts oben, am Torre de Belém (1516–20), unter einem manuelinischen Baldachin die Muttergottes von Belém, Nossa Senhora do Bom Sucesso – »vom guten Gelingen«. Rechts unten: Nixe im Fußbodenmosaik der Weltkarte unterhalb des Padrão dos Descobrimentos (1960–62), von dem, links unten, der Bug des Entdeckerschiffs mit Heinrich dem Seefahrer und seinem Gefolge erscheint.

Fernfahrer. Sie erhoben Portugal für ein Säkulum zu einer See-, ja Weltmacht ersten Ranges. Dessen frühen Indien-Triumph besang Louis de Camões in seinen »Lusiaden«, dem 1572 erschienenen – Homers »Odyssee« ebenbürtigen – portugiesischen Nationalepos. Schon Alexander von Humboldt legte es uns ans Herz.

19

Ergriffen vor dem Geheimnis / Wie sich Petersburg breitet / Jenseits der endlosen Newa – einstimmenden Versen Boris Pasternaks – nahmen wir im August 1985 (an Bord der BERLIN) Kurs auf Leningrad. Nachdem im Finnischen Meerbusen Kronstadts Festungswerke hinter uns lagen, das Kreuzfahrschiff im eng ausgetonnten Seekanal an kaum zu zählenden Ankerliegern und vielen Roststreifen entlangfuhr, schließlich am zugewiesenen Liegeplatz festmachte, erfüllte sich, nach argwöhnischer Paßkontrolle, ein lang gehegter Traum – und das Nachholen schmerzlicher Unterlassung.

Wurden Imagination und Sehnsucht – aus St. Petersburger Impressionen Puschkins, Gogols oder Dostojewskis: deren »Ehernem Reiter«, »Eugen Onegin« oder dem«Newski-Prospekt«, der »Künstlernovelle« oder »Schuld und Sühne«, »Weiße Nächte« – entlehnt und gespeist, so galt es – nach einer zehn Jahre zuvor in Berlin ausgerichteten Präsentation »St. Petersburg um 1800« (anläßlich gerade getätigter Erwerbung von 31 kostbaren zeitgenössisch-relevanten Architekturzeichnungen) – endlich die notwendige Ortsautopsie für jenes Unternehmen nachzuholen.

Bei Rundgängen beeindruckten dann an den weiten Newa-Ufern und vielen halbkreisförmig-zentriert verlaufenden Stadtkanälen breit und riesig hingelagerte, gut proportionierte Paläste und Bautengruppen, architektonisch in großem Maßstab gestaltete Fluchten und grandiose Prospekte. Mittel- und allseitiger Bezugspunkt der vom »Zar und [Schiffs-]Zimmermann« Peter dem Großen (1682–1725) sowie von den Kaiserinnen Elisabeth (1741–62) und Katharina II. (1762–96), ebenso von Alexander I.

Stadtseitige Ansicht des riesigen, 1805–23 errichteten Admiralitätsgebäudes, welches urbane Mitte und militärpolitisches Zentrum von St. Petersburg bildet (rechts die Ecke des Winterpalais). Kolorierte Radierung, um 1825.

(1801–25) mit gleichbleibender Intention geschaffenen Seestadt ist die – um ein ursprüngliches, 1705 angelegtes Werftgelände – monumental dreiflügelige, 1805–23 neu errichtete Admiralität. Andréj Sachárow akzentuierte deren 420 m lange, dreistöckige Hauptfront mit jenem 70 m hohen, nadelförmig endenden Turm. Vor ihm beginnen drei strahlenförmig – St. Petersburg prägende – Radialstraßen: Newski-Prospekt, Uliza Dserschinskogo, Majorow-Prospekt.

Natürlich besuchten wir die Zarengräber in der Kirche der 1703 baubegonnenen Peter und Pauls Festung, statteten der Ermitage und ihren Sammlungen einen ersten Pflichtbesuch ab, kamen zur ehemaligen Börse, vor die verankerte AURORA (Teilnehmerin an jenem Tsushima-Debakel 1905 und 1917 »meuternde« Auslöserin der leninistischen Oktober-Revolution)[206], gelangten sogar nach Peterhof, in die Isaakskathedrale, vor Peter Behrens' ehemalige kaiserliche deutsche Botschaft und zum Reiterstandbild des Stadtgründers, dessen als Basis dienender, über See transportierter monolithischer Granitblock etwa 1500 t wiegt.

Seine Naturgewalt wird überhöht durch die Willenskraft jenes bedeutendsten Zaren, den Puschkin (1799–1837) besingt:

> *... der mit eherner Gebärde,*
> *Stolz überragend Flut und Land,*
> *Die Stadt erschuf am Nevastrand*
> *Durch sein verhängnisvolles: »Werde!«*

Das Vordringen zu einem Weltwunder besonderer Art, und zwar dem »Gottorfer Globus«[31], gestaltete sich schwieriger. Seine doppelwandige, 3250 kg wiegende, begehbare und zehn Personen aufnehmende, im Durchmesser 3,50 m betragende Riesenkugel wurde, als Gestirnsglobus innen und Erdglobus außen, auf Anregung des am Holstein-Gottorfer Hof wirkenden, ebenso gelehrten wie weit – bis Persien – gereisten Adam Olearius (1599–1671) in Holland hergestellt, kam in das speziell für sie im Schloßgarten zu Schleswig erbaute »persianische« Haus, von dort dann 1713 als Geschenk an Peter den Großen nach St. Petersburg. Hier ist der einzigartige (zwar nach zeit- und umständebedingten Schäden rekonstruierte) Globus nun im Turm jenes von Andreas Schlüter (Baumeister des 1950 gesprengten Berliner Schlosses) entworfenen einstigen Kunstkammergebäudes des Zaren, an der Großen Newa, unweit der Akademien von Wissenschaften und Künsten untergebracht. Ihn, seine Welt- samt Himmelskugel[79] kann man – wie weiland Atlas oder Herakles – kaum »in Händen« halten. Inzwischen sind uns – dank jüngst publizierter, sensationeller Erkenntnisse Werner Papkes[234], wonach schon um 2340 v.Chr. den Chaldäern im südlichen Zweistromland das heliozentrische Weltsystem vertraut und im Gilgamesch-Epos kodifiziert war, – die Sterne erheblich näher gerückt.

20

Nach der Einschiffung in Tromsö (Sommer 1987 auf der BERLIN), kurz vor Mitternacht und noch bei Helligkeit, ging es alsbald durch Sunde, an zahllosen Inseln, verschneiten Gebirgsketten vorbei, streckenweise sogar über offene See, nach Hammerfest. Diese nördlichste eisfreie Hafenstadt der Welt, nach Kriegszerstörungen (1944) großzügig wiederaufgebaut, lebt von Fischfang und Fischverwertung. Dort sahen wir erstmals charakteristisch-dachförmige Holzgerüste zum Trocknen von Fisch, voran Kabeljau, lasen die mit goldenen Lettern, auf rotem polierten Granit, von einer Erdvermessung kündende Inschrift der Meridiansäule. Drei Monarchen hatten jene vom Polarmeer bis zur Donau reichende Untersuchung 1816–52 veranlaßt. Ebenso betrachteten wir amüsiert Plakate einer skandinavischen Möbelfirma, die mit Kopenhagens »kleiner Seejungfrau«, verändert, aber bequem liegend, für breite Betten warb. Danach Stop in Honningsvåg. Anschließend kamen wir – nicht mehr auf der Flucht, wie 1795 Frankreichs nachmaliger Bürgerkönig Louis Philippe – nur als neugierig-seebefahrene Touristen zum Nordkap (das immerhin 1752 km von Norwegens Südküste entfernt ist).

Von dort nach Svalbard sind es etwa 1240 Seemeilen. Ihre Distanz, selbst bis zur Packeisgrenze, vorbei an Bäreninsel und weiter durch die dank Golfstroms eisfreien Gewässer vor Spitzbergens bergig-hoher, schneebedeckter, von Gletschern unterbrochener, majestätisch schweigend daliegender Westküste entlanglaufend, brachte den zusätzlichen, erhabenen Eindruck unendlicher Fläche ewigen, westwärts driftenden Eises. Nur Stunden später, mitten im »Möllerhafen« vor Anker gegangen, ausgebootet und an den felsigen Strand gebracht, entdeckten wir in aller Ödnis nicht nur zarteste Spuren blühender Vegetation, sondern jene rotgestrichene Schutzhütte, groß-

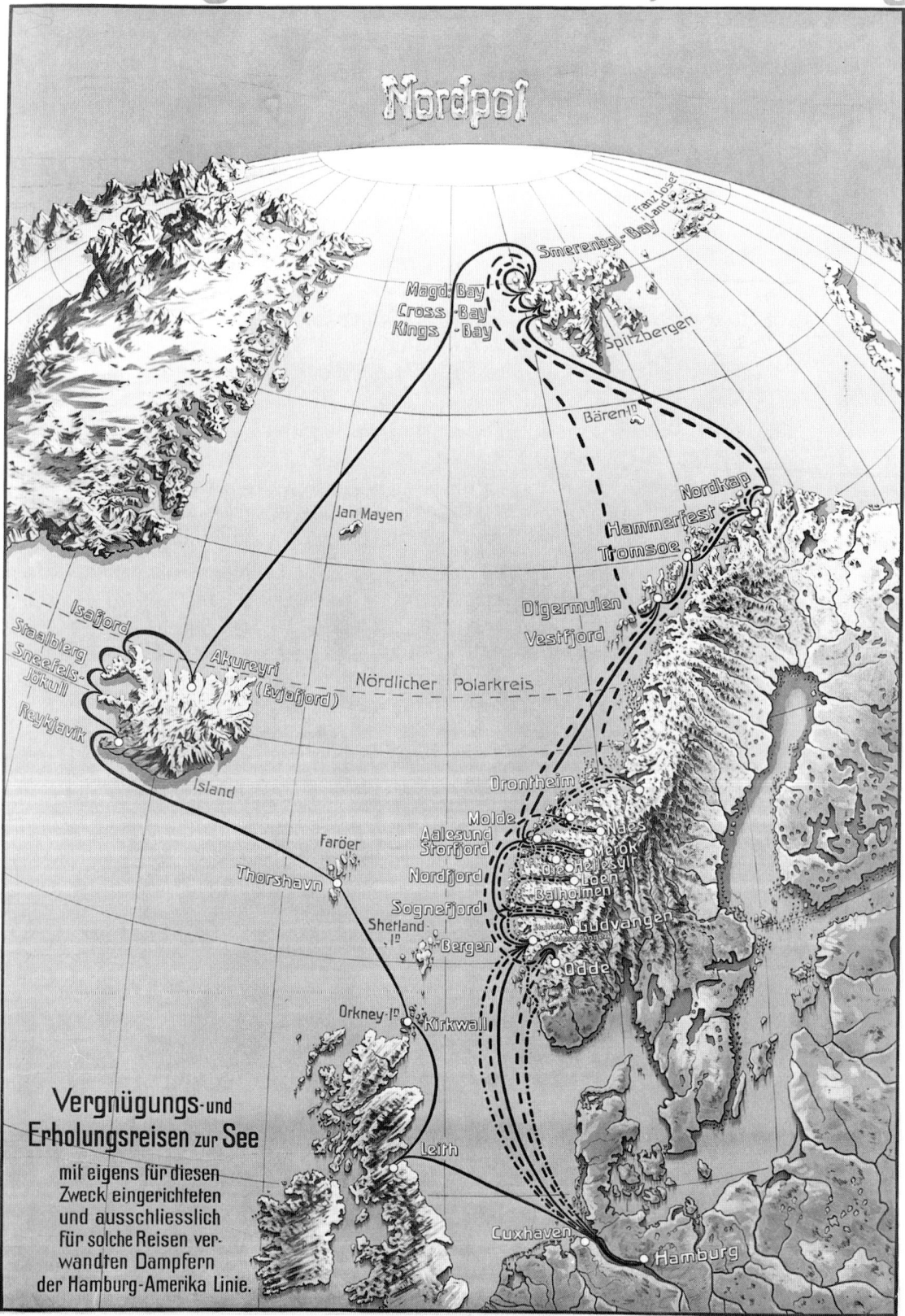

Hamburg-Amerika Linie, Hamburg / Vergnügungs- und Erholungsreisen zur See. Plakat der Jahrhundertwende; Lithographie von M. Brandstrup.

spurig-spöttisch »Lloyd Hotel« genannt. Sie ruft zahlreiche, seit Ende des 19. Jahrhunderts in Mode gekommene Nordlandfahrten wach.

Grandiosen Höhepunkt, mit ungesehenen Farbkontrasten, bildete dazu ein Halt im geologisch eigenartig gebildeten, von bastionsartigen Bergformationen und breiten Gletschermulden mit riesigen Eisabbruchkanten geprägten Tempelfjord. Es folgten spannende Passagen durch landschaftlich berückende Tjeldsund und Ofotfjorden bis nach Narvik, dort Inaugenscheinnahme der zur schwedischen Grenze und weiterführenden Erzbahn, danach, den Westfjord verlassend, herrliche Ansichten von Lofoten und zerklüfteter norwegischer Festlandseite, eine feierlich heitere Polartaufe und – als ebenso unvergeßliches Erlebnis – das atemberaubende Eindringen in den Geirangerfjord. Von seinen Flanken winkten »Freier« und »Sieben Schwestern« herüber, und wir genossen den Blick vom 1465 m hohen Dalsnibba hinab auf unsere, wie ein Spielzeugschiffchen wirkende, 9570 BRT große BERLIN.

Bergen, uralter Wikingerort, woran die (1992 niedergebrannte) Stabkirche Fantoft und Haakonshalle mahnen, erinnert mit Marienkirche wie »Tyske Bryggen« zudem an Hanse-Vergangenheit und im idyllischen Anwesen von Troldhaugen an Edvard Grieg, den berühmten Komponisten; es blieb achteraus. Doch bevor das bewundernswerte Land der Trolle, Riesen und Giganten endgültig verlassen war, schien noch historische Rückschau auf Wilhelm II. und dessen zur Leidenschaft gewordene Norwegen- und Nordmeerreisen notwendig zu werden, zumal seine 1892 im Stettiner »Vulcan« stapelgelaufene HOHENZOLLERN (deren Navigationsoffizier 1910/12 übrigens Raeder war) dazu diente. Als schwüles Narrenschiff, auf dem der Imperator gut 1600 Tage und Nächte (= viereinhalb Jahre) zubrachte, entstellt es die deutsche Marinegeschichte in abgründiger Weise.

Kaiserlicher Begeisterung für alles Maritime entsprach das Eintreten für jenen »Risikogedanken«, welchen Tirpitz, Chef der deutschen Marine, lanciert hatte. *Er glaubte* – wie es Golo Mann[202] (1909–94) betont – *weder an starken Küstenschutz noch an die Kreuzer, die der Kaiser sich wünschte, um die sieben Meere befahren zu lassen. An aggressive Seemacht glaubte er, an die Fähigkeit zur Entscheidungsschlacht, an die in den Heimathäfen stationierte Schlachtflotte.* Fatalerweise entstand sie. So konnte Wilhelms vormaliger Freund, Philipp Fürst zu Eulenberg-Hertefeld[96], in hellsichtiger Studie (Nr.

1554 vom April 1912) schreiben: *Weil wir eine große Kriegsflotte gebaut haben, hat sich das europäische Gruppenbild der Mächte verschoben. England ist jetzt unser Feind, nicht aus eigenem Antrieb, sondern durch unseren Antrieb, das heißt durch den Bau unserer Kriegsflotte.* [Sie] *– nicht etwa die englische – ist die Veranlassung, daß alle Großmächte gleichfalls ihre Kriegsflotte verstärken und daß sogar Österreich sich auf das Dreadnought-Abenteuer einläßt. Denn es ist ein Abenteuer, wenn ... durch den fortgesetzten Neubau derartiger Riesenschiffe finanziell geordnete Staatswesen ruiniert und schließlich gar in Verzweiflungskriege gedrängt werden.*

Scapa Flow inmitten der Orkney Inseln, wo die Selbstversenkung[258] der ausgelieferten deutschen Hochseeflotte im Juni 1919 stattfand, bezeichnet das Ende des verlorenen Traums von Weltmacht durch Flottengröße. Angestachelt von Erich Raeder, dem anachronistisch-realitätsfern immer noch majestätsbefangenen, späteren Kriegsmarine-Chef, hat Adolf Hitler ihn weitergeträumt – bis 1940 allein vor Narvik zehn Zerstörer[177] (deren spärliche Reste im Rombaksfjord noch wahrnehmbar sind) vernichtet und sogar die TIRPITZ, Deutschlands letztes, selbst ständig von akutem Treibstoffmangel beeinträchtigtes Schlachtschiff, zusätzlich durch britische Kleinst-U-Boote lahmgelegt, schließlich, am 12. November 1944 von Superbomben getroffen, mit 902 Mann ruhmlos im Sandesund bei Tromsö gekentert waren.

21

An südlicher Adria-Einfahrt gelegen und als strategisch-überregionaler Bezugspunkt, hat Korfu (Kerkyra) Geschichte »gemacht«; 743 v.Chr. wird von Korinth aus dort eine Tochterstadt gegründet, hier findet um 664 v.Chr. die erste Meeresschlacht griechischer Historie statt, 435–433 v.Chr. siegt Korfu erneut zur See. So geht es – einem Flickenteppich gleich – Jahrhunderte fort mit maritimen Aktionen, Belagerungen und Besetzungen durch Syrakusaner, Römer und Vandalen, Ostgoten, Byzantiner und Normannen, Genuesen, Venezianer und Türken, Russen, Franzosen und Briten (1815–64), Italiener und Deutsche. Davon bleiben unübersehbare Spuren – in türkentrotzend mächtigen Zitadellen, im Venedigs Ruhm kündenden Schulenburg-Denkmal (dessen grandiosen Hintergrund Werner v.d. Schulenburgs[280] Roman »Der König von Korfu« kongenial malt), in der Wallfahrtskirche des Heiligen Spyridon (dem

Die Argonauten an Bord der ARGO vor felsiger Küste. Gemälde (ca. 40 x 48 cm) von Lorenzo Costa (1460–1535); Padua, Pinacoteca (Inv. 424). Das phantasievoll geschmückte, wohl venezianische Frachtschiff entspricht solchen des späten 15. Jahrhunderts.

Lawrence Durrells »Schwarze Oliven« anrührende Seiten widmen), in Gouverneurspalast, Kricket-Platz (Esplanade) oder vorgelagerter Quarantäne-Insel (Lazaretto) –, und doch suchten wir (von der DIANA 1929, KYKLADES 1956, ATALANTE 1980, FEDRA 1989, BERLIN 1990 und OURANOS 1992) gelandet, hier zunächst – wie Jason – jenes verklärte, glückselige Scheria, Eiland der Phäaken, welche Odysseus in wunderbar geschilderter Nachtfahrt (Od. 13,84ff.) auf einem ihrer Schiffe nach Ithaka schlafend heimbrachten. Poseidon, darob erzürnt, ließ das Boot, zurückgekehrt, vor Korfus Küste in der Mäuseinsel versteinern.

Von vergleichbar tödlicher Starrheit ist der Gorgo Medusas Antlitz geprägt. Es tritt uns als zentrale Giebelskulptur eines in Garitsa zu Korfu gefundenen Artemis-Tempels (um 590 v.Chr.) im Archäologischen Museum entgegen und erzählt handgreiflich von jener schaurigen Geschichte: wie Perseus Medusas Haupt abschlägt, dabei entsteigen zwei von Poseidon gezeugte Kreaturen ihrem blutigen Hals, und zwar Pegasos als geflügeltes Pferd sowie Chrysaor (der anfangs erwähnten Geryon zum Sohn hatte). Im

Pegasos[236] symbolisiert sich nachmaliges, Phantasie beflügelndes Dichterroß, das oft auf dem Parnass Musen und Apoll begleitet.

Mit Apolls Statue und den (römischer Borghese-Familie abgekauften) ebenso lebensgroßen Marmorfiguren aller neun Musen sowie mit Achills geliebtem Bildwerk schmückte und kennzeichnete zugleich Kaiserin Elisabeth von Österreich (1837–98, in Genf ermordet)[66] ihres zu Gastouri entstandenen »Achilleions« ausdrücklich musenbenannten Terrassenbereich. Seit 1890 Sommervilla und Ziel eigener – Repräsentationspflichten überdrüssiger – Weltflucht, aber auch hingabevoller Studien griechischer Sprache, Geistigkeit und Poesie, wofür die dort versammelten Büsten von Weisen und Dichtern, wie Platon, Sophokles und Euripides, Homer und Sappho, sogar Shakespeare, Lord Byron und Heinrich Heine, unmißverständlich zeugen, wurde das in unübertrefflich schöner, mediterraner Meeres- und Berglandschaft eingebettete Areal selbst zur Bühne jener »Sissi«, welche als frühe, zivilcouragierte Emanzipierte nachdenklichen Respekt verdient.

Heinrich Heines »Poseidon«-Gedicht (1825/26) kam ihr gewiß tröstend vor Augen:

Und ich las das Lied vom Odysseus,
Das alte, das ewig junge Lied,
Aus dessen meerdurchrauschten Blättern
Mir freudig entgegenstieg
Der Atem der Götter.
Und der leuchtende Menschenfrühling,
Und der blühende Himmel von Hellas.

Nachdem Kaiser Wilhelm II. 1907 das herrliche Gelände erworben und es bis 1914 bei fünf jeweils mehrwöchigen Aufenthalten nur kurz genutzt hatte, fallen als Überbleibsel sein Schreibpult mit forschem Sattelsitz, mediokre Bilder des imperatorischen Reisebegleiters und maritimer Verherrlichung verpflichteten Hofmalers Willy Stöwer, der Majestät höchsteigener Nachttopf und das vorzüglich gearbeitete Modell der Kaiseryacht HOHENZOLLERN sowie – unten am Strand von Perama – Ruinenteile einer monumentalen Landebrücke ins Auge. Sic transit gloria mundi!

22

Anscheinend unvergänglich, freilich von Elementen gefährdet, umfängt uns, häufig in Venedig aus- und einlaufend (mit DIANA 1929, ITALIA 1981, BERLIN 1992/93), jener 697 bis 1797 längstlebigen, zeitweilig über ein Weltreich gebietenden Seerepubliks verführerische Pracht.[333] Darum bekannte unser bedeutender Archäologe Ludwig Curtius (1952 noch in Rom einer meiner verehrten Mentoren)[34]: *Venedig ist von allen Städten der Welt das größte Augenerlebnis.* Darum mußten Cineasten vom Format eines Luchino Visconti oder Nicholas Roeg diese bezaubernde Folie, deren einzigartiges Fluidum, zu imaginärer Vollendung steigern, etwa in so gefühlsberückenden Streifen, phantasieprallen Filmklassikern wie »Sehnsucht« (Senso, 1953/54, mit Alida Valli als tragisch Liebender), »Tod in Venedig« (Morte a Venezia, 1970, nach Thomas Manns Novelle) oder (Don't Look Now, 1973, Daphne du Mauriers bizarre Erzählung nutzend) »Wenn die Gondeln Trauer tragen«.

Es wäre hinzuzufügen, daß Venedigs Maler samt einiger berühmter dorthin zugereister – etwa William Turner, Auguste Renoir, Paul Signac oder Oskar Kokoschka –, aus der Atmosphäre und dem Ingenium jenes vergleichslosen Lagunenorts schöpfend, Werke

hinterließen von farbig-luminös mitreißender Suggestion.[333]

Schon beim Betreten der Markuskirche fesseln goldgründige Mosaiken mit einprägsamen Szenen von Sintflut, Noahs Arche und acht ihr entstiegenen Überlebenden. Im Dogenpalast steht man vor den maritimen Glanz kündenden Leinwänden Palmas, Tintorettos, Vicentinos – mit bildgewordenen Erinnerungen an Konstantinopels Einnahme 1204 oder jenen nicht geringer Weltgeschichte beeinflussenden Seesieg bei Lepanto 1571. In den Museen, voran Venedigs Accademia, bewundern wir Gentile Bellinis »Kreuzes-Legende« ebenso wie Vittore Carpaccios Gemälde-Folge der »Hl. Ursula«, in denen das frührenaissancehafte, inselartig-kanaldurchzogene Stadtkonterfei – in malerisch originalgetreuen Wiedergaben, vor allem von Partien des Canal Grande – auch orientalisches Flair mitanklingen und Schiffstypen in reicher Vielfalt erkennen läßt. Dort beeindrucken gleichermaßen jene im 18. Jahrhundert atmosphäreerfüllten, locker-präzis gezeichneten venezianischen Veduten und Marinen oder pastos gemalten Ereignis-Träume von Antonio Canale, genannt Canaletto, oder Francesco Guardi. Ihm verdanken wir beispielsweise spontane Vergegenwärtigungen illustrer Regatten wie der alljährlich stattfindenen feierlichen Ausfahrt des BUCINTORO.

Dieser prächtigsten mediterranen Galeere, dem BUCINTORO (bu-cint-oro = Schiff mit goldenem Gürtel), welchen Venedigs Dogen am Himmelfahrtstag (zumindest von) 1311 bis 1797 zur symbolischen Vermählung mit dem Meer (in der San Nicola = Lido-Einfahrt) benutzten, galt von jeher lebhaftes Interesse. So notierte natürlich auch Goethe am 5. Oktober 1786 bei seinem Besuch in der Serenissima über den »Buzentaur«: *Der ältere, von dem wir noch Abbildungen haben, rechtfertigt diese Benennung mehr als der gegenwärtige, der uns durch seinen Glanz über seinen Ursprung verblendet. Ich komme immer auf mein Altes zurück. Wenn dem Künstler ein echter Gegenstand gegeben ist, so kann er etwas echtes leisten. Hier war ihm aufgetragen, eine Galeere zu bilden, die wert wäre die Häupter der Republik, am feierlichsten Tage, zum Sakrament ihrer hergebrachten Meerherrschaften zu tragen, und diese Aufgabe ist vortrefflich ausgeführt. Das Schiff ist ganz Zierat, also darf man nicht sagen: mit Zierat überladen; ganz verguldetes Schnitzwerk, sonst zu keinem Gebrauch, eine wahre Monstranz, um dem Volke seine Häupter recht herrlich zu zeigen. Wissen wir doch: das Volk, wie es gern seine Hüte schmückt, will auch seine Obern*

299

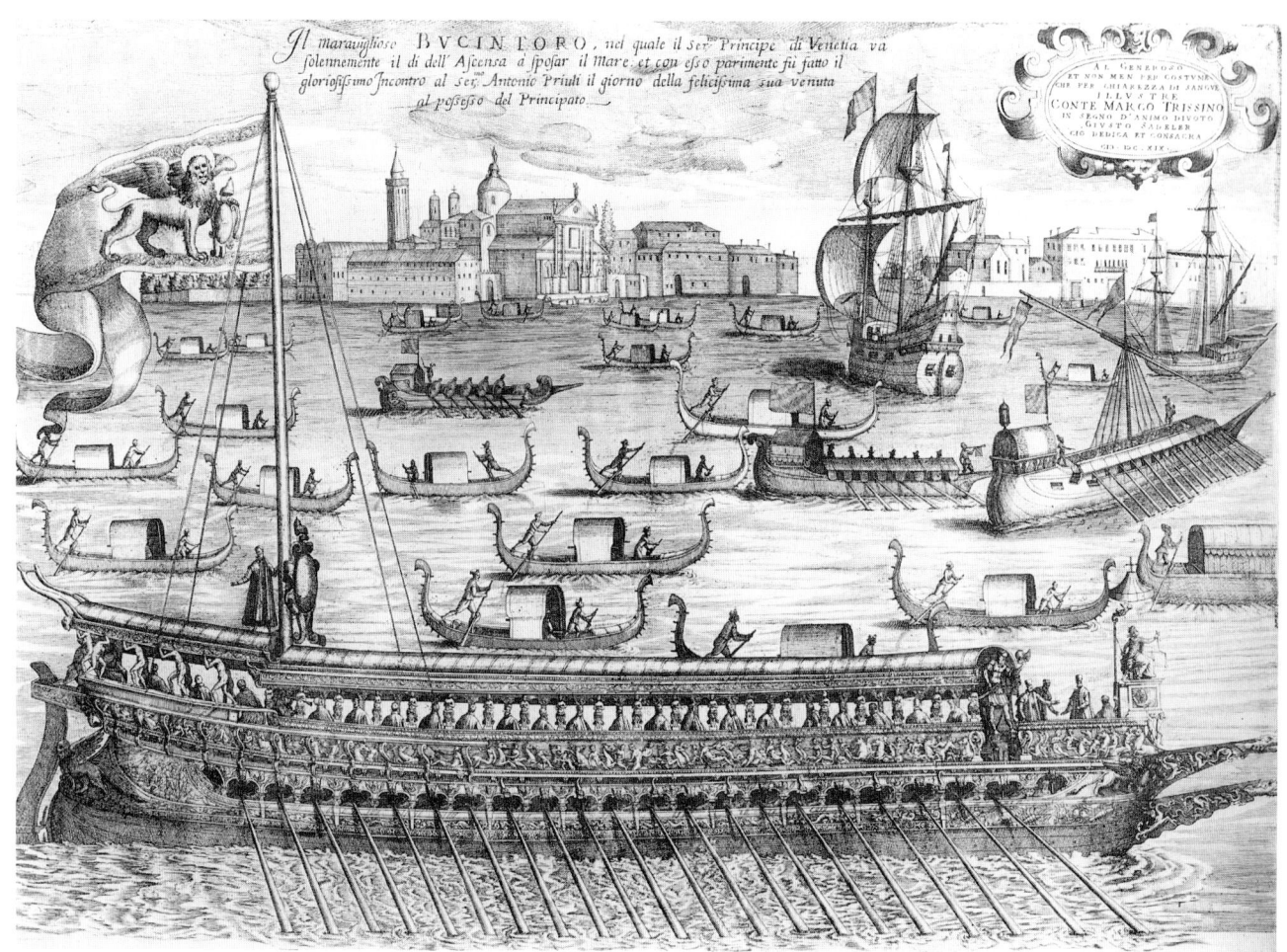

Im 1619 datierten Kupferstich von Justus Sadeler ist der 1601–06 entstandene vorletzte BUCINTORO inmitten von Gondeln, Galeeren und Galeonen im Becken von San Marco wiedergegeben.

prächtig und geputzt sehen. Dieses Prunkschiff ist ein rechtes Inventarienstück, woran man sehen kann, was die Venetianer waren und sich zu sein dünkten.

Von ihm befindet sich ein großes, 1837 rekonstruiertes, reich vergoldetes und mit rotem Samt ausgeschlagenes Modell übrigens im Museo storico navale, wo, Venedigs Arsenal benachbart, venezianischer und moderner italienischer Schiffbau höchst anschaulich erschlossen, auch der Seerepublik Ausstrahlung im gesamten Mittelmeerraum nachvollziehbar wird.

Auf die allgegenwärtigen Gondeln richtet Julio Cortázar (1914–84)[65] in der Erzählung »Die Barke oder erneute Besichtigung Venedigs« sein besonderes Augenmerk: *Sie nahm das Angebot eines Gondoliere an, der sie durch die inneren Kanäle bis zum Markusplatz fahren wollte; in dem alten Sessel mit rotem Polster sitzend, spürte sie, wie Venedig sich sanft zu bewegen begann, gleichsam durch sie hindurch zog, die es wie ein starres, hartnäckig auf sich selbst fixiertes Auge betrachtete.*

»Cà d'Oro«, sagte der Gondoliere, ein langes Schweigen brechend, und wies mit der Hand auf die Fassade des Palastes. Dann fuhr die Gondel auf dem Rio di San Felice weiter und glitt durch ein dunkles und stilles Labyrinth, wo es nach Moder roch. Valentina bewunderte, wie alle Touristen, die große Gewandtheit des stehenden Ruderers, diese Art, die Kurven zu nehmen und Hindernissen auszuweichen. Sie spürte ihn hinter sich, unsichtbar, aber lebendig, fast lautlos tauchte er das Ruder ein, bisweilen wechselte er mit jemandem am Ufer ein paar Worte ... Sie hatte ihn kaum angesehen ... Für sie sah er aus wie meisten Gondolieri, groß und schlank, enge schwarze Hose, die Jacke von spanischem Zuschnitt, auf dem Kopf ein gelber Strohhut mit rotem Band ... Dino fuhr sie durch den Canal Grande über die Rialto-Brücke hinaus ... Sie hatte Mühe, sich bewußt zu machen, daß sie erneut in dieser Gondel saß ... Auf dem Boden ein Rinnsal; Wasser des Kanals, Wasser Venedigs ...
Venedig war ein Paradox. Es ist nicht nur durch seine Lage groß geworden, sondern auch gegen seine Lage. Es ist nicht

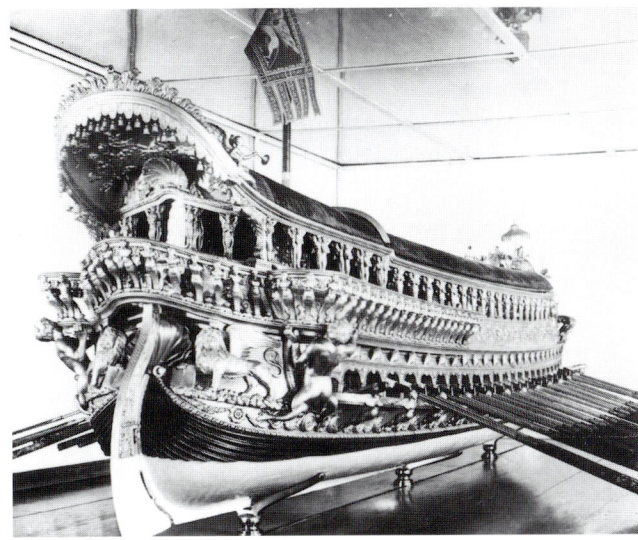

Vergoldetes, 1837 angefertigtes, ca. 6 m langes Rekonstruktions-Modell des letzten, 1722–29 erbauten und 1798 zerstörten BUCINTORO. Venedig, Museo storico navale.

nur durch seinen Handel mächtig geworden – sondern weil es mächtig war, war sein Handel so großartig. Venedig, beweglich in seiner Außenpolitik, war starr an seine Tradition gebunden im Innern. Venedig sprang nicht wie andere Staaten, es ging. Venedig sprach nicht, es dachte, kam als Erster ans Ziel und behielt recht. Venedig … schoß nicht mit Ideen … Venedig schwieg und handelte. So charakterisierte es Marianne Langewiesche.

23

Einfallsreichtum, Mut zum Risiko und Fortüne sind Ingredienzien, aus denen erfolgreiche Reeder in allen Jahrhunderten – sie wären ohne Wissen darum geschichtslos gesichtslos! – gemacht werden. Zuweilen sind es sogar scheinbar kleine Nebensächlichkeiten – Ausstattung der Fahrzeuge mit interessanten alten Gemälden, durch besonderen Stil eigenwillig ausgezeichnete Werbeschriften oder gar banale Aufmerksamkeiten, wie etwa eine vom Reeder persönlich unterzeichnete Glückwunschkarte zum deutschen Wiedervereinigungstag am 3. Oktober 1990, welche, mit sinnreichem Berlin-Motiv, unsere neuerliche Wahl eben jenes Liners – der BERLIN – beeinflußten.

Rechts oben: Antike Darstellung der Polyphem-Blendung durch Odysseus und seine Gefährten auf dem Halsbild einer frühattischen Amphora aus Eleusis, um 670 v.Chr.; Eleusis, Museum. – Rechts unten: Stehender einäugiger Polyphem mit Keule (Poseidons Sohn). Moderne, volkstümlich-sizilianische Fayence, in einer Geschäftsauslage auf dem Monte Erice bei Trapani (1990).

Am genannten Feiertag hatten wir Trápani auf Sizilien angelaufen und nutzten damals sämtliche gebotenen Möglichkeiten zu neuem Kennenlernen: des bei Gela fragmentarisch aus tiefer See geborgenen, im Baglio Anselmi Museum zu Marsala bewahrten, punischen Kriegsschiffs, einer 35 m langen, 5 m breiten, von 68 Ruderern angetriebenen, offenbar um 241 v.Chr. gesunkenen Liburna. Wir betraten dort auch – angeregt durch Venedigs großartig augenöffnende Phönizier-Ausstellung (1988 im Palazzo Grassi) – Mozia[240], einen ursprünglich phönizisch-karthagischen Inselstützpunkt aus der Mitte des 8. Jahrhunderts v.Chr. mit wohlgefügten Hafenanlagen, Verteidigungsmauern und weiteren Funden.

Anschließend kamen wir hinauf zum Monte Erice, wo man – 750 m steil überm Meer – ein sich überwältigend darbietendes Panorama Westsiziliens und vorgelagerter Ägadischer Eilande (homerisch-odysseeische Stätten Polyphems?) genießen und Kulturschichten mannigfacher Bedeutung begegnen, ja nachgehen konnte. Die Spanne reicht vom Verehrungsort Aphrodites (beziehungsweise Astartes oder Venus') ebenso wie Herakles' oder Dädalos', vom Besiedlungsplatz einiger unter Aeneas Führung hierhin verschlagener Trojaner über Phönizier, Karthager bis zu Römern, Sarazenen und Normannen. Diese weihten dem Heiligen Julian den Eryxberg. Selbst noch Kaiser Karl V. soll ihm seine Reverenz erwiesen haben. Heutzutage ist er periodisch-elitärer Treffpunkt einer international-naturwissenschaftlichen Gelehrtenwelt geworden.

Angesichts jener vor uns im fernen Dunst langsam verschwindenden Ägadischen Inseln schob sich freilich ein Satz aus Herbert Eulenbergs um 1910 skizzierten »Schattenbildern« in den Vordergrund: *Und solange es Menschen gibt, die dichten müssen* [oder nur ihrer Phantasie freien Spielraum lassen], *wird Homer der erste Praeceptor poetarum bleiben. Goethe nahm seine »Odyssee« noch als Fremdenführer mit nach Italien und las, als er um Siziliens felsige Küste herumfuhr, die Abenteuer des klugen Dulders mit dem Zyklopen Polyphem. Er wußte, daß der alte Homer, der Schöpfer der ganzen griechischen Kultur, die Fibel ist, vor die man die Dichter setzen soll, ehe sie eine Nähnadel zu beschreiben anfangen.*

24

Arkadien im regnerisch wolkenverhangenen Schottland: vom Griechenland-Rausch 1829 geprägt, wacht

jene majestätisch-hypertrophe Achtsäulenfront des Bauruine gebliebenen »Schottischen Nationaldenkmals« auf dem Calton Hill – immer noch bewegend – über Edinburgh. Wir hatten es, im Firth of Forth vor Leith mit der BERLIN hochwasserbedingt ankernd, 1993 als Kreuzfahrer erreicht, waren bei kabbeliger See ausgebootet und mit dem Bus hinaufgefahren worden vor die projektgebliebene Parthenon-Kopie der »Akropolis«. Zu unseren Füßen erstreckten sich bevölkerte Princes Street und rechts davon Edinburghs klassizistisch nobel gestaltete Neustadt. Dort, in der eleganten Heriot Row 17, verhielten wir vor dem Haus des großen Sohnes der Stadt: Robert Louis Stevenson (1850–94). Leuchttürme bauten Großvater und Vater, auch Robert sollte solche konstruieren. Er aber wurde unsterblich durch den für Jugendliche, selbst mich, geschriebenen maritimen Abenteuer-Roman »Treasure Island« (1883). Diese Schatzinsel liegt 300 Seemeilen vor Costa Rica und existiert tatsächlich als Isla del Cocos. Nicht da, sondern auf Upolu in der Samoa-Gruppe fand Stevenson Ruhesitz und Grab.

Englands riesigem, gewässerdurchtränktem Inselgebilde und dessen vielfältig großartigen Zeugnissen meerbezogener Vergangenheit waren wir – eingedenk der Shakespeare-Verse im Drama »König Heinrich der Achte« (4,2):

Men's evil manners live in brass;
their virtues / We write in water.
(Der Menschen Sünden leben fort in Erz;
Ihr edles Wirken schreiben wir ins Wasser) –

zuvor stets nur nach stundenbemessenen Fährfahrten näher gekommen. So erlebten wir bei verschiedenen Gelegenheiten jene mittelalterlich geschichtsträchtigen »Cinque Ports« und Pevensey, wo Wilhelm der Eroberer mit seiner Invasionsflotte 1066 landete. In Hastings bestaunten wir merkwürdige, manhattanähnlich gruppierte, den Fischern dienende, schwarzgeteerte hölzerne Netzhäuser, und in Portsmouth standen wir vor den hier aus Meeresfluten geborgenen imposanten Resten der 1509/10 erbauten MARY ROSE, Heinrichs VIII. am 19. Juli 1545 versunkenem Großkampfschiff.

Reinhold Schneider (1903–58) spricht von ihm in seiner verblüffenden Sinndeutung englischer Geschichte »Das Inselreich« (1936, S. 318 f.): *... trug der Wind die französische Flotte sicher über den Kanal ... hätte nicht der Wind plötzlich die englischen Schiffe in Bewegung*

Nelsons Grab in der Krypta von St. Paul's zu London.

Kleinst-U-Boot X 24 vor dem Ausstellungsgebäude des Submarine Museum Gosport.

gebracht, die nun den Feind vor sich herschoben, in die Sandbänke des Solent und unter das ... Feuer der Festungen. Jetzt drängten sich die Kanonenboote des [britischen] Königs zwischen die [französischen] Galeeren, aber unter dem Druck des Windes und der Überlast der Mannschaften und Geschütze neigte sich Mary Rose. *Die schweren Kanonen, die nicht ausreichend befestigt waren, rollten ... über die Planken des schiefstehenden Deckes ... so daß das Schiff nun völlig sein Gleichgewicht verlor, umschlug ... und in die Tiefe sackte. Keine Flotte wagte die eigentlich Schlacht ...*

Im Navy-Stützpunkt Portsmouth besichtigten wir auch Nelsons Flaggschiff Victory[206], das im ältesten erhaltenen Trockendock der Welt aufgebockt ist, statteten zudem im benachbarten Gosport dem Submarine Museum einen Besuch ab, um dort sowohl die 1901 stapelgelaufene H.M.S. Holland, als ebenso jenes Typ-Boot (X 24) der erfolgreich 1943 im Altafjord gegen die Tirpitz eingesetzten Kleinst-U-Boote[264] in Augenschein zu nehmen.

Sir Francis Drake's Standbild unweit der nautisch bedeutsamen Leuchttürme (Smeaton's Tower und Eddystone) von und vor Plymouth veranlaßte zur Suche nach dem Bowlsplatz auf der Hoe genannten Klippe, wo Drake seelenruhig sein Spiel beendete, bevor er – in den Kampf mit der spanischen Armada 1588 sich einlassend[13] – an Bord ging. Gleichfalls standen wir im Sutton Harbor von Plymouth an der Ablegestelle jenes berühmten Pilgerschiffs – der Galeone Mayflower. Nach zwei Monaten Überfahrt, 1620, erreichte sie Massachusetts, und zwar das südlich Bostons gelegene (gleichnamige) Plymouth (wo ein Mayflower-Nachbau von 1956 zur Erinnerung festgemacht hat).[303]

In das ursprüngliche Baudock der Great Britain von Bristol[276] hinabsteigend, ließen wir die Dimensionen dieses 1843 aufgeschwommenen, dampfgetriebenen, nach Plänen des fortschrittlichen Ingenieurs I.K. Brunel konstruierten, 3675 t wasserverdrängenden Atlantikliners auf uns wirken. Dessen von den Falklandinseln auf einem Ponton über See heimgeholtes Wrack wird – weitgehend rekonstruiert –, hinfort als technisches Denkmal von britischer Schiffbaukunst kündend, Jung und Alt begeistern.

Angesichts der restaurierten Abfertigungshalle am Hafen von Southampton gedachten wir all jener Transatlantik-Luxusliner, mancher davon errang das legendäre »Blaue Band«[155], welche dort ihre Passagiere begrüßten oder verabschiedeten.[49] Und durch London streifend, kamen wir natürlich nicht nur vor Nelson Sarkophag in der Krypta von St. Paul's, sondern auch im St. Katherine's Dock, nahe und an der Tower Bridge, zum ehrwürdigen Nore-Feuerschiff[206] und zum museal stillgelegten (an der Vernichtung der Scharnhorst mitbeteiligten) Kreuzer Belfast. Besuche beim eingedockten, 1869 stapelgelaufenen Teeklipper Cutty Sark und im National Maritime Museum von Greenwich[118] wirkten daneben nicht minder bildungserweiternd wie berückend. Das gilt, um diese mit Edinburgh begonnene Betrachtung sinnvoll zu schließen, für die selbstverständliche erneute Bewunderung der (Lord Elgin zu verdankenden) »Elgin Marbles« von der Athener Akropolis im British Museum.[31]

Verglichen mit eigenen meist bequemen Schiffs- und Fährfahrten über Ärmelkanal und Nordsee nach England, war des anglophilen Aphoristikers Georg

Bugspriet und Fockmast der VICTORY in Portsmouth

sowie die GREAT BRITAIN im Baudock von Bristol.

Christoph Lichtenbergs (1742–99)[190] »Reise von Helvoetsluys nach Harwich« weit beschwerlicher: *...
wegen widrigem Winde lag das englische Paquetboot schon
einige Tage im Hafen, um 12 Uhr mittags klärte sich das
Wetter auf ... also wurde* [den 7. April 1801] *beschlossen, des
Nachts ... um 1 Uhr abzusegeln ... wir giengen um halb 11
Uhr ... vor dem Palmsonntage sehr lustig an Bord. Der Captain hieß Story ... ein angenehmer und erfahrener Mann ...
Ungefähr um 10 Uhr des Morgens bekam ich die ersten
Anfälle der Seekrankheit, die unhielt ... Weit unangenehmer
war für mich der Sturm, der sich mit ... Hagel und Schnee
erhob, und das Schiff in solche Bewegung setzte, daß große
Kisten von einer Seite zur anderen stürzten und ein Getöse
machten, daß man glaubte, das Schiff müsse in Stücke
springen ... So schwammen wir herum bis es Tag wurde,
und der Wind sich zu unserm Vortheil drehte ... so daß wir
... den 9. April nach 10 Uhr in Harwich ankerten. Die Zollbediensteten ... visitirten uns die Taschen, und unter den
Kleidern mit der größten Grobheit. Aus dem Schiffe mußten
wir ... unter Wind und großen Wellen in ein kleines Boot
hinunterklettern, das uns in einer Viertelstunde ans Land*

*brachte. In England fällt gleich bey'm ersten Eintritt die ...
Bereitwilligkeit und Richtigkeit, womit alles gethan wird,
was man verlangt, und die Menge schöner Mädchen in die
Augen ...*

Berechtigterweise gebraucht das Wort »schön«
selbst Fernando Pessoa[239] in seiner zu Lissabon um
1915 entstandenen »Ode Marítima«:
As viagens agora são tão belas como eram dantes ... – in
der Übersetzung von G.R. Lind – *Reisen sind heute so
schön wie eh und je / und ein Schiff wird immer schön sein,
nur weil es ein Schiff ist. / Reisen sind immer noch Reisen,
und die Ferne liegt immer noch, wo sie lag – / nirgendwo,
Gott sei Dank! / ... / Dampfer in den Häfen, so individuell
... / So gefällig in der ruhigen Anmut von Handelsdingen,
die übers Meer reisen, / über das alte, immer homerische
Meer, o Odysseus!*

Zum Schluß mag es sogar erlaubt sein, noch einem
Reisegefährten und Nachbarn am Kapitänstisch der
BERLIN, Thilo Koch (* 1920)[174], Raum zu geben für
sein – unser Grundmotiv variierend wiederaufnehmendes – Gedicht »An das Meer«:

Niemand kannte dich besser,
Okeanos,
als Odysseus, der nur knapp,
nach zehnjähriger Irrfahrt,
dem Haß des Poseidon entkam.
Odysseus aber, zurück in Ithaka,
dichtete diesen Gesang an das Meer:

Du warst immer da, Meer,
wirst immer da sein,
alle Kontinente umspülst du
vom Anbeginn der Zeiten
bis an ihr Ende.
Das Urgeräusch deiner Wellen
erzählt vom ewigen Wandel
allen Lebens, das du gebarst
und auch dem Festland schenktest.
Du bedeckst zwei Drittel
der Erdoberfläche, die kahl wäre
ohne dich: du spendest Regen.
Du trägst unsere Schiffe,
aber an deinem Grunde
liegen die Flotten,
die untergegangenen,
der großen Reiche unserer Geschichte.
Wer dich anschaut, dir zuhört,
im Morgengrauen , bei Sonnenuntergang –
und unterm Nachthimmel auch,
der versteht besser,
woher er kam,
wohin er geht,
und er wird ruhig.

So dichtete sinnend Odysseus,
flickte das Segel
und bedachte die nächste Irrfahrt.

ANMERKUNGEN UND LITERATURAUSWAHL

1 Actium: John N. Carter: The Battle of Actium, London 1970; F.-O. Busch: Purpursegel der Kleopatra. Actium 31 v.Chr., 1960.

2 Adam, Frank: Hornblower, Bolitho & Co. Krieg unter Segeln in Roman und Geschichte, Frankfurt-Berlin 1987, S. 69ff., 87ff., 103ff., 141ff., 152ff.

3 Älteste Deutsche Dichtungen, übers. u. hrsg. v. Karl Wolfskehl & Friedrich von der Leyen, Leipzig o.J., S. 6f. (Hildebrandslied), 36f. (Denkspruch), 73 (Annolied), 87 (Ezzolied).

4 Aeneas/Aeneis: siehe Vergil; Henry Bardon: L'Enéide et l'art XVIe–XVIIIe siècle, in Gazette des Beaux-Arts 92, 1950, S. 77–98 m. 11 Abb.

5 Albrecht, Donald: Architektur im Film. Die Moderne als große Illusion, übers. v. R. Eue, Basel 1989.

6 Altenburg, O.: Geschichte der Firma Nüscke & Co. Schiffswerft, Kesselschmiede und Maschinenbauanstalt AG Stettin anläßlich ihres 100jährigen Bestehens, Stettin 1915; siehe auch Anm. 193; die vollschiffgetakelte, liebevoll als »Großmutter der deutschen Flotte« apostrophierte preußische Hochseekorvette AMAZONE lief am 24. Juni 1843 in Stettin-Grabow vom Stapel (nicht bei Nüscke, sondern bei Carmesins). Seit 1844 als Schulschiff für Seekadetten sogar auf Auslandsreisen eingesetzt, blieb sie im November 1861 in der stürmischen südlichen Nordsee verschollen.

7 Amado, Jorge: Die Abenteuer des Kapitäns Vasco Moscoso, Roman, aus dem Portugiesischen v. Curt Meyer-Clason, München 1964.

8 Amberger, W.: Männer, Kriege, Abenteurer. Der Entwurf des soldatischen Mannes in Kriegsromanen über den Ersten und Zweiten Weltkrieg, Frankfurt 1984.

9 Andersens Sämtliche Märchen, übers. v. H. Denhardt, Leipzig o.J.; desselben Gedichte, hrsg. v. Rose Silberer, Wien-Leipzig 1921.

10 Andreae, Bernard: Odysseus. Archäologie des europäischen Menschenbildes, Frankfurt/M. 1982.

11 Apollonios Rhodios: Argonautika – Die Argonauten, übers. v. Thassilo v. Scheffer, Leipzig 1940.

12 Archenholtz, J. W. v.: Die Geschichte der Flibustier, (1803) 1991.

13 Armada: Garrett Mattingly: The Armada, Boston 1959 bzw. Die Armada. Sieben Tage machen Weltgeschichte, übers. v. C. Meyer-Clason, Müchen-Zürich (1960) 1988; Peter Padfield: Armada, London 1988 bzw. Armada, übers. v. M. Vasold, Braunschweig 1988; hinzuweisen ist ferner auf »Armada 1588–1988. An International Exhibition to celebrate the 400th Anniversary of the Spanish Armada« im National Maritime Museum Greenwich, London 20. April–4. Sept. 1988 und dazu herausgegebene Begleitpublikationen; außerdem auf den 1989 bei List erschienenen »Armada« – Roman von Robert Carter.

14 Armando, Walter G. (Hrsg.): Winde weh'n Schiffe geh'n. Die schönsten Seegeschichten, Hamburg 1961.

15 Atlantis: Burchard Brentjes: Atlantis. Geschichte einer Utopie, Köln 1993; Eberhard Zangger: Atlantis. Eine Legende wird entziffert, München 1992 (siehe auch dessen Ein neuer Kampf um Troja. Archäologie in der Krise, München 1994); Otto H. Muck: Alles über Atlantis, 1978 bzw. 1992; A. G. Galanopoulos & E. Bacon: Die Wahrheit über Atlantis, München 1977; Martin Ebon: Atlantis. Neue Beweise, München 1977; James W. Mavor: Reise nach Atlantis, 1969 bzw. 1980; siehe ferner Luce.

16 Bacon Jalet, Ruth: The voyage of the Argonauts, London 1925.

17 Ballard, Robert D.: Das Geheimnis der TITANIC (in 3800 m Tiefe), 1987; ders.: Die Entdeckung der BISMARCK (in 4800 m Tiefe), 1990; ders.: Versenkt im Pazifik. Schiffsfriedhof Guadalcanal, 1993.

18 Bannert, Herbert: Homer, 1979 bzw. 1985, S. 129 zitiert Bannert ein Übersetzungen-Urteil von Ulrich v. Wilamowitz-Moellendorff: *Der schlechthin unerträgliche Voß muß freilich ohne Gnade verbannt werden ... G. Meyer's Odyssee darf man nehmen ... Thassilo von Scheffer nicht.* Dem verschließe ich mich; denn Th. v. Scheffers Odyssee (1918), 4. Ausgabe Leipzig 1938, hat mich in Gymnasial-, Kriegs- und Folgezeiten bis heute als bevorzugteste Homer-Übertragung begleitet; vgl. Anm. 152 und 270.

19 Barjot & J. Savant: Geschichte der Seefahrt, 1966

20 Barker, Felix & Malcolm Ross-Macdonald & Duncan Castlereagh: Aufbruch ins Unbekannte. Von der Antike bis zur ersten Weltumsegelung. Abenteuer der Entdeckungen in Farbe, drei Teile in einem Band, London 1971 bzw. Gütersloh 1977

21 Bass, George F.: Das Wrack von Ulu Burun, in GEO 1, Hamburg 1989, S. 84–98 m. Abb.; ders.: A Bronze Age Shipwreck at Ulu Burun (Kas) 1984 Campaign, in American Journal of Archaeology 90, 1986, p. 269–296.

21A Batavia: Peter Kirsch: Die Reise nach Batavia. Deutsche Abenteurer in Ostasien von 1609 bis 1695. Hrsg. v. Ursula Feldkamp, Hamburg 1994.

22 Bathe, Basil W.: Von den Kreuzzügen zu den Kreuzfahrern. Eine Chronik der Passagierschiffahrt, Bielefeld 1972.

Meereslandschaft mit fliegenden Albatrossen. Aquatintaradierung in: Thomas & William Daniell: A Pituresque Voyage To India; By The Way Of China. London 1810. Die Tötung eines Albatros' – als kreatürlichem Teil der Natur – wurde zum Schuldmotiv in Samuel Taylor Coleridges seit 1798 bewunderter Ballade »The Rhyme of the Mariner« (bzw. »The Rime of ...« = Der alte Matrose. Übertragen von Ferdinand Freiligrath). – Zu erinnern ist hier vielleicht auch an Friedrich Nietzsches Gedicht »Vogel Albatros«. Es beginnt: *O Wunder! Fliegt er noch ? / Er steigt empor, und seine Flügel ruhn! / Was hebt und trägt ihn doch? / Was ist ihm Ziel und Zug und Zügel nun?* – Charles Baudelaire (1821–67), einer der großen Dichter Frankreichs, schrieb jenes zu unserer Darstellung passende symbolistische Gedicht »Der Albatros«: *Oft fängt das Schiffsvolk, daß es sich vergnüge, / Den Albatros, den Aar der Meeresweiten / Und lässigen Gefährten ferner Züge / Den Schiffen, die auf bittrem Strudel gleiten / ...*

23 Baudelaire, Charles: Les Fleurs du Mal, 1857 bzw. kritische Ausgabe Paris 1942; Die Blumen des Bösen, 1901 übers. v. Stefan George, 1962 v. Friedhelm Kemp, u.a.

24 Baumgart, Reinhard: Panzerkreuzer POTJOMKIN. Erzählung, 1967.

25 Beach, Edward L.: Tödliche Tiefen. Roman des U-Boot-Krieges im Pazifik, 1956.

26 Becker, C.-H.: Japaner greifen Port Arthur an, in Schiff und Zeit 9, 1979, S. 65; siehe auch Schiff und Zeit 11, 1980, S. 66f. (Tsushima).

27 Beeching, Jack: Don Juan d'Austria. Sieger von Lepanto, 1983.

28 Bekker, Cajus (= Hans Berenbrock): Verdammte See. Ein Kriegstagebuch der deutschen Marine, Herford-Klagenfurt 1978.

28K Benrath, Henry: Die Kaiserin Galla Placidia. Stuttgart-Berlin 1937, S. 415. – Diese (* 392 in Byzanz, † 450 zu Rom) Tochter des Kaisers Theodosius I. war durch Heirat zunächst Königin der Westgoten, später Kaiserin West-Roms gewesen. – Im Roman ist selbst von König Gaiserichs vandalischer Flottenmacht die Rede (S. 414, 433, 475) wie natürlich von Galla Placidias letzter Ruhestätte im meernahen Ravenna. Dortiges Grabmal blieb das erhaben-schönste, jemals einer Frau im Abendland errichtete.

29 Benwell, Gwen & Arthur Waugh: Sea Enchantress, London 1961 bzw. Töchter des Meeres. Von Nixen, Nereiden, Sirenen und Tritonen, Hamburg 1962.

30 Berckenhagen, Ekhart: Antoine Pesne. Mit Beiträgen von E. B., P. du Colombier, M. Kühn, G. Poensgen, Berlin 1958 (Tafel-Abb. 39, 239, 240); ders.: Frühe Filmplakate und Filmfotos, Führungsblatt zur Ausstellung der Kunstbibliothek Berlin 1959; ders.: Die Malerei in Berlin vom 13. bis zum ausgehenden 18. Jahrhundert, Berlin 1964 (Schiffe: Abb. 35, 89, 91, 119, 174, 177, 334, 459, 491).

31 Berckenhagen, Ekhart: Schiffe und Häfen. Europäische Graphik aus den Staatl. Museen Berlin, Katalog der Ausstellung im Altonaer Museum, Hamburg 1964; ders.: Barock in Deutschland – Residenzen, Kat. d. Ausstellung, Berlin 1966 (Schiffe: Abb. S. 13, 51, 70, 73, 113, 174); ders.: Anton Graff. Leben und Werk, Berlin 1967 (siehe

S. 104f. m. Abb.: Thomas Bruce Earl of Elgin, der als britischer Gesandter bei der Hohen Pforte in Istanbul 1799/1803 die sogenannten »Elgin Marbles«, Skulpturen des Parthenon und von der Athener Akropolis, erwarb, die 1816 in den Besitz des engl. Staats übergingen und im British Museum zu London bewahrt werden, wodurch sie die besterhaltenen sind).

32 Berckenhagen, Ekhart: Art Nouveau und Jugendstil, Kat. d. Ausstellung d. Staatl. Museen Preuß. Kulturbesitz (1970 in der Kunsthalle zu Kiel, 1971 in Berlin), Berlin 1970 (darin Nr. 5, zugleich Cover-Abb., ist hier reproduzierte Crane-Tapete); ders.: St. Petersburg um 1800. Architekturzeichnungen Thomas de Thomons, Führungsblatt mit vier Abb. zur Ausstellung der Kunstbibliothek Berlin 1975; ders. & Gretel Wagner: Bretter, die die Welt bedeuten. Entwürfe zum Theaterdekor und Bühnenkostüm in fünf Jahrhunderten, Berlin 1978 (Schiffe siehe S. 57, 70, 73, 74, 78, 130).

33 Berckenhagen, Ekhart & Gretel Wagner: Der bunte Rock in Preußen. Militär- und Ziviluniformen 17.–20. Jahrhundert in Zeichnungen, Stichen und Photographien aus dem Bestand der Kunstbibliothek Berlin, Kat. d. Ausstellung Berlin 1981 (darin, S. 5, als »Motto« das »Wort« Moltkes vom 22. September 1889; königl. preußische Marineuniformen siehe Nr. 196, 244, 245, 265, 266, 283).

34 Berckenhagen, E.: Schiffe Häfen Kontinente, Berlin 1983.

35 Berckenhagen, Ekhart: La décoration intérieure des bateaux aux alentours de 1900, in Le Bateau Blanc. Science, technique, design ... Centre Georges Pompidou Paris, Kat. d. Ausstellung 1985 bzw. 2. Aufl. 1986, S. 38–47, Fig. 34–44; ders.: Schiffbautechnik und Bordausstattung: Superlative des Stettiner »Vulcan«, im Katalog Stettin, Ansichten aus fünf Jahrhunderten, des Museums Ostdeutsche Galerie Regensburg 1991, S. 42–51 mit 6 Bildern.

36 Berckenhagen, Ekhart: Seefahrt und Weltliteratur (Antike bis heute), in Schiff und Zeit 26 (1987) bis 30 (1989); ders.: Von Kolberg nach Stettin, in Pommern 26, 1988 Heft 2, S. 1–8 mit Abb.

37 Berckenhagen, Ekhart: al-Masʿudiʾs Erkundungsreisen ..., in Schiff und Zeit 31, 1990, S. 6; ders.: Das Wunder von Dünkirchen, in Schiff und Zeit 32, 1990, S. 27–30 m. Abb. (darin erwähnt S. 30 »Unternehmen Seelöwe« mit Anm. 4); ders.: Antoine-Léon Morel-Fatio, in Weltkunst 61, 1991, Nr. 17, S. 2322–2325 m. 6 Abb.; ders.: Ein königlicher Freundschaftsbeweis. Graf Algarottis Grabmal im Campo Santo zu Pisa, in Jahrbuch Preußischer Kulturbesitz 28, 1991, S. 487–495 mit 4 Abb.; ders.: Hagia Sophia und Castel del Monte. In: Musagetes. Festschrift für Wolfram Prinz, hrsg. v. R.G. Kecks, Berlin 1991, S. 79–92 mit 8 Abb.

38 Berckenhagen, Ekhart: Argonautika und Homers Odyssee, in Schiff und Zeit 36, 1992, S. 12–24 m. 14 Abb.; ders.: Gilgamesch, Noah und die Sintflut, in Deutsches Schifffahrtsarchiv 15, 1992, S. 43–54 m. 10 Abb.; ders., Eine Odyssee auf 24 Schiffen zwischen LAGOS 1924 und BERLIN 1993, in Deutsches Schiffahrtsarchiv 16, 1993, S. 175–208 Abb. 1 (= Gibraltar-Foto); Hans Reuther u. E. Berckenhagen: Deutsche Architekturmodelle. Projekthilfe zwischen 1500 und 1900, Berlin 1994; E. Berckenhagen: Mediterrane Schiffahrt im Mittelalter, in Deutsches Schiffahrtsarchiv

17, 1994, S. 23–50 mit 25 Abb.; ders.: Pieter van de Velde vor dem Hintergrund flämischer Marinemalerei des 15. bis 18. Jahrhunderts, in Deutsches Schiffahrtsarchiv 18, 1995, S. 187-206.

39 Berve, Helmut: Das geographische Weltbild Alexanders d. Gr., in Forschungen und Fortschritte 18, 1942, Nr. 19/20, S. 185f.

40 Betzen, K.: Deutung und Darstellung des Krieges in der deutschen Epik des 20. Jahrhunderts, in Deutschunterricht, Stuttgart 1962, S. 55ff.

41 Blackman, A. M.: Das Hundert-torige Theben, übers. v. G. Roeder, Leipzig 1926, S. 31f., 59f., 102, 106ff., 121, Taf. 19.

42 Blegen, Carl: The Home Life of a Homeric King: Excavations in the Palace of Nestor at Pylos, in The Illustrated London News, April 7, 1956, p. 256ff., Fig.

43 Borchert, Wolfgang: Das Gesamtwerk, Hamburg 1949, S. 16, 59.

44 BOUNTY: Theo Stemmler: Die Meuterei auf der BOUNTY ohne Hollywood, in F.A.Z. Magazin 478 v. 28. April 1989, S. 38–48 m. Abb.

45 Bradford, Ernle: The Companion Guide to the Greek Islands, 1963 bzw. Die griechischen Inseln. Ein Führer, übers. v. P. de Mendelssohn, München 6. Aufl. 1985; ders.: Ulysses Found, London 1963 bzw. Reisen mit Homer, übers. v. F. Güttinger, München 1964 bzw. 1967; ders.: The Shield and the Sword, 1972 bzw. Kreuz und Schwert. Der Johanniter/Malteser-Ritterorden, übers. v. G. Pommer, Frankfurt-Berlin 1987; ders.: Nelson. The Essential Hero, 1977 bzw. Nelson. Admiral und Diplomat, übers. v. G. Pommer, Berlin o.J.

46 Brauneck, Manfred (Hrsg.): Weltliteratur im 20. Jahrhundert, Autorenlexikon 5 Bände, Hamburg 1981.

47 Brecht, Bert(olt): Gedichte 1916 bis 1956. Eine Auswahl, Frankfurt-Wien-Zürich 1976, S. 60, 138f.; ders.: Dreigroschenroman, 1934.

48 Bridge, C.: Sea Songs and Ballads, hrsg. v. C. Stone, Oxford 1906.

49 Brinnin, John Malcolm: Beau Voyage. Life Aboard the last Great Ships, 1981; ders. & Kenneth Gaulin: Grand Luxe. The Transatlantic Style, 1988 bzw. Grand Hotels der Meere. Die goldene Ära der Luxusliner, übers. u. hrsg. v. M. Würmli & P. Pedersen, München 1988, darin groß herausgestellt sind die deutschen Gewinner des Blauen Bandes, S. 15ff., 147ff.; dort abgebildet ist auch, S. 184, jene Marcantonio Colonna, dem Mitsieger von Lepanto 1571, gewidmete Galeria Colonna im Palazzo Colonna zu Rom, und zwar mit der gemalten Plafond-Kopie auf dem Italia-Liner CONTE DI SAVOIA.

50 Brunner, John: Mississippi. Das große Dampfbootrennen von 1867, Roman 1988.

51 Buyssens, O.: De Schepen bij Pieter Bruegel de Oude, in Mededelingen der Academie van Marine van Belgie VIII 1954, S. 159–191 mit Abb.

52 Byron, George Noel Gordon Lord: Werke, drei Bände, übers. v. H. Stadelmann, W. Schäffer und anderen, Leipzig-Wien (1872/1912).

53 Caesar, Gaius Julius: Der Gallische Krieg, übers. v. C. Woyte, Stuttgart (1951) 1974, S. 98ff., 110ff.

54 Camões, Luiz de: Os Lusiadas bzw. Die Lusiaden, übers. v. Karl Eitner, Hildburghausen 1869 bzw. Leipzig o.J.; eine Auswahl, übers. u. eingeleitet v. Otto Freiherr v. Taube, Darmstadt 1979.

55 Camus, Albert: Reisetagebücher, hrsg. v. R. Quillot, Reinbek 1980.

56 Cervantes Saavedra, Miguel de: Don Quixote, 2 Bände, Leipzig o.J.

57 Chamson, André: La Galère, 1939.

58 Chmelarz, Eduard: Eine französische Bilderhandschrift von Boccaccios Theseide, in: Jb. d. Sammlungen d. Allh. Kaiser-Hauses ... XIV, Wien 1893, S. 318–328 m. Taf. (mit Schiffswiedergaben, um 1470).

59 Churchill, Winston: Der Zweite Weltkrieg, 12 Bände, 1948–54 (im Bd. I, 2. Buch – 3. September 39 bis 10. Mai 40 wird das La Plata-Drama ebenso behandelt wie Prien in Scapa Flow, Norwegen-Besetzung und Narvik-Kampf – im Bd. II, 1. Buch »Der Zusammenbruch Frankreichs« und im 2. Buch »Allein« – im III. Band, 1. Buch, S. 338ff. die Kämpfe auf Kreta, S. 360ff. das BISMARCK-Desaster – im 2. Buch »Amerika im Krieg« S. 276ff. Überfall auf Pearl Harbour – im Band V, 2. Buch S. 140f. der SCHARNHORST-Untergang und S. 318ff. die Vorbereitungen zur Normandie-Invasion 1944).

60 Claudel, Paul: Das Buch von Christoph Columbus, übers. v. E. M. Landau, Dramen, Bd. 3, Heidelberg 1958.

61 Cohn, Willy: Die Geschichte der normannisch-sicilischen Flotte unter der Regierung Rogers I. und Rogers II. 1060–1154, Breslau 1910, S. 100f.

62 Colón/Columbus: siehe Madariaga; Jakob Wassermann: Christoph Columbus, der Don Quichote des Ozeans, 1929 (Eine Biographie, dtv-Tb.); Gianni Granzotto: Christoph Kolumbus. Eine Biographie, 1985; Schiff und Zeit 23, 1986, S. 33f. (Autographen in d. Slg. d. Klosters La Rábida); Gustav Faber: Auf den Spuren von Christoph Kolumbus, München 1987; Christoph Columbus. Dokumente seines Lebens und seiner Reisen 1451–1506, 2 Bände, hrsg. v. Friedemann Berger, die Ausgabe von Ernst Gerhard Jacob ergänzend, Sammlung Dieterich 1991; Simon Wiesenthal: Segel der Hoffnung. Christoph Columbus auf der Suche nach dem gelobten Land, Berlin 1991; Urs Bitterli: Die Entdeckung Amerikas. Von Kolumbus bis Alexander v. Humboldt, 1991; S. Fischer-Fabian: Um Gott und Gold. Columbus entdeckt eine neue Welt, 1991; John Dyson & Peter Christopher: Columbus. Die Entdeckung seiner geheimen Route in die Neue Welt, 1991; Wilfried Schröder & Bettina Buresch: Columbus hin, Columbus her – Amerika liegt hinterm Meer!, Recklinghausen 1991; Barry Smith: Die erste Fahrt des Christoph Kolumbus 1492, Mödling-Wien 1992; Heinrich Pleticha & Piero Ventura: Kolumbus 1492, München 1992; Heinke Sudhoff: Sorry. Kolumbus, 1992; Andreas Venzke: Christoph Kolumbus, rororo 1992; Vincentius Placcius: Atlantis Retecta / Die wiederentdeckte Atlantis. Das älteste deutsche Kolumbusepos, übersetzt v. Hermann Wiegand, Heidelberg 1992; zweibändiger Kat. d. Ausstellung Neue Welten – Neue Wirklichkeiten: Amerika 1492–1992, Stiftung Preuß. Kulturbesitz Berlin (Westermann) 1992; Kirkpatrick Sale:

Das verlorene Paradies. Christoph Kolumbus und die Folgen, Reinbek 1993; siehe hier 77 und 78.

63 Conrad, Joseph: Theo Hurtz: Joseph Conrad – Erlebnis-Erfahrung-Dichtung, in Schiff und Zeit 6, 1977, S. 59–69 m. Abb. u. Bibliographie.

64 Cooper: zu seinen Hauptwerken zählt jener im amerikanischen Unabhängigkeitskrieg spielende, 1824 publizierte, ob des Eintretens für Demokratie bemerkenswerte Roman »The Pilot. A Tale of the Sea« (= Der Lotse).

65 Cortázar, Julio: Passatwinde. Erzählungen, aus dem Spanischen übers. v. R. Wittkopf, Frankfurt 1987, S. 87, 91, 99.

66 Corti, Egon Caesar Conte: Elisabeth »Die seltsame Frau«, Salzburg 1934 bzw. 13. Aufl. 1935, Tafel vor Seite 369 Abbildung des von Kaiser Wilhelm abgeräumten Heine-Denkmals im »Achilleion« auf Korfu.

67 Coulter, Stephen: Geheime Tauchfahrt. Roman eines U-Bootes, 1974.

68 Cremer, Hans August: 5000 Jahre Segelschiffe. Eine Entwicklungsgeschichte des Segelschiffes, München-Berlin 1938.

69 Crane, Stephen: Im Rettungsboot. Erzählung, übers. v. H. Reisiger, 1948, S.33.

70 Cresques, Abraham: Der Katalanische Weltatlas ... 1375, farbiges Faksimile der 12 Kartenblätter mit 96seitigem Kommentar v. Georges Grosjean, Dietikon-Zürich.

71 D'Annunzio, Gabriele: La Nave (1906) – Das Schiff, Tragödie, übertr. v. Rudolf G. Binding, Leipzig 1910, S. 210f.; siehe auch A. M. Back: Gardone oder ... D'Annunzio ..., in F.A.Z. vom 30. März 94, Nr. 75, Seite R 4; zum Alterssitz des Dichters – Villa Cargnaccio am Gardasee – siehe PAN 3/1988, S. 40–47 mit Abb. – auch der PUGLIA.

72 Danzig: F. W. Otto Schulze: Hafen Wasserstraßen Werft- und Verkehrsanlagen, in Friedrich Fischer: Danzig (Deutschlands Städtebau), Berlin 1924, S. 116–139 m. Abb.; Olschinka: Elbing als Industriestadt (Elbing, Deutschlands Städtebau), 1929, S. 134ff. m. Abb.; Czesław Wojewódka: Zur Geschichte der Werften in Danzig ..., in Schiff und Zeit 9, 1979, S. 6–15 m. Abb.

73 Das Blutgeld und andere türkische Novellen, übers. v. Otto Spies, Leipzig 1942, S. 146ff. (Mahmud Yesari »Im Kesselraum«)

74 Debenham, Frank: Die Erforschung der Welt, London 1960 bzw. Stuttgart 1970 (im Anhang Reisewege der Entdecker auf Karten dargestellt).

75 Defoe, Daniel: The Life, Adventures and Pyracies of the Famous Captain Singleton, Roman von 1720 = Das Leben, die Abenteuer und Piratenzüge des berühmten Kapitän Singleton, übers. v. Carl Kolb & Ulrike Stange, hrsg. v. Norbert Miller, München 1968.

76 Deutsche Lyrik der Gegenwart, hrsg. v. Willi Fehse, Stuttgart 1955, S. 11 (I. Bachmann), 76 (Hagelstange).

77 Diario de Viaje (Reisetagebuch bzw. Bord- oder) Logbuch des Cristóbal Colón (Kolumbus), über dessen 1. Fahrt 1492, in der Abschrift des Bartolomé de Las Casas (1470–1566), Madrid 1825/26; deutsche Übersetzung, anonym, Leipzig 1890; Bordbuch, hrsg. v. A. Zahorsky, Zürich-Leipzig 1941; Bordbuch, hrsg. v. E. G. Jacob, Bremen 1956; Bordbuch, hrsg. v. Robert Grün, 1970; Bordbuch, hrsg. v.

Fr. Geweke, Frankfurt 1981; siehe auch Kindlers Lit.-Lex. S. 2658.

78 Die Grossen der Weltgeschichte, hrsg. v. Kurt Fassmann u.a., Bd. 4 Boccaccio bis Palladio, Zürich 1974, S. 208ff. Heinrich der Seefahrer (v. Hugo Loetscher), 514ff. Christoph Columbus (v. Julius Büdel), 784ff. Magellan (v. J. Büdel).

79 Die Welt in Händen. Globus und Karte als Modell von Erde und Raum, hrsg. v. Lothar Zögner, Kat. d. Ausstellung Staatsbibliothek Preuß. Kulturbesitz Berlin 1989.

80 Dilmun: G. Bibby: Dilmun, Reinbek 1973; J. Willeitner: Die Zerstörung des Paradieses. Auf der Insel Failaka vor Kuwait, in F.A.Z. vom 26. August 1991.

81 Diodoros: Geschichts-Bibliothek (in 40 Büchern), übers. v. Adolf Wahrmund, Stuttgart 1866–69.

82 Dudszus, A. & E. Henriot & F. Krumrey: Das Schiffstypenlexikon. Schiffe, Boote, Flöße unter Riemen und Segel, Hamburg 1983; Rahslup, siehe auch Schiff und Zeit 14, 1981, S. 35–38 mit Abb.

83 Dümichen, Johannes: Die Flotte einer ägyptischen Koenigin, Leipzig 1868.

84 Dürst, A., Herausgeber des Faksimiles der Seekarte des Jehuda Ben Zara, 1497, in den Archiven der Biblioteca Vaticana, mit 16seitiger Beschreibung.

85 Dumas, Alexandre d. Ält.: Schriften, 556 Bände, deutsch, 1844/59; Werke, 18 Bände, deutsch, 1927/28; Seeabenteuer und Schiffbrüche, Wien 1852 (die KENT).

86 Duras, Marguerite: Le Marin de Gibraltar, 1952 = Der Matrose von Gibraltar, übers. v. M. Dessauer, 1989, S. 269, 288.

87 Durrell, Lawrence: Prospero's Cell, 1945 (= Schwarze Oliven. Korfu – Insel der Phäaken, übers. v. P. Bermbach & H. Zand, Reinbek 1968 bzw. 1990).

88 Echtermeyer: Deutsche Gedichte, neugestaltet v. Benno v. Wiese, Düsseldorf 1954, S. 439 Freiligrath »Die Auswanderer«, 534ff. Fontane »John Maynard«.

89 Eickhoff, Ekkehard: Seekrieg und Seepolitik zwischen Islam und Abendland bis zum Aufstieg Pisas und Genuas (650–1040), phil. Diss. Saarbrücken 1954 (Maschinenschrift; überarbeitet und gedruckt erschienen in Berlin 1966).

90 Ekschmitt, Werner: Weltmodelle. Griechische Weltbilder von Thales bis Ptolemäus, Kulturgeschichte der antiken Welt Bd. 43, 1989.

91 EMDEN: Gerhard Koop: EMDEN. Ein Name – fünf Schiffe, München 1983 (Abb. S. 84 die EMDEN im Bosporus, Abb. S. 96 die EMDEN bei Dreharbeiten zum Film »Morgenrot«); Friedrich Ronneberger: Weltreisebilder vom Kreuzer EMDEN, Berlin 1930 (zur Reise 1928/29); siehe auch Dorothea Eichenauer: Arkadische Idylle und ästhetischer Terror. Zum zeitgenössischen Neoklassizismus des Landschaftsgartens und der Kriege Jan Hamilton Finlays (* 1925), phil. Diss. Uni. München 1993 (Manuskript), S. 111, darin II.5.6. Semiotische Assoziationen: Gewalt und Kultur (am Beispiel der Kreuzer EMDEN I und II).

92 Enfield, Alexander (Hrsg.): Sea Captain's Tales, 1986 (= Kapitänsgarn. Mit einer Einleitung von Douglas Reeman-Alexander Kent, übers. v. E. Kiehl & J. Wölfer, Frankfurt-Berlin 1988; darin vertreten sind: Frederick Marryat, James Runciman, W. Clark Russel, Frank T. Bullen, W. W. Jacobs, C. J. Cutcliffe Hyne, Morley Roberts, William Hope Hodgson, John Masefield, Rafael Sabatini, Taffrail, Albert Richard Wetjen, Norman Reilly Raine, Nicholas Monsarrat, C. S. Forester, Alexander Kent, Alan J. Villiers.

93 Engelhardt, K. & V. Roloff: Daten der französischen Literatur, 2 Bände, Köln-München 1979.

94 Enzensberger, Hans Magnus: Der Untergang der TITANIC. Eine Komödie, Frankfurt/M. 1978, S. 55.

95 Erman, Adolf: Die Welt am Nil, Leipzig 1936, S. 119ff., 130ff., 136f., 179.

96 Eulenburg, Philipp: Politische Korrespondenz, Bd. III Krisen, Krieg und Katastrophen 1895–1921, hrsg. v. C. G. Röhl, Dt. Geschichtsquellen des 19. und 20. Jahrhunderts Bd. 52/III, Boppard/Rhein 1983, S. 2202ff. (= Die deutsche Flotte).

97 Evans, A.: The Palace of Minos at Knossós, 4 Bände, London 1921–36; Spiridon Marinatos: Kreta und das mykenische Hellas, München 1959 bzw.1973.

98 Faber, Gustav: Auf den Spuren des Paulus. Eine Reise durch den Mittelmeerraum, München 1989 bzw. Freiburg/Br. 1992.

99 Fabricius, B.: Der Periplus des erythräischen Meeres, Leipzig 1883.

100 Feldhaus, Franz M.: Die Technik der Antike und des Mittelalters, Wildpark-Potsdam 1931, S. 82, 231f., 240, 249f.; zum Kompaß-Thema äußert sich Feldhaus in Ruhmesblätter der Technik 1910, S. 431ff.

101 Fock, Gorch: Seefahrt ist not (1912), Roman, Hamburg 1936, S. 258ff.

102 Forester, C. S.: The good shepherd, London 1955 = Konvoi 1943, Hamburg o.J.; eine Interpretation und anthropologische Analyse davon gab Helmut Reinhardt: Zum Problem der militärischen Entscheidung, in Schiff und Zeit 14, 1981, S. 1–18.

103 Freely, John & Hilary Sumner-Boyd: Istanbul. Ein Führer, 1972 bzw. München 1975, S. 504, 525ff.

104 Frenzel, Elisabeth: Stoffe der Weltliteratur. Ein Lexikon dichtungsgeschichtlicher Längsschnitte, Stuttgart 1962, S. 26ff. (Alexander d. Gr.), 49ff. (Ariadne), 56ff. (Artus), 126ff. (Dido und Aeneas), 361ff. (Kleopatra), 366–370 (Kolumbus), 420–423 (Medea), 472–478 (Odysseus), 546–548 (Robinson); dieselbe: Motive der Weltliteratur, Stuttgart 1976, S. 383–401 (Inseldasein. Das erwünschte und das verwünschte); dieselbe: Vom Inhalt der Literatur, Freiburg 1980.

105 Frenzel, Herbert A. & Elisabeth: Daten deutscher Dichtung. Chronologischer Abriß der deutschen Literaturgeschichte, 1962 und mehrere Neuauflagen.

106 Froissart, Jean: Croniques de France, d'Angleterre, d'Escoce, d'Espagne, de Bretagne, de Gascogne, de Flandres, et lieux circunuoisins (1337 bis nach 1404, entstanden 1373/1400), 4 Bde, Paris 1495; die Ausgabe Paris 1835, hrsg. v. J. A. C. Buchon, in 3 Bänden; Teilübersetzungen von C. Brentano 1808 bzw. Frankfurt/M. 1923; Les Chroniques de J. Froissart, publiées pour la Société de l'histoire de France, Paris 1869–1966, in 14 Teilen bzw. 4 Bänden.

107 Gaitanides, Johannes: Das Inselmeer der Griechen. Landschaft und Menschen der Ägäis, 1979; ders.: Griechisches Allzu Griechisches, 1982, S. 19–31: Die Insel zwischen Paradies und Purgatorium.

108 Gartzen, Wirich von: Die Flottille ..., Herford 1982. – Die Haupt-»Erfolge« jenes Flotillenchefs (1944 Ritterkreuz) bestanden im stetigen Verlust eigener TA-Boote mit ebenso erheblichen wie unsinnigen Menschenopfern.

109 Gesta Romanorum, übers. v. J. G. Th. Graesse, hrsg. v. H. Hesse, Leipzig 1914, S. 210f. (Apollonius-Rätsel).

110 Gilgamesch-Epos: Hugo Greßmann u.a.: Altorientalische Texte zum Alten Testament, 1909 bzw. 2. Aufl. Berlin-Leipzig 1926, S. 150ff., 175ff.; Das Gilgamesch-Epos, übers. u. hrsg. v. Albert Schott, Leipzig 1934 bzw. Stuttgart 1963, S. 86ff.; J. B. Pritchard: Ancient Near Eastern Texts, Princeton 1950, S. 93f.; Durch vier Jahrtausende Altvorderasiatischer Kultur, Kat. d. Vorderasiat. Museums der Staatl. Museen zu Berlin 1956, S. 211ff.; siehe auch jene leicht veränderte Übertragung von W. Papke, S. 368ff. (XI, 23–161).

111 Giono, Jean: Die Geburt der Odyssee, übers. v. W. u. R. Gerull-Kardas, Zürich 1960 bzw. Frankfurt/M. 1986, S. 12f.

112 Glöckle, Hanns: Ritt auf dem Regenbogen. Roman, Heilbronn 1992 (handelt von einer Reise auf einem Sklavenschiff 1713).

113 Göttlicher, Arvid: Materialien für ein Corpus der Schiffsmodelle im Altertum, Mainz 1978; ders.: Die Schiffe der Antike. Eine Einführung in die Archäologie der Wasserfahrzeuge, Berlin 1985; ders:, Kultschiffe und Schiffskulte im Altertum, Berlin 1992.

114 Golding, William: Pincher Martin, 1956 (deutsch v. H. Stiehl, 1960 bzw. 3. Aufl. 1993); ders.: Rites of Passage, 1980 (= Äquatortaufe, übers. v. Herbert Schlüter, 1985).

115 Goodrich, Marcus: DELILAH. Der Roman eines Schiffes, 1957.

116 Gorse, George L.: Andrea Doria's Villa in Genova: Architecture, Gardens and Suburban Setting, in Journal of the Society of Architectural Historians 44, 1985, S. 18–36, Fig. 1–30.

117 Graham-Campbell, James: The Viking World, 1980 (= Das Leben der Wikinger, Berlin-Hamburg 1980, S. 34 und Abb. S. 162f. die Wikinger-Runenschrift auf der Marmorbrüstung der Empore der Hagia Sophia zu Istanbul – mit dem lesbaren Namen »Halfdan«).

118 Greenhill, Basil (Hrsg.): National Maritime Museum. Das Britische Schiffahrtsmuseum in Greenwich bei London, 1982.

119 Gregorovius, Ferdinand: Glanz und Untergang Roms. Gemälde ... zur Zeit Kaiser Hadrians, Berlin 1932, S. 117f., 169f.

119E Grillparzer's sämtliche Werke. Mit einer biographischen Einleitung von Wilhelm Waetzoldt, hrsg. v. Walter Eichner, 20 Bände, Berlin o.J.

120 Gröner, Erich: Die Handelsflotten der Welt 1942, 1942, S. 25 ARNDALE; ders.: Die deutschen Kriegsschiffe 1815–1936, München-Berlin 1937, Abb. S. 88 Aufriß der AMAZONE (1852); siehe auch in deren 2., von D. Jung u. M. Maass auf 6 Bände erweiterten Auflage, München 1982ff.

121 Groult, Benoîte: Les Vaisseaux du Cœur, Paris 1988 (= Salz auf unserer Haut, Roman, übers. v. Irène Kuhn, München 1992, S. 9, 11, 93ff., 98f., 178).

122 Güth, Rolf: Marineführung und Meuterei 1918, in Schiff und Zeit 7, 1978, S. 4; ders.: Die Ära Raeder. »In Schönheit sterben«, in Schiff und Zeit 30, 1989, S. 63; in einem Handschreiben Güths vom 16. August 90.

123 Haas, Hans (Hrsg.): Bilderatlas zur Religionsgeschichte. Ägyptische Religion, Leipzig 1924.

124 Hätte ich das Kino! Die Schriftsteller und der Stummfilm, Kat. d. Ausstellung d. Dt. Literaturarchivs im Schiller-Nationalmuseum Marbach, München-Stuttgart 1976, S. 242f., 391ff.

125 Haiku. Japanische Gedichte, übers. v. Jan Ulenbrook, München 1985, S. 65, 76.

126 Hammer, C. U. & H. B. Clausen et al.: The Minoan eruption of Santorini in Greece dated to 1645 BC? in Nature 328, London 1987, p. 517ff.

127 Hamsun, Knut: August Weltumsegler. Roman, übers. v. J. Sandmeier & S. Angermann, Berlin-Hamburg 1950, S. 352f.

128 Handel-Mazetti, Peter Freiherr v.: Josef Ressel (1793–1857). Erfinder der Schiffsschraube, in Köhlers Flotten-Kalender 1977, S. 127–132 m. Abb.

129 Hansen, Hans Jürgen: Deutsche Marinemalerei, Oldenburg-Hamburg 1977, S. 29, 51.

130 Hansen, Nikolaus (Anthologien-Hrsg.): An Bord. Erzählungen, München 1988; ders.: Geschichten vom Klabautermann, 1988; ders.: Schiffbruch, 1988.

131 Harpprecht, Klaus: Georg Forster oder Die Liebe zur Welt, Hamburg 1987 (Johann Georg Forster, 1754–94, Autor der »Reise um die Welt« 1778/80, nahm auf der RESOLUTION an Cook's 2. Fahrt teil; Anton Graff porträtierte ihn)

132 Hartog, Jan de: Jan Wandelaar, übers. v. W. Gerull-Kardas, Berlin 1943 bzw. Hamburg 1948, S. 7, 407f., 444; ders.: Schipper naast God, Drama, 1945 (= Schiff ohne Hafen, 1952; darin verhilft Joris Kuiper, Eigner und Kapitän des Frachters HOOP VOOR ALLEN – Hoffnung für alle –, sein Schiff selbst versenkend, jüdischen Flüchtlingen im Zielhafen zum so erzwungenen Asyl).

133 Hartwig, Dieter: Karl Dönitz – Versuch einer kritischen Würdigung, in Deutsches Schiffahrtsarchiv 12, 1989, S. 133–152; ders.: Gedenken an elf Opfer (zu Lenz »Ein Kriegsende« 1984), in Marineforum 4, 1990, S. 119f.; siehe dazu ebenda 7/8, 1990, S. 255ff. und 10, 1990, S. 352 sowie 10, 1989, S. 367f.

134 Hauff, Wilhelm: Die Geschichte von dem Gespensterschiff, in: Gesammelte Werke, Berlin 1878.

135 Hauser, Heinrich: Brackwasser. Roman, 1928; ders.: Donner überm Meer. Roman, 1929; ders.: Notre-Dame von den Wogen. Roman, 1937.

136 Hausmann, Tjark: Ein Taschenglobus König Friedrichs I. in Preußen, in Berliner Museen 22, 1972, S. 53–61 m. 10 Abb.

137 Heinrich der Seefahrer: Monographische Behandlung durch De Veer (1864), Beazley (1895), Monumenta Henriciana, hrsg. v. Lopes de Almeida u.a. (mehrbändig ab

1960), Bibliografia Henriquina, hrsg. v. C. Pegado u.a. (1960), H. Sanceau (1947), Alexander Born: Hinaus über das Ende der Welt. Heinrich der Seefahrer (Wien-München 1980), Klara Rumbucher: Heinrich der Seefahrer (1954, S. 183ff.), V. Nemésio (1960), V. Magalhães Godinho (1962); siehe hier 78.

138 Hennebo, D.: Dendrologische Expedition im frühen Altertum, in Das Gartenamt 1956, S. 110–114 m. Abb. (Punt-Fahrten).

139 Hensel, Georg: Spiele der Erwachsenen. Leben auf Luxusschiffen: auch eine deutsche Szene, in F.A.Z. vom 9. Dezember 1989, Nr. 286.

140 Herodotos: Die Geschichten, übers. v. Fr. Lange, hrsg. v. O. Güthling, Leipzig o.J. bzw. Historien, VII 78ff., übers. v. A. Horneffer, 1963, S. 554ff.

141 Herrmann, Ernst: Am Himmel das Kreuz des Südens. Das Abenteuer der frühen Entdeckungen, Berlin 1973.

142 Herrmann, Paul: Das große Buch der Entdeckungen. Wagemut und Abenteuer aus 3 Jahrtausenden, Reutlingen 1958.

143 Heym, Georg: Das Schiff. Erzählung, 1911 (in Dichtung und Schriften, Bd. II, Hamburg-München 1962).

144 Higgins, Jack: Stormwarnung, 1976 (= Feindfahrt, übers. v. Gisela Stege; daraus: Im August 1944 ... beschließt Kapitän Berger mit dem Frachter DEUTSCHLAND ... einer uralten Schonerbark ... die Heimreise nach Kiel ... quer über einen von ... alliierten Seestreitkräften beherrschten Ozean); ders.: Night of the Fox, 1986 (= Nacht der Füchse, übers. v. Th. Schlück, 1990; spielt 1944 und 1985 in London und auf Jersey, handelt von deutschem Schnellboot und ...).

145 Hitler, Adolf: Mein Kampf, 1925/27 bzw. Dünndruckausgabe in einem Band, München 1940, S. 20, 69, 154ff., 189, 225, 386, 742. – Jörg Bremer: »Mein Kampf«. Darf in Israel erscheinen, in F.A.Z. Nr. 46, vom 23. 2. 1995, S. 33; Vittorio Segre: Das Böse bleibt. Warum Israel die Übersetzung von »Mein Kampf« erlaubt, in F.A.Z. Nr. 47, vom 24. 2. 1995, S. 35.

146 Hochhuth, Rolf: Skagerrak, in Magazin der F.A.Z. 327 vom 6. Juni 1986, S. 22; ders.: Soldaten. Nekrolog auf Genf. Tragödie, Reinbek 1967, S. 116f.; ders.: Eine Liebe in Deutschland, Reinbek 1978, S. 55f., 236f.; ders.: Alan Turing. Erzählung, Reinbek 1987; siehe ferner: Beesley, P.: Very Special Intelligence (= Geheimdienstkrieg der Britischen Admiralität bis 1945, o.J.); Curt Bley: Geheimnis Radar. Eine Geschichte der wissenschaftlichen Kriegführung, Hamburg 1949; J. Brennecke: Sensationen um den Marineschlüssel »M«, in Schiff und Zeit 10, 1979, S. 1–6; Christian Hülsemeyer: Patent gelöst. Mit dem Telemobiloskop in die Ferne hören, in F.A.Z. vom 24. September 1991, S. T 9; J. Brennecke: Die Wende im U-Boot-Krieg. Ursachen und Folgen 1939–1943, Tb. 1990; Ronald Lewin: Entschied ULTRA den Krieg? Alliierte Funkaufklärung im Zweiten Weltkrieg, Herford 1981; Władysław Kozaczuk: Geheimoperation WICHER. Polnische Mathematiker knacken den deutschen Funkschlüssel »Enigma«. München 1989.

147 Höckmann, Olaf: Antike Seefahrt, München 1985.

148 Hölscher, Uvo: Die Odyssee – Epos zwischen Märchen und Roman, München 1988.

149 Hoffmann, Gabriele: Versunkene Welten. Schiffe und Städte auf dem Meeresgrund. Die Archäologie unter Wasser, Bergisch-Gladbach 1985.

150 Hohenberger, A.: Die indische Flutsage und das Matsyapurana, Leipzig 1930.

151 Hollstein, F. W. H.: Dutch and Flemish Etchings Engravings and Woodcuts ca. 1450–1700, Vol. XII, Amsterdam (1962), p. 220–223, Fig. L 34–41; siehe dazu Thieme-Becker 37, 1950, S. 452 (Der Meister W mit der schlüsselförmigen Hausmarke – und dessen Stiche von Schiffen der burgundischen Flotte).

152 Homer: Odyssee, übers. v. Johann Heinrich Voß, mit Nachwort von Marion Giebel, München 1980 bzw. 4. Aufl. 1989; siehe auch unter Odyssee; Marion Giebel: Sappho in Selbstzeugnissen ..., Reinbek 1980; Martha Rofheart: My Name is Sappho, 1974 (= Ich heiße Sappho. Roman, 1976, darin das herrliche Kapitel über Kerkylas von Andros, den Seefahrer); siehe hier Anm. 18 und 270.

153 Hoover, Thomas: Karibik, Roman, 1988.

154 Huberti, Franz Hermann: Die Bedeutung der Seemacht in der Geschichte der USA, in Schiff und Zeit 4, 1976, S. 63–73.

155 Hughes, Tom: The Blue Riband of the Atlantic, Cambridge 1973 (= Der Kampf ums Blaue Band, übers. v. Wolfgang Frank, Oldenburg 1974); Melvin Maddocks: Die Großen Passagierschiffe (Die Seefahrer), Eltville 1992, S. 147: Das tragische Ende der REX am 8. 9. 1944 südlich von Triest.

155N Huxley, Aldous (1894–1963): Island, 1962 (= Eiland 1973). Dieser späte utopische Roman handelt von einem schiffbrüchigen englischen Reporter und dessen Wandlung auf der Tropen-Insel Pala.

156 Ibsen, Henrik: Hedda Gabler. Schauspiel, übers. v. M. v. Borch, Leipzig o.J., S. 63 (II,10); ders.: Peer Gynt. Ein dramatisches Gedicht, übers. v. L. Passarge, Leipzig 2. Aufl. 1887, S. 75 (Gibraltar), 77, 79 (Hellas' Aufstand), 81 (Yachtuntergang), 101 (Forscher's Kriteritum), 102f. (Troja), 113, 116ff. (Schiffbruch), 130, 143f. 147f. (Selbstbekenntnis); Ibsens »Peer Gynt« hat auch Christian Morgenstern übertragen; Edward Grieg komponierte die Musik dazu.

157 Ingenkamp, Karlheinz: Nelson's Navy im Spiegel der Romanliteratur, in Schiff und Zeit 23, 1986, S. 46–50.

158 Innes, Hammond: Die Konquistadoren, Bern-Stuttgart 1970.

159 Inseln in der Weltliteratur, hrsg. v. A. M. Fröhlich, (Zürich) München 1993; siehe E. Frenzel: Motive; die »Inselwelt« des 17. und 18. Jahrhunderts behandelt Hans Junecke: Montmorency. Der Landsitz Charles Le Bruns. Geschichte, Gestalt und die »Ile enchantée«, Berlin 1960, S. 66–123 mit Abb.; Umberto Eco (* 1932): Die Insel des vorigen Tages. Roman, Mailand 1994, München 1995 (handelt vom globalen Ringen um Seeherrschaft anno 1643 – und beinhaltet eine Schiffbruch-Episode bei den Fidschi-Inseln am 180. Längengrad, der Datumsgrenze, und *das ironisch-gebrochene Logbuch einer surrealistischen Exi-*

stenz. – Vgl. F.A.Z. vom 18. 3. 1995); siehe ferner Gaitanides.

160 Jachmann, Günther: Der homerische Schiffskatalog und die Ilias, Köln-Opladen 1958.

161 Jenkins, Nancy: The Boat beneath the Pyramid. King Cheops Royal Ship, London 1980.

161N Johannesson, Rolf: Offizier im kritischer Zeit, Herford-Bonn 1989, S. 79ff., 101. – Dessen Handexemplar machte mir dankenswerterweise Herr Dr. Dieter Hartwig, Kiel, zugänglich.

162 Johnson, Eyvind: Molnen över Metapontion, 1957 (= Wolken über Metapont, übers. v. W. Lindenthal, Frankfurt-Berlin-Wien [1964] 1974, S. 11, 39ff., 226).

163 Karrer, W. & E. Kreutzer: Daten der englischen und amerikanischen Literatur, 2 Bände, München 1973/80.

164 Kartographie: Hans Harms: Künstler des Kartenbildes. Biographien und Porträts, Oldenburg 1962; Leo Bagrow & Raleigh Ashlin Skelton, Meister der Kartographie, Berlin 1994 (Nachdruck der 4. Aufl. von 1973); siehe auch Abraham Cresques, Arthur Dürst, Uwe Schnall.

165 Kaschnitz, Marie Luise: Orte. Aufzeichnungen, Frankfurt 1973, S. 171; dieselbe: Tage, Tage, Jahre. Aufzeichnungen, Frankfurt 1968 (S. 252ff. Schiffsreise mit der CRISTOFORO COLOMBO nach Canada); dieselbe: Griechische Mythen, 1943 bzw. 1973.

166 Kazantzakis, Nikos: Freiheit oder Tod, 1989.

167 Kindlers Literatur-Lexikon, Band 1–12, Zürich 1970–74 bzw. Kindlers Neues Literatur Lexikon in 20 Bänden, 1988ff.

168 Kipling, Rudyard: Gesammelte Werke, Leipzig 1925 bzw. München 1965 (Bd. II Die schönste Geschichte der Welt: Das Schiff, das zu sich kam, S. 674–691; Bd. III Fischerjungs. Ein Seeroman, übers. v. Norbert Jacques; Bd. III Das kommt davon, übers. v. H. Rothe, S. 582ff. Wie der Walfisch seinen engen Schlund bekam).

169 Kisch, Egon Erwin: Reportagen von der Seefahrt 1914–1924, 1979.

170 Kludas, Arnold: Die großen Passagierschiffe der Welt, Bd. 1–5, 1972–74 (davon Neuauflage); ders.: Deutsche Ozean-Passagierschiffe 1850–1895, Moers 1983; ders.: Die Geschichte der deutschen Passagierschiffahrt, 5 Bde., Schriften des Deutschen Schiffahrtsmuseums 18–22, Hamburg 1986–90 bzw. Lizenzausgabe Augsburg 1994.

171 Kluge, Manfred: Seefahrergeschichten. Anthologie, München 1984.

172 Knaurs Lexikon der Weltliteratur. Autoren, Werke, Sachbegriffe, hrsg. v. Diether Krywalski, München 1979 bzw. 3. Aufl. 1986.

173 Koch, Gerd (Hrsg.): Boote aus aller Welt. Kat. d. Ausstellung Museum für Völkerkunde SMPK, Berlin 1984.

174 Koch, Thilo: Die Welt durchs Schlüsselloch. Mit der MS EUROPA ins Mittelmeer, in Aral Journal Weihnachten 1982, S. 8–17 m. Abb.; ders.: Rund um die Welt. Globetrotters Logbuch, in Aral Journal Frühling-Sommer 1984, S. 22–29 m. Abb., An das Meer. Gedicht, in Aral Journal Herbst 1985, S. 3.

175 Koenig, William: Epic Sea Battles, 1975 (= Seeschlachten der Weltgeschichte, übers. v. U. Mohr, Hamburg-Köln o.J., darin S. 11ff. Abukir 1798, 36ff. Trafalgar 1805, 62ff. Navarino 1827, 121ff. Tsushima 1905, 161ff. Skagerrak 1916, 183ff. Matapan 1941, 198ff. Korallenmeer 1942, 212ff. Midway 1942, 233ff. Leythe-Golf 1944).

176 Köster, August: Das Antike Seewesen, Berlin 1923.

177 Koizar, Karl Hans: Nacht über Narvik. Roman der Schlacht um Norwegen, 1980.

177N Konzelmann, Gerhard: Sindbad der Seeräuber, Berlin 1995.

178 Koran, Der. Aus dem Arabischen übertragen von Max Henning, Leipzig (1901).

179 Korfmann, Manfred: Vorberichte (seiner Ausgrabungen in Troas und Troja) in Archäologischer Anzeiger 1984, S. 165ff.; 1985, S. 157ff.; 1986, S. 303ff.; usw. – Als Herausgeber: Studia Troica 1.1991 (1991), 2.1992 (1992) usw.

180 Krahé, Peter: Literarische Seestücke. Darstellungen von Meer und Seefahrt in der englischen Literatur des 18. bis 20. Jahrhunderts, Schriften des Deutschen Schiffahrtsmuseums Bremerhaven, Band 31, Hamburg 1992.

181 Lächler, Paul & Hans Wirz: Die Schiffe der Völker, Olten-Freiburg 1962.

182 Landström, Björn: Das Schiff. Vom Einbaum zum Atomboot, Gütersloh 1961.

183 Latacz, Joachim: Homer. Eine Einführung, München-Zürich 1985; ders., als Hrsg.: Homer. Die Dichtung und ihre Deutung. Wege der Forschung, Darmstadt 1989; ders.: Homer. Der erste Dichter des Abendlandes, München-Zürich 2. Aufl. 1989.

184 Lehnhoff, Joachim: Die Heimfahrt der U 720. Roman, 1985; ders.: Quecksilber. Roman (um U-Boot mit tödlicher Fracht), und Karibikfieber. Roman (Yacht-Abenteuer in der Karibik).

185 Leip, Hans: Godekes Knecht. Roman, Wilhelmshaven 1952; ders.: Bordbuch des Satans. Geschichte der Freibeuterei, München 1965; Segelanweisung für eine Freundin von Hans Leip mit einem Vorwort von Horst Krüger und Impressionen des Großseglers LILI MARLEEN. Aufwendig und gut gestaltete Werbe-Publikation der Reederei Peter Deilmann, Neustadt in Holstein 1994; siehe dazu Brigitte Scherer: Eine Hand gehört dem Schiff – Romantische Seefahrtsgefühle auf einem Windjammer unter deutscher Flagge, in F.A.Z. Nr. 109 vom 11. 5. 1995, S. R1f..

186 Lepanto: Friedrich Sarre: Die Seeschlacht von Lepanto. Ein unbekanntes Bild aus der Werkstatt Tintorettos, in Jb. d. Preuß. Kunstsammlungen 59, 1938, S. 233–246 mit 8 Abb.; Louis de Wohl: Der Sieger von Lepanto. Roman um das gemeinsame abendländische Schicksal, 1956; Vierhundertjahrfeier der Schlacht von Lepanto, in: Spanien heute, Nr. 18, Dez. 1971, S. 21–34 m. Abb. und Bibliographie; siehe hier auch Beeching, ferner den Roman »Ritter des Zufalls«. Tod und Leben des Miguel de Cervantes« von Stephen Marlowe.

187 Lermontow, M. J.: Ausgewählte Werke, hrsg. v. W. Neustadt, Moskau 1948, S. 78.

188 Lernet-Holenia, Alexander: Wendekreis der Galionen (enthält die Novellen »Riviera« und »Die Inseln unter dem Wind«), Wien-Hamburg 1972, S. 135ff.

189 Lexikon des internationalen Films, Redaktion Klaus Brüne, 10 Bände, Reinbek (1987) 1991.

190 Lichtenberg, Georg Christoph: Vermischte Schriften, 3 Bände, hrsg. v. G. Chr. Lichtenberg & Friedrich Kries, Göttingen 1801, S. 375ff.

191 Livius, Titus: Römische Geschichte (nur 35 Bücher davon blieben erhalten), Bd. 1 (Buch 1–5), übers. v. F. D. Gerlach, Stuttgart 1856, Bd. 3–4, 1862/65 (darin die Bücher 26–29, 30–45).

192 Lloyd, Christopher: Atlas zur Seefahrtsgeschichte, hrsg. v. M. Stapleton, Oldenburg-Hamburg 1980.

193 Loeck, Gottfried: Besprechung von »Schiffe Häfen Kontinente« in Pommern 21, 1983, H. 4, S. 43; ders.: Nüscke – die Geschichte einer Werft, in Stettiner Bürgerbrief 1983, S. 2ff.; ders.: Ekhart Berckenhagen. Ein Mann, der keinen Ruhestand kennt, in Pommern 31, 1993, Heft 4, S. 33–35 m. 2 Abb.

194 Loti, Pierre: Pêcheurs d'Islande, 1886 (= Islandfischer, übers. v. Ulla Leippe, Hamburg 1973, S. 62f.).

195 Lowell, Joan: The Cradle of the Deep (= Ich spucke gegen den Wind. Roman, übers. v. Arno Dohm, rororo 1951; darin S. 17 *weshalb haben die Schiffe Weibernamen?).

196 Luce, John Victor: Homer and the Heroic Age, 1975 (= Archäologie auf den Spuren Homers, übers. v. J. Rehork, Bergisch-Gladbach 1975); ders.: The End of Atlantis, London 1969 (= Atlantis, Legende und Wirklichkeit, übers. v. J. Rehork, Bergisch Gladbach 1969).

197 Luckner, Graf: Seeteufel. Abenteuer aus meinem Leben, 1919/21.

198 Lukian: Gespräche der Götter, Meergötter, der Toten und der Hetären. In Anlehnung an Christoph Martin Wieland übersetzt und hrsg. v. Otto Seel, Stuttgart (1967) 1987, S. 77.

199 Madariaga, Salvador de: Vida del ... Cristóbal Colón, 1940 (= Kolumbus. Leben, Taten und Zeit, übers. v. Raymond Bérenger, Bern-München-Wien 1992, S. 26f., 58, 68f., 245f., 269ff., 278f., 360, 446, 513).

200 Magellan: Albo Francisco: Logbücher der Expedition Magallan, 1519–22; Oskar Koelliker: Die erste Umseglung der Erde durch Magallanes und Delcano 1519–22, München-Leipzig 1908; Hans Plischke: Fernão de Magalhães. Die erste Weltumsegelung, Leipzig 1926; E. F. Benson: Ferdinand Magallan, London 1929; Stefan Zweig: Magellan, Wien 1938 (bzw. Frankfurt/M. 1977); Rudolf Baumgard: Fernando Magallan, Berlin 1939 (S. 358f.); Jan Cameron: Magellan and the First Circumnavigation of the World, London 1974 (deutsch 1977); siehe hier auch Pigafetta und 78.

201 Manguel, Alberto & Gianni Guadalupi: Von Atlantis bis Utopia. Ein Führer zu den imaginären Schauplätzen der Weltliteratur, 3 Bände, 1981.

202 Mann, Golo: Deutsche Geschichte des 19. und 20. Jahrhunderts, Frankfurt/M. 1958; ders. & Alfred Heuss (Hrsg.): Propyläen Weltgeschichte. Eine Universalgeschichte, 10 Bände, Frankfurt-Berlin (1960–64) 1991.

203 Mann, Thomas: Meerfahrt mit Don Quijote. Ein Tagebuch aus der Zeit der Luxusliner ... Eingeleitet von Hans Jürgen Hansen, Oldenburg 1980 (bzw. Stockholm 1945); siehe dazu Volker Hage: Eine Liebe fürs Leben. Thomas Mann und Travemünde, Hamburg 1993.

204 Marinatos, Spyridon: Das Schiffsfresko von Akrotiri, Thera. Als Anhang in Dorothea Gray: Seewesen, Kapitel G, in: Archaeologica Homerica, Bd. 1, 1974, S. 141ff. m. Abb.; siehe auch Lois Knidlberger: Santorin ... Atlantis: Thesen, Tatsachen, München 2. Aufl. 1975, S. 253ff. m. Abb.; Nanno Marinthos-Mägg: The West House at Akrotiri as a cult center, in Athenische Mitteilungen 98, 1983.

205 Marryat, Frederick: Werke, Hamburg (um 1900).

206 Marine-Museen: Brandt Aymar: A Pictorial Treasury of the Marine Museums of the World, New York 1967; William C. Heine: Historic Ships of the World, 1977; Ingrid Schmidt: Maritime Oldtimer. Museumsschiffe aus 4 Jahrhunderten, Leipzig (1986) 2. Aufl. 1988; siehe auch Greenhill.

207 Marteilhe, Jean: Galeerensträflinge unter dem Sonnenkönig. Memoiren, übers. v. H. Adelberg, hrsg. v. E. Wesemann, München 1989.

208 Massie, Robert K.: Die Schalen des Zorns. Großbritannien, Deutschland und das Heraufziehen des Ersten Weltkrieges, übers. v. W. Brumm, Frankfurt/M. 1993.

209 Maupassant, Guy de: Novellen, Essen o.J.

210 Max, Frank Rainer (Hrsg.): Undinenzauber. Geschichten und Gedichte von Nixen, Nymphen und anderen Wasserfrauen, Stuttgart 1991; siehe auch Märchen, hrsg. v. Lisa Tetzner, Frankfurt/M. 1958, S. 247ff. (Die Seele des Wales ...).

211 Mayer, Hans Eberhard: Geschichte der Kreuzzüge, Stuttgart 6. Aufl. 1985, S. 130ff.

212 Meissner, Marek: Das goldene Zeitalter Arabiens unter den Abbasiden, Warschau 1977 bzw. Hanau o.J., S. 125ff.

213 Melville, Herman: Omoo. A Narrative of Adventures in the South Seas, 1847 (wurde im gleichen Jahr noch von F. Gerstäcker ins Deutsche übersetzt); ders.: Redburn: His First Voyage, 1849 (übers. v. W. E. Süskind, Hamburg 1946, S. 184f.); ders.: White-Jacket, 1850 (= Weißjacke oder die Welt auf einem Kriegsschiff, übers. v. Barbara Cramer-Neuhaus, Leipzig 2. Aufl. 1971); ders.: Benito Cereno, 1855 (übers. v. W. E. Süskind); ders.: Billy Budd (übers. v. R. Moering in Billy Budd und andere Geschichten, Hamburg 1957, S. 6f., 267ff., 355).

213E Merkel, Inge (* 1922): Eine ganz gewöhnliche Ehe. Odysseus und Penelope. Roman, Frankfurt/M. 1982 – schildert in einzigartiger Weise das unendlich schwierige Wieder-Zueinander-Finden des lange getrennten Paares.

214 Mette, H. J.: Pytheas von Massalia, Berlin 1952.

215 Meuli, Karl: Odyssee und Argonautika, Berlin 1921 bzw. in Meuli's Gesammelte Schriften, Basel 1975, S. 593ff.

216 Meutereien: Heinrich Neu: Die revolutionäre Bewegung auf der deutschen Flotte 1917–1918, Stuttgart 1930; Hans Kutscher: Admiralsrebellion oder Matrosenrevolte?, Stuttgart 1933; Ernst Legahn: Meuterei in der Kaiserlichen Marine, Herford 1973; siehe hier auch Güth, Reuter, Simsa.

217 Miller, William H.: The Fabulous Interiors Of The Great Ocean Liners In Historic Photographs, New York 1985.

217K Mittelmeer: Lorenzo de Bradi: Méditerrannée. Les

Beaux Voyages, Paris 1938 (von mir um Weihnachten 1940 in Brest erworben, wurde dieses reich illustrierte Buch zum Hoffnungsträger, alles darin Abgebildete einmal unter friedlichen Verhältnissen noch erleben zu können – was sich erfüllte); Geschichten rund ums Mittelmeer. Auf den Spuren der Dichter. Gesammelt und hrsgg. v. Manfred Barthel (* 1924), 5 Bde., Bergisch-Gladbach bzw. Augsburg 1992, darin findet sich ein »Guter Rat auf spanisch«: *Für Blinde ist der Spiegel nicht gemacht;* desgl. jener aufgeräumt-bärbeißige Don Pito, ein pensionsberechtigter Kapitän, den uns Benito Peréz Galdós (1843–1920) in »Kein Meer in Sicht am Monzanares« (Wunde und Balsam) liebenswert-meeressüchtig vor Augen führt.

218 Moll, Friedrich: Das Schiff in der bildenden Kunst, Berlin 1929; ders.: Der Schiffbauer in der bildenden Kunst, in Deutsches Museum 2, 1930, Heft 6, S. 154–179 mit 22 Abb.

219 Moltke, Helmuth von: Briefe über Zustände und Begebenheiten in der Türkei aus den Jahren 1835 bis 1839, Berlin 1917; Gespräche, hrsg. v. E. Kessel, Hamburg 3. Aufl. 1943, S. 218 (danach äußerte Moltke im Gespräch zum Historiker H. Friedjung am 22. Sept. 1889: *Überhaupt – Gehorsam ist Prinzip, aber der Mann steht über dem Prinzip*); Briefe, hrsg. v. F. v. Cochenhausen, Leipzig 1943, S. 29ff.; Abend- und Morgenland. Aus Moltkes Reisebriefen und Tagebuchblättern, hrsg. v. M. Horst, Berlin o.J.

220 Montale, Eugenio: Glorie des Mittags. Ausgewählte Gedichte Italienisch/Deutsch, übertragen v. Herbert Frenzel, München-Zürich (1960) 1986; ders.: Satura. Diario. Gedichte aus den späten Zyklen Italienisch/Deutsch, übers. v. M. Marschall von Bieberstein, München-Zürich (1976) 1988.

221 Morrison, J. S. & J. F. Coates: The Athenian Trireme. The history and reconstruction of an ancient Greek warship, Cambridge 1986 (deutsche Ausgabe 1990).

222 Motif-Index of Folk-Literature, hrsg. v. Stith Thompson, Vol. 6 Index, Copenhagen 1958, see Boat, Captain, Sailing, Sailor, Sea, Ship, Shipwreck ...

223 Musset, L.: Der Wandteppich von Bayeux, Carquefou-Nantes o.J.; siehe auch David M. Wilson: Der Teppich von Bayeux, Berlin 1985; Frank Stenton (Hrsg.): The Bayeux Tapestry, London 1957; Ulrich Kuder: Der Teppich von Bayeux oder: Wer hat die Fäden in der Hand? in der S. Fischer-Reihe »kunststück«, Frankfurt/M. 1994.

224 Neitzel, Ulf-Normann: Die Seestadt und Festung Pillau, in Schiff und Zeit 34, 1991, S. 23–34 m. Abb.

225 Neruda, Pablo: Navegaciones y regresos, 1959 (= Seefahrt und Rückkehr, übers. v. M. López, hrsg. v. K. Garscha, Darmstadt 1987, S. 46f. 84, 101).

226 Nettelbeck, Joachim: Ein Mann. Des Seefahrers und aufrechten Bürgers J. N. wundersame Lebensgeschichte von ihm selbst erzählt, Ebenhausen bei München 1910, S. 146f., 169ff.; hinzuweisen wäre außerdem auf J. Nettelbeck: Eine Lebensbeschreibung, hrsg. v. J. Haken, 3 Bände 1821–23; neu hrsg. v. M. Mendheim 1920; sowie von G. Weberknecht 1922; auch auf die J. N.-Biographie von H. Klaje 1927.

227 Neumann, J.: Wind and Current Conditions in the Region of the »Windy Ilios« (Troy), in Archäologischer Anzeiger 1986, S. 345–363.

228 Norwich, John Julius Lord: The Normans in the South 1016–1130, London 1967 (= Die Wikinger im Mittelmeer. Das Südreich der Normannen 1016–1130, Wiesbaden 1968, S. 272f.); ders.: Die Normannen in Sizilien 1130–1194, Wiesbaden 1971.

229 Odyssee in der bildenden Kunst: R. Engelmann: L'œuvre d'Homère illustrée par l'art des anciens, Paris 1891; Franz Müller: Die antiken Odyssee-Illustrationen, 1913; W. B. Stanford: The Ulysses theme, Oxford 2. Aufl. 1963; Margaret R. Scherer: The Legends of Troy in Art and Literature, New York-London 1963, p. 141–180, fig. 114–156; O. Touchefeu-Megnier: Thèmes Odysséens dans l'art antique, Paris 1968; Ingeborg Krueger: Illustrierte Ausgaben der Ilias und Odyssee seit dem 16. Jahrhundert, Diss. Tübingen 1971; Banca Toscana (Hrsg.): Paintings by Alessandro Allori in the Palazzo Salviati da Cepperello, Florenz: Zincografica Fiorentina 1953; Sylvie Béguin & Jean Guillaume & Alain Roy: La galerie d'Ulysse à Fontainebleau, Paris 1985, siehe hier auch Popitz (1982), Thubron (1992).

230 Orthmann, Winfried: Der alte Orient. Propyläen Kunstgeschichte, Frankfurt-Berlin-Wien 1985.

231 Ostrogorsky, Georg: Geschichte des Byzantinischen Staates, München 1965, S. 93ff.

232 Ovid: Metamorphosen, übers. v. Reinhart Suchier, München 1959.

233 Padfield, Peter: Dönitz, des Teufels Admiral, Berlin-Frankfurt-Wien 1984; siehe hier auch Armada.

234 Papke, Werner: Die geheime Botschaft des Gilgamesch. 4000 Jahre alte astronomische Aufzeichnungen entschlüsselt, Augsburg 1993; ders.: Die Keilschriftserie MUL.APIN, Dokument wissenschaftlicher Astronomie im 3. Jahrtausend, Diss. Tübingen 1978.

235 Paulys Real-Encyclopädie der Classischen Altertumswissenschaft, 3. Halbband, Stuttgart 1895, Spalte 721–723 (Argo), 743–786 (Argonautai); siehe auch H. v. Geisau, Argonautai, in Der kleine Pauly, München 1979, Sp. 537–540; siehe auch Bd. 2, Sp. 1201–08 (Homeros) und Bd. 4, Sp. 238–43 (Odysseus).

236 Pegasus und die Künste, hrsg. v. Claudia Brink u.a., Kat. d. Ausstellung im Museum für Kunst und Gewerbe Hamburg 1993, München 1993.

237 Pemsel, Helmut: Seeherrschaft. Eine maritime Weltgeschichte von den Anfängen der Seefahrt bis zur Gegenwart, 2 Bände, Koblenz 1985 (in II, S. 706f., ist der »Schiffskatalog« der Ilias als *älteste erhaltene Flottenliste* aufgeschlüsselt und sind die Herkunftsorte der 29 beteiligten Kontingente kartographisch dargestellt); ders., Biographisches Lexikon zur Seekriegsgeschichte. Seehelden von der Antike bis zur Gegenwart, Koblenz 1985.

238 Pernoud, Régine: Die Kreuzzüge in Augenzeugenberichten, Düsseldorf 1961, S. 273f., 293ff.

239 Pessoa, Fernando (= Alvaro de Campos): Poesias. Dichtungen, übers. v. G. R. Lind, Zürich 1987 bzw. Frankfurt 1991 (darin: Ode Marítima = Meeres-Ode, benutzt die

Steuerbordseite des Minenschiffs OLDENBURG, ex GARIGLIANO, 1934 erbaut bei Riva Trigoso, Cantieri del Tirreno, als Trajekt, 1115/1050 BRT, 65 m lang, 10,65 m breit, 4,2 m Tiefgang, PS 600 W, Bewaffnung 2: 8,8 und 4: 2 cm, kn 9,7/7,5; durch die deutsche Kriegsmarine am 24. November 1943 in Dienst gestellt und ausgelegt für den operativen Einsatz von 180 Minen; nach verschiedenen Einsätzen im Ligurischen Meer[263], unterbrochen von Werftliegezeiten, selbstversenkt am Ponte dei Mille zu Genua am 24. April 1945. Damit endete das letzte Bordkommando des Autors.

portugiesisch-deutsche Ausgabe Frankfurt 1962, S. 19, 29, 31ff., 77).

240 Phönizier: Katalog der Ausstellung »I Fenici« bzw. gleichzeitig vorliegender »The Phoenicians« (im Palazzo Grassi 1988 zu Venedig) Milano 1988; deren Besprechung in Schiff und Zeit 31, 1990, S. 66–68 m. 1 Abb.; siehe ferner C. H. Gordon: The Authenticity of the Phoenician Text from Parahyba, in Orientalia 37, 1968, S. 75–80.

241 Pigafetta, Antonio: Die erste Reise um die Erde. Ein Augenzeugenbericht von der Weltumsegelung Magellans 1519–1522, hrsg. v. Robert Grün, 1968 (= Notizie del mondo nuovo con le figure paesi scoperti descritte, Bibliotheca Ambrosiana, Milano o.J.).

242 Plinius d. Ält.: Naturalis Historia, übers. v. Ph. H. Külb, 1840–77.

243 Plievier, Theodor: Des Kaisers Kulis. Roman der deutschen Kriegsflotte, Berlin 1930.

244 Plutarchos (= Plutarch): Griechische Heldenleben (= Bioi paralleloi), übers. v. W. Ax, Leipzig 1933, S. 13ff. (Themistokles), 197ff. (Alexander d. Gr.); ders.: Helden und Schicksale, übers. v. W. Ax, Leipzig o.J.

245 Poe, Edgar Allan: Die seltsame Geschichte des Arthur Gordon Pym aus Nantucket (1838, deutsch 1883 bzw. die Ausgabe »Die denkwürdigen Erlebnisse des A. G. Pym«, übers. v. G. Etzel, 1980/81).

246 Pörtner, Rudolf: Die Wikinger-Saga, 1971 bzw. 1974, S. 268f. (während der schwedischen Warägerherrschaft in Rußland verlief der zwischen Byzanz und Ostsee genutzte Handelsweg über Dnjepr und die in Riga endende Düna), 346ff.

247 Poleggi, Ennio: Paesaggio e Immagine di Genova, Genova 1982; ders.: Genua. Portrait einer Stadt, übers. v. H. J. Dethlefs & N. K. Steingress, Genua: sagep (1985) 2. Aufl. 1992; siehe auch Fiorella Caraceni Poleggi: Genova. Guida sagep, Genova 1992; Unterwegs in Italien: Ligurien. Geschichtsträchtige Riviera, Fotos v. G. Chiaramonte & T. Nicolini, Gesamtredaktion M. d'Inella, TCI, übers. v. Pia Todorović, Milano 1987 bzw. Bern 1988; Rod Heikell: Italienische Westküste. Von Genua bis Rom und Korsika, nautischer Reiseführer, übers. v. H. Utecht, Hamburg 1986.

248 Popitz, Klaus: Antike Götter und Helden. In: Von Odysseus bis Felix Krull. Gestalten der Weltliteratur in der Buchillustration des 19. und 20. Jahrhunderts. Katalog der Ausstellung der Kunstbibliothek SMPK, mit einem Vorwort von Ekhart Berckenhagen, Berlin 1982; zur »Odyssee« siehe S. 17–44, Nr. 1/1, 4, 7, 8, 9, 14, 18, 20, 21, jeweils mit Abb.; darin S. 301–320, 376, Nr. 15/16 m. Abb. Jutta von Simson »Töchter des Meeres«.

249 Porter, Katherine Anne: Ship of Fools, Boston 1962 (= Das Narrenschiff, übers. v. Susanne Rademacher, Hamburg 1963).

250 Potter, E. B. & Ch. W. Nimitz, J. Rohwer u.a.: Seemacht. Eine Seekriegsgeschichte von der Antike bis zur Gegenwart, Herrsching 1982, S. 191ff., 263ff., 278ff., 1084ff.

251 Poujoulat, B.: Geschichte des Osmanischen Reichs, Leipzig 1853, S. 20f.; A. D. Mordtmann: Belagerung und Eroberung Constantinopels, Stuttgart-Augsburg 1858, S. 57ff.

252 Procopius (= Prokop von Caesarea): Anecdota bzw. Historia Secreta (Geheimgeschichte von Justinian und Theodora sowie Belisar), griechisch-deutsch ediert von Otto Veh, München 1961; ders.: Historien (Bücher über den Krieg, insgesamt acht, gegen Vandalen, Goten, Perser), verfaßt 550/51; ders.: Über die Bauten (Justinians).

253 Propyläen Geschichte der Literatur. Literatur und Gesellschaft der westlichen Welt (1200 v.Chr. bis heute), 6 Bände, Berlin-Frankfurt 1981–84 bzw. 1988.

254 Ptolemaios, Claudius: Große Zusammenfassung (= Megistä syntaxis bzw. Almagest), übers. v. K. Manitius, 1912/13; ders.: Geographische Anleitung.

255 Rabelais, François: Gargantua und Pantagruel, übers. v. G. Regis, 5 Bände, Berlin o.J.

256 Reeman, Douglas (Alexander Kent): The Last Raider, 1963 (= Feindpeilung steht! Übers. v. W. Vollrath, Frankfurt-Berlin 1987, S. 74); A Ship Must Die, 1979 (= Ein Schiff soll sterben, übers. v. E. Kiehl, 1986, S. 68); Reeman-Kent prangert in Romanen, wie The Pride and the Anguish, 1968 (= Kanonenboot, 1983) und Strike from the Sea, 1978 (= Feuer aus der See, 1988) Dünkel und Sorglosigkeit britischer Marinebehörden vor und beim Fall von Singapur an; in Surface with Daring, 1976 (= Aus der Tiefe kommen wir, 1985) setzt er den brit. Kleinst-U-Booten wie dem Widerstand der Norweger ein erregendes Denkmal. Sogar ein im Atlantik operierender glückhafter deutscher Kreuzer und dessen Besatzung werden zu Helden in The Iron Pirate, 1986 (= Der Eiserne Pirat, 1988), während in The Destroyers, 1974, brit. Zerstörer agieren – bei Einsätzen in Nordsee und Engl. Kanal. Reeman's Vorbemerkung schließt dort: *Duty, fear, the need to destroy the enemy, each other if so ordered, these men were a part of history. Of war itself.* – Hinzuweisen bleibt auf: Richard Bolitho Newsletter, Issue XIII, London 1988 (mit Bibliographie).

257 Reuss-Löwenstein, Harry: Die Maaten von der PENSACOLA. Ein Roman aus Hamburgs Windjammertagen, Hamburg 2. Aufl. 1945.

258 Reuter, Ludwig von: Scapa Flow. Das Grab der deutschen Flotte, Leipzig 1921; siehe auch Brüninghaus: Die politische Zersetzung und die Tragödie der deutschen Flotte, Berlin 1926; Foss: Enthüllungen über den Zusammenbruch. Eine Betrachtung über die Ursachen, daß es so gekommen ist, Halle 1919; S. C. George: Vom Skagerrak nach Scapa Flow. Die Hebung der versenkten deutschen Flotte. Eine technische und seemännische Großtat der Schiffsbergung, 1975/78; Friedrich Ruge: Scapa Flow 1919. Das Ende der deutschen Flotte, 1969.

259 Rice, David Talbot: Constantinople – Byzantium – Istanbul, London 1963 (= Konstantinopel. Goldene Stadt am Bosporus, übers. v. H. v. Barloewen, Frankfurt/M. 1966, S. 65ff.: Der Große Palast der byzantin. Kaiser, 72: Bukoleon, bestehend aus einem oberen und einem unteren Palast sowie dem Hafen).

260 Ringelnatz, Joachim (= Hans Bötticher): Die Woge. Marine-Kriegsgeschichten, München 1922, S. 112ff.; ders.: Als Mariner im Krieg, 1928; ders.: Matrosen. Erinnerungen, ein Skizzenbuch: Handelt von Wasser und blauem Tuch, Berlin 1928, S. 138, 140.

261 Röhr, Albert: Bilder aus dem Museum für Meereskunde in Berlin 1906–1945, hrsg. v. Deutschen Schiffahrtsmuseum Bremerhaven 1981 (S. 18: 34920 Gefallene der Kaiserl. Marine im Ersten Weltkrieg, 22: Relief der Straße von Gibraltar, ehedem in Raum 18).

262 Rogers, Stanley: Ships and Sailors. Tales of the Sea, London 1929.

263 Rohwer, Jürgen: Die Versenkung der jüdischen Flüchtlingstransporter STRUMA und MEFKURE im Schwarzen Meer (Febr. 1942, August 1944), 1965; ders. & G. Hümmelchen: Chronik des Seekriegs 1939–1945, Oldenburg 1968.

264 Roskill, S. W.: The War at Sea 1939–1945, erste Ausgabe in 4 Bänden: Vol. I The Defensive, Vol. II The Period of Balance, Vol. III The Offensive Part I June 43–May 44, Part II June 44–August 45, London 1954–61.

265 Rothe, Claus: Deutsche Ozean-Passagierschiffe 1896–1918, Moers 1986; ders.: Deutsche Ozean-Passagierschiffe 1919–85, Moers 1987.

266 Rumbucher, Klara: Heinrich der Seefahrer. Traum und Wirklichkeit, München 1954, S. 68ff., 72, 185.

267 Runciman, Steven: Geschichte der Kreuzzüge, München 1983, S. 815f.

268 Sagan, Françoise: La femme fardée, 1981 (= Willkommen Zärtlichkeit, übersetzt von Wolfram Schäfer, 1983, S. 7ff.).

269 Saint-John Perse: Amers, Paris 1957 (= See-Marken, übersetzt v. Friedhelm Kemp, Darmstadt-Berlin 1959, S. 116ff.).

270 Schadewaldt, Wolfgang: Von Homers Welt und Werk. Aufsätze und Auslegungen zur Homerischen Frage, Stuttgart 4. Aufl. 1965, S. 377; Homer: Die Odyssee. Übersetzt in deutsche Prosa von Wolfgang Schadewaldt, Reinbek 1958 bzw. Zürich-Stuttgart ²1966; angesichts dieser allgemein gelobten Prosa-Übersetzung frage ich mich, ob sie tatsächlich der von Homer konzipierten epischen Form gerecht wird? – Siehe hier auch Anm. 18 und 152.

271 Schäfer, H.: Amarna in Religion und Kunst, Leipzig 1931, S. 63ff.

272 Schenzinger, K. A.: Schnelldampfer. Roman der Dampfschiffahrt, München-Wien 1951.

273 Schiffahrt und Kunst in Frankreich. Katalog zur Ausstellung mit Beiträgen von François Bellec & Dirk Böndel, Hamburg 1987.

274 Schiltbergers Reisebuch (Kriegsgefangen in Vorderasien von 1394–1425), Leipzig o.J.

275 Schnall, Uwe: Navigation der Wikinger. Nautische Probleme der Wikingerzeit im Spiegel der schriftlichen Quellen, Band 6 der Schriften des Deutschen Schiffahrtsmuseums Bremerhaven, 1975; ders. (Hrsg.): Die Welt der Seekarten, Bremerhaven 1983 (darin S. 14–32 Überblick über die Geschichte der Seekartographie); ders.: Fähre, Pferd und Wagen. Das innernorwegische Verkehrssystem bei Jules Verne, in Deutsches Schiffahrtsarchiv 11, 1988, S. 43–58.

276 Schneekluth, H.: Das Dampfschiff GREAT BRITAIN, in Jb. d. Schiffbautechnischen Gesellschaft 79, 1985, S. 45–59 mit 18 Abb.

277 Schön, Heinz: Ostsee '45. Menschen Schiffe Schicksale, Stuttgart 1983.

278 Schoepp, Meta: Benjamin Raule. Der Roman der Gründung der Kurbrandenburgischen Marine, 1934.

279 Schofield, B. B.: Der Untergang der BISMARCK. Wagnis, Triumph und Tragödie, 1976; ders.: Der Sprung über den

Kanal. Unternehmen Neptun – Die alliierte Landung in der Normandie 1944, 1978.

280 Schulenburg, Werner von der (1881–1958): Der König von Korfu, Roman, 1950 bzw. München 1991 (darin erwähnt ist das zu Korfu im Mai 1718 errichtete, immer noch stehende Denkmal für den Reichsgrafen Johann Matthias von der Schulenburg, 1661–1747, der die Insel 1716 vor der Türkenflut bewahrte und in dessen Lebenslauf Goethe ein »Weltmärchen« sah); siehe ferner Alice Binion: Von Venedig gen Norden: Schulenburgs unstete Galerie, in: Kat. d. Ausstellung Venedigs Ruhm im Norden, Landesmuseum Hannover 1991, S. 16–22, dazu Nr. 129 H, 130 D, jeweils mit Abb. der Porträt-Zeichnungen des Feldmarschalls.

281 Schwab, Gustav: Die schönsten Sagen des klassischen Altertums, 3 Bände, 1838–40.

282 Seefahrergeschichten. Anthologie, ausgewählt und hrsg. v. Manfred Kluge, München 1984, S. 19ff.

283 Seefahrergeschichten, Die schönsten ... der Welt, Bergisch Gladbach 1985.

284 Semmes, Raphael: My Adventures afloat: A Personal Memoir of my Cruises and Services in »The SUMTER and ALABAMA«, London 1869.

285 Settgast, J. (Hrsg.): Tutanchamun, Kat. d. Ausstellung des Ägyptischen Museums SMPK, Berlin 1980.

286 Severin, Tim(othy): The Jason Voyage, London 1985 (= Auf den Spuren der Argonauten, übers. v. G. Barschke, Düsseldorf 1987); bereits in den 1940er Jahren wurden Fahrten auf Argonauten-Spuren unternommen, und zwar durch Göran Schildt (Das Goldene Vlies – Auf den Spuren der Argonauten, Wiesbaden 1965); siehe ferner, gleichfalls von T. Severin, dessen Bücher über »Tausend Jahre vor Kolumbus. Auf den Spuren der irischen Seefahrermönche« und »Auf den Spuren Sindbads von Arabien nach China«.

287 Sieben Weltwunder: Fritz Krischen: Weltwunder der Baukunst in Babylonien und Jonien, Tübingen 1956; Artur Müller & Rolf Ammon: Die Sieben Weltwunder. 5000 Jahre Kultur und Geschichte der Antike, Bern-München 1972; Werner Ekschmitt: Die Sieben Weltwunder. Ihre Erbauung, Zerstörung und Wiederentdeckung, Mainz 1984; P. A. Clayton & M. J. Price (Hrsg.): Die Sieben Weltwunder, 1990; Gerard Brett: The seven wonders of the world in the Renaissance, in The Art Quarterly 12, 1949, S. 339–358 m. 15 Abb.

288 Siebler, Michael: Troia – Homer – Schliemann. Mythos und Wahrheit, Mainz 1990; Michael Wood: In Search of the Trojan War. 1985 bzw. Der Krieg um Troja, Frankfurt 1985.

289 Simenon, Georges: Le passager du POLARLYS, 1932 (= Der Passagier der POLARLYS, übers. v. Stefanie Weiss, Zürich 1986, S. 7); ders.: Les rescapés du TELEMAQUE, 1938 (= Die Überlebenden der TELEMAQUE, übers. v. H. Kober, 1981, S. 38ff.); Georges Simenon beschreibt in »Le Voyageur de la Toussaint« die historisch bedeutsame Hafenstadt La Rochelle.

290 Simsa, Paul: Marine intern. Entwicklung und Fehlentwicklung der deutschen Marine 1888–1939, Stuttgart 1972, S. 38 (HOHENZOLLERN und Kaiser Wilhelm II.), 235–307 (Meutereien), 364–84 (Charakterisierung von Raeder und Dönitz).

291 Sintflut-Motive: A. Pigler: Barockthemen, Bd. 1, Budapest-Berlin 1956, S. 20–22 (72 Motive von Sintflut und Arche Noah), Bd. 2, S. 64 (sechs Bildbeispiele der Deukalionischen Flut); F. M. Feldhaus: Die Technik der Antike und des Mittelalters, 1931, S. 99 m. Abb.; H. Fillitz: Das Mittelalter 1, Propyläen Kunstgeschichte, Berlin 1990, Farbtafel 1.

292 Sjøvold, Thorleif: Die Wikingerschiffe in Oslo, Oslo 1985.

293 Skagerrak: Arno Dohm: Skagerrak. Die größte Seeschlacht der Geschichte, 1936 bzw. 1942; Leo de Laforgue: Brand am Skagerrak. Ein deutscher Seekriegsroman, Berlin 1933; Bogislav von Selchow: Hundert Tage aus meinem Leben, Leipzig 1936, S. 269f.

294 Smollett, Tobias George: The Adventures of Roderick Random, 1748; ders.: The Adventures of Peregrine Pickle, 1851 (= Die Abenteuer des Peregrine Pickle, übers. v. W. C. S. Mylius, München 1966, S. 484f.).

295 Snorris Königsbuch (Heimskringla) Bd. 1–3, übers. v. Felix Niedner, Düsseldorf-Köln 1965.

296 Stamer, Barbara (Hrsg.): Märchen von Nixen und Wasserfrauen, Frankfurt/M. 1987.

297 Steel, Danielle: Crossings, New York 1982 (= Schiff über dunklem Grund, übers. v. H. Völkel, München 1984 bzw. 4. Aufl. 1987); darin brandmarkt sie (S. 8, 146, 186, 214, 332, 386) jene die USA beschämende ST. LOUIS-Affäre, ebenso wie spätere Absurditäten bzw. Kriegsgreuel: Versenkungen der ATHENA, QUEEN VICTORIA, EMPRESS OF BRITAIN, PRINCE OF WALES usw.; im Roman „Remembrance" (New York 1981; = Träume des Lebens, 1983, S. 142f.) vergegenwärtigt Danielle Steel die Schicksale einer europäischen Kriegsbraut. Brad, deren Ehemann, Offizier der US-Army, buchte die gemeinsame Passage Le Havre–New York auf der LIBERTÉ (ex EUROPA), *die vor kurzem als Reparationsleistung von Deutschland an Frankreich abgetreten worden war, und er hatte sich eine Erste-Klasse-Kabine auf einem der oberen Decks gesichert ... Es war ein Luxusdampfer der obersten Kategorie, und als Serena durch die schön getäfelte Halle ging, die in rotem Samt gehaltenen Prunkräume erblickte und die übrigen Passagiere beobachtete, die an Bord kamen, wurde ihr klar, daß es eine ganz besondere Überfahrt sein würde ...;* von derselben stammt »Loving« (1980; = Alle Liebe dieder Erde, 1984, S. 231), wo sie von *Träumen* spricht (ertrunken in solchem Traum, erschien es mir, als wäre D.S. Graziellas Tochter) und, S. 302, vom *Wind in den Segeln;* in »The Ring« (1980; = Der Ring aus Stein, 1983, S. 217) schreibt Danielle Steel über die PILGRIM'S PRIDE: *Sie sah aus, als hätten sie sie schon lange vor der MAYFLOWER benutzt. Sie war klein, eng, dunkel, und roch nach Schimmel. Aber sie war seetüchtig. Und sie war bis an den Rand gefüllt ... war gemeinsam von mehreren amerikanischen Rettungsorganisationen gekauft worden und wurde in erster Linie von der New York Women's Relief Organisation eingesetzt, die bisher [1945] vier Überseereisen dieser Art durchgeführt und damit mehr als tausend Flüchtlinge aus dem vom Krieg zerrissenen Europa nach New York gebracht hatten ...*

298 Sternbeck, Alfred: Flibustier und Bukaniere. Seeabenteuer aus vergangener Zeit, Berlin 1928.

299 Straub, Heinz: Der eiserne Seehund. Das abenteuerliche Leben des U-Boot-Erfinders Wilhelm Bauer, 1982 bzw. Bergisch-Gladbach 1983.

300 Sueton: Caesarenleben, hrsg. v. R. Till, Leipzig 1936.

301 Tacitus, Cornelius: Die Germania, übers. v. M. Oberbreyer, Leipzig o.J., S. 16, 42, 50f., 54, 72, 76.

302 Taffrail (= Captain Taprell Dorling): Men of War, London 1929 (behandelt die Admirale St. Vincent, Cochrane, Marryat, Fisher, Beresford).

303 The Illustrated London News: The Ceremonial Funeral of ... Nelson (Sammlung Captain Bruce S. Ingram) 30. November 1935/p. 974; Selbstversenkung der französischen Flotte in Toulon, Fotos vom gesunkenen Zustand 20. Februar 1943/p. 212f.; Verluste der brit. Navy bis 1943, schematische Zeichnung 4. September 43/p. 270f.; Boot neben der Cheops-Pyramide, Fundaufnahmen 5. und 19. Juni sowie 4. Dezember 1954/p. 956f., 1045 und 1001; Grabbeigaben-Boot in Sakkara 19. März 1955/p. 500ff.; Atlantikliner mit Blauem Band, schematische Zeichnung 7. Mai 1955/p. 822f.; MAYFLOWER und Nachbau 14. Mai 1955/p. 876f. (sowie 24. Dezember 55/p. 1107, 23. Juni 56/p.771, 29. September 56/p. 489 und 13. April 1957/p. 581); die VICTORY im Dock 24. September 1955/p. I nach 524; Vogelschauansicht von Konstantinopel im späten 12. Jahrhundert, Rekonstruktion nach Talbot Rice, mit Quartieren der Amalfitaner, Genuesen, Pisaner und Venezianer, Zeichnung 1. Oktober 1955/ p. 566f.

304 Thiess, Frank: Die griechischen Kaiser. Die Geburt Europas, Hamburg-Wien 1940, S. 698ff.

305 Thubron, Colin: Die Seefahrer des Altertums, Eltville 1992.

306 Thukydides: Der große Krieg (= Geschichte des Peloponnesischen Kriegs), übers. v. H. Weinstock, Stuttgart 1938, S. 110ff.

307 TITANIC: Lawrence Beesley: The Loss of the S.S. TITANIC, its Story and its Lessons, London 1912; H. Hesse: Der Untergang der TITANIC. Bericht des überlebenden deutschen Bordelektrikers, 1927 bzw. 1987; Robert Prechtl: Untergang der TITANIC, Roman, 1949; Josef Pelz von Felinau: TITANIC, Roman, 1953; Walter Lord: A Night to Remember, 1956; Donald A. Stanwood: Die Überlebenden der TITANIC, Roman, 1978; Wolf Schneider: Mythos TITANIC, 1986; John Eaton & Charles Haas: Triumph and Tragedy. A Chronicle in Words and Pictures, 1986; dieselben: TITANIC. Destination Disaster. The Legend and Reality, 1987; Robert D. Ballard: Das Geheimnis der TITANIC, 1987; Gert Hofmann: Unterhaltung an Bord der TITANIC ..., in Unterhaltung an Bord der TITANTIC. Short stories großer Erzähler. Hrsgg. v. Dieter E. Zimmer, Hamburg 1985, S. 111–123; Heinrich Detering: Schiffbruch mit Musik. Das letzte Konzert auf der TITANIC, in F.A.Z. Nr. 54, vom 4. 3. 1995.

308 Tollmann, Alexander & Edith: Und die Sintflut gab es doch. Vom Mythos zur historischen Wahrheit, München 1993.

309 Tolstoj, Leo N.: Sämtliche Erzählungen, 1. Bd., hrsg. v. Gisela Drohla, Frankfurt 1961 bzw. 2. Aufl. 1982, S. 136ff.

310 Tomasi di Lampedusa, Giuseppe: Die Sirene und andere Erzählungen (Racconti), übers. v. Charlotte Birnbaum, München 1963.

311 Toulon: André Piernic: L'Héroique Sabordage de la Flotte Française. Toulon 27 Novembre 1942, Paris 1945. – Als eigener, unvergeßlich bestürzender Eindruck waren dort – nach Rohwer & Hümmelchen[263] – gesunken: die Schlachtschiffe STRASBOURG, DUNKERQUE, PROVENCE, Schweren Kreuzer ALGERIE, FOCH, COLBERT, DUPLEIX, Leichten Kreuzer MARSEILLAISE, LA GALISSONNIERE, JEAN-DE-VIENNE, das Flugzeugmutterschiff COMMANDANT TESTE, die Zerstörer LION, GERFAULT, LYNX, PANTHERE, TIGRE, VAUBAN, AIGLE, CASSARD, GUEPARD, KERSAINT, L'INDOMPTABLE, MOGADOR, TARTU, VALMY, VAUQUELIN, VAUTOUR, VERDUN, VOLTA, BISON, CASQUE, LE FOUDROYANT, L'ADROIT, LANSQUENNET, LE HARDI, MAMELUK, LE SIROCO, BORDELAIS, LA PALME, TROMBE, die Torpedoboote BALISTE, LA BAYONNAISE, LA POURSUIVANTE, die U-Boote ACHERON, CAIMAN, DIAMANT, EURYDICE, FRESNEL, GALATEE, HENRI POINCARE, AURORE, L'ESPOIR, NAIADE, PASCAL, REDOUTABLE, SIRENE, THETIS, VENGEUR, VENUS, elf Kanonenboote und kleinere Fahrzeuge (wie die Avisos CHAMOIS, LA CURIEUSE, MATELOT LEBLANC, RAGEOT DE LA TOUCHE, letztere endeten als SG 14 und SG 15 1944/45 vor Sapri bzw. in Genua); am 24. 11. 1943 versenkten US-Bomber im Hafen von Toulon erneut die Kreuzer JEAN-DE-VIENNE, Zerstörer AIGLE und Avisos CHAMOIS sowie L'IMPÉTUEUSE.

312 Treue, Wilhelm: Der Krimkrieg und seine Bedeutung für die Entstehung der modernen Flotten, Herford 1980; ders.: Hugenotten als Sträflinge auf Galeeren und in Bagnos, in Schiff und Zeit 24, 1986, S. 25–32.

313 Tuchman, Barbara: Der erste Salut, 1988.

314 Urbahn, Ernst & Herta: Das Schicksal der Stettiner Museen ... in Stettiner Bürgerbrief 1986, S. 32ff., Abb. S. 35 (Raumaufnahme des Stettiner Stadtmuseums mit Vitrinen, die Schiffsmodelle des »Vulcans« enthielten, darunter das der HOHENZOLLERN, Foto vor 1945).

315 Uris, Leon: Exodus, übers. v. H. E. Gerlach, München-Stuttgart 1959, S. 218f., 228, 234f.; siehe auch Horst Siebecke: Die Schicksalsfahrt der EXODUS 47, 1977; Günther Schwarberg: Die Irrfahrt der EXODUS: 4554 Frauen, Männer und Kinder suchen eine Heimat, in Der Stern vom 30. März 1988, S. 5, 92–106 m. 14 Abb.

316 Vasco da Gama: Die Entdeckung des Seewegs nach Indien. Ein Augenzeugenbericht 1497–99, hrsg. v. G. Giertz, 1980 bzw. 1981.

317 Velde, Willem van de: M. S. Robinson: Van de Velde Drawings. A Catalogue of Drawings in the National Maritime Museum made by ... van de Velde, 2 Bände, Cambridge 1958 und 1974; The Willem van de Velde Drawings in the Boymans-Van Beuningen Museum, Rotterdam, Text von Michael Robinson, Hrsg. R. E. J. Weber, 3 Bände, Rotterdam 1979; Zeichner der Admiralität, hrsg. v. G. Kaufmann, Herford 1981.

318 Vergilius: Aeneis, übers. v. Rudolf Alexander Schröder, Berlin-Frankfurt 1952, bzw. übers. v. Johannes Götte, hrsg.

v. Manfred Lemmer, Leipzig 1979 bzw. Wiesbaden 1987 (mit 136 Holzschnitten der Ausgabe Straßburg 1502).

319 Verne, Jules: Collection, Bd. 6/7 Zwanzigtausend Meilen unter den Meeren, 1984, S. 79 bzw. 219; Bd. 19 Die Blokkade-Brecher – Eine schwimmende Stadt, 1984, S. 7ff., 192ff.; ein Leutnant Linkerton von der ABRAHAM LINCOLN spielt die Hauptrolle in Puccinis Oper »Madame Butterfly« (1904; nach der Tragödie von J.L. Long & David Belasco).

320 Vigny, Alfred de: Œuvres complètes, Paris 1950, Bd. 1, S. 148f., 155ff. (La Frégate ..., Poème, A Dieppe, 1828); ders.: Drei Novellen, München 1922, S. 21f. (Das rote Siegel).

321 Villehardouin, Gottfried von: La Comquête de Constantinople, hrsg. v. Du Cange 1687 und von Paulin, Paris 1838; letztere übersetzt von Franz Getz (= Die Eroberung von Konstantinopel ... 1204, Leipzig o.J., S. 13f., 72ff.).

322 Villiers, Alan: Wilder Atlantik. Die Geschichte des Nord-Atlantik und der Männer, die ihn bezwangen, übers. v. Siegfried H. Engel, Hamburg 1958, S. 315ff.

323 Voltaire: Romane und Erzählungen, übers. v. Ilse Lehmann, Leipzig 1948, S. 160ff.

324 Voss, Karl: Wege der französischen Literatur. Ein Lesebuch, Frankfurt-Berlin 1965, S. 346f. (St. Mallarmé), 351ff. (A. Rimbaud), 363ff. (P. Valéry).

325 Wall, Robert u.a.: L'Age d'Or des grands paquebots, Paris-Bruxelles 1977/78.

325N Wernicke, Michael Klaus: Gescheiterte Rettung. Fünf Franziskanerinnen und der Schiffbruch der DEUTSCHLAND 1875, hrsg. von Ursula Feldkamp, Hamburg 1995.

326 Weiß, Ernst: Die Galeere, 1913.

327 Wilde, Oskar: Märchen, Berlin o.J., S. 165ff. (Der Fischer und seine Seele).

328 Willemsen, Carl A.: Kaiser Friedrich II. und sein Dichterkreis. Staufisch-sizilische Lyrik in freier Nachdichtung, Krefeld 1947, S. 47, 84, 88f.; Walter Berschin: Ilias und Odyssee im Reiche Friedrichs. Der Staufer und die Griechen in Unteritalien: Das Kloster San Nicola di Casole. In F.A.Z. Nr. 299, vom 24. 12. 1994, S. 25; Das Falkenbuch Kaiser Friedrichs II. Nach der Prachthandschrift in der Vatikanischen Bibliothek. Einführung ... von C.A. Willemsen, ⁷1991; Kaiser Friedrich II. Sein Leben in zeitgenössischen Berichten, hrsgg. v. Klaus J. Heinisch, München (1977) ⁴1994, S. 17–19, 38, 353: Aus der »Kleinen Sizilischen Chronik« eines anonymen Zeitzeugen gehen auch gewählte Fahrtrouten – über Otranto, Fanò, Korfu, Kephalonia, Methone, Matapàn, Kythira, bis Suda und Heraklion auf Kreta, Rhodos, an der lykischen Küste entlang nach Fethiye, Phiniche, dann gen Limasol und Famagusta, endlich über Beirut, Sidon und Sarepta nach Akkon – hervor sowie jene nach Stunden, Tagen, sogar Wochen – auf Cypern (19. Juli – 2. September 1228) – bemessenen Landaufenthalte. Des Kaisers Rückreise mit sieben bewaffneten Galeeren von Akkon nach Brindisi dauerte vom 1. Mai bis zum 10. Juni 1229.

329 Wolf, Armin & Hans-Helmut: Die wirkliche Reise des Odysseus, 1968 bzw. München-Wien 1983 (darin S. 281–284 eine Bibliographie der Theorien zur Lokalisierung des Odyssee).

330 Wouk, Herman: The CAINE Mutiny, New York 1951 (= Die CAINE war ihr Schicksal, übers. v. Christoph Ecke, Hamburg-Gütersloh 1956, S. 461ff.); ders.: War and Remanbrance, Boston/Mass. 1978 (= Der Krieg, übers. v. W. Peterich, 1979 bzw. 1988, S. 7).

331 Wundshammer, Benno: Auf den Spuren des Odysseus, Gütersloh 1982, Farbbild S. 33 (angebl. Grab Homers).

332 Xenophon: Griechische Geschichte, übers. v. K. Wernicke, Leipzig o.J., S. 160ff. (um 387 v.Chr.).

333 Zorzi, Alvise: Venedig – eine Stadt, eine Republik, ein Weltreich 697–1797, Milano 1979 bzw. München 1981; Terisio Pignatti: Venezia. Mille anni d'arte, Venezia 1989 (= Tausend Jahre Kunst in Venedig, München 1989, Farbabb. S. 57), darin jene berühmte Ansicht des Hafenbeckens von San Marco zu Venedig (wo minuziös gezeichnete Koggen, Galeeren und andere geruderte Fahrzeuge erscheinen), farbige Miniaturmalerei im sogenannten »Marco-Polo-Codex« der Bodleian Library in Oxford, eine illuminierte Handschrift, englisch, 14. Jahrhundert, nach Marco Polos 1296–98 entstandenem »Libro delle Maraviglie« – als »Il Milione« eingegangen in die Weltliteratur! – Siehe ferner Rusticien de Pise (Hrsg.): Le Livre de Marco Polo, 1298, beziehungsweise Theodor A. Knust (Hrsg.): Marco Polo. Von Venedig nach China. Die größte Reise des 13. Jahrhunderts, (Tübingen 1972) Tübingen-Basel 1973, S. 255f. – Im »Livre des Merveilles«, dem Folioband fr. 2810 der Bibliothèque Nationale zu Paris, in dessen erstem Drittel, befindet sich eine weitere ebenso bewunderte Marco-Polo-Abschrift, vgl. Magazin der F.A.Z. Heft 799 vom 23. 6. 1995, S. 14–19 mit farbigen Abb. nach der soeben erschienenen Faksimile-Ausgabe

334 Zur Kunst des 19. Jahrhunderts: 24 Bildwerke im Wallraf-Richartz-Museum, Köln 1980, S. 80–83 mit Abb. (= Rainer Budde: Claude Monet).

REGISTER

der Autoren, maritim wichtigen Geschichtsfiguren, Orte,
nautischen Sachbegriffe, Schiffsnamen und Synonyma

Entwurfsblatt mit zwei Ehrenbögen zum Empfang Kaiser Karls V. in Genua am 12. August 1529. Durch Andrea Doria veranlaßt, zeigt der obere den am »molo di genova« nächst der Landungsstelle projektierten und der untere den auf der Piazza Giustiniani vorgesehenen. Lavierte Federzeichnung von Pietro Buonaccorsi, genannt Perino del Vaga (1501–47); Berlin, Kunstbibliothek (Hdz 2131). – In der Sammlung Eridania zu Genua wird das Gemälde eines Anonymus des 16. Jahrhunderts bewahrt, in dem – Öl auf Leinwand 131 x 200 cm – die Ankunft der Flotte Karls V. vor Genua 1533 festgehalten ist (siehe Poleggi, 1982, fig. 41).

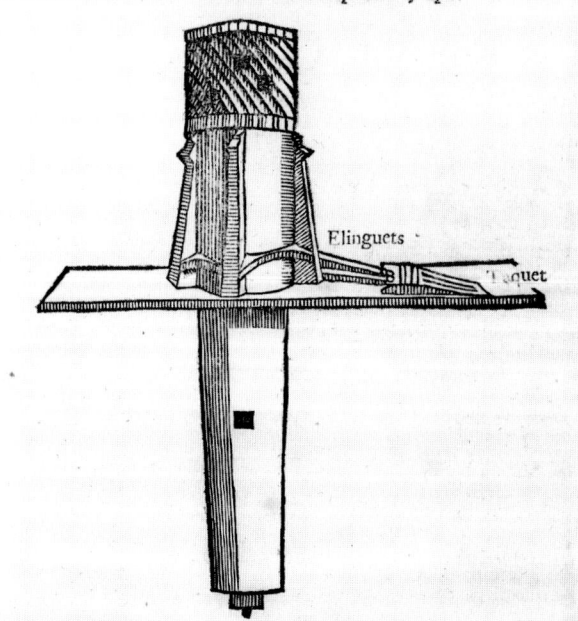

Spill, Winde oder Cabestan; Holzschnitt in »Dictionnaire de Marine« (2. Aufl. Amsterdam 1736).

Schlußbemerkung

Herrn Dr. Uwe Schnall, der mein Manuskript zu vorstehendem Opus bereits im Mai 1994 mit allen Bildvorlagen übernahm, bin ich in besonderer, von Herzen kommender Weise verbunden, und zwar für die mir und diesem Buch – hinsichtlich seiner nicht nur ästhetischen Gestaltung – zuteil gewordenen, außerordentlich einfühlsamen Betreuung. Ich hatte nie zuvor solch' wunderbaren, verständnisvoll-kritischen, ja abstrakt denkenden, jüngeren Partner-Kollegen! Danke und merci vielmals.   E. B.